KB214755

인간은 여러 영역에서 탁월한 업적을 쌓아왔다. 그러나 우리는 인간 자신에 대해서는 여전히 초보적인 이해에 머물러 있다. 포착하거나 규정하기 어려운 인간에 대해 이해하려면 아무래도 학제간 연구가 필요할 것이다. 신학적·심층심리학적·사회학적·철학적·생물학적·진화생물학적 등등 인간학 앞에 붙는 수식어가 늘어날수록 파편적인 인간 이해가 추가될 뿐 아닌가. 오늘 시대정신에 비추어보더라도 어떤 주제보다 통전적이고 학제간 접근이 필요한 분야가 바로 인간학이다. 인간이라는 다층적인 주제를 한국의 대표적 조직신학자인 윤철호 교수가 이 책에서 학제간 접근으로 다룬 것은 무척 반가운 일이다. 전문적인 신학도는 물론 인간에 대해 이해하고자 하는 모든 지성인들에게 이 책을 권하고 싶다. 무엇보다 자연과학과 신학의 대화에 대해 관심이 많은 사람들에게 권한다. 인간을 매개로 한 이 책의 접근이 그 주제를 이해하는 데 무척 유익할 것이다. 나아가 기독교와 타종교의 문제로 고민하는 신도들에게도 큰 도움이 되리라 믿는다. 또한 오늘 한국교회의 반지성적인 분위기를 우려하는 교양 있는 무신론자들에게도 이 책을 적극 권한다.

구춘서 한일장신대학교 총장

윤철호 교수의 인간의 본성과 운명에 대한 연구는 인간론에 관한 신학적 대역작이다. 이 책은 과거의 플라톤적인 이원론적 인간론을 완전히 극복하고 있을 뿐만 아니라, 오늘의 과학이 얘기하는 일원론적인 물질적 인간론도 완전히 극복하고 있는, 인간에 대한 탁월한 이해를 나타내는 인간론 교과서다. 이 책은 가장 최근의 신학적·과학적·생물학적·진화론적 인간 이해의 깊은 차원까지 들어가서 탁월한 시각으로 인간의 참 모습 및 운명과 미래를 설명한 대단히 가치 있는 저술이다. 인간론에 관한 연구를 하기 원하는 사람은 먼저 이 책을 읽고 이 책이 가르치는 깊은 차원을 이해한 후에 인간에 대한 연구를 해야 할 것이다.

김명용 장로회신학대학교 조직신학 교수

윤철호 교수의 이 책은 무척 우수하다. 유려하고 간결한 문체로 기독교 인간론의 주요 주제들을 폭넓고 깊이 있게 서술하면서 쟁점들을 분명하게 드러내고 있다. 평소 학교에서 "기독교와 인간"이란 과목을 가르치면서 여기에 꼭 필요한 교과서가 없어서 아쉬웠는데 이 책은 이런 필요를 채워주기에 최고의 도서가 될 것 같다. 기독교 신앙의 관점에서 인간과 사회를 보기를 원하는 독자들의 일독을 강력히 권한다.

박만 부산장신대학교 조직신학 교수

결국 인간의 본질이란 공감, 소통 등으로 이루어진다. 그리고 그것들은 관계에 근거한다. 누가 이 명제에 이의를 제기할 수 있겠는가? 오늘날과 같은 탈종교적인 포스트휴먼 시대에도 여전히 기독교 신학의 인간론이 의미와 가치를 지닐 수 있는 이유가 여기에 있다. 윤철호 교수의 저서는 그가 그동안 관심을 기울인 관계의 신학에 기초하여, 결국 인간의 본질은 관계에서 기인된다는 것을 보여주고 있다. 즉 인간이 자연 및 사회 공동체 내에서 타자와 올바른 관계를 맺는 것은 물론, 수많은 사례들을 통해 하나님과의 관계성에 기초할 때에 참된 인간적 정체성을 확보할 수 있다는 사실을 탁월하게 보여주고 있다. 나아가 윤철호 교수의 이 책은 기라성 같은 현대 신학자들의 이론을 소개하면서, 기독교 신학이 새롭게 나아갈 방향도 제시하고 있다. 성서의 인간론과 전통적인 신학자들의 입장을 결코 빼놓지 않은 것은 독자에게 또 다른 선물이 될 것이다.

장왕식 감리교신학대학교 종교철학 교수

"인간이란 무엇인가?"라는 물음은 오래되었지만 그에 대한 대답은 아직도 계속되고 있다. 어떤 대답도 이 물음을 종결시키지 못한 까닭이다. 인간을 정의하고자 집요하게 시도하였지만 이게 삶의 소용돌이를 싸잡을 수는 없었다. 오랜 세월 보편타당성을 기준으로 군림했던 진리가 현실로부터 동떨어진 것임이 폭로되면서, 현대를 살아가는 우리는 저마다 다르더라도 삶에 맞닿는 자화상을 찾아 어느 시대보다도 진하게 몸부림친다. 이제는 한 가닥으로만 추릴 수 없으니 이런 저런 복잡한 이야기들이 융합이라는 이름으로 서로 만나 묶이기도 하고 벌어지기도 한다. 허나 모아놓는다고 거저 융합이 되는 것은 아니니 어찌 이어가고 풀어낼까가 관건일 터, 여기 윤철호 교수가 역작을 내놓았다. 유폐되어가는 듯한 기독교-신학 언어를 다양한 영역들과 소통 가능한 언어로 되새겨주었으니, 우리 시대의 그러한 요구에 부응할 맞갖은 길을 앞장서 닦아가고 있다. 뒤따라가면서라도 박수를 보낸다.

정재현 연세대학교 종교철학전공 주임교수

인간

인간

인간의 본성과 운명에 관한 학제간 대화

윤철호

이 저서는 2014년 정부(교육부)의 재원으로
한국연구재단의 지원을 받아 수행된 연구임
(NRF-2014S1A6A4024791)

프롤로그

기독교 인간론은 인간의 본성과 운명을 하나님과의 관계 안에서 이해한다. 하나님이 신비인 것만큼이나 인간도 인간 자신에 대하여 신비다. 전통적으로 인간의 본성에 대한 논의는 주로 영혼과 육체의 이원론적 관계라는 관점에서 행해져 왔다. 그러나 오늘날 영혼은 육체와 불가분리의 관계에 있는 정신 또는 의식으로 간주되고 있다. 오늘날 인간론의 특징은 비이원론적이며 동시에 관계론적(비실체론적)이라는 데 있다. 즉 실체적 자아가 아닌 관계적 자아, 공동체(또는 사회)와의 관계성 안의 인간, 자연(또는 우주)과의 관계성 안의 인간에 관한 논의 등이 인간론의 주된 주제가 되고 있다. 또한 오늘의 과학 시대에는 전통적인 "본성"(nature)이란 개념 자체가 모호한 개념이 되었다. 따라서 전통적인 "본성" 개념에 의해 인간을 설명하는 대신, 물리학, 화학, 생물학, 심리학 또는 정신의학, 사회학, 생태학 등 다원적 차원에서 수행되는 자연 및 사회과학적 탐구와의 대화를 통해 신학적 인간론을 수립하려는 시도가 점차 신학자들의 주된 관심사가 되고 있다.

이 책에서 말하는 인간의 운명(destiny)이란 피할 수 없이 미리 정해진 숙명(fate)을 의미하지 않는다. 인간의 운명이란 인간이 마땅히 되어야 할 당위적 존재, 그리고 하나님이 마침내 완성하실 미래의 종말론적 인간 존재를 의미한다. 그런데 인간의 운명에 대한 이해는 인간의 본성에 대한 이해와 밀접하게 연관된다. 인간이 영혼과 육체의 이원론적 실재로 구성되어 있다고 믿는 전통적인 신학자들은 영혼 불멸 사상을 지지하는 반면, 인간을 비이원론적으로 이해하는 신학자들은 전적 죽음과 전적 부활 이론을 주장한다. 그러나 개인의 영혼이 죽음 이후에도 불멸한다는 이론과, 종말론적 미래에 창조세계의 갱신 즉 새 창조 및 육체의 부활과 함께 완성될 인간의 최종적 구원에 대한 희망이 반드시 서로 모순되는 것은 아니다. 인간 개인의 궁극적 운명을 공동체 및 창조세계 전체와 분리하여 생각할 수 없다는 것이 오늘날 인간론의 중요한 특징이다.

필자는 이 책이 성서적 전통에 충실한 동시에 다른 학문들과의 열린 대화를 통해 이해 가능한 통전적인 신학적 인간 이해의 길을 제시함으로써 우리나라 그리고 나아가 세계의 신학적 인간 이해를 위한 작지만 매우 긴요한 하나의 모퉁잇돌이 되기를 희망한다. 제1부에서는 성서와 기독교 역사에 나타난 인간론을 개관한 후에, 성서적 인간론을 창발적 전일론의 관점에서 고찰하였다. 제2부에서는 라인홀드 니버, 폴 틸리히, 칼 바르트, 볼프하르트 판넨베르크, 스탠리 그렌츠와 마이클 호튼을 중심으로 현대 신학자들의 인간론을 연구하였다. 제3부에서는 학제간 대화를 통한 기독교 인간론의 수립을 시도하였다. 즉 여기서는 인간에 대한 기독교와 과학의 대화를 개괄적으로 살펴본 후에 낸시 머피의 비환원론적 물리주의 인간 이해, 필립 클레이턴의 창발론적 인간 이해에 관해 고찰하였으며 신학과 정신분석 이론과의 대화를 시도하였다. 그리고 마지막으로 남방 상좌부(上座部) 불교를 중심으로 불교의 인간론을 소개하였다. 제4부에서는 오늘날의 기독교 인간론의 초점들을 논구하였다. 여기서는 하나님의 형상으로서의 인간, 생태학적 기독교 인간론, 차별과 평등과 같은 주제들을 다루었다.

이 책에서 필자는 하나님의 형상으로서 인간 본성의 본유적 특성이 관계성에 있으며, 특히 공감적 사랑에 있다는 점을 강조하고자 한다. 영원한 삼위일체적 관계성 안에 계신 하나님은 본유적으로 세상을 향해 열려 있는 관계성 안에 계신 하나님이다. 인간 안의 하나님의 형상은 이 신적 관계성을 반영한다. 인간은 동료 인간과 창조세계의 모든 피조물과의 상호 의존적 관계성 안에 존재한다. 나는 하나님의 은혜가 무엇보다 이와 같은 관계성 안에서 주어지는 것임을 경험적으로 믿는다. 나의 지나온 삶의 여정 속에서 하나님은 인생의 중요한 순간마다 그리고 지속해서 참으로 좋은 사람들을 만나게 해주셨다. 그분들을 내게 보내주신 하나님의 은혜를 생각할 때마다 너무도 감사하기 그지없다. 그분들의 이름을 여기서 다 열거할 수는 없다. 단지 내가 할 수 있는 일 그리고 해야 할 일은 그분들과의 만남을 생명처럼 소중히 여기고 그분들께 늘 감사하며 그분들과의 사랑의 관계를 죽을 때까지 신실하게 지속하면서 날마다 그분들을 위해서 기도하는 것뿐이다. 이 보잘 것 없는 연구의 결실을 내어놓는 작은 기쁨을 그 모든 분들과 (비록 그 분들이 이 결실에 대하여 아는 바가 없다고 할지라도) 함께 나누고 싶다.

이 책에 실린 글 가운데 네 편은 이미 학술지에 발표된 바 있다. "제3장 중도적 현실주의 인간론: 라인홀드 니버"는 "Reinhold Niebuhr's Thought on The Nature of man," *Korea Presbyterian Journal of Theology*, vol. 8 (Seoul: Presbyterian College and Theological Seminary Press, 2008, May) 109-42, "제9장 비환원론적 물리주의 인간 이해: 낸시 머피를 중심으로"는 『한국조직신학논총』 제38집 (한국조직신학회 편. 서울: 동연, 2014, 6, 30) 37-78, "제10장 창발론적 인간 이해: 필립 클레이턴을 중심으로"는 『장신논단』 Vol. 46, No. 1 (서울: 장로회신학대학교 출판부. 2014, 3, 30) 91-120, "제11장 정신분석 이론과 종교이해에 대한 신학적 고찰"은 『한국조직신학논총』 제35집 (한국조직신학회 편. 서울: 한들출판사, 2013, 6, 30) 223-60에 실렸던 글을 번역, 수정·보완 또는 그대로 실었음을 밝힌다.

이 책은 한국연구재단의 2014년도 인문사회분야 학술지원사업의 하나인 저술출판지원사업에 선정되어 연구비를 지원받아 집필되었다. 외부의 지원이 없었다고 이 연구가 수행되지 않았을 것은 아니지만, 이 연구가 보상의 즐거움과 창조적인 부담감 사이의 긴장감 속에서 수행될 수 있도록 동기를 부여한 한국연구재단에 심심한 감사를 드린다. 그리고 어려운 형편 가운데에서도 이 책의 출판을 허락해 주신 새물결플러스의 김요한 대표님과 왕희광 편집장님께 깊은 감사를 드리며, 세심하게 편집과 교정을 보아 주신 편집부 선생님들께도 감사의 뜻을 표한다. 또한 정신을 분산시키지 않고 연구에 집중할 수 있도록 내조해준 아내와 이 책의 교정과 색인을 위해서 수고를 해준 여러 학생들에게도 고마운 마음을 전한다.

2017년 8월

아차산 기슭 광나루 선지동산에서

윤 철 호

▪ 차 례 ▪

第10장 창발론적 인간 이해: 필립 클레이턴을 중심으로

第11장 정신분석 이론과 종교 이해에 대한 신학적 고찰: 프로이트와 대상관계 이론을 중심으로

第12장 인간 안의 하나님의 형상, 공감적 사랑: 정신분석 이론과의 대화를 중심으로

第16장 차별과 평등

第17장 포스트휴머니즘과 기독교 신앙

An Interdisciplinary Dialogical Study
on Human Nature and Destiny

제1부

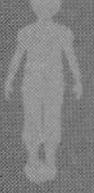

성서와 기독교 전통에 나타난 인간론

기독교 인간론은 성서에 나타난 인간 이해에 기초하여 기독교 역사 속의 다양한 전통들 안에서 다채로운 형태로 발전되어왔다. 기독교 인간론의 중심 주제는 인간 안의 하나님의 형상, 영혼과 육체의 관계, 그리고 죽음 이후의 인간의 최종적 운명이다. 성서의 히브리적 인간론이 대체로 일원론적인 특징을 보여주는 반면, 헬레니즘의 영향을 받은 서구 기독교 전통의 인간론은 대체로 이원론적인 특징을 보여준다. 제1부에서는 제1장에서 성서와 기독교 역사 속에 나타난 인간론을 개관한 후에, 제2장에서 성서의 인간론을 창발적 전일론의 관점에서 고찰하고자 한다.

제1장

성서와 기독교 역사 속에 나타난 인간론

Ⅰ. 성서에 나타난 인간 이해

성서에 따르면, 인간은 이 세상의 그 무엇보다도 고귀한 존재다. 시편 저자는 인간의 존귀함을 이렇게 노래했다. "사람이 무엇이기에 주께서 그를 생각하시며 인자가 무엇이기에 주께서 그를 돌보시나이까, 그를 하나님보다 조금 못하게 하시고 영화와 존귀로 관을 씌우셨나이다"(시 8:4-5). 이와 같은 인간의 영화와 존귀함은 인간이 하나님의 형상으로 지음을 받았다는 사실에 근거한다. 구약성서는 인간이 다른 피조물과 달리 세계를 창조하신 하나님의 형상(image)과 모양(likeness)으로 창조되었다고 말씀한다. "하나님이 이르시되 '우리의 형상을 따라 우리의 모양대로 우리가 사람을 만들고 그들로 바다의 물고기와 하늘의 새와 가축과 온 땅과 땅에 기는 모든 것을 다스리게 하자' 하시고 하나님이 자기 형상 곧 하나님의 형상대로 사람을 창조하시되 남자와 여자를 창조하시고"(창 1:26-27). 하나님은 다른 모든 것을 창조하실 때에는 단지 "있으라"고 명령하시지만, 인간을 창조하실 때에는 "우리가 사람을 만들자"고 특별히 계획하신다.

인간이 하나님의 형상(모양)으로 창조되었다는 성서의 구절들은 기독교 인간론을 위한 근본 토대를 제공함과 동시에 하나님의 형상에 대한 다양한 해석들(예를 들면, 영혼, 지배력, 자유, 관계 능력 등)의 원천이 되었다.

창세기 2장 본문에 의하면, 인간의 몸은 땅의 흙으로 지어졌으며 인간의 영은 하나님으로부터 주어진다. "여호와 하나님이 땅의 흙으로 사람을 지으시고 생기(네샤마, 니쉬마트 하임, the breath of life)를 그 코에 불어넣으시니 사람이 생령(네페쉬 하야, living soul[또는 being])이 되니라"(창 2:7). 이 본문은, 인간의 몸은 동물의 진화 과정으로부터 오는 것으로 이해해도 되지만 인간의 영혼이나 영은 그럴 수 없다는 것을 의미하는가? 여기서 하나님은 생명의 영을 인간의 몸(코)에 불어넣음으로써 인간의 영혼(존재)을 창조한 것처럼 보인다.

초기 교회 교부들은 이 본문이 창조자에 의해 직접 주어지는 인간의 영혼을 표현한다고 믿었다. 이들은 플라톤처럼 몸과 분리된 영혼의 독립적 지위를 전제했다. 순교자 유스티누스(Justin Martyr, 110-160)는 인간을 육체와 영혼으로 구성된 이성적 동물이라고 기술했다.[1] 고전적 기독교 인간론은 성서에 표현된 하나님의 형상을 플라톤적 개념인 "이성적 영혼"과 동일시하였다.[2] 그러나 영혼만을 참된 자아로 여겼던 플라톤적인 인간 개념을 고수했던 이전 사람들과 달리, 아퀴나스는 아리스토텔레스처럼 영혼을 전인적 인간에게 형상을 부여하는 생명의 원리로 이해했다. 그는 인간을 "정신-육체의 통일체"(psycho-somatic unity)로 이해했다. 그러나 그

---

1) Justin Martyr, "Extant Fragments of the Lost Work on the Resurrection," Ch 8, *The Ante-Nicene Fathers*, vol. I, 297.

2) Athanasius, *Against the Heathen*, Ch. 34, *Nicene and Post-Nicene Fathers of the Christian Church*, vol. IV, 22; Augustine, *Genesis ad literam*, VI, 12; Thomas Aquinas, *Summa Theologiae*, I., q. 93.

역시 인간의 영혼은 스스로 존재하며, 육체는 죽어도 영혼은 불멸한다고 보았다.[3]

구약성서에서 "생령" 즉 "살아 있는 영혼(존재)"인 "네페쉬 하야"는 몸과 분리될 수 없는 몸의 생명 원리다. "네페쉬"는 통상 "영혼"(soul)이라고 번역되는데 구약성서에서는 여러 가지 의미로 사용되며 해부학적으로는 "목구멍", "목", "위장"을 가리킨다. 이 단어는 종종 활력 또는 생명력을 의미하며 사람뿐만 아니라 동물에게 사용되기도 한다. 이 단어는 인격 안의 비물질적 부분을 나타내기보다 전체 인격을 나타낸다. 따라서 이 단어는 비물질적 실체로서의 "영혼"으로 번역되는 것보다 "인격", "자아", "나", "나 자신" 등으로 번역되는 것이 더욱 적합하다.[4]

영혼(네페쉬)은 하나님의 영을 필요로 한다. 히브리인들은 하나님의 영을 은유적으로 숨(생기, 네샤마) 또는 바람(루아흐)[5]으로 표현했다. 숨(생기) 또는 바람으로 표현되는 하나님의 영은 영혼(네페쉬)을 생동하게(animate) 하며, 이를 통해 몸을 생동하게 한다. 따라서 생명의 기원은 인간의 영혼이 아니라 신적 영에 있다. "생령" 즉 "살아 있는 영혼(존재)"이 되는 것은

---

3) Thomas Aquinas, *Summa Theologiae*, I-II, q. 76.

4) "내 영혼(네페쉬)이 주를 찬양하리라"는 "내가 주를 찬양하리라"는 의미다. Hans Walter Wolff, *Anthropology of the Old Testament*, trans. Margaret Kohl (Philadelphia: Fortress, 1974), Ch. II. Pannenberg에 따르면, 네페쉬의 어원적 의미는 "목구멍"으로서 생명을 향한 끊임없는 배고픔과 목마름을 의미한다. Pannenberg, "인간의 생명: 창조인가 진화인가?" Ted Peters 엮음, 김흡영, 배국원, 윤원철, 윤철호, 신재식, 김윤성 역, 『과학과 종교: 새로운 공명』(서울: 동연, 2002), 250.

5) "루아흐"는 바람, 움직이는 공기를 가리키며 "네페쉬"처럼 종종 숨(호흡)과 연관된다. 이 단어는 보통 "영"으로 번역되는데, 인간의 영보다는 하나님의 영을 가리키는 데 더 많이 사용된다. "루아흐"가 피조물의 숨(호흡)을 가리키는 경우, 이 단어는 "네샤마" 즉 "생기"(the breath of life, 창 2:7)와 동의어다. 따라서 "루아흐"는 비물질적 실체적 영혼이 아니라 살아 있는 피조물을 생동화시키는(animate) 생명력 또는 에너지를 가리킨다. Hans Walter Wolff, *Anthropology of the Old Testament*, Ch. IV.

오직 영을 통해서다.[6] 그러나 "생기"가 주어짐으로써 "살아 있는 영혼"이 되는 것은 인간만이 아니다. 다른 동물들도 네페쉬를 지니고 있다(창 1:20, 24, 30; 9:12, 15, 16). 인간이 다른 동물과 다른 점은 "살아 있는 영혼"을 가지고 있다는 점이 아니라 하나님과의 특별한 관계 속에 존재하도록 정해졌으며 다른 피조물에 대하여 창조주 자신을 나타내도록 부름 받았다는 점에 있다(창 1:26).

창세기 1장에 기록된 세계 창조에 대한 제사장적 본문은 기원전 6세기의 자연과학 즉 바빌로니아의 지혜를 사용하여 하나님을 세계의 창조자로 증언한다. 또한 이 본문은 오늘날 우리가 우리 시대의 자연과학을 사용하여 하나님을 우주의 창조자로 증언할 것을 요구한다. 하나님의 목적론적 행위를 전제하는 가설과 그 목적의 실행을 위한 자연적 원인들의 사용은 서로 모순될 필요가 없다. 하나님의 창조 활동은 2차적 원인들의 사용을 배제하지 않는다. 하나님은 땅에게 모든 생물을 내라고 명하신다(창 1:11, 24). 성서에서 동물은 땅의 산물이고 "살아 있는 영혼"으로서 인간은 동물과 유사하며, 성서는 진화의 전 과정 속에서 이루어지는 하나님의 창조적인 활동을 배제하지 않는다. 그렇다면 인간이 진화를 통해 출현하면 안 될 이유가 없다. 그러나 진화 개념이 성서에 나오는 하나님의 지속적 창조(사 48:6)의 개념과 양립되기 위해서는 진화 과정에서의 새로움과 우연성의 요소를 인정해야 한다.

로이드 모건(Lloyd Morgan)은 1923년에 "창발적"(emergent) 또는 "유기적"(organic) 진화라는 개념을 제시했다. 창발이란 진화 과정의 각 단계에서 과거의 조건들에 의한 필연성으로부터 유래되지 않는 새로운 무언

6) Ted Peters 엮음, 『과학과 종교: 새로운 공명』, 250.

가가 존재하게 된다는 의미다.[7] 진화 과정의 주된 단계들은 변이들이 누적되는 일련의 작은 단계들보다 유기 조직의 새로운 설계를 위한 "고주파 요법"(fulgurations)을 필요로 한다.

판넨베르크에 따르면, 진화론을 자연선택의 원리에 기초한 기계적 과정의 견지에서 이해하지 않고 그 과정 속에서 생명이 끊임없이 새로운 것을 산출하는 창발의 과정으로 이해할 때, 진화론은 신학적 해석의 대상이 된다. 이 창발적 진화 개념에서 우연성의 요소는 하나님의 창조적 활동에 대한 개방성을 확보한다.[8] 생명의 자기 조직화(self-organization)를 통한 자발적 창조성은 하나님의 창조 활동의 양태다. 인간의 자의식은 생명의 자발적인 자기 조직화의 가장 고상한 현시인 동시에 하나님의 영의 창조적 활동의 산물이다.

창발적 진화 개념은 다윈의 기계론적·환원주의적 설명 방식을 극복하면서 하나님이 진화 과정의 새로운 전환점들에서 활동하신다고 말할 수 있게 해준다. 즉 모든 단일한 사건에서 새로운 것이 발생한다는 후성적(後成的, epigenesis) 진화 개념은 하나님의 창조 개념과 양립 가능하다. 이러한 의미에서 우리는 하나님의 창조 행위를 창발적 진화론의 관점에서, 그리고 인간 영혼의 기원을 유신론적 창발론의 관점에서 이해할 수 있다.

---

7) C. Lloyd Morgan, *Emergent Evolution* (London: Williams and Norgate, 1927), 143.

8) Ted Peters 엮음, 『과학과 종교: 새로운 공명』, 251.

Ⅱ. 기독교 역사 속에 나타난 인간론

성서에 대한 역사비평적 연구는 이미 성서 안에 죽음 후의 인간의 최종적 운명에 대해 상반된 견해가 있음을 보여주었다. 비평적 성서학자들에 따르면, 히브리적인 비(非)이원론적 인간론을 비교적 잘 보존하고 있는 구약성서와는 달리 신약성서에는 적어도 부분적으로 헬레니즘의 이원론적 사상의 영향이 발견된다. 따라서 서구의 기독교 역사는 인간에 대한 하나의 통일된 이해를 보여주지 않는다. 한편에서는 이원론적 영혼 불멸 사상의 관점에서 몸이 죽으면 영혼은 몸을 떠나 하나님께로 간다고 보았으며, 다른 편에서는 몸의 부활을 기대하였다. 훗날 기독교의 역사 속에서 이 두 견해는 종합되었다. 즉 몸은 죽고 영혼은 떠나며 마지막 날에 영혼은 부활한 또는 변화된 몸을 다시 받는다.

냰시 머피(Nancey Murphy)는 인격의 구성에 관한 기독교의 가르침을 세 가지 역사적 시기를 중심으로 소개한다.[9] 첫째는 기독교가 히브리적 삶의 자리에서 주변의 지중해 세계로 퍼져가는 시기다. 둘째는 유럽의 이슬람 학자들에 의해 촉발된 중세의 아리스토텔레스 부흥기다. 셋째는 근대의 성서비평학과 비판적 교회 역사학에 대한 응답의 시기다. 비판적 교회 역사학은 후대의 교회의 가르침이 성서의 가르침과 일치하는가 하는 질문을 제기하였다. 서구의 근대가 시작되고 계몽주의가 확산된 18-19세기에는 성서에 대한 역사비평적 연구로 인하여 부활을 포함한 기적의 역사성이 의심을 받았으며, 따라서 죽음 이후의 영혼 불멸이 기독교의 유일한 희망으로 간주되었다. 이 시기에 유행했던 영혼-몸 이원론은 인간 영

9) Nancey Murphy, *Bodies and Souls, or Spirited Bodies?* (Cambridge, New York: Cambridge University Press, 2006), 7 이하.

혼의 무한한 가치가 예수가 가르쳤던 세 가지 핵심 주제 중 하나라고 주장했던 하르낙에게서 단적으로 잘 나타난다.[10]

그러나 20세기 초에 로빈슨(Wheeler Robinson)은 자신의 저서 『기독교 인간론』[11]에서 히브리적인 인격 이해는 그리스적인 성육신한 영혼이 아니라 생동화된 몸(animated body)이라고 주장했다. 그는 구약성서처럼 신약성서도 인격을 이원론적이 아닌 통일적으로 이해한다고 보았다. 그럼에도 불구하고 그는 신약성서의 가장 중요한 발전은 본질적인 인격, 즉 혼(*psyche*) 또는 영(*pneuma*)이 몸의 죽음 이후에도 계속 존재한다는 믿음이라고 주장했다. 영혼은 일시적으로 몸 없이 존재한다. 그러나 그것은 몸이 없이는 완전하지 않으며, 몸의 죽음 이후 영혼의 존재는 영혼에 주어진 자연적 불멸성에 의한 것이 아니라 하나님의 은총에 의한 것이다. 로빈슨은, 이원론은 본래적인 히브리적 사고가 아니며, 완화된 이원론(modified dualism)은 신약성서 시기에 형성되었다고 보았다.

바르트를 위시한 20세기 중반의 신정통주의자들과 성서신학 운동가들은 히브리적 사고와 헬레니즘적 사고를 날카롭게 구별하고 히브리적 사고를 지지했다.[12] 불트만은 바울이 인간의 전체 인격을 가리키기 위해 "*sōma*"(몸)를 사용했다고 주장했다.[13] 쿨만은 후에 책으로 출판된 강연(1955)에서 전체적 죽음과 전체적 부활에 대한 성서의 이해가 자신의 몸

---

10) Adolf von Harnack, *What is Christianity?* (New York: Harper, 1900, 1957).

11) H. Wheeler Robinson, *The Christian Doctrine of Man* (Edinburgh: T.&T. Clark, 1911).

12) 그러나 오늘날 많은 신학자들은 생각했던 것보다 헬레니즘적 사고와 히브리적 사고가 그렇게 날카롭게 대조적이지 않다고 본다. 즉 모든 그리스인이 이원론자였던 것도 아니고, 예수가 탄생하기 수 세기 전에 이미 유대적 사고 안에 이원론이 하나의 입장으로 형성되어 있었다.

13) Rudolf Bultmann, *Theology of the New Testament*, vol. 1 (New York: Scribner, 1951). 허혁 역, 『신약성서신학』 (서울: 성광문화사, 2004).

이 죽은 이후에도 영혼이 살아 있을 것으로 기대했던 소크라테스의 태도와는 대조된다고 주장했다.[14] 그러나 오늘날에도 여전히 보수적인 교파와 교회에서는 인간에 대한 이원론적 입장을 고수하는 신학자들이 많다.

Ⅲ. 고대 그리스 철학과 초기 교회의 인간론

인간에 대한 히브리인들의 이해와 그리스-로마인들의 이해 사이에는 쉽게 조화되기 힘든 상이성이 나타난다. 일반적으로 히브리인들은 긍정적이면서 통전적으로 인간 존재를 이해했다. 그들은 인간의 몸과 영혼이 모두 하나님에 의해 지음을 받았다고 믿었으며, 영혼을 몸과 분리된 형이상학적 실체가 아니라 몸과 불가분리의 관계에 있는 생명의 원리로 이해했다. 이와 달리 그리스-로마인들은 인간을 이원론적으로, 즉 대조적인 두 실체인 몸과 영혼이 역설적으로 결합된 존재로 이해한다. 영혼이 몸과 결합된 것은 비극이다. 구원은 영혼이 몸의 속박으로부터 해방되는 것이다. 따라서 죽음은 영혼이 몸으로부터 해방되고 구원받아 영원한 이데아로 돌아가는 관문이다.

고대 그리스 철학의 대부인 플라톤(기원전 427?-348)은 불멸의 영혼이 사멸하는 몸에 갇혀 있다고 보았다. 영혼은 세 계층으로 이루어진다. 영혼의 기능과 이상적인 국가의 기능은 유비의 관계에 있다. 영혼의 욕구적 또는 충동적 요소는 사회의 가장 낮은 계층인 소비자와 유사하다. 이성은 가장 높은 곳에 있는 요소로서 지배적 계급에 상응한다. 이 둘의 중간에

14) Oscar Cullmann, *Immortality of the Soul or Resurrection of the Dead?* (New York: Macmillan, 1958).

군인-경찰에 해당하는 영이 있다. 그런데 이 영은 다른 동물도 가지고 있다. 인간이 행복하려면 이 세 요소를 잘 조화시켜야 한다. 플라톤은 저 세상에 있는 형상 또는 이데아가 참되고 영원한 실재라고 생각했다. 인간은 이 실재를 생득적으로 알고 있다. 왜냐하면 태어나기 전에 이미 영혼의 이성이 이 형상을 알고 있기 때문이다. 이성적 영혼은 이데아에 거주하다가 죽음 이후에 다시 그리로 돌아간다.

아리스토텔레스(기원전 384-322)는 영혼을 실체가 아닌 인간에게 힘 또는 속성을 제공해주는 생명의 원리로 보았다. 식물과 동물도 성장과 번식의 힘인 영양적(nutritive) 영혼과, 운동과 지각의 힘인 감각적(sensitive) 영혼을 가지고 있다. 인간의 영혼은 이 두 가지 위에 이성적(rational) 힘을 지니고 있다. 영혼과 몸의 관계는 시력과 눈의 관계와 같다. 영혼은 몸의 기능을 위한 원리이기 때문에 몸과 함께 죽는다. 단, 이성의 한 부분인 누스(*nous*)는 죽음 이후에도 존재한다. 그러나 누스는 비인격적·이성적 능력이기 때문에 인격의 불멸성과는 관계가 없다.

영혼과 몸에 대한 아리스토텔레스의 사고는 그의 질료-형상론에 바탕을 두고 있다. 모든 물질적 존재는 물질과 형상으로 구성된다. 형상은 존재에게 본질적 성격과 힘을 부여해주는 내재적 원리다. 영혼은 형상의 한 유형일 뿐이다. 따라서 아리스토텔레스에게 있어 형상은 플라톤과 달리 선재적·초월적 실체가 아니다. 아리스토텔레스에게 인간의 영혼은 형상의 하나이기 때문에, 그의 인간론을 영혼-육체 이원론이라고 부를 수 있는지는 의심스럽다.

신구약 중간기 이래 헬레니즘적 사고의 영향력은 점점 더 증대되었으며, 이러한 영향은 신약성서 저자들에게도 나타난다. 신약성서 시기 이후 그리스-로마 세계에서 성장하고 발전한 초기 교회에서 헬레니즘의 이원론적 사고의 영향은 더욱 증대되었다. 순교자 유스티누스, 알렉산드리아의 클레멘스, 오리게네스, 아우구스티누스와 같은 교부들은 기독교인이 되기 이전에 플라톤주의자들이었다. 이들은 플라톤의 견해에 따라 인간은 영혼과 몸이라는 이원론적인 두 실체로 구성되었으며, 몸은 죽고 썩는 반면 영혼은 불멸한다고 믿었다.

초기 교회의 인간론에는 삼분설과 이분설이 공존했다. 삼분설에 따르면 인간 인격은 몸, 혼, 영으로 구성된다. 영은 하나님과 관계를 갖는 인간의 본질적 자아다. 혼은 영과 물질적 몸을 중재하고 연결한다. 이 견해는 그리스와 알렉산드리아 교회에 널리 퍼져 있었으며 알렉산드리아의 클레멘스, 오리게네스, 니사의 그레고리오스 등의 교부들에게서 발견된다. 한편, 이분설은 영과 혼을 같은 것으로 간주한다. 따라서 인간의 인격은 서로 다른 두 형이상학적 실체인 영혼과 몸으로 구성된다. 이분설은 라틴 교부들의 일반적인 견해로서 아우구스티누스에 의해 정립되었으며 서방 교회의 표준적 인간론이 되었다.[15]

초기 교회의 교부인 니사의 그레고리오스(335?-394)는 인간에 대한 진리가 기독교의 사적인 교리가 아니라 모든 이성적인 인간을 위한 진리가 되어야 한다고 믿었다. 따라서 그는 창세기 1:26에 기초한 하나님의 형상으로서의 기독교의 인간 이해를 당시 그리스-로마의 철학과 과학 및 의학에서의 인간 이해와 연결시키고자 했다.[16] 예를 들면 그는 영혼을 세 가지 요소, 즉 식물적·동물적·지성적 능력으로 구분하는 아리스토텔레스의 인간 이해를 받아들인다. 이와 동시에 그는 성서 특히 바울이 인간 안의 세 가지 능력을 구별한다고 말한다. 즉 인간은 "몸과 혼과 영"으로 이루어져 있다(살전 5:23). 또한 그는 인간 안의 정신과 몸의 관계에 대하여

---

15) Louis Berkhof, *Systematic Theology* (Grand Rapids: Eerdmans, 1941, 1976), 191-92. 권수경 역, 『벌코프 조직신학』 (파주: 크리스천다이제스트, 2005).

16) Gregory of Nyssa, *Introductory letter to his brother Peter*; PG 44:128a-b 참고.

논할 때 의사이며 철학자인 갈레노스에 의지한다. 그러나 그는 이성을 독립적인 진리의 원천으로서가 아니라 성서에 계시된 것에 대한 이해를 돕는 것으로 간주한다.

아우구스티누스(354-430)는 고대 서방 교회의 이원론적 인간론을 수립하였다. 아우구스티누스에 따르면, 인간 인격은 별개의 두 실체인 영혼과 몸으로 구성된다. 그는 플라톤처럼 인간의 본질적 자아를 영혼과 동일시했다. 그러나 그는 플라톤의 이원론적 인간론을 다소 수정하여 사멸하는 몸을 사용하면서 몸에 갇혀있지 않은 불멸의 영혼으로 인간을 이해했다. 영혼은 의지, 지성, 욕구의 세 요소로 이루어지는데, 이 세 요소는 이 순서대로 계층적 질서를 이룬다.[17] 영혼은 참된 인간의 자리이며 몸은 그 도구다. 영혼은 몸 전체에 침투해있으며 몸을 생동화(生動化)시킨다. 그러나 몸이 아닌 영혼만이 하나님의 형상이다. 그리고 (몸이 아닌) 영혼이 구원의 방편이다. 즉 우리는 몸에 의해 억압되어 있는 영혼을 계발함으로써 하나님을 알 수 있고 또한 하나님과 관계를 가질 수 있다. 몸은 영혼에 의존하지만, 영혼은 몸에 의존하지 않는다. 하나님이 창조하신 단순한 영적 실체로서 영혼은 불멸한다. 즉 영혼은 몸의 죽음 이후에도 살아 있다. 인격적 실존은 죽음 이후에도 완전히 없어지지 않고 지속된다.[18]

초기 교회의 교부들은 인간의 인간됨이 궁극적으로 하나님과의 관계

---

17) 이와 같은 Gregory of Nyssa의 접근 방식은 철학, 심리학, 사회학, 자연과학 등과의 대화를 통해 신학적 인간론을 수립하려는 오늘날의 간학문적 접근에 중요한 방법론적 함의를 갖는다.

18) 초기 교회 교부들은 죽음과 최종적 부활 사이에 기다림의 중간적 장소와 시기가 있다고 믿었다. 이 중간상태는 하늘이 아니라 죽은 자의 영역인 하데스(Hades)에 위치한다. 하데스 안에는 축복받은 자를 위한 영역과 저주받은 자를 위한 영역이 있다. 이와 같은 하데스 안의 영역 구분으로부터 중세의 연옥설이 발전되었다. Berkhof, *The History of Christian Doctrine* (Grand Rapids: Eerdmans, 1937), 259. 박문재 역, 『기독교교리사』 (파주: 크리스천다이제스트, 2008).

에 의존한다고 보았다. 인간의 존재 및 삶의 궁극적인 의미와 목적은 하나님께 있다. 아우구스티누스는 이렇게 말했다. "당신은 당신 자신을 위해 우리를 만드셨습니다. 그리고 우리의 마음은 당신 안에서 안식을 얻기까지는 안식이 없습니다."[19] 인간은 하나님을 즐거워해야 한다. 즐거워한다는 것은 다른 목적을 위해 그 대상을 사용하는 것이 아니라 "그 대상 자체를 위해 자신을 그 대상에 사랑으로 붙들어 매는 것"[20]이다. 그리고 이 말은 오직 하나님께만 적합하다. 인간은 오직 하나님을 즐거워하도록 지음을 받았다.[21]

교부들의 인간 이해는 주로 성서에 나타난 "하나님의 형상" 개념을 중심으로 이루어졌다. 니사의 그레고리오스는 인간이 하나님의 형상 또는 모양으로 창조되었다는 사실로 인해 인간이 다른 모든 피조물들과 구별된다고 말한다.[22] 그러면 "하나님의 형상"이 의미하는 바는 무엇인가? 교부들은 인간 안의 하나님의 형상을 여러 가지 관점에서 이해했다.[23] 첫 번째는 인간 안의 하나님의 형상은 인간이 하나님을 알고 하나님과 관계를 맺을 수 있는 정신적·영적 존재라는 사실이다. 인간은 자연 세계의 일부임에도 불구하고 다른 모든 피조물과 구별되는 특별한 존재다. 인간의 독특성은 인간이 정신(mind) 또는 영혼(spirit 또는 soul)을 지닌 존재라는 사

---

19) Augustine, *Confessions* 1.1.

20) Augustine, *De Doctrina Christiana* 1.22.20.

21) 「웨스트민스터 소요리문답」의 첫 번째 질문인 "인간의 제일 되는 목적은 무엇인가?"에 대한 답변은 "하나님을 영화롭게 하며, 영원토록 그를 즐거워하는 것이다"이다. 하나님을 즐거워하는 능력은 다른 모든 피조물과 달리 인간만이 가지는 고귀한 영적 특성이자 특권이다.

22) Gregory of Nyssa, *Psalm Inscriptions* 1.3 (GNO 5:32, 18-19), and *The Beatitudes* 6 (GNO 7, 2:143).

23) 이에 대해서는 Robert Louis Wilken, "Biblical Humanism: The Patristic Convictions," *Personal Identity in Theological Perspective*, Richard Lints, Michael S. Horton, & Mark R. Talbot, eds., (Grand Rapids: William B. Eerdmans, 2006), 17-28 참고.

실에 있다. 인간은 물질적 차원으로 환원될 수 없다. 인간은 사물과 물질의 세계를 초월하여 정신적·영적 세계에 참여한다. 인간의 정신 또는 영혼의 고유한 특성은 무엇보다도 하나님을 알고 하나님과 관계를 맺을 수 있는 능력에 있다. 인간을 인간답게 만드는 것은 하나님을 알고 사랑할 수 있는 정신 또는 영혼의 활동에 있다. 다시 말하면, 인간이 하나님의 형상을 지녔다는 것은 인간이 하나님을 알고 하나님과 관계를 맺을 수 있는 정신적·영적 존재임을 의미한다. 아우구스티누스에 따르면, 몸이 아닌 영혼만이 하나님의 형상이다. 인간의 영혼 또는 정신은 세상 및 자기 자신과 관계를 맺을 뿐만 아니라 하나님과도 관계를 맺는다. 정신은 자신의 내면으로 향할 때 더욱 분명하게 하나님께로 이끌린다.[24] 즉 자아(정신)를 향해 돌아서는 것이 하나님을 향해 돌아서는 것이다.

인간 안의 하나님의 형상에 대한 두 번째 이해는 첫 번째 이해에서 한 걸음 더 나아가, 인간이 하나님을 유비적으로 반영한다는 것이다. 인간의 정신이 하나님을 알고 하나님과 관계를 맺을 수 있는 것은 인간의 정신 안에 하나님을 반영하는 존재론적 유비가 있기 때문이다. 따라서 아우구스티누스는 삼위일체에 대한 유비를 인간의 정신 안에서 발견하였다. 즉 인간은 정신에 의해 하나님을 알 수 있을 뿐만 아니라 정신 안에서 하나님의 형상을 반영한다. "비록 인간의 정신이 하나님과 동일한 본성은 아니지만, 그 본성의 형상이 우리의 정신에서 발견된다."[25] 아우구스티누스는 삼위일체의 유비를 인간의 기억, 이해, 사랑(의지)의 세 가지 정신 활동에서 발견한다.[26] 모든 교부들이 하나님의 본성을 반영하는 하나님의 형상이 인간의 정신에만 있다고 본 것은 아니지만, 그럼에도 대체로 인간의

24) Augustine, *Confessions* 10.15.25; 8.14; 8.13; 10.16.

25) Augustine, *The Trinity* 14.2. 성염 역, 『삼위일체론』 (왜관: 분도출판사, 2015).

26) Augustine, *The Trinity* 1.1-13; 14.8.11.

몸은 하나님의 형상으로 간주되지 않았다.

하나님의 형상에 대한 교부들의 세 번째 이해는 인간의 자유에서 찾을 수 있다. 특히 니사의 그레고리오스는 인간의 본성에 각인된 신적 본성이 자유에 있다고 보았다. "자유와 자유의지의 선물"이 인간의 독특성을 결정한다. "우리 안에는 모든 탁월함, 모든 덕과 지혜, 그리고 우리가 생각할 수 있는 모든 고상한 것들의 원리가 있다. 그러나 모든 것들 가운데 가장 중요한 것은 우리가 필연성으로부터 자유롭고, 그 어떤 자연적 힘에 속박되지 않으며, 우리가 원하는 대로 우리 자신의 힘을 사용하기로 결정할 수 있다는 사실이다. 왜냐하면 덕은 자발적인 것이며 그 어떤 지배에도 종속되지 않는 것이기 때문이다.…"[27] 그런데 그레고리오스는 인간의 자유의 본질이 우리가 되어야 할 바가 되는 데 있다고 보았다. 자유는 의지에 의해 행사되는데, 의지는 인간의 삶을 목적의 관점에서 질서화하며 자유가 탁월함(덕)과 인간의 번영을 지향하도록 한다. 우리는 우리의 덕이 성장함에 따라 하나님의 선을 즐거워하게 된다. 그러므로 자유는 그 자체로서가 아니라 하나님과의 관계에서 이해되어야 한다. 인간은 하나님의 형상으로 지음을 받았기 때문에, 우리는 우리의 얼굴이 하나님을 향하고 우리의 행동이 하나님의 사랑에 의해 이루어질 때에만 온전한 인간이 될 수 있다.[28]

하나님의 형상에 대한 교부들의 네 번째 이해는 죄와의 관계 안에서 발견된다. 인간 안의 하나님의 형상은 죄로 인해 흐려지고 망가졌다. 인간에 관한 창세기의 진술과 인간의 현실 사이에는 큰 괴리가 있다. 인간의 본성은 죄로 인해 변질되고 흉하게 되었다. 그러나 죄가 인간의 최종

27) Gregory of Nyssa, *Making of Man* 16.11 (NPNF, second series, 5:405).

28) Gregory of Nyssa, *Making of Man* 4 (PG 44:136b-c), 16 (PG 44:184b).

적 운명은 아니다. 죄는 하나님의 형상 안에서의 인간의 창조와, 하나님과 함께 사는 인간의 최종적 운명 사이에 놓여 있다. 교부들의 사고에서 죄의 실재는 하나님의 형상을 근본적으로 근절하지는 못한다. 따라서 교부들은 죄로 인한 하나님 형상의 훼손이나 손상을 은유적으로 표현하였다. 즉 동전에 새겨진 것을 긁어낸다든가, 형상의 아름다움을 흉하게 만든다든가, 형상을 무효화시킨다든가, 질병에 걸린다든가 하는 등의 은유가 사용되었다. 타락 이후에도 하나님의 형상의 어떤 측면은 남아 있다. 예를 들면, 죄에 의해 어둡게 되었음에도 불구하고 여전히 이성이 남아 있으며, 욕정에 사로잡혀 있음에도 불구하고 여전히 인간의 자유가 남아 있다. 아우구스티누스에 따르면, 하나님의 형상은 "닳아서 거의 다 없어졌음에도 불구하고 언제나 거기에 남아 있다."[29]

다섯 번째로 하나님의 형상은 하나님의 완전한 형상인 그리스도를 떠나서 이해될 수 없다. 니사의 그레고리오스는 창세기에 기록된 최초 인간의 본성도 그리스도 안에서 이해하였다. "첫 번째 창조에 나타난 인간과 완성의 때에 나타날 인간은 동일하다. 왜냐하면 그 둘은 똑같이 하나님의 형상을 지니고 있기 때문이다." 우리는 그리스도 안에서의 변화와 무관하게 인간의 본성을 말할 수 없다. 그리스도 안에서 본래적이고 진정한 인간 본성이 나타났다.

교부들은 "형상"과 "모양"을 구별하여, 형상은 창조 때의 인간을 가리키는 것으로, 모양은 그리스도 안에서 새롭게 창조되고 회복되며 다시 하나님처럼 된 인간을 가리키는 것으로 이해하기도 하였다. 디디무스는 요한1서 3:2("그가 나타나시면 우리가 그와 같을[like] 줄을 아는 것은 그의 참모습 그

---

29) Augustine, *The Trinity* 14:4.6; Gregory of Nyssa, *Lord's Prayer* 5 (GNO 7, 2:63), *Beatitudes* 1 (GNO 7, 2:81, 3-4): Basil, *Ascetic Discourse* 1.1 (PG 31:869d); *Lord's Prayer* 4 (GNO 7, 2:45, 23).

대로 볼 것이기 때문이니")의 "같음"(like)이 창세기 1:26의 "모양"(likeness)에 상응한다고 본다. "우리는 이미 하나님의 형상대로 만들어졌으며, 또한 하나님의 모양(likeness)이 될 것을 바라본다."[30]

교부들은 인간이 하나님과 "같이"(like) 되는 것을 "신화"(*theōsis*, divinization 또는 deification)라는 개념으로 표현하였다. 다음과 같은 아타나시오스의 유명한 경구는 이 신화 사상을 표현한다. "우리가 신적 존재가 되도록 하기 위하여 하나님의 말씀이 인간이 되었다."[31] 만일 인간이 하나님의 형상대로 만들어졌다면, 인간의 삶의 목적은 하나님과의 교제, 신적 삶의 공유에 있다. 이것은 우리가 하나님과 "같이" 된다는 것을 의미한다. 그리고 이것은 그리스도 안에서의 구속과 성령의 선물을 통해서만 가능하게 된다. 이러한 신화 사상은 동방 교부들에게만 나타나는 것이 아니라 서방 교부인 아우구스티누스의 글에도 잘 나타난다. "하나님이었던 그가 인간이 된 것은 인간이었던 자들을 하나님(gods)으로 만들기 위해서다."[32] 아우구스티누스에게 있어 신화 사상은 바울이 말하는 양자 개념과 유사하다.

여섯 번째로 교부들은 대체로 하나님의 형상을 인간의 육체와 연결시키지는 않았음에도 불구하고 인간의 육체성을 중요시하였다. 니사의 그레고리오스는 영혼이 육체 안에서 생명을 갖기 이전에 자신의 생명을 가진다는 생각을 거부하였다. 영혼과 육체는 함께 만들어지며 하나님의 뜻 안에서 "동일한 시작"을 갖는다.[33] 막시무스는 영혼과 육체가 전인적 인간

30) Didymus the Blind, *Didyme l's Aveugle. Sur La Genèse*, ed. Pierre Nautin and Louis Doutreleau, *Sources Chrétiennes*, no. 233 (Paris, 1976), 1:146-50.

31) Athanasius, *On the Incarnation* 54. 염창선, 원성현, 임승안 공역, "말씀의 성육신에 대하여", 『기독교고전총서3 후기 교부들의 기독론』 (서울: 두란노아카데미, 2011).

32) Augustine, *Sermon* 192.1.1.

33) Gregory of Nyssa, *Making of Man* 29 (PG 44:233d).

을 위한 불가분리적인 부분들임을 강조하였다.[34]

육체의 중요성은 특히 육체적 부활에 대한 신앙고백(니케아-콘스탄티노플 신조)에 의해 더욱 강조되었다. 몸이 없는 영혼은 하나의 인격이 될 수 없다. 아우구스티누스에 따르면, 몸은 외부로부터 맞추어진 장식품이 아니라 인간의 본성 자체에 속한다. 죽은 자의 몸을 돌보는 것은 부활에 대한 우리의 믿음을 확증한다. 몸과 연합하지 못하는 동안 영혼은 충분히 그 자신이 되지 못한다. 따라서 영혼은 자신의 몸과 재연합되기를 갈망한다. "영혼이 다시 이 몸을 받을 때에만…영혼은 완전한 자신의 존재를 갖게 된다."[35] 초기 교회에서 형성된 이와 같은 교부들의 부활신학은 정신-육체 통일체로서의 기독교 인간론의 수립을 위한 토대가 되었다.

Ⅳ. 중세의 인간론: 토마스 아퀴나스

중세 가톨릭 신학의 대부인 토마스 아퀴나스(1225-1274)는 아우구스티누스의 플라톤적 인간론에 대한 아리스토텔레스적 대안을 제시하였다. 그러나 정확히 말하자면, 그는 아우구스티누스의 플라톤적 인간론과 아리스토텔레스의 인간론을 결합하였다. 그는 한편으로 아리스토텔레스를 따라 인간 본성의 통일성과 영혼 및 몸의 밀접한 상관성을 강조하였다. 아리스토텔레스는 물질과 영을 별개의 두 실체로 보지 않고, 형상(form)과 질료(matter)라는 두 형이상학적 원리가 연합하여 하나의 실체를 구성한다고 보았다. 형상과 질료는 각기 다른 것 없이 홀로 존재할 수 없다. 인간

34) Maximus the Confessor, *Ambiguum* 7 (PG 90:1101b).

35) Augustine, *Literal Commentary on Genesis* 12.35.68.

은 질료(흙, 공기, 불, 물)로부터 만들어진다. 형상 또는 영혼은 질료를 조직하여 인간적인 구조, 능력, 목적을 지닌 인간을 생성하는 원리다. 영혼은 인간의 모든 기능과 (생물학적·심리학적·이성적·의지적·문화적) 능력을 현실화한다. 인간의 영혼(형상)은 유기체적·지각적·이성적 영혼이다.

아퀴나스는 아리스토텔레스의 질료-형상론을 받아들이고 영혼을 몸의 형상으로 보았다. 그는 아리스토텔레스처럼 인간 본성의 실체적 통일성을 강조함으로써 인간에 대한 전일적이고 통전적인 설명을 제시하였다.[36] 몸을 갖는 것은 이성적 동물인 인간 본성의 한 부분이다. 영혼은 자연의 한 부분이다. 따라서 몸이 없는 영혼은 완전한 인격체가 아니다.[37]

그러나 다른 한편 아퀴나스는 아리스토텔레스와 입장을 달리하면서 아우구스티누스의 견해에 따라 영혼은 독자적 실체로서 몸의 죽음 이후에도 생존할 수 있다고 보았다. 그는 영혼이 몸의 형상이며 동시에 지성적 실체라고 주장했다. 영혼은 몸 없이 존재할 수 있다.[38] "인간의 영혼은 유형적 신체를 갖고 있지 않지만 실재적으로 존재하는 원리다."[39] 영혼은

---

36) Aquinas는 영혼의 기능과 힘이 세 계층적 구조로 이루어져 있다고 보았다. 영혼의 가장 낮은 힘은 식물과 동물과 공유하는 영양적 기능(양육, 성장, 번식)이다. 그 위에 동물과 공유하는 감각적 기능이 있다. 여기에는 외적 감각(봄, 들음, 냄새, 맛, 촉감)과 내적 감각(판단력 등)이 있다. 감각적 기능은 또한 운동력, 감각적 대상에 이끌리는 낮은 수준의 욕구, 그리고 감정(사랑, 소망, 기쁨, 미움, 혐오감, 슬픔, 두려움, 대담성, 희망, 절망, 분노 등)을 제공한다. 이성적 기능은 인간 특유의 기능이다. 여기에는 수동적 지성과 능동적 지성, 의지가 있다. 의지는 선을 향한 높은 수준의 욕구다. 하나님이 궁극적 선이기 때문에 의지는 궁극적으로 하나님을 지향한다. 도덕성이란 이성적 판단에 따라 선에 이끌리는 의지적 기능을 의미한다.

37) Aquinas, *Summa Theologiae*, I, 75, 5.

38) 몸 없는 영혼은 두 가지 점이 결핍되어 있다. 즉 그것은 현실적이 아닌 잠재적인 몸의 형상이라는 것, 육체적 기관이 요구되는 지각적 의식을 할 수 없다는 것이다.

39) Aquinas, *Summa Theologiae*, I, 75, 3. 사고하고 바라며 의도하고 희망하며 사랑하는 데 몸은 필요하지 않다. 단 이러한 작용들의 구체적 대상들은 몸의 감각을 통해 매개되기 때문에, 지상의 대상들을 의식하기 위해서는 몸이 필요하다.

몸의 도움 없이도 복잡하고 다차원적인 지성의 작용과 같은 자신의 고유한 작용을 가질 수 있는 독립적인 실체다. 하나님께서 창조 때 영혼에 비(非)부패성을 부여하셨기 때문에 영혼은 본성적으로 썩지 않는다. 따라서 "인간의 영혼은 몸이 해체된 이후에도 그 자신의 존재를 유지한다."[40]

가톨릭교회의 인간론은 이와 같은 아퀴나스의 견해를 따라 이중적 특성을 보여준다. 한편으로 가톨릭교회는 몸과 영혼의 연합을 강조한다. "영혼과 몸은 매우 깊은 연합을 이루고 있기 때문에, 우리는 영혼을 몸의 형상으로 여겨야 한다.…인간에게 있어서 영과 물질은 연합된 두 본성이 아니다. 그 둘의 연합은 하나의 본성을 형성한다."[41] 그러나 다른 한편으로 가톨릭교회는 죽음 이후에 몸과 분리된 영혼의 생존을 말하는 이원론적 인간론을 보여준다. "죽음, 즉 몸으로부터 영혼이 분리될 때, 인간의 몸은 썩고, 영혼은 하나님을 만나러 간다. 그리고 영광스럽게 된 자신의 몸과의 재연합을 기다린다."[42]

V. 종교개혁자들의 인간론

종교개혁자들은 인간의 본성에 관한 문제를 새롭게 다루지는 않았다. 그들은 그 대신 "중간기"에 대하여 논쟁을 벌였다. 즉 영혼이 죽음과 몸의 부활 사이에 하나님을 향한 의식을 갖고 있는가에 대한 것이다. 루터(그리고 종교개혁 좌파)는 부활과 최후의 심판 이전에 영혼이 "잠잔다"고 주장했다. 반면 칼뱅은 중간기에 영혼이 "깨어 있다"고 주장했다. 가톨릭교회는

40) Thomas Aquinas, *Summa Theologiae*, I, 76, 1.

41) *Catechism of the Catholic Church* (Mahwah, NJ: Paulist Press, 1994). par. 366.

42) Ibid., par. 997.

제5차 라테란 공의회(1513)에서 칼뱅과 동일한 입장을 천명했다. 이와 같은 입장은 몸과 영혼이 분리되어 존재할 수 있다는 사실을 전제한다.

1. 마르틴 루터의 인간론

웨인리히에 따르면, 루터의 인간론에서는 이 세상과의 관계에서 (철학적으로) 숙고하는 인간과, 작용인(efficient cause, 하나님)과 목적인(final cause, 영생)과의 관계에서 (신학적으로) 숙고하는 인간 사이의 구별이 매우 중요하다.[43] 루터는 인간을 이성과 감각과 몸을 가진 동물로 보는 교회의 전통적인 철학적 정의를 수용한다. 이성은 인간의 구성 요소 가운데 가장 중요하고 높은 자리에 있다. 이성은 "모든 예술, 의학, 법률, 그리고 지상의 삶 속에서 인간이 소유한 모든 지혜, 힘, 덕, 영광의 발명자이자 선도자다."[44] 이성은 인간과 다른 동물을 본질적으로 구별하는 요소다. 하나님은 아담의 타락 이후에도 "이 이성의 존엄성"을 제거하지 않고 인증하셨다.[45]

그러나 이성에 대한 이러한 철학적 정의는 오직 지상에서의 유한한 삶과 관계된다. 인간은 자율적이고 독립적인 존재로서의 관점 또는 자기 자신 안에 자신의 실재가 놓인 존재로서의 관점에서는 적절하게 정의될 수 없다. 또한 인간은 자신보다 열등한 다른 피조물들과 맺는 관계의 관점에서도 정의될 수 없다. 이러한 관점에서 숙고될 때, 인간의 종국은 죽음일

---

43) William C. Weinrich, "Homo theologicus: Aspects of a Lutheran Doctrine of Man," *Personal Identity in Theological Perspective*, Richard Lints, Michael Horton & Mark R. Talbot, eds. (Grand Rapids: Eerdmans, 2006), 32. 이하의 Luther의 인간론은 Weinrich의 글 참고.

44) Martin Luther, *Luther's Works* (Philadelphia: Muhlenberg; Saint Louis: Concordia, 1960), 34.137.

45) Luther, *Luther's Works*, 34.137.

뿐이다. 인간은 자신을 넘어서는 존재의 관점에서만 정의될 수 있는 탁월한 피조물이다. 신학만이 인간을 작용인 즉 창조자 하나님과, 목적인 즉 영생의 관점에서 정의한다. 즉 인간은 하나님의 피조물로서 영생이 예정되어 있다.[46] 루터의 신학적 정의에 따르면, "인간은 육체와 살아 있는 영혼으로 구성되어 있는 하나님의 피조물로서 애초에 하나님의 형상을 따라 만들어졌고 죄가 없으며, 따라서 번성하고 창조세계를 지배하며 죽음을 당하지 않는다."[47] 인간은 창조자에 의해 불멸과 영생으로 예정된 존재로 정의되어야 한다. 그러므로 인간은 두 영역 안에 산다. 즉 하나는 죽음이 예정되어 있으며, 다른 하나는 하나님과의 삶이 예정되어 있다.

루터는 창세기를 주석하면서 창조세계 안에서의 인간의 특별한 위치에 대하여 설명한다. 먼저 아담은 먹고 마시며 노동하고 출산하는 육체적 삶을 부여받았다. 인간의 본성이 손상당하지 않았다고 하더라도, 아담은 아마 이러한 삶을 살았을 것이다. 인간의 삶과 짐승의 삶은 이러한 점에서 유사성을 갖는다.[48] 그러나 인간과 짐승 사이에는 커다란 차이가 있다. "우리가 만들자"(창 1:26)는 구절은 하나님이 인간을 창조하고자 하실 때 스스로 회의를 소집하고 숙의(熟議)하신 것을 보여준다. 인간은 "하나님의 특별한 계획과 섭리"에 의해 창조되었다. 더욱이 하나님은 인간을 "하나님의 형상"으로 창조하셨다. 하나님은 자신의 특별한 숙고를 통해 인간이 자신의 형상대로 영원한 삶(불멸)을 살도록 창조하셨다.[49] 루터에 의하면, "하나님의 형상"은 육체적인 삶에 있거나, 이 삶을 지배할 수 있는 이성이나 의지 같은 인간의 특수한 정신적 능력에 있지 않다. "하나님의 형상"은

46) Luther, *Luther's Works*, 34.138.

47) Luther, *Luther's Works*, 34.138.

48) Luther, *Luther's Works*, 1.56.

49) Luther, *Luther's Works*, 1.84.

인간이 하나님에 의해 더 나은 삶, 즉 하나님과 더불어 영원히 사는 삶을 위해 창조되었음을 가리킨다. "하나님의 형상"은 인간의 지성, 의지, 기억, 육체적 능력에 있지 않고, 하나님으로부터 자유롭게 부여받는 삶, 영원한 생명을 향한 삶에 있다.

> 그러므로 하나님의 형상에 대한 나의 이해는 이렇다. 즉 아담은 그것을 자신의 존재 안에 가졌다. 그는 하나님을 알았으며 자신이 선하다고 믿었을 뿐 아니라 또한 완전히 경건한 삶을 살았다. 다시 말하면, 그는 죽음이나 다른 위험에 대한 두려움이 없었으며 하나님의 호의에 만족했다. "아담과 하와야, 지금 너희는 두려움 없이 살고 있다. 너는 죽음을 경험하지 않았으며 보지도 않았다. 이것이 나의 형상이다. 너희는 하나님이 살고 있는 것처럼 이 하나님의 형상에 의해 살고 있다. 그러나 만일 너희가 죄를 지으면 너희는 이 형상을 잃어버리고 죽을 것이다."[50]

하나님의 형상은 "영원한 생명, 두려움으로부터의 영원한 자유, 모든 선한 것을 포함하는 가장 탁월한 그 어떤 것"[51]이다. 하나님의 형상으로서 인간은 하나님으로부터 자유롭게 살며 하나님과의 영원한 삶으로 예정되었다. 그러나 죄로 인하여 하나님의 형상이 상실되었다. 하나님의 형상이 죄로 인해 상실됨으로 말미암아 인간의 지성, 의지, 기억, 육체적 능력이 기형화되었으며 죽음에 이르게 되었다. 아담의 타락 이후 인간은 악마와 죄와 죽음의 세력에 사로잡혀 있다. 죄는 창조자와 대립되는 곳에 인간을 위치시키며 심판으로서의 죽음으로 이끈다. 죽음은 인간이 그 자신의 근

---

50) Luther, *Luther's Works*, 1.62 이하.

51) Luther, *Luther's Works*, 1.65.

원(작용인)인 하나님과 자신의 운명(목적인)인 영원한 생명으로부터 단절되었다는 확실한 표지다.

하나님은 죄악에 사로잡힌 인간을 영원한 생명을 누리기로 의도되었던 본래적인 인간으로 회복시키는 새로운 행동을 하셨다. 이것이 복음이다. 루터는 로마서 3:28("그러므로 사람이 의롭다 하심을 얻는 것은 율법의 행위에 있지 않고 믿음으로 되는 줄 우리가 인정하노라")을 주석하면서, "사람이 믿음으로 의롭게 된다"는 것이 인간에 대한 바울의 정의라고 말한다.[52] 또한 이 정의는 루터 자신의 정의이기도 하다. 인간은 죄인에 대한 하나님의 칭의로 말미암아 믿음 안에서 하나님과 더불어 살게 되며, 하나님 앞에서의 영원한 삶을 부여받는다.

루터는 교부들의 성육신 기독론을 자신의 칭의 교리에 적용한다. 이레나이우스에 의하면, 하나님이 그리스도를 우리처럼 되게 하신 것은 우리를 그분처럼 되도록 하기 위함이다.[53] 루터에 따르면, 거룩하고 의로우며 살아계신 그리스도가 우리처럼 된 것은, 죄악에 빠져 있고 불의하며 죽을 수밖에 없는 우리도 그분처럼 의롭고 거룩하게 살아가도록 하기 위함이다. 그리스도는 하나님의 아들로서 죄인인 우리와 같은 인간이 되셨다. 그리스도는 가장 큰 죄인(*maximus peccator*)이 되셨다. "그리스도는 자신의 고유한 인격(위격)에 의하면 죄가 없다. 그러나 그리스도는 우리의 죄를 자신이 짊어지고, 우리를 위하여 십자가에서 죽었다.…그는 모든 인간의 모든 죄를 자신의 몸에 지닌다. 이것은 그가 죄를 지었다는 의미가 아니라, 자신의 피로 우리의 죄(죄의 값)를 만족시키기 위하여 우리가 지은 모든 죄를 자신의 몸에 짊어졌다는 의미다."[54]

---

52) Luther, *Luther's Works*, 34.139.

53) Irenaeus, *Adversus Haereses* 5.

54) Luther, *Luther's Works*, 26.277.

또한 루터는 그리스도가 참 하나님임을 강조한다. 우리를 위하여 죄인이 되고 인간이 된 그리스도는 그 자신의 인격에 있어서 참 하나님이다. "세상의 죄, 죽음, 저주, 그리고 하나님의 진노를 그 자신 안에서 정복하기 위해서는 그것이 어떤 피조물의 사역이 아니라 신적 능력의 사역이어야 한다. 따라서 이 모든 것을 자신 안에서 정복하는 그리스도는 본성상 참 하나님이어야 한다.…그리스도 자신이 빛이고 의(義)며 지복(至福)이고 본성과 본질에 있어서 하나님이다."[55]

우리는 오직 믿음으로 그리스도를 받아들인다. 우리를 위하여 죄인이자 인간으로 이땅에 오신 그리스도는 참 하나님이고 우리의 의가 되시며, 이로 인하여 하나님은 우리에게 영원한 생명을 주신다. "믿음에 의해 붙잡혀지고 우리의 마음에 살아 계신 그리스도는 참된 그리스도인의 의다. 하나님은 이로 인하여 우리를 의롭다고 인정하시며 우리에게 영원한 생명을 주신다."[56]

루터의 칭의 교리는 이른바 "행복한 교환"이라고 표현된다. 고귀하고 영광스러우며 복되고 살아 계신 하나님의 아들은 무가치하고 경멸스러우며 비참하게 죽어가는 가장 큰 죄인이 되지만, 무가치하고 경멸스러우며 비참하게 죽어가는 죄인인 인간은 고귀하고 영광스러우며 복되고 살아 계신 그리스도와 연합하게 된다.[57] 우리는 믿음 안에서 그리스도의 신성을 붙듦으로써 하나님과 같이(like) 된다. 즉 우리 안에 하나님의 형상이 회복된다.

---

55) Luther, *Luther's Works*, 26.282.

56) Luther, *Luther's Works*, 26.282.26.129 이하.

57) Luther, *Luther's Works*, 21.299; 26.314.

2. 칼뱅의 인간론

칼뱅에 따르면, 모든 지혜는 두 부분으로 즉 하나님에 대한 지식과 우리 자신에 대한 지식으로 구성되어 있다. 이 두 가지 가운데 어느 것이 다른 것에 선행하는지 분별하는 것은 쉽지 않다. 한편으로 그는 우리 자신에 대한 지식, 특별히 "첫 번째 인간의 반역으로 인해 우리에게 남겨진 비참한 파멸에 대한 지식은 우리로 하여금 위를 보지 않을 수 없게 만든다"고 말한다. 우리 각자는 "자신의 불행에 대한 의식에 의해 찔림을 받음으로써 적어도 하나님에 대한 다소의 지식을 가지게 됨이 틀림없다." 그는 또 이렇게 말한다. "우리가 우리 자신에 대하여 불쾌하게 되기 전에는 하나님을 진지하게 갈망할 수 없다." 따라서 "우리 자신에 대한 지식은 우리로 하여금 하나님을 찾도록 일깨울 뿐만 아니라 우리의 손을 잡아끌어 그분에게로 인도한다."[58]

그러나 다른 한편으로 칼뱅은 우리가 먼저 하나님을 바라보지 않으면 우리 자신에 대한 정확한 지식에 이를 수 없다고 말한다. 우리는 하나님의 완전하심에 대한 명상에서 시작하여 우리 자신을 살펴보아야 한다. 우리가 진정으로 비참하고 어리석고 부패했다는 사실을 깨닫기 위해서 우리는 땅위에 있는 것을 넘어서 하나님을 바라보아야 하며, "그분의 본성과 의, 지혜, 능력이 얼마나 완전한지"를 숙고해야 한다.[59] 따라서 칼뱅에게 하나님에 대한 지식과 우리 자신에 대한 지식은 불가분리적으로 뒤얽혀있다. 그럼에도 칼뱅은 올바른 가르침의 순서는 하나님에 대한 지식을

---

58) John Calvin, *Institutes of the Christian Religion,* ed. John T. McNeill, trans. Ford Lewis Battles (Philadelphia: Westminster, 1960), 1.1.1. 원광연 역, 『기독교 강요』 (상), (중), (하). (파주: 크리스천다이제스트, 2003).

59) Ibid., 1.1.2.

먼저 요구한다고 결론을 내린다.[60]

a. 두 가지 계약 아래 있는 인간

하나님에 대한 지식이 인간에 대한 지식보다 우선한다는 사실은, 일반적이고 세속적인 인격 개념에서 논의를 시작하는 기독교 인간론은 불가능하다는 사실을 함축한다. 따라서 칼뱅의 『기독교 강요』는 창조와 성서 안에 나타난 하나님의 계시와 함께 시작한다. 토랜스에 따르면, 칼뱅은 인간에 대한 성서의 지식이 이중적으로 나타난다고 이해한다.[61] 이 이중적 지식은 율법을 통한 지식과 복음을 통한 지식이다. 율법은 인간 존재의 본래적 모습(율법)과 비교하여 인간 자신의 모습이 실제적으로 어떠한지를 보게 해준다. 복음은 인간의 실제 모습을 계시할 뿐 아니라 인간이 마땅히 되어야 할 존재가 되도록 거듭나게 해준다. 칼뱅은 율법의 만족이 영원한 생명의 필수적인 전제 조건이라고 말하면서, 그리스도가 자신의 순종을 통해 자기 백성들을 위한 "공덕 있는"(merited) 구원을 이루셨다고 말한다.[62] 그리스도 안에서 율법과 복음은 하나가 된다.

b. 영혼과 몸, 하나님의 형상

칼뱅은 아우구스티누스의 플라톤적인 이원론적 인간론을 계승하였다. 그는 플라톤이 영혼의 불멸적 실체를 올바로 인식했다고 보았다.[63] 영혼은 형체가 없는 실체로서 몸 안에 거하면서 인간의 삶을 지배한다. 영혼과

---

60) Ibid., 1.1.3.

61) T. F. Torrance, *Calvin's Doctrine of Man* (Westport, Conn.: Greenwood, 1957, 1977), 13.

62) Calvin, *Institutes of the Christian Religion,* 1.15.8.

63) Ibid., 1.15.6.

몸은 형이상학적으로 구별되며, 영혼은 창조물이지만 불멸한다.[64] 신자의 영혼은 죽음 후에 즉시 안식과 그리스도와의 교제를 누리며 그리스도의 재림과 몸의 부활을 기다린다. 칼뱅은 죽음과 부활 사이의 중간상태가 단지 영혼이 잠들어 있는 상태가 아니라 의식을 가지고 그리스도와 친교를 누리는 상태라고 강조한다.[65]

칼뱅은 인간 안의 하나님 형상에 대해 어떻게 생각하는가? 그는 하나님의 형상으로 창조된 본래적 인간의 온전성을 강조한다. 그는 인간 본성 안에 있는 어떤 약점이나 결함으로 인해 애초부터 타락과 그에 따른 구속이 필연적인 것이었다는 생각을 거부한다. 인간의 부패와 악의와 죄는 "본성"으로부터 생겨나는 것이 아니라 "본성의 부패"로부터 생겨나는 것이다.[66] 만일 본래적으로 본성 안에 어떤 결함이 있다면 하나님에 대한 비난이 초래된다. 하나님은 인간을 자신의 창조물들 가운데 가장 탁월한 최상의 작품으로 만드셨다.[67]

그러면 인간 안의 하나님 형상이란 무엇인가? 칼뱅은 하나님 형상의 가장 적절한 자리에 영혼이 위치해야 한다고 본다. 그러나 그는 하나님의 형상을 영혼에 제한하지는 않고 전체 인격에 귀속시킨다. "인간 안에, 심지어 몸 자체 안에, 불꽃이 빛나지 않는 부분이 없었다."[68] 그러나 인간 안의 하나님의 형상은 죄로 인하여 파괴되었다. 타락한 인간의 상태에 대한

---

64) Calvin에게 영혼(soul)과 영(spirit)은 같은 개념이다. Ibid., 1.15.2.

65) 「하이델베르크 교리문답」(57항)도 Calvin을 따라 죽음 이후의 영혼의 생존과 몸의 부활에 관해서 이렇게 진술한다. "이생 이후에 내 영혼이 즉시 머리이신 그리스도께로 받아들여질 뿐만 아니라, 내 몸까지도 그리스도의 능력에 의해 일으킴을 받아 내 영혼과 재연합하게 되고 그리스도의 영광스러운 몸과 같이 될 것이다." *The Heidelberg Catechism, A New Translation* (Grand Rapids: Christian Reformed Board of Publication, 1975).

66) Calvin, *Institutes of the Christian Religion,* 1.14.3.

67) Ibid., 1.14.20; 1.15.1.

68) Ibid., 1.15.3.

칼뱅의 표현은 다소 모호하다. 그는 "우리가 보기에 하나님의 형상이 완전히 말살되고 파괴되지는 않았다고 하더라도, 이 형상은 너무도 부패했으며 끔찍한 기형으로 남아 있다"[69]라고 말한다. 이 말을 해석할 때, 어떤 사람은 하나님의 형상이 미미하지만 남아 있다고 이해하는 반면, 다른 사람은 하나님의 형상이 실제로 남아 있지 않다고 해석한다.

인간 안에서 기형화된 하나님 형상의 회복은 둘째 아담인 예수 그리스도를 통하여 일어난다. "이제 우리는 그리스도가 가장 완전한 하나님의 형상임을 본다. 우리가 그리스도를 따라 그와 같이 되면, 우리는 우리의 참된 경건, 의, 순수함, 지성이 회복되어 하나님의 형상을 지니게 된다."[70]

Ⅵ. 16-17세기 개혁교회의 인간론

1. 두 가지 계약 아래 있는 인간

개혁교회의 전통은 성서적 인간 지식에 대한 칼뱅의 이중적 이해에 기초하여, 성서에 나타난 두 가지 계약(covenant)의 관점에서 이중적인 인간 이해를 발전시켰다. 즉 그것은 "창조계약"의 관점에서의 인간 이해와 "은혜계약"의 관점에서의 인간 이해다. 창조계약에서는 완전한 순종을 조건으로 아담과 그의 자손에게 생명이 약속되는 반면, 은혜계약에서는 타락으로 인해 창조계약을 이행할 수 없게 된 죄인에게 예수 그리스도 안에서 생명과 구원이 주어진다.

---

69) Ibid., 1.15.4.

70) Ibid., 1.15.4.

하나님의 형상으로 창조된 인간은 율법과 행위계약 안에 존재하기 때문에, 창조계약은 율법계약 또는 행위계약이라고도 불린다. 여기서는 인간이 하나님의 율법에 순종할 때에만 하나님과 교제할 수 있다. 즉 하나님은 아담을 창조하시고 그와 계약을 맺을 때에 행위의 율법에 대한 완전한 순종을 그에게 요구하시면서, 그가 순종하면 하늘의 영원한 생명을 주실 것이라고 약속하시는 반면, 그가 계약을 위반하면 영원한 죽음을 주실 것이라고 경고하신다.[71]

창조계약과 은혜계약은 율법과 복음, 행위와 믿음의 변증법적 관계에 기초한다. 율법은 우리를 그리스도께로 인도하는 초등 교사이며, 복음은 그리스도의 인격과 사역과 은혜를 다룬다. 우르시누스에 따르면, "율법은 행해야 할 것을 규정하고 명령하며 피해야 할 것을 금지하는 반면, 복음은 그리스도로 말미암아 값 없는 죄의 용서를 선언한다. 율법은 자연으로부터 알려지는 반면, 복음은 하나님으로부터 계시된다. 율법은 완전한 순종을 조건으로 생명을 약속하는 반면, 복음은 그리스도에 대한 믿음과 새로운 순종의 시작을 조건으로 생명을 약속한다."[72]

마이클 호튼은 아담이 완전한 순종을 할 수 있는 온전한 능력을 가진 존재로 창조되었으며, 따라서 하나님과의 계약에서 적합한 상대방이 될 수 있다고 주장한다. 본래 아담은 하나님의 명령을 온전히 따를 수 있는 강직한 상태에 있었으며, 인간이 행위로 의롭게 될 수 없게 된 것은 오직

---

71) Johannes Cocceius, *Summa Theologiae* XXII, 1, Heinrich Heppe, *Reformed Dogmatics,* rev. and ed. Ernst Bizer; trans. G. T. Thompson (London: Gearge Allen & Unwin; Grand Rapids: Baker, 1950), 283에서 인용.

72) Zacharias Ursinus, *Commentary on the Heidelberg Catechism,* trans. G. W. Williard (Phillipsburg, N. J.: P & R Publishing, 1852), 3. 원광연 역, 『하이델베르크 요리문답해설』 (파주: 크리스천다이제스트, 2006).

아담의 타락 이후다.[73] 호튼에 의하면, 하나님은 아담에게 완전한 순종을 요구하시며 완전한 순종을 조건으로 생명나무를 먹을 수 있는 (선물이 아닌) 권리를 약속하신다.[74] 만일 아담이 이 계약 관계를 깨뜨리면, 그는 "정녕 죽을 것"이다. 아담은 인류를 대표한다. 따라서 아담은 모든 인간을 대리하며, 모든 인간이 하나님과 창조계약의 관계에 있다.[75]

인간과 하나님 사이의 계약 관계는 이스라엘의 역사 속에서 더욱 분명히 나타난다. 신정국가인 이스라엘의 존재 자체가 행위계약의 결과다. 아담의 경우와 마찬가지로, 모세와 체결된 시내산계약은 조건적이다. 만일 이스라엘 민족이 하나님의 명령을 지켜 행하면 그들이 살고 번성하고 약속하신 땅을 차지할 것이며, 반대로 그들이 하나님의 명령을 지키지 않으면 멸망할 것이다(신 8장).[76] 「스위스 일치신조」(Formula Consensus Helvetica, 1657)에 따르면, 행위계약과 결부된 약속은 단지 지상적 삶과 행복이 아니라 의와 영원한 하늘의 기쁨이다.[77]

율법은 창조계약의 맥락에서 만족되어야 한다. 율법은 하나님 자신의 본질적 의를 반영한다. 따라서 하나님을 반영하는 인간 안의 하나님 형상은 의, 거룩함, 순종을 포함한다. 창조계약 안에서의 율법의 우선성은 하

---

73) Michael S. Horton, "Post-Reformation Reformed Anthropology," *Personal Identity in Theological Perspective*, Richard Lints, Michael Horton & Mark R. Talbot, eds. (Grand Rapids: Eerdmans, 2006), 54.

74) Ibid., 52.

75) Horton은 창조계약을 하나님의 "은혜"와 연관시키는 것은 성급한 일이라고 본다. 왜냐하면 "은혜"는 멸망당할 인간들을 향한 하나님의 관용을 표현하기 위해 남겨두어야 하기 때문이다. Ibid., 56. 또한 그는 타락 이후에도 인간 안에 하나님의 형상이 유지된다고 주장한다. 왜냐하면 인간은 자신의 실존 자체에 의해 창조계약에 참여하기 때문이다. 하나님의 형상으로 창조되었다는 것은 하나님과의 계약 안에 있다는 것이다. 이 계약은 인간의 반역에 의해 손상되었음에도 불구하고 여전히 유효하다. Ibid., 57.

76) 호 6:7 "그들은 아담처럼 언약을 어기고 거기에서 나를 반역하였느니라."

77) Heppe, *Reformed Dogmatics*, 295.

나님이 죄인에게 단순히 무죄를 선고할 수 없다는 사실을 함축한다. 개혁교회 신학자들은 이와 같은 맥락에서 예수 그리스도의 순종을 이해하였다. 그들은 특히 구속 사역에서 예수 그리스도의 인간성을 중요하게 생각하였다. 하나님 아버지 홀로는 우리를 구원하실 수 없었다. 우리의 구원자는 둘째 아담이 되어야 했다. 그는 자신의 순종을 통해 아담과 인간의 불순종의 역사를 총괄하여 갱신했다.

둘째 아담은 은혜계약을 성취하였다.[78] 은혜계약 안에서는 우리를 위하여 다른 사람이 율법계약을 성취함으로써 우리에게 의가 주어진다. 개혁신학자들은 바울신학의 핵심이 율법과 약속의 대조에 있다고 본다. 즉 예수는 행위계약을 성취한 신실한 이스라엘이며, 우리는 그의 승리로 인하여 은혜계약에 따른 약속을 상속받는다. 호튼은 그리스도 안에서 율법과 복음은 혼동됨 없이 서로 포옹하며 정의와 은혜는 종합됨 없이 동등하게 전개된다고 말한다.[79] 또한 그는 오직 둘째 아담에 의해 창조계약이 성취되어야만 인간 안의 하나님의 형상이 실현되며, 은혜계약을 통해 하나님의 형상이 우리에게 주어진다고 주장한다.[80]

---

78) Horton은 구약성서에 등장하는 하나님과 체결된 은혜계약은 모세와의 계약이 아니라 아브라함과의 계약이라고 말한다. 이 은혜계약은 갈 3:17-18에 잘 표현되어 있다. "내가 이것을 말하노니 하나님께서 미리 정하신 언약을 사백삼십 년 후에 생긴 율법이 폐기하지 못하고 그 약속을 헛되게 하지 못하리라. 만일 그 유업이 율법에서 난 것이면 약속에서 난 것이 아니리라. 그러나 하나님이 약속으로 말미암아 아브라함에게 주신 것이라." Michael Horton, "Post-Reformation Reformed Anthropology," *Personal Identity in Theological Perspective*, 59.

79) Ibid., 57.

80) Ibid., 59.

2. 인간 안의 하나님의 형상

「하이델베르크 교리문답」 6항에서는 하나님의 형상을 아담이 창조될 때 부여받은 "참된 의와 거룩함"과 동일시한다. 「웨스트민스터 신앙고백」 4장은 다음과 같이 진술한다. "하나님은 모든 다른 피조물을 만드신 후에 남녀 인간을 창조하셨다. 이 인간은 이성적인 불멸의 영혼을 지닌 인간이며, 하나님 자신의 형상을 따라 지식, 의, 참된 거룩함을 부여받은 인간이며, 자신의 마음에 새겨진 하나님의 율법을 가진 인간이며, 그 율법을 성취할 수 있는 능력을 가진 인간이다. 그러나 또한 이 인간은 자유의지에 따라 율법을 위반할 수 있는 인간이다.…"

타락 이후에 하나님의 형상은 완전히 상실되었는가? 우르시누스는 하나님의 형상이 어떤 의미에서는 상실되었고 어떤 의미에서는 남아 있다고 보았다. 인간은 타락 이후에 하나님의 형상을 상실하고 사탄의 형상으로 변화되었다. 그러나 타락 이후에도 하나님의 형상의 잔여(殘餘)가 있다. 이 잔여는 이성적 영혼과 의지, 예술과 과학의 지식, 시민 도덕, 많은 현세적 축복의 향유, 다른 피조물에 대한 지배 등을 포함한다. 그러나 인간은 가장 중요한 하나님의 형상, 즉 하나님 및 하나님의 뜻과 사역에 대한 참된 지식, 하나님의 법에 따른 감정과 행동의 통제, 창조세계에 대한 올바른 관리, 현세와 내세에 있어서의 참된 행복 등을 상실했다.[81]

칼뱅주의 신학자들은 칼뱅의 견해에 따라 영혼만이 아니라 몸도 하나님의 형상으로 간주한다. 존 머레이에 따르면, 인간은 몸을 가진 것이 아니라 몸이다. 성서는 혼이나 영이 먼저 창조되고 후에 몸에 들어왔다고

81) Ursinus, *Commentary on the Heidelberg Catechism,* 32.

말하지 않는다. 몸은 부가물이 아니다.[82] 튜레틴도 영혼이 하나님의 형상의 자리이지만 그 형상이 몸에서도 빛나며, 몸도 성도에게 주어지는 불멸에 참여한다고 말한다.[83] 그러나 그는 고린도전서 11:7에 근거하여, "하나님의 형상"인 남자는 "남자의 형상"인 여자의 위에 있다고 주장한다. "남자는 여자에 비하여 (아내에 대하여[over] 갖는 힘에 있어서) 권위 있는 형상이다."[84]

하나님의 형상을 좁은 의미로 이해하는 루터파는 타락으로 인하여 그 형상이 상실되었다고 보는 반면, 하나님의 형상을 넓은 의미로 이해하는 개혁파는 타락 이후에도 그 형상의 일부가 남아 있다고 본다. 즉 루터파 신학자들은 하나님의 형상을 원의(原義), 지혜, 거룩함과 동일시하며, 이 하나님의 형상이 타락으로 상실되었다고 보는 반면, 개혁파 신학자들은 타락 후에도 인간은 스스로 결정력을 지닌 이성적 존재로서 다른 피조물을 미약하게나마 다스리며, 따라서 이러한 의미의 하나님의 형상은 여전히 남아 있다고 한다. 베르카워는 이와 같은 양쪽 입장을 중재하면서 이렇게 말한다. "만일 하나님의 형상을 인간의 본질, 의지, 지성으로 생각한다면, 그것은 상실되지 않았다. 그러나 만일 우리가 그것을 초자연적인 의와 거룩함으로 생각한다면, 그 형상은 철저히 그리고 완전히 상실되었다. 그리스도 안에서의 그 형상의 회복은 그것이 상실되었음을 전제한다."[85]

---

82) John Murray, *Collected Writings of John Murray*, vol. 2 (Edinburgh: Banner of Truth, 1977), 14.

83) Francis Turretin, *Institutes of Elenctic Theology*, trans. George Musgrave Giger, ed. James T. Dennison Jr., vol. 1: *First through Tenth Topics* (Phillipsburg, N. J.: P&R, 1992), 465.

84) Ibid.

85) G. C. Berkouwer, *Man: The Image of God* (Grand Rapids: Eerdmans, 1962), 46-47.

Ⅶ. 근대 이후의 인간론: 이원론적 인간론에 대한 도전

근대에 들어 서구의 전통적인 이원론적 인간론을 새롭게 부각시킨 철학자는 데카르트였다. 그에 따르면, 몸과 영혼은 각기 서로 다른 종류의 실체로부터 구성된다. 몸은 물질 즉 연장된 실체인 반면, 영혼은 형체가 없는 의식적 또는 사고적 실체로서 자아의 본질을 구성한다. 데카르트는 몸의 죽음 이후에도 영혼은 생존하는 것으로 보았다. "나는 나의 몸과 참으로 구별되며 몸 없이 존재할 수 있는 것이 확실하다."[86] 그러나 다른 한편, 그는 인간이 살아 있는 동안 몸과 영혼이 상호작용한다고 보았다. 영혼은 몸의 움직임을 야기하며, 몸은 자신과 외적 세계에 대한 감각을 영혼에 전달한다. 그는 송과선(pineal gland)에서 영혼과 몸 사이의 상호작용이 일어난다고 보았다. "단지 배 안에 조종사가 있는 것처럼, 나는 나의 몸 안에 거주하지 않는다. 나의 몸과 나는 매우 친밀하게 연결되어 있고 뒤섞여 있기 때문에, 나의 몸과 나는 통일된 전체를 형성한다."[87] 따라서 데카르트의 인간론은 이원론적 상호주의 또는 통일주의라고 할 수 있다.

그러나 근대 이후의 시기인 오늘날 서구의 전통적인 이원론적 인간론에 대한 도전이 여러 방면에서 일어나고 있다. 신경생물학자들은 인간의 정신적 능력이 뇌와 유기체에 의존한다고 본다. 뇌의 특정한 부분의 손상은 그 부분과 관련된 정신적 능력의 장애나 손실을 초래한다. 정신 현상이 전적으로 뇌 활동의 산물이라면 형이상학적으로 구별된 영혼이라는 실체를 상정할 필요가 없다. 다윈 이래의 진화론은 통시적 관점에서 영혼이 독립적인 실체라는 믿음에 도전한다. 만일 복잡한 형태의 생명이 더

86) Descartes, *Meditations*, VI.

87) Ibid.

단순한 형태의 생명으로부터 발전된 것이라면, 인간의 정신은 무의식적이면서 물질적인 유기체로부터 점진적으로 출현한 것이다. 따라서 영혼이라는 이원론적으로 구별된 독립적인 실체를 가정할 필요가 없다. 낸시 머피에 따르면, 인간은 물리적 유기체로서 유기체의 복잡한 기능이 사회 안에서 그리고 하나님과의 관계에서 도덕성과 영성과 같은 "높은" 인간의 능력을 출현시킨다.[88] 다시 말하면, 인간의 "의식, 사회적 상호작용, 도덕적 이성, 하나님과의 관계성 등을 위한 능력은 뇌가 극도로 복잡화된 결과로서 생겨난다."[89]

오늘날 이원론적 인간론에 대한 가장 심각한 도전은 성서학자들로부터 시작된다. 오늘날 많은 성서학자들은 성서에 나타나는 "영(루아흐, 프뉴마)" 또는 "혼(네페쉬, 프시케)"이란 개념들을 몸 없이 존재할 수 있는 무형적인 실체, 핵심적 인격, 참된 자아를 가리키는 것으로 이해하기를 거부한다. 그들은 이 개념들에 대한 이원론적 이해를 히브리적인 사고가 아닌 헬레니즘적인 사고의 산물로 간주한다.[90] 히브리인들에 있어 이 개념들은 형이상학적으로 구별된 불멸의 실체가 아닌 지상의 피조물들 안에 나타나는 호흡 및 생명의 힘과 연관된다. 오스카 쿨만은 신구약성서가 영혼-몸 이원론을 가르치지 않으며, 죽음 이후의 삶에 대한 기독교의 본래적 희망은 영혼 불멸이 아니라 예수에게서와 같은 몸의 부활에 기초한다고 주장한다.[91] 이처럼 오늘날의 성서학자들은 비이원론적 기독교 인간론을

---

88) Murphy, "Human Nature: Historical, Scientific, and Religious Issues" in *Whatever Happened to the Soul?* (Minneapolis: Fortress Press, 1998), 25.

89) Murphy, "I Cerebrate Myself: Is There a Little Man Inside Your Brain?" *Books and Culture: A Christian Review* 5/1 (January-February 1999), 24-25. 이와 같은 Murphy의 견해는 비환원론적 물리주의라고 불린다(본서 제9장을 참고하라).

90) Robinson, *The Christian Doctrine of Man* (Edinburgh: Clark, 1911), 21, 69.

91) Cullmann, *Immortality of the Soul or Resurrection of the Body?: The Witness of the*

위한 성서적 근거를 제공한다. 다음 장에서는 성서적 인간론을 창발적 전일론의 관점에서 자세히 고찰할 것이다.

New Testament (Eugene, Oregon: Wipf & Stock, 1964, 2010).

제2장

창발적 전일론의 관점에서 본 성서적 인간론: 존 쿠퍼를 중심으로

I. 서론

기독교는 전통적으로 인간의 본성과 운명을 이원론적 관점에서 이해해왔다. 즉 인간은 영혼과 몸이란 두 실체로 구성되어 있으며, 몸은 죽어도 영혼은 죽지 않는다는 것이다. 그러나 오늘날에는 이와 같은 전통적인 이원론이 일원론의 도전을 받고 있다. 일원론의 관점에 의하면, 인간의 영혼과 몸은 불가분리의 관계에 있으며 따라서 몸이 죽으면 영혼도 죽는다. 일원론자들 가운데에는 영혼의 존재 자체를 부인하는 사람들도 있다. 최근 『죽음이란 무엇인가』[1]란 책으로 대중적 관심을 모으고 있는 셸리 케이건은 인간은 단지 육체일 뿐 영혼은 없다고 주장한다. 그에 의하면, 몸과 분리된 영적인 무엇인가가 있으며 죽음 이후에도 계속 삶이 이어진다는 주장은 틀렸다. 살과 피와 뼈가 인간의 전부이며, 몸이 죽음을 맞을 때 인간은 완전히 끝난다는 것이다.

---

1) Shelly Kagan, 『죽음이란 무엇인가』, 박세연 역 (서울: 엘도라도, 2012).

오늘날 이원론적 인간론에 대한 도전은 다양한 방면에서 일어나고 있다. 신경생물학자들은 인간의 정신적 능력이 뇌와 유기체에 의존한다고 본다. 뇌의 특정한 부위의 손상은 그 부위와 관련된 정신적 능력의 장애나 손실을 초래한다. 정신 현상이 전적으로 뇌 활동의 산물이라면, 이것은 형이상학적으로 구별된 영혼이란 실체를 상정할 필요가 없음을 의미한다. 다윈 이래 진화론은 영혼이 독립적 실체라는 믿음에 도전한다. 만일 복잡한 형태의 어떤 생명이 더 단순한 형태의 생명으로부터 발전된 것이라면, 인간의 정신은 무의식적이고 물질적인 유기체로부터 점진적으로 출현한 것이라는 추론에 이른다. 따라서 몸과 이원론적으로 구별된 영혼이라는 독립적 실체를 가정할 필요가 없다.[2]

그러나 기독교의 전통적인 이원론적 인간론에 대한 가장 심각한 도전은 성서학자들로부터 말미암는다. 오늘날 많은 성서학자들이 성서에 나타나는 "영(루아흐, 프뉴마)" 또는 "영혼(네페쉬, 프시케)"을 몸 없이 존재할 수 있는 무형적인 실체, 핵심적 인격, 참된 자아를 가리키는 것으로 이해하기를 거부한다. 그들은 이 개념들에 대한 이원론적 이해를 히브리적 사고가 아닌 헬레니즘적 사고의 산물로 간주한다.[3] 히브리인들에게 이 개념들은 형이상학적으로 구별된 불멸의 실체가 아닌 지상의 피조물들 안에 나타나는 호흡 및 생명의 힘과 연관된다. 오스카 쿨만은 신구약성서가 영

---

2) Nancey Murphy는 인간은 물리적 유기체로서, 유기체의 복잡한 기능이 사회 안에서 그리고 하나님과의 관계에서 도덕성과 영성과 같은 '높은' 인간의 능력을 출현시킨다고 주장한다. 다시 말하면, 인간의 "의식, 사회적 상호작용, 도덕적 이성, 하나님과의 관계성 등을 위한 능력은 뇌가 극도로 복잡화된 결과로 생겨난다." Nancey Murphy, "Human Nature: Historical, Scientific, and Religious Issues" in *Whatever Happened to the Soul?* (Minneapolis: Fortress Press, 1998), 25; Nancey Murphy, "I Cerebrate Myself: Is There a Little Man Inside Your Brain?" *Books and Culture: A Christian Review* 5/1 (January-February 1999), 24-25.

3) H. Wheeler Robinson, *The Christian Doctrine of Man* (Edinburgh: Clark, 1911), 21, 69.

혼-몸 이원론을 가르치지 않으며, 죽음 이후의 삶에 대한 기독교의 본래적 희망은 영혼 불멸이 아니라 예수에게서와 같은 몸의 부활에 기초한다고 주장한다.[4]

그러나 이와 같은 일원론의 도전에 대항하여 이원론적 인간론을 옹호하는 신학자들도 있다.[5] 존 쿠퍼(John W. Cooper)는 이들 가운데 한 사람이다. 쿠퍼는 성서에 근거하여 일원론적 인간론을 주장하는 신학자들에 맞서, 죽음 이후의 중간상태에 대한 성서의 가르침이 이원론적 인간론을 정당화한다고 주장한다. 그는 성서의 본문들이 중간상태를 지시하거나 인간의 영혼이 몸과 분리되어 존재함을 보여준다고 주장한다. 즉 신자들은 죽음과 보편적 부활 사이의 중간 시기 동안 주님과 함께 교제하며 존재한다. 쿠퍼는, 전통적인 기독교가 몸과 영혼을 존재론적으로 구별한 주된 이유는 중간상태 교리를 받아들였기 때문이라고 주장한다.[6] 그는 성서에 근거한 자신의 인간론을 "전일적 이원론" 또는 "이원론적 전일론"이

---

4) Oscar Cullmann, *Immortality of the Soul or Resurrection of the Body?: The Witness of the New Testament* (Eugene, Oregon: Wipf & Stock, 1964, 2010).

5) 예를 들면 Stewart Goetz는 실체 이원론을 주장한다. Stewart Goetz, "Substance Dualism," Joel B. Green, ed. *In Search of the Soul*, second edition (Eugene, OR: Wipf and Stock Publishers, 2005), 33-60. 윤석인 역, 『몸과 마음 어떤 관계인가』 (서울: 부흥과개혁사, 2011), 55-101.

6) Cooper는 눅 23:43 "예수께서 이르시되 '내가 진실로 네게 이르노니 오늘 네가 나와 함께 낙원에 있으리라' 하시니라"에서 예수가 죽어가는 강도에게 "오늘" 자신과 함께 낙원에 있을 것이라고 약속하신 것은 중간상태에 대한 명백한 언급이라고 본다. 또한 그는 바울이 고후 5:6-9, 12:2-4, 빌 1:20-24 등에서 (죽음 이전 또는 죽음 이후에) 육신과 분리된 자신의 인격적 실존을 말하고 있다고 주장한다. Cooper에 따르면, 중간상태는 플라톤적 영혼 불멸 사상과 구별되며, 몸 없는 인격의 (일시적) 실존은 몸의 부활과 모순적이지 않다. 그는 『몸, 영혼, 그리고 영생』의 개정판 서문에서 자신의 세 가지 목적 가운데 첫째는 그리스도와 신자가 서로 교제하는 중간상태를 신약성서가 가르친다는 점을 재확인하는 것이라고 밝힌다. John W. Cooper, *Body, Soul & Life Everlasting: Biblical Anthropology and the Monism-Dualism Debate* (Grand Rapids: William B. Eerdmans, 2000), 22, 25-26, 31.

라고 명명한다.[7] 제2장에서는 쿠퍼와의 대화를 통해 성서의 인간론을 고찰하고, 몸과 영혼이 함께 죽는다는 일원론적 인간론뿐만 아니라 중간상태에서 영혼이 몸 없이 홀로 존재한다는 쿠퍼의 이원론적 인간론을 모두 극복하는 인간론의 전망을 "창발적 전일론"(emergent holism)의 관점에서 제시하고자 한다.

Ⅱ. 구약성서의 인간론

초기 교회 이래 신학자들은 전통적으로 인간에 관한 구약성서의 본문을 기독교 플라톤주의의 관점에서 이해했다. 그들은 인간이 물질적인 몸과 비물질적인 불멸의 영혼으로 구성되었다고 보았다. 따라서 "여호와 하나님이 땅의 흙으로 사람을 지으시고 생기를 그 코에 불어넣으시니 사람이 생령이 되니라"(창 2:7)는 구절은 하나님이 물질적인 몸 안에 비물질적 실체인 영혼을 심으신 것으로 이해되었다. 그러나 오늘날 많은 성서학자들은 이와 같은 플라톤주의적인 성서 읽기를 거부한다. 이들은 히브리인들이 인간의 본성을 하나의 통일체로서 이해했다고 본다. 래드에 따르면, 몸, 영혼, 영은 인간의 분리 가능한 부분이나 능력을 가리키는 것이 아니라 인간의 전체적 인격을 다른 방식으로 가리키는 것이다.[8] 그리스적 이원론에 있어서는 진정한 자아 또는 본질적 인격이 유기체적 실존과 분

---

7) Ibid., 27-28. Cooper는 본래 자신이 인간 본성의 통일성과 몸 없는 인격적 실존의 가능성 둘 다를 표하기 위해 "전일적 이원론"을 주장했지만, John Kok의 제안대로 인간 본성의 통일성을 더 강조하면서 죽음과 일시적 비육체성을 부자연스러운 결핍으로 간주하는 "이원론적 전일론"도 기꺼이 수용하겠다고 말한다.

8) George E. Ladd, *A Theology of the New Testament* (Grand Rapids: Eerdmans, 1974), 457. 신성종 외 역, 『신약신학』, 개정증보판. (서울: 대한기독교서회, 2001).

리되어 생존하고 심지어는 더욱 번성하는 반면, 히브리적 전일론에서는 몸의 실존과 분리된 인격적 실존이란 불가능하다. 창세기 2:7에 대한 달(M.E. Dahl)의 주석에 의하면, 이 본문은 "하나님이 생기를 불어넣으심으로써 인간 안에서 물질이 자기 의식적 존재의 특성을 획득하게 되었음"[9]을 표현한다. 하나님은 순수하게 물질적인 존재인 인간에게 인간만이 갖는 높은 능력을 부여하셨다.

쿠퍼는 구약성서의 인간론에서 대립하고 있는 이 두 가지 이해를 종합하고자 한다. 즉 그는 구약성서의 인간론이 이 세상을 살아갈 때 하나님 앞에서 살아 있는 통전적인 실존을 강조함과 동시에 생물학적 죽음 이후에 지속되는 실존에 대한 믿음을 포함하며, 따라서 "전일적"인 동시에 "이원론적"이라고 주장한다.[10]

1. 구약성서의 전일적 인간론

쿠퍼는 기독교의 전통적인 플라톤적 인간론의 특징을 두 가지로 요약한다. 하나는 인간이 물리적·생물학적 욕구와 기능을 가진 물질적 몸과 정신적·영적 기능을 가진 비물질적·실체적 영혼으로 구성되어 있다는 것이며, 다른 하나는 이 지상의 삶보다 내세가 더욱 참되고 더욱 순수하게 영적이며 따라서 더욱 하나님을 영화롭게 한다는 것이다. 그러나 쿠퍼는 이 두 가지 중 어느 것도 구약성서에서 발견할 수 없다고 본다.[11] 전통적인 플라톤적 몸-영혼 이원론은 구약성서의 인간론에 대한 오늘날의 성서신학자들의 연구에 의해 배격된다. 물론 구약성서의 용어들은 매우 다

---

9) M.E. Dahl, *The Resurrection of the Body* (London: SCM, 1962), 71.

10) Cooper, *Body, Soul & Life Everlasting*, 37.

11) Ibid.

양한 방식으로 사용되기 때문에, 인간 본성에 대한 하나의 분명한 이론적 모델을 구약성서로부터 이끌어내는 것은 불가능하다. 그러나 비이론적인 서술 또는 일반적인 인상에 관한 한, 구약성서의 인간 이해는 인간의 영혼이 "비물질적 실체"(immaterial substance)라는 사고와 멀리 떨어져 있다.

쿠퍼에 따르면, 구약성서의 인간론은 이원론적이지 않고 전일적이다. 플라톤과 데카르트적인 의미의 이원론적 인간론은 인간을 "각기 자신의 독특한 기능들을 가지고 있는 전적으로 다른 두 실체들의 접합과 상호작용으로 구성되는" 것으로 이해하는 반면, 전일적 인간론은 인간을 "전체 침투적 통일체(systemic unity)로서 모든 능력들과 기능들이 상호연관되고 통합되어 있는 단일한 실재"로 이해한다.[12] 구약성서는 생물학적 기능을 몸에만 한정시키지 않으며, 정신적-영적 능력을 영혼에만 한정시키지 않는다. 영혼도 생물학적 기능을 갖는 것처럼 보이며, 몸의 기관들도 고도의 의식적 능력을 갖는 것으로 간주된다.[13] 구약성서에서는 영혼 또는 인격을 몸과 독립적으로 기능하는 비물질적 실체로 이해하는 본문이 발견되지 않는다. 네페쉬(영혼)와 루아흐(영)는 비물질적 실체가 아니라 정신물리적인 전체 인격 또는 하나님이 주는 생명력을 지시한다. 또한 유기체적 몸을 지칭하는 용어들도 몸의 기능을 순수하게 생물학적으로 무관한 것 또는 영혼의 기능과 무관한 것으로 여기지 않는다. 인간의 정신적·정서적·도덕적 능력은 "영적" 기관인 네페쉬과 루아흐에 돌려질 뿐만 아니라, 또한 종종 가슴, 육체적 기관, 신장, 내장에 돌려지기도 한다. 구약성서에서 "영적" 기관과 "물리적" 기관은 모두 "영적"이면서 "물리적" 기능을 가지며, 따라서 영혼과 몸의 기능은 서로 분리되지 않고 정신-육체적 통

12) Ibid., 43.

13) Ibid., 38.

일 또는 기능적 통합을 이룬다.[14]

그러나 쿠퍼는 반(反)플라톤적·전일적인 구약성서가 곧 일원론적 또는 물질주의적인 구약성서를 의미하지는 않는다고 주장한다. 그에 따르면, 전일론은 어떤 존재 전체의 기능적 통일성과 전체 실존과 작용 안에서의 모든 부분들의 통합 및 상호관계를 확증한다. 전일론은 한 존재가 둘 또는 그 이상의 일차적 기능 체계들의 연결에 의해 구성되는 복합적 체계가 아니라 단일한 일차적 기능 체계로 이해한다. 전일론은 전체 안에서 부분들이 독립적으로 작용하지 않는다는 것과, 전체가 깨어질 때 부분들이 모든 동일한 속성과 기능을 필연적으로 계속 유지할 수 없음을 함축한다. 쿠퍼는 전일론이 전체를 근본적으로 단일한 동질적 실체나 사물로 보는 것(물질 또는 영 또는 중간적 실체에 의한 형이상학적 일원론)은 아니라고 주장한다. 전일적 존재는 여러 형이상학적 실체들이나 원리들로부터 구성될 수 있다. 그리고 전일론은 전체가 깨어질 때 모든 부분들이 필연적으로 무질서나 무로 해체됨을 함축하지는 않는다. 그 부분들이 전체 안에서 통합되어 있었을 때에 가졌던 모든 속성들이나 능력들이 없어졌다고 하더라도, 이차적 체계가 계속 존재할 수 있다. 수소와 산소 원자는 물 분자가 붕괴되어도 물 분자와 분리되어 존재할 수 있다. 마찬가지로 영혼, 정신, 인격은 유기체의 상실로 인해 궁핍해짐에도 불구하고 유기체 없이 존재할 수 있다.[15] 쿠퍼는 현상학적·실존적·기능적 통일성은 긍정하지만, 일원론이나 죽음에서의 인격적 절멸은 부정한다. 그는 이와 같은 자신의

14) 또한 구약성서에서 영혼이나 몸을 가리키는 용어들은 종종 제유법으로 사용된다. 즉 부분을 지칭하는 용어가 전체 인격을 가리키기 위해 사용된다. "나의 네페쉬가 부르짖는다"는 것은 비물질적 영혼이 아니라 "나의 전체 인격이 부르짖는다"는 의미다. Ibid., 43-44. Hans Walter Wolff, *Anthropology of the Old Testament*, trans. Margaret Kohl (Philadelphia: Fortress, 1974), 21-25

15) Cooper, *Body, Soul & Life Everlasting*, 45-46.

견해를 "기능적 전일론"(functional holism)이라고 명명하면서, 이를 "존재론적 전일론"(ontological holism)과 구별한다.[16]

쿠퍼는 구약성서의 인간론이 "실체적 일원론"이 아니라 "기능적 일원론"을, "존재론적 전일론"이 아니라 "기능적 전일론"을 보여준다고 주장한다. 구약성서에서 인간은 서로 다르고 환원 불가능한 두 가지 자료, 요소, 성분, 재료, 원리 등으로 구성된다. 로빈슨에 따르면, 인간 본성은 두 요소 즉 생명의 원리인 숨-영혼과 이 원리가 생동화하는(animate) 복잡한 신체 기관의 산물이다.[17] 한편으로 아담(*adam*)은 땅(*adamah*)으로부터 왔으며 땅의 먼지(*apar*)다. 몸은 흙으로부터 만들어졌다. 즉 흙이 몸의 실체다. 다른 한편으로 생명력 또는 숨의 힘(루아흐, 네샤마)은 하나님으로부터 온다. 이 생명력에 의해 몸이 생동화되며, 하나님이 이 생명력을 거두어가시면 몸은 생명력을 잃고 해체되어 흙으로 돌아간다. 루아흐는 살아 있는 피조물과 동떨어져 존재하는 개별적 실체가 아니다. 그것은 플라톤적 영혼 또는 개별적 영이 아니다. 그것은 하나님에 의해 산출되는 에너지로서 끊임없이 개별적 피조물에게 주어진다. 하나님이 루아흐를 거두어가시면, 루아흐는 더 이상 존재하지 않는다. 따라서 루아흐는 플라톤적 영혼이나 영과 같은 불멸의 실재가 아니다. 이 두 구성 요소가 결합되어 전일적인 살아 있는 피조물이 창조된다. 몸의 "재료"인 흙(먼지)이 실체라면, 생명력인

16) Cooper에 따르면, "존재론적 전일론"은 한 존재와 그 구성 요소를 "체계적 통일성"의 관점에서 이해한다. 존재론적 전일론에 따르면, 한 사물의 부분들, 측면들, 차원들은 오직 전체 안에서 그것들이 갖는 위치에 의해서만 존재한다. 그것들의 존재, 본성, 정체성은 모두 전체에 의존한다. 따라서 전체가 깨어지면 부분들도 더 이상 존재할 수 없다. 전체의 해체 이후 살아남는 부분은 없다. 인간 인격은 정신물리적 기능들이 통합된 단일한 전체성이다. 만일 전체가 깨어지면 영혼도 몸도 인격도 계속 기능하거나 존재할 수 없다. 왜냐하면 이것들은 분리 가능한 실체들이 아니라 단지 단일한 전체의 '측면들'이기 때문이다. Ibid., 46-47.

17) Robinson, *The Christian Doctrine of Man* (Edinburgh: Clark, 1911), 83.

루아흐(네샤마)는 생동화의 원리 또는 에너지다. 이 둘은 같은 의미에서 실체가 아니다.

그러나 쿠퍼는 이 둘이 서로 환원되지 않는 이원적 요소로서 함께 한 인격을 구성하기 때문에 일원론은 배격된다고 주장한다.[18] 그가 기능적 전일론(존재론적 전일론이 아닌)을 주장하는 근거는 두 가지다. 하나는 인간이 이원적 재료 또는 요소로 구성되었기 때문이며, 다른 하나는 생물학적 죽음 이후에도 인격(영혼)이 살아남기 때문이다.

2. 구약성서의 개인적 종말론

이스라엘인들은 죽음 후에 "스올"(*Sheol*)이라고 불리는 장소에 "희박한"(ethereal) 인간 실존이 존재한다고 믿었다. 로빈슨에 따르면, 죽음 후에 살아 있는 것은 영혼이 아니다. "구약성서에서 죽은 자는 '영혼'이 아니라 '그늘'(*rephaim*)이라고 불린다. 죽은 자가 거주하는 지하의 장소는 스올이라고 불린다. 스올은 많은 점에서 그리스의 하데스(Hades)와 같다."[19] 구약성서에 따르면, 죽은 자들은 스올이라고 불리는 지하세계에서 유령 같은 형태로 계속 실존한다. 그들은 일반적으로 비활동적이고 무의식적이었음에도 불구하고(욥 3:13; 전 9:10; 사 38:18) 때로는 의식적이고 활동이 가능한 것으로 여겨졌다(사 14:9-10; 삼상 28장). 사무엘상 28장에서 사무엘의 유령은 완전히 몸이 없는 영혼이 아니라 희박한 몸을 가진 존재(보이는 형체를 가짐, 옷을 입음, 들을 수 있게 말함)로 나타난다. 따라서 죽은 자는 희박한 몸을 가진 존재다.

---

18) Cooper, *Body, Soul & Life Everlasting*, 48.
19) Robinson, *The Christian Doctrine of Man*, 92.

쿠퍼는 죽음 이후의 실존에 대한 구약성서의 사고가 이원론적 인간론을 보여준다고 주장한다. 그에 따르면, 만일 생물학적 죽음 이후에 모종의 인격적 실존이 생존한다면, 인격적 실존은 지상의 육체적 삶으로부터 분리가 가능하다. 죽은 자는 육체와 떨어져서 생존한다. 지상의 실존은 전일적으로 구성되지만, 전체의 해체 또는 이분화를 넘어 지상의 실존의 어떤 부분, 측면, 차원이 지속된다. 이것은 존재론적 전일론이 아니라 일종의 이원론이다.[20] 쿠퍼는 네페쉬(영혼)와 루아흐(영)가 죽음 이후에 생존하는 비물질적인 인격적 존재를 지시하지 않으며, 또한 하나님께 돌아가는 루아흐(영)가 인격이 아니라 힘이라는 사실은 인정하면서도, 이 사실이 죽은 자의 실존을 불가능하게 만들지는 못한다고 주장한다. 구약성서는 죽음 후의 실존을 "르바임"이라고 부른다. 따라서 쿠퍼는 루아흐가 죽은 자의 실존을 가리키는 데 사용되지 않는다는 사실이 비이원론과 절멸의 근거가 되지 않으며, 죽음 이후의 실존에서 르바임으로서의 인격이 몸과 분리되어 몸 없이 계속 존재하기 때문에 이원론이 입증된다고 주장한다.[21] 그는 인격이 (플라톤과 데카르트에게서처럼) 순수하게 몸 없는 실체로서

---

20) Cooper, *Body, Soul & Life Everlasting*, 53.

21) Cooper는 죽은 자의 실존 양태에 대하여 두 가지 견해를 소개한다. 첫 번째는 죽음에서 네페쉬와 루아흐가 거두어지고 육체가 먼지로 돌아간 후에도 희박한 몸으로서의 인격적 실존이 남는다고 보는 견해다. 인간은 땅의 먼지와 생명력이 결합하여 살아 있는 존재(네페쉬 하야)가 된다. 죽음에서 생명력은 제거되고 육체는 먼지로 돌아간다. 그러나 인격 전체는 부분들의 합보다 크기 때문에 부분들이 없어져도 인격은 희박한 몸으로 존재한다. 이 인격적 실존은 생명력도 없고 육체적 실체도 없기 때문에 유령과 같고 무기력하다. 여기서 네페쉬와 루아흐는 실체적 실재가 아니며, 죽음 후의 인격적 실존도 생명력으로서의 네페쉬와 루아흐와 구별된다. 두 번째 견해는 죽음 이후의 유령과 같은 인격을 육체로부터 거두어진 네페쉬와 루아흐로 이해한다. Cooper에 따르면, 유기체적 죽음 이후에 생존하는 비육체적 인격을 영혼으로 표현하는 용례는 이미 구약성서 안에 나타난다. 후기 유대교에서는 네페쉬와 루아흐가 몸이 없는 인격을 가리키기 위해 사용되었으며, 따라서 종종 "실체적 영혼"으로 이해되었다. Cooper는 어느 견해가 옳은지 확정할 수 없다고 말하면서도 자신은 두 번째 견해를 지지한다. Ibid., 68-69.

존재해야 이원론적인 것이 아니며, 희박한 또는 유사 몸을 가진 존재도 이원론적이라고 주장한다.

주목할 점은 구약성서에서 스올의 실존이 르바임만 아니라 네페쉬로도 표현된다는 것이다(시 16:10; 49:15; 139:8). 때때로 네페쉬는 육체적 죽음 이후에 실존하는 인격적 존재를 가리키기 위해 사용되었다. 카이저에 따르면, "히브리인들은 실제로 '영혼'(네페쉬)을 죽은 자의 영혼을 의미하는 것으로 이해했을 가능성이 있으며, 적어도 후에는 정말 그렇게 이해했다."[22] 따라서 쿠퍼는 구약성서에서 네페쉬가 단지 숨(호흡)뿐만 아니라 분리 가능한 실체적 영혼 또는 자아로 이해되었다고 주장한다.[23]

결론적으로 쿠퍼는 구약성서의 인간론을 "기능적 전일론"과 "이원론"으로 요약한다. 살아 있는 동안 인간 인격은 통합된 전체성으로서, 생물학적 기능과 정신적-영적 기능이 정신-육체적 통일체로서의 인간 전체에 속해 있다. 그러나 죽음 이후 인간 인격은 몸 없이 계속 존재한다. 물론 몸 없는 상태가 바람직한 것은 아니며, 죽은 자의 실존은 이생에서의 생명력을 결여한다. 훗날 의인은 하나님의 기적적인 힘에 의해 이생에서의 육체적 생명을 회복할 것이다.[24] 쿠퍼는 이와 같이 인간 인격의 부분, 차원, 측면, 즉 영혼이 이원론적으로 육체적 죽음 이후에 생존할 수 있음을 인정하는 전일론을 "실존적-기능적 전일론" 또는 "전일적 이원론"[25]이라고 명명한다.

---

22) Otto Kaiser, *Death and Life* (Nashville: Abingdon, 1981), 40.

23) Cooper, *Body, Soul & Life Everlasting*, 61.

24) 구약성서에는 죽음을 넘어선 부활의 희망도 나타난다(시 16:10; 49:15; 73:26; 사 26:19; 겔 37; 욥 19:25-27; 단 12:2). 몸을 가진 전일적 실존을 강조하는 구약성서의 인간론에서 주님과 함께 있는 미래의 실존은 몸의 부활을 의미했다. 죽음 후에 인간은 스올에서 그늘(르바임)처럼 실존(중간상태)으로 있다가 주님이 오실 때에 부활의 육체적 생명을 회복하게 될 것이다. Ibid., 65.

25) Ibid., 71-72. Cooper는 "전일적 이원론"을, 철학적으로는 "기독교 아리스토텔레스적 플라톤주의"로 표현한다.

Ⅲ. 신구약 중간기의 인간론

쿠퍼는 신구약 중간기에 중간상태에 관한 사상이 세 가지 측면에서 발전한다고 말한다.[26] 첫째, 죽은 자가 "영혼"과 "영"으로 불린다. 중간기 문헌들에서 네페쉬(프시케)와 루아흐(프뉴마)는 몸이 없는 죽은 자(중간상태 또는 최종상태)를 가리키기 위해 이원론적으로 사용된다. 둘째, 많은 텍스트들이 중간상태의 "영혼"과 "영"을 몸으로부터 분리된 존재뿐만 아니라 의식적이고 활동적인 존재로 그린다. 죽은 자를 잠든 자로 묘사하는 은유는 반드시 무의식이나 비존재를 의미하지 않으며 의식과 중간상태에 대한 믿음과 양립된다. 셋째, 죽음 이후의 삶의 지형학, 즉 죽은 자가 거하는 영역에 관한 사고가 발전한다. 스올은 하데스가 된다. 하데스 안에는 지복을 누리는 곳도 있고 형벌을 받는 곳도 있다. 낙원(파라데이소스)과 지옥(게헨나)은 때로 하데스 안에 포함되기도 하지만, 대체로 하데스는 임시적 거처로, 파라데이소스와 게헨나는 최종적 거처로 각기 구별된다.

사후의 생을 믿지 않는 사두개인들과 달리, 바리새인들은 죽음에서 영혼이 몸을 떠나 중간상태에서 예상되는 하나님의 심판을 미리 즐기거나 슬퍼하면서 계속 존재한다는 믿음으로 죽은 자의 부활과 하나님 나라를 가져올 메시야의 오심을 기다렸다. 즉 바리새인들은 영혼 불멸, 영혼이 몸으로부터 분리된 중간상태, 그리고 몸의 부활을 믿었다. 기원후 1세기경에 이러한 믿음은 보통 사람들의 일반적인 믿음이었다.

쿠퍼에 의하면, 지상의 육체가 없는 영혼 또는 영의 실존은 일원론이 아닌 이원론을 의미한다. 따라서 신구약 중간기의 다양한 개인적 종말론

---

26) Ibid., 81-88.

은 (사두개인은 예외로 하고[27]) 중간상태와 부활을 믿는 믿음을 포함하며 따라서 이원론적이다. 신구약 중간기의 문헌들에서 영혼과 영은 전체 인격, 생명력, 숨뿐만 아니라 몸이 없는 죽은 자를 지칭한다. 구약성서와 비교하여 이 시기에는 죽음 이후의 삶에 더 관심이 집중되었다. 그러나 구약성서의 (기능적) 전일적 인간론이 포기된 것은 아니다. 헬라파 유대인들도 그리스의 관념론이나 영지주의와 같은 반물질적·반육체적 편견을 보여주지는 않는다. 그들은 하나님이 현세의 삶을 위해 육체적 실존을 창조하셨지만 내세의 삶을 위해서는 순수하게 영적인 형태의 실존을 예정하셨다고 보았다. 따라서 현세에 대한 전일론적 관점과 내세에 대한 영적 관점이 결합된다. 한편 팔레스타인의 유대인들은 미래의 삶을 육체적 부활의 관점에서 이해했다. 내세의 삶에서 정신-육체적 통일성은 (변화를 통해) 회복될 것이다. 중간상태는 몸이 없기 때문에 결핍된 상태다. 이것은 히브리적인 전일론의 영향을 반영한다. 이와 같은 고찰을 통해, 결론적으로, 쿠퍼는 중간기의 다양한 견해들이 공통적으로 "전일적 이원론"을 보여준다고 주장한다.[28]

Ⅳ. 신약성서의 인간론

구약성서와 마찬가지로 신약성서에 나타나는 인간학적 용어들도 매우 복잡하고 다양하다. 신약성서는 몸, 정신, 영혼, 영 등에 대한 명확한 이론적

---

27) Cooper는 사두개인들도 구약성서의 스올 개념에 충실하다면 "최소한의 이원론자"(minimal dualist)에 해당한다고 주장한다. 왜냐하면 르바임은 생물학적 죽음 이후에도 잠들지만 계속 생존하는 상태이기 때문이다. Ibid., 91.

28) Ibid., 93.

정의에 기초한 체계적인 철학적 인간론을 가르치고 있지 않다. 따라서 신약성서로부터 이원론적 또는 일원론적 인간론을 곧바로 이끌어낼 수 있다는 생각은 너무 성급한 것이다. 쿠퍼는 신약성서가 중립적이며, 이원론적 또는 일원론적이라고 단정할 수는 없다고 본다.[29] 그러나 그는 신약성서 안에는 죽음 이후의 중간상태에 관해 말하는 구절들이 있기 때문에, 신약성서의 인간론은 전일적인 동시에 이원론적이라고 주장한다. 즉 죽음과 부활 사이의 중간상태에서 몸과 분리되어 영혼이 그리스도와 함께 존재한다는 사실은 일원론이나 존재론적 전일론이 아닌 이원론과 기능적 전일론을 확증한다는 것이다.[30]

---

29) 예를 들면 예수의 말씀 "'네 마음을 다하고 목숨을 다하고 뜻을 다하고 힘을 다하여 주 너의 하나님을 사랑하라' 하신 것이요"(막 12:30)에서 "마음", "목숨", "힘"이 전체 인간을 가리키는 다른 방식, 차원, 측면이라고 해도, 이 구절은 여전히 인간 인격이 한 실체 또는 두 실체로 구성되었는지 그리고 생물학적 죽음 이후에 살아남을 수 있는지에 대해서 아무 말도 하고 있지 않다고 한다. 또한 바울이 롬 8장에서 육신(사르크스)과 영(프뉴마)을 인간 본성의 구조의 관점이 아니라 윤리적·정치적 헌신의 관점에서 사용했다고 하더라도 이것이 곧 그가 일원론자임을 증명하는 것은 아니며, 그는 이원론자로서 그렇게 말했을 수 있다. Ibid., 102-4.

30) Cooper는 중간상태와 이원론을 거부하는 두 견해를 소개한다. 하나는 부활이 죽음의 순간 즉시 일어난다고 주장하는 "즉시 부활" 이론이다. 이 이론에 따르면, 죽음의 순간 우리는 지상의 시간을 초월하는 다른 시간 또는 시간을 완전히 초월하는 영원의 차원으로 옮겨진다. 이 이동은 즉시 일어나기 때문에 인격이 몸 없이 존재하는 시간은 없다. 이런 견해를 가진 신학자들로 F. F. Bruce, K. Barth, Pannenberg, E. Jüngel, Hans Küng 등이 있다. 다른 하나는 죽음과 부활 사이의 비존재를 주장하는 "절멸-재창조" 이론이다. 이에 따르면, 인간은 정신-육체 통일체이기 때문에 몸이 죽으면 인격 전체가 죽는다. 생물학적 죽음을 넘어 계속 존재하는 자아(영혼, 영)란 없다. 미래의 부활은 절멸과 비존재 기간 이후에 전체 인격이 영화롭게 재창조되는 것을 의미한다. 1인칭 관점에서 죽음과 부활 사이의 시간적 간격은 경험되지 않는다. 수백만 년이 흐른 뒤에도 잠깐 잠자고 일어난 것같이 느껴질 것이다. 이러한 견해를 가진 신학자들로 John Hick, Reichenbach, Donald Mackay, George Carey, Otto Kaiser 등이 있다. Ibid., 105-8.

1. 바울 서신 이외의 신약성서에 나타난 인간론과 개인적 종말론

쿠퍼는 신약성서의 인간론과 종말론이 유대교 정통주의의 전일적 이원론의 틀 안에서 형성되었다고 주장한다. 그의 의도는 신약성서가 죽음 이후에 몸 없는 영 또는 영혼이 홀로 생존하는 중간상태를 말하고 있다는 사실을 밝혀냄으로써 자신이 주장하는 이원론적 인간론의 정당성을 입증하는 데 있다. 그는 이와 같은 의도를 가지고 신약성서의 여러 구절들을 주석한다. 그 가운데 몇 가지 예를 들면 다음과 같다. 히브리서[31]는 영(루아흐)이 단지 생명력이 아닌 개별적 인격으로서 중간상태에 있음을 보여준다. 마태복음 27장[32]에서 "영혼(영; 루아흐, 프뉴마)이 떠나는 것"은 숨이 그치는 것, 생명력을 잃는 것, 인격적 실존이 다른 영역으로 떠나는 것 모두를 의미한다. 누가복음 24장[33]에서 누가는 "몸 없는 인격"을 가리키기 위해 "영"이란 개념을 사용한다. 누가복음 23장[34]에서 예수가 하나님께 자신의 "영혼"(영; 루아흐, 프뉴마)을 의탁하는 것은 단지 호흡이나 생명력을 의탁하는 것이 아니라 바로 자신을 의탁하는 것이다. 쿠퍼는 여기서 영으로 인격 전체를 표현하는 제유법은 이원론 즉 몸이 없는 인격을 확증한다고 주장한다.[35]

마태복음 10장[36]에서 예수의 말씀은 영혼(프시케)이 몸 없이 하나님 앞

---

31) "하늘에 기록된 장자들의 모임과 교회와 만민의 심판자이신 하나님과 및 온전하게 된 의인의 영들과"(히 12:23).

32) "예수께서 다시 크게 소리 지르시고 영혼이 떠나시니라"(마 27:50).

33) "그들이 놀라고 무서워하여 그 보는 것을 영으로 생각하는지라"(눅 24:37). "…영은 살과 뼈가 없으되 너희 보는 바와 같이 나는 있느니라"(눅 24:39).

34) "예수께서 큰 소리로 불러 이르시되 '아버지 내 영혼을 아버지 손에 부탁하나이다' 하고 이 말씀을 하신 후 숨지시니라"(눅 23:46).

35) Ibid., 114-115.

36) "몸(소마)은 죽여도 영혼(프시케)은 능히 죽이지 못하는 자들을 두려워하지 말고 오직 몸

에 존재할 수 있음을 말하고 있으며, 따라서 이는 이원론을 함축한다. 이 구절에서 영혼이 구약성서의 네페쉬처럼 생명력 또는 몸을 가진 인격을 의미한다면, 몸은 죽여도 영혼은 죽이지 못한다는 말은 모순이 된다. 또한 "게헨나"(지옥)라는 용어 자체가 구약성서의 용어가 아니라 중간기의 용어다. 따라서 쿠퍼는 마태가 자기 당대의 유대인들처럼 전일적 이원론의 관점에서 "몸"(소마)과 "영혼"(프시케)이란 용어를 사용하고 있다고 주장한다. 즉 영혼은 일시적으로 몸 없이 존재한다. 그러나 이 두 부분은 영원히 재연합될 것이다.[37]

누가복음에 의하면, 예수는 부활에 대하여 말씀하면서, 하나님은 죽은 자가 아니라 산 자의 하나님이라고 말씀했다.[38] 요한복음에서 예수는 당시의 바리새인들처럼 미래에 부활이 있을 것을 말씀했다.[39] 부활은 죽음 이후 즉각적으로 일어나는 사건이 아니라 미래의 사건이다. 그러면 미래의 부활 때까지 죽은 자는 어떤 상태에 있는가? 쿠퍼는 예수와 제자들이 스올에 대한 당시의 유대적 사고를 공유했을 것으로 본다. 유대적 사고에 따르면, 스올에서는 죽은 자의 실존이 있으며 특히 족장과 믿음의 영웅들을 위한 특별한 자리가 있다. 예수에 의하면, 하나님이 일으키실 때까지 족장들은 현재 "하나님께 대하여 살아 있다"(눅 20:38).[40] 따라서 쿠퍼는 "절멸-재창조" 이론은 잘못된 것이라고 주장한다. 또한 그는 예수와 함께

과 영혼을 능히 지옥(게헨나)에 멸하실 수 있는 이를 두려워하라"(마 10:28).

37) Ibid., 118.

38) "죽은 자가 살아난다는 것은 모세도 가시나무 떨기에 관한 글에서 주를 아브라함의 하나님이요 이삭의 하나님이요 야곱의 하나님이시라 칭하였나니, 하나님은 죽은 자의 하나님이 아니요 살아 있는 자의 하나님이시라. 하나님에게는 모든 사람이 살았느니라"(눅 20:37-38).

39) "무덤 속에 있는 자가 다 그의 음성을 들을 때가 오나니, 선한 일을 행한 자는 생명의 부활로, 악한 일을 행한 자는 심판의 부활로 나오리라"(요 5:28-29).

40) Ibid., 122.

모세와 엘리야가 나타난 변화산 이야기가 그들이 중간상태의 실존 안에 살아 있음을 보여준다고 주장한다.[41]

누가복음에서 예수는 강도에게 "오늘 네가 나와 함께 낙원에 있으리라"(눅 23:43)고 말씀했다. 여기서 "오늘"은 십자가 사건이 일어난 금요일을 말한다. 낙원은 어떤 곳인가? 중간기 유대교에서 낙원은 성인(聖人)들이 거하는 에덴과 같은 거주지로서 죽은 자들이 안식하는 중간 시기의 장소와 최후의 왕국 둘 다를 의미한다. 예수는 회개하는 죄인에게 그가 (부활 이전에) 바로 그날 낙원에 있게 될 것이라고 말씀했다. 쿠퍼는 예수가 성금요일과 부활절 사이에 완전히 절멸하지 않고 육체가 없는 중간상태인 스올 또는 하데스에 있었다고 주장한다.[42] 중간기 유대교에서 스올/하데스는 여러 장소를 포괄한다. 즉 스올/하데스에는 지복을 누리는 낙원도 있고 고통을 당하는 음부도 있다. 쿠퍼에 의하면, 예수는 낙원으로 갔으며 거기서 음부(옥)에 있는 믿지 않는 자들에게 복음을 전했을 것이다.[43]

2. 바울 서신에 나타나는 인간론과 개인적 종말론

쿠퍼는 바울이 중간상태와 미래의 부활을 믿는 바리새인의 전통을 따르고 있다고 주장한다.[44] 쿠퍼의 일관된 관심은 바울의 글들에서 중간상태를 입증하는 구절들을 발견하는 데 있다. 그에 의하면, 빌립보서 3장과 로마서 8장에서 바울은 미래에 있을 예수의 재림과 부활을 연결시킨다. 예

---

41) Ibid., 123.

42) Ibid., 130.

43) "그가 또한 영으로 가서 옥에 있는 영들에게 선포하시니라"(벧전 3:19).

44) 산헤드린에서 바울은 자신이 바리새인으로서 부활신앙을 가지고 있다고 말한다. "나는 바리새인이요 또 바리새인의 아들이라. 죽은 자의 소망 곧 부활로 말미암아 내가 심문을 받노라"(행 23:6).

수의 재림 때에 우리는 영광의 몸으로 변할 것이며 모든 피조물은 영광의 자유에 이를 것이다.[45] 데살로니가전서에서 바울은 모든 그리스도인들이 예수의 재림 때 부활할 것이라고 말한다. 여기서 이미 죽은 자들은 "자는 자"로 표현된다. 쿠퍼에 의하면, 유대인들(바울을 포함하여)에게 "자는 자"란 완전히 멸절된 자가 아니라 지속되는 실존을 갖지만 의식이 결여된 자를 말하거나 심지어 (지상의 몸이 없지만) 의식이 있고 활동적인 중간상태를 가리킨다.[46]

바울은 고린도전서 15장[47]에서 "잠"의 시간이 지난 후에 있을 미래의 부활에 관해 말한다. 이 부활 사건은 개인적 사건이 아니라 공동체적 사건이다. 각 개인이 죽음의 순간에 변화되는 것이 아니라 모든 사람이 일시에 변화된다. 쿠퍼는 여기서 신령한 몸으로 변화되는 부활이 이원론적 관점(영혼이 홀로 있다가 몸의 부활을 경험함)과 일원론적 관점(영혼과 몸이 한꺼번에 부활함) 모두에서 이해될 수 있지만, "잠"의 은유(고전 15:18, 20, 51)가

---

45) "그러나 우리의 시민권은 하늘에 있는지라. 거기로부터 구원하는 자 곧 주 예수 그리스도를 기다리노니, 그는 만물을 자기에게 복종하게 하실 수 있는 자의 역사로 우리의 낮은 몸을 자기 영광의 몸의 형체와 같이 변하게 하시리라"(빌 3:20-21). "생각하건대 현재의 고난은 장차 우리에게 나타날 영광과 비교할 수 없도다. 피조물이 고대하는 바는 하나님의 아들들이 나타나는 것이니, 피조물이 허무한 데 굴복하는 것은 자기 뜻이 아니요 오직 굴복하게 하시는 이로 말미암음이라. 그 바라는 것은 피조물도 썩어짐의 종노릇한 데서 해방되어 하나님의 자녀들의 영광의 자유에 이르는 것이니라…"(롬 8:18-23). Ibid., 153-54.

46) "우리가 예수께서 죽으셨다가 다시 살아나심을 믿을진대, 이와 같이 예수 안에서 자는 자들도 하나님이 그와 함께 데리고 오시리라. 우리가 주의 말씀으로 너희에게 이것을 말하노니 주께서 강림하실 때까지 우리 살아남아 있는 자도 자는 자보다 결코 앞서지 못하리라. 주께서 호령과 천사장의 소리와 하나님의 나팔 소리로 친히 하늘로부터 강림하시리니 그리스도 안에서 죽은 자들이 먼저 일어나고 그 후에 우리 살아남은 자들도 그들과 함께 구름 속으로 끌어 올려 공중에서 주를 영접하게 하시리니…"(살전 4:14-17). Ibid., 137-38. Murray Harris, *Raised Immortal* (Grand Rapids: Eerdmans, 1985), 134-37, 142.

47) "보라, 내가 너희에게 비밀을 말하노니 우리가 다 잠 잘 것이 아니요 마지막 나팔에 순식간에 홀연히 다 변화되리니 나팔 소리가 나매 죽은 자들이 썩지 아니할 것으로 다시 살아나고 우리도 변화되리라"(고전 15:51-52).

중간상태에서 그리스도와 (몸 없는 영혼이) 함께 있음을 지시하기 때문에 여전히 이원론적 이해가 정당화된다고 주장한다.

고린도후서 5:1-10[48]은 장막 집과 영원한 집, 입음과 벌거벗음의 대조를 보여주는 전반부(1-5절)와, 몸으로 주님과 떨어져 있음과 몸을 떠나 주님과 함께 있음의 대조를 보여주는 후반부(6-10절)로 이루어져 있다. 쿠퍼는 전반부는 즉시 부활 이론과 중간상태 이론 모두의 관점에서 이해 가능하지만, 후반부는 몸을 떠나는 것이 주님과 함께 있기 위한 조건이기 때문에 몸 없는 중간상태를 함축하므로 따라서 "중간상태-미래 부활" 도식을 보여준다고 주장한다.[49]

쿠퍼는 고린도후서 12장[50]에 나타나는 바울의 환상 체험은 죽음 이후뿐만 아니라 이생에서도 일시적으로 몸 없는 실존이 가능함을 보여준다고 주장한다. 여기서 인격적 실존은 몸으로부터 분리된다. 쿠퍼는 바울이 주님으로부터 계시를 받는 동안 지상에 있었다고 하는 해석은 잘못되었

48) "만일 땅에 있는 우리의 장막 집이 무너지면 하나님께서 지으신 집 곧 손으로 지은 것이 아니요 하늘에 있는 영원한 집이 우리에게 있는 줄 아느니라. 참으로 우리가 여기 있어 탄식하며 하늘로부터 오는 우리 처소로 덧입기를 간절히 사모하노라. 이렇게 입음은 우리가 벗은 자들로 발견되지 않으려 함이라. 참으로 이 장막에 있는 우리가 짐진 것 같이 탄식하는 것은 벗고자 함이 아니요 오히려 덧입고자 함이니 죽을 것이 생명에 삼킨바 되게 하려 함이라.…그러므로 우리가 항상 담대하여 몸으로 있을 때에는 주와 따로 있는 줄을 아노니, 이는 우리가 믿음으로 행하고 보는 것으로 행하지 아니함이로라. 우리가 담대하여 원하는 바는 차라리 몸을 떠나 주와 함께 있는 그것이라. 그런즉 우리는 몸으로 있든지 떠나든지 주를 기쁘시게 하는 자가 되기를 힘쓰노라.…"(고후 5:1-10).

49) Cooper, *Body, Soul & Life Everlasting*, 141-47. Cooper는 몸 안에 있는 것과 그리스도 안에 있는 것을 구별하는 빌 1:21-24도 고후 5:6-10과 병행한다고 본다. Ibid., 151-53.

50) "무익하나마 내가 부득불 자랑하노니 주의 환상과 계시를 말하리라. 내가 그리스도 안에 있는 한 사람을 아노니, 그는 십사 년 전에 셋째 하늘에 이끌려 간 자라(그가 몸 안에 있었는지 몸 밖에 있었는지 나는 모르거니와 하나님은 아시느니라). 내가 이런 사람을 아노니 (그가 몸 안에 있었는지 몸 밖에 있었는지 나는 모르거니와 하나님은 아시느니라) 그가 낙원으로 이끌려가서 말로 표현할 수 없는 말을 들었으니 사람이 가히 이르지 못할 말이로다"(고후 12:1-4).

다고 주장한다. “그는 식탁에 앉아 있으면서 황홀경을 경험한 것이 아니라 하늘로 이끌려 올라갔다.”[51] 쿠퍼는 바울이 몸을 떠날 수 있다고 생각했기 때문에 몸 밖에 있을 가능성을 말했으며, 셋째 하늘과 낙원은 당시 유대교의 전일적인 이원론적 세계관을 반영하기 때문에, 이 본문은 바울의 이원론적 인간론을 강화시켜준다고 주장한다.

쿠퍼가 앞서 언급한 신약성서 본문들에 대한 설명 가운데 적어도 일부는 문제점이 있는 것으로 보인다. 예를 들면, 누가복음 23:46의 제유법이 몸이 없는 인격, 즉 이원론을 확증한다는 쿠퍼의 주장은 제유법에 대한 오해를 드러낸다. 왜냐하면 제유법에 따라 영(부분)이 인격 또는 자아(전체)를 대표한다는 것은 이원론과 아무 관계가 없기 때문이다. “내 영혼을 아버지 손에 부탁합니다”라는 것은 “내 몸은 죽더라도 내 영혼은 죽지 않게 해 주십시오”라는 말이 아니라 “나(자아, 전체 인격)를 아버지 손에 부탁합니다”라는 것이다. 이것은 몸 없는 영의 사후 실존을 함축하지 않으며, 따라서 이원론과는 아무런 관계가 없다.

또한 고린도후서 12장의 바울의 환상 체험에 대하여 쿠퍼는 지나친 문자주의적·실재론적 해석을 보여준다. 바울이 경험한 “환상과 계시”에 대한 이와 같은 문자주의적·실재론적 해석이 과연 정당한가? 더욱이 천상과 지상이 과연 3차원적인 공간의 분리를 전제하는 두 영역인가? 즉 하늘로 들려 올라가는 것이 과연 공간적으로 지상을 떠나는 것을 의미하는가? 영혼이 낙원에서 주님과 함께 있기 위해 몸을 떠난다는 말이(바울에 따르면, 몸을 안 떠났을 수도 있다) 반드시 지상의 몸과 분리되어 하늘로 올라감을 의미하는가? 이 말은 유한한 몸의 한계성 안에서 몸의 한계를 넘어 영적 차원에서 경험할 수 없는 초월과 신비를 경험한다는 말이 아닌가?

---

51) Ibid., 150.

요약하면, 쿠퍼는 바울의 두 가지 가르침이 중간상태를 입증한다고 주장한다. 하나는 "몸으로부터 떠나는 것이 주님과 함께 있는 것이다"는 가르침이며, 다른 하나는 부활이 예수의 재림 때 일어나는 것이라는 가르침이다. 이 두 가지가 결합하여 인격이 육체적 죽음과 부활 사이에 그리스도와 함께 존재함을 가르친다. 이것이 바로 "중간상태-미래부활 종말론"[52]이다.

결론적으로 쿠퍼는 자신의 인간론을 "전일적 이원론" 또는 "이원론적 전일론"으로 표현한다. 무엇보다 그는 일원론을 거부한다. 그에 따르면 일원론은 인간의 여러 측면들과 차원들이 죽음에서 다른 것들과 분리되어 존재할 수 없다고 보는 입장이다. 따라서 몸이 없는 영혼만의 중간상태는 불가능하다. 이와 달리 쿠퍼는 죽음과 부활 사이에 몸의 죽음을 넘어서 유기체적 몸이 없는 영혼(나, 인격)의 실존은 가능하며, 이 실존은 그리스도와 그리고 다른 성도들과 교제를 나눌 수 있다고 주장한다. "지상의 육체적 실존과 분리된 인격적 실존이 가능하다. 우리가 죽을 때, 자아와 지상의 유기체가 둘로 분리된다. 우리는 죽음에서의 '분리'를 넘어서 살아남는 방식으로 (비록 부자연스럽지만) 구성된다. 이것이 내가 '이원론'에 의미를 부여하는 전부다."[53] 그리고 그에 따르면, 바로 이것이 성서가 말하는 바다. "우리가 성서로부터 알게 된 모든 것은 하나님의 섭리 안에서 인간이 지상의 몸 없이 그리스도와의 친교 안에 존재할 수 있다는 것이다."[54]

그러나 쿠퍼는 플라톤, 데카르트, 영지주의의 이원론과, 자신이 주장하는 이원론(그리고 그가 생각하는 히브리인과 유대인의 이원론)을 구별한다.

---

52) Ibid., 155.
53) Ibid., 163.
54) Ibid.

플라톤, 데카르트, 영지주의의 이원론은 물질과 영을 본질적으로 다른 실체로 간주하고 그 둘 사이에 형이상학적 대립을 설정하지만, 그는 적어도 지상의 삶 동안에는 몸과 영혼이 자기 충족적이고 독립적으로 기능하는 실체가 아니라고 본다. 이러한 이유로 그는 자신의 이원론이 전일적 이원론(또는 기능적 전일론)이라고 주장한다.[55]

V. 쿠퍼의 성서 읽기와 인간론에 대한 비판적 고찰

쿠퍼는 기독교의 전통적인 플라톤적 인간론의 두 가지 특징들, 즉 인간이 물리적·생물학적 욕구와 기능을 가진 물질적 몸 및 정신적·영적 기능을 가진 비물질적·실체적 영혼으로 구성되어 있다는 것과, 이 지상의 삶보다 내세가 더욱 참되고 더욱 순수하게 영적이며 따라서 더욱 하나님을 영화롭게 한다는 것 모두 구약성서에서 발견할 수 없다고 말한다.[56] 이 가운데 특히 첫 번째 것, 즉 구약성서에서 인간이 물질적 몸과 비물질적·실체적 영혼으로 구성된 것으로 나타나지 않는다는 그의 언급은 중요하다. 그에 따르면, "구약성서의 인간 이해는 인간의 영혼이 '비물질적 실체'라는 사고와 멀리 떨어져 있다." "네페쉬(영혼)와 루아흐(네샤마, 영)는 비물질적 실체가 아니라 정신물리적인 전체 인격, 또는 하나님에 의해 주어지는 생명력을 지시한다." 하나님이 루아흐를 거두어가시면, 루아흐는 더 이상 존재하지 않는다. 루아흐는 플라톤적 영혼이나 영과 같은 불멸의 실재가 아니다. 몸의 "재료"인 흙(먼지)이 실체라면, 생명력인 루아흐는 생동화의

55) Ibid., 161, 163-64.

56) Ibid., 37.

원리 또는 에너지다. 이 둘은 같은 의미의 실체가 아니다.

그러나 쿠퍼는 이 둘이 서로 환원되지 않는 이원적 요소로서 함께 한 인격을 구성하기 때문에 일원론은 배격된다고 주장한다.[57] 그는 구약성서의 전일론이 일원론 즉 전체가 근본적으로 단일한 동질적 실체나 사물이라는 것(형이상학적 일원론)을 의미하지는 않으며, 전일적 존재는 여러 형이상학적 실체들이나 원리들로부터 구성될 수 있다고 주장한다. 그러나 그는 "구약성서의 인간 이해는 인간의 영혼이 '비물질적 실체'라는 사고와 멀리 떨어져 있다"는 자신의 말을 정면으로 뒤집는다. 그는 한편으로 구약성서에서 루아흐와 네페쉬가 "비물질적" 실체가 아니라고 말하면서, 다른 한편으로 영혼이 "형이상학적" 실체라고 말한다. 그러나 "비물질적" 실체와 "형이상학적" 실체는 과연 어떻게 다른가? 그는 인격이 형이상학적 실체인 영혼과 물질적 실체인 몸으로 구성되며, 죽음 이후에 몸은 죽어도 영혼은 죽지 않는다고 주장한다. 몸 없이 영혼이 살아남을 수 있는 까닭은 인간 인격이 분리 가능한 두 부분, 즉 영혼과 몸이란 두 실체적 부분으로 구성되기 때문이다. 이와 같은 인격이 두 실체적 부분으로 구성된다고 보는 이원론적 견해(쿠퍼의 표현으로는, 기능적 전일론)는 구약성서의 본래적 인간 이해와 다르다.

쿠퍼 자신도 로빈슨의 말을 인용하면서 인정했듯이, 구약성서에서 루아흐(느샤마 또는 네페쉬)는 본래 인간 인격을 구성하는 한 부분으로서의 비물질적 실체가 아니다. 비물질적 실체인 영혼과 물질적 실체인 몸이 결합하여 하나의 인격을 구성하는 것이 아니라, 하나의 물질적 실체인 몸이 생기(네샤마), 즉 생명의 원리와 힘에 의해 생동화되어 가장 높은 유기체의 차원에서 살아 있는 인격(네페쉬 하야, 영혼)을 창발시키는 것이다. 루아

57) Ibid., 48.

흐(네샤마)와 네페쉬가 처음부터 물질적 몸과 구별되어 인격의 한 부분을 구성하는 비물질적 실체(영혼)가 아니며, 네샤마(생기, 생명의 숨)에 의해 몸으로부터 네페쉬 하야(살아 있는 인격 또는 영혼)가 창발하는 것이라면, 이것은 이원론이나 기능적 전일론이 아니라 오히려 일원론이나 존재론적 전일론에 가깝다.

구약성서에 나타나는 죽음 이후의 실존이 이원론을 입증한다는 쿠퍼의 주장은 영혼이 몸과 분리되어 몸 없이 계속 존재할 수 있는 독립적인 실체라는 이원론적 사고에 근거한다. 그러나 이러한 이원론적 사고는 루아흐(네샤마)와 네페쉬의 본래적 의미에 의해서, 그리고 죽은 자의 실존 양태를 표현하는 "르바임"에 의해서도 부적절한 것으로 드러난다. 왜냐하면 구약성서에서 르바임은 몸과 분리된 영혼으로서의 인격적 실존이 아니기 때문이다. 르바임이 희박한 몸 또는 유사 몸을 가졌다는 것은 쿠퍼의 주장처럼 이원론을 보여주는 것이 아니라 죽음 이전뿐만 아니라 죽음 이후에도 인간 인격을 전일적으로 이해하는 히브리인들의 통전적 사고를 반영하는 것이다. 아이히로트는, 유령은 완전히 몸이 없는 존재가 아니라 몸의 형태를 가진 존재로서 "전체 인간"(whole man)이라고 말한다. 그에 따르면, "(죽음 이후에) 생존하는 것은 살아 있는 인간의 부분이 아니라 전체 인간의 그림자 이미지다." "무덤 안에 살아 있는 것은 한때 살아 있는 인격 안에 있었던 영혼이 아니라 전체 인간이다."[58] 이와 유사하게 러셀도 구약성서와 중간기 문헌에서 영혼이 "육체성"을 갖는 것으로 나타난다고 주장한다. 구약성서

58) Walther Eichrodt, *Theology of the Old Testament* (Philadelphia: Westminster, 1967), Vol. II, 214. 박문재 역, 『구약성서신학』 제1권, 제2권. (파주: 크리스천다이제스트, 1994). 그러나 Cooper는 "그림자 이미지"가 지상에서의 육체와 뼈를 가지고 있지 않기 때문에 "전체 인간"이 될 수 없으며 따라서 Eichrodt도 결국은 이원론을 피할 수 없었다고 주장한다. Cooper, *Body, Soul & Life Everlasting*, 70. 그러나 죽음 이후의 인간 인격이 지상에서의 육체와 뼈를 가지고 있어야 "전체 인간"이 될 수 있다는 생각은 너무 "세상적"이다.

와 중간기 문헌에서 죽은 자는 살과 뼈가 없음에도 불구하고 유사 육체를 가진 존재로 그려진다.[59] 이는 비이원론적·전일적 인간론을 의미한다.

카이저는 히브리인들이 "네페쉬"를 죽은 자의 영혼을 의미하는 것으로 이해했을 가능성이 있으며 적어도 후에는 정말 그렇게 이해했다고 주장했는데, 그의 주장이 사실이라면, 이것은 "네페쉬"가 후대에 변질되어 실체적 존재를 가리키는 의미로 사용되었음을 의미한다. 쿠퍼는 신구약 중간기에 죽은 자가 "영혼"과 "영"으로 불리며, 네페쉬(프시케)와 루아흐(프뉴마)는 몸이 없는 죽은 자를 가리키기 위해 이원론적으로 사용되었다고 주장한다. 그리고 그는 영혼 불멸, 몸 없는 중간상태, 몸의 부활에 대한 믿음이 1세기경 유대인들(특히 바리새인)의 일반적인 믿음이었다고 주장한다. 그러나 그럼에도 불구하고 유대교는 중간상태를 완전히 비육신적인 것으로 보지는 않았다. 르바임은 지상적인 몸이 없음에도 몸의 형태를 갖는 것으로 이해되었다.

래드에 의하면, 신약성서에서 몸, 영혼, 영과 같은 용어들은 인간 안에 있는 서로 다른 분리 가능한 기능들이 아니라 전체 인간을 보는 서로 다른 방식들이다.[60] 바울은 육신(사르크스)과 영(프뉴마)을 대조시킨다. 그러나 래드에 따르면, 이것은 형이상학적 실체로서의 육신과 영혼의 이원론적 대립이 아니라 윤리적-종교적 대립을 의미한다.[61] 즉 육신과 영은 둘 다 전체 인간으로서, 육신은 하나님을 거스르는 옛 본성을 가리키며, 영은 하나님을 사랑하는 새 본성을 가리킨다. 라이헨바흐는 바울의 인간론뿐만 아니라 신약성서의 인간론 전체가 일원론적이라고 주장한다. 그는 신약성

---

59) D. S. Russell, *The Message and Method of Jewish Apocalyptic* (Philadelphia: Westminster, 1964), 151.

60) George E. Ladd, *A Theology of the New Testament*, 457.

61) Ibid., 469-74.

서에서의 영혼과 영은 죽음 이후에 살아남는 비물질적인 실체나 인격이 아니라 죽음을 지연시키는 숨 또는 생명의 원리를 가리킨다고 주장한다.[62] 숨과 생명 원리는 구약성서에서의 네페쉬와 루아흐의 본래적 의미다.

그러나 바울의 인간론이 전일적이라고 하더라도 위에서 살펴본 바와 같이 그의 글들 가운데는 이원론적으로 이해될 수 있는 구절들이 있는 것도 사실이다. 바울은 다소에서 성장한 디아스포라 유대인으로서 가말리엘의 문하생이 되기 이전에 이미 이원론적으로 인간을 이해하고 있었다고 주장하는 학자들도 있다. 쿠퍼는 영지주의-헬레니즘적 이원론에 호소할 필요 없이, 바울은 정통주의 유대교 바리새인으로서 전일적인 이원론적 인간론을 가지고 있었다고 주장한다. 물론 바리새인(따라서 바울)이 이원론적 인간론을 가지고 있었다는 견해에 반대하는 신학자들도 있다.[63]

쿠퍼는 일원론과 이원론 사이를 오가는 인간론 논쟁이 개인의 종말론과 밀접하게 결부되어 있다고 보고, 신약성서가 죽음 이후에 어떤 일이 일어난다고 말하는지를 밝히고자 한다. 그는 신약성서가 (구약성서처럼) 기능적 전일론의 관점을 보여줌과 아울러 육체적 죽음과 미래의 부활 사이에 몸 없이 인격이 존재한다는 것을 보여주기 때문에 이원론이 정당화된다고 주장한다. 이처럼 그의 이원론적 인간론은 개인적 종말론에 의존한다. 그는 한편으로 즉각적인 부활을 반대하고 미래(파루시아)의 부활을 주장하며, 다른 한편으로는 절멸-재창조를 반대하고 몸 없는 영혼의 중간상태를 주장한다. 그러나 죽음 이후 (중간상태의) 영혼으로서의 인격적

---

62) Bruce Reichenbach, *Is Man the Phoenix? A Study of Immortality* (Grand Rapids: Eerdmans, 1983), 180.

63) 이들 가운데는 Dahl, Shires, Bruce 등이 있다. M. E. Dahl, *The Resurrection of the Body* (London: SCM, 1962); Henry M. Shires, *The Eschatology of Paul in the Light of Modern Scholarship* (Philadelphia: Westminster, 1966); Frederick F. Bruce, *Paul: Apostle of the Heart Set Free* (Grand Rapids: Eerdmans, 1977) 참고.

실존은 이원론을 정당화하는가? 과연 죽음 이후의 영혼은 몸이 없는 인격적 실존인가?

Ⅵ. 결론

성서는 일관된 이론적인 체계를 지닌 특정한 철학적 인간론을 가르치는 책이 아니다. 성서는 전(前)반성적인(pre-reflective) 고대인들의 세계관과 경험적 상식을 반영한다. 더욱이 성서는 오랜 기간에 걸쳐 다양한 역사적 상황과 세계관 안에서 형성되었기 때문에 인간의 본성과 운명에 대한 매우 다양한 이해를 보여준다. 따라서 성서로부터 곧바로 철학적인 이원론 또는 일원론을 이끌어낼 수 있다는 생각은 성급하다. 특히 인간의 죽음 이후의 운명에 대한 사고는 역사적으로 발전해 왔다. 고대 히브리인들은 본래 죽음 이후의 운명에 대한 형이상학적 사고능력을 갖지 못했다. 스올과 르바임 등의 개념에 나타나는 의미의 모호성은 고대 히브리인들이 가졌던 종말론적 사고의 모호성을 반영한다. 구약성서 후반기 이후 묵시문학기와 중간기를 지나 여러 문명의 종교 사상들과의 교류를 통하여 묵시적 종말론, 영혼 불멸 사상, 부활 사상 등이 발전되었으며, 이러한 사상들의 영향사(影響史) 안에서 신약성서의 종말론이 형성되었다. 따라서 각기 다른 역사적 과정 속에서 형성된 다양한 종말론적 사고의 유형들을 구조주의적 체계 안에 통합하여 "죽음-(몸이 없는) 중간상태-최종적 부활"이라는 단계적 종말론 도식을 만들고자 하는 시도 자체가 부적절한 것일 수 있다. 죽음 이후의 인간의 운명에 대한 지나친 사변은 바람직하지 않으며, 특히 성서 본문들에 대한 문자주의적·실재론적 해석을 통해 (몸이 없는) 중간상태를 증명하고자 하는 시도는 더욱 그렇다. 우리는 성서에 기초해서 신학적 인간론과 종말론을 수립하고자 할 때 이와 같은 점을 늘 기억해야 한다.

성서에 기초한 인간론 논의의 핵심은 과연 (쿠퍼가 주장하는 대로) "죽음 이후의 인격적 실존(영혼)을 인정한다는 것이 곧 이원론을 인정한다는 것"이냐다.[64] 여기서 해스커의 창발론적 인간 이해는 이원론적 사고를 극복할 수 있는 도움을 준다. 해스커에 의하면, 인간은 물질적인 유기체로서 존재하기 시작한다. 그러나 유기체가 발달하고 성장함에 따라 정신적·영적 능력을 지닌 인격이 창발한다.[65] 따라서 인격은 자신의 유기체와 구별된 실재로서 유기체로부터 생겨나고 유기체와 상호작용한다. 인격은 유기체 없이는 자연적으로 존재할 수도 없고 기능할 수도 없다. 그러나 하나님은 초자연적 능력으로 죽음 이후에 몸과 떨어져 의식적 실존으로서 존재하는 인격을 유지하실 수 있다. 하나님은 정신적·영적인 능력을 지닌 인격의 실존을 부활 때까지 초자연적으로 유지시키신다.[66] 쿠퍼는 죽음과 관련하여 이 견해가 유기체와 인격적 실존의 분리를 전제하기 때문에 이원론적이라고 주장한다.[67] 그러나 이 주장은 적절치 않다. 유기체로서의 몸이 죽어도 그 몸으로부터 창발된 인격적 실존(영혼)이 죽지 않는다고 할 때 몸과 인격적 실존이 이원론적으로 분리되는 것은 아니다. 왜냐

---

64) 그렇게 생각하지 않는 신학자들도 많이 있다. 예를 들면 Ridderbos와 Berkouwer가 그렇다. Herman Ridderbos, "Death Before the Parousia: The Intermediate State," *Paul* (Grand Rapids: Eerdmans, 1975); G. C. Berkouwer, *Man: The Image of God* (Grand Rapids: Eerdmans, 1962).

65) 창발 개념을 이해하기 위해서는 Philip Clayton, *Mind and Emergence: From Quantum to Consciousness* (Oxford/New York: Oxford University Press, 2004), 특히 1-2장을 참고하라.

66) William Hasker, "Concerning the Unity of Consciousness," *Faith and Philosophy* 12/4 (October 1995), 532-47.

67) Cooper, *Body, Soul & Life Everlasting*, xxvii.

하면 인격적 실존(영혼) 자체가 유기체적 몸의 최종 산물이기 때문이다.

"영"(루아흐, 네샤마)이란 무엇인가? 영은 하나님의 영을 의미한다. 하나님의 영은 생명의 원리와 힘이다. 영은 인격의 한 부분을 구성하는 실체가 아니라 인간 안에서 몸으로부터 영혼의 창발 과정을 가능케 하는 생명의 원리와 힘이다. 이것이 바로 "여호와 하나님이 땅의 흙으로 사람을 지으시고 생기를 그 코에 불어넣으시니 사람이 생령이 되니라"(창 2:7)라는 구절이 의미하는 바다. 생기(네샤마, 생명의 숨) 즉 영은 흙으로 구성된 몸으로부터 생령(네페쉬 하야) 즉 살아 있는 영혼으로서의 인격적 존재를 창발하도록 만드는 생명의 원리와 힘이다. 하나님이 영을 거두어가시면 인간은 생명력을 상실하고 죽음에 이른다. 그러나 하나님은 인간의 죽음 이후에도 창발된 영혼의 실존을 계속 유지하실 수 있다. 곧 인간의 영혼은 하나님으로부터 불멸성, 즉 영생을 부여받을 수 있다. 왜냐하면 영혼 안에서만 영원한 신적 가치(사랑, 진, 선, 미)가 실현될 수 있기 때문이다. 그러나 영생은 자연스럽게 주어지는 것이 아니라 하나님의 은혜로 주어진다. 그리스도인들에게 영생은 그리스도 안에서 성령을 통해 주어진다.

"영혼"(네페쉬, 프시케)은 처음부터 몸과 대립관계에 있는 초월적·이원론적 실체가 아니라 영에 의해 몸의 다차원적인 창발 과정의 결과로 생겨난 인격적 실재다. 영혼은 몸으로부터 창발된 실재로서 몸과 구별되는 존재론적 위상을 갖는다. 다시 말하면, 영혼은 몸으로부터 창발하고 몸과 밀접하게 상호작용을 하면서 몸과의 대칭점에서 하향식 인과율을 발휘한다. 영혼은 복잡한 유기체의 차원들로 구성되는 다른 피조물과 인간이 공유하는 실존의 차원에 속하지만, 인간의 영혼만이 다른 피조물과 달리 인격성[68]을 갖는다. 즉 인간 안에서만 인격적 자아로서의 영혼이 창발된다.

68) 인격성의 본질은 관계 능력에 있다. 인격적 관계 능력은 하나님과 이웃과의 관계에서 필요

인간의 인격만이 다른 인간들 그리고 궁극적으로 하나님과 인격적 관계를 맺을 수 있다. 하나님과 타자와 관계를 맺는 능력으로서의 인격성, 즉 영혼이 바로 인간 안에 있는 하나님의 형상이다.

영혼은 몸의 제일 높은 차원에서 창발되는 실재로서 온 몸을 지배하고 주재한다. 이런 의미에서 인간은 영혼이다. 영혼은 과거를 기억하고 미래를 전망하며 현재에 참여함으로써 인격의 자기의식과 정체성을 형성한다. 영혼은 다층적 차원의 몸 전체와 밀접하게 상호작용하며, 특히 영혼이 직접적으로 창발되는 뇌와 긴밀하게 영향을 주고받는다. 그러나 몸과 긴밀하게 상호작용함에도 불구하고, 창발적 실재인 영혼은 아래 차원의 몸과 구별된 존재론적 위상을 가지며 몸과 동떨어져 기능할 수 있다. 자신과 자신의 과거와 다른 사람의 영혼과 하나님에 대한 영혼의 인식은 몸의 매개를 반드시 필요로 하지 않는다. 무엇보다도 인간의 영혼은 하나님과 직접적으로 인격적 관계를 가질 수 있다. 영혼 안에서 하나님과의 직접적인 인격적 관계 능력이 바로 인간 안의 하나님 형상의 핵심이다. 캅(John Cobb)에 따르면, "몸으로부터 존재론적으로 구별된 영혼 또는 살아 있는 인격이 있다는 것이 죽음 이후의 삶의 가능성을 위한 첫 번째 조건이다."[69]

죽음 이전과 마찬가지로, 죽음 이후의 인격적 실존은 영혼이라고 불릴 수 있다. 영혼으로서의 인격적 실존은 몸과 분리된 이원론적 영혼으로서의 실존이 아니다. 왜냐하면 이 인격은 몸이 아니거나 몸이 없는 것이 아니기 때문이다. 죽음 이후의 영혼의 실존은 몸과 분리된 영혼이 홀로 살

한 자유의지, 양심, 책임성, 도덕적 판단, 영적 교제 등을 포함한다.

69) John Cobb, *A Christian Natural Theology: Based on the Thought of Alfred North Whitehead* (Philadelphia: Westminster, 1965), 66. 이경호 역, 『화이트헤드 철학과 기독교 자연신학』 (서울: 동과서, 2015).

아남는다는 것을 의미하지 않는다. 특정 식물의 유기체의 입장에서 볼 때 마지막 단계에서 피운 꽃과 유기체가 분리된 이원론적 관계에 있지 않은 것처럼, 몸으로부터 창발된 영혼이 죽음 이후에도 생존하는 경우에는 영혼과 몸이 이원론적으로 분리되었다고 볼 수 없다. 고대의 히브리인들이 죽음 이후의 영혼이 "희박한" 몸의 형체를 갖고 있다고 생각한 것은 이와 같은 인격의 전일성을 믿었기 때문이다. 죽음 이후의 인간 인격은 죽음 이전과 마찬가지로 전일적이다. 따라서 이와 같은 인간론은 "창발적 전일론"(emergent holism)이라고 불릴 수 있다.

창발적 전일론에서 사후의 인격적 실존의 몸이란 무엇인가? 쿠퍼는 "즉시 부활" 이론이 인격적 실존과 지상에서의 몸의 분리를 전제하기 때문에 이원론적이라고 주장한다. 그는 죽음 이후의 전체 인격이 보존되기 위해서는 지상의 몸이 천상의 몸으로 변화되어야 하는데 죽은 자의 시체는 그것이 불가능함을 보여준다고 주장한다.[70] 그러나 죽음 이후의 몸이 지상의 몸과 동일한 물질적 원소로 구성된(그리고 변화된) 실체여야 하며, 그렇지 않으면 모두 이원론이라는 주장은 지나친 것이다. 죽음 이후 천상의 몸은 단지 죽음의 시점의(많은 경우에 있어 노쇠한) 몸의 재생이 아니라(이러한 몸의 부활을 원하는 사람은 없을 것이다) 지상에서 현실화(에너지화)된 총체적 삶의 역사를 포괄하는 몸이다. 이 현실화(에너지화)된 총체적 삶의 역사가 하나님 안에서 "불멸적 주체성"으로 회복된다. 하나님은 죽음 이후 즉시 인간의 총체적 삶의 역사를 불멸적 주체성 안에서 통합, 회복, 변화시키신다. 그러므로 죽음 이후의 인격의 측면에서 영혼과 몸은 이원론적으로 구별되지 않는다. 이 불멸적 주체성은 영혼이면서 동시에 몸이다.

---

70) "동일한 한 인격이 두 몸, 즉 지상의 몸과 부활의 몸을 갖는다.…인격과 지상의 몸의 분리만으로도 충분한 이원론의 증거가 된다." John W. Cooper, *Body, Soul & Life Everlasting*, 165, 166.

왜냐하면 통합, 회복, 변화된, 지상에서 인간이 살았던 총체적 삶의 역사는 영혼의 역사이면서 동시에 몸의 역사이기 때문이다.

하나님이 행하는 불멸적 주체성으로의 회복과 변화는 개인적 차원의 부활로서 죽음의 순간에 즉시 일어난다. 이러한 "즉시 부활"은 단지 "한 몸에서 다른 몸으로의 순간적 이동"이나 "인격이 지상의 몸으로부터 분리되어 생존하는 것"[71]이 아니라, 지상의 몸의 전체 역사가 성령의 능력 안에서 불멸적 주체성으로 통합, 회복, 변화되는 것을 의미한다. 주체적 불멸성으로의 변화는 단지 죽음의 순간에만 일어나는 것이 아니다. 인간이 지상에서 경험한 모든 현실화된 삶의 역사는 성령의 능력 안에서 매순간 하나님 안에 주체적 불멸성으로 보존된다. 죽음 이후의 즉각적인 부활, 즉 불멸적 주체성의 탄생은 하나님 안에 보존된 모든 불멸적 주체성의 역사가 통합, 회복, 변화되어 영원한 영적 인격이 탄생되는 것을 의미한다.

그리스도의 부활은 우리 그리스도인들에게 부활의 첫 열매이자 부활의 원형이다. 복음서에 따르면, 부활한 그리스도는 단지 살과 뼈가 없는 영(영혼)이 아니라 신비한 영적 몸을 지녔다. 하나님의 영(루아흐, 네샤마)은 그리스도 안에서의 성령이다. 성령은 생명의 영이다. "육의 몸"과 구별되는 "영의 몸"(고전 15:44-53)은 성령에 의해 영생을 부여받은 몸이다. 지상의 삶 속에서 성령에 의해 영생을 부여받아 영의 몸을 지니게 된 그리스도인의 인격은 죽음 이후에 몸과 분리되어 홀로 존재하는 영혼이 아니라 즉시 부활의 주님과 연합하여 영의 몸을 지닌 영혼으로 실존한다. 영의 몸을 지닌 영혼으로서의 인격은 그 자체가 영적 실재이기 때문에, 더 이상 영의 몸과 영혼을 구별하는 것 자체는 불가능하거나 무의미하다. 그러므로 인간 인격이 죽음 이후에 영의 몸을 지닌 인격, 즉 영혼이 되는 것은

---

71) Ibid., 166.

몸과 영혼이 함께 죽는다는 일원론뿐만 아니라 영혼이 몸 없이 홀로 생존한다는 이원론과도 아무런 관계가 없다. 그리스도인은 죽음에서 즉시 부활하여 영적인 몸을 지닌 인격 즉 영혼으로서 주님 안에서 이미 영생을 누리며 미래의 우주적 차원의 종말론적 부활을 기다린다.[72]

72) 개인적 종말과 우주적 종말이 구별되듯이 개인적 부활과 우주적 부활이 구별될 필요가 있다. 우주적 차원의 종말론적 부활에 대한 논의는 이 글의 범위 밖에 있다.

An Interdisciplinary Dialogical Study
on Human Nature and Destiny

제2부

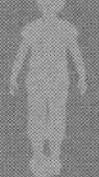

현대 신학자들의 인간론

제2부에서는 라인홀드 니버, 폴 틸리히, 칼 바르트, 볼프하르트 판넨베르크, 스탠리 그렌츠, 마이클 호튼 등을 중심으로 현대 신학자들의 다양한 인간론을 고찰할 것이다. 제3장에서 니버는 자유주의의 낙관주의와 정통주의의 비관적 현실주의 사이에 위치하는 중도적 현실주의의 입장에서, 영의 자유와 피조물의 유한성 사이의 역설적·변증법적 긴장 관계를 고찰하는 인간론을 보여준다. 제4장에서 문화신학자인 틸리히는 인간 실존의 상황과 기독교 메시지 사이의 상관관계 방법론에 기초하여, 자유주의적 내재주의와 신정통주의적 초월주의의 대안으로서 중도 또는 제3의 길로서의 상대적 이원론과 변증법적 현실주의 인간론을 제시한다. 제5장에서 바르트는 전형적인 교의학적 인간론을 보여준다. 그는 삼위일체론적·기독론적 관계 유비에 근거하여 인간 안의 하나님의 형상을 관계론적 관점에서 설명한다. 제6장에서 판넨베르크는 변증적(기초신학적)·교의학적 인간론을 전개한다. 그는 예수 그리스도의 선취에 근거하여 미래의 운명을 향한 개방성, 즉 역사적 과정을 통해 종말론적 운명을 실현해가는 개방된 역사 안에서의 인간의 모습을 그린다. 제7장에서는 탈근대적 상황에서의 인격 이해를 관계적 자아와 이야기적 자아로서의 하나님의 형상을 논한다. 즉 그렌츠와 호튼은 인간 안의 하나님의 형상을 삼위일체 하나님과의 관계성 안에 있는 인격(그렌츠)과 하나님과 맺는 계약의 상대방(호튼)으로서의 인격으로 이해한다.

제3장

중도적 현실주의 인간론: 라인홀드 니버

Ⅰ. 서론

우리 시대의 기독교 신학에 대한 라인홀드 니버(Reinhold Niebuhr)의 가장 큰 공헌은 인간에 대한 그의 통찰에 있다. 그의 인간론은 그의 사회윤리에서 그리고 역사의 의미에 대한 그의 해석에서 매우 중요한 토대를 이룬다.[1] 니버는 조직신학자라기보다는 윤리 교사이자 실천운동가에 가깝

---

1) Niebuhr의 인간론에 대한 국내 신학자들의 연구로는 다음과 같은 논문들이 있다. 김동환, "Comparing Transhumanism with Christian Humanism: A Niebuhrian Response to Transhumanists," 『선교와 신학』 Vol. 28 (2011), 259-280; 남태욱, "동학의 시천주의 인간론과 라인홀드 니버의 인간 이해: 인간 본성과 윤리,정치적 의미를 중심으로," 『동학학보』 Vol. 15 (2008), 41-76; 박우영, "신앙공동체와 사회적 실천 가능성: 라인홀드 니버와 베벌리 해리슨의 인간과 사회적 악 이해를 중심으로," 『신학과 실천』 Vol. 27 (2011), 429-460; 성신형, "A Study of the ethics of Reinhold Niebuhr focusing on his thought of individuality," 『기독교사회윤리』 Vol. 18 (2009), 407-434; 송용섭, "라인홀드 니버의 죄 개념에 대한 미국 윤리학계의 수직적·수평적 논쟁과 이에 대한 비판적 분석," 『신학논단』 Vol. 76 (2014), 221-253; 이국헌, "라인홀드 니버의 인간 이해와 경제 정의," 『신학 사상』 Vol. 162 (2013), 187-220; 전현식, "인간실존, 초월 그리고 죄에 대한 생태학적 재구성," 『한국기독교신학논총』 Vol. 32 No.1 (2004), 151-176.

다. 그의 주된 관심은 형이상학적 문제보다는 인간 현실의 사회정치적 문제들과 그것들의 해결에 집중된다. 이른바 "현실주의적"이라고 할 수 있는 그의 사상의 특징은 구체적인 인간 현실에 대한 그 자신의 경험으로부터 생겨났다. 그의 현실주의는 그가 디트로이트에 머물던 시기에 형성되었는데, 그는 이 시기에 산업 노동자들을 위해 설교했으며 그들의 슬픔과 어려움과 투쟁을 잘 이해하게 되었다.[2] 그는 디트로이트에서 그가 본 사회적 비극을 통해 자유주의자들이 생각하는 것보다 인간의 죄가 훨씬 더 심각하다는 사실을 깨달았다. 따라서 니버가 말하는 현실주의의 핵심적 특징은, 인간은 기본적으로 죄인이라는 사실이다.

니버는 현대 신학이 악의 문제를 너무 낙관적으로 취급한다고 보았다. 현대적 인간 이해의 주된 특징은 관념론적 합리주의자들과 자연주의적 합리주의자들 사이, 그리고 합리주의자들(관념론자든지 또는 자연주의자든지)과 생기론(生氣論)자들과 낭만주의자들 사이의 갈등에 있다. 그러나 니버가 보기에, 이와 같이 서로 갈등 관계에 있는 다양한 현대 문화의 견해들은 공통적으로 인간의 죄성을 강조하는 기독교 인간론을 거부한다. "인간이 자신의 인격의 중심, 즉 의지에 있어 죄인이라는 사고는 보편적으로 거부된다."[3] 낙관주의뿐만 아니라 비관주의에서도 "불편한 양심"(uneasy conscience)이 보이지 않는다. 니버에 따르면, 사회적 타락과 정치적 무질서의 상태 속에서도 현대인들의 "편안한 양심"(easy conscience)이 보편적이면서도 지속적으로 표현된다는 사실은 매우 놀랍다. "모순적인 증거들

---

2) Richard Kroner, "The Historical Roots of Niebuhr's Thought," ed. Charles W. Kegley, *Reinhold Niebuhr* (New York: The Pilgrim Press, 1984), 256.

3) Reinhold Niebuhr, *The Nature and Destiny of Man*, vol. 1 (New York: Charles Scribner's Sons, 1964), 23. 오희천 역, 『인간의 본성과 운명』, 제1, 2권 (서울: 종문화사, 2013-2015).

의 축적에도 불구하고 자신들에 대한 현대인의 긍정적 시각은 흔들리지 않는다."[4] 니버는 인간의 죄성을 강조하는 신중심적 신학의 관점에서 이와 같은 낙관적인 인간론에 저항한다.

그러나 니버는 낙관주의자가 아니지만 비관주의자도 아니다. 그는 비관주의나 회의주의가 초래하는 절망에 빠지지 않는다. 그는 기독교 신학이 인간의 상황에 대해 답변할 수 있다고 믿는다. 즉 인간 창조, 본래적 완전성으로부터의 타락, 그리스도 안의 구속에 관한 기독교 신학은 비관주의를 극복한다. 이런 의미에서 니버의 인간론은 낙관주의와 비관주의의 변증법적 긴장에 기초한 "중도적 현실주의"(moderate realism)라고 명명될 수 있다.

이와 같은 변증법적 긴장을 가능케 하는 기독교 신학은 하나님의 계시에 절대적으로 의존한다. 니버의 인간론의 근본적 전제는 그리스도 안에서의 하나님의 계시다. 그에 따르면, 인간은 하나님의 관점에서 이해되어야 하며, 인간의 문제는 오직 하나님의 계시의 빛 안에서만 파악되고 해결될 수 있다. 따라서 니버는 인간에 대한 기독교의 기술은 인간의 확언으로부터가 아니라 인간에 대한 하나님의 확언으로부터 시작되어야 한다고 강조한다. "인간은 하나님을 만나 자신을 아는 것 외에는 진정으로 자신을 알 수 없다. 오직 그 만남 안에서만 인간은 자신의 온전한 위상과 자유 그리고 악을 인식하게 된다.…"[5]

니버에 따르면, 인간은 자연과 역사의 유동(流動) 안에 있는 그 무엇을 자신의 최종적 규범으로 삼을 수 없다. 왜냐하면 인간은 시간과 자연을 넘어 궁극적 자유와 자기 초월 안에 서 있기 때문이다.[6] 따라서 인간의 이

4) Ibid., 94.
5) Ibid., 131.
6) Ibid., 146.

성적 이해력을 넘어서는 이해의 원리가 필요한데, 이 이해의 원리는 인간의 믿음을 통해 받아들여진 하나님의 계시다. 예수 그리스도를 통한 하나님의 계시 안에서 하나님의 성격, 인간의 본질적 본성, 그리고 인간의 삶과 역사의 의미가 이해될 수 있다. 오직 하나님의 계시를 통해서만 인간은 믿음 안에서 자신의 자유와 유한성 둘 다를 정당하게 다룰 수 있고, 자신 안에 있는 죄의 실재를 이해할 수 있으며, 예수 그리스도의 자기희생적인 사랑 안에서의 죄 용서를 통한 구속을 경험할 수 있다.

Ⅱ. 자기 자신에게 문제가 되는 인간

1. 역설과 통일성 안의 인간

니버에 따르면, 인간의 본질적 본성 안에는 두 가지 요소가 있다. 하나는 자연의 피조물로서 갖는 자연적 유한성이며, 다른 하나는 자유 안에 있는 영이다. 니버는 영의 자유와 피조물적 유한성으로 존재하는 인간의 본질적 본성이 내적 모순을 일으키기 때문에, 이는 인간 자신에게 문제가 된다고 주장한다. 즉 인간은 자신의 역설적 실존으로 말미암아 자기 자신에게 문제가 된다.

a. 자유 안의 인간

자유 안의 인간은 세계뿐만 아니라 또한 자신을 초월한다. 니버는 이 자기 초월의 능력을 "하나님의 형상"[7]으로 간주한다. 자기 초월의 능력은 자

---

7) Ibid., 166.

연의 특성도 아니고 이성의 특성도 아니다. 그것은 영의 특성이다.

> 그것(영)은 자연 안의 인과율과 의미의 원리를 동일시하지 않는다. 왜냐하면 그것(영)의 자유는 자연의 필연적인 인과관계와는 명백히 다른 그 무엇이기 때문이다. 또한 그것은 합리성(이성)과 의미의 원리를 동일시하지 않는다. 왜냐하면 그것은 자신의 이성적 과정을 초월하기 때문이다.[8]

니버는 기독교의 "하나님 형상" 교리가 영적 본성을 지닌 인간의 자기 초월을 고양시킨다고 이해한다. 이것은 합리주의를 넘어서는 차원이다. 합리주의자는 자신 밖에 설 수 있는 능력, 자기 초월의 능력, 자신을 자신의 대상으로 만드는 능력 등이 인간의 합리적 능력에 항상 포함되는 것은 아니라고 생각한다. "이(자기 초월의) 능력은 영의 특성으로서, 통상적으로 이성(*ratio*, *nous*, reason)이나 철학자들이 인간의 독특성을 기술하기 위해 일반적으로 사용하는 개념 안에 온전히 포함되거나 함축되지 않는다."[9] 인간은 자기의식 안에서 자기 밖에 서서 자신을 대상화함으로써 자신을 초월한다.

> 의식은 통치적 중심으로부터 세계를 조망하고 행동을 결정할 수 있는 능력이다. 자기의식은 여기서 한 단계 더 나아가 자아가 (언제나 대상이 아니라 주체로 남아 있으면서) 자신을 자신의 대상으로 만드는 초월의 능력을 나타낸다.[10]

자유 안에 있는 인간의 자기 초월의 궁극적 목표는 자기 결정(self-

---

8) Ibid., 14.
9) Ibid., 4.
10) Ibid., 14.

determination)이다. 니버에게 자유란 인간이 스스로 진정한 선택을 할 수 있는 것을 의미한다. 인간은 특정 행동을 선택할 수 있을 뿐만 아니라 자신의 전체 목적을 선택한다.

인간은 자연의 과정에 의해 자신에게 제시된 다양한 가능성을 선택하는 방식으로 자연의 과정을 초월한다는 의미에서 자기 결정적일 뿐만 아니라, 자신의 전체 목적을 선택해야 하는 방식으로 자신을 초월한다는 의미에서도 자기 결정적이다.[11]

b. 유한성 안의 인간

인간이 피조물이란 사실은 인간이 "자연의 자녀"로서 유한하고 의존적이며 결핍되어 있다는 것을 의미한다. 인간은 자연의 변화에 종속되고 자연의 필연성에 의해 강요받기도 하며, 자연의 충동에 의해 이끌리고 자연이 허용하는 덧없이 짧은 세월 안에 갇혀 있다.[12] 그러나 인간의 유한성과 유동성은 본질적으로 악도 아니고 죄의 원천도 아니다. 오히려 그 자체는 선한 것이다. 왜냐하면 그것은 하나님의 창조이기 때문이다. 유한성은 악이 아니지만 악의 계기(즉 죽음의 공포)가 될 수 있기에, 죽음은 악이 아니라고 말하는 것이 가능해진다. 니버에 따르면, 인간의 유한성과 사멸성이 궁극적으로 선한 이유는 그것이 하나님의 영광과 존엄성을 드러내기 때문이다.

---

11) Ibid., 162-163. 자기 결정은 자기 성취를 가져오지 못할지라도 인간 개인의 본질에 속한다. Mary Thelen은 이점을 다음과 같이 지적하였다. "인간이 자유롭게 자신의 본성을 결정할 수 있다는 것은 인간 개인의 본질이다. 그러나 만일 인간이 자기 결정을 위한 원리를 특수한 종족이나 국가, 문화나 시대의 유형(하나님의 뜻에 미치지 못하는 원리)에서 찾는다면, 그는 자기 성취를 이루지 못할 것이다." Mary Frances Thelen, *Man as Sinner* (New York: King's Crown Press, 1946), 90.

12) Niebuhr, *The Nature and Destiny of Man*, vol. 1, 3.

성서의 견해는 이것이다. 즉 죽음의 운명을 지닌 인간의 유한성, 의존성, 불충분성은 하나님의 창조계획에 속하며 존경과 겸손으로 받아들여져야 하는 사실이다. 하나님의 영광과 존엄성에 대한 성서의 가장 아름다운 묘사에서, 인간의 유한성은 하나님의 존엄성과 대조되는 것으로, 그리고 그 존엄성에 대한 증거로 제시된다. "모든 육체는 풀이요…"[13]

인간이 가장 높은 자기 초월에 이르렀다고 하더라도, 인간 자신은 여전히 자신의 유한성과 사멸성 안에 남아 있다. 인간의 유한성과 사멸성은 하나님의 존엄성과, 피조물로서의 인간의 연약함과 의존성을 대비시킨다. 그러나 니버는 육체적 죽음이 인간 운명의 마지막이라고 말하지 않는다.[14]

c. 역설과 통일성 안의 인간

니버에 따르면, 하나님의 형상과 피조물성, 무한한 자기 초월의 자유와 유한성의 병치(竝置) 안에 있는 인간은 역설적 존재다. 그러나 니버는 몸과 영혼의 이원론적 인간 이해를 거부한다. 그는 인간을 통전적으로 이해한다. 즉 인간은 몸과 정신과 영, 또는 자유와 필연성의 통일체로서의 자아다.

인간의 자아에 관한 두 번째 성서적·히브리적 강조는 몸, 정신, 영 안에 있는 자아의 통일성, 즉 자연적 필연성으로부터의 자유와 이 모든 필연성에 대한 피조물로서 종속된 자아의 통일성이다. 이 통일성이 모든 형태의 이원론에

---

13) Ibid., 167.

14) Niebuhr는 『인간의 본성과 운명』 제2권에서 부활에 대한 성서의 희망을 다룬다. Niebuhr, *The Nature and Destiny of Man*, vol. 2 (New York: Charles Scribner's Sons, 1964). 294-298.

의해 모호하게 되었다.…[15]

"아무리 역설적이라고 하더라도, 인간은 결국 통일체다"라는 주장 자체가 역설적인 진술이다.

2. 유혹과 불안 안에 있는 인간

a. 유혹 안에 있는 인간

니버에 따르면, 인간의 역설적 상황은 그 자체로는 유혹도, 유혹의 원천도 아니다. 인간의 역설적 상황이 거짓되게 해석될 때 유혹의 원천이 된다는 의미에서 유혹의 계기가 된다. 인간의 역설적 상황에 대한 거짓된 해석은 인간 자신이 세계의 중심, 종국적으로는 전체 세계가 된다고 믿는 것이다. 그것은 자연의 관성에 의해서가 아니라 그릇된 상상에 의해 초래된다. 유혹의 계기가 되는 상황은 인간이 전체성과 동일성이 결여된 유한한 영이면서 동시에 전체성을 조망할 수 있는 영이라는 사실에 있다. 이러한 상황 속에서 인간은 손쉽게 전체성의 시각에서 자신을 왜곡하여 조망하는 오류를 범하게 된다.[16]

니버는 거짓된 해석의 원인에 대해 한 가지를 더 언급한다. 그것은 악마의 힘이다. 니버는 창세기의 타락 이야기에 등장하는 뱀을 분석하면서 인간의 상황 속에 유혹이 생겨나는 과정을 설명한다. 그는 이 이야기를 통해 악한 행동에 선행하는 악마의 원리 또는 힘이 있음을 설명한다. 니버에 따르면, 유혹은 인간의 역설적 계기로부터 불가피하게 생겨난다.

---

15) Niebuhr, *The Nature and Destiny of Man*, vol. 1, vii.

16) Ibid., 181.

b. 불안 속에 있는 인간

불안은 유혹 상태에 대응하는 내적 기술이다. 불안은 두 가지 측면을 갖는다. 하나는 완전에 대한 인간의 불안이다. 이것은 인간이 자신의 가능성의 한계를 알지 못한다는 사실로부터 온다. 어떠한 성취도 완전할 수 없다. 그리고 자신의 유한성으로부터 도피하기 위한 투쟁에서 인간을 위한 안식처는 없다. 다른 하나는 인간의 불안전성이다. 인간의 삶은 제한되어 있고 의존적이기 때문에, 인간은 불안하다. 따라서 인간은 불안을 극복하고자 한다.

불안은 불가피한 인간의 영적 상태임에도 불구하고 필연적인 것은 아니다. 왜냐하면 불안은 인간의 불신앙으로부터 기인하기 때문이다.[17] 그러나 불안이 죄는 아니다. 불안은 신앙에 의해 안정감으로 변할 수 있다. 신앙은 역설적 상황에 놓인 인간의 이상적 가능성이다. 신앙 안에서 인간은 하나님에 대한 절대적 의존을 받아들이며 그분 안에서 안정된다. 이와 같은 방식으로 신앙은 불안으로부터 발생한 죄악된 자기주장의 경향성을 제거한다. "이상적인 가능성은 하나님 사랑의 궁극적인 안정성에 대한 신앙이 자연과 역사의 모든 직접적 불안정성을 극복하는 것이다."[18]

바로 이러한 이유로 기독교 신학은 불신앙을 죄의 뿌리로 정의한다. 인간의 역설적 상황에서의 유혹이나 불안이 죄를 초래하지는 않는다. 그러나 한편으로 니버는 인간이 역설적 상황으로 인해 죄에 빠져들어야 하는 절대적인 필연성은 없다고 강조하면서도, 다른 한편으로 이 역설적 상황이 유혹이나 불안으로부터 죄가 불가피하게 초래되는 계기가 된다고 말한다. 이런 의미에서 불안은 죄의 전제 조건이라고 말할 수 있다.

---

17) Ibid., 290.
18) Ibid., 183.

Ⅲ. 죄인으로서의 인간

1. 원죄와 자유

a. 원죄

인간은 현실에서 신앙의 이상적 가능성을 성취하지 못하고 죄에 빠진다. 죄를 짓는 것은 인간의 역설적 상황으로 인한 필연적인 결과가 아니지만, 인간은 자신의 자유의지에 의한 모든 행위를 통해 죄를 짓는다.[19] 물론 유혹(그리고 불안)은 죄로부터 구별되어야 한다. 그러나 인간의 죄의 행위는 유혹으로부터 예외 없이 귀결되기 때문에 이 둘의 구별을 너무 문자적으로 받아들여서는 안 된다.

죄는 인간 실존의 불가피한 결과다. 그러나 그것은 필연적이지 않다. 왜냐하면 그것은 인간의 본질적 본성에 속한 것이 아니기 때문이다. 죄는 그것이 보편적이라는 의미에서 인간에게 자연스러운 것이다. 죄가 불가피한 원인은 유혹의 강력한 힘으로 귀결해서는 안 된다. 그러면 이 죄의 불가피성과 보편성은 어디에서 오는가? 원죄 교리는 이 물음에 대해 (비록 완전한 것은 아니지만) 추론된 답변이다. 니버에 따르면, 원죄는 모든 개인이 그 자신이면서 동시에 인류라는 사실, 그리고 후대의 개인은 첫 번째 인간과 크게 다르지 않다는 사실을 가리킨다. 불안의 가능성으로 인해 인간은 자유를 상실하고 운명에 압도된다.[20]

실제적 죄는 모든 인간이 경험하는 불안 때문에 발생하는 유혹의 결과물이다. 그러나 불안 그 자체는 실제적인 것도 아니고 원죄도 아니다.

---

19) Ibid., 94.
20) Ibid., 264.

죄는 필연적으로 불안에 의해 초래되는 것은 아니다. 따라서 니버에게 실제적인 죄의 원인이 되는 죄의 경향성은 불안과 죄를 합친 것이다. 죄는 그 자체를 전제한다. 인간은 이미 죄를 짓지 않았다면 유혹을 받지 않는다. 따라서 니버는 "만일 죄가 이미 유한성과 자유의 상황 안으로 들어오지 않았다면, 그 상황은 우리를 죄로 인도하지 않았을 것이라는 역설적 결론"에 도달한다.[21] 다른 그 무엇에 의해 초래되는 것은 죄가 아니다. 왜냐하면 죄가 다른 그 무엇에 의해 초래되면, 인간은 죄에 대해 책임이 없게 되기 때문이다. 인간의 행동 이전에 악이 인간의 상황 안으로 들어온다는 사실은 악마의 유혹과 관계된 성서적 사고를 통해 표현된다. 그러나 악마는 인간의 죄에 대해 책임이 없다. 왜냐하면 악마는 죄의 원천이 아니기 때문이다. 인간은 자신 외의 그 누구에 의해서도 속임을 당하지 않는다.[22]

b. 자유

만일 자유와 유한성이 충돌하는 역설적인 인간의 상황 안에 존재하는 유혹(불안)으로부터 죄의 행동이 비롯된다면, 자유를 위한 자리는 어디에 있는가? 이에 대하여 니버는 두 가지 측면에서 설명한다. 첫째, 니버는 인간이 죄에 대해 자유로우며, 자신의 죄에 책임을 지는 한도 내에서 자유롭다고 말한다. "인간이 죄를 짓는 것은 자신의 자유 안에 있는 자유에 의해

---

21) Ibid., 254. 원죄에 대한 이와 같은 Niebuhr의 설명은 "죄는 자신을 상정한다(posit)"는 Kierkegaard의 견해에 기초한 것이다. Ibid., 181.

22) Thelen은 다음과 같이 말한다. "그 신화에 따르면, 악마는 동산에 있는 남녀에게 주어진 하나님의 금지명령에 대한 왜곡된 해석을 제공한다. 그리고 악마는 그 금지명령이 하나님의 질투로 인한 것이라고 말한다. 사실상 인간은 선택 이전에 악마에게 언제나 속임을 당하고 악마가 선하다고 믿는다." Thelen, *Man as Sinner,* 95.

서다."[23] 둘째, 인간은 자신의 이전 행동을 돌아볼 때 자신의 의지의 굴레를 깨닫는 데 자유롭다. 역설적으로, 인간의 의지로는 선과 악을 자유롭게 선택할 수 없다는 인간 자신의 인식이 인간의 영이 자유하다는 근거가 된다. "최종적인 역설은 죄의 불가피성에 대한 발견이 인간이 자유에 대해 말할 수 있는 최상의 주장이라는 사실이다.…인간은 자신이 자유롭지 못하다는 사실을 알게 될 때 가장 자유롭다."[24] 니버에 따르면, 초월적인 인간의 영이 행사하는 최종적인 자유가 행동의 측면에서 거짓되게 사용된다는 인식은 "궁극적인 역설"이다.

2. 실제적 죄

잘못된 상상과 무지, 그리고 역설적 상황 안에 있는 인간의 유한성에 대한 오해로부터 유혹이 생겨나는 반면, 죄는 자신의 유한성에 대한 의도적 거부로부터 생겨난다. "죄는 인간이 자신의 피조물성과 하나님에 대한 의존성을 인정하지 않고 자신의 삶을 독립적이고 안전한 것으로 만들려는 노력이다."[25] 따라서 죄는 무지 이상의 것이다. 죄는 "의도적인 무지"(willing ignorance)와 "허세"(pretension)다. "자아는 비록 자신과 세계의 밖에 선다고 하더라도 명백히 세계 안에 있는 유한한 실존이다. 그러므로 자아의 허세는 의도적 기만으로서만 유지될 수 있다. 이에 대해서 테르툴

23) Niebuhr, *The Nature and Destiny of Man*, vol. 1, 263. Niebuhr는 다음과 같은 Augustine의 말을 따른다. "인간이 자신의 죄에 책임이 있다는 의미에서 의지는 자유롭다. 그리고 인간이 자신의 의지로 악을 행할 수밖에 없다는 의미에서 의지는 자유롭지 않다." Ibid., 245.

24) Ibid., 260, 263.

25) Ibid., 157-158.

리아누스는 '의도적 무지'라고 정확하게 기술하였다."[26] 인간은 무지하며 유한한 정신의 한계 안에 있다. 그러나 그는 자신이 제한되지 않았다고 허세를 부린다. 그는 자신을 과대평가한다. 그는 자신이 점차 유한한 한계를 초월하여 자신의 정신이 우주적 정신과 동일하게 될 수 있다고 생각한다.[27]

니버는 실제적 죄(actual sin)를 설명하기 위해 교만과 정욕과 죄과를 구별한다.

a. 교만

인간이 느끼는 불안은 인간이 불신앙 안에서 허세와 자기기만의 자세로 자기 실존의 우연성(contingency)을 부정하도록 추동한다. 이것이 교만(pride)이다. 니버는 교만을 죄의 본질적 요소로 본다. 그는 "교만"과 "자기 사랑"을 같은 의미로 사용한다. 인간의 자기 사랑은 교만으로 오염되어있다. 교만의 형태들 가운데,[28] "권력 의지"(will-to-power)는 인간 실존의 근본적인 불안정성을 극복하고자 하는 영속적인 시도를 의미한다. "인간은 불안정하고 자연적 우연성 안에 있다. 그는 인간이 지닌 피조물성의 한계를 넘어서고자 하는 권력 의지에 의해 자신의 불안정성을 극복하려고 한다."[29] 니버는 이 권력 의지를 "죄의 본질적 정수(精髓)"로 부른다.[30] 교만의 죄는 궁극적으로 하나님에 대한 인간의 반항으로 나타난다. 이것은 자기 신성화를 추구하는 인간의 영적 교만이다. 인간은 종국적으로 자기 영화

26) Ibid., 204-205.

27) Ibid., 178-179.

28) Niebuhr는 네 가지 교만의 형태를 말한다. 그것들은 힘의 교만, 지식의 교만, 자기 의의 교만, 영적 교만(자기 신성화)이다. Ibid., 186-203.

29) Ibid., 178.

30) Ibid., 192.

(glorification)를 통해 하나님이 되고자 한다.

개인의 교만이 도덕적·사회적 차원에서 작동될 때, 그것은 불의로 나타난다. "교만과 권력 의지 안에서 거짓되게 자신을 실존의 중심으로 만드는 자아는 불가피하게 다른 사람들을 자신의 의지에 종속시키고 따라서 그들에게 불의를 행한다."[31] 또한 니버는 불의를 집단적 이기심과 집단적 교만의 표현으로 이해한다. 집단적 또는 사회적 자아의 허세와 주장은 개인적 자아의 허세와 주장을 넘어선다. 따라서 "자신의 목적을 추구할 때, 개인보다 집단이 더욱 오만하고 위선적이며 자기중심적이고 냉혹하다. 따라서 불가피하게 개인윤리와 집단윤리 사이에 도덕적 긴장이 형성된다."[32] 집단적 교만은 인간이 결정적이면서도 우연적인 자기 실존의 성격을 부인하려는 가장 병적인 시도다.[33] 집단적 교만을 보여주는 대표적인 사례가 바로 국가 이기주의다.

b. 정욕

니버에 따르면, 인간은 종종 자신의 유한성과 자유 사이의 내적 모순의 문제를 해결하기 위해서 자신의 유한성을 은폐하고 자신 안으로 세계를 이끌어 들이는 것이 아니라 반대로 자신의 자유를 은폐하고 생동력(生動力, vitality) 있는 세계에서 자신을 배제시킨다. 이 경우에 죄는 정욕(sensuality)으로 정의된다. 정욕은 인간이 자신의 비제한적인 자유의 가능성으로부터 도피하고자 하는 시도다.[34] 따라서 정욕은 육체적 충동의 표현이 아니라 영의 표현이다. "정욕은 단지 인간 안의 자연적 충동의 표현

31) Ibid., 179.
32) Ibid., 208-209.
33) Ibid., 213.
34) Ibid., 186.

이 결코 아니다. 정욕은 언제나 유한성과 자유의 문제를 해결하는 데 실패한 어떤 시도를 드러낸다."[35]

정욕은 인간의 영의 자유에 의해 가능해진 "비정상적인 특성"(inordinate quality)을 나타낸다. 이 "비정상적인 특성"은 인간이 모종의 자연적 생동력 안에서 자신을 잃어버리고 "가변적인 선" 안으로 침잠하는 것을 의미한다. 이점에서 니버는 아퀴나스와 견해를 같이 한다. 니버는 정욕을 "이기심과 비교되는, 자아 안에서의 조화의 파괴"로 간주한다.

> 만일 이기심이 자신에게 삶을 집중시키고자 하는 자아의 시도에 의해 삶의 조화가 깨어지는 것이라면, 정욕은 자아가 자신을 자기 안에 있는 특수한 충동 및 욕망과 부당하게 동일시하고 그것에 헌신함으로써 자아 안의 조화를 파괴하는 것이다.[36]

그렇다면 정욕의 동기는 무엇인가? 니버는 서로 상충되는 정욕의 두 가지 동기를 언급한다. 하나는 자기 사랑이고, 다른 하나는 자기 사랑으로부터 도피하고자 하는 노력이다. 이것들은 창조주가 아닌 피조물을 숭배하는 어리석음을 초래한다. 니버는 성(sex)을 원죄가 전해지는 자리가 아닌 정욕의 전형적인 문제가 드러나는 자리로 본다.[37]

c. 죄과

니버는 죄와 죄과(guilt)를 구별한다. 죄과는 "죄의 객관적이고 역사적인

---

35) Ibid., 179.

36) Ibid., 228.

37) Ibid., 237. Niebuhr에 따르면, 성적 방종, 식탐, 사치, 술 취함 등은 자기 사랑과 자기 사랑으로부터의 도피, 둘 다를 포함하는 정욕의 사례들이다.

결과"다.[38] 그는 모든 인간이 공통적으로 타락했다고 보지만 인간의 행위의 결과들은 서로 다르다고 본다. 즉 죄는 동일하지만 죄과는 동일하지 않다.

Ⅳ. 타락 이후의 인간의 상황

타락 이후의 인간의 상황에 관한 니버의 사고는 루터파보다는 덜 비관적이고 로마 가톨릭보다는 더 비관적이다. 가톨릭 신학은 타락에서 상실된 것은 초자연적인 선물(*donum supernaturale*)인 원의(原義, *justitia originalis*)이지 자연적으로 부여된 의(*pura naturalia*)가 아니라고 주장한다. 다시 말하면 타락은 인간 본질의 부패를 의미하는 것이 아니라 본질적이지 않은 그 무엇의 상실을 의미한다.[39] 이와 대조적으로, 루터파는 하나님의 형상이 전적으로 파괴되었기 때문에, 인간은 현실적으로 윤리적 규범의 원천으로부터 완전히 단절되었다고 믿는다.

한편으로 가톨릭의 견해에 반대하여, 니버는 완전히 상실된 원의와 부패하지 않은 자연적 의의 구별은 근거가 없다고 본다. 그는 인간이 전체적으로 죄에 의해 부패했다고 본다. "따라서 완전히 상실된 원의가 없는 것과 마찬가지로 부패하지 않은 자연법은 없다."[40] 다른 한편으로 니버는 인간의 전적인 타락을 믿는 급진적 개신교(루터파)의 견해를 비판한다. 니버는 하나님의 형상이 부패하였지만 전적으로 파괴된 것은 아니라고 주

38) Ibid., 222.
39) Ibid., 269.
40) Ibid., 281.

장한다.[41] 다시 말하면, 죄가 있음에도 불구하고 인간의 본질적 본성은 여전히 남아 있다. 니버는 인간의 두 가지 본질적 본성에 상응하는 이중적 덕(virtue)이 있다고 주장하는데, 하나는 인간의 피조물성에 상응하는 "자연법"이고, 다른 하나는 영으로서 인간의 자유에 상응하는 믿음, 소망, 사랑이라는 신학적 덕이다.[42] 니버에 따르면, 인간의 본질적 본성과 그에 상응하는 덕은 죄 이후에도 인간의 양심 안에 또는 본질적 본성에 대한 의무감 안에 어느 정도 남아 있다. "죄는 인간을 여전히 인간 되게 하는 구조를 파괴하지 못하며, 인간의 본질적 본성을 향한 의무감(이것은 인간의 완전성의 잔여이다)도 제거하지 못한다."[43]

이 말은 자세한 설명을 요한다. 이미 살펴본 대로, 하나님의 형상은 자기 초월 안에 있는 인간의 자유다. 이 자기 초월의 능력은 죄의 행동 이전과 이후 모두에 나타난다. 행동 이전의 순간, 자기 초월의 능력은 인간의 진정한 가능성이다. 왜냐하면 순수한 명상의 순간에 양심의 소리가 들리고 본래적 완전성에 대한 기억이 떠오르기 때문이다.

> 자기 초월의 순간에 자아는 무한한 회귀(regression)의 능력을 발휘하여 이전 순간에 가졌던 의지의 구체적 행동을 대상화한다. 바로 이 자기 초월의 순간에 본래적 완전성에 대한 의식과 기억이 떠오른다. 이 순간에 자아는 자기가 다른 많은 피조물들 중에 하나라는 유한성을 깨달으며, 불안한 자아를 가진 자신의 행동으로 인한 부당한 주장이 때로는 동료들에게 불의가 될 수 있음을 인식한다.[44]

---

41) Ibid., 269.
42) Ibid., 270-272.
43) Ibid., 272.
44) Ibid., 277.

비록 행동의 순간에 자아가 언제나 원죄에 의해 배반을 당하지만, 자아는 우주의 전체성에 대한 명상의 순간에 자신의 죄를 뉘우칠 수 있다. "행동 이후에 자아가 자신의 내부가 아니라 외부에 있을 때, 자아는 자기 행동의 부당성을 의식하게 된다."[45] 그러한 순간에 인간은 타락 이전의 완전성을 소유할 수 있다. 이 남아 있는 하나님의 형상은 도덕적 판단으로 경험된다. 니버에 따르면, 인간의 본질적 본성은 실현이 아닌 요구(requirement)로서 아직도 인간에게 남아 있다.

> 가톨릭에서 원의라고 부르는 것은 가장 궁극적 의미에서 인간의 자유에 대한 요구를 나타낸다. 자연적 의는 피조물로서 인간의 요구를 나타낸다. 둘 다(원의, 자연적 의) 죄에 의해 부패했다. 그러나 둘 다 아직 인간에게 남아 있다. 실현이 아닌 요구로서.[46]

인간의 본질적 본성에 상응하는 덕은 죄악에 속한 인간에게 법의 형태로 나타난다. 이 법은 인간의 본질적 본성이 인간에게 요구하는 것이다. "달리 말하면, 인간의 불편한 양심은 그 자신의 가슴에 새겨진 법의 표현이다."[47] 니버에 따르면, 질병이나 부패가 건강한 구조의 그 무엇을 드러내는 것처럼, 현재 상태의 불편한 양심은 인간의 본질적 본성을 반영한다. 불편한 양심 안에서의 법에 대한 개인적 의식은 인간 경험에 보편적으로 증언한다. 니버는 이 개인적이고 보편적인 인간 경험을 일반계시라고 부른다.

---

45) Ibid., 278.

46) Ibid., 276.

47) Ibid., 274. 그러나 Niebuhr에 있어 원의(*justitia originalis*)의 지속적인 현존으로서 인간의 자유에 의해 요구되는 법은 궁극적으로 사랑의 법이다. Ibid., 280-296.

윌리엄 볼프에 따르면, 니버의 신학은 인간이 자기지식의 빛 안에서 자신을 이해하는 것으로부터 일반계시의 빛 안에서 자신을 이해하는 것으로 나아가며, 이것은 매우 중요하다. 왜냐하면 불편한 양심 안에서의 인간의 보편적 경험은 그 자체가 하나님과 인간의 관계에 대한 표현이기 때문이다.[48] "인간의 보편적 경험, 즉 자신이 명령을 받고 의무 아래 놓여지며 심판을 받는다는 의식은 하나님과 인간 사이의 관계로 해석되는데, 이 관계에서 하나님은 인간에게 요구하고 인간을 심판한다."[49] "사랑의 법" 아래에 있는 인간의 불편한 양심은 기독교의 계시를 위한 접촉점이라고 불릴 수 있다. 니버에 따르면, 이 불편한 양심이 없이는 기독교 신앙은 불가능하다. "인간의 영혼이 자신의 참된 상태와 현재 상태 사이의 대비(對比)로 인해 불편함을 느끼지 않는다면, 그리스도에 대한 신앙은 인간의 영혼 안에 머물 장소를 발견할 수 없을 것이다."[50] 인간의 불편한 양심은 뉘우침 가운데서 용서와 구속을 갈망한다.

V. 구원받은 인간

니버에게 개인적 인간이 경험하는 일반계시는 인간 의식의 한계점에서 "전적 타자"와 만나는 경험이다. 이 경험은 세 가지 요소를 포함한다. 첫째는 존재의 궁극적 원천의 존엄성에 대한 존경심과 그 원천에 대한 의존성이다. 둘째는 인간 너머로부터 인간에게 주어지는 도덕적 의무감과 심

---

48) William John Wolf, *Reinhold Niebuhr's Doctrine of Man*, ed. Charles W. Kegley, Reinhold Niebuhr (New York: The Pilgrim Press, 1984), 312.

49) Niebuhr, *The Nature and Destiny of Man*, vol. 1, 129.

50) Ibid., 266.

판자 앞에서의 도덕적 무가치성에 대한 의식이다. 셋째는 용서에 대한 갈망이다.[51] 이 세 요소는 각기 하나님을 창조자, 심판자, 궁극적인 구속자로 계시하는 성서의 사회역사적 계시에 의해 계층적으로 질서가 형성되고 정의된다.

이러한 맥락에서 니버의 사상은 인간의 자기 초월의 두 측면, 즉 자기의식과 자기결정의 측면에서 접근될 수 있다. 하나님의 구속은 이 두 가지 측면에 대하여 각각 탈은폐와 성취로 대응된다. 한편 인간은 인식론적 차원에서 자기 초월의 자유를 갖는다. 이것은 자기의식의 능력이다. 인간은 자신을 자신의 자기의식의 대상으로 삼아 자신을 초월한다. 인간은 이 능력을 통해 세계를 초월하는 하나님을 향한 탐색으로 나아간다. 그러나 인간은 성공할 수 없다. 그의 비전은 제한적이며 그의 자기의식은 유한하기 때문에, 그는 자신의 능력으로 자신의 삶의 온전한 의미를 식별할 수 없으며 영원을 이해할 수도 없다. 오히려 인간은 상황에 대한 오해로 인해 언제나 죄에 빠진다. 그러므로 인간은 자기 초월의 능력 너머의 세계를 초월하는 의미 구조의 원천과 열쇠를 발견하지 않고는 의미의 세계를 구성할 수 있는 능력이 자신에게 없음을 인식해야 한다.[52]

다른 한편 인간은 의지적 차원에서 자기 초월의 자유를 가진다. 이것은 자기결정의 능력이다. 자기결정은 자기 초월의 최종적 목표다. 유혹에 노출되어 있는 인간은 자신의 상황을 고의적으로 기만하면서 자신의 무한한 가능성을 현실화시키고자 시도한다. 죄란 인간의 의도적인 무시와 허세 이외의 다른 것이 아니다. 죄의 행동 이후에 인간은 회고적으로 자신의 죄를 인식하며 후회하는 가운데 죄 용서를 기대한다.

---

51) Ibid., 131.

52) Niebuhr, *The Nature and Destiny of Man*, vol. 2, 26.

하나님의 특별계시는 완전한 탈은폐와 성취를 이룩하신 그리스도의 구속을 의미한다. 한편으로 그리스도는 하나님의 지혜로서 인간의 본질적 본성과 인간의 자기모순의 심층을 최종적으로 계시한다.

> 구속자로서의 하나님의 계시는 심판자로서의 하나님에 대한 이전의 지식을 강화한다. 왜냐하면 하나님의 구속적 사랑의 계시는 인간의 죄를 심판하는 하나님의 거룩성을 분명하게 드러내기 때문이다. 이 역설의 인간론적 결과로, 인간의 모순적 상황을 해결하는 하나님에 대한 궁극적인 믿음이 그 모순에 관한 인간의 지식을 명료하게 한다. 인간은 자신의 불안이 불신앙에 의한 것임을 본다.[53]

다시 말하면, 인간은 (타락한) 실존의 종식을 말하며 자신에게 말씀하시는 하나님의 음성을 이해할 수 있는 방식으로 신앙 안에서 자신을 초월한다.[54] 인간은 하나님의 온전한 계시 안에서 신앙에 의해 하나님의 지혜와 자신의 삶의 전체적 의미를 깨달을 수 있다.

다른 한편으로 인간의 죄는 하나님의 성취를 통해 용서된다. 이것이 구속(救贖)이다. 구속은 무엇보다 죄로부터의 구원을 의미한다. 그리스도 안에 나타난 특별계시는 최종적이다. 왜냐하면 인간의 궁극적인 문제는 하나님이 인간의 죄를 스스로 걸머졌으며 이 하나님의 주도권과 희생 없이는 화해도 불가능하며 불편한 양심의 극복도 불가능하다는 확신에 의해 해결되기 때문이다. 이 특별계시 안에서, 인간의 절망과 후회는 회개의 희망으로 변한다.[55] 하나님은 그 자신이 인간의 죄와 교만 때문에 희생

---

53) Niebuhr, *The Nature and Destiny of Man*, vol. 1, 290.

54) Niebuhr, *The Nature and Destiny of Man*, vol. 2, 26.

55) Niebuhr, *The Nature and Destiny of Man*, vol. 1, 257.

하셨으며 우리 자신의 죄와 교만으로부터 우리를 구원한다. 구속은 하나님의 최후의 말씀이 심판의 말씀이 아니라 예수 그리스도의 자기희생적 사랑 안에서의 자비와 용서의 말씀임을 보여준다.

니버에 따르면, 구속은 인간의 죄가 용서받는 것 뿐만 아니라 또한 자신의 피조물적 유한성에 대한 인간의 비수용적 태도를 제거하는 것이다. 인간은 신앙 안에서 자신의 유한성과 하나님에 대한 의존성을 받아들인다. 따라서 니버는 구속 이후에도 인간은 여전히 유한성 가운데 남아 있다고 말한다. 인간이 지닌 자기의식의 능력은 구속에 의해 제거되지 않는다. 그리고 하나님의 온전한 계시는 오직 인간의 신앙에 의해 효력을 발생한다. 인간은 구속 이후에도 여전히 자신이 식별한 의미를 실현하기에는 너무 유한하고 결점이 많으며, 비록 삶의 의미를 성취할 수 있는 잠재성을 신앙 안에 가지고 있음에도 불구하고 지속적으로 정화(purging)와 힘의 공급(empowerment)이 필요하다는 것을 인식한다. "…유한성의 문제는 제거되지 않는다.…역사적 과정 속에 서 있는 인간은 그 과정의 완전한 의미를 이해하기에는 너무도 시야가 제한되어 있으며 그 의미를 성취하기에는 너무도 힘이 제한되어 있다.…"[56]

따라서 니버는, 인간은 여전히 유한하고 죄악에 속해 있으며 이것이 구속 이후의 전체적 상황이라고 설명한다. "한편 신자는 자신에게 계시된 삶을 성취할 수 있는 능력이 있는 것으로 간주된다. 다른 한편 그는 여전히 역사의 유한성과 죄의 부패 안에 남아 있다."[57] 이것은 인간의 역사가 삶의 참된 의미와 계속적으로 모순되는 상황 속에 있다는 것을 의미한다. "죄는 원리적으로 극복된다. 그러나 사실적으로는 극복되지 않는다. 사랑

---

56) Niebuhr, *The Nature and Destiny of Man*, vol. 2, 3.

57) Ibid., 61.

은 승리적 사랑이라기보다는 계속하여 고통 받는 사랑이 된다."[58] 이러한 니버의 현실주의적 인간 이해에 대해 한스 오프만은 이렇게 말한다.

> 따라서 원의(原義, *justitia originalis*)는 언제나 역사적 한계 너머에 있다. 그러나 인간의 역사적 행동은 언제나 이 초월성과의 대조에 의해 판단된다. 왜냐하면 무공간적·무시간적 원의는 인간 양심의 지식 안에 인간의 소유로서가 아니라 하나님께로 돌아오라는 소환(summon)으로 계속 남아 있기 때문이다.[59]

인간의 모순은 인간의 역사 안에서가 아니라 하나님의 영원 안에서 해결될 것이다. "인간의 불의에 의해 하나님이 고통을 당하신다. 하나님은 세상의 죄를 자신이 짊어지신다. 이것은 역사의 모순이 역사 안에서 해결되지 않음을 의미한다. 역사의 모순은 오직 신적인 영원의 차원에서 해결된다."[60]

Ⅵ. 분석과 평가

1. 영과 피조물성

니버의 인간론에서 가장 주목할 만한 특징 가운데 하나는 그가 인간의 세

---

58) Ibid., 49.

59) Hans Ofmann, *The Theology of Reinhold Niebuhr, trans. Louise Pettibone Smith* (New York: Charles Scribner's Sons, 1956), 164-165.

60) Niebuhr, *The Nature and Destiny of Man*, vol. 2, 46.

가지 차원, 즉 자연, 정신(이성), 영을 통일적으로 이해한다는 것이다. 그는 인간의 본성에 대한 자연주의적·관념주의적·낭만주의적 견해를 거부한다. 자연주의에서는 인간의 자아가 자연적 차원으로 환원되고 개별성을 상실한다. 관념주의에서는 이성이 신적인 것과 동일시되고 개별적 자아가 보편적 이성으로 흡수된다. 자연주의에서 자아가 평가 절하된다면, 관념주의에서는 자아가 신성화된다. 한편 낭만주의에서는 자아가 이성의 무기력함에 대항하는 자연의 생동력의 관점에서 이해된다. 그러나 낭만주의는 진정한 개별성을 상실한다. 왜냐하면 낭만주의는 인간을 생물학적 충동과 집단적 개인의 관점에서만 보기 때문이다.

니버에 따르면, 인간의 자아는 몸과 정신과 영의 통일성 안에 존재한다. 이 세 요소 가운데 특히 영의 자유가 진정한 개별성의 원천으로 간주된다. 즉 자기 초월의 능력이 인간의 진정한 개별성의 본질이다. 이것이 바로 하나님의 형상이다. 인간의 독특성을 규정하는 이 자기 초월의 능력은 자연적 과정뿐만 아니라 자신의 이성도 초월한다. 다시 말하면, 인간은 한편으로 자신의 피조물성으로 인해 제한되지만 동시에 다른 한편으로 무한한 초월의 가능성을 지닌다. 따라서 인간 실존은 영과 피조물성 및 자유와 유한성 사이의 역설적 관계 안에 있다. 이러한 이유에서 니버는 인간을 "자기 자신에게 문제"가 되는 존재로 규정한다. 즉 인간의 본질적 본성 자체가 역설적인 본성이다.

2. 죄의 불가피성과 책임성

니버에 따르면, 죄는 불가피하다(inevitable). 실제 인간은 죄로부터 자유로운 행동을 할 수 없기 때문이다. 그러나 죄는 필연적이지(necessary) 않다. 그 이유는 우리의 본성 또는 자유와 유한성의 역설적 상황으로부터 죄가 필연적으로 초래되는 것은 아니기 때문이다. 이 불가피성의 기원은 신비의 영역에 속한다. "죄는 자신을 상정한다"는 키르케고르의 명제에 따라 니버는 죄가 선행(先行)하는 악을 전제한다고 말한다. 성서에서는 이 선행하는 악을 악마 또는 뱀으로 묘사한다. 니버는 악마 또는 뱀을 자신의 상황에 대한 인간의 오해를 상징하는 것으로 보고 이를 원죄교리와 연결시킨다. 원죄 또는 타락은 죄를 향한 인간의 보편적 경향으로 말미암은 죄의 불가피성을 표현한다. 이런 의미에서 원죄는 인간의 불가피성을 정당화한다.

그러나 동시에 인간은 자신의 죄에 대한 책임이 있다. 아우구스티누스는 원죄를 유전적 죄로 해석한다. 따라서 죄는 자연적 역사를 갖게 된다. 원죄는 유전적 부패와 동일시되며, 정욕은 죄를 유전시키는 작인(作人, agent)으로 간주된다. 니버는 우리가 아담을 인간의 대표로 볼 때에만 역사적·문자주의적 해석을 피할 수 있다고 주장한다. 그에 따르면, 펠라기우스주의자가 인간의 자유의 온전성을 지나치게 확신하기 때문에 오류를 범하였다면, 아우구스티누스주의자는 인간의 자유가 죄로 부패되었다는 사실에 대한 발견 자체가 인간의 자유의 성취라는 점을 알지 못하기 때문에 잘못되었다. 즉 자기의식 안에서 죄의 불가피성을 발견하는 것이 인간의 자기 초월적 자유에 대한 최상의 확증이라는 것이다. 죄악된 행동에 뒤따르는 후회와 회개가 인간의 책임성을 입증한다. 틸리히가 지적한 바와 같이, 니버는 아우구스티누스와 개신교 전통을 따라 죄의 불가피성을 강조하는 현실주의와, 죄에 대한 인간의 책임성을 강조하는 도덕적 관심을 함께 보여준다.[61]

---

61) Paul Tillich, John C. Bennett, and Hans J. Morgenthau, *Reinhold Niebuhr: A Prophetic Voice in Our Time*, ed. Harold R. Landon (Greenwich, Connecticut: The Seabury Press, 1962), 37.

그러나 죄의 불가피성과 책임성의 관계에 대한 이와 같은 니버의 설명은 논리적으로 다 이해할 수 없는 역설적(또는 모순적) 성격을 드러낸다. 따라서 그는 그 자체로 불합리한 원죄론에 대하여 다음과 같이 말한다.

> (원죄론이) 합리성의 한계에 대한 이성적 이해로서 이 역설을 받아들일 수 없다면, 그리고 지속할 수 없는 진리를 지시하는 논리가 합리적으로 해결될 수 없을 때에 발생하는 모순에 관한 신앙의 표현을 수용할 수 없다면, 이는 합리화될 수 없는 운명과 자유의 관계를 충분히 표현한 것이다.[62]

3. 비전적 부패

니버는 비록 인간의 죄를 심각하게 생각하지만 죄가 인간의 본질적 본성을 파괴하지 못한다고 믿는다. 니버는 전적 부패라는 교리를 받아들이지 않는다(비[非]전적 부패[untotal depravity]). 전적 부패 교리는 죄의 불가피성과 인간의 자유의 유전적 타락을 너무 강조한 나머지 인간의 선함을 전혀 남겨놓지 않는다. 니버에 의하면 전적 부패는 불가능하다. 왜냐하면 인간은 자유가 있으므로 악을 행할 수 있기 때문이다. 전적으로 부패된 인간은 자신이 전적으로 부패되었다고 말할 수 없다. 따라서 니버는 아우구스티누스와 루터파 전통의 전적 부패 교리를 거부한다. 초자연적 선물(*donum superadditum*)로서의 원의는 타락에 의해 상실되었고 자연적 의는 원죄에 의해 부패하지 않고 남아 있다고 보는 가톨릭교회와 달리, 그는 원의가 타락에 의해 완전히 상실되지 않으며 무엇을 해야 할지를 아는 지식 및 사랑의 법이 인간에게 남아 있다고 주장한다.

---

62) Niebuhr, *The Nature and Destiny of Man*, vol. 1, 262.

또한 니버는 루터주의가 이성 안에 남아 있는 덕을 평가절하하고 지나친 도덕적 회의주의에 빠졌다고 비판한다.[63] 니버에 따르면, 인간에게 원의는 진리와 덕, 특별히 신학적 덕을 위한 잔여 능력으로 남아 있다. 인간은 자신의 본질적 본성을 소유가 아니라 결핍으로, 편한 양심이 아니라 불편한 양심으로, 성취가 아니라 잠재성으로 인식한다. 원의는 요구, 의무, 법 등을 통해 경험된다. 니버에게 타락 이후의 인간 실존에서 (모든 실제적 죄를 포함하는) 원죄와 원의는 변증법적 긴장 관계에 있다. 그는 이 긴장 관계를 "부패했지만 전적으로 부패하지는 않았다"(corrupted but not totally depraved)는 역설적인 문구로 표현한다.

4. 의인이면서 동시에 죄인

위에서 본 바와 같이, 인간은 구속을 받은 이후에도 여전히 유한하고 죄악된 상태로 남아 있다. 한편, 인간은 죄를 용서받고 의롭게 된다. 그러나 다른 한편, 인간은 여전히 유한하며 인간의 의지는 결함이 있기 때문에 시간적 실존 안에서 죄인 됨을 벗어날 수 없다. 니버는 다음과 같이 말한다.

> 은혜 경험의 두 측면, 즉 인간의 마음 안에서의 죄의 정복과 인간의 마음 안에서 결코 완전히 극복되지 않는 죄에 대한 하나님의 자비로운 능력이 바울의 신학 안에서 표현된다.[64]

바울의 강조점은 이미 구원을 받은 자가 아니라 구원을 받고 있는 자

63) Thelen, *Man as Sinner*, 101.

64) Niebuhr, *The Nature and Destiny of Man*, vol. 2, 100. 다음과 같은 성서의 구절들은 이러한 바울의 은혜신학을 보여준다. 롬 3:31; 5:1, 9; 6:2, 3 12; 7:12; 13:19, 고전 5:17.

로서의 그리스도인을 향해 주어지고 있음이 분명하다. 이러한 그리스도인의 이중적 실존은 "의인이면서 동시에 죄인"(*simul justus et peccator*)이라는 루터의 명제에 잘 표현된다.

그러나 니버는 구원받은 자아와 구원받지 못한 자아 사이의 날카로운 이분법을 거부한다. 그에 따르면, 모든 인간 실존의 순간에 있어서 현재 상태의 자아와 되어야할 자아 사이에는 변증법적 긴장이 있다. 한 자아 안의 두 측면 사이의 변증법적 관계는 니버의 종말론적 인간 이해에 분명히 나타난다. 그는 인간이 "시야 안에서"(in sight) 구원을 받는 것이 아니라 "희망 안에서" 구원을 받는 것이라고 말한다. 그러나 그리스도의 십자가와 부활을 통해 구속의 능력은 이미 작용하기 시작했다. 니버에게, 그리스도인의 삶은 그리스도의 첫 번째 오심과 두 번째 오심 사이에 놓인 "중간기"의 삶이다. 이 중간기의 삶에서 죄는 "원리적"으로는 정복되지만 "실제적"으로는 정복되지 않는다.

Ⅶ. 결론

니버의 인간론은 도처에서 역설적이고 변증법적인 특징을 보여준다. 그에 따르면, "피조물로서의 인간과 하나님의 자녀로서의 인간 사이에서 나타나는 역설이 개별성 개념의 필수적 전제다."[65] 즉 "영의 자유와 피조물적 유한성"은 역설적·변증법적 긴장 관계에 있으며, 그 안에 인간의 본질적 본성이 있다. 니버의 인간 이해는 다양한 형태의 역설적·변증법적 개념들을 보여준다. 그는 "불가피성과 책임성" 사이의 역설적 긴장 관계 안

65) Niebuhr, *The Nature and Destiny of Man*, vol. 1, 23.

에서 죄 개념을 파악한다. 그는 죄로 인해 타락한 인간 실존을 "부패와 비(非)전적 부패" 사이의 역설적 긴장 관계 안에서 표현한다. 그는 구속받은 인간의 상황을 "의인이면서 동시에 죄인"이라는 역설적 명제로 제시한다. 또한 그는 현재의 역사와 미래의 종말론적 초월과 완성을 "원리"와 "실제" 사이의 변증법적 긴장 관계 안에서 이해한다.

이와 같은 니버의 신학이 보여주는 역설적·변증법적 특성은 근본적으로 자유주의 개신교와 정통주의 기독교 사이의 중도를 추구하는 그의 신학적 입장으로부터 유래한다. 한편으로 니버는 신앙의 중요성을 인정하면서도 이성의 힘을 과신하는 자유주의 기독교가 부르주아적 자유주의와 다르지 않다고 본다. 자유주의 개신교는 종교개혁 전통보다는 르네상스와 더 잘 어울린다. 여기에서는 인간의 악으로 인한 비극이 심각하게 다루어지지 않는다. 죄는 무지로 인한 결함으로 이해되며, 따라서 적절한 교육에 의해 극복될 수 있는 것으로 간주된다. 또한 여기서는 인간의 본유적인 선함과 자유가 강조된다. 인간에게는 하나님께 응답하고 하나님의 뜻에 따라 살아갈 수 있는 능력이 있다고 간주된다. 이러한 낙관주의는 인간의 본성이 스스로 복음의 요구를 만족시킬 수 있는 자원을 가지고 있다고 믿는다. 니버는, 이와 같은 낙관주의적 자유주의는 인간의 삶의 어두운 심층을 인식하는 데 실패했다고 비판한다.

다른 한편으로 정통주의 기독교는 자유주의적 합리주의 및 자유주의 기독교의 낙관적 견해와는 대조적인 인간 이해를 보여준다. 여기서 죄는 원죄와 타락의 관점에서 심각하게 다루어진다. 이러한 의미에서 정통주의 개신교는 자유주의보다 인간의 상황에 대한 더 심원한 통찰력을 가지고 있다. 그러나 니버는 개신교 정통주의가 지나친 비관주의적 현실주의의 견해를 취하며 인간의 본성을 회의적으로 이해한다고 비판한다. 여기서는 인간이 전적으로 부패했다는 견해에 의해 인간의 죄의 불가피성과 인간의 비극이 지나치게 과장된다.

니버는 복음이 비관주의나 낙관주의 그 이상의 것을 의미한다고 주장한다. 성서적 현실주의는 인간이 직면한 상황에서 선과 악, 낙관주의와 비관주의의 변증법적 관계의 중도에 자리잡는다. 이런 의미에서 니버는 종교개혁 전통과 르네상스 전통 모두를 비판적으로 통합하고자 시도한다. 텔렌은 이러한 니버의 기독교 현실주의를 다음과 같이 잘 표현하였다.

> 르네상스와 종교개혁의 통찰력에 대한 새로운 종합은 은혜가 우리 안에 있는 힘으로서 (그러나 죄 없음을 성취하는 힘으로서가 아니라) 작용한다는 사고 안에서 발견되어야 한다. 따라서 역사 안에서의 최후의 말은 용서로서의 은혜에 속한다.[66]

니버는 낙관주의의 오류와 비관주의의 약점 둘 다 이러한 새로운 종합에 의해 극복될 수 있다고 보았다. 그의 역설적·변증법적 신학은 이러한 그의 중도적 현실주의로부터 파생된다. 그러나 이와 같은 니버의 현실주의적 인간론은 이 땅에 정의를 실현하고 하나님 나라를 구현하기 위한 그리스도인의 정치적 실천을 더 강조함에도 불구하고, 해방신학자들의 눈에는 역사 변혁적 실천의 의지를 약화시키는 다소 비관적인 인간론처럼 보일 수도 있다.

---

66) Thelen, *Man as Sinner*, 102.

제4장

상대적 이원론과 변증법적 현실주의 인간론: 폴 틸리히

I. 서론

일반적으로 폴 틸리히(1886-1965)는 문화신학자 또는 철학적 신학자라고 불린다. 왜냐하면 그는 자신의 신학적 사고 체계 안에서 기독교와 문화, 그리고 신학과 철학을 상호 관련시키거나 결합하고자 하기 때문이다. 잘 알려진 바와 같이, 틸리히는 자신의 문화신학 또는 철학적 신학을 "상관관계 방법론"(the method of correlation)이라는 독특한 방법론으로 체계화하였다. 그의 상관관계 방법론은 철학적 또는 실존적 질문과 신학적 답변을 서로 연관시킴으로써 기독교 신앙의 내용을 설명하는 것이다. 즉 그는 철학적 개념과 범주를 사용하여 인간 실존과 실존 일반을 분석하고, 질문을 제기하며, 이 철학적 질문에 대하여 기독교의 메시지로부터 주어지는 신학적 답변을 제시하는 것을 자신의 신학의 과제로 삼는다.[1]

---

1) Tillich의 『조직신학』은 각기 두 양극적 요소 사이의 상관적 관계로 구성되는 다섯 가지의 주제적 범주로 구성되어 있다. 이 다섯 가지의 주제적 범주는 다음과 같다. ① 인간 이성의 능력과 한계에 대한 질문들과 계시에 의한 답변, ② 존재의 본질에 관한 질문과 이에 대한

틸리히는 이와 같은 상관관계 방법론이 인간 실존의 상황과 기독교 메시지의 관계를 신학적으로 가장 잘 연관시킬 수 있다고 보았다.[2] 인간 실존의 상황과 기독교의 메시지를 상호 관련시키는 상관관계 방법론을 통해 19세기의 내재주의적 자유주의 신학과 20세기의 초월주의적 신정통주의 신학 사이의 딜레마를 극복하는 중도 또는 제3의 길을 열었다는 데 그의 신학적 공헌이 있다.

틸리히의 인간론은 그의 상관관계 방법론을 따라 인간 실존의 상황으로부터 제기되는 철학적 질문과 예수 그리스도로부터 주어지는 신학적 답변으로 구성된다.[3] 여기서 우리는 인간의 본질적 상태, 타락, 소외로서의 실존, 죄와 악, 그리고 "새 존재"인 그리스도로서의 예수로부터 주어지는 구원(치유, 재연합, 화해)에 대한 틸리히의 설명을 차례대로 고찰할 것이다. 우리는 이 고찰에서 틸리히가 성서에 대한 상징적 해석을 통해 전통적인 교리들(예를 들면, 타락)을 어떻게 인간의 보편적 상황에 대한 기독교

답변으로서 존재의 근거인 하나님, ③ 실존의 의미 및 구원에 관한 질문과 그리스도로서의 예수 안에 나타난 새로운 존재에 의한 답변, ④ 인간 체험의 모호성에 관한 질문과 생의 과정 안의 성령의 임재에 의한 답변, ⑤ 인간의 문명과 역사의 의미에 관한 질문과 하나님의 나라에 의한 답변.

2) 그러나 실제로 인간 실존에 대한 Tillich의 "철학적" 이해의 근저에는 "신학적" 이해가 숨어 있다. 말하자면, 그는 "신학자"로서 "철학자"의 과제를 수행한다.

3) Tillich의 인간론에 대한 국내 신학자들의 연구로는 다음과 같은 논문들이 있다. 고광필, "폴 틸리히의 신학적 인간학적인 자아의 개념과 그 문제점," 『광신논단』 Vol. 5 No.1 (1993), 183-200; 권용근, "틸리히의 인간 이해와 기독교 교육," 『신학과 목회』 Vol. 6 (1992), 145-163; 김균진, "틸리히에 있어서 하나님과 인간의 상관관계: 신학의 중재적 과제에 대한 성찰과 함께," 『현대와 신학』 Vol. 12 (1989), 65-86; 남성민, "폴 틸리히의 신학에서 본질, 실존, 그리고 생명의 체계," 『신학논단』 Vol. 53 (2008), 181-218; 이정기, "틸리히와 에릭슨의 역동적 인간론 : 정체성 형성을 위한 신학적·심리학적 근거 설정을 위한 시론," 『한국기독교상담학회지』 Vol. 7 (2004), 199-230; 이청순, "Paul Tillich and Tu Wei-ming on the Human Condition," 『한국기독교신학논총』 Vol. 81 No.1 (2012), 181-199; 정성민, "존재의 유한성에 대한 틸리히의 이해," 『한국기독교신학논총』 Vol. 38 No.1 (2005).

적 상징으로 재해석하는지를 보게 될 것이다. 그리고 결론적으로 필자는 틸리히의 인간 이해가 심대하게 존재론적 범주에 의존하고 있고, 상대적 이원론과 변증법적 현실주의의 관점에서 파악될 수 있으며, 존재론적 초월주의와 과도한 현실주의의 특징을 보여주고 있음을 제시할 것이다.

Ⅱ. 인간의 본질적 상태

틸리히는 인간의 본질적 상태를 잠재성으로 이해한다. 그는 아직 결단에 의해 결정되지 않은 그리고 현실화되지 않은 잠재성으로서의 인간의 본질적 상태를 표현하기 위해 심리학적 유비를 사용한다. 그것은 곧 "꿈꾸는 순수성"(dreaming innocence)[4]이라는 이미지다. 꿈꾸는 정신 상태는 실제적인 동시에 비실제적이다. 꿈꾸는 순간에 그것은 실제적이다. 그러나 깨어나는 순간, 꿈을 구성하는 이미지는 사라진다. 현실과의 만남으로 인해 그 이미지는 비실제적인 것이 된다. 그러나 틸리히는 현실이 꿈의 이미지와 전적으로 다르지는 않다고 주장한다. 왜냐하면 "현실적인 것이 예기(anticipation)의 관점에서 잠재성 안에 현존하기" 때문이다. 이와 같은 꿈의 특성 때문에 틸리히는 "'꿈꾸기'라는 은유가 본질적 상태를 기술하는 데 적합하다"고 주장한다.[5]

"순수성"이란 단어는 세 가지 의미를 지닌다. 즉 "현실적 경험의 결여, 인격적 책임성의 결여, 도덕적 죄책의 결여"가 그것이다.[6] 이 세 가지 특징

---

4) Paul Tillich, *Systematic Theology*, vol. II (Chicago: The University of Chicago Press, 1975), 33. 유장환 역, 『조직신학』, 제3권 (서울: 한들출판사, 2005).

5) Ibid.

6) Ibid., 33-34.

을 지닌 순수성은 비현실화된 잠재성을 가리킨다. 달리 말하면, 어린아이는 선택과 결단 이전의 유아기 단계에 있기 때문에 순수하다.[7] 틸리히는 이 "꿈꾸는 순수성"이라는 심리학적 유비를 사용하여 인간의 본질적 상태의 두 가지 특성을 표현한다. 첫째, 틸리히는 인간의 본질적 상태가 시간적 상태, 심지어 심리학적 또는 생물학적 단계로 해석될 수 없다고 주장한다. 본질적 인간은 유아기 단계에 속해 있기 때문에, 타락 이전의 아담의 현실적 상태에 관해 질문하는 것은 적절하지 않다. 타락 이전의 아담과 저주 이전의 본성은 잠재성의 상태다. 그것은 현실적 상태가 아니다. 틸리히는 다음과 같이 말한다. "그것은 현실성이 아니라 잠재성을 갖는다. 그것은 아무런 장소도 갖지 않는다. 그것은 아무데도 없다(*ou topos, utopia*). 그것은 시간을 갖지 않는다. 그것은 시간을 선행한다. 그것은 초역사적이다."[8]

둘째, 인간의 본질적 상태는 완전하지 않다. 틸리히에 따르면, "…잠재성 또는 꿈꾸는 순수성은 완전한 것이 아니다. 마치 하나님이 본질과 실존을 초월하기 때문에 완전한 것처럼, 오직 실존과 본질의 의식적 연합만이 완전하다."[9] 틸리히에 따르면, "꿈꾸는 순수성"은 아직 갈등을 경험하지도 않고(uncontested) 결단에 의해 결정되지도 않은 잠재성이기 때문에 불완전하다. 따라서 그는 타락 이전의 아담의 상태가 완전하다는 믿음은 불합리하다고 주장한다. 이러한 믿음은 두 가지 이유로 불합리하다. 첫째, 그것은 아담을 비인간화시킨다. 그것은 한 개인의 삶의 어느 시기를 죄로부터 면제시킨다. 그것은 보편적인 소외의 운명과 연합하지 않을 자유를

---

7) Tillich, *Systematic Theology*, vol. I (Chicago: The University of Chicago Press, 1973), 259. 유장환 역, 『조직신학』, 제1, 2권 (서울: 한들출판사, 2001-2003).

8) Tillich, *Systematic Theology*, vol. II, 33.

9) Ibid., 34.

아담에게 부여한다.[10] 둘째, 아담이 완전하다는 주장은 타락을 이해할 수 없는 것으로 만들기 때문에 불합리하다. 아담과 같이 완전한 존재가 타락할 수 있다는 것은 믿을 수 없는 일이다.[11] 틸리히는, 완전성은 오직 그리스도 또는 종말론적 완성의 때에 있는 인간에게만 귀속시킬 수 있다고 주장한다.[12]

Ⅲ. 타락

틸리히에게 타락 교리는 인간 실존의 보편적인 곤경을 상징한다. 그의 타락 이해는 근본적으로 신학적이다. 왜냐하면 타락은 하나님과 인간 사이의 본질적 관계의 파괴를 의미하기 때문이다.[13]

1. 타락의 가능성과 동기

인간은 꿈꾸는 순수성의 상태를 넘어서 실존으로 나아간다. 유한한 자유의 본성이 그렇게 할 수 있게 한다. 그리고 유혹을 받았던 경험은 인간을 실존으로 이끌어간다.[14]

유혹은 두 가지 이유에서 실제적이고 불가피하다. 첫 번째 이유는 잠재성은 "갈등을 경험하지도 않았고 결단에 의해 결정되지도 않은" 상태이

---

10) Ibid., 56.
11) Ibid., 34.
12) Tillich, *Systematic Theology*, vol. I, 259.
13) Emerito P. Nacpil, *Paul Tillich's Doctrine of the Fall, A Theological Interpretation of the Problem of Existence* (Madison, New Jersey: Drew University, 1961), ii.
14) Tillich, *Systematic Theology*, vol. II, 34.

기 때문에 꿈꾸는 순수성의 상태를 거르게 된다.[15] 그러나 잠재성은 갈등을 경험하지도 않았고 결단에 의해 결정되지도 않았기 때문에 진정한 가능성을 지닌 상태다. 현실성은 진정한 가능성 안의 예기(anticipation)로서 잠재성 안에 함축된다. 따라서 잠재성은 꿈꾸는 순수성의 상태를 넘어서 그 자체 안에 포함되어 있는 현실성을 실현시키기 위해 나아간다.

두 번째 이유는, 본질적 상태에서 자유는 갈등을 경험하지도 않았고 결단에 의해 결정되지도 않았을 뿐만 아니라 유한하기 때문에, 유혹은 불가피하다. 인간은 비존재의 가능성의 위협 아래 자신의 유한성을 의식하게 되면서 유한한 자유를 불안하게 여긴다. 불안은 유한한 존재가 비존재의 가능성에 의해 위협당하는 자신을 의식할 때 생겨난다. 이 불안(또는 불안 안에 있는 자유)은 본질에서 실존으로의 이행을 위한 추동력이 된다.[16]

그러므로 본질적 상태의 인간은 자신의 잠재성이 결단에 의해 결정되지 않았고 자신의 자유가 유한하기 때문에, 또한 자신의 의식 안에서 불안의 상태에 있기 때문에 유혹을 경험한다. 틸리히는 자유가 자신을 의식하게 되고 현실적이 되고자 하는 순간을 "각성된 자유"(aroused freedom)의 상태라고 부른다. "유한한 자유가 자신을 의식하게 되고 현실적이 되고자 하는 순간에 긴장이 발생한다. 이것은 각성된 자유의 순간이라고 불릴 수 있다."[17]

그러나 바로 이 순간에 또한 자유와 운명의 본질적 통일로부터 생겨나는 반동이 시작된다. 꿈꾸는 순수성은 그 자신을 유지하기 원한다. 따라서 인간은 자신의 자유를 현실화시키고자 하는 욕망과 자신의 꿈꾸는 순수성을 유지하고자 하는 요구 사이에서 갈등한다. 결국 인간은 유한한

---

15) Ibid.
16) Ibid., 34-35.
17) Ibid.

자유의 힘 안에서 현실화를 향해 결단함으로써 갈등의 상황을 해결한다. 그는 자신의 잠재적 상태를 넘어서 현실적이 되고자 결단한다. 그는 본질로부터 실존으로 이행하는 도약을 감행한다. 그는 타락한다. 틸리히는 타락의 가능성과 동기와 사건화를 다음과 같이 요약한다.

> 인간은 통전적 존재다. 인간의 본질적 존재는 꿈꾸는 순수성의 성격을 지닌다. 인간의 유한한 자유는 본질에서 실존으로의 이행을 가능하게 만든다. 인간의 각성된 자유는 자아 상실의 위협을 초래하는 두 불안 사이에 인간을 놓는다. 인간은 꿈꾸는 순수성의 보존에 대항하여 자기 현실화를 향해 결단한다. 신화론적으로 말하자면, 유혹의 나무의 열매는 감각적이며 동시에 영적이다.[18]

2. 타락에 있어서 인간의 책임성

성서에 나타나는 두 가지 타락 이야기에서, 인간보다 열등한 존재와 인간보다 우월한 존재가 인간의 결정에 영향을 미친다. 창세기 이야기에서 뱀은 인간 안과, 본성과, 인간 주변을 둘러싸고 있는 자연의 역동성을 상징한다. 후에 천사의 타락 신화에 나타나는 루시퍼의 반란은 인간을 향한 유혹을 초래한다. 그러나 이 모든 경우에서 인간은 면책되지 않는다. 악마나 천사나 모두 인간의 타락에 책임을 지지 않는다.[19] 틸리히는 천사적 또는 악마적 힘에 관한 신화는 개인적 차원을 넘어서는 선과 악의 구조를 상징한다고 본다. 그것은 존재가 아니라 실존의 전체 구조에 의존하며 모호한 삶에 포함되어 있는 존재의 힘이다.

---

18) Ibid., 36.
19) Ibid., 39-40.

타락은 필연적이지 않다. 타락은 질적 도약(leap)을 포함한다. 왜냐하면 본질과 실존 사이에 필연적인 구조적 연관성이 없기 때문이다. 실존은 자연적 필연성처럼 본질로부터 파생될 수 없다. 타락과 그 비극적 결과는 사물의 본질적 본성에 속한 것이 아니다. 따라서 타락의 원천은 인간의 유한한 자유다. 인간은 자신의 질적인 도약 즉 타락에 대하여 책임이 있다. 틸리히는 말한다. "인간은 본질로부터 실존으로의 이행에 책임이 있다. 왜냐하면 인간은 유한한 자유를 지니고 있으며 모든 실재의 차원들이 인간 안에서 연합되기 때문이다."[20] 이와 같이 틸리히는 타락에 대하여 도덕적 차원에서의 인간의 책임성을 강조한다. 그러나 인간의 자유는 운명에 의해 제한을 받기 때문에, 그 자유는 유한하다.

3. 본래적 사실과 보편적 운명으로서의 타락

틸리히에게 타락은 단지 인간의 자유에 의해 초래되는 사건이 아니라 본래적 사실이며 보편적 운명이다. 본질로부터 실존으로의 이행은 "본래적 사실"이다. 타락은 모든 사실이 현실적이라는 의미에서 본래적 사실이다.

> 그것(타락)은 시간적인 의미에서의 첫 번째 사실이 아니며, 또한 다른 사실들과 나란히 또는 먼저 있는 사실이라는 의미의 첫 번째 사실이 아니다. 그러나 그것은 모든 사실에 타당성을 부여하는 사실이다. 그것은 모든 사실 안에 있는 현실성이다. 우리는 존재하며, 우리의 세계는 우리와 함께 있다. 이것이 본래적 사실이다.[21]

---

20) Ibid., 40.
21) Ibid., 36.

타락은 시간적 의미에서 다른 사실들과 나란히 또는 먼저 있는 첫 번째 사실이 아니라 모든 유한한 현실을 규정하는 보편적 사실이다. 타락은 과거의 사건이 아니다. 왜냐하면 타락은 시간과 공간 안에서 발생하는 모든 것보다 존재론적으로 선행하기 때문이다. 타락은 공간적·시간적으로 실존할 수 있는 조건을 조성한다. 타락은 꿈꾸는 순수성에서부터 현실화와 죄책의 이행 사이에서 모든 개인적 인격이 현시되는 것이다.[22] 타락은 실존의 전제인 동시에 모든 유한한 존재를 규정하는 보편적 운명이다. 이것은 비극적이다. 이 타락의 비극적·보편적 차원은 실재의 생물학적·심리학적·사회학적 차원을 포괄한다.

4. 인간의 유한한 자유와 보편적 운명

위에서 살펴본 대로, 틸리히에게 타락은 개인의 자유로운 행위이면서 동시에 보편적 운명이자 본래적 사실이다. 틸리히는 타락에서의 비극적 요소와 도덕적 요소를 함께 강조한다. 개별적 행위는 실존의 보편적 운명으로부터 고립되어 있지 않다. 틸리히는 말한다.

> 소외된 실존의 개별적 행위는 고립된 개인의 단독 행위가 아니다. 그것은 자유의 행위임에도 불구하고 실존의 보편적 운명 안에 속해 있는 행위다. 모든 개별적 행위 안에서 소외된 또는 타락한 존재의 성격이 현실화된다. 모든 윤리적 결단은 개인적 자유와 보편적 운명 둘 다의 행위다.[23]

22) Ibid.
23) Ibid., 38.

숙명과 자유, 비극과 책임성은 이른 유년기 이래의 모든 인간 안에서, 그리고 인류 역사 이래의 모든 사회정치적 집단 안에서 서로 얽혀 있다.[24] 따라서 틸리히는 소외의 비극적 보편성과 소외에 대한 인간의 개인적 책임 모두가 동시에 인정되어야 한다고 주장한다. 인간의 자유는 홀로 결정되는 것이 아니다. 왜냐하면 그것은 운명에 의해 제한되기 때문이다. 자유의 행위는 인간의 운명을 형성하는 모든 추동력과 영향력을 통합하는 중심적 결단이다. 이 추동력과 영향력은 그 자체만으로 결정을 촉발시킬 만큼 충분히 강력하지는 않다. 물론 결정은 자아가 한다. 그러나 결단의 중심적 행위는 그 추동력과 영향력을 통합하여, 이 통합 안에서 그 힘들은 결정하는 중심적 자아를 통해 효력을 발생시킨다. 이와 같은 방식으로 우주는 모든 자유의 행위 안에 참여한다. 이것은 자유의 도덕적 행위 안에 있는 운명의 비극적 측면을 나타낸다.[25] 다시 말하면 틸리히에게 있어, 유한한 자유 안에 있는 인간의 개인적 결단에 관한 도덕적 차원과 보편적 운명의 비극적 차원은 역동적 통일성 안에서 상호연관되어 있다.

5. 자연 안의 타락

틸리히는 타락이 자연에 효력을 발생시켰다고 말한다. 타락은 본래적 사실, 즉 시간과 공간 안에서 일어나는 모든 사건들의 초역사적 특성으로서 인간과 자연에 동일하게 적용된다.[26] 자연의 타락은 시간 속의 어느 시점에서 인간에 의해 자연의 구조가 변하거나 부패하게 되었다는 것을 의미하지 않는다. 자연의 타락은 인간이 우주의 다른 부분들과 함께 있는 자

24) Ibid., 39.
25) Ibid., 43.
26) Ibid., 40.

신을 발견하는 현실적 실존 외에는 다른 실존이 없다는 것을 의미한다.

틸리히에 의하면, 한편으로 유한한 자유의 구조가 자연 안에서 완전하지 않기 때문에 개인적 책임이나 죄책을 자연에 돌리는 것은 적절치 않다. 그러나 다른 한편으로 죄책에 빠질 가능성이 없는 곳에서 순수성을 말하는 것은 적절치 않다. 더욱이 자연이 비록 인간과 같은 의미에서 비난받을 만한 것은 아님에도 불구하고 그렇게 순수한 것은 아니라는 선언이 성서에서 발견된다(시 90:9-10; 롬 8:22 등). 틸리히는 이것을 자연 안에서의 우주적 분열의 증거로 해석한다. "인간 안에서 인간이 행하는 선과 악에 자연이 참여하는 것처럼, 인간 밖에서 자연은 인간의 선과 악의 행위에 대한 유비를 보여준다."[27]

틸리히는 자연의 타락과 인간의 타락이 상호작용하기 때문에 인간은 자연에 이르고 자연은 인간에 이른다고 말한다. 그 둘은 서로 안에 참여하며 각자 분리될 수 없다. 이와 같이 틸리히는 "타락한 세계"라는 용어와 실존이란 개념을 인간뿐만 아니라 우주에도 적용한다.

6. 창조와 타락의 일치

틸리히는 타락 개념과 마찬가지로 창조 교리도 상징적으로 해석한다. 창조와 타락의 상징적 의미는 서로 대립된다. 창조 교리는 피조물의 존재가 창조성의 신적 근거 "안"에 있음을 표현하고 있다면, 타락 개념은 피조물의 존재가 신적 생명의 "밖"에 있음을 표현한다.[28] 창조는 피조물의 유한성과 의존성을 확증한다. 타락은 자신의 독립성 및 성취의 관점에서 피조

---

27) Ibid., 43.

28) Tillich, *Systematic Theology*, vol. I, 225.

물의 유한성과 의존성을 부인한다.

그러나 틸리히에 따르면, 창조와 타락은 서로 상반됨에도 불구하고 함께 만난다. 그 둘은 유한한 자유로서 함께 만난다. 피조물이 된다는 것은 신적 생명의 창조적 근거 안에 뿌리를 내린다는 것과 동시에 자유를 통해 자신의 자아를 현실화시킬 수 있다는 것을 의미한다. 따라서 피조물적 자유는 창조와 타락이 일치하는 자리다.[29] 한편으로 창조의 본질적 선함은 유한한 자유의 현실화를 통해 성취된다. 다른 한편으로 자유가 현실화될 때, 그 현실화된 죄악에 속한 비극적인 성격은 창조의 본질적 본성과 충돌한다. "한쪽에서 보면, 이것은 창조의 끝이다. 다른 쪽에서 보면, 이것은 타락의 시작이다."[30] 한편으로 창조는 유한한 자유의 현실화에 의해 성취되며, 다른 한편으로 이에 의해 타락이 발생한다. 다시 말하면 현실화된 창조와 소외된 실존은 동일하다.

이런 의미에서 틸리히는 "존재론적 일치"(ontological coincidence)를 말한다. 창조와 타락의 일치는 시간적이거나 공간적인 것이 아니다. "창조와 타락은 창조된 선(善)이 현실화되고 실존화되는 시공간의 어떤 지점이 없다는 전제 하에 일치한다."[31] 틸리히에 따르면, 이것은 창세기의 에덴동산 이야기에 대한 문자적 해석을 거부하는 데에 따른 필연적인 결과다. 그는 시간이 시작할 때에 발생한 것으로 보는 창조에 관한 전통적 교리를 거부한다. 따라서 그는 타락 이야기와 마찬가지로 창조 교리도 상징화한다. 그는 "현실화된 창조와 소외된 실존은 동일하다"고 말한다. "창조는 본질적 성격에 있어서 선하다. 현실화될 때, 창조는 자유와 운명을 통

29) Tillich, *Systematic Theology*, vol. II, 43-44.
30) Tillich, *Systematic Theology*, vol. I, 255.
31) Tillich, *Systematic Theology*, vol. II, 44.

해 보편적 소외로 타락한다."[32]

Ⅳ. 소외된 인간 실존

1. 소외

틸리히는 타락, 즉 본질로부터 실존으로의 이행 이후에 존재하는 모든 삶과 사물의 상황을 "소외"라고 명명한다. 실존이 인간의 잠재적 자유의 현실화를 통한 본질적 존재의 파괴를 의미하는 한, "소외"와 "실존"은 동의어다. 그러나 틸리히는 "소외"라는 용어를 다섯 가지 중요한 실존의 성격을 표현하기 위한 신학적 의도를 가지고 사용한다. 첫째, "소외"로서의 실존은 신적 근거로부터, 자신의 자아로부터, 세계로부터 분리된 상태다. 둘째, 소외라는 용어는 인간이 본질적으로 자신으로부터 분리된 것에 속해 있다는 중요한 신학적 진리를 가리킨다. "'소외'라는 용어의 깊이는, 인간은 자신이 소외되어 있는 그것에 본질적으로 속해 있다는 함축적 의미에 있다. 인간은 자신의 참된 존재에 대하여 이방인이 아니다. 왜냐하면 그는 그것에 속해 있기 때문이다."[33] 셋째, "소외"는 죄의 신 중심적 의미를 드러낸다. 죄가 소외의 관점에서 이해될 때, 죄의 본성은 교회적·법적·도덕적 권위와의 관계의 문제에 있지 않고 하나님과의 관계가 문제로 드러난다. 넷째, "소외"는 죄가 행위 이전에도 존재하는 상태라는 것을 함축한다. 죄의 행위는 이 죄의 상태, 즉 소외를 현실화한다. "죄는 개별적 행

---

32) Ibid.

33) Ibid., 45.

위가 되기 이전의 보편적 상태다. 더 정확히 말하자면, 개별적 행위로서의 죄는 보편적 소외의 사실을 현실화한다."[34] 틸리히는 소외를 죄의 행위를 위한 비극적 운명으로 이해한다. 다섯째, "소외"라는 용어는 인간의 죄악된 실존의 현실 안에 있는 운명적 요소와 자유의 요소를 함께 표현하는 포괄적 의미로 사용된다. 왜냐하면 죄의 상태와 죄의 행위를 분리하는 것은 사실상 불가능하기 때문이다.

2. 죄

"소외"가 보편적 운명의 비극적 측면을 의미한다면, "죄"는 소외 상태에서의 개인적 인격의 행위를 지시한다. 죄는 개인적 인격의 행위로서 자유와 책임성의 요소를 강조한다. 틸리히는 다음과 같이 말한다.

> 죄는 비극적 측면과 대립되는 소외의 인격적(개인적) 성격을 뚜렷이 표현한다. 죄는 소외의 보편적 운명 및 비극적 죄책과 대조되는 인격적 자유와 죄책을 표현한다.…이 단어는 소외 안에서의 인격적 책임성의 요소를 날카롭게 지시하며 고발한다.[35]

개인적 죄의 행위는 보편적 소외를 현실화한다. 틸리히에 따르면, 이 둘은 서로 얽혀있으며 그것들의 통일성 안에서 경험되기 때문에 죄의 행위를 죄의 사실로부터 분리하는 것은 불가능하다.[36] 운명과 자유의 요소는 소외된 실존 안에서 연합되어 있다. 따라서 우리가 불신앙, 교만, 정욕

34) Ibid., 56.
35) Ibid., 46.
36) Ibid., 56.

등을 죄의 성격들로 간주할 때, 이 세 가지 죄의 요소들은 자유와 운명이 연합된 소외의 범주에 속해 있다. 이와 같은 전제 아래, 틸리히는 죄의 본성을 불신앙, 교만, 정욕, 이 세 가지 개념들로 설명한다.

a. 불신앙

불신앙은 우리 인간 존재 전체가 하나님으로부터 돌아서는 것을 의미한다. 그것은 인격의 인지적·의지적·감정적 차원에서의 전체적 행위다. 무엇보다도 불신앙은 하나님의 의지로부터 인간의 의지를 분리시킨다. 이에 의해 인간은 자신 및 세계의 존재를 구성하는 근거와의 본질적 통일성을 상실한다. 불신앙은 인간 존재의 중심에서 일어나는 하나님과 단절되는 인간의 소외다.[37] 자신의 본질적 중심, 즉 하나님으로부터 인간이 분리될 수 있는 이유는 인간이 구조적으로 온전히 자기 중심적인 존재이기 때문이다. 틸리히에게 이 구조적 중심은 자기의식(self-consciousness)을 의미한다. "그것(자기의식)은 자신과 자신의 세계를 초월할 수 있는 인간의 능력 및 자신의 세계의 모든 부분들이 집중되는 중심으로서의 관점에서 자신과 자신의 세계 모두를 볼 수 있는 능력을 가리킨다."[38] 이 구조적 중심성은 인간에게 위대함, 존엄성, 존재, "하나님의 형상"을 가져다준다. 그러나 또한 이 위대함이 인간이 자신을 자신과 세계의 중심으로 만들려는 유혹에 빠지는 원인이 된다.

b. 교만

틸리히에 의하면, 교만(*hubris*)은 불신앙의 또 다른 측면이다. 교만은 인

37) Ibid., 47-48.
38) Ibid., 49.

간이 자신의 자아와 자기 세계의 중심으로서의 자아를 향해 돌아서는 것을 의미한다. 교만은 자아를 자신과 세계의 중심에 놓으려고 하는 것이다. 교만의 유혹은 유한성과 무한성 사이에 놓여 있다. 교만의 주된 증후는 인간이 자신의 유한성을 인정하지 않는 것이다.[39] 즉 교만은 인간이 자신의 유한한 존재의 한계를 넘어 신적 영역으로 자신을 높이는 것이다. 불신앙처럼 교만은 전(全) 존재의 중심 안에 있는 인간을 규정한다. 따라서 틸리히는 "*hubris*"를 "pride"로 번역하는 것을 거부한다. 왜냐하면 그에 따르면 "pride"는 "humility"(겸손)에 반대되는 도덕적 특성이기 때문이다.[40] 교만(*hubris*)은 존재론적 특성이다. 그것은 "영적인 죄"로 불려온 것이다. 그러나 틸리히에 의하면, 감각적 삶을 포함한 인간의 전체적 삶이 영적이다. 왜냐하면 교만은 자신의 영적 창조성의 중심에 있는 인간, 다시 말하면 몸과 정신을 포함하는 인격 전체를 규정하기 때문이다.

c. 정욕

틸리히에게 "정욕"(*concupiscentia*, concupiscence)이란 개념은 성적 탐욕이나 지배적으로 통용되는 전통적인 해석보다 훨씬 넓은 의미를 갖는다. 교만은 자신을 세계의 중심으로 만들기 위해 인간 자신 안에 집중한다. 그러나 교만은 유한성의 집중된 특수성 안에 있는 인간의 우연성을 강화할 뿐이다. 모든 개인은 전체로부터 분리되어 있기 때문에 전체와의 재연합을 갈망한다. 그의 "빈곤"이 그로 하여금 풍요를 추구하도록 만든다. 이것이 모든 형태의 사랑의 뿌리다. 무제한적인 풍요에 도달할 수 있는 가능성은 인간에게 유혹이 된다. 자신의 우연한 유한성의 불안정성, 연약함,

---

39) Ibid., 51.
40) Ibid., 50.

시간성 등을 극복하기 위하여 인간은 실재 전체를 자신에게로 끌어들여 자아를 보편화하고자 한다. 실재 전체를 자신의 자아를 위해 포괄하고자 하는 이 보편화의 욕망이 정욕이다. 따라서 틸리히는, 정욕은 인간이 자아 및 자신의 세계와 갖는 모든 관계의 측면들을 포함하는 전체적·포괄적 의미를 지닌다고 말한다.[41]

틸리히에 따르면, 불신앙, 교만, 정욕으로서의 죄는 인간과 하나님 사이의 본질적 하나 됨을 파괴한다. 죄는 생명, 힘, 의미를 인간 자신의 유한한 자아 안에 집중시키고자 하는 시도다. 죄는 자존성(自存性, aseity) 및 절대적 자기 충족성에 이르고자 하는 시도다. 인간은 자유를 부여받았기 때문에 이러한 시도를 할 수 있다. 그러나 인간은 성공할 수 없다. 왜냐하면 그것은 인간의 유한성에 대한 거부를 포함하며 따라서 유한한 존재의 양극적 요소들의 균형을 파괴하기 때문이다.

3. 악

틸리히에 의하면, 소외된 상태의 각 표현들, 즉 불신앙, 교만, 정욕은 인간의 본질적 존재와 모순된다. 이러한 자기 모순은 결국 자기 파괴를 초래하게 된다. 파괴는 소외의 구조 그 자체로 인한 것이다. 틸리히는 이 결과적 구조를 역설적으로 "파괴의 구조"(structure of destruction)[42]라고 명명한다. 이것은 파괴가 독립적인 위상을 갖는 것이 아니라 파괴되는 것의 구조에 의존하고 있음을 나타낸다.

틸리히는 기본적인 "파괴의 구조"가 자신의 환경을 초월할 수 있는 인

---

41) Tillich에 따르면, 정욕은 육체적 굶주림, 섹스, 지식, 힘, 물질적 부, 영적 가치 등 모두를 가리킨다. Ibid., 52.

42) Ibid., 60.

간의 능력에 의해 발생한다고 본다.

> 그(인간)는 세계를 자신이 바라보는 대상으로 만들 수 있을 만큼 자유로우며, 자신을 자신이 바라볼 수 있는 대상으로 만들 수 있을 만큼 자유롭다. 그는 이러한 유한한 자유의 상황 속에서 자신과 자신의 세계를 상실할 수 있다. 그리고 하나의 상실은 필연적으로 다른 하나의 상실을 포함한다. 이것이 기본적인 "파괴의 구조"다.[43]

이 파괴의 구조에 대한 분석이 악을 이해하기 위한 첫 단계다. 틸리히는 (좁은 의미의) 악을 죄와 소외 상태의 결과로 이해한다. 이런 의미에서 악의 교리는 죄의 교리와 구별된다. 즉 악이 죄를 뒤따른다.

파괴의 결과는, 첫 번째는 자아 상실로, 그리고 두 번째는 세계 상실로 나타난다. 자아 상실은 중심적 자아의 해체를 의미한다. 자아 상실의 정도에 따라 세계 상실이 발생한다. 엄밀하게 말하면, 파괴로서의 악은 교만으로서의 죄로 인한 모순적 결과다. 틸리히에 따르면, "유한한 자아가 모든 것의 중심이 되고자 하는 시도(교만)는 점차 그 어떤 것의 중심도 되지 못하는 결과(파괴)를 초래한다. 자아와 세계가 모두 위협을 받는다(자아 상실과 세계 상실)."[44] 소외 상태에서의 자아 상실과 세계 상실의 상호의존성은 존재의 양극적 요소들의 상호적인 상실, 즉 운명으로부터 자유의 분리, 형식으로부터 역동성의 분리, 참여로부터 개별화의 분리로 나타난다.

---

43) Ibid.

44) Ibid., 62.

4. 유한성

소외된 인간 실존은 "파괴의 구조로서" 현실화된 실재의 구조를 규정할 뿐만 아니라 그 실재의 유한성, 즉 유한한 존재로서의 인간의 존재론적 형식과 내용을 규정한다.

a. 유한성과 죽음

본질적으로 인간은 영혼 불멸의 존재가 아니다. 그러나 성서의 상징에 따르면, 생명나무의 열매에 참여하는 한 인간은 죽음에 이르지 않는다. "영원성에의 참여는 인간을 영원하도록 만든다. 반면에 영원성으로부터의 분리는 인간을 자연적 유한성에 남겨놓는다."[45] 본질적으로 유한성은 무한성과 연합되어 있다. 이 연합 속에서, 비존재로의 회귀에 대한 부정적 위협은 신적 생명의 창조적 근거 안에서 극복된다. 그러므로 인간은 자신의 자연적 죽음을 자신의 본질적 상태 안에서의 유한성의 표현으로 받아들일 수 있다. 그러나 타락과 소외된 실존에 있어, 인간은 궁극적 근거인 신적 생명으로부터 분리된다. 인간의 유한성은 자신의 무한성으로부터 떨어져 나오고, 생명은 유한성에 의해 결정된다. 죽음은 "비자연적"(unnatural) 필연성의 문제가 된다. "그(인간)는 죽음의 지배 아래 놓이고 죽을 수밖에 없다는 불안에 의해 쫓긴다."[46] 따라서 죽음과 유한성의 관계는 이중적 방식으로 표현될 수 있다. 한편으로 본질적 유한성은 죽음을 자연스런 것으로 긍정할 수 있다. 이 긍정은 존재의 힘의 영원하고 궁극적인 원천(하나님)에의 참여를 받아들임으로써 가능하다. 다른 한편으

45) Ibid., 67.

46) Ibid., 66.

로 타락 안에서의 소외로 규정되는 실존적 유한성은 죽음을 긍정할 수 없다. 그러나 그것은 비자연적 필연성의 문제로서의 죽음에 종속된다.

유한성을 죽음에 넘겨주는 것은 죄다. 죄는 죽음에 힘을 부여한다. 틸리히에 의하면, "인간에게는 소외 상태에서 죽을 수밖에 없는 자신의 유한한 본성이 남아 있다. 죄는 죽음을 생산하지는 않지만 죽음에 힘을 준다. 이 힘은 오직 영원성에 참여해야 정복된다."[47] 죽음의 힘은 두려움과 죄책의 힘을 포함한다. 두려움의 공포는 자신의 절대적 미지성(未知性)으로부터 생겨난다. 미지성의 어둠은 공포에 의해 창조된 이미지로 가득 채워진다. 인간은 자신의 잠재적 불멸성이 상실된 데 책임이 있다. 인간은 자신의 죄에 대한 죄책 때문에 죽게 된다. 죽음은 죄의 응보적 결과다. 죽음은 악 자체의 힘이 된다.

b. 시간과 덧없음, 공간과 집 없음

인간은 본질적 상태에서 존재의 힘과 자신의 잠재적 무한성에 참여함으로써 자신의 유한성의 범주(시간, 공간, 인과율, 실체)를 용기 있게 긍정할 수 있다. 창조적 근거로서의 신적 생명이 지속적으로 비존재의 위협을 극복하도록 돕는다. 그러나 소외 상태에서는 궁극적인 존재의 힘이 상실된다. 여기서는 유한성의 범주에 대한 이중적인 반작용 즉 저항과 절망이 나타난다.[48]

시간은 소외의 실존 속에서 단지 덧없음(transitoriness)이 된다. 오직 시간이 영원성을 부여받을 수 있을 때에만, 인간은 현재를 가질 수 있다. 영원성은 "영원한 현재"로서의 현존에 의해서 모든 시간의 양태를 통일시

47) Ibid., 66-67.

48) Ibid., 68.

킨다. 그러나 실존의 상황에서, 시간은 영원과의 본질적 관계로부터 떨어져 나온다. 따라서 시간은 현실적인 현재 없이 경험된다. 즉 "영원한 현재"가 상실된다.[49] 인간은 자신에게 주어진 시간의 조각을 필사적으로 연장시킴으로써 시간성에 저항한다. 그러나 결국 그는 실패한다. 저항의 실패는 인간을 절망에 빠뜨린다.

소외의 실존 아래에서, 인간에게 장소를 제공하는 공간은 "공간적 우연성"(spatial contingency)으로 변질된다. 따라서 인간은 "거기에" 아무런 이유나 필연성 없이 존재한다. 인간 자신과 그의 공간 사이에 아무런 내적 관계가 없다. 궁극적으로 인간은 자신이 집을 상실했음을 느낀다. 부동(不動)의 근거로부터 소외된 공간적 실존은 전적인 뿌리 상실을 초래한다. 인간은 "집 없음"(homelessness)과 "뿌리 없음"에 저항한다. 그는 자신이 편안하게 거할 자신의 장소를 확보하고자 시도한다. 그러나 인간은 다시금 실패하며 궁극적인 뿌리 상실의 절망으로 던져진다.[50]

c. 의미 있는 고통과 무의미한 고통, 홀로 있음과 외로움

틸리히에 따르면, "고통"은 본질적 유한성의 요소다.[51] 그것은 긍정적인 의미를 갖는다. 고통은 살아 있는 존재가 자신의 한계와 잠재성을 깨닫고 자신의 피조물성과 관련하여 겸손과 감사의 태도를 갖도록 하는 방편이 될 수 있다. 그러나 소외의 상황에서, 고통은 무의미성이 된다.

하나의 유한한 존재와 다른 유한한 존재들 사이의 본질적 관계는 "홀로 있음"이란 용어로 표현될 수 있다. "홀로 있음"(aloneness)은 중심적 자아의 기초, 타자들에 대한 참여의 기초, 궁극적 차원을 경험하는 고독의

49) Ibid., 68-69.
50) Ibid., 69.
51) Ibid., 70.

경험의 기초다. 실존의 상황에서 "홀로 있음"은 "외로움"(loneliness)으로 변질된다. 인간은 "외로움"으로 인해 군중과 일상적 삶의 익명성 안에서 상실된다. "외로움"에는 버림받음의 감정이 동반된다. 인간은 실존의 상황에서 고독과 참여, 둘 다의 힘을 상실한다. 두 외로운 개인 사이에는 상호적인 배척과 적대감이 존재한다.

d. 창조적 의심과 절대적 의심, 유의미성과 무의미성

인간 자신이 세계와 갖는 유한한 관계는 본질적으로 영적 자기긍정(spiritual self-affirmation), 즉 문화적 삶의 유의미한 내용을 창조하고 받아들일 수 있는 능력으로 특징지어진다. 영은 비제약자(Unconditioned, 하나님)의 에로스를 통해 사고와 존재를 통합함으로써 의미를 창조한다. 의심은 유한한 인간의 본질적 측면이기 때문에, 인간은 제약된(conditioned) 의미의 세계를 창조할 수 있다.[52]

본질적 의심은 모든 영적 삶의 조건이다. 의심은 동시적인 "가짐"(having)과 "가지지 않음"(not-having)을 의미한다. "가짐"은 질문의 가능성이며, "가지지 않음"은 질문의 필연성이다. 그리고 이 둘이 질문의 전제다. 의심은 본질적 유한성의 표현이다. 비제약자의 힘에 참여하는 인간은 인간의 유한성에서 비롯되는 질문의 불확실성과 불안정성을 받아들이면서 이를 극복한다. 인간이 영적 창조의 유의미성을 긍정할 수 있는 것은 비제약자에 대한 직접적 의식 때문이다.

그러나 소외 상태에서는 제약된 의미의 영역에 대한 영원성의 참여가 가로막힌다. 여기서 모든 의미는 상대화된다. 그 어떤 영적 중심도 발견되지 않으며 그 어떤 궁극적 관심도 가능하지 않다. 이것이 무의미성의

---

52) Ibid., 72.

상황이다. 이 상황에서 의심은 절대화되고 모든 유한한 진리를 받아들이기를 거부하는 절망적인 거절을 초래한다. 인간은 더 이상 자신의 세계를 긍정할 수 없다. 불안정성은 절대화되고 존재의 가능성에 대한 모든 희망을 의문시한다. 인간은 더 이상 자신의 존재를 긍정할 수 없다. 이것이 곧 소외가 자기 파괴(self-destruction)를 통해 유한성 즉 유한한 존재인 인간을 고립시키는 궁극적 상황이다.

5. 절망

틸리히에 따르면, 절망은 실존 속의 인간이 경험하는 곤경의 마지막 목록이다. 그것은 인간이 넘어갈 수 없는 한계선이다. 인간은 죽음이 아니라 절망 속에서 자신의 가능성의 종국에 도달한다. 절망은 잠재성으로서의 우리 자신 곧 되어야 할(ought to be) 우리 자신과, 자유와 운명의 결합 안에 실제로 존재하는 우리 자신 사이의 피할 수 없는 갈등으로 인한 고뇌다.[53] 인간은 자신의 절망적 상황을 인식하지만 그것으로부터 도피할 수 없다. 틸리히에 의하면, 절망의 경험은 "하나님의 진노"와 "저주"의 상징 안에서 표현된다.

자살은 절망으로부터의 최종적인 도피가 될 수 없다. 자살은 시간적 차원에서는 절망적 상황으로부터의 성공적인 도피이지만, 영원의 차원에서는 성공적이지 못하다. 틸리히는 "구원의 문제는 시간적 차원을 초월한다. 절망의 경험 자체가 이것을 지시한다"[54]고 말한다. 물론 인간은 저주의 상태에서조차 존재의 근거로부터 완전히 분리될 수 없다.[55] 따라서 절

53) Ibid., 75.
54) Ibid., 76.
55) Ibid., 78.

망의 경험 자체가 초월적 구원을 지시한다고 말하는 것이 가능하다. 그럼에도 불구하고 인간은 "의지의 굴레"(bondage of the will)에 얽매여 있기 때문에 하나님과의 재연합을 이룰 수 없다. 틸리히는 말한다. "하나님과의 관계에서 인간은 하나님 없이는 아무것도 할 수 없다. 그는 행동하기 위해서 받아야 한다. 새 존재가 새로운 행위를 선행한다."[56]

파괴된 구조 안에 있는 인간 실존의 구원에 대한 보편적 요구가 바로 이러한 절망적인 상황으로부터 생겨난다. 이 "새 존재"(New Being)를 향한 요구에 대한 답변은 위로부터, 즉 실존 안에서 현실화되어야 하는 본질적 존재로부터 온다. 이 실존적 질문 안에서 "새 존재"를 향한 요구에 대한 구원론적 답변이 틸리히가 말하는 기독론의 출발점이다.

V. 인간의 구원: 그리스도로서의 예수, 즉 새 존재 안에서의 치유, 재연합, 화해

절망적인 인간 실존의 상황 속에서 인간에게 남아 있는 것은 새 존재에 대한 희망뿐이다. 틸리히에 따르면, 새 존재에 대한 탐구는 새 존재의 현존을 전제로 한다.[57] 틸리히는 새 존재에 대한 탐구로 인해 새 존재의 가능성뿐만 아니라 그 필연성까지도 이미 보증된다고 주장한다. 여기서 우리는 틸리히의 질문과 대답 및 인간 실존과 그리스도 사이의 상관관계 방법론의 전형적 특징을 발견할 수 있다. 현대인이 경험하는 바와 같이, 삶의 중심적인 문제는 자기 파괴와 소외된 실존의 절망이다. 이러한 절망

56) Ibid., 79.

57) Ibid.

속에서 인간은 삶의 궁극적 존재와 의미에 대해 묻는다. 이러한 물음에 상응하여, 기독교 메시지의 답변은 인간 실존의 자기 소외를 극복하는 치유와 재연합과 화해의 실재를 선포하는 것이다. 인간 실존의 근본적인 문제가 신적 근거로부터의 소외이기 때문에, 구원은 무엇보다도 하나님이 소외된 피조물을 치유하고 하나님과의 재연합 및 화해시키는 신적 행위다. 달리 말하면, 구원은 본질과 실존 사이의 분열에 대한 치유, 재연합, 화해를 의미한다. 틸리히는 다음과 같이 말한다.

> 구원은…실존의 주된 특징인 소외 상태에 상응한다. 이러한 의미에서, 치유는 소외된 것과의 재연합을 의미한다. 치유는 분열된 것에 중심을 두며, 하나님과 인간, 인간과 세계, 그리고 인간과 자기 자신 사이의 분열을 극복한다.[58]

구원은 존재 자체인 하나님으로부터 유한한 존재인 소외된 인간에게까지 관심을 두기 때문에, 근본적으로 구원은 존재에 관한 문제다. 구원이 존재의 문제이기 때문에, 구원은 "새 존재" 안에서 발생한다. 이 "새 존재"는 그리스도로서의 예수 안에서 나타났다. 예수는 시간과 공간 안에 새 존재를 가져왔기 때문에 그리스도라고 불린다.[59] 즉 그리스도로서의 예수 안에서 실존의 조건 아래에 놓인 본질적 존재가 그 실존의 조건에 의해 정복되지 아니하고 실존적 존재와 연합되었다. 그리스도로서의 예수는 인간에게 하나님을 드러내고, 인간이 본질적으로 어떤 존재이며, 따라서 어떻게 되어야 하는지를 나타내는 본질적 인간이다.[60] 그리스도로서

58) Ibid., 166.

59) Ibid., 97-99.

60) Ibid., 93-94. 또는 그리스도로서의 예수는 본질적인 하나님-인간(essential Godmanhood)인 동시에 영원한 하나님-인간(eternal Godmanhood)이다.

의 예수는 본질과 실존 사이의 자기파괴적인 갈등을 극복함으로써 소외를 정복한다. 소외된 인간의 상황은 그리스도로서의 예수에 의해 정복된다. 그리스도로서의 예수 안에서 피조물은 자신의 본질적 완전성을 회복한다. 즉 인간은 그리스도로서의 예수 안에서 "새 존재"가 된다.

그리스도로서의 예수 안의 새 존재는 실존의 조건 아래에서 본질과 실존의 간격을 정복하는 본질적 존재다. 그것은 두 가지 점에서 새롭다. 즉 그것은 본질적 존재의 단지 잠재적인 성격과 대조된다는 점에서, 그리고 실존적 존재의 소외된 성격과 대립된다는 점에서 새롭다. 새 존재는 현실적 실존의 소외를 극복하는 현실적 존재다.[61] 그리스도가 본질적 존재를 초월하는 것은 새 존재가 존재하기(exist) 때문이다. 그가 실존적 존재를 초월하는 것은 그분이 실존의 조건 아래에서 본질적 존재를 현실화하기 때문이다. 그리스도로서의 예수 안에서 양극적인 존재론적 요소들은 완전히 조화되고 통일된다. 그리스도의 "개인적" 삶은 "보편적" 세계를 향하여 완전히 개방되며 그 세계에 아가페적으로 참여한다. 그의 생동적 "역동성"은 이성의 현실화로서의 자신의 "지향성"과 완전히 조화된다. 그의 "자유"는 오직 자신의 참된 "운명"을 위해서만 봉사하며, 따라서 그는 완전한 자유를 갖는다. 그러므로 예수 안에서의 새 존재의 완전한 현현 안에서 소외된 실존은 본질과 연합된다. 여기서 비존재와 소외의 파괴적 영향력은 극복된다. 본질적이면서도 현실적인 유한성이 유한한 인간인 예수 안에서 현시된다. 결과적으로, 본질적으로 선하고 현실적으로 완전한 유한성(이것은 종말론적 가능성이다)에 대하여 말하는 것이 가능해진다.

틸리히에 따르면, 우리는 그리스도로서의 예수의 새 존재 안에서 인간의 실존적 소외가 "완전한 인간"에 의해 정복되는 것을 본다. 왜냐하면 오

61) Ibid., 118-119.

직 유한한 자유를 지닌 인간 실존 안에서만 실존이 정복될 수 있기 때문이다. 이것은 그리스도로서의 예수가 자신의 존재의 어느 한 부분이 아닌 전체에 있어서 새 존재의 담지자임을 의미한다. 즉 예수의 말씀, 행위, 고난 등을 모두 포함하는 존재 전체가 본질과 실존의 분열을 극복하는 새 존재의 표현이다. 예수에게는 불신앙이나 교만이나 정욕의 흔적이 없다.

틸리히에게 있어 그리스도로서의 예수 안의 새 존재는 개인적·역사적 인간 실존에 나타나는 파괴된 창조에 대한 궁극적 답변이다. 비극적인 개인적·역사적 인간 실존에 대한 궁극적 답변으로서 최종적인 계시의 진정한 가능성과 기준은 "자신을 상실하지 않으면서 자신을 부인하는 힘"[62]에 있다. 그리스도로서의 예수는 자신 안의 "예수"를 희생함으로써, 그리고 자신이 계시하는 신비에 완전히 투명하게 됨으로써 이 최종적 계시의 기준을 성취한다. 성서는 예수로서의 자신을 그리스도로서의 자신에게 끊임없이 종속시키는 그리스도로서의 예수의 상을 보여준다. 새 존재의 근본적인 성격은 유한한 현실적 존재가 "자신을 상실하지 않고 자신을 부인한다"는 것이다. 다시 말하면, 새 존재는 유한한 존재로서의 자신에 대한 비판과 희생에 의해 자신을 넘어서 지시한다. 그러나 그렇게 함으로써, 그 유한한 현실적 존재는 "자신이 계시하는 신비에 완전히 투명하게 된다."[63] 바로 이러한 의미에서 예수는 비제약자 즉 하나님에 대한 완전한 매개 또는 상징이 된다. 그는 자신을 넘어 자신의 근거를 지시함으로써 그 근거에 대하여 완전히 투명해지며 또한 그 근거를 가장 탁월하게 전달해주는 피조물적 매개라는 의미에서 최종적이고 결정적인 상징이다. 다시 말하면, 그리스도로서의 예수는 결정적이면서 유일무이하게 하나님

62) Tillich, *Systematic Theology*, vol. I, 133.
63) Ibid., 133, 147.

자신 및 하나님 자신의 힘과 의미를 계시하는 매개와 상징이다.[64]

틸리히는 전통적인 중생, 칭의, 성화의 구원 개념을 재해석하여 각각을 세 가지 속성, 곧 참여(participation), 수용(acceptance), 변혁(transformation)의 개념으로 표현한다.[65] 첫째, 중생은 그리스도로서의 예수 안에 있는 새로운 실재의 능력 안에 참여함으로써 일어나는 개인적인 거듭남 또는 변혁을 의미한다. 여기서는 주체로서의 새 존재가 낡은 존재에 예속되어 있는 인간을 사로잡아 그 안으로 끌고 들어간다. 이렇게 함으로써 중생은 "신적인 현존에 사로잡힌 상태" 즉 신앙을 가져온다.

둘째, 칭의는 신앙 후에 온다. 객관적으로, 이것은 소외와 수용 불가능성의 상태에 있는 인간에 대한 하나님의 용납의 행위를 의미한다. 그러나 이 객관적인 하나님의 칭의는 또한 인간이 주관적으로 받아들여야 한다. 인간은 자신이 용납되었다는 사실을 수용하여야 한다. 이러한 인간의 수용이 바로 신앙이다. 여기서 틸리히는 "은혜에 의한 믿음을 통한 칭의"를 강조한다. "원인은 오직 하나님 한 분이시다(은혜). 그러나 자신이 수용되었다는 것을 믿는 믿음이 은혜가 인간에게 전달되는 통로다."[66]

마지막으로, 성화는 과정이 시초의 사건과 구별되듯이 앞의 둘과 구별된다. 중생과 칭의는 둘 다 동일한 사건, 즉 인간의 소외에 대한 하나님의 정복 및 하나님과 인간의 재연합을 기술한다. 여기서 전자는 이 재연합의 실재를 강조하고, 후자는 그것의 역설적인 성격 즉 죄인인 동시에 의인됨(*simul justus, simul peccator*)을 강조한다. 새 존재에 의한 변화가 일어날 때 구원은 완성된다. 성화는 새 존재의 힘이 교회의 안팎에서 개인이나

64) Ibid., 132-133, 150-152.

65) Tillich, *Systematic Theology*, vol. II, 176.

66) Ibid., 179.

단체를 변화시키는 과정을 가리킨다.[67]

Ⅵ. 결론

1. 존재론적 인간론[68]

틸리히에 따르면, 존재론적 탐구는 인간적 과업 그 자체다. 그에 따르면, "존재의 물음—첫 번째 또는 근본적인 철학의 물음—은 다른 어느 것보다도 우리에게 가까운 물음이다. 우리가 존재하면서 우리가 존재하는 것의 의미가 무엇인가를 물을 수 있는 한도 내에서, 우리는 우리 자신인 것이다."[69] 존재론적 개념은 실재를 구성하는 모든 구조를 포괄할 수 있을 만큼 충분히 넓다.[70] 틸리히는 기독교 교리가 존재론을 벗어날 수 없다고 믿는다. 그는 존재론적 구조[71]가 운명과 자유의 변증법적 관계성 안에서 역사적 범주를 포함한다고 믿는다. 그에 따르면, 역사 안에서의 인간의 드라마는 존재론적으로 결정된다. 그는 실존의 차원에서 분리되었던 요소들이 새 존재 안에서 치유, 화해, 재연합되는 것으로 역사와 종말과 구원을 이해한다.

---

67) Ibid., 179-80.

68) 이에 대해서는 윤철호, 『너희는 나를 누구라 하느냐』 (서울: 대한기독교서회, 2013), 710-713 참고.

69) Tillich, *The Protestant Era*, trans. James Luther Adams (Chicago: The University of Chicago Press, 1973), 86-87.

70) Tillich, *Biblical Religion and the Search for the Ultimate Reality* (Chicago: The University Press, 1955), 58.

71) Tillich에 의하면, 존재론적 구조는 역동성과 형식, 개별성과 참여, 자유와 운명의 양극적 요소로 구성된다.

여기서 제기되는 문제는 인간의 역사적 실존의 신비가 정말 틸리히가 생각하는 것처럼 존재론적인 관점 안에서 충분히 다 설명될 수 있는가 하는 것이다. 라인홀드 니버는 틸리히의 존재론적 사변이 성서가 묘사하는, 그리고 우리가 실제로 경험하는 인간의 상을 그릇되게 그리고 있지 않는가 묻는다.[72] 틸리히의 기독론에서 드러나는 역사적 예수의 문제는 이러한 물음의 정당성을 확인시켜준다. 이 말은 틸리히가 예수의 인간성을 약화시킨다는 말이 아니다. 오히려 틸리히는 예수의 유한한 인간성을 어떤 신학자보다도 강조한다. 그가 "예수 그리스도"라는 명칭 대신 "그리스도로서의 예수"라는 명칭을 사용하는 까닭은 바로 예수의 인간성을 확보하기 위해서다.

그럼에도 틸리히는 인간 예수의 역사성을 충분히 다루지 않는다. 성서에 그려진 예수 그리스도에 대한 틸리히의 해석은 역사적 연구를 통한 정당화가 결여된 채 실존과 본질의 관계성에 의하여 지배되고 있다고 비판될 수 있다. 그는 예수의 삶에 관한 성서의 상들이 예수를 그리스도로 받아들인 예수의 추종자들의 신앙에 의해 착색된 것이기 때문에 예수의 역사적 삶에 관한 성서의 증언을 그대로 받아들일 수 없다고 주장한다. 그는 이런 이유로 예수의 삶에 대한 역사적·비평적 연구를 외면하고 성서를 존재론적 관점에서 상징적으로 해석한다. 틸리히가 성서의 상을 통해 유지하고 있는 유일한 사실성은 변혁적 능력의 실재, 즉 추종자들을 신앙 안에서 변화시키는 새 존재의 현현이다. 그에 따르면, (역사적 예수 연구가 아니라) 신앙이 새 존재의 사실성을 보증한다. 왜냐하면 신앙은 바로 새 존재에 의해 붙들린 변화의 증거이기 때문이다. 이러한 틸리히의 사고는

72) Reinhold Niebuhr, "Biblical Thought and Ontological Speculation in Tillich's Theology," *The Theology of Paul Tillich*, ed. Kegley and Bretall (New York: The Macmillan Company, 1959).

역사적 예수를 케리그마의 그리스도로 대체하고자 했던 그의 스승 마틴 켈러의 영향을 반영한다. 따라서 이 점에서 마틴 켈러에 대한 비판이 틸리히에게도 동일하게 적용된다.

2. 상대적 이원론과 변증법적 현실주의[73]

본질과 실존의 관계에 대한 틸리히의 설명은 그의 "상대적 이원론"의 세계관을 잘 보여준다. 인간은 자신의 참된 자아를 철저히 부정할 수 있는 자유의 능력에 의해 자신의 본질로부터 소외된다. 그러나 인간의 자유는 유한하기 때문에, 소외는 본질 또는 존재의 근거로부터의 완전한 분리를 의미하지는 않는다. 한편으로 본질은 소외된 실존의 규범적이고 참된 본성을 가리키며, 따라서 실존은 불완전한 방식으로 본질을 체화한다. 다른 한편으로 본질은 모든 사물이 참여하는 보편자를 지시하며, 따라서 실존은 본질로부터 자신의 힘을 부여받는다. 실존은 본질을 표현하면서도 동시에 부정하는 이중적인 모호성을 지닌다.[74] 틸리히에게 "실존적"이란 단어는 "본질적"인 요소와 "실존적" 요소를 모두 내포한다. 실존적 존재의 본질적 요소는 실존적 존재가 신적인 근거로부터 완전히 소외되지 않았으며 비록 불완전한 형태로지만 본질적 존재 안에 참여하고 있음을 가리킨다. 이와 같은 본질과 실존의 이중적 관계는 모호하지만 양립 불가능하지도 않다. 인간 실존의 소외는 실제적이고 심각한 것이지만, 절대적인 것이 아니라 상대적인 것이다.

틸리히는 타락을 시간 속의 사건이 아닌 초월적이고 초역사적인 소여

73) 이에 대해서는 윤철호, 『세계와의 관계성 안에 계신 하나님』 (서울: 한국장로교출판사, 2012), 245-252 참고.

74) Tillich, *Systematic Theology*, vol. I, 203.

성(所與性)으로 간주한다. 역사적 상황 안에서 선한 창조와 현실적 세계는 "상대적 이원론"의 형태 안에서 구별된다. 왜냐하면 창조의 선함과 죄악된 실존의 보편성 모두가 인간의 역사 전체와 각 개인의 삶의 성격을 규정하기 때문이다. 개인적 인간 본성의 측면에서 죄는 하나님의 형상을 완전히 파괴할 수 없다. 어떤 존재도 존재의 근거로부터 완전히 소외된 상태로 존재할 수 없다. 따라서 자신의 본질적 존재로부터의 소외를 경험하는 인간의 타락은 매우 심각한 것이지만 절대적이지는 않고 상대적이다. 한편으로 인간이 궁극적 관심을 가질 수 있고(can) 하나님과의 연합에 관한 물음을 "물을 수 있다"(can)는 사실은 본질적인 인간의 선함이 완전히 파괴되지 않았다는 것을 보여준다. 그러나 다른 한편으로 인간이 하나님과의 연합에 대해 "물어야 한다"(must)는 것은 스스로 그 연합으로부터 소외되었음을 보여준다. 더욱이 인간은 자신의 실존적 물음에 대한 답변을 자신의 내부나 또는 자신의 본성으로부터 이끌어낼 수 없다. 인간은 소외된 실존으로부터 자신을 구원할 수 없다.

인간의 역사적 실존의 성격을 규정하는 이와 같은 "상대적 이원론"은 틸리히의 신학 전체를 특징짓는 "변증법적 현실주의"를 위한 토대가 된다. 한편, "상대적"이란 형용사는 정통주의 신학의 비관주의적 초월주의(초자연주의)를 거절한다. 정통주의 신학자들은 인간 안의 하나님의 형상에 대한 비관적인 이해를 가졌다. 즉 그들은 인간이 전적으로 부패했기 때문에 인간 안에는 아무런 선한 것이 없고 하나님과의 "접촉점"도 없으며 역사 안에는 아무런 궁극적인 의미도 없다. 정통주의 신학에서 하나님은 철저히 초월적인 존재다. 왜냐하면 하나님은 세계를 절대적으로 초월하는 절대 주권의 주님으로서 인간과의 "무한한 질적 차이" 속에 존재한다고 믿어지기 때문이다. 틸리히는 이와 같은 초월적 유신론에 기초한 (절대적인) 이원론적 세계관을 받아들이지 않으며, 또한 전적 타락 교리에 기초한 비관주의적 인간론도 수용하지 않는다.

다른 한편, 틸리히가 제한적으로 사용하는 "이원론"이란 명사는 자유주의 신학의 낙관적 유토피아주의나 자연주의를 거부한다. 자유주의 신학은 개인적 또는 역사적인 이상의 가능성이 인간의 도덕적·지적·영적 능력에 의해 완전히 실현될 수 있으며, 따라서 하나님 나라는 지속적인 발전의 과정을 통해 역사 안에서 완성될 수 있다고 믿는다. 자유주의자의 하나님은 세계 안에 완전히 내재한다. 자유주의적 접근은 종교적이면서 공유 가능한 인간의 경험을 유일하고 가능한 신학의 원천으로 여긴다. 여기서 하나님은 인간의 종교적 의식 안에 내재한다. 이러한 견해와 대조적으로, 틸리히는 실존적 왜곡(죄)이 하나님과 인간 사이의 유사성을 심대하게 파괴했기 때문에 계시는 인간"으로부터"(from) 나오는 것이 아니라 인간"에게"(to) 주어져야 하는 것임을 강조한다. 신학의 규범은 어떤 이상이나 관념을 반성함으로써가 아니라, 그리스도로서의 예수 안의 새 존재 안에서의 하나님의 자기 계시를 받아들임으로써 생겨난다.

틸리히의 상관관계 방법론에 따르면, 계시가 없이는 인간의 종교의식은 유한하고 왜곡되어 있는 것처럼(자연주의와 반대로), 인간의 수용이 없는 계시는 효력이 없으며 공허하다(초자연주의와 반대로). 따라서 인간 실존은 하나님에게 궁극적인 관심과 질문을 제기하고 하나님은 계시를 통하여 답변을 제공하는 방식으로 종교의식과 계시가 상호연관 되어야 한다. 틸리히의 "변증법적 현실주의"란 바로 이와 같은 계시와 종교의식 사이의 상관성에 대한 그의 인식을 표현하는 개념이다. 즉 틸리히의 "변증법적 현실주의"는 인간 실존이 죄악되고 비극적임에도 불구하고 유의미하다는 현실주의적 인식 안에서 초자연주의와 자연주의를 변증법적으로 매개하고자 한다.

기독교 "현실주의"는, "상대적 이원론"의 관점에서, 본질에서 실존으로의 이행(또는 타락)으로 인해 발생한 하나님(또는 본질)과 소외된 세계와 인간 실존의 관계성을 파악하고, 이에 따라 개인적·역사적 인간 실존이 하나님 또는 본질과의 관계 속에서 경험하는 소외 그리고 그 소외의 극복 과정을 "변증법적 방식"으로 설명하며, 또한 위로부터 공급되는 하나님의 은혜에 의해 세계 및 인간 실존이 지닌 죄와 그 모호성을 종말론적으로 완전히 극복할 수 있다고 주장한다. 이 점이 틸리히의 신학적 공헌이라 할 수 있다.[75]

3. 존재론적 초월주의와 과도한 현실주의[76]

하지만 틸리히의 공헌은 동시에 그의 약점이 된다. 그에게 타락은 역사 안의 사건이 아니라 시간과 공간 안에서 일어나는 모든 사건에 선행하는 존재론적 실재다. 타락은 보편적이고 비극적인 인간의 운명을 상징하는 실존적 전제다. 본질적 창조에 관한 상징이 초역사적인 것과 마찬가지로, 타락의 상징도 초역사적이다. 다시 말해 창조 교리가 창조성의 신적 근거 안에 있는 피조물의 존재를 표현한다면, 타락 교리는 신적 생명(삶) 밖에 있는 피조물의 존재를 표현한다. 인간은 창조적 근거인 신적 생명 안에 숨겨져 있을 뿐만 아니라, 유한한 자유 안에서 스스로 서기 위하여 자신의 신적 근거를 떠났다.

피조물은 창조적 근거인 신적 생명의 외부에 자신의 자유를 현실화한다. 현실화된 자유가 신적 생명의 외부에 존재한다는 것은 더 이상 본질과의 연합 속에 존재하지 않는 것을 의미한다. 바로 이 지점에서 창조와

---

75) 윤철호, 『세계와의 관계성 안에 계신 하나님』, 251-252.

76) 이에 대해서는 Ibid., 252-255 참고.

타락의 교리가 만난다. 즉 피조물의 자유는 창조와 타락이 일치하는 지점이다. 그러나 이것은 자유의 문제일 뿐만 아니라 운명의 문제이기도 하다. 충분히 발전된 피조물성은 타락한 피조물성이다. 창조의 현실화와 타락의 시작은 동시적이다. 다시 말하면, 현실화된 창조와 소외된 실존은 동일하다. 왜냐하면 창조된 선함이 시간과 공간의 어느 한 지점의 실존 속에서 현실화된 적이 없기 때문이다.

타락에 대한 이와 같은 틸리히의 견해는 "존재론적 초월주의"를 보여준다. "존재론적 전제로서의 초월적 타락"이 원죄로서의 "죄의 사실"(fact of sin)로 인한 우주적(보편적) 비극적 운명을 표상한다면, 그것에 대한 역사적 현실화로서의 개인적 죄는 "죄의 행위"(act of sins)를 나타낸다. 전자에서는 운명이 강조되고, 후자에서는 자유가 강조된다. 틸리히에게 있어 잠재성의 현실화가 불가피한 존재론적 과정이라면, "존재론적으로 초월적인 사실"로서의 타락 또는 원죄는 보편적이고 불가피한 운명이다. 틸리히는 본질로부터 실존으로의 타락이 유한한 자유에 의해 야기되기 때문에, 타락의 "존재론적 필연성"은 없다고 주장한다. 하지만 그의 존재론적 구도에는 타락의 "논리적 필연성"이 함축되어 있다. 그의 존재론적 구도는 명제(잠재적 가능성으로서의 본질), 반명제(현실적 소외와 죄의 실존), 종합명제(현실화되었지만 소외되지 않은 실존, 즉 본질과 실존의 재연합 안의 구속)의 변증법적 과정으로 구성된다. 이러한 존재론에 있어 유한성과 유한성의 무한한 근거 사이의 본질적 통일성의 파괴는 필연적인 운명인 것처럼 보인다. 여기서 우리는 틸리히가 이해한 창조 그리고 동시적 타락에 관한 문제점을 발견하게 된다. 인간의 죄악되고 비극적인 실존에 대한 그의 통찰은 매우 현실주의적이다. 하지만 개인적·역사적 인간 실존에서 이미 주어진 운명으로서 초월적·초자연적 타락에 대한 그의 해석은 존재론적 언어로 표현된 초역사적 신화처럼 들린다. 따라서 죄악되고 비극적인 인간 실존에 대한 틸리히의 통찰이 기독교적 현실주의를 보여주는 것은 사실이지만, 타락의 선험적 소여성과 인간 실존의 부정성에 대한 그의 강조는 다소 지나친 느낌이 없지 않다.

제5장

교의학적·관계론적 인간론: 칼 바르트

I. 서론

이 글에서는 칼 바르트의 교의학적·관계론적 인간론에 관해 고찰한다.[1] 무엇보다 바르트의 인간론은 교의학적이다. 즉 그의 인간론은 신론 특히 삼위일체론에 근거하며 기독론과의 관계를 중심으로 하여 구성된다. 바르트에 따르면, 하나님은 창조자이고 인간은 피조물로서, 피조물인 인간은 언제나 창조자 하나님과 관계를 가져야 한다.[2] 바르트는 하나님의 형상 개념이 잘못 이해되어왔다고 본다. 즉 전통적으로 하나님의 형상은 인

---

1) Karl Barth의 인간론에 관한 국내 신학자들의 연구로는 다음과 같은 논문들이 있다. 김경재, "K. 바르트의 신학적 인간학 -교회 교의학 III/2를 중심으로," 『신학연구』 Vol. 18 (1977), 95-138; 오영석, "칼 바르트의 인간 이해," 『신학연구』 Vol. 41 (2000), 178-262; 원종홍, "기독교적 인간관 : 바르트를 중심한," 『인문과학연구논총』 Vol. 4 (1987), 157-176; 전성용, "칼 바르트의 인간 이해," 『기독교와 교육』 Vol. 2 (1989), 26-31.

2) Karl Barth, *Church Dogmatics* 4 vols., eds. G.W. Bromiley and T.F. Torrance (Edinburgh T. & T. Clark, 1936-1969)(이하 CD), III/2, 3. 박순경 외 역, 『교회 교의학』, 총 8권. (서울: 대한기독교서회, 2003-2015).

간 개인 안에 있는 내적 속성으로 이해되어왔다. 바르트는 인간을 어떤 내재적인 속성이나 자질로 구성된 존재가 아니라 하나님과의 관계에 의해 하나님의 형상을 소유한 존재로 이해한다. 하나님의 형상은 인간이 하나님과 관계를 가지고 있음을 의미한다. 인간의 본질은 어떤 개별적 특성을 소유함에 있지 않고 오직 창조자와의 관계를 통해 주어지는 선물을 받는 것이다.[3] "참 인간"은 하나님과의 관계성 안에 있는 인간이며, 하나님의 계약의 상대방으로서 하나님과 함께 살아가는 존재다. 바르트에 따르면, "하나님은 자신을 위해 인간을 창조하셨다. 따라서 '참 인간'은 하나님을 위해 존재한다. 그는 하나님의 계약 상대방이다. 그는 하나님과 더불어 사는 삶을 살도록 하나님에 의해 결정되었다"[4]고 말한다.

그러므로 바르트의 관점에서 인간은 관계적 존재다. 하나님의 형상으로 창조된 인간은 하나님과 다른 인간들과의 인격적 만남 및 관계 안에 존재한다. 다시 말하면, "참 인간"은 하나님의 삼위일체적 관계를 반영하며, 하나님과 다른 인간들과의 관계 안에 존재해야 하는 존재다. 이러한 관계적 인간으로서의 "참 인간"은 예수 그리스도의 인간성 안에서 실현되었다. 죄와 관계의 단절 가운데 있는 우리 인간은 예수 그리스도 안에서만 하나님과 이웃과의 본래적인 관계성 안에 있는 "참 인간"을 발견하고 회복할 수 있다.

여기서는 먼저 바르트의 방법론이 "교의학적 인간론"임을 밝히고, "신앙의 유비와 관계유비"의 개념을 명료화한 후에, 그의 인간론을 "삼위일체론적 관계유비 안의 관계적 인간", "기독론적 관계유비 안의 관계적 인간", "기독론적 관계유비 안의 남성과 여성으로서의 인간", "영혼과 몸"의

3) CD, III/1, 200.
4) CD, III/2, 203.

주제들을 중심으로 차례로 고찰할 것이다. 그리고 결론적으로 바르트와 판넨베르크의 방법론을 비교하고, 존재유비와 관계유비의 관계를 새롭게 정립하며, 인간과 인간(남성과 여성)의 관계를 위한 관계유비의 근거를 새롭게 제시할 것이다. 바르트의 인간론은 그의 『교회교의학』 제3권 제2부에 집중적으로 나타난다. 따라서 아래에서는 이 부분을 중심으로 그의 인간론을 고찰할 것이다.

Ⅱ. 방법론: 교의학적 인간론

이미 언급한 바와 같이 바르트의 인간론은 교의학적 인간론이다. 그는 신학적 인간론과 비신학적 인간론의 관계를 설명하면서, 비신학적 인간론을 두 가지 유형 즉 사변적 인간론과 정밀과학의 인간론으로 구별한다. 그에 따르면, 사변적 인간론은 우리가 절대적으로 인간의 판단과 함께 시작할 수 있으며 "그리고 마침내 실재 전체를 완전히 포괄하는 진리체계, 절대적 종합에 도달할 때까지 정당하게 그리고 필연적으로 밀고 나아갈 수 있다"[5]고 전제한다. 바르트는 이러한 사변적 인간론을 신학적 인간론과 정면으로 대립되는 적으로 간주한다. 다른 한편 그는 생리학, 생물학, 심리학, 사회학 같은 정밀과학은 과학적 방법에 의해 부과된 제약과 한계로 인해 사변적 인간론과 같은 최종적 진리에 대한 주장을 하지 않기 때문에 "기본적으로 무해하며", 신학적 인간론에 정확한 정보와 적절한 자료를 제공하고 도움을 줄 수 있다고 본다.[6]

5) Ibid., 21-22.

6) Ibid., 24.

바르트에 의하면, 신학과 정밀과학은 한 가지 공통점을 갖는다. 무엇보다 이 둘은 공히 보편적이고 선험적인 공리로부터 출발하지 않고 특수한 대상에 대한 연구로부터 출발한다. 즉 자연과학은 자연 세계의 여러 현상들을, 교의학은 그리스도의 인격과 사역 안에 나타난 하나님의 계시를 연구의 대상으로 삼는다. "먼저 오는 것은 일반적인 것이 아니라 특수한 것이다. 일반적인 것은 이 특수한 것 없이는 존재하지 않으며, 따라서 특수한 것을 선행할 수 없다.…이 특수한 것으로부터 우리는 이 일반적인 것으로 나아간다."[7]

바르트는 『교회교의학』 제1권에서 신학은 자신의 방법론에 관해 다른 학문들로부터 배울 것이 없다고 주장한 것[8]과는 달리, 『교회교의학』 제3권과 제4권에서는 정밀과학이 자신의 주어진 과제를 지키는 한 "기독교인의 고백에 적이 되지 않는다"[9]고 말한다. 그는 인간 현상에 관한 연구가 잘못될 수도 있지만 동시에 기독교인을 위해 "적절하고 흥미로우며 중요하고 정당할 수 있으며" 또한 "그 결과가 유의미하고 교훈적일 수도 있다"고 말한다.[10] 따라서 자연과학이 인간에 대해 하나님 또는 궁극적 실재와의 관계가 아니라 자연 질서와의 관계를 기술하는 한, 신학은 자연과학에 의해 제시되는 인간에 대한 일반적 지식을 환영할 준비가 되어 있다.

그럼에도 바르트는 여전히 교의학적 인간론과 과학적 인간론을 엄격하게 구별한다. 그는 정밀과학의 영역과 신학의 영역은 다르다고 주장한다. 과학적 연구의 영역은 제한되어 있으며, 신학적 연구의 영역은 제한된 과학적 연구의 영역을 넘어선다. 과학적 가설이란 특정한 대상을 연구

---

7) CD, II/1, 602.
8) CD, I/1, 8-10.
9) CD, III/2, 24.
10) Ibid., 79.

함에 있어서 현재의 지식의 한계에 적합한 임시적인 수단을 나타낸다. 따라서 특수한 현상을 연구하고 지식의 경계가 확장되도록 하려면, 정밀과학은 세계관 같은 것은 접어 두어야 한다.[11] 자연과학과 교의학은 근본적으로 다른 대상을 연구한다. 정밀과학은 우주 안에 존재하는 특정한 사물들을 연구하는 반면, 신학은 자기 계시 안에 계신 삼위일체 하나님을 연구한다.

바르트에 따르면, 과학적 인간론의 가설은 잠정적인 것이다. 정밀과학이 정교하게 남아 있으려면 자신의 가설을 공리로 공고화하여 그것을 계시된 교리처럼 취급해서는 안 된다.[12] 정밀과학은 현상 즉 특수하고 부분적인 인간 현상에 관심을 갖는다. 과학적 인간론은 "인간 실재의 철학적 토대와 설명에 관심을 갖지 않는 것은 물론 인간의 실재에 관심을 갖지 않는다. 그러나 그것은 인간의 풍부한 가능성을 계시한다."[13] "참 인간"은 하나님과의 관계 안에 있으며, 하나님의 말씀의 빛 안에서 인식 가능한 인간에 대하여 말할 수 있는 것은 오직 교의학적 인간론뿐이다.[14] 자연과학은 인간의 실재 자체 또는 참 인간에 접근할 수도 없고 진리를 주장할 수도 없으며, 오직 인간의 현상과 가능성만을 연구할 수 있다. 실재 자체에 관심을 가지고 진리를 주장할 수 있는 것은 오직 신학적 인간론이다.[15]

이와 같은 바르트의 주장은 현상과 실재를 이분법적으로 구별한 칸트를 상기시킨다. 바르트에 따르면, 과학자, 생리학자, 심리학자는 인간 현

---

11) Barth는 과학뿐만이 아니라 성서도 어떤 특정한 성서적 세계관을 갖고 있지는 않다고 본다. Ibid., 12, 446-47.

12) Ibid., 23.

13) Ibid., 24.

14) Ibid., 25.

15) Ibid.

상을 보는 반면, 신학자는 인간의 내적 실재를 본다.[16] 과학의 가설은 잠정적인 것이며, 교의학의 진리 주장은 논박의 여지가 없는 것이다. 바르트는 신학의 고유한 과제가 하나님의 계시된 말씀의 빛 안에서 인간을 숙고하는 데 주된 관심이 있음을 강조한다. 즉 교의학의 과제는 말씀이 어떻게 인간의 내적 실재와 진리를 계시하는지를 설명하는 것이다. 그러나 칸트적인 현상과 실재의 이분법적 구별은 과도하다. 왜냐하면 그것은 창조와 구속, 그리고 궁극적으로는 창조자와 구속자의 분리를 함축하기 때문이다.

바르트는 삼위일체를 하나님의 실재에 대한 최상의 표현으로 보며 하나님에 관한 모든 교리적 진술의 전제로 간주한다. 즉 창조자, 중보자, 구속자이신 하나님의 존재는 교리가 아니다. 따라서 바르트에게 있어 삼위일체는 교의학적 체계가 아니라 존재와 행동 안에 있는 하나님의 실재를 지시한다.[17] 삼위일체는 기독교 교의학의 전제이며 출발점이다. 삼위일체 하나님의 자기계시는 공리적이다. 교의학은 어떤 체계를 세우려고 해서는 안 되며, 언제나 "그 자신을 전제하며 자신의 내용의 힘으로 자신을 증명하는 하나님의 말씀"[18]에 순종할 준비가 되어 있어야 한다. 말하자면 바르트에게 전통적인 삼위일체론은 신학에 확고부동한 확실성을 제공해주는 기반이다. 그러나 삼위일체론 자체가 성서 본문들에 대한 해석의 역사적 과정을 통해 형성된 교리로서, 다양한 기독교 전통들 속에서 다양한 양태로 발전되어왔으며, 아직도 논쟁 가운데 있는 이론임을 기억할 필요가 있다.

---

16) Ibid., 26.
17) CD, I/2, 879.
18) Ibid., 868.

Ⅲ. 신앙의 유비와 관계유비

1. 신앙의 유비

바르트는 아퀴나스의 "존재유비"(*analogia entis*)가 실체론적 존재론을 전제하고 있으며,[19] 하나님과 인간(피조물) 사이에 (실체론적) 존재유비가 있다는 그의 사고는 하나님의 초월성과 자유를 훼손한다고 보았다. 따라서 그는 존재유비 개념 대신 "신앙의 유비"(*analogia fidei*)와 "관계유비"(*analogia relationis*) 개념을 통해 하나님의 초월적 자유와 인간의 하나님 인식을 위한 계시의 중요성을 강조하고, 하나님과 인간 사이의 유비를 실체론적 범주가 아닌 관계론적 범주 안에서 새롭게 설명하고자 한다.

바르트에 따르면, 유비란 서로 다른 두 사물 사이의 유사성 또는 상응을 의미한다.[20] 그에게 신앙의 유비는 인식론적 차원의 유비 개념이고, 관계유비는 존재론적 차원의 유비 개념이다. 인식론적 유비로서 신앙의 유비는 하나님의 실재와 이에 대한 인간의 인식 사이의 유비를 말한다. 이 유비는 하나님의 은혜로서 계시를 통해 인간에게 주어지며, 인간은 신앙 안에서 하나님의 계시와 하나님의 실재를 유비적으로 인식할 수 있다. 신앙의 유비는 "알려진 것과 아는 것, 대상과 사고, 하나님의 말씀과 사고와 언어를 통한 인간의 말 사이의 (신앙 안에서의) 상응"[21]을 의미한다.

바르트에 따르면, 하나님에 대한 인간의 지식은 인간이 예수 그리스도 안에 나타난 하나님의 자기계시를 만나면서 발생한다. "하나님은 계시 안에서 우리 자신의 인식의 수준에 맞추어 우리에게 자신이 알려지도록 하

---

19) Barth는 아리스토텔레스적 실체론을 "형이상학적 추상화"라고 비판한다. CD, II/1, 83-84.

20) CD, III/3, 102.

21) Ibid., 243-44.

기 위하여 자신을 낮추신다."[22] 하나님은 우리에게 자신을 전달하시기 위해 그리스도 안에서, 다시 말하면 그리스도에 의해 계시되고 가능하게 된 유비를 통해 우리에게 오신다. 그리스도는 "대(大) 유비"(Master Analogue)다. 인간은 오직 신앙 안에서만 그리스도를 받아들일 수 있다. 그리스도는 성령의 사역을 통해 인간의 언어를 거룩하게 변화시켜 하나님에 관한 언어로 만든다. 그러나 여전히 하나님에 대한 인간의 지식은 유비적이다. 왜냐하면 인간의 언어는 여전히 인간의 언어이기 때문이다. 하나님만이 홀로 하나님 자신을 완전하게 아신다. 우리는 오직 "대 유비"인 그리스도를 통해서만, 다시 말하면 하나님의 삼중적 말씀(선포된 말씀, 쓰인 말씀, 계시된 말씀)을 통해서만 신앙 안에서 하나님을 유비적으로 알 수 있다. 이것이 바르트가 말하는 신앙의 유비다.

2. 관계유비

존재론적 차원의 유비인 관계유비는 실체로서의 존재가 아닌 관계 또는 행위로서의 존재 개념을 전제한다. 바르트에 따르면, 모든 존재 특히 인간은 "관계 속에 있는 존재"다. 관계는 실체에 이차적이거나 우연적인 것이 아니다. 실체와 관계는 동시적이다. 인간 존재는 고정된 실재가 아니라 역동적 관계 안에 있다. 바르트는 이와 같은 관계적 존재론의 신학적 근거를 삼위일체 하나님의 내적 존재 안에서 발견한다. 예수 그리스도 안에 계시된 하나님은 내적 존재에 있어 삼위일체적 관계성 안에 있는 존재다. 즉 아버지와 아들과 성령으로서 삼위일체 하나님의 존재는 본질적으로 관계적이다. 따라서 바르트는 관계유비의 근거를 삼위일체 하나님의

---

22) CD, II/2, 61.

내적 관계, 즉 성령 안에서 아버지와 아들의 "나와 너"의 사랑의 관계에서 발견한다.

> 하나님 안에는 공존(co-existence), 공동귀속(共同歸屬, co-inherence), 상호성이 있다. 그 자신 안에서 하나님은 단지 단순하지 않다. 하나님은 본질의 단순성 안에서 삼중적, 즉 아버지, 아들, 성령이시다.…그 자신 안에서 하나님은 영원히 사랑하는 분이며, 영원히 사랑받는 분이며, 영원한 사랑이다. 그리고 이 삼위일체 안에서 그분은 모든 "나와 너"(I and Thou)의 기원과 원천이다.…[23]

이 삼위일체의 내적 관계는 예수의 인간성을 계시하고 이를 작용하시는 하나님과 인간 사이의 계약 안에서 반복해서 일어나며 이러한 계약 관계가 반영된다. 다시 말하면 아버지, 아들, 성령으로서 하나님의 본질적인 내적(*ad intra*) 관계가 인간을 향한 하나님의 외적(*ad extra*) 관계 즉 계약 안에 반영된다. "이 외적(*ad extra*) 관계 안에서 하나님은 자신의 내적 본질상 자신에 적합한 관계를 반복하신다. 이 관계 안으로 들어가심으로써, 하나님은 자신의 복제품을 만드신다."[24] 다시 말하면 "하나님의 형상"으로서의 인간 창조는 "'나와 너'의 관계"를 위한 창조다. "인간은 이 신적 삶의 양태의 반복, 복제, 반영이다.…따라서 하나님과 인간 사이의 유비(비교 공통점, *tertium comparationis*)는 단순히 만남 안에 있는 '나와 너'의 실존이다."[25] 바르트는 관계유비를 존재유비와 구별한다. 그는 다음과 같이 관계유비를 설명한다.

---

23) CD, III/2, 218.
24) Ibid.
25) CD, III/1, 185.

> 관계유비는 존재의 상응과 유사성 즉 존재유비가 아니다. 하나님의 존재는 인간의 존재와 비교될 수 없다. 그러나 관계유비는 이 이중적 존재의 문제가 아니다. 그것은 한편으로는 하나님의 존재 안에 있는 관계이며 다른 한편으로는 하나님과 인간 존재 사이의 관계 문제다. 이 두 관계는 상응하기도 하면서 유사성도 있다. 이런 의미에서 두 번째의 것이 첫 번째 것의 형상(image)이다. 여기에 관계유비가 있다.[26]

바르트에게 있어 하나님의 형상은 하나님 안의(*ad intra*) 관계성, 이에 대한 복제와 모방으로서의 하나님과 인간 사이의(*ad extra*) 관계성, 인간과 인간 사이의 관계성 모두를 포함한다. 이에 따라 "나와 너"의 만남의 관계로 이루어지는 세 가지 차원의 유비적 관계가 나타난다. 이 세 가지 차원의 유비적 관계는 하나님 자신 안에서의 삼위일체적 관계(①), 하나님과 인간 사이의 계약적 관계(②), 인간과 인간 사이의 관계(③)다.[27] 바르트는 인간과 인간 사이의 관계(③)의 원초적 형태를 남성과 여성의 관계로 본다. "남성과 여성은 모든 '나와 너', 서로로부터 구별되면서 동시에 서로에게 속해 있는 모든 개별자의 원형이다."[28] 여기서 계약적 관계(②)는 하나님의 삼위일체적인 관계적 실존(①)과 인간과 인간(남성과 여성)의 관계적 실존(③)을 유비적으로 연결하고 통합하는 관계적 실존으로서 바로 "대 유비"인 예수 그리스도 사건이 이러한 계약적 관계를 드러낸다.

---

26) CD, III/2, 220.

27) 읽는 이의 이해를 돕기 위해서 이 세 차원을 각기 ①, ②, ③으로 표현한다.

28) CD, III/4, 150. Barth는 성적 분화 자체가 하나님의 형상이라고 말하지는 않는다. "신적 존재(엘로힘) 안에서의 '나와 너'의 분화와 관계가 남성과 여성의 분화와 관계와 동일한 것은 아니다." '나와 너'의 실존이 인간에게 있어서 성적 분화와 관계의 형태를 취하는 것은 "하나님의 형상이라기보다는 인간의 피조물성에 속한 것이다." CD, III/1, 196.

Ⅳ. 삼위일체론적 관계유비 안의 관계적 인간

바르트에 의하면, 하나님의 형상[29]은 일차적으로 하나님을 가리키고 이차적으로 인간을 가리킨다. 즉 인간 안의 하나님 형상은 하나님의 하나님 형상을 반영, 모방, 복제한 것이다. 하나님 안의 하나님 형상은 하나님 안에서의 만남과 발견의 관계성에 있다. 이 하나님 안에서의 만남과 발견의 관계성이 하나님과 인간의 관계에도 복제되고 모방된다.[30] "신적 원본성이 스스로 피조물의 세계 안에 복제품을 창조한다."[31]

따라서 하나님의 관계적 존재에 상응하고 그것을 반영하는 관계유비 안에 있는 인간은 유비적으로 하나님과의 관계적인 특성을 갖는다. 즉 인간은 "나와 너"의 관계 안에 존재하도록 운명 지어졌다. 인간 개념에서의 "나와 너"는 우연적이거나 부수적인 것이 아니라 본질적인 것이다.[32] 만남은 개인의 이차적·보조적 기능이 아니라 개인 존재의 뿌리다. 사랑이신 하나님의 형상대로 지음을 받은 인간은 사랑할 운명에 속한다. 곧 삼위일체 안에서 즉 아들에 대한 아버지의 사랑(*ad intra*), 그리고 유비적인 인간에 대한 아들의 외적(*ad extra*) 사랑이 인간이 실천해야 할 사랑의 윤리와 능력을 창조한다. 진정한 인간은 타자와의 관계 안에 있는 인간이다. 본질적으로 "나와 너"의 관계 안에서 인간이 형성된다. "나"(I)는 고립되어서는 아무 의미가 없으며 오직 "너"(Thou)와의 관계 안에서만 의미가 있다. 나는 "너"를 동시에 함축하지 않고는 "나"를 말할 수 없다. 오직 너와의 구

---

29) Barth는 창 1:26-27의 주석에서 "형상"(첼렘)을 "본래적 형상"(Urbild)으로, "모양"(데무트)을 "패턴"(Vorbild)으로 구별한다. CD, III/1, 197-98.

30) Ibid., 185.

31) CD, III/2, 221.

32) Ibid., 248.

별과 연결 안에서만 나는 정체성을 갖는다. "순수하고, 절대적이고, 자족적인 '나'는 환상이다. 왜냐하면 '나'(I)는 홀로 있지도 않고 자족적이지도 않으며, '너'(Thou)와 구별되면서 연결되어 있기 때문이다.…"[33] "만일 공동의 인간(co-humanity)이 아니라면, 그리고 '나와 너'의 만남 안에서 존재에 근접하는 것이 아니라면 그것은 인간이 아니다."[34]

바르트에게 이와 같은 "나와 너"의 역동적 관계성 안에 있는 인간은 역사적 존재다. 그는 "역사"를 자족적인 "상태"와 대조시킨다. 그는 인간 본성이 자체의 자족적 실존에 의해 정의되는 "상태"에 의해 기술될 수 있다는 생각을 거부한다. "역사"는 자신의 일상적 행위의 범주 밖으로부터 부딪쳐오는 타자와의 만남을 통해 자신의 고유한 운동을 초월할 수 있을 때 발생한다. 이러한 역사적 존재로서, 인간은 역사를 가지고 있는 것이 아니라 역사다. "나와 너"는 두 정적인 존재로서 만나는 것이 아니라 두 역동적인 존재, 즉 역사로서 만난다. "나(I am)와 너(Thou are)는 서로 두 역사로서 만난다."[35]

그러나 바르트는 인간이 하나님과의 관계를 형성할 수 있는 선험적인 잠재력을 본유적으로 소유하고 있지 않다고 본다. 인간을 인간으로 구별하는 것은 하나님의 말씀이다. 왜냐하면 말씀이 관계를 수립하기 때문이다.[36] "하나님이 말씀하실 때, 하나님은 단지 사실을 수립하실 뿐만 아니라 이 인간 피조물에 대한 자신의 관계성의 진리를 계시하신다."[37] 인간 안에

---

33) Ibid., 245-46.

34) Ibid., 284.

35) Ibid., 248. Barth는 인간의 만남의 기본적인 형태를 네 가지로 설명한다. 이 네 가지 만남은 상대방의 눈을 보는 것, 서로 말하고 듣는 것, 서로 돕는 것, 그리고 이 세 가지를 즐거움(gladness)으로 하는 것이다. Ibid., 250-366.

36) CD, I/1, 244.

37) CD, III/2, 19.

하나님과의 관계를 가능케 하는 선험적 능력이란 존재하지 않는다. 하나님과 인간 사이의 접촉점은 오직 계시 자체에 의해 제공된다.[38]

바르트에게 하나님과 인간 사이의 유일한 접촉점은 예수 그리스도다. 아들 즉 예수 그리스도 안에서 인간을 향한 하나님의 외적(*ad extra*) 관계가 인간의 원형으로 기능한다. 참 인간은 하나님이면서 인간이신 예수 그리스도, 그리고 무엇보다 인간 예수의 역사적 실존에 의해 계시되었다. "인간이 무엇인지는 으뜸가는 텍스트, 즉 인간 예수의 인간성에 의해 결정된다."[39] 인간 예수는 타자를 위한 인간으로서, 예수 안에 계시된 인간 존재는 "나와 너"의 만남 안에 있는 관계적 존재다.

V. 기독론적 관계유비 안의 관계적 인간

바르트는 인간 본성에 대한 일반적인 이해를 수립하고 이에 기초해서 예수 그리스도의 특수한 인간 본성을 수립하고자 하는 인간론을 거부한다. 인간의 죄로 인해 인간의 본질에 대한 새로운 계시가 없이는 인간의 "실재"에 대한 참된 이해가 불가능하다. 따라서 바르트의 신학적 인간론은 철저히 기독론에 근거한다. 우리는 우리를 위한 예수 그리스도의 구속과 칭의에 기초해서 하나님께서 본래적으로 창조하신 우리 인간의 본성을 알 수 있다. 이것이 신학적 인간론의 참된 토대다.[40] "인간성의 존재론적 결정은 예수가 모든 다른 사람들 가운데 한 사람이라는 사실에 근거한

---

38) CD, I/1, 29.

39) CD, III/2, 226.

40) Ibid., 48-49.

다."[41] 인간 예수는 "인간 너머로부터 주어진 유일한 아르키메데스의 점"이며 따라서 "인간에 대한 존재론적 결정을 발견할 수 있는 유일한 가능성"이다.

바르트는 칼케돈의 두 본성 기독론에 근거하여 "나와 너"의 관계 안에 있는 하나님의 형상으로서의 인간론을 전개한다. 예수 그리스도는 신성에 있어서 "하나님을 위한 하나님"으로서 삼위일체 하나님의 내적인 "나와 너"의 관계 안에 참여하며(①), 또한 "인간을 위한 하나님"으로서는 "자신의 인간성 안에서 시간 속에서 계시되고 효력을 발생하는 영원한 계약"[42]이다(②). 그리고 예수 그리스도는 인성에 있어서, 하나님과의 관계에서 "하나님을 위한 인간"(②-1)이며, 또한 다른 인간과의 관계에서 "인간을 위한 인간"(③)이다. 다시 말하면, 하나님이신 예수 그리스도는 아버지와 성령과의 내적인 "나와 너"의 관계(①)에 참여하며, 인간과의 외적인 "나와 너"의 관계에 참여한다(②). 그리고 인간으로서 예수 그리스도는 하나님의 내적 "나와 너"의 관계를 반영하는 형상이며(①과 ③), 또한 하나님의 외적 관계를 반영하는 형상(②와 ②-1)이다. 바르트에 따르면, "예수의 인간성은 하나님 자신의 반복과 반영, 즉 하나님의 형상이다"(①과 ③).[43] 인간 예수와 다른 인간의 관계(③) 및 아버지와 아들의 관계(①) 사이에는 차이점과 아울러 유사점이 있다. 즉 그 둘(①과 ③) 사이에는 관계유비가 있다.

바르트는 예수 그리스도와 우리 사이의 근본적인 차이점을 지적한다. 무엇보다 예수 그리스도는 인간이면서 동시에 하나님이다. "그 안에서의 인간 본성은 하나님과의 관계에 의해 결정되는데, 이와 같은 관계는 하나님과 우리 사이에는 결코 존재하지 않았으며, 결코 존재하지 않을 것이

41) Ibid., 132, 142.
42) Ibid., 218.
43) Ibid., 219.

다. 그만이 홀로 인간의 아들이며 하나님의 아들이다."[44] 우리와 달리 인간 예수의 본성은 죄로 왜곡되지 않고 본래적인 본질을 유지한다.[45] 그 안에서 본래적이고 기본적인 형태의 인간 본성이 계시된다.[46] 따라서 기독론과 인간론은 단순히 동일시될 수 없다. 예수 그리스도는 "대 유비"이다. 즉 "참 인간"인 예수와 죄인인 우리의 인간성 사이에는 유사성 안의 상이성과 상이성 안의 유사성 즉 유비가 있다. 바르트가 모든 인간을 위한 관계유비적 모델로 제시하는 예수 그리스도의 인간성의 특징은 다음 다섯 가지로 요약될 수 있다.

1. 하나님의 형상, "참 인간"

바르트는 인간 안의 하나님의 형상을 그리스도의 인간성과 동일시한다. "예수의 인간성은 단지 자신의 신성 또는 하나님의 지배적 의지에 대한 반복과 반영이 아니라, 하나님 자신에 대한 반복과 반영이다. 그것은 하나님의 형상이다."[47] 예수의 인간성에 나타난 하나님의 형상은 정적인 개념이 아니라 삼위일체 하나님과의 역동적 관계성의 반영이다. 예수의 인간성은 삼위일체 하나님과의 관계적 본성을 온전히 반영한다. "하나님의 내적 존재 안에서의 이 관계가 예수의 인간성 안에서 시간 속에 계시되고 작동하는 하나님과 인간의 영원한 계약 안에 반복되고 반영된다."[48] "하나님을 위한 인간"으로서 예수의 실존은 하나님과의 계약의 동반자로서 하

44) Ibid., 49.
45) Ibid., 51.
46) Ibid., 52.
47) Ibid., 219.
48) Ibid., 218.

나님과 더불어 살아가는 "참 인간"을 계시한다. 즉 "참 인간"은 하나님으로부터 하나님을 향해 가는 인간으로서 예수 그리스도의 완전한 인간성 안에서만 발견된다. 그리고 "인간을 위한 인간"으로서 예수의 실존은 "참 인간"이 다른 사람과 "나와 너"의 만남의 관계 안에서 살아가는 인간임을 계시한다. 오직 예수와의 관계 안에서만 "나와 너"의 관계 안에 있는 하나님의 형상이 인간 안에 회복된다.[49]

2. 하나님과 인간의 만남의 원역사

바르트에 따르면, 우리는 오직 인간 예수 안에서만 진정한 역사를 발견한다. 우리는 그에게서만 창조자로부터 피조물로의 역동적 운동 및 피조물로부터 창조자로의 응답을 발견한다. 예수 그리스도의 역사는 하나님과 인간의 만남에 관한 원역사(Urgeschichte)다. 다른 인간들은 예수 그리스도와의 관계를 통해서만 하나님과 관계를 가질 수 있다. 왜냐하면 그 안에서 인간은 피조물과 창조자, 선택된 인간과 선택하시는 하나님을 만나기 때문이다.[50] 하나님과 인간으로서의 예수의 실존 안에서 우리는 하나님과 인간의 만남의 가능성을 발견한다. 예수는 하나님과 인간의 만남을 가능하게 함으로써 인간의 역사를 가능하게 한다. 달리 말하면, 역사란 예수 그리스도를 통해 가능하게 되는 하나님과 인간의 만남을 기술한다. 각 인간의 역사는 인간 예수의 존재 안에 있는 원역사에 묶여있다. 예수의 원역사는 다른 모든 인간들이 역사를 갖도록 또는 역사가 되도록 만든다. 그리스도를 떠난 인간은 자신의 자족적 본성 안에 내재하는 특수한

---

49) Ibid., 95.
50) Ibid., 160-61.

속성들을 성취하고자 하는 죄의 굴레에 사로잡힐 뿐이다.

3. 죄의 드러냄과 폐기를 통한 "참 인간" 본성의 계시

인간의 실존에 있어서 "참 인간"은 죄에 의해 왜곡되었다. 바르트에 따르면, 죄는 하나님과의 관계에 있는 인간성과 모순되는 존재의 양태로서 "존재론적 불가능성"[51]이다. 왜냐하면 "인간이 된다는 것은 하나님과 함께 있는 것"이기 때문이다.[52] 죄는 "참 인간"을 왜곡할 뿐만 아니라 우리로 하여금 우리 자신의 죄의 실재를 보지 못하게 만든다.[53] 우리는 하나님의 은혜가 인간의 죄를 폐기시킬 때에만 죄의 실재를 볼 수 있다. 죄는 은혜의 빛 안에서만 조명될 수 있다.[54] 즉 인간의 죄의 어둠은 예수 그리스도 안의 하나님의 은혜에 의해서만 밝히 드러난다. 인간의 죄의 베일은 우리가 인간을 오직 그리스도와의 관계 안에서 볼 때에만 벗겨진다. 오직 인간 예수 안에서만 죄의 베일이 벗겨지고 "본래적이고 근본적인 형태의 인간 본성이 계시된다."[55] 우리의 부패한 본성 배후에 있는 참된 본성은 예수의 인격 안에서만 계시된다.

4. 예수 그리스도 안에서의 선택

바르트에 의하면, 인간이 "하나님과 함께 있는"(being-with-God) "참 인간"

---

51) Ibid., 205.
52) Ibid., 135.
53) Ibid., 33.
54) Ibid., 35 이하.
55) Ibid., 52.

이 되는 것은 인간 자신이 아니라 하나님의 결정에 달려 있다. 여기에 선택 교리의 자리가 있다. 그는 선택 교리를 기독론적으로 해석한다. 우리를 죄악으로부터 구원하고자 하는 하나님의 결정이 예수 안에서 효력을 발휘한다. 예수 그리스도는 선택하시는 하나님이며 동시에 선택된 인간이다.[56] 인간 예수는 하나님에 의해 선택된 인간이다. 다시 말하면, 인간을 죄로부터 구원하기로 한 하나님의 결정은 한 인간 예수의 선택 안에서 이루어졌다. "참 인간"은 예수 안에서의 선택을 떠나서는 존재할 수 없다. 우리는 이 인간 예수와 함께 선택되었다. 우리 인간은 예수의 "친구"이기 때문에, "참 인간"으로서 예수는 우리 모두의 인간성에 영향을 준다.[57] 예수와 함께 선택된 친구로서 인간은 무에 대한 운명적인 승리로 귀결되었다. 하나님의 선택은 인간의 자유로운 응답을 요구한다. 그리스도 안에서 회복된 우리의 인간성에 순응하는 것은 우리에게 지워진 책임이다. 인간의 죄는 하나님과의 관계를 부정함으로써 인간성 자체를 부정하는 것이다(이것은 존재론적 불가능성이다). 그러나 그럼에도 불구하고 하나님은 인간의 죄를 극복하며 인간과 계약을 체결한다. 하나님의 자유로운 주권과 선택은 인간의 죄의 역설(존재론적 불가능성)을 극복한다.

5. 타자를 위한 인간 예수

바르트에 따르면, 예수의 신성은 하나님으로부터 오고 하나님을 위하며, 인성은 동료 인간으로부터 오고 인간을 위한다.[58] 예수의 자아는 아버지 하나님(Thou)과 동료 인간(Thou)에 의해 결정된다. 바르트는 하나님을 위

---

56) CD, II/2, 104-5, 145.

57) CD, III/2, 133.

58) Ibid., 216.

한 예수의 존재와 동료 인간을 위한 예수의 존재를 그리스도의 두 본성에 대한 칼케돈의 교리의 틀 안에서 다룬다.[59] 순서상으로는 전자가 먼저이고 후자가 나중이다. 그러나 이 두 예수의 자아는 분리될 수 없고 혼동될 수도 없다. 바르트는 타자를 위한 인간으로서의 예수의 인간성에서 인간의 만남을 위한 기초를 발견한다. 예수는 "그들에게, 그들과 함께, 그들을 위해" 산다. 그는 "그들의 구원자가 되도록" 하나님에 의해 보냄을 받는다.[60] 예수는 인류와 존재론적으로 연결되어 있다. 다른 사람들의 고통이 예수의 존재 가장 깊은 곳에 영향을 준다.[61] 예수는 그들을 밖이나 옆에서 돕는 것이 아니라 그들의 자리를 대신하여 안으로부터 돕는다. 바르트에 의하면, "우리는 그를 그들의 것으로, 그들에 의해 그리고 그들을 위해 결정된 것으로, 그리고 각각의 그들 모두에게 속해 있는 것으로 본다."[62]

VI. 기독론적 관계유비 안의 남성과 여성으로서의 인간

바르트는 "나와 너"의 실존으로서의 인간의 관계적 본질이 남성과 여성의 성적 분화 안의 하나님의 형상에 대표적으로 나타난다고 주장한다. 그는 창세기 1-2장에 대한 주석을 통해, "남성과 여성이 모든 '나와 너', 타자와 구별되며 동시에 타자에게 속해 있는 모든 인간 개인의 원형"[63]이라고 주장한다. 하나님이 인간을 하나님의 형상, 즉 남성과 여성으로 창조하신

---

59) Ibid., 325, 437.
60) CD, II/2, 209.
61) CD, III/2, 211.
62) Ibid., 216.
63) CD, III/4, 150.

까닭은 인간과 계약 관계를 수립하기 위함이다.[64] 즉 하나님으로부터 주어진 이 타자와의 관계적 실존이 인간이 신적 타자와 관계를 가질 수 있도록 해준다.

남성과 여성의 성적 분화에 대한 바르트의 이해는 네 가지로 요약된다. 첫째, "나와 너"의 관계 안에 있는 모든 인간의 만남은 성적 분화, 즉 남성과 여성의 만남에 근거한다. 즉 타자와의 관계 안에 있는 인간 실존의 의미가 남성과 여성의 분화에서 발견된다.[65] "나와 너"의 기본적인 구별 및 연결의 관계는 남성과 여성의 구별과 일치한다. 따라서 남성과 여성은 인간의 가장 기본적인 존재 양태다. 인간의 모든 관계는 이 본래적인 남성과 여성의 관계 안에 포함된다.[66] 바르트는 남성과 남성, 여성과 여성의 관계에서조차도 남성과 여성의 구별이 기본적인 구조라고 주장한다.

둘째, 하나님의 형상으로 창조된 존재로서 인간은 남성 "또는"(or) 여성이다. 하나님은 인간에게 남성이 되든지 여성이 되든지 하도록 명하신다. 우리는 남성 또는 여성 이외의 양태로는 존재할 수 없다. 인간은 자신의 성적 정체성을 받아들여야 한다.[67]

셋째, 남성 또는 여성으로서의 인간은 이성(異性)과의 관계를 위해 창조되었다. 남성은 여성 없이는 인간이 아니며, 여성은 남성 없이는 인간이 아니다. 하나님의 형상으로 창조되었다는 것은 남성"과"(and) 여성으로 창조되었다는 것을 의미한다.[68]

---

64) CD, III/1, 185.
65) CD, III/2, 289.
66) Ibid., 292-93.
67) CD, III/4, 149.
68) Ibid., 163.

넷째, 하나님의 형상 안의 남성과 여성으로서 인간은 형성된 질서로서의 관계적 실존으로 창조되었다. 여기서 질서란 남성이 여성보다 상위적(superordinate)이며, 여성은 남성보다 하위적임을 뜻한다. "A(남성)가 B(여성)를 앞서며, B는 A를 뒤따른다. 질서는 연쇄(succession)를 의미한다. 그것은 앞섬과 뒤따름을 의미한다. 그것은 상위와 하위를 의미한다."[69]

바르트는 창세기 2:18-25에 대한 주석에서, 이 구절이 오직 한 가지 주제, 즉 남성에게 여성을 추가함에 의한 인간 창조의 완성이라는 주제를 말한다고 주장한다. 그리고 그는 이 남성과 여성의 관계를 "비평등적 이원성"(unequal duality)[70]으로 이해한다. 여성은 남성의 내조자다. 남성으로부터 취해진 것이 여성이며, 여성을 자기의 동반자로 인정하고 "선택"한 것이 남성이기 때문에, 남성과 여성의 관계에는 질서가 있다.[71] 즉 남성은 상위적이고 여성은 하위적이다. 남성은 "여성의 주님"이며, 여성은 "남성에 의해 선택된 자"다.[72] 바르트는 남성과 여성의 관계(③)가 하나님과 자기 백성(이스라엘, 교회) 사이의 계약(②)을 반영한다고 주장한다. 그는 결혼 계약이 신적 계약을 반영한다는 자신의 주장을 위한 성서적 근거를 구약에서의 하나님과 이스라엘의 계약 관계 및 에베소서 5:21-33에 나타나는 그리스도와 교회의 관계에 대한 진술에서 발견한다.[73] 즉 그리스도와 교회의 관계가 남성과 여성 사이의 비평등적인 우월과 종속 관계의 원형이라는 것이다.

69) Ibid., 169.
70) CD, III/1, 288.
71) Ibid., 308.
72) Ibid., 306.
73) CD, III/2, 318-19.

Ⅶ. 영혼과 몸

바르트는 한편으로 인간을 영혼과 동일시하고 몸을 인간 실존에 필수적인 것으로 보지 않는 전통적 이원론과, 다른 한편으로는 영혼을 거부하거나 단지 고도의 육체적 사건의 부수현상으로 간주하는 실증과학적 환원론 둘 모두를 거부하고, 이 둘 사이에서 제3의 길을 제시하고자 한다. 그는 영혼과 몸이 서로 대립적인 실체가 아니라 둘이 하나의 통일적 인간 존재를 완성한다고 강조한다. 그는 예수 그리스도의 두 본성에 대한 칼케돈의 표현에 기초하여 "참 인간"의 영혼과 몸의 관계를 표현한다. "참 인간"은 "용해되지 않는 구별, 분리될 수 없는 통일성, 파괴될 수 없는 질서 안에서 전적으로 그리고 동시적으로 영혼이며 몸이다."[74]

바르트는 무엇보다 이원론을 강하게 거부한다. 그는 영혼을 몸에 의해 갇혀 있는 영원한 실체로 보는 그리스 철학의 이원론도 거부하며, 영혼이나 몸을 각기 자족적인 실체로 보거나 인격을 영혼적 실체와 육체적 실체의 병렬로 보는 이원론도 거부한다. 영혼과 몸은 역동적으로 연결되어 있다. 영혼은 몸과 혼동될 수도 없고 몸으로부터 분리될 수도 없다. 이 둘은 "분리될 수 없는 통일성" 안에 있다. 영혼과 몸은 우연적 관계가 아니라 통전적 또는 필수적 관계에 있다.

바르트는 영혼을 몸의 생명으로 간주한다. 영혼은 인간의 몸의 생명력을 위한 이성적·의지적 구조를 제공한다. 영혼이 몸의 생명으로서의 주체를 가리키는 한, 인간은 영혼이다.[75] 그러나 인간은 단지 영혼이 아니라 "자신의 몸의 영혼"이다. 인간은 "자신의 몸의 영혼"으로서 시공간의 물질

---

74) Ibid., 325, 437.
75) Ibid., 373-74.

적 세계 안에 존재한다.[76] 인간은 유기체적·물리적·물질적 몸으로 존재한다. 인간은 특정한 몸의 영혼이다. 영혼은 몸 안에 우연히 거주하지 않는다. "그(영혼)는 그 자체로서 생명이 아니고 자신의 몸 위를 자유롭게 맴돌거나 또는 몸 안에 우연적으로 거주하는 생명도 아니며, 자신의 물리적 몸의 생명이다.…따라서 그는 단지 갖지 않을 수도 있는 몸을 '가진' 영혼이 아니라, 영혼이 있는 몸(besouled body)인 것처럼 몸이 있는 영혼(bodily soul)이다."[77] 영혼은 몸에 생명력을 주는 주체로서, "몸이 없으면 영혼은 영혼이 아니다." 그리고 몸은 인간 실존의 객체로서 "영혼이 없으면 몸은 몸이 아니다."[78] 몸의 부인은 영혼의 부인을 함축하며, 영혼의 부인은 몸의 부인을 함축한다.[79] 주체로서의 영혼과 객체로서의 몸 사이에 엄격한 분리는 불가능하다. 영혼과 몸은 "분리될 수 없는 인간 본성의 두 계기다.[80] 인간은 전체적으로(wholly) 영혼이며 전체적으로 몸이다.[81]

그러나 바르트는 영혼과 몸이 실제로 어떻게 연결되어 있는지, 어떻게 뇌의 복잡한 신경학적 기능으로부터 정신 또는 영혼이 창발하는지(아니면 영혼이 어떻게 생겨나는지)에 대해서는 관심이 없다. 물론 그는 영혼과 몸이 통일성 안에서 상호작용한다고 본다. 그러나 그는 어떤 지점(예를 들면 뇌의 송과선)에서 정신과 몸이 상호작용하는지를 밝혀보려는 시도는 오히려 영혼과 몸의 통일성을 깨뜨리고 이원론을 초래한다고 주장한다. 그는 단지 영혼과 몸의 상호연결이 성령에 의해 유지된다고 주장한다. 하나님의 영에 의해 영혼은 이성적 주체로서 몸을 다스리는 인격이 형성되고 이것

76) Ibid., 349.
77) Ibid., 350.
78) Ibid.
79) Ibid., 373, 383.
80) Ibid., 393.
81) Ibid., 383.

이 유지된다. 하나님의 영이 영혼과 몸의 통일성을 위한 기초다.[82] 말하자면, 바르트에게 몸이 있는 영혼과 영혼이 있는 몸으로서 인간의 통일성의 비밀은 하나님의 신비의 영역에 속해 있는 셈이다.

바르트는 전통적인 이원론과 물질주의적 일원론을 모두 거부하고 영혼을 생명을 주는 주체로, 그리고 몸을 객관적 형태로 보면서 이 둘의 불가분리성과 통일성을 강조한다. 이 둘은 제3의 실재에 의해 연결된 것이 아니라 함께 내재하며 서로 영향을 준다. 몸이 없는 영혼은 영혼이 아니며, 영혼이 없는 몸은 몸이 아니다. 그러나 바르트는 여전히 영혼을 주체로, 몸을 객체로 보는 주체-객체 도식을 견지한다. 그리고 그는 영혼과 몸의 불가분리적인 통일성을 강조하면서도 여전히 주체인 영혼으로부터 객체로서의 몸으로 향하는 하향식 인과율만을 말한다. 즉 영혼은 몸과 불가분리적인 관계 안에 있는 몸의 주체로서 몸과 몸의 운동에 의도적인 영향을 준다는 것이다.[83] 하지만 그는 몸으로부터 영혼으로 향하는 상향식 인과율에 대해서는 언급하지 않는다. 그러나 영혼 또는 정신과 몸의 관계는 상호적이고 쌍방적인 것이다. 오늘날의 생물학자들과 신경생리학자들이 밝혀냈듯이 몸(특히 뇌)으로부터 정신 또는 영혼으로의 상향식 인과율이 충분히 인식된다면, 정신 또는 영혼과 몸에 대한 전통적인 이분법적인 주체-객체 도식은 더 이상 유지되기 어려울 것이다.

---

82) Ibid., § 46.2, "영혼과 몸의 기초로서의 영," 344-66.

83) Ibid., 375.

Ⅷ. 결론

결론에서는 바르트와 판넨베르크의 방법론을 비교하고 존재유비와 관계유비의 관계를 다시 새롭게 정립하며 인간과 인간(남성과 여성)의 관계에 대한 관계유비의 근거를 새롭게 제시하고자 한다.

1. 바르트와 판넨베르크의 방법론

바르트는 선험적 철학이나 사변적 세계관을 거부하고 철저하게 하나님의 계시에 기초한 교의학적 전제와 함께 시작하는 신학적 인간론을 전개한다. 또한 그는 정밀과학이 세계 안의 특수한 대상과 현상을 다루는 반면 신학은 삼위일체 하나님과 실재 자체(참 인간)을 다룬다고 주장하면서 그 둘 사이에 분명한 경계를 설정한다. 이미 언급한 바와 같이 이와 같은 바르트의 교의학적 인간론은 칸트적인 이원론적 사고를 보여준다.

바르트의 방법론과 판넨베르크의 방법론은 대조적이다. 바르트와 달리 판넨베르크는 교의학적 전제로부터 시작하는 인간론이 아니라 "기초신학적"(fundamental-theological) 인간론을 전개한다. 그의 인간론은 "생물학, 심리학, 문화인류학, 또는 사회학에서 연구하는 인간 실존의 현상에 직접적인 관심을 기울이며, 이 학문들의 발견이 내포하는 종교 및 신학과 관련된 함의를 보고자 하는 눈으로 검토한다."[84] 인간 실존의 현상을 다소간의 중립적인 시각에서 과학적으로 관찰하기 위해서는 가능한 한 교의학적 전제를 버려야 한다. 이와 같은 입장에서 판넨베르크는 인간 현상

84) Wolfhart Pannenberg, *Anthropology in Theological Perspective*, trans. Matthew J. O'Connell (Philadelphia: Westminster Press, 1985), 21.

에 대한 과학적 연구와 계시된 말씀에 기초한 신학적 인간 이해 사이의 연결점을 찾으려고 한다. 그는 기초신학적 인간론을 통해서 종교의 보편타당성을 인정하며, 따라서 인간학적 자료들이 종교적·신학적 함의를 갖는지 즉 그것들이 "하나님 형상과 죄의 개념"으로 인도하는지를 보기 위해서 그 자료들을 연구한다.[85]

바르트는 신학적 인간론과 비신학적 인간론 중에서 특히 철학적 또는 "사변적" 인간론을 적대적 관계로 설정한 반면 신학과 자연과학의 관계는 비교적 덜 적대적인 관계로 이해했지만, 인간과 관련한 구체적인 주제들에 대한 신학과 과학 사이의 대화에는 실제로 관심을 기울이지 않았다.[86] 이와 달리 판넨베르크의 방법론은 계시된 인간에 대한 진리와 과학에 의해 발견된 진리를 실재와 현상으로 구분하는 이분법적 도식보다는 그 둘이 어느 정도까지 적절한 관련성을 갖는지에 대하여 관심을 기울였다는 점에서 중요한 의미를 갖는다. 사변적 학문과 과학적 학문은 바르트의 생각처럼 쉽사리 이분법적으로 구분될 수 없다. 실제로 많은 과학적 인간론들이 인간 경험의 다양한 측면들에 관한 경험적 자료들로부터 발전되어 왔으며 그 자료들을 가장 광범위하게 포괄하면서도 탁월하게 설명할 수 있는 이론을 수립하고자 하는 모험을 감행한다. 따라서 순수하게 과학적인 전제와 순수하게 철학적인 가설을 구분하는 작업은 어려운 일이다. 과학이 대상으로 하는 자료는 이미 언제나 이론으로 정립된 자료이며, 과학자의 경험은 어느 정도 이미 (암묵적인 이론적 틀 안에서) 해석된 경험이다. 인식과 해석이 불가분리적인 관계에 있다는 것은 오늘날 인문사회과학뿐 아니라 자연과학에 있어서도 기본적인 상식이다.

---

85) Ibid.

86) CD, III/2, 21-23.

바르트가 신학적 인간론과 일반 학문의 인간론의 관계를 부정적("사변적" 인간론)이거나 소극적(정밀과학)으로 이해한 반면, 판넨베르크는 그 둘 간의 대화를 통해서 그 둘 사이의 연결점 또는 공통점을 찾고자 하였다. 바르트는 구속과 은혜의 관점에서 창조와 자연을 이해하고자 하였다. 여기서는 후자로부터 전자로 가는 길은 없고 오직 전자로부터 후자로 가는 길만 있다. 이와 달리 판넨베르크는 창조자 하나님과 구속의 하나님, 자연과 은혜 사이의 연결과 상관성을 추구하였다. 바르트의 인간론은 철저하게 계시에 근거한 교의학적 인간론으로서 계시 일원론적이라고 불릴 수 있다. 인간의 죄는 오직 은혜의 계시 안에서만 드러나며 따라서 죄가 없는 "참 인간"은 계시 즉 하나님의 말씀으로부터만 알려진다. 인간의 죄로 인하여 "참 간"은 오직 하나님에 의해 인간 실재가 계시될 때에만, 즉 참 인간인 예수 그리스도 안에서만 알려질 수 있다.[87] 이러한 계시 일원론에서는 창조신학이 구속신학에 일방적으로 종속되거나 흡수되는 경향이 있다. 그리고 너무 강한 교의학적 확신과 전제는 종종 다른 학문들과의 열려 있는 상호 대화를 어렵게 만들 수 있다.

2. 존재유비와 관계유비

바르트의 신학적 인간론의 가장 큰 특징이자 기여는 인간 안의 하나님 형상을 삼위일체의 내적 관계성에 근거하여 "나와 너"의 만남과 관계의 관점에서 기독론 중심적으로 설명한 것이라고 할 수 있다. 이와 같은 그의 인간론은 "역동적인 관계적 존재론"이라고 규정할 수 있다. 그는 유비 개념 자체를 거부하지는 않는다. 이점이 변증법적 신학을 전개하던 전기의

87) Ibid., 197-98.

『로마서 강해』에서의 바르트와 유비 개념을 수용한 『교회교의학』에서의 바르트 사이의 차이점이다. 그러나 그는 존재를 실체론적인 것으로 간주하는 존재유비를 거부한다. 왜냐하면 그는 이러한 존재유비에서는 하나님과 인간 사이의 존재론적인 연결이 있음이 전제되고, 따라서 하나님의 계시 외에 인간이 하나님께 도달할 수 있는 인식론적 가능성, 즉 이른바 자연신학의 가능성이 있다고 생각하기 때문이다.

그러나 사실상 존재유비와 관계유비는 양자택일적인 관계에 있지 않다. 왜냐하면 오늘날에는 전통적인 서구의 실체적 존재론이 이미 퇴락했으며 관계적 존재론이 지배적이기 때문이다.[88] 따라서 하나님의 내적·삼위일체적 관계와 예수 그리스도 안에서 나타난 하나님의 외적·계약적 관계와 유비관계에 있는 인간 존재에 있어서 관계유비는 곧바로 (실체적이 아닌 관계적) 존재유비의 부정이 될 수 없다. 인간은 하나님과의 관계적 존재유비 안에 있는 관계적 존재다. 그러므로 존재유비냐 관계유비냐 하는 양자택일적 물음 설정은 더 이상 가능하지 않다.

바르트의 관계유비적 인간론의 독특성은 존재유비와의 대조에 있다기보다는 누차 언급한 바와 같이 삼위일체론적 토대와 기독론적 중심성에 있다. 그에게 있어서 하나님의 내적 차원에서의 "나와 너"의 관계(①)를 반복 또는 반영하는 관계유비에는 두 가지 차원, 즉 수직적 차원(②)과 수

---

88) Whitehead의 표현을 빌리면, 정적이고 자족적인 실체 개념은 "잘못 놓인 구체성의 오류"(fallacy of misplaced concreteness)로서, 그러한 실체적 실재 개념은 추상적인 것이며, 실재는 구체적으로 역동적 관계성 안에 있는 과정이다. Alfred North Whitehead, *Process and Reality* (New York: A Division of Macmillan, 1978), 7, 18. 또한 인간의 관계적 실존은 오늘날의 심리학의 대상관계 이론에 의해 잘 드러난다. Barth의 관계적 인간론과 대상관계 이론의 관계적 인간론을 비교한 책으로 Daniel J. Price, *Karl Barth's Anthropology in Light of Modern Thought* (Grand Rapids: Wm. B. Eerdmans, 2002)가 있다.

평적 차원(③)이 있다. 이 세 가지 차원의 "나와 너"의 관계, 즉 하나님 안에서의 아버지와 아들과 성령의 관계(①), 하나님과 인간(②) 및 인간과 하나님의 관계(②-1), 인간과 인간의 관계(③)는 상호연관 되어있다. 즉 ①과 ②를 ②-1과 ③이 반영하고 반복한다. 다시 말하면, ②-1과 ③이 ①과 ②에 대한 유비의 관계에 있다. 예수 그리스도는 이 세 가지 차원의 관계를 위한 "대 유비"다. 즉 그리스도는 하나님으로서 하나님(아버지)과 하나님(아들)의 "나와 너" 관계 안에 있으며(①), 하나님인 동시에 인간으로서 인간에 대한 하나님(②), 하나님에 대한 인간(②-1)의 "나와 너" 관계 안에 있으며, 인간으로서 인간과 인간의 "나와 너" 관계(③) 안에 있다.

이와 같은 바르트의 관계적 존재론의 관점에서, 하나님의 형상은 죄로 완전히 파괴될 수 없다. 왜냐하면 동료로서의 인간의 "나와 너"라는 만남의 구조(그리고 바르트가 말하는 남성과 여성의 성적 분화) 자체가 인간의 죄로 인해 상실될 수 없는 관계적 존재론의 구조이기 때문이다. 죄는 관계성의 왜곡 또는 단절이라고 할 수 있다. 그러나 관계성으로서의 존재론적 구조 자체, 특히 남자와 여자로 분화된 성적 양극성의 관계적 구조 자체가 죄로 인해 상실된 것은 아니다. 따라서 인간 안의 하나님 형상은 내용적으로는 왜곡 또는 파괴되었지만 형식적 또는 구조적으로는 여전히 남아 있다고 할 수 있다.

3. 인간과 인간(남성과 여성)의 관계를 위한 관계유비의 근거

바르트의 관계유비에서 인간과 인간의 관계(③)는 한편으로는 삼위일체 하나님의 내적 관계(①)를 반영하며, 다른 한편으로는 예수 그리스도 안에 나타난 하나님(신성)과 인간(인성) 사이의 계약적 관계(②)를 반영한다. 그러나 그에게 있어서 삼위일체적 유비(①)와 기독론적 유비(②)는 서로 긴장 관계에 있다. 왜냐하면 하나님의 내적 관계(①)에서는 세 위격이 동등한 관계에 있는 반면(바르트는 오리게네스나 아리우스와 같은 종속주의자가 아니다), 하나님의 외적 계약적 관계(②)에서는 하나님과 인간 또는 예수의 신성과 인성이 우월과 종속의 관계에 있기 때문이다. 바르트에 따르면, 예수 그리스도의 신성과 인성의 관계는 "우월과 종속, 주되심과 섬김, 명령과 순종, 리더십과 따름" 그리고 "선택하는 자"와 "선택된 자"의 관계다.[89] 다시 말하면, 바르트는 인간을 향해 하나님이 외적인 계약 관계를 수립하는 예수 그리스도의 신성과 인성의 관계(②)가 인간의 "나와 너"의 관계의 원초적 모델로서 남성과 여성 사이의 우월과 종속 관계(③)를 위한 관계유비의 근거라고 주장한다.

따라서 바르트에게 적어도 남성과 여성 사이의 비평등적 우월과 종속 관계(③)는 하나님의 내적 관계(①)보다는 인간을 향한 하나님의 외적인 계약 관계(②)를 반영한다. 즉 기독론적 관계유비 안에서 남성과 여성은 우월과 종속의 질서 안에 있다.[90] 남성은 "영감을 주는 자, 인도자, 주도자", "우월자, 첫 번째"인 반면, 여성은 남성에 의해 "인도받는 자, 주도되는 자, 두 번째"다.[91] 바르트는 남성과 여성의 관계가 우월과 종속의 질서의 원리 아래 있음에도 불구하고 평등한 관계라고 주장한다. 그러나 그는 비상호적이고 비평등적인 하나님과 인간의 계약 관계를 상호적이고 평등적이어야 하는 인간과 인간의 관계, 그리고 무엇보다 상호적이고 평등해야 할 남성과 여성의 관계에 적용시킴으로써 모순을 초래하고 있다.

여기서 바르트의 문제점은 두 가지다. 첫째, 모든 인간의 관계가 남성

89) CD, III/2, 341.
90) Ibid., 321.
91) Ibid., 170-73.

과 여성의 기본적 관계 안에 포함된다는 바르트의 주장은 남성과 여성의 성적 분화의 의미를 지나치게 확대 해석한 것이다. 다시 말하면 부모와 자녀, 남성과 남성, 여성과 여성, 개인과 기관 또는 공동체 사이의 관계가 모두 "참된 만남"인 남성과 여성의 관계를 위한 "예비 반주(伴奏)"[92]라는 그의 주장은 지나친 것이다. 이러한 그의 사고는 모든 인간의 행동의 뒤에는 성적 충동이 있다는 프로이트의 성적 환원주의를 상기시킨다.

둘째, 하나님과 인간 사이의 일방적·비평등적인 계약 관계(②)를 남성과 여성 그리고 인간과 인간의 관계(③)를 위한 관계유비적 토대로 삼는 것은 적절치 않다. 하나님과 인간 사이의 계약 관계는 남성과 여성의 관계보다는 부모와 자녀의 관계[93]가 모델로서 더 적합하다. 예수 그리스도 안에서의 "인간을 위한 하나님"(신성)과 "하나님을 위한 인간"(인성)의 관계는 "자녀를 위한 부모"와 "부모를 위한 자녀"의 관계와 유비적이다. 남성과 여성 그리고 인간과 인간의 관계(③)를 위한 관계유비의 원천은 하나님과 인간 사이의 계약적 관계(②)가 아니라 하나님의 내적 삼위일체적 관계(①)에서 발견되어야 한다. 물론 삼위일체의 세 위격인 아버지, 아들, 성령의 관계에 대한 동방 교회와 서방 교회의 이해는 매우 다르며 또한 신학자들마다 상당한 차이가 있기 때문에 이 관계를 한 마디로 정의하기는 어렵다. 그럼에도 불구하고 삼위일체의 내적 관계에서는 세 위격들 간의 상호적이고 평등적인 관계 안에서 페리코레시스적인 사랑의 친교적 연합(communion)이 이루어진다고 할 수 있으며, 따라서 이와 같은 삼위

92) Ibid., 293.

93) 여기서 부모와 자녀의 관계는 대체로 성년으로서의 부모와 유년으로서의 자녀의 관계로 이해되어야 한다. 하나님과 인간의 계약 관계를 부모와 자녀의 관계로 볼 것을 제안한 사람으로서, Elizabeth Frykberg가 있다. Elizabeth Frykberg, *Karl Barth's Theological Anthropology: An Analogical Critique Regarding Gender Relations* (Princeton: Princeton Theological Seminary, 1993), 42-50 참고.

일체의 내적 관계를 반영하는 인간과 인간(남성과 여성을 포함하는)의 일반적인 관계는 상호적이고 평등적인 관계여야 한다.

제6장

변증적·교의학적 인간론: 볼프하르트 판넨베르크

−종말론적 운명과 개방된 역사로서의 인간−

Ⅰ. 서론

제6장에서는 볼프하르트 판넨베르크의 인간론에 대하여 고찰한다.[1] 판넨베르크의 인간론은 변증적이며 또한 교의학적이다. 그는 인간론에 관한 전기의 저서들[2]에서 변증학적 관점에서 세속의 일반 학문들과의 대화를 수행한다. 이 저서들에 나타나는 판넨베르크의 인간론은 전통적인 교

---

1) Pannenberg의 인간론에 대한 국내 신학자들의 연구로는 다음과 같은 논문들이 있다. 서창원, "현대 신학적 인간론: 하나님의 형상 이해,"『신학과세계』Vol. 46 (2003), 254-272; 유진열, "판넨베르크의 인간론에 나타난 방법론에 대한 비평적 분석,"『성경과신학』Vol. 64 (2012), 317-340; 이신형, "판넨베르크와 헤프너의 신학에서 바라본 신학적 인간학의 역할,"『선교와 신학』Vol. 68 (2013), 249-277; 황금봉, "판넨베르크의 인간 이해를 바탕한 목회실천의 갱신 가능성 고찰,"『신학과 목회』Vol. 28 (2007), 187-215.

2) Wolfhart Pannenberg, *What is Man? Contemporary Anthropology in Theological Perspective*, trans. Duane A. Priebe (Philadelphia: Fortress Press, 1970). 유진열 역,『인간이란 무엇인가, 신학적 시각으로 본 현대 인류학』(서울: 쿰란출판사, 2010).; *Anthropology in Theological Perspective*, trans. Matthew J. O'Connell (Philadelphia: Westminster Press, 1985).

의학적 인간론이라기보다 창조론에 근거한 기초신학적 인간론에 가깝다. 그의 관심은 세속적 비판에 대한 신학적 변증에 있다. 그는 교의학적 전제로부터 출발하지 않고 생물학, 심리학, 문화인류학, 사회학의 인간 이해들을 고찰하고, 이러한 인간 이해들이 갖는 신학적 의미를 규명하고자 한다. 이 점에서 그는 일반 학문의 인간론과의 대화를 거부하고 철저하게 성서적이고 그리스도 중심적인 신학적 인간론을 추구하는 바르트와 대조적이다. 판넨베르크는 신학적 인간론이 고립된 독단론에 빠지는 것을 막고자 하며, 다른 학문분야들과의 대화를 통해서 신학적 인간론이 일반 학문의 인간 이해와 일관성이 있음을 보여주고자 한다. 따라서 그는 하나님의 형상, 죄 같은 신학적 개념을 인간의 운명, 세계 개방성, 외심성, 욕망(정욕), 자기중심성 같은 철학적 또는 심리학적 개념을 활용하여 새롭게 표현하고자 한다.

그러나 판넨베르크는 후에 쓴 『조직신학』[3]에서 더 신학적이고 교의학적인 인간론을 보여준다. 여기서는 고전적 신학이 우선적 지위를 갖는다. 따라서 기초신학으로서의 인간론의 역할은 상대적으로 줄어든다. 『조직신학』 제8장 "인간의 존엄성과 비참함"은 하나님의 형상과 죄의 이중적 모습 안에 있는 인간을 그린다. 인간의 존엄성은 운명적으로 인간이 하나님의 은혜로 하나님과의 교제 안으로 들어가게 되어 있다는 사실에 있었다. 그러나 인간이 죄를 선택하게 되면서 인류는 비참한 상태에 빠진다. 판넨베르크는 창조자로서의 하나님에 대한 지식을 다루면서 인간 운명의 실현이 하나님과의 관계에 달려 있다는 사실에서 논의를 시작하며 그 후에 인간의 비참함을 다룬다. 여기서 그는 세계와 인간에 대한 경험을 기

---

3) Pannenberg, *Systematic Theology*, 3 vols, trans. Geoffrey W. Bromiley (Edinburgh: T & T Clark, 1991-98).

독교적 하나님 이해의 빛 안에서 다룬다.

판넨베르크의 인간론은 이 두 맥락 중 어떤 맥락에서 접근되느냐에 따라 다르게 나타난다. 그러나 이 둘은 반드시 상호배타적일 필요가 없다. 그것들은 상호보완적일 수 있다. 이 글에서는 이 두 맥락이 꼭 구별되어야 할 필요가 있는 경우를 제외하고는 가능한 한 종합적으로 다루고자 한다. 여기서는 "운명으로서 하나님의 형상", "인간의 개방성과 역사성", "욕심(정욕)과 자기중심적 폐쇄성으로서의 죄", "인간의 종말론적 운명"과 같은 판넨베르크의 인간론의 주요 주제들을 차례로 다루고자 하며, 그 후에 결론적으로 그의 인간론을 "운명과 역사로서의 인간"으로 정의하고 몇 가지 핵심적인 논점들에 대하여 고찰하고자 한다.

Ⅱ. 운명으로서 하나님의 형상

1. 운명으로서 하나님의 형상과 그 실현

판넨베르크의 신학에서는 오직 종말론적 미래가 하나님의 실재와 세계 및 인간의 운명을 결정한다. 모든 것의 본질은 미래의 완성으로부터 말미암는다. 마찬가지로 인간 안의 하나님 형상은 시초가 아니라 미래에 완성되어야 할 운명으로 주어진다. 운명(Bestimmung, destiny)은 "하나님이 의도하시는 인간의 됨"[4]을 표현한다. 즉 하나님이 인간을 창조하신 목표가 바로 운명이며, 이 운명은 역사적 과정을 통해 종말에 성취되어야 한다. 따라서 하나님의 형상은 창조뿐만 아니라 구속 및 종말과도 관계된다.

---

4) Pannenberg, *What is man?* vii.

판넨베르크는 본래적인 완전성과 최초의 죄로 인한 타락의 교리를 거부한다. 타락을 통한 하나님의 형상의 상실은 없다.[5] 타락하기 전 인간이 완전한 삶 즉 원의(原義)의 상태에 있었다는 견해는 성서적 근거를 갖지 못한다. 그러한 상태는 존재한 적이 없다. "인간이 지닌 하나님의 형상은 처음부터 완전하지 않다."[6] "죄와 타락으로 인해 상실된 하나님과 인간의 본래적인 연합이 있었다는 생각은 인류의 역사적 시작에 관한 오늘날의 과학적 지식과 조화되지 않는다."[7] 인간의 범죄로 인한 결과로서의 죽음에 대한 하나님의 경고는 아담이 범죄 이전에는 불멸적인 존재였음을 함축하지 않는다. 바울은 아담의 본래적인 불멸성에 대해 언급하지 않으며 불멸성을 오직 예수의 부활에 참여하고 성령 안에서 살아가는 인간(고전 15:52 이하)에게 돌린다.

판넨베르크에 따르면, 우리는 하나님의 형상에 관한 구약성서의 글을 바울의 말씀의 빛 안에서 읽어야 한다. "바울은 예수 그리스도를 하나님의 형상이라고 부르고(고후 4:4; 골 1:15; 히 1:3) 신자가 이 형상으로 변해가야 한다고 말씀한다(롬 8:29; 고전 15:49; 고후 3:18)."[8] 우리가 성령에 의해 하나님의 형상인 그리스도처럼 변해가야 한다는 바울의 말씀(고후 3:18, 4:4)은 단지 창조의 때에 나타난 하나님의 형상의 회복이 아니라 그것을 넘어서 하나님과 더욱 가까워져야 한다는 것을 의미한다. 구약성서에서 인간

---

5) 창 5:1 이하에 나오는 아담으로부터 노아에 이르는 세대의 목록은 1:26을 반복하며 따라서 아담의 후손들이 아직 하나님의 형상을 지니고 있음을 함축한다. 창 9:6에서는 각 개인이 하나님의 형상을 지니고 있기 때문에 살인해서는 안 된다고 기록되어 있다. 바울도 자신의 시대 사람들이 하나님의 형상을 가지고 있는 것을 당연하게 여기는 것으로 보인다(고전 11:7). Pannenberg, *Systematic Theology*, 2:214.

6) Pannenberg, "Man-the Image of God?" in *Faith and Reality*, trans. John Maxwell (Philadelphia: Westminster Press, 1977), 45.

7) Pannenberg, *Anthropology in Theological Perspective*, 57.

8) Pannenberg, *Systematic Theology*, 2:208.

은 하나님의 형상으로 창조되었다. 그러나 신약성서에 따르면 오직 예수만이 하나님의 형상이다. 전자는 하나님의 형상이 본래적인 선물임을, 후자는 그 형상이 최종적 운명임을 의미한다. 판넨베르크는 하나님의 형상에 다양한 정도(degree)가 있다고 보고 아담 안에 부분적인 하나님의 형상이 있으며 오직 예수 그리스도 안에 완전한 하나님의 형상이 있다고 보는 이레나이우스의 견해를 받아들인다.[9] 하나님의 형상은 처음부터 완전히 실현된 것이 아니라 실현의 과정 가운데 있다. 하나님의 형상은 오직 예수 그리스도 안에서만 완전하게 실현되었다.

판넨베르크에 따르면, 인간이 하나님의 형상으로 창조되었다는 것은 인간에게 본래적으로 하나님을 찾고 하나님을 영화롭게 하려는 성향(disposition)이 있음을 의미한다.[10] 하나님의 창조적 의도에 근거한 하나님의 형상인 우리의 운명은 우리의 피조물성에 의한 외부적인 것이 아니다. 하나님의 형상을 향한 인간의 성향은 최초 인간의 자연적 상태 안에 존재한다. 하나님의 형상을 향한 성향과 운명의 실현은 인간 자신의 힘이 아니라 하나님의 은혜에 의존하지만 하나님의 형상은 인간의 자연적 실존 너머의 영역에 존재하는 것이 아니다. 이러한 의미에서 피조물로서 인간은 본질적으로 종교성을 갖는다.[11]

따라서 판넨베르크는 하나님의 형상과 인간 자신의 특성 및 타고난 자질 사이의 연결을 전적으로 거부하는 바르트를 비판한다. "바르트의 신학에 나타나는 '인간 현상'과의 관계에서 하나님의 창조적 의도의 외재성

---

9) 그러나 Pannenberg는, 하나님의 형상을 image와 likeness로 구별하며 인간이 타락으로 후자는 상실했으나 전자는 상실하지 않았다는 Irenaeus의 생각을 받아들이지 않는다. Ibid., 216.

10) Ibid., 227.

11) Ibid., 292.

은 그 창조적 의도가 인간의 자연적인 성향과 실존적 조건의 전체 영역을 결정하는 것, 그리고 따라서 효력 있는 창조적 행동으로 나타나는 것을 막는다."[12] 하나님의 창조적 의도의 은폐성에 대한 바르트의 강조는 우리의 피조물성이 하나님을 지향하지 않으며 하나님과 함께 있음을 지향하지 않는다는 사실을 함축한다. 즉 바르트에 있어 하나님의 형상은 인간 실존으로부터 존재론적으로 격리되어 있다. 이와 달리 판넨베르크는 하나님의 형상을 향한 인간의 성향이 하나님의 창조적 의도에 의해 인간 실존 안에 존재론적으로 내재한다고 본다. "창조자의 목적은 피조물과의 관계에서 무기력하거나 외부적이지 않다. 우리는 피조물의 삶이 내면적으로 신적 운명에 의해 움직인다고 생각해야 한다."[13]

물론 운명을 향한 성향을 갖는 것과 그 운명을 실현하는 것은 별개의 문제다. 성향의 상태로부터 하나님 형상의 실현으로 나아가는 것은 우리 자신의 힘에 의한 과제 수행 이상의 것이다. 물론 이것은 우리 자신이 속한 역사의 과정 속에서 우리의 적극적인 행동의 필요성을 부인하는 것은 아니다. 그러나 오직 하나님만이 자신의 형상을 우리 안에서 빛나게 하실 수 있다.[14]

2. 하나님의 형상의 내용과 인간 운명의 공동체성

인간 안의 하나님 형상의 내용은 무엇인가? 고전적 인간론에서는 하나님

12) Pannenberg, *Anthropology in Theological Perspective*, 60.

13) Pannenberg, *Systematic Theology,* 2:227.

14) Ibid., 228. "인간에게 놓인 운명의 목표는 인간 자신의 힘으로 도달할 수 없다. 그 목표에 도달하려면 인간은 그 자신 위로 들어올리어야 한다." Pannenberg, *Anthropology in Theological Perspective*, 58.

의 형상이 인간의 이성 또는 영혼에 있는 것으로 여겨졌다. 그러나 판넨베르크는 이러한 견해가 성서적이지 않다고 생각한다. 창세기 1:26 이하에서 하나님의 형상은 전체 인격을 가리킨다. 여기서는 영혼과 몸을 구별하지도 않고 형상을 영혼에 귀속시키지도 않는다. 이 창세기 본문은 창조세계에 대한 인간의 지배를 인간이 하나님의 형상으로 지음 받은 사실로부터 이끌어낸다. 인간은 하나님의 대리자로서 다른 피조물을 지배하도록 위임받았다. 그러나 판넨베르크는, 지배는 하나님의 형상으로 지음 받은 인간의 기능이지 형상 자체는 아니라고 본다. "만일 하나님의 형상의 기능이 창조세계 안에서의 하나님의 통치를 대신하는 것이라면, 우리는 단순히 형상을 통치의 기능과 동일시할 수 없다. 만일 형상 개념이 기능의 기초(그리고 한계)라면, 우리는 기능을 하나님의 형상의 결과로 정의해야 한다."[15]

또한 판넨베르크는 하나님의 형상이 남녀의 관계로 대표되는 인간의 관계성에 있다는 바르트의 견해에도 동의하지 않는다. 인간이 남녀의 복수(複數)로 만들어졌다는 사실은 인간이 하나님의 형상으로 만들어졌다는 진술에 단지 첨가된 것뿐이다. 그에 따르면, "만일 우리가 남녀의 성적 관계는 아버지와 아들의 삼위일체적 관계에 상응한다는 바르트의 견해에 동의하고자 한다면, 바르트가 아들을 아버지에게 종속시키는 것처럼 우리는 여자를 남자에게 종속시켜야 한다."[16] 그러나 이것은 성적 동등성과 배치되는 것이다.

판넨베르크는 하나님의 형상을 하나님과의 교제에 참여 또는 운명적인 하나님과의 교제로 정의한다. 인간의 운명으로서 하나님의 형상은 인

15) Pannenberg, *Systematic Theology*, 203-4.
16) Ibid., 206.

간의 이성(영혼)이나 지배력에 있지 않고 영원하신 하나님의 영광과 불멸성에 참여하는 데 있다. "(하나님의 형상은) 하나님의 지혜와 의에 참여하는 것을 의미하며, 이것은 또한 불멸의 존재인 하나님과의 교제를 의미한다."[17] 인간의 운명은 인간이 하나님의 형상으로 창조됨과 함께 설정되었다. 즉 인간은 하나님의 피조물로서 처음부터 하나님과의 교제가 운명되었다.

인간의 운명으로서 하나님과의 교제, 즉 하나님의 형상은 예수 그리스도 안에 나타났다(고후 4:4). 우리는 그리스도의 형상을 입을 것이고(고전 15:49), 그의 형상을 따라 새롭게 될 것이며(골 3:10), 그의 부활에 참여할 것이다. 그러나 이것은 단지 옛 인간이 새 인간에 의해 대체되는 것을 의미하지는 않는다. 모든 인간은 첫 번째 인간으로 태어나며 그 안에서 믿음과 세례와 성령의 사역 및 하나님의 사랑에 의해 새 인간이 자라난다. "첫 번째 인간은 오직 하나님과 연합된 인간, 즉 자신이 그렇게 되기로 운명을 마주하게 된 그 인간과의 관계 속에서만 인간이다."[18] 하나님 형상 즉 하나님과의 교제로서의 종말론적 운명은 예수 그리스도 안에 나타났으며, 신자들은 종말론적 실재인 성령의 능력 안에서 하나님과의 교제에 참여한다.

판넨베르크는 인간의 운명이 고립적인 것이 아니라 공동체적인 것임을 강조한다. "그(운명의) 목표는 인간을 하나님 나라 안으로 통합시키는 것이다. 따라서 하나님과의 교제로서의 공동 운명이 인간관계의 바탕이 되며 또한 인간관계를 지배한다."[19] 판넨베르크에 따르면, 부활은 모두

---

17) Ibid., 219.

18) Pannenberg, "Christological Foundation of Christian Anthropology," trans. David Smith, *Concilium*, 6 (1973): 93.

19) Pannenberg, *Systematic Theology*, 2:224.

의 공동의 미래로서 인간 운명의 공동체적 성격을 잘 보여준다. "죽은 자의 부활은 각 개인에게 개별적으로 일어나지 않고 모든 인간에게 일괄적으로 일어날 것이다. 이것은 개인이 자신의 인간적 실존을 오직 타자들과의 공동체 안에서만 갖는다는 사실을 표현한다."[20] 즉 보편적 사건으로서의 부활은 모든 인간 운명의 공동체성과 통일성을 확증한다.[21] 우리는 우리 자신 안에서 작용하는 운명과 동일한 운명이 다른 사람들 안에서도 작용한다는 사실을 인식하고 그들을 존중해야 한다. 상호 존중이 모든 참된 인간관계의 토대다.[22] 인간은 홀로 자기 힘으로 자신을 고양시켜 운명을 실현하는 것이 아니라 공동체 안에서만 자신의 운명을 실현할 수 있다. 개인의 독특성은 바로 공동체 안에서 발생하며 또한 공동체적 통일성은 개인의 독특성을 통해 발생한다. "(공동체적) 통일성은 개인들의 독특성에도 불구하고 발생하는 것이 아니라 개인들의 독특성을 통해" 그리고 개인들 간의 유대와 조정을 통해 성취된다.[23]

---

20) Pannenberg, *What is Man?* 51.

21) Pannenberg에 따르면, "모든 시대의 모든 개인들이 하나님 나라의 완전한 사회 안에서 자신들의 적합한 역할을 발견하기 위해서는 죽은 자의 부활이 필요하다.…만일 인간의 사회적·개인적 운명이 상호 관련되어 있으며 따라서 그것들이 오직 함께 실현될 수 있다면, 인간의 사회적 운명이 실현되기 위해서는 모든 개인들 전체의 현존이 필요하다." Pannenberg, "The Future and the Unity of Mankind," in *Ethics*, trans. Keith Crim (Philadelphia: Westminster Press, 1981), 188.

22) 따라서 "기독교인의 책임은 다른 사람이 그 자신의 운명을 실현하도록, 하나님의 형상 안에서의 완전한 의미에서 인간이 되도록 (기회가 닿는 대로) 돕는 것이다." Pannenberg, *Human Nature, Election, and History* (Philadelphia: Westminster Press, 1977), 35.

23) Pannenberg, *What is Man?* 86; "On the Theology of Law," in *Ethics*, 23-56.

3. 예수 안에서 인간 운명의 선취적 실현

판넨베르크에 의하면, 오직 예수 안에서 인간의 운명 즉 참된 인간성이 완전히 실현되었다. 예수 그리스도의 삶과 죽음 안에서만 인간의 참된 운명이 계시되며, 그 안에서만 인간은 자신의 최종적 운명을 성취한다. "예수는 참된 인간 완성의 원형이다. 그리고 모든 개별적 인간은 자신의 삶이 예수의 행동 안에 계시된 하나님의 사랑의 형상으로 변화되는 한도만큼 자신의 인간의 운명에 접근한다."[24] 인간 본성의 완성은 하나님과의 완전한 연합에 있다. 예수는 인간으로서 하나님과 완전한 연합을 이룸으로써 참된 인간의 완성을 현시하였다. 하나님은 예수를 통해 자신을 전체 인간과 연합시키신다.

판넨베르크는 선취적 기독론의 관점에서 인간 운명의 실현을 설명한다. 인간의 운명으로서 하나님의 형상은 예수 그리스도 안에서 선취적으로(proleptically) 완성되며 현존한다. 인간은 오직 그를 통해서만 자신의 참된 운명을 실현할 수 있다. 즉 예수 안에서 실현된 하나님과의 연합이 인간성의 본질이다. 예수는 하나님과의 인격적 연합 안에서 인간의 운명을 성취함으로써 인간 운명이 실현되는 과정을 개시하였다.[25] 하나님의

---

24) Pannenberg, "Man-the Image of God?" 48-49.

25) 선취(*prolepsis*)란 무엇인가? Pannenberg에 따르면, 선취란 단지 미래의 결과에 대한 희망이 아니다. 미래가 현재 안에 현존하며, 선취적으로 현재의 의미를 결정하고 규정한다. 선취란 결정론적 예기(deterministic anticipation)다. "하나님의 나라가 아직 오기로 되어 있지만 하나님이 예수의 역사와 인격 안에 결정적으로 계시되었다." Pannenberg, "A Response to My American Friends," in Braaten and Clayton (eds), *The Theology of Wolfhart Pannenberg: Twelve American Critiques, with an Autobiographical Essay and Response* (Minneapolis: Augsburg, 1988), 320. "예수의 운명 안에서 역사의 종말이 예기로서 미리 경험된다." Wolfhart Pannenberg, Rolf Rendtorff, Trutz Rendtorff, and Ulrich Wilkens, *Revelation as History,* trans. David Granskou and Edward Quinn

형상으로 창조된 인간의 운명이 예수 안에서의 하나님과 인간의 교제 안에서 선취적으로 실현되었다면, 인간 안의 하나님의 형상은 처음부터 예수의 역사 안에서 이루어진 이 실현과 관련되어야 한다. 다시 말하면, 만일 인간이 하나님의 형상으로 창조된 것이 영원하신 하나님과 교제할 운명을 함축한다면, 예수 안에서의 하나님의 성육신은 구원의 계시일 뿐 아니라 인간 운명의 선취적 실현이다.

판넨베르크는 인간의 피조물적 실재가 처음부터 인간 예수 그리스도 안에서 현실화된 하나님과의 교제의 관점에서 규정된다고 주장한다. 영원한 아들이 성육신한 인간 예수 안에서 창조자와 피조물의 관계의 최상의 그리고 최종적인 실현이 (인간 안에서) 발견된다. 피조물적 본성(자연)이 그리스도의 완전한 인간성에 참여한다는 것은 하나님이 만물 안에 계시고 만물이 하나님 안에 있다는 것을 의미한다. 인간의 본질은 더 이상 그 자신 안에 존재하지 않고 무한자와의 하나 됨 안에 존재한다. 이 하나 됨 안에서 하나님은 인격적으로 창조세계 안에 내주하신다. "만일 예수 그리스도 안에 계시된 구원의 하나님이 세계와 인간의 창조자와 동일한 분이라면, 우리는 하나님의 구원 사역을 하나님의 창조 사역에 대한 하나님 자신의 신실함의 표현으로 보아야 한다."[26] 따라서 예수 그리스도는 창조

(London/Sydney: Sheed & Ward, 1969), 134. 전경연 역, 『역사로서 나타난 계시』 (서울: 대한기독교서회, 1979). "예수 그리스도의 운명 안에서 종말이 미리 보일 뿐 아니라 미리 맛봄(foretaste)에 의해 경험된다. 왜냐하면 그 안에서 죽은 자의 부활이 이미 일어났기 때문이다." Ibid., 141. 예수의 활동 안에 종말론적 구원이 이미 나타났다. 즉 예수의 활동 안에 단지 궁극적 구원의 기대가 아니라 구원 그 자체가 선취적으로 현존한다. 종말론적 현실인 죽은 자의 부활이 예수 자신 안에 나타났다. 그의 임박한 기대가 그 자신 안에서 성취되었다. 그러나 최종적 완성, 즉 보편적 부활과 파루시아는 여전히 미래에 있다. "예수의 부활에 대한 기독교의 메시지는 최종적 입증을 위해서 죽은 자의 종말론적 부활 사건을 필요로 한다." Pannenberg, *Systematic Theology*, 2:350-51.

26) Pannenberg, *Systematic Theology*, 2:97.

의 완성을 의미한다. 예수 그리스도 안에서 피조물 인간과 창조자 하나님과의 최상의 관계가 성취되었다. 하나님과의 교제를 위한 우리의 운명은 인간성 자체(그리고 그 안의 개별적 인간)가 들리어짐을 의미한다. 아들의 성육신은 단지 인간의 존재 밖에서 일어난 초자연적인 사건이 아니다. 아들의 성육신 안에서, 하나님과의 교제의 운명으로서의 인간의 피조물적 실존이 선취적으로 실현된다. 예수는 새 아담으로서 참된 인간을 대표하며 인간의 운명을 실현한다.[27] 예수는 인간 밖에 서서 인간을 대표하는 것이 아니라 그 자신이 인간으로서 다른 인간을 대표한다.

그러나 판넨베르크에게 예수는 인간의 원형이나 대표자 그 이상의 존재다. "역사를 향한 하나님의 계획과 관계된 모든 것이 예수 안에 포함될 것이다."[28] 새 아담 예수 안에서 인간 구원의 역사가 완성되며, 인류의 종말론적 운명이 체현된다. "만일 예수의 선택이 처음부터 다른 인간을 향해 구조화된 질서가 있는 것으로 생각된다면, 그것은 그 자체로 존속하는, 우리의 선택의 원형으로 이해될 수 없다. 그 대신 그것은 (엡 1:10과 함께) 전 창조세계의 완성으로 이해되어야 하며 따라서 모든 개별적 피조물에 대한 선택과 거부에 관한 종말론적 결정으로 이해되어야 한다.[29] 예수의 예정된 숙명은 애초부터 모든 인간의 화해와 관계된다. 즉 예수는 인류의 머리로서 모든 인간을 자신 안에 포함한다. 나아가 예수 그리스도는 인류와 우주의 머리로서 인간 역사와 우주의 통일성을 수립한다. "인류를 하나의 통일된 역사 안으로 포괄하는 예수의 역사는 동시에 세계의 통일

---

27) Pannenberg, *Jesus-God and Man*, trans. Lewis L. Wilkins and Duane A. Priebe (London: SCM Press, 1968), 197. "사망이 한 사람으로 말미암았으니 죽은 자의 부활도 한 사람으로 말미암는도다. 아담 안에서 모든 사람이 죽은 것 같이 그리스도 안에서 모든 사람이 삶을 얻으리라"(고전 15:21-22).

28) Pannenberg, *Jesus-God and Man*, 381.

29) Ibid., 386.

성의 완성이다. 역사 속의 인간처럼 물질적 우주도 예수와의 관계를 통해서 세계의 통일성 안으로 함께 합쳐진다."[30]

판넨베르크에게 인간의 운명은 무엇보다 예수 그리스도의 부활을 통해 성취되었다. 후기 유대교와 초기 기독교의 묵시사상에서 부활은 세상의 종말에 일어날 사건으로 여겨졌다. 따라서 예수의 부활은 역사 전체의 운명과 동일한 궁극적 운명의 표식이며, 보편적 역사의 의미를 위한 핵심이다. "오직 예수의 부활만이 각 개인에게 그들이 미래의 구원에 참여할 것을 보증한다."[31] 바울은 부활절 사건의 빛 안에서 종말론적 또는 마지막 아담으로서 예수의 보편적 의미를 표현하였다. 예수는 죽은 자의 첫 열매(고전 15:20)로서 부활의 주님이다. 예수의 부활에서 우리가 기대하는 미래의 부활이 이미 발생했다. 우리는 예수 그리스도 안에 참여함으로써 미래의 부활에 참여한다.[32] 예수의 부활은 우리가 미래에 부활하여 하나님 나라에서 하나님과 친교적 연합을 이루는 참된 존재를 실현하게 될 것에 대한 희망의 근거다.[33]

---

30) Ibid., 390.

31) Ibid., 81.

32) Pannenberg, *Systematic Theology*, 3:578, n. 172.

33) Pannenberg는 예수의 부활이 역사의 종말을 표상함에도 불구하고 닫혀 있는 사건이 아니라고 주장한다. 첫째, 예수의 부활은 "역사의 완성의 시작"이며, "아직 결론과 공적 인정에 도달하지 않았다." Pannenberg, "The Progress and End of History, Life after Death, and the Resurrection of the Human Person in Christianity," in Peter Koslowski (ed.), *Progress, Apocalypse, and Completion of History and Life after Death of the Human Person in the World Religions* (Dordrecht: Kluwer, 2002), 83. 역사의 결론은 마지막 날의 재림과 더불어 완성될 것이다. 둘째, 죽은 자의 부활은 "이미 예수에게 발생했음에도 불구하고 오직 종말론적 미래에 모든 사람들의 눈에 실제적인(real) 것으로 드러날 그 무엇을 기대한다. 이 선취적 구조는 모든 기독론적 진술의 부적합성과 잠정성을 구성한다." Pannenberg, *Jesus-God and Man*, 397. 즉 예수의 부활의 역사적 진실은 종말 때까지 인식론적으로 열려 있다. 셋째, 예수의 부활의 진실(역사성) 뿐만 아니라 그 최종적 의미도 종말 때까지 잠정적인 것으로 남아 있다. "우리는 예수 안에 나타난

Ⅲ. 인간의 개방성과 역사성

1. 인간의 세계 개방성과 하나님 개방성

판넨베르크는 하나님의 형상이 타락으로 인해 상실되었으며 본래적 상태로서의 하나님의 형상을 회복해야 한다는 견해를 받아들이지 않는다. 그 대신 그는 하나님의 형상을 인간의 원천과 운명의 관점에서 이해한다. 원천으로서 하나님의 형상은 창조 시에 인간 안에 이미 윤곽의 형태로 현존하며 인간의 삶에 방향을 제시해 준다. 운명으로서 하나님의 형상의 최종적인 형태는 종말에 완전히 실현되어야 한다. 운명으로서 인간의 본질은 하나님에 대한 개방성에 있다. 인간은 하나님에 대한 개방성 안에서만 자신의 운명을 향해 나아갈 수 있다. 현재 불완전한 하나님의 형상을 지닌 인간은 본질적으로 그 형상의 완전한 실현인 하나님과의 교제가 운명되어 있다. 하나님에 대한 개방성은 인간의 근본적 구조다. 오늘날의 인간론은 이것을 세계 개방성으로 표현한다. 여기서 세계 개방성은 세계의 순간적인 지평을 넘어서는 개방성을 의미한다.[34]

판넨베르크는 하나님을 향한 인간의 성향이 세계 개방성 안에 표현된다고 말하기도 하며 또는 세계 개방성이 하나님을 향한 인간의 성향을 구성한다고 말하기도 한다. 그는 인간론적인 세계 개방성이 하나님에 대한 개방성을 함축하고 있다고 본다. 즉 인간의 모든 문화의 구조 아래 종교

종말론적 현실에 대해 말하기 위한 언어를 아직 종말의 현실이 아닌 현실의 경험으로부터 이끌어낸다.…그것들은 언제나 예수의 역사에 대한 주석이며 종말론적 미래의 빛 안에서 확장되고 수정될 필요가 있다. Ibid. 이와 같은 이유로, Pannenberg는 예수의 부활 이후의 역사는 여전히 우리에게 적절한 관련성을 갖는다고 주장한다. 모든 사건의 궁극적 진리와 본질의 궁극적 결정은 종말 때까지 열려 있으며 논쟁 가능하다.

34) Pannenberg, *Jesus-God and man*, 193.

성의 차원이 놓여 있다. 창조에 기초하여 인간은 본성적으로 하나님을 향해 정향되어 있다. 인간은 본성적으로 하나님을 향한 성향을 갖는다. 하나님에 대한 개방성이 인간의 본질이다. "인간의 종교는 그 왜곡에도 불구하고 단순히 우상숭배의 표현이 아니라 또한 언제나 창조자를 향해 인간이 행하는 빼앗길 수 없는 관심(referredness)의 표현이다."[35] 하나님이 목적하시는 인간의 운명은 인간의 피조물 됨에 있어서 본유적이다. 따라서 인간의 운명은 (바르트의 주장처럼) 오직 예수 그리스도의 관점에서만 파악되는 것은 아니다. 하나님과의 교제의 운명을 향한 인간의 성향은 인간의 자연적 본성 안에 내재해 있다. 이 운명을 향해 가는 길에서 인간은 단지 주체가 아니라 자아 형성의 역사에서의 테마(theme)다. 하나님에 대한 개방성은 인간이 최초의 자연적 빈곤함으로부터 종말론적 운명의 완전한 실현으로 나아가도록 이끄는 힘이다.

판넨베르크에게 세계 개방성은 이미 존재하는 세계에 대한 개방성이 아니라 그 어떤 세계의 틀도 넘어서는 개방성이다. 세계 개방성은 "자신의 실존에 주어진 모든 규제를 넘어설 것을 요구하고 또 넘어서 나아가는 인간의 독특한 자유"[36]를 의미한다. 다른 동물은 유전에 의해 고정된 환경에 속박당하는 반면, 인간은 환경을 넘어서는 무한한 경험과 가능성이 열려 있다. "인간이 무엇인가 하는 것은 결코 고정된 인간의 본질이란 개념에 의해 최종적으로 결정되지 않는다. 모든 동물과 대조적으로 인간은 본질적으로 '개방적'이다. 인간은 '자신을 구성할' 과제를 갖는다."[37]

한편으로 우리는 우리가 어떤 존재인지를 우리가 속해 있는 세계 안에서 발견한다. 우리 자신에 대한 우리의 지식은 세계 지식과 전유 과정

---

35) Pannenberg, "Christologie und Theologie," *Kerygma und Dogma*, 21 (1975): 165.

36) Pannenberg, *What is Man?* 3.

37) Pannenberg, "On the Theology of Law," 40.

에 의해 매개된다. 우리는 다른 사물들과의 특수한 관계 안에서 우리 자신과 만남으로써 오직 세계의 관점에만 우리 자신을 경험한다. 다른 한편으로 우리가 속해 있는 세계는 우리의 본성적 욕구를 만족시키지 못한다. 따라서 우리는 우리 주위의 세계를 변화시키고자 한다. 그리하여 우리는 문화적 세계라는 인공적 환경을 만든다. "인간은 언어와 문화를 통해 상징적 우주를 창조함으로써, 자신을 사로잡는 다양한 자극들로부터 벗어나고자 한다.…"[38] 또한 우리의 세속화된 문화적 세계는 다양한 현상들로 인해 통일성을 결여하고 있고 모호하기 때문에, 인간은 자연적 환경뿐 아니라 성취된 모든 문화까지도 넘어서 나아가고자 한다.[39]

세계 개방성이란 세계를 넘어서는 개방성이다. 우리의 운명이 우리로 하여금 세계를 넘어설 것을 요구한다.[40] 세계 개방성은 인간이 자신의 실존 속에서 아직 답변을 듣지 못한 물음을 묻는 것이다. 따라서 인간의 개방성은 세계를 넘어 세계가 아닌 실재(하나님)를 지시한다.[41] 인간은 자신의 질문에 스스로 답변할 수 없으며 답변은 오직 하나님에 대한 경험을 통해서만 주어진다. 인간 자신의 운명에 대한 질문과 세계 너머의 기반 즉 신적 실재에 대한 질문은 동일한 질문이다. 오직 하나님과의 관계에서만 인간은 온전하게 그 자신이 될 수 있다. 하나님에 대한 개방성은 세계 개방성의 궁극적 의미다. "세계 개방성이 세계를 넘어 하나님께로 연장되

---

38) Pannenberg, *Theologie und Philosophie, Ihr Verhältnis im Lichte ihrer gemeinsamen Geschichte* (Göttingen: Vandenhoeck & Ruprecht, 1996), 340.

39) Pannenberg, "On the Theology of Law," 40.

40) "인간의 내적 충동의 압력은 불확정적인 그 무엇을 향한다. 이 압력은 우리의 내적 욕구를 만족시키는 목표를 발견하지 못하기 때문에 생겨난다." 이로 인한 불안이 모든 종교적 삶의 한 뿌리를 구성한다. 자신의 근원과 미래의 전망, 창조자와의 관계, 자신 앞에 펼쳐져 있는 어둡고 두려운 영원성과의 관계에 대한 사변이 인간을 불안과 물음으로 가득 차게 만든다. Pannenberg, *What is Man?* 9.

41) Pannenberg, "On the Theology of Law," 41.

는 개방성 안에서 진정한 의미를 갖는다면, 하나님과 예수의 하나 됨은 인간 자체를 구성하는 세계 개방성의 성취다."[42]

2. 영원에 대한 인간의 개방성과 하나님의 영원한 현재 안으로의 부활

인간의 희망은 죽음 너머의 미래를 향한다. 판넨베르크에 따르면, 인간의 세계 개방성이 세계를 넘어 하나님을 생각하도록 이끌듯이, 인간의 운명은 죽음 너머의 삶을 생각하게 한다. "자신의 운명의 일부인 세계 개방성 안에서, 인간은 죽음 이후의 삶에 관해 생각하지 않고는 자신을 이해할 수 없다."[43] 죽음 너머에 대한 희망을 갖는 것은 인간 실존의 본질에 속한다. 그는 몸과 영혼을 분리하는 이원론적 인간론을 거부한다. 그는 "한때 인간을 몸과 영혼으로 구별하였지만 오늘날에는 인간 행위의 통일체로 간주한다."[44] 몸 없이 영혼이 존재한다는 생각은 더 이상 가능하지 않다. 죽음 이후의 생명은 영혼의 불멸로 생각될 수 없고, 오직 전체 인격의 또 다른 양태의 실존으로만 생각될 수 있다. 영혼과 몸으로서의 인격의 구원은

---

42) Pannenberg, *Jesus-God and Man*, 200. 인간의 세계 넘어섬(beyondness)은 인간의 자기 초월 또는 외심성(exocentricity)을 의미한다. Pannenberg는 자신의 중심을 자신 밖에 갖는 외심성을 세계 개방성과 동등한 의미로 사용한다. 외심성 또는 세계 개방성은 세계 너머의 개방성, 세계의 절대적 기반에 대한 개방성 즉 하나님에 대한 개방성을 의미한다. Pannenberg, *Theologie und Philosophie*, 345. Pannenberg는 인간의 외심성에 관해 이렇게 말한다. "자연환경이 동물을 위해 있듯이, 하나님이 인간을 위해 있다. 하나님은 인간이 그분 안에서만 자신의 갈망이 안식을 얻고 자신의 운명이 성취되는 목표다." Pannenberg, *What is man*? 13. "인간이 소여성을 넘어서 나아가기 때문에, 따라서 궁극적으로 인간의 외심성이 종교적으로만 이해 가능한, 비제약자를 향한 충동에 의해 특징지어지기 때문에, 인간은 자연 세계의 대상들을 지배할 수 있는 능력을 갖는다." Pannenberg, *Anthropology in Theological Perspective*, 76.

43) Pannenberg, *What is Man?* 44.

44) Pannenberg, *Jesus-God and Man*, 87; *Systematic Theology*, 3:571-73.

영혼의 불멸이 아니라 몸의 부활에 있다. 몸의 부활을 통해서만 전체 인격이 새로운 생명으로 회복될 수 있다. "죽은 자의 부활에 대한 희망은 각 인간 실존을 죽음 너머로의 개방성으로 규정하는 운명을 의식적으로 받아들인다."[45]

판넨베르크에게 영원은 시간의 진리로서 모든 시간의 통일성, 시간의 순간들 안에서 분리되어 있는 것들의 통일성이다. 영원으로의 이행은 시간과 역사의 끝에서 발생한다. "시간의 끝은 다른 시간과 접해 있지 않다. 시간의 끝이란 개념은 시간 자체의 유한한 성격을 표현한다. 시간의 끝은 영원과 접해 있다. 영원에서는 시간의 유한성, 즉 계속되는 순간들과 앞뒤의 순간들 사이의 분리가 없어질 것이다."[46] 시간의 끝은 바로 하나님 자신이다. 시간의 끝으로서 하나님은 창조세계의 종국적 미래다. 여기서 시간은 단지 소멸되는 것이 아니라 영원한 현재의 양태로 끌어올려진다. 하나님의 시간은 영원한 현재다. 하나님은 모든 시간에 현존함으로써 과거와 미래의 모든 것들에 마치 그것들이 현재에 있는 것처럼 하나님의 행동과 힘이 영향을 미친다. 피조물적 실재의 차원에서는 하나님의 현존이 서로 다른 시간에 속하게 되지만, 하나님 앞에서 그것은 현재적으로 현존한다. 하나님의 시간인 영원한 현재는 "전체성 안에서의 삶과 분리되지 않은 현재"[47]다. 인간이 경험하는 시간성과 달리, 영원한 현재는 모든 시간을 포괄하는 현재다. 하나님의 영원한 현재에서는 회상과 기대가 필요 없다.[48]

---

45) Pannenberg, *What is Man?* 53.

46) Pannenberg, "Constructive and Critical Functions of Christian Eschatology," *Harvard Theological Review*, 77 (1984): 137.

47) Pannenberg, *Systematic Theology*, 92.

48) 그러나 Pannenberg는 모든 유한한 구별이 신적 본체의 바다 안에서 사라질 것으로 보지는 않는다. 왜냐하면 "종말에서조차 하나님은 자신의 창조행위를 고수할 것이며, 피조

인간의 운명은 하나님의 영원에 참여하는 것이다. 그러나 "하나님의 영원한 현재에 참여하는 인간의 운명은 우리의 시간의 자기중심성에 의해 깨어졌다."[49] 과거, 현재, 미래의 분리는 삶의 전체성이 깨어지는 것을 의미한다. 인간은 자기중심성 안에서 매 순간을 영원에 의해 채워지는 것으로 받아들이지 않고 자신을 위해 사용하고자 한다. 인간은 자신의 현재의 순간을 영원으로 연장하려고 하거나 과거를 슬퍼하고 미래를 두려워함으로써 현재를 상실하고 스스로 고립된다. "우리의 시간 경험의 깨어짐 안에서 시간성은 우리를 삶의 구조적 죄악 안에서 사로잡는다."[50]

그러나 영원한 운명을 지닌 인간은 매 순간 자신의 온전한 삶의 전체성을 살도록 되어 있다. 그리고 인간 실존의 전체성은 오직 죽음 너머의 사건으로 기술될 수 있다. 모든 사건의 영원한 동시 발생, 영원한 현재 속에 있는 인간의 삶의 통일성은 오직 죽음 이후에 부활과 더불어 인간의 삶 속에 들어온다. 판넨베르크는, 하나님이 보는 영원한 현재의 시각에서 부활을 본다면, 부활의 삶이 비록 지금 우리가 경험하는 삶의 방식과 완전히 다를 것임에도 불구하고 지금 땅 위에서 살아가는 우리의 삶과 동일할 것이라고 주장한다. "죽은 자의 부활에 있어서 지금 시간의 영원한 심층을 이미 구성하는 것, 하나님이 보시기에 이미 현존하는 것을 제외하고는 아무것도 발생하지 않는다."[51] 부활의 삶은 하나님이 하나님의 영원한

물의 편에서 말하자면 하나님으로부터의 구별이 하나님과의 교제를 위한 기본적 요건으로 계속 기능할 것이기 때문이다." 분리는 없어질 것이지만 구별은 남을 것이며, 이 구별이 하나님 나라에서 하나님과 피조물 사이 그리고 피조물들 간의 교제를 가능하게 할 것이다. Wolfhart Pannenberg, "Constructive and Critical Functions of Christian Eschatology," *Harvard Theological Review*, 77 (1984): 138.

49) Pannenberg, *What is Man?* 76.

50) Pannenberg, *Systematic Theology*, 3:561.

51) Pannenberg, *What is Man?* 80.

현재에서 보시는 우리의 현재 삶이다. 시간 속에서 일어나는 것은 하나님의 영원 속에서 결코 상실되지 않을 것이다. 하나님께는 존재했던 모든 것이 언제나 현재적으로 현존한다.

존 힉은 이러한 판넨베르크의 종말론에서는 영원의 내용이 우리의 시간적 삶으로 채워지기 때문에 부활의 영원한 삶에서의 참 새로운 경험은 가능해 보이지 않는다고 비판한다.[52] 즉 부활의 삶은 하나님께서 영원한 현재로부터 보시는 우리의 현재의 삶이며, 이것은 본유적인 역사적 연속성을 함축한다. 그러나 판넨베르크는 지상의 삶과 부활의 삶의 불연속성을 강조한다. 부활이 일어나는 종말은 "시간의 흐름 안에서의 획기적인 전환점 이상"이며[53] 지금의 삶과 부활의 삶 사이에 구조적인 연속성은 없다. 부활의 삶은 현재의 경험이 단지 무한한 시간 동안 지속되는 것이 아니다. 부활의 삶은 역사적 시간과 영원 사이의 단절 또는 구조적 연속성의 부재를 전제하며 단절의 맞은편에서 출현한다. 종말론적 완성의 때에 시간 자체가 끝날 것이다. 현재의 삶이 부활의 삶의 내용을 위한 구성적 의미를 가짐에도 불구하고, 부활의 삶은 결코 단지 현재의 삶의 복제가 아니라 지상에서의 오류와 상처와 실패를 딛고 일어선 승리의 삶이다. 변화는 매우 근본적이기 때문에 새 창조와 비교될 수 있다.[54] 우리는 새 하늘과 새 땅을 보게 될 것이다.

그러면 죽음 이전과 부활 이후의 인간의 동일성은 어떻게 확증될 수 있는가? 판넨베르크는 몸의 본질적 형상인 영혼의 지속성이 그 둘의 동일성을 보증한다는 생각을 받아들이지 않는다. 그는 죽은 자의 부활을 창조 행위에 비교한다. 오직 창조자만이 죽은 자에게 새로운 실존을 줄 수

52) John Hick, *Death and Eternal Life* (New York: Harper & Row, 1976), 225.

53) Pannenberg, *Systematic Theology*, 2:95.

54) Pannenberg, *Systematic Theology*, 3:574, n. 159.

있다. 하나님의 창조 행위는 부활에서 완성에 이른다. 그러나 죽음의 시간에서조차도 피조물은 하나님께 대한 현존을 그치지 않는다. 인간은 죽음의 순간에 자신의 경험으로부터 사라지지만 하나님의 영원한 현존으로부터 사라지지는 않는다. 하나님의 기억 안에서 개별적 삶은 보존된다. 만일 인간이 생애 동안에 하나님과의 교제를 지속했다면, 그 교제는 죽음 이후에도 지속될 것이다. "죽음의 순간에 비록 우리가 하나님께 대하여 계속 현존하지만 우리 자신에게 그리고 다른 피조물들에게 더 이상 현존하지 않는다는 사실이 발생한다. 이 소멸할 수 없는 영원하신 하나님의 현존이 (하나님께서 원하신다면, 그리고 하나님의 재량에 의해) 지금 우리의 삶과 동일한 삶이 다시 존속할 수 있는 가능성의 조건을 제공한다."[55]

판넨베르크에 따르면, 인간은 신앙에 의해 하나님과 함께 현존하게 되면서 죽음을 넘어서는 부활의 삶을 맞이하게 된다. 삶에서와 마찬가지로 죽음에서도 신자는 그리스도에게 속한다. 죽음의 순간에 모든 인간은 영원 속으로 들어간다. "그러나 그리스도 안에서 잠든 모든 사람이 하나님 안에 보존된 자신들의 실존 전체의 향자존성(向自存性, Fürsichsein, being-for-self)을 성령에 의해 공동으로 부여받고 따라서 타자들과 함께 하나님 앞에서 살게 되는 것은 오직 마지막 때다."[56] 피조물의 정체성은 하나님의 영원한 현재 안에서 그 실존이 상실되지 않는다는 사실에 의해 보장된다. "죽음을 넘어서는 인격적 정체성의 연속성은 죽음으로부터 벗어나는 우리 실존의 어느 부분에 의해 보증되지 않고…오직 하나님 자신에 의해서만 보증된다."[57] 인간의 불멸성은 영혼의 본유적인 특성이 아니라 하나

---

55) Pannenberg, "Constructive and Critical Functions of Christian Eschatology," 131.

56) Pannenberg, *Systematic Theology*, 3:606-67.

57) Pannenberg, "Die Aufgabe christlicher Eschatologie," *Beiträge zur Systematischen Theologie*, 3 vols (Göttingen: Vandenhoeck & Ruprecht, 1999-2000), 2:277.

님의 은혜의 선물이며, 영원한 하나님과의 관계가 죽음 너머의 삶을 보증한다.

영원은 또한 심판을 의미한다. 영원이 시간과 대립되는 한, 영원이 시간과 관계될 때 심판이 수반된다. 피조물이 하나님의 영원에 참여하기 위해서는 철저한 변화가 전제된다. 이것은 시간이 신적 삶의 영원한 동시성 안으로 들어가기 때문이기도 하지만, 시간 안의 우리의 존재에 수반되는 죄 때문이기도 한다. 인간의 삶의 모든 개별적 순간들이 하나님의 영원한 현재 안에서 함께 모일 때 모순들이 불협화음을 만들어낸다. 따라서 영원한 현재에서, 우리의 삶은 모순 특히 자아와 우리의 영원한 운명 사이의 근본적인 모순 때문에 소멸되어야 한다. 따라서 하나님의 영광의 빛은 영원한 하나님의 현재 안에 살아남을 수 없는 우리 안의 모든 것을 태워버릴 것이다. "이것이 바울이 고린도전서 3:13 이하에서 각 사람의 공적을 서로 다르게 태워버릴 불로 묘사하고 있는 정화시키는 심판이다."[58] 우리는 그리스도와의 연합 가운데 있을 때에만 정화시키는 심판을 통과하여 영원한 생명으로 부활할 것이다.[59]

3. 인간의 역사성

판넨베르크에게 인간론의 과제는 추상적이고 자기 동일적인 인간성의 구조를 기술하는 것이 아니라 구체적인 역사 속에 있는 인간을 기술하는 것

58) Pannenberg, "The Progress and End of History," 85.

59) Pannenberg에 의하면, 마지막 심판(마 25:31-46) 때에 저주 받을 자들은 부활하지 못할 것이다. "바울에게 있어서 부활에 대한 기대는 그 자체가 이미 구원에 대한 희망이다." 부활과 구원은 동일한 사건이다. 부활은 이미 영생의 구원에의 참여를 의미한다. 악인은 부활 없이 형벌을 받을 것이다. Pannenberg, *The Apostles' Creed in the Light of Today's Questions*, trans. Margaret Kohl (London: SCM Press, 1972), 103.

이다. 즉 그의 인간론은 역사적 관점에서의 신학적 인간론이다. 인간의 본성을 구성하는 "성향"은 구체적인 역사 속에서 현실화된다. "오직 역사적 묘사를 통해서만이 우리는 인간의 구체적인 삶의 실제적 과정에 가능한 한 가까이 접근할 수 있다."[60] 인간은 미래의 운명을 향해 열려 있는 역사적 존재다. 인간은 자신의 운명의 실현, 즉 하나님과의 연합 안에 있는 참되고 완전한 인간성의 성취를 지향하는 역사를 갖는다. 인간의 본성은 이 역사적 운동 자체에 있다. "인간의 본성은 인간의 운명을 실현해가는 역사'이다'."[61] 모든 실재는 단지 역사를 가진 것이 아니라 실재 자체가 역사이다.

역사적 존재로서의 인간 이해는 원의와 타락 교리의 포기를 전제한다. 하나님의 형상은 처음부터 완성된 것이 아니라 과정 속에서 성취되어 가는 것이다. 따라서 시초부터 인간의 역사는 아직 성취되지 않은 미래의 운명을 향해 열려 있다. 역사는 하나의 "형성적 과정"으로서, 인간은 이 과정을 거쳐서 미래의 운명으로 나아간다.[62] 역사는 인간의 미래에 개방성에 대한 관점을 제공해 준다. 역사적 과정 안에 있는 인간의 상수 또는 본질은 세계 개방성 또는 외심성이다. 인간은 끊임없이 주어진 자신의 환경을 넘어 나아가고자 한다. 역사 안에 있는 인간의 목표는 모든 현재의 역사적 한계를 초월해서만 도달될 수 있다.

인간은 창조로부터 시작하여 역사적 과정을 경유하여 종말론적인 공동의 운명을 향해 나아간다. 개인의 운명과 모든 인간의 운명은 궁극적으

---

60) Pannenberg, "Toward a Theology of the History of Religions," in *Basic Questions in Theology*, 3 vols, trans. George H. Kehn and R.A. Wilson (Philadelphia: Fortress Press, 1970-73), 2:78.

61) Pannenberg, *Human Nature, Election, and History*, 24.

62) Pannenberg, *Anthropology*, 527.

로 하나다. 인간의 개별성은 궁극적으로 모든 인간의 공동체 안으로의 통합을 추구한다. 따라서 모든 개별적 역사는 보편사적 통일성을 향해 나아간다. 그런데 역사적 과정에서 모든 인간의 통일성은 오직 종말에서만 실현된다. 역사적 과정은 언제나 미완결적이며 예기적이다. 역사의 운동은 역사가 완성되는 미래로부터만 통일성을 이끌어낼 수 있으며, 오직 종말의 관점에서만 역사 전체의 의미가 결정된다.

판넨베르크에게 있어 역사는 단지 인간의 역사가 아니라 하나님의 자기계시의 역사다. 역사가 죄와 죽음에 사로잡혀 있는 한, 또한 역사는 하나님의 구속 활동의 역사다. 예수의 역사는 모든 인간의 역사를 지배하며 또한 모든 인간의 역사의 중심이다. 인간 안의 하나님 형상은 오직 예수 그리스도에 의해서만 완성에 이른다. 모든 것이 예수를 향해 숙명 지워져 있으며, 예수는 인간과 전 창조세계의 완성을 향해 숙명 지워져 있다. 예수의 부활 안에서 세계의 종말이 선취되었다는 사실은 인간의 최종적 운명이 예수와의 관계에 의해 결정됨을 의미한다. "인간의 최종적 운명은 예수 안에서의 역사의 종말에 대한 예기 안에서 계시되며, 이와 동시에 세계 역사로서의 역사의 전체 범위가 계시된다."[63] 인류의 역사는 예수 그리스도 안의 하나님의 종말론적 계시의 빛 안에서만 통일성을 성취한다. 즉 예수는 세계의 과정을 역사의 통일성 안으로 포괄한다. "하늘에 있는 것이나 땅에 있는 것이 다 그리스도 안에서 통일되게 하려 하심이라"(엡 1:10).

---

63) Pannenberg, *What is Man?* 146.

Ⅳ. 욕심과 자기중심적 폐쇄성으로서의 죄

인간의 운명으로서 하나님의 형상이 하나님과의 교제에 있다면, 죄는 하나님으로부터의 분리를 가리킨다. 전자가 인간의 삶을 자기 통합의 과정으로 인도한다면, 후자는 인간의 정체성과 통일성을 파괴한다. 인간은 하나님의 형상임에도 불구하고, 성향으로부터 현실화로 나아가는 인간 운명의 길이 죄에 의해 차단되었다. 판넨베르크의 죄 이해는 욕심(정욕)과 자기중심적 폐쇄성의 관점에서 요약될 수 있다.

1. 욕심으로서의 죄

판넨베르크 인간론의 독특성은 신학적 인간 이해를 위해 경험적으로 검증 가능한 인간론적 기초를 세우고자 한다는 데 있다. 오늘날 종교에 대한 무신론적 비판 이후, 인간론은 신학적 주장의 보편적 정당성을 입증하기 위한 전장이 되었다. "우리는 인간론의 시대에 살고 있다."[64] 그는 인간론을 통해 기독교의 신학적 진리 주장을 위한 토대를 마련하고자 한다. 따라서 그는 계시된 기독교 진리에 대한 전제로부터 시작하지 않고 오늘날의 과학적 사고의 기준에 의해 수용 가능한 신학적 해법을 제시하고자 한다. 즉 그는 인간론적 자료들이 신학적 차원과 연결되어 있음을 보여줌으로써 인간론이 기술하는 인간현상들에 대한 신학적 주장을 위한 토대를 수립하고자 한다.[65]

판넨베르크는 아우구스티누스를 따라 죄의 본성을 욕심(정욕, 롬 7:7-

64) Ibid., 1.

65) Pannenberg, *Anthropology in Theological Perspective*, 19-20.

11)으로 이해하고, 이를 인간 행위의 왜곡을 자기중심적 구조로 설명하는 오늘날의 심리학적 인간 이해와 연결시킨다. 죄는 하나님의 명령을 거스르는 욕심이다. 정욕은 왜곡된 형태의 사랑이나 의지를 나타내는 한, 그 자체가 죄다.[66] 아우구스티누스는 욕망의 왜곡이 의지의 왜곡을 일으키며, 왜곡된 의지는 우선순위를 선택함에 있어서 "열등한 대상을 향하고, 그것을 위해서 더 좋고 높은 대상, 즉 하나님과 하나님의 진리와 법을 포기함으로써 우주 질서를 왜곡한다"[67]고 말했다. 한편 현대의 인간론은, 세계와 인간 사이의 관계의 왜곡은 인간 주체 안에서 자기중심성이 외심성을 지배할 때 발생한다고 본다. 판넨베르크는 아우구스티누스와 현대의 인간론을 종합하여 죄는 창조된 자연 질서의 왜곡이면서 또한 자신과의 관계에서의 실패라고 말한다.[68]

자아의 왜곡된 의지는 자신을 과도하게 사랑한 나머지 자신을 하나님의 자리에 두고 모든 것의 근원이 되고자 한다. 따라서 이기주의적 교만이 정욕의 핵심이다. 아담의 죄는 교만의 죄다. 교만은 "자아를 위하여 적정한 것 그 이상을 원하는 왜곡된 욕망"[69]이다. 스스로 중심이 되려고 하고 궁극적 목적이 되고자 할 때, 자아는 우주의 질서 안에 속한 하나님의 자리를 탈취한다. 왜곡된 욕망의 구조적 원리는 하나님처럼 되고자 하는 바람이다. "이기주의가 정욕 안에 내포되어 있는 한, 그리고 왜곡된 욕망 안에 궁극적 목적으로서의 자아에 대한 주장이 내포되어 있는 한, 그러한 욕망은 죄라고 불릴 수 있다. 왜냐하면 이 이기주의는 (함축적이지만) 하나

---

66) Pannenberg, *Systematic Theology*, 2:240.
67) Pannenberg, *Anthropology in Theological Perspective*, 88.
68) Ibid., 95.
69) Pannenberg, *Systematic Theology*, 2:253, n. 261.

님께 대하여 적대적이기 때문이다."[70]

죄의 값은 죽음이다(롬 6:23). 모든 생명이 하나님으로부터 오기 때문에 하나님으로부터 돌아서는 죄인은 자신의 생명의 원천으로부터 분리된다. 판넨베르크는 죽음을 "하나님이 임의적으로 부과하는 형벌이 아니라 죄의 본질적 결과"[71]로 본다. 죄에서 일어나는 하나님과의 관계의 왜곡이 곧 죽음을 함축한다. 죄악된 행동과 그로 인한 결과는 하나다. 즉 죽음은 죄에 임의적으로 부과되는 외부로부터의 형벌이 아니라, 하나님과 분리되고자 하는 죄를 향한 욕망의 결과이자 바로 죄의 본질이다.

판넨베르크는 전통적인 죄의 유전 교리를 받아들이지 않는다.[72] "죄의 유전 교리는 죄의 일반적인 증식을 아담 안에 있는 인류의 공동의 기원으로부터 도출하는 경향을 갖는다. 그러나 이러한 경향은 보편적으로 적용 가능한 행위 구조의 표현으로서 죄의 실제적 보편성의 의미를 모호하게 만든다."[73] 정욕과 교만의 관계에 관한 아우구스티누스의 발견은 "모든 개인에게 공통된 인간 행위의 구조를" 제공해주기 때문에 죄의 유전 교리는 필요하지 않다.[74] 다시 말하면 정욕은 아담의 타락에 대한 모든 후대 인간의 참여를 보증한다. 정욕은 원죄는 아니지만 인간 본성의 보편적 악덕이다. 정욕의 근본적 본성은 사탄적 힘과 연결된다. 정욕은 단지 의지의 행위의 문제가 아니라 인간 실존에 깊이 뿌리를 내리고 있다. 정욕은

70) Pannenberg, *Anthropology in Theological Perspective*, 89.

71) Pannenberg, *Systematic Theology*, 2:274.

72) 또한 그는 타락 이전의 인간의 본래적인 완전한 원의(原義) 상태란 존재하지 않았다고 본다. 만일 아담과 하와가 도덕적·지적으로 완전하게 창조되었다면, 그들이 악을 선택했을 리가 없다. 역사의 시초에 원의의 상태가 없었듯이, 예수 그리스도를 통한 원의의 회복도 없다. Ibid., 2:212.

73) Ibid., 245.

74) Ibid.

우리 안에 있는 힘으로서 우리의 행위를 선행할 뿐만 아니라 우리 자신의 주체처럼 우리를 소유한다.

2. 자기중심적 폐쇄성으로서의 죄

판넨베르크에 따르면, 인간의 본질은 외심적인 삶의 구조 안에서 작용하는 목적 지향성에 있다. "인간은 오직 아직 완성되어야 할 과제의 형태 안에서만 자신의 '자신 됨'을 부여받는다."[75] 인간의 궁극적 목적은 우리를 앞으로 나아가도록 추동한다. 이 개방성은 세계를 넘어 하나님을 향한다. 그러나 인간은 자신에 사로잡힘으로써 자신을 넘어 나아가는 삶을 사는데 실패한다. "인간은 개방성의 경향뿐 아니라 자기 폐쇄성의 경향도 갖는다."[76] 인간은 중심성과 외심성의 긴장에 상응하는 이중적 자기의식을 갖는다. 인간은 통일된 살아 있는 존재로서 다른 동물처럼 중심화 된 유기체인 동시에 다른 동물과 달리 외심성을 갖는다. 인간의 삶은 자기중심성과 세계 개방성의 통일에 의해서만 가능하다. 그러나 인간은 스스로 자아의 통일성을 성취할 수 없다. 양자를 묶어 유의미한 전체를 만드는 통일성은 자아의 외부로부터만 가능하다. "우리의 유한성에 기초한 자기성취는 무한-영원자가 자리매김한 기본적인 관계를 왜곡시키며, 우리의 실존이 무한-영원자와의 관계를 규정짓는 왜곡을 초래한다."[77] 인간 실존은 영원자에 의해 영원자와의 관계성 안에 자리매김 된다. 따라서 전체 실재의 통일성은 우리 자신 안이 아니라 오직 하나님 안에 기초를 갖는다. "하나님은 창조자로서 세계의 통일성을 보증하며, 또한 구원 다시 말하면 세

---

75) Pannenberg, *Anthropology in Theological Perspective*, 108.

76) Pannenberg, *What is Man?* 56.

77) Pannenberg, *Systematic Theology*, 2:248.

계 안에서의 우리의 실존의 통전성, 즉 자아성과 세계 개방성 사이의 갈등을 극복하도록 보증한다."[78]

우리가 자기실현을 통해 우리의 통전성을 얻고자 노력하는 한 그것은 죄의 표현이 된다. 하나님의 진리에 자신을 개방하지 않음으로써, 우리는 자아 안에 갇혀 자아와 개방성의 갈등에 사로잡힌다. 우리는 우리를 운명으로 부르는 하나님으로부터 우리 자신을 차단시킨다. 자신 안에 폐쇄되어 있는 자아 자체가 죄다. 인간의 자기중심성이 자기 초월적 활동을 지배하게 되면 자기 초월적 통합을 향한 추동력은 파열된다. 폐쇄적인 자기중심성의 본질은 자아를 최종 목적으로 고양시키는 "자기 사랑"이다. 자기 사랑은 세상과의 관계에서 목적과 수단을 전도시킨다. 자기 사랑은 타자를 위해 그에게 나아가는 것을 방해하며 하나님을 위해 하나님을 사랑하는 것을 저해한다. 자기 사랑에 빠진 인간은 다른 모든 것을 자기목적을 위한 수단으로 사용함으로써 하나님으로부터 멀어진다. 자아는 모든 대상들을 위한 무한한 기초와 기준점이 되고 따라서 하나님의 자리를 차지한다. 이 무제한적인 자기 긍정은 "자아를 하나님의 자리에 놓음으로써 하나님으로부터 우리를 소외시키는 절대적 자기 의지의 암묵적 형태"다.[79]

그러나 판넨베르크는 자아성 또는 자기중심성 자체를 죄로 보지는 않는다. 긍정적인 독립성의 형태로서의 자아성은 창조의 목적에 속한다. 우리는 삶의 자기중심성 안에서 독립적으로 우리의 환경을 지배하도록 창조되었다. "우리는 삶의 자기중심성 자체가 죄라고 말해서는 안 된다."[80] 하나님의 형상은 인간의 자유 안에서의 독립성을 구성한다. 인간의 독립성의 기초는 예수에게서 계시된, 아버지로부터 아들의 자기 분화에 있다.

---

78) Pannenberg, *What is Man?* 62.

79) Pannenberg, *Systematic Theology*, 2:261.

80) Ibid., 260.

예수는 참된 독립성의 패러다임이며 완전한 하나님의 형상으로서 인간 운명의 담지자다.[81]

따라서 자기중심성과 외심성 사이의 긴장은 그 자체가 죄가 아니라 단지 인간 실존의 구조 안에 내재한 양면성과 모호성을 지시한다. 죄는 그 둘 사이의 긴장으로부터 생겨난다. 이 긴장은 인간의 무한한 운명과 충돌하게 되면, 그리고 자아가 더 높은 삶의 통일성, 개인과 공동체 너머의 실재 전체의 근원을 향해 나아가지 않고 그 자신에 집착할 때에 죄가 된다. 즉 죄는 자신 안에 그리고 자신의 세속적 소유에 사로잡혀 있는 자기중심적 폐쇄성이다.

V. 인간의 종말론적 운명

판넨베르크에게 죄의 근본 핵심인 자기중심적 폐쇄성은 단지 도덕적인 문제라기보다는 인간 실존이 처한 자연적 조건의 문제다. 하나님과의 교제가 운명되어 있는 하나님의 형상은 인간 자신의 자기 고양을 통한 도덕적 완전성에 의해 성취되는 것이 아니다. 인간의 운명의 성취는 인간 자신이 아니라 예수 그리스도에 의해 확증된 하나님의 은혜에 의존하며, 또한 지상의 실존 속에서 최종적으로 이루어지지 않고 죽음 너머를 향해 열려 있다. 인간의 운명은 도덕적이거나 역사적인 것이 아니라 종말론적인 것이다.

---

81) "모든 피조물이 자신의 독립적 실존을 아버지로부터 자기 구별을 당한 아들의 창조적 활동으로부터 부여받기 때문에…로고스의 본성은 어느 정도 모든 피조물 안에서 표현될 수 있다." Ibid., 385.

1. 종말의 의미와 기능

판넨베르크에게 종말은 여러 의미와 기능을 갖는다. 첫째, 종말은 해석학적 의미를 갖는다. 종말에 완성된 역사에 대한 예기는 현재의 경험을 이해 가능하게 만드는 포괄적인 맥락이다. "과거로부터 전해진 모든 것과 모든 현재의 현실은 독립된 의미를 상실하였다. 그리고 하나님의 미래 자체가 현재를 규정하는 결정자가 되었다."[82] 개별자의 의미는 전체의 맥락 안에서 결정된다. 삶의 전체성이 오직 미래에 의해 규정되기 때문에 미래 또는 예기가 우월적 지위를 갖는다. 미래에서의 삶의 전체성은 삶의 많은 순간들을 통합하고 통일시킨다. 인간의 지상적 실존은 종말과 죽음 이후의 삶이 토대로서 자리매김 될 때에만 온전하게 분명히 이해 가능하게 된다. 판넨베르크는 미래의 존재론적 우위와 미래의 힘으로서의 하나님 개념을 주장한다. "하나님은 끊임없이 새로운 창조를 가져오시며, 따라서 현재의 시간과 다른 미래와 함께 각각의 모든 현재의 시간으로 돌입하신다."[83] 미래는 과거와 현재를 해석한다. 미래는 모든 사물들이 어떤 것이었으며 또 어떤 것인지를 계시함으로써 그것들의 특수한 의미와 본질을 결정한다.[84]

둘째, 종말은 사물의 본질을 존재론적으로 결정한다. "사물의 영속적 본질이 드러나는 것은 미래로부터다. 왜냐하면 미래만이 참으로 영속적

---

82) Pannenberg, "The God of Hope," in *Basic Questions in Theology*, 2:237.

83) Pannenberg, "The Future and the Unity of Mankind," 178.

84) Fiddes의 해석에 따르면, "만일 종말이 전체라면, 과거의 사건들은 얼어붙은 정적인 것으로 간주될 수 없다. 그것들의 의미는 역사가 진행됨에 따라 지속적으로 확장되는 해석의 지평에 열려 있다.…사물들은 역사가 앞으로 나아감에 따라 단지 의미가 증대되는 것이 아니라 미래의 전체성으로부터 그 자신이 된다." Paul S. Fiddes, *The Promised End: Eschatology in Theology and Literature* (Oxford: Blackwell, 2000), 212-13.

인 것을 결정하기 때문이다."[85] 우리는 하나님이 우리를 부르신 운명을 실현할 때만 진정한 우리 자신이 된다. 우리의 운명은 삶의 과정에서는 오직 파편적으로만 획득될 수 있으며 역사의 종말에서만 완성된다. 모든 사건들의 내용과 의미는 언제나 과정의 전체성과 완성을 전제한다. "각 개인의 경험은 자체의 특수한 본성에 대한 조건으로서 인간과 우주의 역사를 전체적 과정으로 만드는 역사의 종말을 전제한다."[86] 세계 전체의 과정은 예수의 역사 안에 선취적으로 나타난 종말에 의해 완성된다.[87] 오직 종말의 때에 하나님의 영원한 창조 행위가 완전하게 드러나며 하나님의 영원 안에서 창조된 피조물이 완성된다.

셋째, 종말은 비판적 기능을 갖는다. 피안성은 도피주의를 의미하지 않는다. 종말은 오히려 세속 사회가 주장하는 자기 충족성과 이 세상 안에서의 완전한 행복에 대한 환상을 비판한다. 종말은 이 세상 안에서의 자기실현의 가능성에 대한 환상과 사회 문화 체계의 한계를 폭로한다. "현재 세계 안의 인간 실존의 조건을 평가함에 있어 종말론은 기독교 현실주의의 중심에 있다."[88] 죽음 이후의 삶에 대한 기독교의 희망보다 더 세속주의 정신과 대립되는 기독교 교리는 없다.

넷째, 종말론적 완성에 대한 희망은 우리로 하여금 불의와 고난 속에서 하나님께 감사할 수 있게 해주며 모든 한계와 좌절 속에서도 자신의

---

85) Pannenberg, *Anthropology in Theological Perspective*, 525.

86) Pannenberg, *Systematic Theology*, 3:590-91.

87) "신적 세계 통치의 목표로서 아들은 '하늘과 땅의 모든 것을 자신 안에서 통일시킴으로써'(히 1:3) 시간의 과정을 완성으로 이끈다. 모든 피조물은 예수 그리스도가 아들로서 아버지와의 관계에 참여함으로써, 즉 아버지로부터의 자기 구별에 의해 매개되는 아버지와의 교제에 참여함으로써 완성으로 나아간다." Pannenberg, *Systematic Theology*, 2:58.

88) Pannenberg, "Constructive and Critical Functions of Christian Eschatology," 77 (1984): 124.

유한한 실존의 짐을 질 수 있는 힘과 용기를 준다. 인간은 이 지상의 실존 너머의 삶의 성취를 믿을 때에만 괴로워하거나 포기하지 않고 유한한 이 지상의 삶을 받아들일 수 있다.[89] 종말론적 희망은 우리에게 현 세상의 한계와 불완전성을 받아들일 수 있는 용기를 주며 빛 안에서 부서지기 쉬운 현재의 삶을 긍정하도록 힘을 준다. 이 해방하고 힘을 주는 힘이 작용하고 있는 한 영원한 인간의 운명은 이미 현재의 삶 속에 현존하며, 이것이 기쁨과 행복의 원천이다.

2. 하나님 나라에서의 인간 운명의 종말론적 완성

우리가 죽을 때 그리스도와 연합된 상태에서 죽는다면 미래의 역사의 종말에 더 기대할 것이 무엇인가? 죽음에서 이미 온전한 개인적 구원 즉 하나님과 교제할 수 있다면, 마지막 날에 주어질 구원은 어떤 것인가?[90] 판넨베르크에 의하면 그리스도와 우리의 연합은 단지 종말론적 완성을 위한 약속만이 아니다. 그것은 이미 발생한 성취의 사건에 근거한다. 그럼에도 이 사건은 그 자체가 완성이 아니라 미래의 완성을 지시한다. 미래의 완성은 단지 이미 보증된 구원을 보충하는 것이 아니라 예수 그리스도 안에서 이미 도래한 구원의 확실성을 구성하는 것이다.

판넨베르크는 개인적 종말과 우주적 종말의 관계를 시간과 영원의 관점에서 설명한다. 역사 또는 시간의 종말은 시간이 영원 안으로 용해되는 사건이다. 그 결과 개별적 피조물은 (시간의 서로 다른 순간들처럼) 더 이상 분리되지 않는다. "하나님의 영원 속에서 모든 개인들의 실존은 동시적이

---

89) Pannenberg, "Die Aufgabe christlicher Eschatologie," in *Beiträge zur Systematischen Theologie*, 2:271.

90) Pannenberg, *Systematic Theology*, 3:547.

다. 따라서 영원의 조건 아래에서 우리의 개별적 운명은 완성되어 역사의 시간들을 서로 분리시키는 모든 경계를 가로질러 전체 인간 사회에 속하게 된다. 오직 영원의 영역 안에서만 개인으로서의 우리의 운명과 인류 전체의 운명의 통일이 무제한적으로 현실화된다."[91]

성서에 나타나는 여러 종말론적 주제들(죽은 자의 부활, 마지막 심판, 예수의 재림, 하나님 나라)은 동일한 주제, 즉 영원하신 하나님과의 교제에 의해 하나님의 영원한 삶에 참여하는 것을 표현한다. 이 주제들 가운데 하나님 나라가 가장 중심적이다. "임박한 하나님 나라에 관한 예수의 거듭된 메시지가 전체 기독교 신학의 열쇠로서 회복되어야 한다."[92] "기독교의 희망은 하나님 나라의 도래와 하나님 나라가 가져오는 새로운 삶으로의 참여에 향한다. 기독교 전통 안의 다른 모든 '마지막 일들'은 이것과 관련된다."[93] 인간의 운명의 완성은 개인적 차원과 사회적 차원의 통일에 있다. 인간 사회와 인류는 모든 구성원의 참여 없이는 성취될 수 없으며 오직 지나간 모든 세대의 참여를 포함하는 하나님 나라 공동체 안에서만 모든 인간의 운명이 실현될 수 있다. 따라서 "오직 죽은 자의 보편적 부활을 포함하는 하나님 나라의 도래 안에서만 개인의 운명은 인류의 사회적 운명과 일치한다."[94] "인간 안의 하나님의 형상과 하나님의 삼위일체적 삶의 상응은 인간 공동체 특히 하나님 나라 공동체 안에서 성취된다."[95] 오직 하나님이 통치하실 때에만 다른 인간에 대한 인간의 지배와 이에 수반되

---

91) Ibid., 607.

92) Pannenberg, *Theology and the Kingdom of God* (Philadelphia: Westminster Press, 1969), 53. 이병섭 역, 『신학과 하나님 나라』 (서울: 대한기독교서회, 1977).

93) Pannenberg, "Eschatology and the Experience of Meaning," in *Basic Questions in Theology*, 3:196.

94) Pannenberg, "Constructive and Critical Functions of Christian Eschatology," 127.

95) Pannenberg, *Anthropology*, 531.

는 불의가 종식되며, 인류의 사회적 운명이 성취된다. 하나님 나라의 정의로운 질서 안에서 개인들은 서로 화해하며 모든 소외는 제거된다. "오직 사랑에 의해 완성되는 하나님의 법만이 하나님 나라 안에서 개인을 다른 개인들과 사회와 화해시킨다."[96] 이것은 개인의 운명과 사회의 운명 모두의 실현을 의미한다.

3. 종말론과 윤리

판넨베르크에게 있어 인간의 운명은 인간의 윤리적 노력에 의해서가 아니라 하나님의 주권적 통치에 의해 종말론적 미래의 하나님 나라에서 완성된다. 그렇다면 윤리와 종말론은 어떤 관계에 있는가?[97] 윤리학을 기독론적 토대와 결합시키려는 바르트와 달리, 판넨베르크는 미리 결정된 신앙의 관점이 아니라 "보편적으로 접근 가능한 인간 삶의 문제들의 맥락 안에서"[98] 윤리학의 인간론적 기초를 수립하고자 한다. 윤리학의 인간론적 기

---

96) Pannenberg, *Systematic Theology*, 3:585.

97) Pannenberg는 『윤리학』에서 기독교 윤리학은 하나님 나라 개념에 근거해야 한다고 주장하였다. 즉 기독교 윤리학은 원칙적으로 종말론적 토대 위에 세워져야 한다. 다시 말하면, 그는 윤리를 교의학에 종속시킨다. "우리가 하나님에 관한 그리고 예수 그리스도 안에 나타난 하나님의 사랑의 계시에 관한 진리의 물음이 기독교 메시지의 윤리적 관련성에 관한 다른 물음들보다 선행해야 한다." Pannenberg, "Theology and the Crisis in Ethics," in *Ethics*, 67. 그러나 인간론적 전환 이후 그는 교의학의 토대적 기능을 부인하지 않음에도 불구하고 윤리학의 상대적 독립성을 언급한다. "교의학과의 관계에서 기독교 신학 안의 윤리학에 허용되어야 하는 상대적 독립성은 인간론적 기초 위에서 윤리적 논증을 전개해야 할 필요성에 근거한다." Wolfhart Pannenberg, *Grundlagen der Ethik: Philosophisch-Theologische Perspectiven* (Göttingen: Vandenhoeck & Rurpecht, 1996), 103. 오성현 역, 『기독교 윤리의 기초』 (서울: 한들출판사, 2008). "비록 교의학과의 관계가 결코 배제되어서는 안 됨에도 불구하고, 윤리학은 교의학에 직접적으로 토대를 갖기보다는 인간론에 토대를 가져야 한다." Ibid., 5.

98) Pannenberg, *Grundlagen der Ethik*, 85.

초는 하나님 개념에 관한 교의학적 전제에 의해서가 아니라 그 자체에 접근해야 한다. 윤리학을 위한 하나님 개념의 의미는 인간론의 지평에 근거한다. 즉 하나님은 최고선으로서 모든 인간이 삶의 성취를 위해 갈망하는 인간론적 목표다. "인간을 위한 참된 선은 하나님 또는 하나님과의 교제라는 명제…오직 이 명제와 이 명제의 입증만이 윤리학을 위한 신학적 토대로 우리를 인도한다. 그러나 윤리학의 신학적 토대조차도 인간론적 논증의 지평과 연계되며 이 지평 위에서 움직일 것이다."[99] 하나님과의 교제는 바로 인간을 위한 최고선으로서 기독교 윤리학을 위한 첫 번째 인간론적 관점을 형성한다. 하나님 나라는 인간이 하나님과 교제하는 장소로서 특수하게 기독교 윤리학에만 한정되지 않고 보편적인 관련성을 갖는다.[100]

예수가 종말론적 메시지의 결과로서 율법을 해석한 것처럼, 하나님 나라 또는 하나님의 통치는 윤리학의 토대다. "하나님 나라의 임박이 새로운 도덕성의 주제다."[101] 예수의 종말론적 메시지는 인간에게 주어지는 "사랑하라"는 명령의 토대적 맥락을 형성한다. 서로 사랑함으로써 우리는 하나님의 사랑의 변혁적 능력과 통치에 참여한다. 예수의 하나님 나라 메시지는 모든 윤리적 진술을 위한 지평과 모든 윤리적 의무의 참된 기초를 결정한다. 판넨베르크는 예수가 선포한 하나님의 통치와 플라톤적 윤리학의 선이 상응하며 따라서 기독교 신앙의 관점에서뿐만 아니라 보편타당한 것으로 윤리학의 토대를 제시하는 것이 가능하다고 주장한다.[102]

판넨베르크는 인간론의 관점에서 종말론과 창조론을 연결한다. 즉 하나님의 형상은 창조와 종말을 연결하는 개념이다. 하나님의 형상은 창조

---

99) Ibid., 86.

100) Ibid., 73.

101) Pannenberg, *Jesus-God and Man*, 241.

102) Pannenberg, *Grundlagen der Ethik*, 71-72.

때 주어진 선물이면서 동시에 종말론적 운명이다. "종말론적 미래는 창조의 완성을 그 내용으로 한다."[103] 창조에 의해 하나님의 형상의 윤곽이 인간에게 주어졌으며, 이 형상은 인간의 삶에 성향을 제공한다. 그리고 운명으로서 하나님의 형상은 오직 종말에 완성될 것이다.

창조와 종말론적 완성의 변증법적 관계 안에서 인간은 끊임없이 분투하며 그곳에 윤리학의 자리가 있다. 그러나 하나님의 형상은 단지 인간의 행동에 의해서가 아니라 하나님의 주도권과 은혜에 의해서 실현된다. "하나님 나라의 도래는 인간의 진보적 노력의 결과로 상상할 수 있는 그 무엇을 훨씬 넘어서는 우주적 혁명과 변화를 포함할 것이다. 하나님은 자신의 나라를 단독으로 세우실 것이다."[104] 종말론적 미래는 그것의 현재 됨의 역동적 기초다. 즉 하나님 나라는 도래하는 미래의 실재로서 모든 현재와 맞닥뜨린다. 하나님 나라의 미래성은 행동을 위한 새로운 가능성을 개방한다. 하나님의 미래의 힘은 단지 인간의 윤리적 기능으로 환원될 수 없다는 의미에서 존재론적인 것이다. "하나님의 존재 자체가 세계의 미래다. 미래에 대한 모든 경험은 적어도 간접적으로 하나님 자신과 관계된다."[105] 오직 미래의 힘만이 희망과 신뢰의 대상이다. 미래는 현재 안에서 능력으로 역사한다. 미래는 현재와 충돌을 일으키며 현재를 극복하는 힘을 발산한다.[106] 미래는 모든 것의 과거 및 현재의 의미와 본질을 해석하고 결정한다. 미래에 참된 것으로 드러나는 것이 지금까지 참된 것이었음이 분명해질 것이다.

예수는 도래하는 하나님 나라의 현존을 선포했다. 예수가 선포한 하나

---

103) Ibid., 86.
104) Pannenberg, *Theology and the Kingdom of God*, 52.
105) Ibid., 61.
106) Pannenberg, "The God of Hope," 243.

님 나라는 인간의 윤리적 행동에 의해 창조되는 사회 윤리적 개념이 아니다. 미래의 하나님 나라는 현재 안으로 들어오며 현재에 영향력을 발휘한다. 미래의 운명은 현재 인간의 삶을 결정하는 힘으로 작용한다. 따라서 인간이 할 수 있는 최상의 윤리적 행동이란 하나님의 은혜에 응답하는 것이다. 그것은 하나님의 사랑 안에서 은혜로 주어지는 하나님과의 교제에 참여하는 것이다. 또한 영원하신 하나님과의 교제는 하나님의 영원한 생명과 의에 참여하는 것을 의미한다.

그러나 이와 동시에 판넨베르크는 인간의 운명이 단지 인간의 윤리적 노력이 아니라 하나님에 의해 종말론적 하나님 나라에서 완성됨에도 불구하고 윤리가 단지 종말론의 부산물이나 파생물이 되어서는 안 된다고 말한다. 우리의 종말론적 운명의 실현은 우리 앞에 놓인 윤리적 과제의 완성이기도 하다. 예수는, 종말론적인 미래의 하나님의 통치는 현재의 삶 속에서 인간의 행위를 요구하며 믿음 안에서 그것에 헌신하는 사람들에게는 그 미래가 이미 도래했다고 설명했다. 도래하는 하나님 나라는 우리로 하여금 미래를 위해 현재를 준비하도록 만든다. 무기력하고 무관심하며 무감정적인 사람은 하나님과 교제할 수 없다. 하나님과의 교제는 하나님의 창조적 사랑에 대한 능동적인 참여를 수반한다. "하나님의 통치의 미래와 그 미래의 임박성은 인간의 행위를 요구한다."[107] 하나님의 미래의 통치를 지금 이 땅에서 이루기 위해 자신의 생명을 버리는 자는 구원을 얻을 것이다. 따라서 미래는 현재에 명령법적 요구를 한다. 즉 우리는 무엇보다 우선적으로 하나님 나라를 추구해야 한다. 예수의 선포를 받아들이고 그 부르심에 자신을 개방하는 자에게는 하나님의 통치가 이미 현존

107) Pannenberg, "The Progress and End of History, Life after Death, and the Resurrection of the Human Person in Christianity," 83.

한다. “지금 하나님의 통치의 빛 안에서 살아가는 사람들에게는 (그들이 자신을 그 통치의 도래에 개방시키기 때문에) 종말론적 구원이 하나님의 통치와 함께 현존한다.”[108]

Ⅵ. 요약적 정의: 종말론적 운명과 개방된 역사로서의 인간

판넨베르크에게 인간의 본성은 곧 종말론적 운명이며 동시에 역사다. 왜냐하면 인간의 본성은 종말론적 운명의 실현을 향한 자연적 성향을 지니며, 이 실현은 역사적 과정을 통해 이루어지기 때문이다. 인간의 운명적 본성의 목표는 하나님 형상의 구현, 즉 하나님과의 교제 안에서 하나님의 영원한 삶에 참여하는 것이다. 판넨베르크는 하나님의 형상을 세계 개방성의 관점에서 설명한다. 피조물로서의 인간 안에는 본래적으로 창조의 목적인 하나님의 형상, 즉 미래의 운명을 향한 개방성이 있다. 인간의 세계 개방성은 단지 세계 개방성이 아니라 세계 너머를 향한 개방성, 즉 하나님을 향한 개방성을 의미한다.

판넨베르크에게 세계 개방성은 역사성과 동의어다. 그에 의하면, 하나님의 형상은 처음부터 완성된 형태로 주어지지 않고 역사적 과정을 거쳐 종말론적 미래에 완성되어야 하기 때문에, 인간은 열려진 미래로서의 자신의 운명의 성취를 향한 과정 속에 있는 역사적 존재다. 즉 인간의 본성은 자연적 기원 안에 있는 인간의 요소나 조건이 아니라 역사성이다. 역사적 과정으로서의 인간 개념이 불변적인 인간 본성 개념을 대체한다.

108) Pannenberg, *Systematic Theology*, 2:331.

"인간의 본성은 인간 운명의 실현의 역사 자체다."[109] 역사는 인간의 미래의 운명을 향한 형성적 과정이다. 인간은 현실적 자아로부터 시작하여 운명으로서의 가능적 자아를 향한 역사적 과정 가운데 있다. 이 역사적 과정은 하나님의 섭리에 의해 인도된다. 하나님의 섭리는 일방적인 것이 아니라 인간의 협력에 의해, 때로는 인간의 목적 및 이해와의 충돌을 통해 이루어진다.

하나님 형상의 완성을 향한 인간의 역사적 과정은 인간의 죄로 인해 왜곡되었다. 죄란 우리의 운명인 미래로 가는 역사적 과정에서 우리를 이탈시키는 것이다. 우리의 운명은 하나님과의 교제이기 때문에, 운명으로부터의 분리 즉 죄는 바로 하나님으로부터의 분리를 의미한다. 인간의 죄는 하나님의 형상의 종말론적 완성의 선취자인 예수 그리스도의 구속 안에서 치유되었다. 예수 그리스도의 역사 안에서 세계의 종말론적 미래가 이미 구원으로 도래하였으며, 하나님의 형상의 종말론적 완성을 향한 인간의 본래적인 역사적 과정이 회복되었다. "예수의 현존을 통해서, 하나님은 자신이 인간 피조물 안에 심어 놓은 그리고 종말론적 기대의 상징 안에 표현된 완성의 갈망을 충족시키셨다."[110]

판넨베르크의 인간론은 근본적으로 종말론적이다. 역사 속에서 형성되는 과정 가운데 있는 인간의 운명은 오직 역사의 종말의 때에 완성된 실재 전체의 맥락 안에서 드러날 것이다. 세계와 세계 너머를 향한 개방성 안에서 인간은 종말론적 미래의 완성을 향해 열려 있다. 역사의 종말론적 완성에 대한 기대는 예수 그리스도의 역사 특히 부활 사건에 근거한다. 역사의 종말이 이미 예수의 부활에서 발생했으며 따라서 궁극적인 것

---

109) Pannenberg, *Human Nature, Election, and History*, 24.

110) Pannenberg, *Systematic Theology*, 3:550.

이 이미 그 안에 현존한다. 다시 말하면 인간의 운명으로서 하나님의 형상이 예수 그리스도에 의해 완성되었으며 그 안에 선취적으로 현존한다. 판넨베르크는 선취는 단지 인식론적이 아닌 존재론적으로 소급적인 인과율을 갖는다고 주장한다. 그의 신적 본질 즉 모든 인간을 위한 하나님과 영원 전부터의 하나 됨은 단지 우리의 인식에서가 아니라 존재론적으로 예수의 부활로 인해 소급하여 수립된다.

또한 하나님의 영원한 창조가 완전히 드러나는 것은 오직 종말에서다. 오직 종말의 관점에서만 사물의 본질이 결정된다. 창조로부터 미래의 종말에 이르기까지의 모든 역사적 과정의 통일성은 바로 종말론적 완성을 가져오는 하나님으로부터 온다. 예수 그리스도는 인간의 운명을 결정적으로 성취함으로써 창조의 완성을 실현했다. "예수의 메시지 안에서 창조와 종말론적 미래가 가장 밀접하게 연결된다."[111] 예수는 창조세계와 인간 역사의 종말론적 완성이며 동시에 그 종말론적 완성의 역사적 선취다. 창조세계는 예수를 향해 나아가며 동시에 예수를 통해 종말론적 완성에 이른다.

인간의 자기중심성과 외심성의 긴장 안에서 출현하는 죄(욕심, 자기중심적 폐쇄성)의 보편성에 대한 판넨베르크의 현실주의적 인간론은 보편적 윤리학을 요청한다. 하나님과의 교제를 운명으로 받아들이는 하나님의 형상은 인간의 지고선으로서 기독교적이면서도 보편적인 윤리의 토대가 된다. 하나님의 형상은 인간의 윤리적 행동을 위한 영감의 원천이자 방향 지시자이며 목표다. 판넨베르크에 의하면, 기독교의 윤리는 외부로부터 주어지는 요구가 아니라 인간 자신의 자아의 부름이다. "참된 자연적 삶이 조금도 구속받지 않는 자유로운 인간성을 향한 인간 운명의 실현을 의미하

111) Pannenberg, "The God of Hope," 2:243.

는 한, 기독교인은 참된 자연적 삶을 살아가게 된다."[112] 하나님께서 주신 운명을 실현하는 것은 인간의 피조물적 본성에 속한다. 인간의 운명은 자아의 외부에 있는 것이 아니라 인간 본질의 외심적 성격과 공명한다.

그러나 판넨베르크는 인간 운명의 실현은 인간의 행동과 역사를 넘어서만 가능하다고 본다. 인간의 역사적 실존은 언제나 위험한 함정들로 가득 차 있다. 이미 승리는 약속되었지만, 이 승리는 성령의 능력 안에서 믿음의 투쟁과 기도에 의해서만 실현 가능하다. 인간 운명의 최종적 성취는 인간의 노력의 산물이 아니라 하나님의 은혜에 대한 믿음의 응답을 통해서만 실현 가능하다. 따라서 신학적 윤리학은 선물로서의 삶을 받아들이는 것이며, 하나님과의 교제 안에서 인간이 자신의 완성을 발견하는 것이다. 인간의 윤리적 과제는 하나님에 의한 인간의 종말론적 운명의 완성 안에서 성취된다.

VII. 결론: 주요 논점들

1. 신학의 보편성

판넨베르크는 보편적 신학을 추구한다. 그에 따르면 "기독교인은 보편적 타당성에 대한 건전한 주장 없이는 자신의 믿음과 메시지의 진리에 대한 확신을 유지할 수 없다. 단지 나의 진리일 뿐이며 모든 인간을 위한 보편성과 타당성을 주장할 수 없는 '진리'는 나를 위해서조차도 진리로 남

---

112) Pannenberg, *Grundlagen der Ethik*, 87.

아 있을 수 없을 것이다."[113] 하나님이 모든 존재의 창조자이며 모든 진리의 근거인 한, 하나님은 모든 실재와 관련성을 가져야 하며, 하나님에 관한 학문인 신학은 실재의 본성에 대한 보편적인 주장을 해야 한다. 따라서 성과 속, 신학과 세속 학문의 이분법은 불가능하다. 하나님에 대한 지식은 모든 영역의 지식과 관련되어야 한다. 창조주 하나님과 관계가 없는 창조세계와 지식의 영역은 존재하지 않는다. 따라서 다른 학문 분야에 의해 획득된 지식은 필연적으로 신학과 관련된다. 그렌츠에 따르면, 판넨베르크에게 있어 "공적 학문으로서 신학의 목적은 '신앙의 진리에 대한 합리적 설명'을 제시하는 것이다.…'합리적 설명'을 향한 중심적 정향성은 교회 자체에 주어진 근본적인 위임이다."[114] 판넨베르크에게 신앙과 이성은 서로 모순되지 않는다.[115] 신앙은 맹목적인 신뢰가 아니라 오직 자신을 신뢰할 만한 것으로 나타내는 것을 지향한다. 즉 신앙은 합리적 근거가 결여되어 있지 않으며 지성적으로 책임적이어야 한다.

이러한 판넨베르크의 보편적·공적 신학은 그의 인간론에 잘 나타난다. 그는 변증적 관점에서 적극적으로 일반 학문들과의 대화를 수행한다. 이 점에서 그는 일반 학문의 인간론과의 대화를 거부하고 철저하게 성서

113) Pannenberg, *Anthropology in Theological Perspective*, 15.

114) Stanley Grenz, *Reason for Hope: The Systematic Theology of Wolfhart Pannenberg* (New York: Oxford University Press, 1990), 216-17.

115) "우리의 이해의 한계를 넘어서는 그 무엇이 있다면, 그것은 이성과 모순되는 것이 아니다. 반대로 이성이 모든 것을 이해하고 평가할 수 있다고 주장되지 않는다면, 그리고 이와 동시에 신앙이 자신을 전지하다고 간주하지 않는다면, 신앙과 이성은 서로를 완성한다. 바울이 말한 바와 같이 우리의 신학적 지식은 불완전하며 유한하다. 겸손한 신앙은 완성이 아직 미래에 있다는 지식 안에서 이러한 이성의 이해로 우리를 이끈다." Wolfhart Pannenberg, "Discussion of the Progress and Completion of History, Life after Death, and the Resurrection of Human Persons in Christianity and Islam," in Peter Koslowski (ed.), *Progress, Apocalypse, and Completion of History and Life after Death of the Human Person in the World Religions* (Dordrecht: Kluwer, 2002), 101.

적이고 그리스도 중심적인 신학적 인간론을 추구하는 바르트와 대조적이다. 판넨베르크는 신학적 인간론이 고립된 독단론에 빠지는 것을 막고자 하며, 다른 학문들과의 대화를 통해서 신학적 인간론이 일반 학문의 인간 이해와 일관성이 있음을 보여주고자 한다. 그에 따르면, 신학자가 자신의 주장의 보편적 타당성을 주장하려면 주관적 신앙의 사고 위에서가 아니라 "보편적이고 언제나 타당한 인간성의 구조를 다루는"[116] 인간론의 기초 위에서 이 타당성을 논증해야 한다.

판넨베르크는 신학적인 하나님의 형상 개념에 보편적 적절성을 부여하기 위해 세계 개방성과 외심성과 같은 철학적 인간론 개념을 전용하며, 또한 경험론적·심리학적 관점에서 죄를 정욕으로 설명하는 아우구스티누스의 죄론에 기초하여 죄를 자기중심적 폐쇄성으로 설명한다. 그에게 역사는 보편적 범주로서, 예수의 부활은 보편적 세계 역사와 인간의 궁극적 운명의 선취를 의미한다. 인간의 역사와 세계의 역사 전체가 예수 안에 있는 하나님의 종말론적 계시의 빛 안에서 통일성을 성취한다. 보편적 역사는 종말론적 관점에서만 이해할 수 있다. 즉 역사를 넘어서는 최종적 미래, 즉 종말만이 어떤 그 이상의 역사에 의해 능가되지 않는 역사의 전체성을 수립한다. 이와 마찬가지로 기독교 윤리는 종말론적 하나님 나라를 토대로 두기 때문에 보편적 윤리가 된다.

2. 죄에 대한 설명의 경험적 보편성

판넨베르크는 죄를 설명할 때 죄를 불신앙과 동일시함으로써 시작하지 않고, 경험론적·심리학적 관점에서 욕심(정욕)으로 설명하는 아우구스티

116) Pannenberg, *Anthropology in Theological Perspective*, 487.

누스의 접근을 높이 평가하며 그의 죄 이해에 기초하여 죄를 욕심(정욕)과 자기중심적 폐쇄성으로 설명한다. 이러한 죄는 세계와의 관계에서 목적과 수단의 전도(顚倒)를 초래하며, 이 전도는 바로 하나님에 대한 불신앙을 포함한다. 판넨베르크는 이와 같은 죄에 대한 접근이 인간의 삶에 대한 실제적 경험에 가깝기 때문에 선호되어야 한다고 주장한다. 죄의 본질은 하나님에 대한 불신앙이지만 그러한 주장의 설득력은 경험적 자료들에 의해 드러나야 한다. 이 점에 있어 그는 인간의 죄성에 대한 기독교의 진술과 경험적 자료를 연관시키기를 거부하는 바르트와 대조된다. 바르트는 계시 일원론적 관점에서 이렇게 주장했다. "오직 우리가 예수 그리스도를 알 때에만 우리는 인간이 죄인이라는 것을, 죄가 무엇인지를, 그리고 죄가 인간에게 무엇을 의미하는지를 진정으로 안다."[117]

물론 판넨베르크도 죄에 대한 온전한 이해를 위해 신앙과 계시가 필수적이라는 점을 부인하지 않는다. 오직 그리스도를 알 때에만 우리는 불순종, 부정의, 불신앙으로서의 죄의 본성을 이해할 수 있다. 그러나 그에 의하면, 죄에 대한 기독교적 주장의 타당성은 믿음에만 근거해서는 안 된다. 왜냐하면 그럴 경우에 그리스도를 믿지 않는 사람이 그 주장을 받아들이기를 기대할 수 없게 되기 때문이다. 판넨베르크는 인간의 죄가 오직 믿음을 통해서만 알려질 수 있다는 주장에 동의하지 않는다. 그에 따르면, 아우구스티누스의 죄 이해의 탁월함은 죄의 경험적 현상과 은혜의 빛에서만 온전히 발견될 수 있는 죄의 근본적 성격을 모두 정당하게 다루는데 있다. 믿지 않는 사람들이 자신의 삶의 현실에서 자체의 죄성을 증언하도록 요청해야 한다고 주장하는 것은 정당하다. "기독교인이 말하는 죄

117) Karl Barth, *Church Dogmatics*, IV/1, trans. G. W. Bromiley (Edinburgh: T & T Clark, 1956), 389.

인은 오직 인간의 삶의 전체 현상을 성격 짓는 그 무엇, 그리고 하나님의 계시라는 전제 없이도 알려질 수 있는 그 무엇과 연관되어 있으며 이것이 실제 인간의 삶이다."[118]

3. 자연신학의 문제

인간의 개방성에 대한 판넨베르크의 사고는 하나님의 존재에 대한 인간론적인 자연신학적 논증을 의미하는가? 인간의 개방성이 세계를 넘어 하나님을 향한다는 그의 사고는 신앙에 의해 하나님의 존재가 전제되어야 가능한 것인가? 그는 종교성이 인간의 본성에 속한다고 본다. 세계 개방성은 바로 인간의 본유적인 종교성이다. 비록 우리가 명시적으로 신적 실재를 의식하지는 못해도 우리는 모든 인식행위 안에서 암시적으로 신적 실재를 전제한다.

그러나 판넨베르크는 "세계 개방성은 결코 하나님의 존재에 대한 이론적 증명으로 귀결되지 않는다"[119]고 말한다. 인간이 무한하게 의존하고 있는 실재가 무엇인지에 관해서는 아직 아무것도 결정되지 않았다. 인간 실존의 질문은 하나님을 직접 지시하지 않는다. 그것은 인간이 초월적 개방성 안에서 자신의 실존과 세계의 실재 전체를 위한 지지 기반인 그 무엇에 의해 부닥치고 그것에 의존하고 있음을 보여준다.[120] 이것은 하나님의 존재에 대한 증명은 아니다. "(비록) 하나님 개념이 인간의 올바른 자기 이해의 본질적인 부분임을 보여주는 것이 인간론적 증명의 기능이지만… 어떤 인간론적 논증도 엄격한 의미에서 하나님의 존재를 증명할 수 없

---

118) Pannenberg, *Systematic Theology*, 2:236.

119) Pannenberg, *What is Man?* 11.

120) Pannenberg, "Question of God," in *Basic Questions in Theology*, 2:222-23.

다."[121] 다시 말하면 단지 질문의 개방성으로부터 하나님의 존재를 추론해낼 수는 없다. 하나님에 관한 자연적 질문은 증명에 이르지 못한다. 오직 하나님만이 하나님의 존재를 증명하실 수 있다. 즉 하나님에 대한 지식은 오직 하나님의 계시에 의해서만 가능하다.[122]

워딩에 따르면, 판넨베르크는 "답변"으로서의 하나님을 지시하는 인간의 "질문"(세계 개방성의 구조 안에 있는)을 강조하지만, 이것은 하나님의 존재의 필연성을 함축하거나 엄밀한 의미에서의 하나님의 존재에 대한 인간론적 논증을 구성하지는 않는다.[123] 판넨베르크가 인간의 세계 개방성과 인간 본유적인 종교성으로 말하고자 하는 바는 우리가 우리와 세계를 초월하는 불가해한 실재와 관련되어 있으며, 종교 전통의 하나님이 인간의 자기 경험의 현실 안에서 안정된 자리를 부여받는다는 사실이다. 하나님의 피조물로서 인간은 애초부터 하나님과의 운명적 교제의 성향을 부여받았으며, 인간 운명의 완성은 피조물성과의 단절이 아니라 인간 자아의 구속과 변혁을 통한 본래적인 피조물적 성향의 현실화를 의미한다. 이와 같은 판넨베르크의 인간론은 자연신학적인 것은 아니라고 하더라도 인간의 자연적 피조물성의 부정성 및 그것과의 단절을 통한 구원을 강조하는 바르트(적어도 초기)의 인간론과는 매우 대조적이다.

---

121) Pannenberg, *Systematic Theology*, 1:92-93.

122) Ibid., 95.

123) Mark William Worthing, *Foundations and Functions of Theology as Universal Science: Theological Method and Apologetic Praxis in Wolfhart Pannenberg and Karl Rahner* (Frankfurt am Main: Peter Lang, 1996), 188.

4. 종말의 선취로서 예수의 부활의 소급적 힘

판넨베르크는 자신의 미래의 존재론적 우선성의 원리에 기초하여 종말의 선취로서 예수의 부활이 단지 인식론적이 아니라 존재론적으로 소급하여 예수의 인격을 확증한다고 주장한다. "오직 죽음으로부터 부활한 십자가에 달린 자만이 주로서 위엄을 얻었다(빌 2:9-11). 오직 이에 따라 그는 능력 있는 하나님의 아들로 칭하여졌다(롬 1:4). 그는 오직 부활의 빛 안에서만 선재적 아들이다. 그는 오직 부활한 주로서 언제나 자신의 공동체의 살아 있는 주다."[124] 사물의 최종적 상태는 선취적으로 예수의 삶에 현존한다. 이것은 단지 은유적이 아니라 존재론적으로 그러하다. 하나님과 예수의 인간성의 연합은 "예수의 부활 '때문에' 영원부터 참이다"[125]라는 의미에서 선취는 소급적 인과율을 함축한다. 부활이 없었다면 예수는 하나님의 아들이 아니었을 것이다. 미래의 존재론적 우선성은 단지 그 무엇에 대한 소급적 정의와 계시라기보다 소급적 구성이다. 따라서 예수의 부활은 그의 신성에 대한 우리의 인식을 구성할 뿐만 아니라 그의 신성 자체를 존재론적으로 구성한다. "그리스도의 인격의 정체성과 연속성은 예수의 부활에 의해 뒤로는 선재(先在)로, 앞으로는 후재(後在)로 수립된다."[126]

그러나 이와 동시에 판넨베르크는 부활을 통해서 예수가 이전에는 아니었던 그 무엇이 된다고 주장하지는 않는다. 예수는 단지 부활을 통해서 하나님의 아들이 되는 것이 아니다. 예수와 하나님의 일치는 부활절 사건 안에서 수립되지만 단지 이 사건과 더불어 시작되는 것은 아니다. 이 일치는 이 사건의 관점에서 소급하여 효력을 발휘하게 된다. 부활을 통해

---

124) Pannenberg, *Systematic Theology*, 2:283.

125) Pannenberg, *Jesus-God and Man*, 321.

126) Pannenberg, "Postscript to the Fifth German Edition," Ibid., 469.

서 예수는 하나님과 하나이며, 소급적으로 이전부터 이미 하나님과 하나였다. 만일 예수가 부활로 인해 소급적으로 하나님과 하나라는 사실이 분명해진 것처럼 그가 하나님의 아들이라면, 예수는 언제나 하나님이었으며 또한 아들이다. 미래의 존재론적 우선성에 기초한 예수의 부활의 소급적 힘에 대한 판넨베르크의 이와 같은 이중적 설명은 과연 그 힘이 그의 주장처럼 존재론적인 것인지 아니면 인식론적인 것인지 판단하기 어렵게 만든다. 왜냐하면 두 번째 설명처럼 예수가 부활로부터 항상 하나님의 아들이라는 것이 소급적으로 분명해진다면, 그것은 존재론적인 것이 아니라 인식론적인 것으로 보이기 때문이다.

5. 종말론과 윤리

헤프너는 미래의 하나님 나라와 현재의 인간의 삶의 관계에 대한 판넨베르크의 이해가 인간의 삶에 구체적인 내용과 방향성을 제시하지 못한다고 비판한다. 즉 그의 논의에 따르면, 인간이 살고 행동하는 역사적 영역 전체가 하나님의 미래적이고 초월적인 힘으로 채워지기 때문에 인간의 의지는 실제로 유의미한 역할을 하지 못한다.[127] 헤프너는 현재가 단지 시간 안의 한 점이 아니라 과거에 기초하여 미래의 가능성을 향하여 행동하는 장소임을 강조하면서, 판넨베르크가 미래를 향한 인간의 투사를 위한 기초로서 과거가 어떻게 기능하는지를 적절하게 인식하는 데 실패했다고 비판한다.

그러나 판넨베르크는 인간이 하나님의 초월적 힘에 압도된 상태에서

---

127) Philip Hefner, "The Concreteness of God's Kingdom: A Problem for the Christian Life," *Journal of Religion*, 51 (1971): 198.

살아가기 때문에 인간의 의지나 행위가 아무런 결과를 만들어내지 못한다고 말하지는 않는다. 그는 진정한 피조물은 독립적으로 존재하며 인간은 자신의 행동에 책임을 져야 한다고 말한다. 인간은 세계를 향해 열려 있으며 끊임없이 분투하고 노력한다. 미래의 가능성이 인간의 행동을 추동한다. 그는 과거와 현재가 미래와의 관계에서 아무런 역할도 수행하지 못한다고 말하지 않고 오히려 "현재와 과거를 희생시키는 미래에 대한 일방적인 강조"[128]를 경고한다. 미래의 구체적인 내용은 언제나 현재와 과거의 경험에 의해 매개된다. "넘어가는 것은 현재의 파괴를 의미하는 것이 아니라 현재 자체의 미래 운명의 도래를 의미하는 것이어야 한다."[129]

판넨베르크에 의하면, 종말은 역사의 끝과 역사의 완성을 동시에 의미한다. 이 두 측면은 양자택일적인 것이 아니라 함께 가는 것이다. 우리는 완성이 아닌 끝, 또는 끝이 아닌 완성을 생각할 수 없다.[130] 역사의 완성은 역사의 끝에서 역사적으로 일어나야 한다. "우리의 역사의 완성 자체가 역사적 사건이며 또한 역사의 끝일 때에만 역사적 존재로서의 우리의 실존이 목적과 목표를 갖는다. 만일 우리가 생각하는 (역사의) 완성이 역사를 끝내는 사건으로서 역사 안으로 들어가지 않고 역사 위의 허공을 맴돈다면, 이것은 개인과 인류의 역사적 실존을 위한 성취는 없다는 것을 의미한다."[131] 역사의 끝과 역사의 완성, 즉 영원한 삶은 하나님 안에서 일치된다. 하나님 안에서 시간은 절멸되는 것이 아니라 영원한 현재로 고양된다. 따라서 인간의 운명은 하나님의 미래에 모든 역사의 완성 안에서 성취될 것이다.

---

128) Pannenberg, "Eschatology and the Experience of Meaning," 210.

129) Pannenberg, "A Response to My American Friends," 331.

130) Pannenberg, *Systematic Theology*, 3:586.

131) Ibid., 587.

그러나 판넨베르크는 과거로부터 시작하여 현재에 이르는 역사적 현실과 미래의 종말론적 운명이 대립될 때, 어떻게 역사의 완성이 실제적인 역사적 사건으로서 역사의 끝에서 성취될 수 있는지에 대해서는 구체적으로 말하지 않는다. 과거와 현재의 역사의 영역은 하나님의 미래적 통치의 영역임과 아울러 인간의 독립성과 자율성의 영역이다. 그리고 과거와 현재의 역사는 "썩 좋지 않은"[132] 상태다. 이러한 현재의 상태를 변혁시켜 역사를 완성하는 역사의 끝에서 역사적 사건이란 어떤 것인가? 판넨베르크에게 그것은 무엇보다 인간이 아닌 하나님의 사건이다. 이 하나님의 사건은 역사 안에서의 하나님의 직접적인 초역사적 또는 역사적 행동을 의미하는가? 만일 그렇다면 역사 안에서 독립적이고 자율적인 인간의 행동은 과연 무슨 의미가 있는가? 이 문제는 아마도 종말론의 영속적인 난제로 남아 있을 것이다.

132) Pannenberg, *Theology and the Kingdom of God*, 126.

제7장

관계성 안의 이야기적 자아로서의 탈근대적 인간론: 스탠리 그렌츠와 마이클 호튼

I. 서론

전통적으로 서구 기독교에서 인간 안의 하나님의 형상은 인격의 내적 구조의 관점에서 이해되어왔다. 다시 말하면, 인간 인격의 가장 높은 또는 가장 깊은 곳에 자리하고 있는 이성적 영혼 또는 정신이 인간 안의 하나님의 형상을 반영한다고 이해되었다. 이원론적 경향이 강했던 고대에서는 인간의 육체가 경시된 반면, 이원론적 경향이 다소 완화된 중세와 종교개혁 시대에는 육체도 하나님의 형상 안에 포함되었다. 그러나 여전히 이성적 영혼이 인간 안에 있는 하나님의 형상의 가장 핵심적인 자리로 간주되었다. 근대에 들어 이원론적이고 실체론적인 인간 이해는 연장된 실재(*res extensa*)로서의 육체 및 실재와 대립하는 것으로 간주된 사유하는 정신(*res cogitans*)에 인간의 주체성이 있다고 주장했던 데카르트에 의해 더욱 공고화 되었다. 근대의 과학은 이러한 데카르트적 세계관에 기초하여 발달하였다.

그러나 근대 이후 실체적 인간 자아 개념은 무너지고 인격 개념은 역사화·상대화되었다. 더욱이 오늘날의 탈근대적 시기에 있어서 자아의 해체 또는 죽음을 주장하는 목소리도 높다. 이러한 탈근대적 상황 속에서 기독교의 인간 이해를 새롭게 재구성하려는 시도는 매우 중요한 의미를 갖는다. 이 글에서는 인간 안에 있는 하나님의 형상 개념을 인격의 내적 구조 안에서의 실체론적 관점이 아니라 하나님과(그리고 타자와)의 관계성의 관점에서, 그리고 종말론적인 완성을 지향하는 이야기적 자아의 관점에서 제시하고자 한다.

2002년 여름 미국 콜로라도 스프링스에서 열린 신학 콜로키엄에서 복음주의, 개혁파, 루터파, 다른 고백적 신학 계열의 신학자들이 인간론에 관한 논문을 발표했다. 이 논문들은 편집 과정을 거쳐 2006년에 『신학적 관점에서의 인격적 정체성』[1]이란 제목의 책으로 출판되었다. 이 책에 실린 논문들 가운데 특히 두 편의 논문이 주목을 끈다. 왜냐하면 이 두 논문은 한편으로 성서적 기독교 전통에 충실하면서도, 다른 한편으로 오늘날의 탈근대적 시대에 이해 가능한 인격 개념의 수립을 위해 의미 있는 시도를 보여주기 때문이다. 두 논문 중 하나는 스탠리 그렌츠의 "사회적 하나님과 관계적 자아: 탈근대적 상황에서 하나님의 형상의 신학을 향하여"라는 제목의 논문이며, 다른 하나는 마이클 호튼의 "종교개혁 이후의 개혁파 인간론"이다.[2]

이 글에서는 이 두 논문의 내용을 소개하고 비교하며 분석한다. 이를 통해 인간 인격이 하나님과의 계약의 관계성 안에서 구성되며 종말론적

---

1) Richard Lints, Michael S. Horton, & Mark R. Talbot, *Personal Identity in Theological Perspective* (Grand Rapids, Michigan/Cambridge, U.K.: William B. Eerdmans, 2006).

2) Stanley J. Grenz, "The Social God and the Relational Self: Toward a Theology of the Imago Dei in the Postmodern Context"; Michael S. Horton, "Image and Office: Human Personhood and the Covenant" in *Personal Identity in Theological Perspective,* 각각 70-92, 178-203.

으로 완성되는 이야기적 자아이며, 이와 같은 인간 인격에 있어 하나님의 행동에 관한 직설법(indicative)과 인간의 행동을 위한 명령법(imperative)이 우선순위에 따라 변증법적으로 통합되어야 함을 논증하고자 한다.

Ⅱ. 삼위일체 하나님과 관계적 자아: 스탠리 그렌츠[3]

1. 자아의 부상, 죽음, 재탄생

그렌츠는 성서에 나타나는 하나님의 형상 개념을 오늘날의 사회적 삼위일체의 관계론적 존재론과 연결시킴으로써 "삼위일체 하나님과의 관계 안에서 구성되는 교회적 자아"를 제안한다. 그는 먼저 자아의 부상(浮上)과 죽음 그리고 재탄생의 과정을 기술한다. 그에 따르면, 근대적 자아 개념의 근원은 아우구스티누스에게서 비롯된다. 아우구스티누스는 자아 탐구의 초점을 내면의 영역에 맞추었다. 이 내면으로의 여정은 하나님께서 자아의 통일성을 제공해주지 않으면 자아는 흩어지고 만다는 확신과 함께 이루어졌다. 아우구스티누스는 내면으로의 부름을 신적 통일성을 견지함으로써 자신의 삶의 통일성이 하나님 안에서 회복됨을 발견하라는 하나님의 목소리로 여겼다. 즉 그는 내면으로의 여정이 하나님께 이르는 길이라고 생각했다.[4]

---

3) 이 글은 Grenz, *The Social God and the Relational Self: A Trinitarian Theology of the Image Dei* (Louisville, KY: Westminster John Knox Press, 2001)의 내용을 발췌·요약한 것이다.

4) Augustine, *The Happy Life* 2.11, *Fathers of the Church*, ed. Ludwig Schopp (New York: CIMA, 1948), 5:58-59.

그렌츠는 내면으로의 여정이 개별적 인간을 구성하는 안정되고 지속적인 실재로서의 자아 개념을 발견했으며, 이와 같은 내적 궤도의 끝에 서구의 근대적 자아 개념이 출현했다고 주장한다.[5] 근대적 자아는 세계와 자신을 지배하는 이성적 자아다. 계몽주의는 인간의 인격을 이성의 힘과 연결시켰다. 고대 철학에서 이성은 물질적인 것 안에서 영원한 것의 현존을 보는 능력을 의미했다. 그러나 계몽주의 사상가들은 이성을 기계론적 세계관과 연결시켰다. 즉 그들은 이성을 세계를 지배하기 위해 세계를 객관화하는 도구로 보았다. 자아는 도구적 이성을 통해 세계를 지배함으로써 자신을 수립하는 이성적 자아로 간주되었다. 자기 지배적 자아를 향한 충동은 근대 심리학의 자기 충족적·자기 구성적 자아를 향한 문을 열었다.

다른 한편, 근대에는 자아를 자기 지배적인 자아로 보기보다는 자기 자신의 독특성을 표현하는 자기표현적 자아로 보는 사상가들도 있었다. 자기표현을 통한 자기 구성은 먼저 자기 탐구를 요구한다. 자신의 독특한 개별성을 발견하기 위한 내적 탐구는 "자서전적 자아"를 낳는다(몽테뉴, 루소). 그러나 자기 구성은 자기 발견뿐만 아니라 자기표현을 요구한다. 낭만주의는 우주적 자아로서의 궁극적 실재가 개별적 자아와 연결되어 있다고 보았다. 즉 무한자가 유한자(자아) 안에 있다.

낭만주의적인 중심적 자아는 19세기 독일 관념론의 의지적 자아에 대한 탐구에 의해 불안정하게 되었다. 쇼펜하우어는 보편적 의지가 비합리적이고 비인격적이라고 보았으며, 니체는 인간의 가치가 단지 권력 의지에 의해 유지된다고 보았다. 특히 19세기에서 20세기로 가는 전환기에 프로이트는 불행하고 불안정한 심리학적 인간의 모습을 드러내었다. 그는

5) Grenz, "The Social God and the Relational Self," 72.

통일성 있는 인격적 정체성의 발전을 기계론적 과정으로 대체함으로써, 영속성, 연속성, 정합성으로 규정되는 이전의 통일적 자아 개념을 약화시켰다. 이와 같은 프로이트의 정신분석으로부터 고정된 정체성 없이 자유롭게 유동하는 자아 개념이 발전되었다. 자크 리데는 자아란 단지 "의식과 무의식의 정체성들 사이의 예측 불가능한 끝없는 상호작용"이며 "인격을 이해하려는 시도에서 현실과 환상 사이의 대립은 무의미하다"고 주장했다.[6] 자아의 해체는 소쉬르의 구조주의 언어학과 레비스트로스의 구조주의 인류학에 의해 가속되었다. 이들은 자아를 사회 영역의 구조 또는 두뇌의 구조로 용해시켰다. 그러나 구조주의는 근대성의 마지막 주자(走者)였다. 푸코는 모든 중립성의 표방을 버리라고 요구하는 동시에 주체성은 다수의 사회적 요인들의 무의식적 내면화의 산물이라고 주장함으로써 탈근대 시대의 서막을 알렸다.[7]

그러나 그렌츠에 따르면, 탈근대적 자아의 죽음은 단지 자아의 부재만을 의미하는 것이 아니다. 탈근대성은 이야기적 자아라는 새로운 자아 개념을 창출했다.[8] 이야기적 자아의 경험-조직화 "플롯"(experience-organizing plot)은 자신의 사회집단(또는 준거 공동체)으로부터 생겨난다. 탈근대 사상가들은 이 사회적으로 구성된 "자아"를 광범위한 그물망 또는 연계망의 한 위치, 교차로의 한 지점, 대화의 그물망 안의 한 교차점 등으로 표현한다.[9] 따라서 탈근대적 자아는 관계성에서 정체성을 찾고자 한다.

---

6) Jacques Le Rider, *Modernity and the Crisis of Identity: Culture and Society in Fin-de-Siecle Vienna*, trans. Rosemary Morris (New York: Continuum, 1993), 43.

7) Edward W. Said, "Michel Foucault, 1926-1984," reprinted in *After Foucault: Humanist Knowledge, Postmodern Challenge*, ed. Jonathan Arac (New Brunswick, N. J.: Rutgers University Press, 1988), 10.

8) Grenz, "The Social God and the Relational Self," 76-77.

9) Charles Taylor, *Sources of the Self: The Making of the Modern Identity* (Cambridge,

이와 같은 자아는 변동하는 한 묶음의 관계성이나 순간적인 선호 이상이 아닌 매우 불안정하고 일시적인 자아다.

2. 인간 안의 하나님의 형상

아우구스티누스가 하나님의 형상을 내면적 차원으로 전환한 이래, 기독교 신학자들은 인간 안의 하나님의 형상을 인간 본성의 구조나 하나님 앞에 서 있는 개인으로 이해했다. 그렇다면 자아가 죽음을 당한 오늘날의 탈근대적 시기에 인간이 하나님의 형상으로 창조되었다는 성서의 말씀을 어떻게 새롭게 이해해야 해체된 자아의 재구성이 가능해질까? 그렌츠에 따르면, 하나님의 형상은 하나님으로부터 주어진 인간의 종말론적 목표 또는 운명이며, 인간은 처음부터 운명이 정향되어 있다는 이해가 오늘날 생겨났다. 운명으로서의 하나님의 형상 개념은 인간을 하나의 역사 또는 이야기로 보면서 오늘날의 신학적 과업을 위한 해석학적 관점을 제공한다.[10]

그렌츠는 성서에 기초한 그리스도-인간론의 관점에서 하나님의 형상을 설명한다.[11] 고대 세계에서 형상(image)은 그것이 지시하는 실재를 표상하는 것으로 간주되었다. 고대인들은 신의 형상에 신의 영이 실제로 내주하는 것으로 믿었다. 인간 안의 하나님의 형상은 인간이 창조세계 안에서 초월적 창조자가 내재하도록 매개하는 것을 지시한다. 이러한 관점에

Mass.: Harvard University Press, 1989), 36. 권기돈, 하주영 공역, 『자아의 원천들: 현대적 정체성의 형성』 (서울: 새물결, 2015).

10) Grenz, "The Social God and the Relational Self," 78.

11) Ibid., 78-85.

서 창세기 1:26-27[12]은 하나님이 창조의 절정으로서 인간을 창조세계 안에서 초월적 신성을 표상(대표)하는 피조물로 세웠다는 것을 나타낸다. 또한 이 본문은 개인을 단지 한 개인이 아닌 총칭적 인간(humankind, 아담[*adam*]이라는 공동의 용어가 나타내듯이) 또는 관계 안의 인간(남자와 여자로 창조된 사실이 보여주듯이)으로 언급한다.

그렌츠에 따르면, 하나님의 형상의 의미를 온전히 이해하기 위해서는 창세기 1장뿐만 아니라 성서 전체를 읽어야 한다. 무엇보다 하나님의 완전한 형상은 신약성서의 예수 그리스도를 통해 나타난다. 신약성서에서 하나님의 형상으로서의 예수 그리스도에 관한 진술은 세 곳에 나타난다. 고린도후서 4:4-6[13]에서 바울은 하나님의 형상으로서의 그리스도를 영광의 기독론과 연결시킨다. 여기서 하나님의 형상은 그리스도가 하나님의 영광을 발하는 것을 의미한다. 또한 이 구절은 하나님의 형상으로서의 인간(아담)의 창조가 두 번째 아담인 그리스도라는 렌즈를 통해서 이해되어야 할 것을 암시한다. 골로새서 1:15-20[14]은 그리스도가 만물보다 뛰어나다는 것을 강조할 뿐만 아니라 그리스도가 창조와 구속의 중심이라고 칭

---

12) "하나님이 이르시되 '우리의 형상을 따라 우리의 모양대로 우리가 사람을 만들고 그들로 바다의 물고기와 하늘의 새와 가축과 온 땅과 땅에 기는 모든 것을 다스리게 하자' 하시고 하나님이 자기 형상 곧 하나님의 형상대로 사람을 창조하시되 남자와 여자를 창조하시고"

13) "그 중에 이 세상의 신이 믿지 아니하는 자들의 마음을 혼미하게 하여 그리스도의 영광의 복음의 광채가 비치지 못하게 함이니 그리스도는 하나님의 형상이니라.…어두운 데에 빛이 비치라 말씀하셨던 그 하나님께서 예수 그리스도의 얼굴에 있는 하나님의 영광을 아는 빛을 우리 마음에 비추셨느니라."

14) "그는 보이지 않는 하나님의 형상이시요 모든 피조물보다 먼저 나신 이시니 만물이 그에게서 창조되되 하늘과 땅에서 보이는 것들과 보이지 않는 것들과 혹은 왕권들이나 주권들이나 통치자들이나 권세들이나 만물이 다 그로 말미암고 그를 위하여 창조되었고 또한 그가 만물보다 먼저 계시고 만물이 그 안에 함께 섰느니라.…아버지께서는 모든 충만으로 예수 안에 거하게 하시고 그의 십자가의 피로 화평을 이루사 만물 곧 땅에 있는 것들이나 하늘에 있는 것이 그로 말미암아 자기와 화목하게 되기를 기뻐하심이라."

송한다. 여기서 하나님의 형상으로서 그리스도는 "모든 피조물보다 먼저 나신 이"며 또한 "죽은 자들 가운데서 먼저 나신 이"다. 이 이중의 표현은 "시작"과 "새로운 시작"을 연결하며, 창조와 구속의 역사 이야기 전체를 그 중심 초점인 예수에게로 이끈다. 히브리서 1:1-3[15]은 예수의 뛰어남을 강조한다. 히브리서 저자는 예수가 "하나님의 영광의 광채시요 그 본체의 형상"이라고 선언함으로써 영광과 형상을 결합한다. 여기서 예수는 단지 수동적인 신적 실재의 반영이 아니라 스스로가 신적 빛이다. 또한 예수는 "죄를 정결하게 하는 일"을 하였다. 신적 실재의 현현인 아들 예수 그리스도는 세계를 지으셨을 뿐 아니라 인간의 구속을 성취함으로써 가장 아름다운 이름이라는 칭송을 받는다. 즉 예수 그리스도는 하나님의 완전한 형상이다.

그렌츠는 예수가 하나님의 형상일 뿐 아니라 또한 하나님께서 처음부터 인간에게 의도하신 바를 성취한 새로운 인간의 머리라고 말한다. 따라서 하나님의 형상은 기독론에서 끝나지 않고 새로운 창조를 목표로 한다. 즉 하나님의 형상은 종말론적 목표를 지향한다. 로마서 8:29[16]에서 바울은, 하나님의 뜻은 그리스도 안에 있는 자들이 그의 운명에 참여하고 그의 영광스런 형상을 복제하는 것이라고 말한다. 그들은 하나님의 형상인 "그 아들의 형상"을 본받게 될 것이다. 예수가 "많은 형제 중에서 맏아들이 된다"는 구절은 종말론적 부활에 참여하는 자들 가운데 그리스도가 갖는 수위성(首位性)을 보여준다. 하나님의 형상으로 지음을 받은 인간은 다

15) "…하나님이 이 모든 날 마지막에는 아들을 통하여 우리에게 말씀하셨으니 이 아들을 만유의 상속자로 세우시고 또 그로 말미암아 모든 세계를 지으셨느니라. 이는 하나님의 영광의 광채시요 그 본체의 형상이시라. 그의 능력의 말씀으로 만물을 붙드시며 죄를 정결하게 하시고 높은 곳에 계신 지극히 크신 이의 우편에 앉으셨느니라."

16) "하나님이 미리 아신 자들을 또한 그 아들의 형상을 본받게 하기 위하여 미리 정하셨으니 이는 그로 많은 형제 중에서 맏아들이 되게 하려 하심이니라."

름이 아니라 그리스도의 형상을 본받는 새로운 인간이다. 그리고 그 목표는 영광스럽게 된 성도들의 종말론적 공동체다.

고린도전서 15:40[17]에서 바울은 아담-그리스도 유형론(또는 마지막 아담 기독론)을 통해 우리가 "흙에 속한 자"(아담)의 형상을 입은 것같이 또한 "하늘에 속한 이"(그리스도)의 형상을 입을 것이라고 말한다. 여기서 후자는 종말론적으로 부활한 새로운 인간을 의미한다. 또한 고린도전서 15:44[18]에서 바울은 창세기 2:7을 아담-그리스도 유형론의 관점에서 미드라쉬적으로 해석한다. 즉 종말론적으로 마지막 아담인 그리스도 안에서 새로운 인간이 도래할 것이다. 아담이 그의 육체적 자손에게 자연적 본성("육의 몸")을 전해준 것처럼, 참된 하나님의 형상인 그리스도는 자신의 영적 자손에게 초자연적 본성("영의 몸")을 나누어 줄 것이다.

그렌츠에 따르면, 새로운 인간은 종말론적 미래에서뿐만 아니라 지금 이미 그리스도 안에서 하나님의 형상으로 변화한다(고후 3:18).[19] 새로운 인간은 하나님의 형상을 따라 의와 진리의 거룩함으로 지으심을 받은 사람이다. 그러나 또한 동시에 새로운 인간은 "옛 사람을 벗어버리고" "새 사람을 입는" 삶을 살아야 한다(엡 4:22-24).[20] 나아가 그리스도 안에서 새로운 인간은 차별이 없는 새로운 공동체를 창조한다(골 3:9-10; 엡 2:13-16).[21] 화

---

17) "하늘에 속한 형체도 있고 땅에 속한 형체도 있으나 하늘에 속한 것의 영광이 따로 있고 땅에 속한 것의 영광이 따로 있으니"

18) "육의 몸으로 심고 신령한 몸으로 다시 살아나나니 육의 몸이 있은 즉 또 영의 몸도 있느니라."

19) "우리가 다 수건을 벗은 얼굴로 거울을 보는 것같이 주의 영광을 보매 그와 같은 형상으로 변화하여 영광에서 영광에 이르니 곧 주의 영으로 말미암음이니라."

20) "너희는 유혹의 욕심을 따라 썩어져가는 구습을 따르는 옛 사람을 벗어버리고 오직 너희의 심령이 새롭게 되어 하나님을 따라 의와 진리의 거룩함으로 지으심을 받은 새 사람을 입으라."

21) "너희가 서로 거짓말을 하지 말라. 옛 사람과 그 행위를 벗어 버리고 새 사람을 입었으니

평을 이루시는 그리스도가 만유 안에 계시기 때문에 그리스도 안에서 새롭게 된 인간의 공동체에는 아무런 차별이나 불화가 있을 수 없다.

3. 탈근대적 상황에서의 하나님의 형상 이해: 관계성 안의 자아

그렌츠는 중심적 자아가 죽음을 당한 오늘의 탈근대적 상황에서 "관계성 안의 자아"를 새롭게 구성할 수 있는 성서적 근거를 창세기 1:26-27의 창조 본문에서 발견한다. 베스터만에 따르면, 창세기 2장 이야기의 중심적 관심은 여성의 창조에 있는 것이 아니라 인간(총칭적 인간, humankind)의 창조에 있다. 여성의 창조로 인해 인간의 창조가 완성된다. 왜냐하면 "하나님의 피조물은 오직 공동체 안에 있는 인간"[22]이기 때문이다. 이 두 번째 창조 이야기는 몸을 가진 한 개인적 실존은 불완전하다는 것을 함축한다. 성(性)은 몸을 가진 성적 피조물로서의 한 인간의 불완전성과 연결될 뿐만 아니라, 타자와의 관계성 안에 있는 온전한 인간을 위한 잠재성과 연결된다.[23] 성은 유대(紐帶)를 향한 인간의 독특한 충동의 기초를 형성한다. 유대를 향한 충동은 결혼으로 표현되며 나아가 더 넓은 인간 공동체의 형성을

이는 자기를 창조하신 이의 형상을 따라 지식에까지 새롭게 하심을 입은 자니라. 거기에는 헬라인이나 유대인이나 할례파나 무할례파나 야만인이나 스구디아인이나 종이나 자유인이 차별이 있을 수 없나니 오직 그리스도는 만유시요 만유 안에 계시니라." "이제는 전에 멀리 있던 너희가 그리스도 예수 안에서 그리스도의 피로 가까워졌느니라. 그는 우리의 화평이신지라. 둘로 하나를 만드사 원수된 것 곧 중간에 막힌 담을 자기 육체로 허시고 법조문으로 된 계명의 율법을 폐하셨으니 이는 이 둘로 자기 안에서 한 새 사람을 지어 화평하게 하시고 또 십자가로 이 둘을 한 몸으로 하나님과 화목하게 하려 하심이라."

22) Claus Westermann, *Genesis 1-11: A Commentary*, trans. John J. Scullion (London: SPCK, 1984), 192. 강성열 역, 『창세기주석』 (서울: 한국신약학회, 1998).

23) James B. Nelson and Sandra P. Longfellow, "Introduction," in *Sexuality and the Sacred: Sources for Theological Reflection*, ed. James B. Nelson and Sandra P. Longfellow (Louisville: Westminster John Knox, 1993), 14.

가져온다. 새로운 인간의 관점에서 볼 때, 성(따라서 유대를 향한 충동)의 궁극적 목적은 충만한 공동체, 즉 하나님 및 모든 창조세계와의 관계성 안에 있는 새로운 인간으로서 함께 더불어 사는 삶을 살아가는 데 있다.

따라서 성적 자아는 관계적 자아를 상징한다. 이 자아는 유대적 공동체 안의 인격(person-in-bonded-community)으로 이루어진다. 그런데 성이 어떻게 하나님의 형상으로서의 인간과 관계되는가? 창조 이야기에서 인간 창조의 주체는 복수로 나타난다. "우리의 형상을 따라 우리의 모양대로 우리가 사람을 만들자"(창 1:26). 기독교 신학자들은 이 본문에서 인간을 남자와 여자로 창조하는 삼위일체 하나님을 발견해낸다. 여기서 인간의 성적 분화는 삼위일체 하나님의 관계적 형상을 반영하는 것으로 이해된다. 본회퍼는 하나님의 형상이 관계적 유비에 있으며 남자와 여자의 이원성은 인간을 규정하는 관계성을 의미한다고 보았다.[24] 바르트는 두 번째 창조 이야기를 해석하면서, 여자의 창조는 영원한 삼위일체를 특징짓는 나-너의 관계성과 유사한 것을 창조세계의 영역 안에서 가능케 한다는 점에서 매우 중요하다고 말한다.[25] 그러나 그렌츠는 바르트처럼 남녀관계에서 곧바로 신적 원형으로 나아가서는 안 되고, 창조 이야기를 목적

---

24) Phyllis A. Bird, "'Male and Female He Created Them': Genesis 1:27b in the Context of the Priestly Account of Creation," *Harvard Theological Review* 74 (1981): 132n.8.

25) Ibid. 그러나 Grenz는 Barth가 유대를 향한 충동을 불러일으키는 불완전성의 의식으로서의 성의 역동성을 나-너 관계성의 패러다임으로 간주함으로써 결혼과 생식기를 의미하는 성적 표현의 경우와 같이 인간의 성을 이생에 한정시켰다고 비판한다. 그는 부활하신 예수처럼 인간은 남자 또는 여자로서의 몸을 지닌 인간으로서 부활의 변혁적 사건에 참여하며, 따라서 성을 시간에 한정시키는 것은 영원 속의 공동체의 기초를 허무는 것이라고 주장한다. 생식기를 의미하는 성적 표현은 이생에 남겨지더라도 유대감의 역동성은 종말론적 시간을 넘어서 계속 작동되며, 삼위일체 하나님과의 관계 안에서 새로운 창조세계 안의 새로운 인간 공동체로서의 인간을 구성한다는 것이다. Stanley J. Grenz, "The Social God and the Relational Self," 88-89.

론적 관점에서 즉 새로운 인간으로서의 하나님의 형상의 관점에서 이해해야 하며, 따라서 중간 단계가 요청된다고 주장한다. 신약성서는 하나님의 형상이 궁극적으로 그리스도이며, 또한 그리스도와의 연합을 통해 하나님과 그리스도의 관계를 공유하며 그리스도 안에서 하나님의 형상으로 변화되는 새로운 인간들로 이루어진다고 선언한다. 여기서 하나님의 형상은 단지 두 인격 사이의 나-너의 관계가 아니라 공동체적인 것이며, 창조세계 안에서 하나님을 대표(표상)하는 새로운 인간의 종말론적 운명이다.

그렌츠는 하나님의 형상이 개인 자체에 있지 않고 공동체 안에서의 인격들의 관계성에 있으며, 따라서 신적인 원형과 인간의 모형을 함께 묶는 관계론적 존재론이 요청된다고 말한다. 다마스커스의 요한 이래로 교부들은 신적 삶의 역동성을 표현하기 위하여 "페리코레시스"(*perichoresis*)라는 기독론적 개념을 사용하였다. 본래 그리스도의 신성과 인성의 상호의존을 표현하기 위해 사용되었던 이 용어는 삼위일체 위격들 간의 관계를 기술하는 길을 제공하였다. 페리코레시스에 대한 라쿠냐의 설명에 따르면, 세 위격은 "서로 안에 상호 내재하고 서로로부터 삶을 이끌어내며 타자와의 관계에 의해 그 자신이 된다."[26] 따라서 이 개념은 세 위격이 관계에 의해 결정된다는 사실을 지시한다. 각자는 다른 두 위격과의 "관계 안에 있는 위격"이다. 페리코레시스는 하나님을 셋으로 나누지 않으면서도 동시에 위격의 구별을 유지함으로써 한 하나님의 통일성과 삼위일체 위격들의 개별성을 함께 유지한다.

그렌츠에 따르면, 남녀 인간과 하나님의 형상 사이의 길은 새로운 인

---

26) Catherine Mowry LaCugna, *God for Us: The Trinity and Christian Life* (San Francisco: HarperSanFrancisco, 1992), 270-71. 이세형 역, 『우리를 위한 하나님: 삼위일체와 그리스도인의 삶』 (서울: 대한기독교서회, 2008).

간의 선취인 교회를 통해 인도되며 따라서 관계적 자아는 교회적 자아다. "그리스도 안"에 있음이 교회적 자아의 토대다. "그리스도 안"에서의 참여가 새로운 인간이 된 참여자들의 정체성을 구성한다. 그는 "그리스도 안"과 교회적 자아의 연결을 삼위일체적으로 설명한다. 바울에게 교회적 자아의 토대는 성령이다. 그는 하나님을 "아바"라고 부르는 것이 성령의 내주로 말미암는다고 말한다. 성령은 (아버지의) 아들의 영이다. 더욱이 "그리스도 안"에 있는 신자들로 하여금 하나님을 "아바"라고 부르게 하는 성령은 그들을 "하나님의 상속자요 그리스도와 함께 한 상속자"(롬 8:17)로 만든다. 성령은 새로운 인간을 그리스도와 연합시킴으로써 신자들을 신적인 삶 안으로 이끈다. 그런데 성령은 이 일을 오직 "아들 안"에서 행한다. "그리스도 안"에 있는 자들은 성령을 통해서 아들이 아버지와 함께 누리는 영원한 관계를 공유하게 된다. 아버지는 성령을 통해 자신이 아들에게 아낌없이 영원히 주는 것을 "그리스도 안"에서 새로운 공동체에 참여하는 자들에게 준다. 또한 성령으로 인해 "그리스도 안"에 있다는 것은 그리스도 안에서 그들이 아버지에 대한 아들의 영원한 응답에 참여한다는 것을 의미한다. 이와 같은 방식으로 성령에 의해 아들 안에 있는 자들은 하나님의 영원한 페리코레시스적 삶의 역동성에 참여한다. 이 참여는 "그리스도 안"에 있는 모든 인간이 공동체적 자아를 구성하며 그렇게 함으로써 관계적 자아를 교회적 자아로 변화시킨다.[27]

이처럼 그렌츠에게 인격은 관계성에 의존하는 것이며 충만한 관계성은 삼위일체 하나님과 관계를 맺는 것이다. 우리는 성령에 의해 그리스도 안에서 하나님이 허락하는 삶의 충만한 관계성에 참여한다. 나아가 "그리

---

27) Grenz, "The Social God and the Relational Self: A Trinitarian Theology of the Imago Dei," *Personal Identity in Theological Perspective*, ed. Richard Lints, Michael Horton & Mark R. Talbot (Grand Rapids: Eerdmans, 2006), 92.

스도 안"에 있는 것은 예수의 이야기에 참여하는 것이다. 이 이야기의 초점은 십자가와 부활이다(롬 6:1-14). 이 이야기는 정체성을 형성하는 이야기, 공유된 이야기, 공동체적 이야기다. 그렌츠는 결론적으로 다음과 같이 말한다. "삼위일체 하나님과의 관계성 안에 있음은 예수의 이야기에 함께 참여하는 새로운 교회적 인간들과의 관계성 안에 있음을 포함하며, 심지어 관계성에 의해 인간이 구성된다. 내주하는 성령이 삼위일체 하나님의 페리코레시스적 삶의 패턴을 따라 하나님의 형상으로서의 새로운 인간을 선취적으로 포괄하는 것처럼, 성령은 그리스도의 교회적 공동체 안에 참여하는 사람들의 '자아'와, 더 나아가서는 세상의 '자아'를 지속적으로 구성한다."[28]

Ⅲ. 하나님과 계약 관계 안에 있는 이야기적 자아: 마이클 호튼

서구 전통의 인간론에 대한 호튼의 이해는 그렌츠의 이해와 다르지 않다. 호튼에 따르면, 신플라톤주의의 영향 아래 있었던 아우구스티누스가 인간 안의 하나님의 형상을 영혼(이성, 정신)을 핵심으로 하는 인격의 내적 구조의 관점에서 설명한 이래, 전통적인 기독교 인간학은 인간 자아를 실체론적 형이상학의 관점에서 이해해 왔다. 계몽주의 시기에 데카르트는 이와 같은 본질주의적 인간 이해를 더욱 세속화시켜 인간의 자율성을 강조하였다. 이 시기에 인간 인격은 지식, 의무, 감정, 노력 등으로 환원되었으며, 인식 주체인 자아는 "생동적 경험"으로부터 유리되었다. 이와 같은 인간 이해에 대하여 빌헬름 딜타이는 "로크, 흄, 칸트가 구성하는 인식 주

28) Ibid.

관의 혈관에는 진정한 피가 흐르지 않는다"고 말했다.[29] 다른 한편, 오늘의 탈근대적 시기에 있어 미셸 푸코가 말한 바와 같이 인간은 "바닷가에 있는 모래 위에 그려진 얼굴처럼 지워지고 있다."[30] 이와 같은 상황에서 호튼은 인간 안의 하나님의 형상을 계약과 종말론의 맥락에서 설명하고 그것이 오늘날의 "탈근대적 자아"의 문제와 바람직하게 상호작용할 수 있는 길을 제시하고자 한다.

1. 계약과 종말론

호튼은 개혁파 전통을 따라 인간을 이중적인 하나님과의 계약 관계, 즉 창조계약과 은혜계약 안에 있는 것으로 이해한다.[31] 전자는 행위, 율법, 양심에 의한 것이며, 후자는 예수 그리스도의 복음에 의한 것이다. 계약신학의 관점에서 볼 때 인간이 된다는 것은 내적 상태나 본질에 대한 존재론적 정의에 있는 것도, 다른 피조물들과의 대조에 있는 것도 아니고, 성서 이야기 안에서 인간에게 주어진 특수한 위임(commission)에 있다. 성서 저자들에게 인간이 된다는 것은 형이상학적-존재론적 문제가 아니라 이야기적-윤리적(narrative-ethical) 문제다. 그것은 창조, 타락, 구속, 완성의 드라마와 분리될 수 없다. 인간의 정체성에 대한 만족스런 대답은 예

---

29) Anthony Thiselton, *Interpreting God and the Postmodern Self: On Meaning, Manipulation and Promise* (Edinburgh: T&T Clark, 1995), 47.

30) Michel Foucault, *The Order of Things: An Archaeology of the Human Sciences* (New York: Random House, 1970), 387. 이규현 역, 『말과 사물』 (서울: 민음사, 2012).

31) 개혁파 전통을 이해하기 위해서는 Michael S. Horton, "Post-Reformation Reformed Anthropology," in *Personal Identity in Theological Perspective*, 48-60, 호튼을 이해하기 위해서는 Michael S. Horton, "Image and Office: Human Personhood and the Covenant," in *Personal Identity in Theological Perspective*, 180-81 참고.

수 그리스도다. 왜냐하면 그리스도만이 새로운 인간성을 위해 모든 인간을 대표하여 행위의 계약을 성취했기 때문이다(요 17:19). 호튼은 예수 그리스도 안의 은혜계약이 창조계약의 성취를 통해 주어진다고 주장한다.

또한 호튼은 종말론적 관점에서 창조를 인간과 자연 세계를 향하여 하나님이 목적하신 종국이 아니라 시작으로 이해한다. 성서에 나타나는 계약적·종말론적 인간 이해는 추상적·형이상학적 범주가 아닌 윤리적·인격적 범주 안에서만 접근이 가능하다. 창조는 그 앞에 놓여 있는 더 위대한 운명과 더불어 시작되었다. 따라서 종말론이 구원론에 선행한다.[32] 타락 이전에도 창조는 완성을 기다리고 있었다. 이 완성은 불멸을 포함했다.[33] 호튼은 (바르트와 몰트만과 달리) 죽음이 단지 인간의 유한성의 결과로 온 것도 아니며 (영혼 불멸주의자들과 달리) 불멸이 처음부터 인간의 소유도 아니었다고 주장한다. 불멸은 기원이 아니라 목표였다. 생명나무는 전제가 아니라 전망이었다. 타락 이전에 아담과 하와는 두 나무 사이에서 살았다. 인간은 본성상 계약적이기 때문에 또한 미래 지향적 존재다. 아담과 하와는 하나님의 형상으로 창조되었다. 그러나 이 형상의 완성은 미래에 성취될 것이다. 그러므로 인간의 인격은 회고적이면서 또한 예기적·종말론적인 정체성을 갖는다. 호튼은 인격이 "드라마적인 이야기 구성"의 관점에서만 올바로 이해될 수 있다고 주장한다.[34]

---

32) Geerhardus Vos, *The Eschatology of the Old Testament*, ed. James T. Dennison Jr. (Phillipsburg, N. J.: P&R Publishing, 2001), 73-74. 박규태 역, 『구약의 종말론』 (서울: 좋은씨앗, 2016).

33) 몰트만은 열매를 맺고 번성하라는 하나님의 명령에 기초하여 "인간은 처음부터 죽음을 당할 수밖에 없는(mortal) 존재"로 창조되었다고 주장한다. Jürgen Moltmann, *The Coming of God: Christian Eschatology,* trans. Margaret Kohn (Minneapolis: Fortress, 1996), 91. 김균진 역, 『오시는 하나님: 기독교적 종말론』 (서울: 대한기독교서회, 2004).

34) Michael S. Horton, "Image and Office: Human Personhood and the Covenant,"

2. 인간 안의 하나님 형상

호튼에 의하면, 정신-몸 이원론적 관점에서 하나님의 형상을 인간의 정신(이성)과 동일시하는 플라톤적 사고는 잘못된 것이다. 하나님의 형상은 인간의 정신적(또는 육체적) 기능이나 실체와 동일시되어서는 안 된다. 인간 안의 하나님의 형상은 인간이 하나님과의 계약의 상대방이 된다는 사실에 있다. 이성, 의도적 관계성, 도덕적 주체성, 언어 등은 오직 인간만이 하나님과의 계약에서 상대방이 될 수 있게 해주는 전제 조건으로 간주될 수 있다. 즉 인간은 계약적 인격이 되기 위해 이와 같은 특성들을 필요로 한다. 그러나 하나님의 형상은 이것들과 동일시 될 수 없다. 호튼은 하나님의 형상을 직무(office)와 위임(embassy) 그리고 종말론적으로 정위된 "계약적 위임"(covenantal commission)으로 이해해야 한다고 주장한다.[35] 그는 이러한 관점에서 하나님의 형상을 네 가지 특성, 즉 아들 됨/왕적 지배, 대표, 영광, 예언자적 증인으로 설명한다.

a. 아들 됨/왕적 지배

하나님의 형상의 의미 가운데 하나는 아들의 왕적 지배에 있다. 왕적 아들 됨의 주제는 창세기 1:26-28에 나타난다. 필리스 버드에 따르면, 이 본문의 "하나님의 형상"은 왕적 아들을 의미한다. 형상(*ṣelem*) 자체는 아무것도 말해주지 않지만, 창세기 1장의 하나님의 형상(*tṣelem elohim*)은 왕적 호칭이며 통치를 위한 전제 조건이다. 그러나 이 성서의 본문에서 왕적 아들은 고대 이집트(파라오)와 메소포타미아의 신화에서처럼 성육신한 신

183.

35) Ibid., 184.

의 아들을 의미하는 것이 아니라 자신 안에 모든 인간을 포함하는 대표적 인간으로서의 왕적 통치자를 의미한다.[36]

아들 됨으로서의 하나님 형상은 예수 그리스도 안에서 가장 분명하게 나타난다. 두 번째 아담으로서 성육신한 그리스도의 왕적 아들 됨-하나님의 형상은 그분의 영원한 아들 됨과 구별된다. 그리스도는 겸비의 상태에서 이 왕적 아들로서의 하나님의 형상을 다른 인간들을 대표하여 성취해야 한다. 다시 말하면 그리스도는 (하나님의 아들이자) 아담의 아들로서 하나님의 왕적 아들이 되는 인간의 운명을 성취해야 할 임무를 부여받았다. 오도노반에 따르면, 부활하신 그리스도 안에서 인간은 하나님이 아담에게 부여하신 창조질서 안에서의 지배적 위치를 회복한다.[37]

b. 인간의 대표이신 예수 그리스도에 대한 위임 즉 창조계약의 성취와 그 결과인 은혜계약

호튼은 인간의 대표로서 예수 그리스도의 하나님의 형상은 신적 본질의 반영을 의미하기보다 사법적 또는 직무적 위임을 의미한다고 주장한다. 예수는 사적인 개인이 아니라 자신의 계약의 백성들을 대표하는 대표자로서의 행동을 통해 왕적 아들이 되었다. 따라서 인간의 구원을 위한 그리스도의 인간성이 매우 중요하다. 호튼은 츠빙글리가 그리스도의 구원의 효력을 오직 그분의 신성에만 돌림으로써, 그리고 바르트는 인간론을 기독론으로 환원시킴으로써[38] 둘 다 인간의 구원을 위한 예수의 인간성

36) Bird, "'Male and Female He Created Them,': Gen. 1:27b in the Context of the Priestly Account of Creation," *Harvard Theological Review* 74:2 (1981), 140, 155-58.

37) Oliver O' Donovan, *Resurrection and Moral Order: An Outline of Evangelical Ethics* (Grand Rapids; Eerdmans, 1986), 24.

38) Barth에 따르면, "우리가 아담 안에서 초래하는 죄와 형벌은 그 자체로 아무런 독립적 실재를 갖고 있지 못하다. 그것들은 우리가 그리스도 안에서 발견하는 은혜와 생명의 어두운

의 의미를 약화시켰다고 비판한다.[39] 우리가 인간으로서의 아담을 심각하게 고려하지 않는다면 아담의 본래적 과제를 성취한 그리스도에 대하여 정당하게 말할 수 없다. 예수는 단지 신적인 하나님의 아들이 아니라 성령의 능력 안에서 아버지의 뜻에 온전히 순종한 참된 신실한 인간의 아들이다. 이처럼 공로를 산출하는 인간적인 삶은 구속을 위한 본질적인 요소다. 그것은 단지 희생제사를 위해 필요한 전제 조건이 아니라 희생제사의 일부다.[40] 호튼은 이와 같은 대표로서의 그리스도의 직무는 상호성이 본질이라고 강조한다. 즉 아버지가 아들을 인정하는 것은 은혜가 아니라 위임의 성취에 대한 보답이다. 창조계약은 은혜 안에 흡수되지 않는다. 창조계약은 우리를 대신(대표)하여 성취되며 그렇게 됨으로써 은혜계약이란 승리의 열매가 우리에게 주어진다.

c. 영광

창조 이야기는 하나님이 온 우주를 자신의 영광의 영으로 채우신다고 묘사한다. 아담에게 영이 불어넣어짐으로써 아담은 영광의 영이 거주하는 전으로 창조되었다. 리쾨르는 하나님의 형상에 대한 바울의 사고(고후 3:18)가 창세기 1:26의 하나님의 형상 안에서의 창조 이야기에 기초

그림자일 뿐이다." Karl Barth, *Christ and Adam: Man and Humanity in Romans 5* (New York: Harper and Brothers, 1957), 36. 전경연 역, 『그리스도와 아담』 (서울: 대한기독교서회, 1976).

39) Horton, "Image and Office: Human Personhood and the Covenant," 187-88.

40) Horton은 Moltmann의 다음과 같은 말을 인용한다. "인자의 하나님 나라에서 인간 안의 하나님의 형상이 완성된다. 이 인간을 통하여 하나님은 창조세계에 대한 자신의 권리를 최종적으로 주장하신다." Jürgen Moltmann, *Man: Christian Anthropology in the Conflicts of the Present*, trans. John Sturdy (Philadelphia: Fortress, 1974), 112. Michael S. Horton, "Image and Office: Human Personhood and the Covenant," 189에서 재인용.

한 것이 아니라 구약성서에 나타나는 영광의 주제에 기초한 것이라고 본다.[41] 즉 인간은 영광의 영의 형상으로 창조되었다. 인간은 원형(原形, Archetype)인 영에 의해 만들어진 모형(模形, ectype)이다.[42] 예수는 제자들에게 숨을 내쉬면서 "성령을 받으라"(요 20:22)고 말했다. 그리스도인은 그리스도의 형상으로 즉 영광의 영이 거하는 전으로 재창조된 존재들이다. 시편 저자는 하나님께서 인간을 "영화와 존귀"로 관을 씌우셨다고 말한다(시 8:5). 바울은 하나님의 형상을 하나님의 영광(*doxa*)과 연결시킨다. "남자는 하나님의 형상과 영광이니"(고전 11:7). 종말론적인 영광의 형상은 새로운 창조 안에서 성취될 것이다. 태초에 자신의 영에 의해 자신의 형상 안에서 우리를 창조하신 분이 마지막 날에 동일한 영에 의해 동일한 형상 안에서 우리를 다시 창조하실 것이다. 그러나 호튼은 영광이 인간을 구성하는 특수한 본질과 일치하는 것이 아니라 사법적-직무적(judicial-official)인 것이라고 강조한다. "인간은 하나님의 형상으로서 왕의 직무와 관련되는 사법적 기능을 가진 왕적 아들이다. 인간 안의 하나님 형상의 갱신은 그리스도의 원형적 영광의 형상을 인간에게 나누어줌으로써 이루어진다."[43] 창조 때부터 예정되어 있듯이, 영광스런 하나님의 형상의 완성은 육체적 부활과 영화(glorification)와 함께(롬 8:23) 종말론적 미래에 실현될 것이다.

---

41) Paul Ricoeur, *Figuring the Sacred*, trans. David Pellauer, ed. Mark Wallace (Minneapolis: Fortress, 1995), 267-78.

42) Ibid., 23-24.

43) Meredith Kline, *Images of the Spirit* (self-published, 1986), 28. Michael S. Horton, "Image and Office: Human Personhood and the Covenant," 193에서 재인용.

d. 예언자적 증인

호튼에 의하면, 성령에 사로잡힌 예언자의 삶은 새롭게 창조된 하나님의 형상 안에서의 인간의 종말론적 운명을 예언하는 것이다. 성령은 부활절과 오순절의 영광의 영으로 강림하셔서 새로운 창조를 시작하셨으며 우리를 세상 끝날에 대한 증인으로 부른다. 고린도전서 2-3장에 따르면, 그리스도가 교회를 자신의 신적 형상 안에서 새롭게 창조하는 것은 예언자적 교회를 창조하는 것이다. "그리스도는 본래적인 빛이며, 그리스도가 자신의 형상으로 창조하는 교회는 반사하는 빛", "예언자적 증인"이다.[44] 하나님의 형상은 윤리적 차원을 갖는다. 우리의 영화는 성령 안에서 이미 어느 정도 실현되었으며 종말에 왕적 아들로서의 완전한 정신-육체적 영화가 실현될 것이다(롬 8:18-25). 호튼은 인간을 구성하는 본질적 요소들(이성, 자유의지 등)이 계약 관계를 위한 전제 조건이라고 본다. 그러나 그는 "인간 안에 있는 하나님의 형상이 본질적이라기보다 직무적이고, 존재론적이라기보다 윤리적이며, 형이상학적이라기보다 종말론적임"을 거듭 강조한다.[45]

3. 하나님과의 계약 관계 안에서의 이야기적 자아의 정체성

호튼에 따르면, 우리에게 중요한 물음은 "인간이란 무엇인가?"라는 물음보다 "나는 누구인가?"라는 물음이다. "나"는 담화와 행동이 결합되어 구성되는 역동적인 "이야기적 자아"다. 인간은 이야기적 존재(*homo narrans*)로서, "이미 말해진 이야기 안에서 자신을 발견하며 만들어져가

---

44) Kline, *Images of the Spirit*, 85. Michael S. Horton, "Image and Office: Human Personhood and the Covenant," 194에서 재인용.

45) Ibid., 195.

는 이야기 안에서 자신을 구성(emplot)함으로써 자신을 형성하고자 한다."[46] 이 이야기적 구성으로서의 자아는 자기 폐쇄적이고 변화하지 않는 "자기 동일적 단자"(單子, monad)로서의 자아와 대조된다. 리쾨르는 동일적 정체성(idem-identity)과 자발적 정체성(ipse-identity)을 구별한다. 전자는 영속적이고 불변적인 정체성을 가리키며, 후자는 "인간의 특성에 적용할 수 있는 정체성 즉 이야기의 주인공의 캐릭터와 유사한 정체성"을 가리킨다.[47] 자발적 정체성의 주체는 이야기 속에서 시간화 된 자아다. 슈랙에 따르면, 자아의 이야기는 창조적 전진의 이야기다. "여기서 과거는 단지 무로 소멸되는 현재가 아니라 새로운 의미의 해석과 관점에 열려 있는 텍스트, 즉 사건과 경험의 기록이다. 마찬가지로 미래는 아직 도래하지 않은 현재가 아니다. 이야기 시간의 미래는 가능성으로서의 자아이며 이미 씌어진 기록에 대한 새로운 읽기를 제공하고 또한 새로운 기록을 만들어가는 힘으로서의 자아다."[48]

호튼은 이와 같은 인간 이해들이 종말을 지향하는 계약적 존재로서의 기독교의 인간 이해와 공명한다고 본다. 성서에서 인간의 정체성의 문제는 추상적으로 다루어지지 않고 이야기적 구성을 가진 계약적 위임의 관점에서 다루어진다. 성서는 무시간적인 영원한 도덕적 진리를 말하지 않고 구체적인 이야기 줄거리로부터 나오는 특수한 형태의 실존에 대하여

46) Calvin O. Schrag, *The Self after Postmodernity* (New Haven: Yale University Press, 1997), 26.

47) Ibid., 35. Ricoeur, *Oneself as Another*, trans. Kathleen Blamey (Chicago: University of Chicago Press, 1992). 김웅권 역, 『타자로서 자기 자신』 (서울: 동문선, 2006).; "The Image of God and the Epic of Man," *History and Truth*, trans. Charles A. Kelbley (Evanston: Northwestern University Press, 1965); Ricoeur, *Figuring the Sacred*, 262-75.

48) Schrag, *The Self after Postmodernity,* 37.

말한다. 성서에 따르면, 자기 정체성(나-경험)에 본질적인 "우리-경험"은 계약, 즉 창조계약과 은혜계약에 의해 형성된다. 바울의 종말론에서 "나-경험"과 "우리-경험"은 완전히 통합된다. 이와 같은 완전히 통합된 계약적 자아는 하나님의 계약 백성의 역사 안에서 전개된 모든 삶의 이야기의 통일성 안에서 출현한다.[49] 따라서 호튼은 "나는 누구인가?"하는 질문을 계약의 맥락에서 적절하게 물을 수 있다고 주장한다. 계약의 맥락에서 하나님의 행동의 직설법(indicative)으로서의 이야기와 인간의 행동을 위한 명령법(imperative)으로서의 윤리(롬 12:1-2)는 통합된다. 리쾨르의 표현을 빌자면, 계약적 자아는 "예언자적 소명을 위한 이야기 학교에서 부름을 받은 주체"다.[50] 이 "소명의 이야기"가 예언자의 자기 정체성을 구성한다. 호튼은 이 소명을 단지 성서의 예언자만이 아니라 창조 안의 모든 인간과 구속받은 모든 그리스도인들의 일반적인 직무로 이해한다.

Ⅳ. 결론

전통적 또는 근대적인 실체론적 인간론과 탈근대적인 자아 해체적 인간론이 대립하는 오늘날의 상황 속에서 그렌츠와 호튼은 성서에 기초하여 인간 인격을 관계론적 범주 안에서 새롭게 설명하고자 하였다. 그들은 하나님의 형상으로서의 인간 인격을 하나님과의 관계성 안에서 구성하고, 그리스도 안에서 회복되고 성령에 의해 종말론적으로 완성되는 역사적이고 이야기적인 자아로서 재구성하고자 시도하였다. 이와 같은 시도는 탈

49) Horton, "Image and Office: Human Personhood and the Covenant," 201.
50) Ricoeur, *Figuring the Sacred*, 262.

근대적인 새로운 인간론 모델의 수립을 위한 바람직한 시도라고 평가될 만하다. 이 두 사람은 공통적으로 하나님과의 관계를 인간 인격의 이해를 위한 근본적인 토대로 삼는다. 그렌츠에게 있어 하나님과의 관계성은 근본적인 인간의 자아를 구성한다. 즉 인간 안의 하나님의 형상은 인격의 내적 구조가 아니라 하나님과(그리고 다른 존재들과)의 관계성에 있다. 인간을 구성하는 영혼, 정신, 이성 같은 요소들은 하나님과의 관계를 갖기 위한 전제 조건으로서 중요한 의미가 있다. 호튼의 인간론의 관계론적 특징은 그의 계약사상에 잘 나타난다. 그에게 인간을 구성하는 본질적 요소들(이성, 자유의지 등)은 계약 관계를 위한 전제 조건으로서 필요하다. 그는 하나님의 형상을 계약적 위임으로 이해한다.

또한 이 두 사람은 공통적으로 인간 안의 하나님의 형상을 종말론적 관점에서 이해한다. 그렌츠에 따르면, 예수는 하나님께서 인간에게 의도하신 바를 성취한 새로운 인간의 머리이며, 따라서 하나님의 형상은 종말론적 목표를 지향한다. 성서(고전 15:40, 44)는 마지막 아담인 그리스도 안에서 새로운 인간이 종말론적으로 도래할 것을 보여준다. 호튼에 따르면, 인간은 본성상 계약적이기 때문에 또한 미래 지향적 존재다. 아담과 하와는 하나님의 형상으로 창조되었지만, 이 형상의 완성은 미래에 성취될 것이다. 그러므로 인간의 인격은 회고적이면서 또한 예기적·종말론적인 정체성을 갖는다.

따라서 이 두 사람은 공통적으로 인간 인격을 정태적·본질주의적 관점이 아니라 역동적·역사적·이야기적 관점에서 이해하였다. 그렌츠에 따르면, 하나님의 형상은 인간의 종말론적 목표 또는 운명이며, 인간의 인격은 이 하나님의 형상을 이루기 위한 하나의 역사 또는 이야기다. 호튼에 따르면, 인간 안에 있는 하나님의 형상은 본질적이라기보다 직무적이며 존재론적이라기보다 윤리적이다. 인간이 된다는 것은 내적 상태나 본질에 대한 존재론적 정의나 다른 피조물들과의 대조에 있지 않고 성서 이야기 안에서 인간에게 주어진 특수한 위임에 있다.

그러나 이 두 사람은 공통점과 아울러 분명한 차이점도 보여준다. 그렌츠의 인간론은 그리스도 중심적·삼위일체적·교회론적이다. 그에 따르면, 인간 안의 하나님의 형상은 예수 그리스도에 의해 실현된 새로운 인간 안에서 성취된다. 인간의 인격은 성령에 의해서 그리스도 안에서 삼위일체 하나님의 페리코레시스적 삶의 충만한 관계성에 참여한다. 그리고 성령은 교회적 공동체 안에 참여하는 사람들의(그리고 세상의) 자아를 종말론적 완성을 향하여 지속적으로 구성해간다. 그렌츠의 그리스도-인간론의 특징은 그가 인간 안의 하나님의 형상을 신성 또는 신적 표상과 연결시킨다는 점에 있다. 그는 인간 안의 하나님의 형상을 초월적인 하나님의 실재를 표상하는 것으로 이해한다. 인간 안의 하나님의 형상은 인간이 창조세계 안에서 초월적 창조자의 내재를 매개함을 지시한다. 창세기 1:26-27은 인간을 창조세계 안에서 초월적 신성을 표상(대표)하는 피조물로 세웠음을 나타낸다. 인간 안의 하나님의 형상을 피조세계 안에서 하나님을 대표하는 신적 표상으로 이해하는 인간론에 기초하여 그렌츠는 하나님의 형상의 그리스도론적 회복을 말한다. 인간은 그리스도 안에서 하나님의 형상을 회복함으로써 다시금 창조세계 안에서 하나님을 대표(표상)하는 새로운 인간이 된다.

그렌츠는 인간 안의 하나님 형상의 그리스도론적 회복을 말하면서 하나님의 형상으로서의 그리스도의 신성과 영광을 강조한다. 그에 따르면, 고린도후서 4:4-6에서 하나님의 형상은 그리스도가 하나님의 영광을 발하는 것을 의미하며, 히브리서 1:1-3은 예수를 "하나님의 영광의 광채시요 그 본체의 형상"이라고 선언함으로써 영광과 형상을 결합한다. 여기서 예수는 단지 수동적인 신적 실재의 반영이 아니라 스스로가 신적 빛이다.

또한 그렌츠는 하나님의 형상의 종말론적 완성이 궁극적으로 인간의 노력이 아니라 하나님의 은혜에 의해 이루어진다고 말한다. 즉 성령이 교회 공동체 안에 참여하는 사람들(그리고 세상)의 "자아"를 지속적으로 구성한다. 따라서 하나님의 형상은 성령에 의해 종말론적으로 완성된다.

이와 같이 그렌츠는 삼위일체 하나님과의 관계성 안에 있는 인간 인격이 성령에 의해, 그리스도 안에서, 교회를 중심으로 구성되고 종말론적으로 완성되는 이야기적 자아임을 논증하면서, 인간 안의 하나님의 형상의 회복을 가져오는 그리스도의 신성과 영광, 그리고 하나님의 형상의 종말론적 완성을 가능케 하는 성령의 사역을 강조한다. 이것은 그가 하나님의 형상의 회복과 완성을 궁극적으로 인간의 윤리적 노력에 의해 성취되는 것이 아니라 하나님의 은혜의 선물로 주어지는 것으로 이해하고 있음을 보여준다.

다른 한편, 호튼은 인간 안의 하나님의 형상으로 인해 인간이 하나님과 계약의 상대방이 된다는 사실에 있다고 주장하면서, 이러한 주장을 뒷받침하기 위해서 리쾨르 등에 의해 발전된 오늘날의 이야기 해석학을 계약신학의 관점에서 전용한다. 그는 하나님의 형상이 어떤 본질이 아니라 이야기적 직무라고 주장한다. 인격은 "드라마적인 이야기 구성"의 관점에서만 올바로 이해될 수 있다. 성서 저자들에게 인간이 된다는 것은 형이상학적-존재론적 문제가 아니라 이야기적-윤리적 문제다. 따라서 그는 인간 안의 하나님의 형상은 본질적이라기보다 직무적이며, 존재론적이라기보다 윤리적이며, 형이상학적이라기보다 종말론적이라고 주장한다.

호튼에 따르면, 창조계약 안에서 하나님의 형상은 결코 양도될 수 없는 인간의 위상이다. 그러나 인간의 죄로 말미암아 예수 그리스도의 구속을 통한 은총계약이 요구된다. 여기서 그는 대표 또는 표상으로서의 예수 그리스도의 구속 사역을 인간을 향한 하나님의 관계의 관점이 아니라 하나님을 향한 인간의 관계의 관점에서 이해한다. 즉 하나님의 형상으로서의 예수 그리스도는 하나님을 향하여 인간을 대표(표상)한다. 그는 두 번째 아담으로서 성육신한 예수 그리스도의 왕적 아들 됨-하나님의 형상을 그분의 영원한 아들 됨과 구별하고, 겸비의 상태에서 예수 그리스도가 이 왕적 아들로서의 하나님의 형상을 다른 모든 인간들을 대표하여 성취해야 한다고 주장한다. 다시 말하면, 예수 그리스도는 (하나님의 아들이자) 아담의 아들로서 하나님의 왕적 아들이 되는 인간의 운명을 성취해야 하는 위임을 받았다. 따라서 인간의 구원을 위한 예수 그리스도의 인간성이 절대적으로 중요하다. 왜냐하면 예수 그리스도는 다른 모든 인간을 대표하여 창조계약을 성취함으로써 하나님의 형상을 성취해야 하기 때문이다. 이런 이유로 호튼은 예수 그리스도 안에서의 은혜계약이 예수 그리스도가 두 번째 아담(인간)으로서 행위(창조, 율법)계약을 완전히 실현함으로써 주어진다는 점을 거듭 강조한다. 인간의 대표로서 예수 그리스도가 받은 위임은 창조계약의 성취를 통한 은혜계약의 구현이다.

인간의 대표로서 예수 그리스도의 창조계약의 성취를 통한 구속(은혜계약)의 실현에 대한 호튼의 이해는 기본적으로 칼뱅주의의 형벌대속(penal substitution)의 구속교리와 일맥상통한다. 여기서는 하나님의 은혜의 행동보다 인간의 보상적 행동이, 하나님의 사랑보다 정의와 율법이 강조되며, 예수 그리스도의 십자가는 본질적으로 인간을 위한 하나님의 자기희생적 사랑의 사건이라기보다 하나님의 공의를 만족시키기 위한 인간 예수의 대리적 형벌 사건으로 간주된다. 따라서 여기서는 인간의 구원을 위한 예수 그리스도의 신성의 의미가 약화된다. 그러나 우리는 십자가의 구속(은혜계약)이 근본적으로 하나님을 향한 인간의 사건이 아니라 인간을 향한 하나님의 사건, 다시 말하면 하나님의 공의와 율법을 만족시키기 위한 인간 예수의 대리적 희생의 사건이라기보다 인간을 구원하시기 위

한 예수 그리스도 안에서의 하나님의 자기희생적인 사랑의 사건임을 기억해야 한다.[51]

또한 호튼은 하나님의 형상의 종말론적 완성을 위한 인간의 윤리적 직무를 강조한다. 그는 하나님의 형상과 영광은 인간을 구성하는 본질이 아니라 사법적-직무적인 것이며, 따라서 은총계약 안에서 하나님의 형상이 회복된 인간은 종말론적인 자기 정체성을 이야기적 구성을 통해 구현하고자 자신의 직무를 수행하여야 한다는 점을 거듭 강조한다. 그러나 은총계약 안에서의 하나님의 부르심의 본질은 직무보다 은총의 선물에 있다. 하나님과의 계약을 통해 구성되는 인간의 이야기적 정체성의 본질은 하나님의 명령에 대한 인간의 윤리적 응답에 있지 않고, 그것을 선행하는 하나님의 은혜의 선언에 있다. 인간과 계약을 맺으시는 하나님의 선언(indicative)은 언제나 하나님의 명령(imperative)을 선행한다.[52] 더욱이 예수 그리스도 안에서의 은혜계약에서의 하나님의 명령은 단순한 율법적·윤리적 요구가 아니다. 그것은 우리와 함께 하시고 힘을 주시며 마침내 그 명령을 하나님의 은혜로 이루시겠다는 하나님의 약속이기도 하다. "볼지어다! 내가 세상 끝날까지 너희와 항상 함께 있으리라"(마 28:20).[53] 이

---

51) 형벌대속 교리와 관련한 구속교리에 대한 자세한 논의는 윤철호, "구속교리에 대한 해석학적 고찰: '승리자 그리스도' 모델을 중심으로," 『장신논단』 Vol. 44, No. 1. (서울: 장로회신학대학교 출판부. 2012), 131-162; 윤철호, "통전적 구속교리: 형벌 대속이론을 중심으로," 『한국조직신학논총』 제32집. 한국조직신학회 편. (서울: 한들출판사, 2012), 7-40을 참고하라.

52) 이것은 그리스도를 통한 은혜계약뿐만 아니라 모세를 통한 율법계약에서도 마찬가지다. 이스라엘의 순종의 행위가 하나님과의 시내산계약(율법계약)을 가져온 것이 아니다. 이스라엘이 하나님의 백성이 된 것은 전적인 하나님의 은혜로 말미암은 것이다. 율법은 그들이 하나님의 은혜로 하나님의 백성이 되었음을 가리키는 징표이자 하나님의 백성으로서 살아야할 삶의 지표다.

53) 이것이 칼뱅이 강조했던 하나님의 절대 주권의 본래적 의미다.

와 같은 약속에 의지하여 그리스도와 성령을 통한 삼위일체 하나님의 은혜계약 안에 있는 그리스도인은 "이미"와 "아직"의 변증법적 긴장 관계 안에서 종말론적 완성에 대한 확고한 믿음을 가지고 미래를 향해 나아갈 수 있다.

그렌츠와 호튼은 공통적으로 인간 인격이 하나님과의 관계성 안에서 구성되며 종말론적으로 완성되는 이야기적 자아임을 말한다. 또한 이 두 사람은 공통적으로 하나님의 은혜의 행동(indicative)과 인간의 윤리적 행동(imperative)을 함께 말한다. 그러나 그렌츠에게서는 그리스도와 성령을 통한 하나님의 은혜의 행동이 우세한 반면, 호튼에게서는 윤리적 직무를 위한 인간의 행동이 지배적으로 강조된다. 삼위일체 하나님과의 계약의 관계성 안에서 구성되며 종말론적으로 완성되는 이야기적 자아로서의 인간의 역사에서 하나님의 은혜의 행동(직설법)과 인간의 윤리적 행동(명령법)은 변증법적으로 통합되어야 하며, 이 변증법적 통합에서 인간의 윤리적 행동은 결코 하나님의 은혜의 행동보다 앞서거나 더 강조될 수 없다.

An Interdisciplinary Dialogical Study
on Human Nature and Destiny

제3부

학제간 대화를 통한 기독교 인간론

이 책의 중요한 특징 가운데 하나는 폐쇄적인 계시실증주의적 게토(ghetto) 안에 갇혀 있지 않고 타 학문에 대한 개방성 속에서 학제 간 대화를 수행함으로써 더 통전적인 기독교 인간론의 전망을 수립하는 것이다. 제8장에서는 인간을 주제로 기독교가 진화론, 생물학, 신경과학, 생태학과의 대화를 수행함으로써 신학과 과학이 불가분리적인 관계에 있음을 보여준다. 제9장에서는 낸시 머피의 비환원론적 물리주의 인간론에 대하여 고찰하고, 제10장에서는 필립 클레이턴의 창발론적 인간 이해를 논구한다. 제11장에서는 정신분석이론과 종교 이해에 대하여 신학적으로 고찰하며, 제12장에서는 정신분석이론과의 대화를 중심으로 인간 안의 하나님의 형상의 의미를 새롭게 조명한다. 그리고 제13장에서는 남방 상좌부 불교를 중심으로 불교의 인간론에 관해서 살펴본다.

제8장

인간에 대한 기독교와 과학의 대화

Ⅰ. 서론

이 글에서는 인간이라는 주제를 중심으로 기독교와 과학의 대화를 시도하고자 한다. 고대와 중세까지는 철학이 신학의 주요 파트너였다. 그러나 근대에 들어 과학이 출현한 이래 오늘날 신학은 과학과 더욱 밀접한 관계를 갖게 되었다. 그러나 불행하게도 근대 이래로 기독교와 과학은 서로 대립적인 관계에 있거나 서로를 무시 또는 경계하는 관계를 맺어 왔다. 기독교는 과학의 진화론적·인과론적 법칙이 기독교의 창조론적·목적론적 세계관에 도전이 된다고 간주하고 경계하였으며, 과학은 기독교가 여전히 프톨레마이오스적인 옛 세계관에 사로잡혀 있다고 비판하였다.

성서의 언어와 과학의 언어는 매우 다른 성격의 언어이기 때문에 그 둘은 쉽사리 조화될 수 없는 것이 사실이다. 전자는 고대의 신화론적 세계관을 반영하는 반면, 후자는 현대의 과학적 세계관을 반영한다. 전자는 인간의 실존적·고백적 언어인 반면, 후자는 실증적·기술적 언어다. 그러나 이 두 언어가 단지 양립불가능하거나 모순되는 것은 아니다. 양자 사이의 불필요한 대립이나 서로에 대한 무시 또는 경계는 서로를 위해 바람직하지 못하다. 이 두 언어는 열린 대화의 과정을 통해 서로를 더 잘 이해해 갈 수 있으며, 적어도 부분적으로는 상호적인 공명에 이를 수 있다. 오늘날에는 신학자들과 과학자들 양쪽에서 서로를 더 잘 이해하기 위한 대화의 필요성에 대한 인식이 점증하고 있다.

이 글에서는 다섯 개의 대표적인 과학 영역과 기독교 사이에 대화가 이루어질 것이다. 곧 진화론, 생물학, 신경과학, 심리학, 생태학이 그것이다. 기독교 신학은 이와 같은 과학들과의 대화를 통해 배워야 할 것이 있으며 동시에 그것들을 위하여 올바른 방향을 제시해야할 책임이 있다.

Ⅱ. 진화론

기독교는 하나님을 창조주 하나님으로 고백하며, 이 세계가 창조주 하나님에 의해 창조되었다고 믿는다. 하나님의 세계 창조에 관한 이야기는 대표적으로 구약성서 창세기 1장에 나타난다. 창세기의 창조 이야기는 고대의 세계관 안에서 그것을 반영하는 고대인의 언어로 쓰였다. 그러나 창세기 1장에 나타나는 창조 이야기와 그 이후에 나타나는 인간의 계보에 대한 문자적 해석에 따라 근대 이전의 기독교 전통에서는 하나님이 세계와 만물을 수천 년 전에 엿새 동안 만들었다는 이론이 지배적이었다. 아일랜드의 대주교 어셔(Ussher of Armagh, 1581-1656)는 아담에서 그리스도에 이르는 성서의 계보 안에 나타나는 모든 사람들의 나이를 합산하는 방식을 통해 창세기 1장에 나타나는 창조의 시기를 기원전 4004년으로 산정했다.[1]

1) James Ussher, *Annals of the Ancient and New Testaments* (London: 1650), Andrew

이러한 견해는 많은 정통주의 기독교인들에 의해 받아들여졌다.

지구의 나이에 대한 좀 더 정확한 계산은 영국의 케임브리지 대학교 부총장이었던 라이트푸트(John Lightfoot, 1602-1675)에 의해 행해졌다. 그에 따르면, "하늘과 땅, 중심과 주변은 모두 동시적으로 창조되었다. 그리고 인간은 삼위일체 하나님에 의해 기원전 4004년 10월 23일 일요일 오전 9시에 창조되었다."[2] 이들의 계산은 적어도 성서에 나타나는 계보에 대한 산술적 계산으로서는 정확하다. 문제는 이들이 산정한 아담의 시기가 이미 중동 지방에 상당한 정도의 도시 문명이 발달한 시기였다는 점이며, 따라서 아담이 모든 인류의 조상이라는 주장을 신뢰할 수 없게 만들었다는 점이다. 근대 이후의 많은 사람들은 어셔가 계산해 낸 창조의 시기를 거부할 뿐만 아니라 그러한 그릇된 이해의 근거가 되는 창세기의 창조 이야기 전체를 거부한다.

하나님의 창조에 관한 성서의 본문들(창 1-3장; 행 17:24-25; 롬 11:36; 계 4:11 등)이 말하고자 하는 본래적인 주제는 무엇인가? 폰 라트(Gerhard von Rad)에 의하면, 창세기 1-2장은 오직 지고하신 하나님 한 분만이 계심을 말한다. 하나님의 말씀과 행동에 의해 혼돈으로부터 질서가 수립되었다. 그리고 모든 피조물과 인간은 하나님께 전적으로 의존한다. 또한 이 본문은 하나님께 대한 순종과 하나님과의 교제를 강조한다.[3] 성서의 창조 이야기들은 현대적 의미에서의 과학적 설명으로 읽혀서는 안 된다. 우리는 고대의 세계관 안에서 기록된 성서의 창조 이야기로부터 현대 과학의 생

Dickson White, *A History of the Warfare of Science with Theology in Christendom*, vol. 1 (New York: D. Appleton and Co., 1896), 9에서 인용.

2) White, *A History of the Warfare of Science with Theology in Christendom*, 256.

3) Gerhard von Rad, *Genesis* (London: SCM, 1961), 41. 『국제성서주석 1: 창세기』 (서울: 한국신학연구소, 1981).

물학적·지질학적·천문학적 질문들에 대한 답변을 들으려고 해서는 안 된다. 성서에 나타나는 하나님의 창조와 현대 과학에서의 생물학적인 진화가 단순히 동일시될 수도 없지만 상호 배타적인 것으로 간주되어서도 안 된다. 또한 어느 하나가 옳고 다른 하나가 잘못된 것도 아니다. 그리고 어느 하나의 관점에서 다른 하나를 흡수 통합하고자 해서도 안 된다. 성서(신앙)의 언어와 과학(이성)의 언어는 기본적으로 상호 보완적인 관계에 있다. 전자는 (하나님에 의한) 창조의 목적과 의미에 관심을 갖는 반면, 후자는 창조의 방법과 메커니즘에 관심을 갖는다. 그러나 그 둘은 단지 상호보완적인 관계 안에서 분리된 채 머물러 있지는 않는다. 그 둘은 상호 대화를 통한 공명의 가능성을 추구해야 한다. 성서의 목적론적 세계관과 과학의 인과적 세계관은 궁극적으로 통합되어야 한다. 아인슈타인의 말을 빌자면, "종교가 없는 과학이 절름발이라면, 과학이 없는 종교는 장님이다."[4] 따라서 고대의 바빌로니아 문명의 세계관 안에서 쓰인 성서는 진화론을 포함한 오늘의 과학적 세계관 안에서 새롭게 이해될 필요가 있다.

불행히도 오랫동안 기독교 안에서 진화론은 기독교 신앙과 충돌하는 것으로 여겨져 왔다. 근대시기 이래 진화에 관한 논쟁은 서로 양립하기 어려운 두 세계관, 즉 성서에 기초한 신학적 실재론과 과학에 기초한 진화적 자연주의 사이의 싸움으로 전개되어 왔다. 진화론은 생물이 생활환경에 적응하면서 단순한 것으로부터 복잡한 것으로 진화하며 생존경쟁에 적합한 것은 살아남고 그렇지 못한 것은 도태된다는 학설이다. 진화에 관한 사상을 처음 전개한 사람은 장 라마르크(Jean-Baptiste Lamarck, 1744-1829)였다.

---

4) 이 말은 Einstein이 철학자 Eric Gutkind로부터 그의 책 『삶을 선택하라: 혁명을 향한 성서적 부름』을 받고 그에게 응답으로 보낸 편지에서 한 말이다. 이 편지는 1954년 1월 3일에 쓰였다.

그는 『동물철학』(1809)[5]에서 두 가지 현상을 설명하고자 하였다. 하나는 가장 단순한 동물로부터 인간에 이르는 과정 속에서 점진적으로 증대하는 복잡성과 완전성이며, 다른 하나는 유기체(생물)의 놀라운 다양성이다. 라마르크는 이와 같은 현상에 대한 설명을 통해 하나의 종이 매우 긴 기간에 걸쳐서 다른 종으로 변화될 수 있다고 주장했다. 유기체는 기후의 변화, 지구 표면의 물리적 구조의 변화, 포식자들과 경쟁자의 변화 등 변화하는 환경에 적응하여 진화할 때에만 멸종되지 않고 존속될 수 있다. 그러나 그는 새로 획득된 특성이 어떻게 유전되는지에 대해서는 제대로 설명하지 못했다.

진화에 관한 사상을 처음 전개한 사람은 라마르크지만 진화론을 일반적인 사실로서 확신시킨 사람은 찰스 다윈(Charles Darwin, 1809-1882)이다. 라마르크는 다윈의 길을 예비하였지만, 그 둘 사이에는 중요한 차이점이 있다. 라마르크는 환경의 변화에 우선성을 두었다. 왜냐하면 환경의 변화가 유기체에게 적응을 위한 변이의 행동을 초래하기 때문이다. 이와 대조적으로 다윈은 유기체 안의 변이로부터 시작하며 환경의 질서화 행동, 즉 자연선택은 그 뒤에 온다고 생각했다.

19세기 중엽에 다윈은 그의 저서 『종의 기원』(1859)[6]에서 부모가 가지고 있는 형질이 후대로 전해져 내려올 때 "자연선택"을 통해 주위 환경에 더 잘 적응하는 형질이 선택되어 살아남아 내려옴으로써 진화가 일어난다고 주장하였다. 각각의 생물 개체들은 같은 종이라 할지라도 환경에 따라 여러 가지 변이(variation)가 일어나게 되는데, 이 중 자신의 생존과 번식에 유리한

---

5) Jean-Baptiste Lamarck, *Zoological Philosophy: An Exposition With Regard to the Natural History of Animals* (Forgotten Books, 2012).

6) *The Origin of Species by Means of Natural Selection*, 또는 *The Preservation of Favoured Races in the Struggle for Life*. 제1판은 1859년, 마지막 여섯 번째 판은 1872년에 출판되었다.

변이를 선택한 결과가 후대까지 전해져 내려간다는 것이다. 이때 주위 환경의 자원은 한정되어 있기 때문에, 생물은 같은 종이나 다른 종의 개체와 경쟁을 해서 살아남아야 하는데, 이 경쟁이 바로 생존경쟁이다.[7] 다윈의 진화론을 통해 생물의 다양성과 적응성이 미리 설계된 것이 아니라, 원리적으로는 변이와 선택의 역사적 산물이라는 이해의 구조가 확립되었다. 다윈의 자연선택 이론은 여전히 현대의 생물진화 이론의 기본적인 틀을 구성한다.

다윈의 진화론에 제기되는 질문은 해로운 변이를 걸러내는 기능을 하는 자연선택이 어떻게 완전히 새로운 발달을 가능케 하는가에 관한 것이다. 자연선택의 기능은 기존의 적응을 조절하는 데 국한되지 않는가? 지브스(Malcolm A. Jeeves)와 베리(R. J. Berry)에 따르면 이에 대한 대답은 다음 세 가지로 제시될 수 있다. 첫째, 모든 유전적 특성들이 변이의 대상이다. 둘째, 진화에서 새로움은 통상적으로 환경의 변화를 통해 생겨나는 기회에 의해 도입된다. 셋째, 매우 작은 선택이익도 유전적 변화를 가져올 수 있다.[8] 변이의 원천에 관한 다윈의 주장은 1900년에 멘델이 유전자 변이(돌연변이)가 진화를 위한 원재료를 형성한다는 사실을 밝혀냄으로써 사실로 증명되었다. 그리고 1960년대에 들어 사실상 모든 개체군 안에 엄청난 양의 변이가 존재한다는 것이 발견되었다. 이것은 한 종(種)이 새로운

---

7) 이 책에서 Darwin이 설명한 진화론의 핵심 내용은 다음과 같다. ① 같은 종(種) 안에 있는 개체는 그 형태와 생리에 두드러진 연속적 변이가 있다. ② 이 변이는 기회가 있을 때마다 발생하고 유전한다. ③ 동물이나 식물의 개체군은 매우 높은 번식 능력을 갖고 있다. ④ 그러나 자원은 한정되어 있으므로 어느 개체군의 개체는 자신 및 자손의 생존을 위해 투쟁하지 않으면 안 된다. ⑤ 따라서 몇 개의 개체 최적자만이 살아남고, 똑같은 성질을 지닌 자손이 남게 된다. ⑥ 최적자의 자연선택을 통해 종은 좀 더 잘 적응하는 개체에 의해 구성되기에 이른다. 『과학백과사전』(두산백과), "자연선택"(natural selection, 自然選擇, http://www.scienceall.com/?post_type=dic&p=30018).

8) Malcolm A. Jeeves and R. J. Berry, *Science, Life and Christian Belief: A Survey of Contemporary Issues* (Grand Rapids: Baker Books, 1998), 126.

환경이 주는 스트레스에 신속하고 정확하게 반응할 수 있다는 것을 의미한다.[9] 따라서 진화의 시간에 새로움이 발생할 수 있음을 믿을 만한 충분한 이유가 있다.

다윈의 진화론은 인간이 자연선택을 통해 진화하는 동물의 세계 외부가 아니라 내부에서 적응하고 있음을 보여준다. 다윈이 인간을 자연의 한 부분으로 만듦으로써 이제 인간에 대한 연구가 초차연적인 것에 대한 언급 없이 자연주의적 노선을 따라 이루어질 수 있게 되었다. 이것은 분명히 기독교 신앙에 대한 도전이다. 그러나 기독교가 자신의 창조 신앙을 지키기 위해 단지 진화론을 전적인 오류로서 배격한다면 그것은 오히려 하나님이 창조하신 자연의 질서와 법칙 자체를 배격하는 것이 된다. 초자연주의적 기독교 신앙은 자연주의적 과학으로부터 인간의 육체성에 관해 배울 것이 많이 있다.

무신론적 과학자들이 창조자 하나님 개념을 더 이상 유지될 수 없는 불필요한 가설로 간주한다면, 보수적인 기독교인들은 진화론을 전적으로 기독교 신앙과 대립되는 것으로 간주하고 배격한다. 오늘날에도 창세기 1-3장에 대한 문자주의적 해석에 의해 이 본문에 기록된 내용의 역사성을 변호하려는 근본주의적 복음주의자들이 있다. 이들은 여전히 1만 년이 안 된 젊은 지구를 주장하는 창조설(creationism)[10]주의자들이다. 그러나 이들은 아이러니하게도 성서 본문 내용의 역사성을 문자주의적으로 옹호

---

9) 박테리아는 기름을 소화시킬 수 있고, 진딧물은 인공적인 독을 해독하며, 식물은 남극대륙에서도 성장한다. Crawford Berry R. J., & G. M. Hewitt ed., *Genes in Ecology* (Oxford: Blackwell Scientific, 1992); Skelton ed., *Evolution* (Wokingham: Addison-Wesley, 1993)과 같은 생물학 책들에 이에 대한 자세한 내용이 소개되어 있다.

10) Donald L. Numbers, *The Creationists: From Scientific Creationism to Intelligent Design* (Cambridge, MA: Havard University Press, 2006). 신준호 역, 『창조론자들』(서울: 새물결플러스, 2016).

하려다가 과학계의 웃음거리로 전락함은 물론 성서 본문이 지니고 있는 신학적 중요성을 상실하는 결과를 초래했다.

성서에 대한 문자적 이해에 근거하여 오늘날 우리가 경험하고 있는 현 상태의 세계가 수천 년 전에 창조되었다고 믿는 창조과학 옹호자들의 주장은 결코 유지될 수 없다. 가톨릭교회의 교황 비오 12세는 1951년 12월 22일에 행한 교황청 과학원의 연설에서 우주의 창조와 진화를 설명하는 현대 과학은 종교와 모순되지 않는다고 말했다. 또한 프란치스코 교황은 2014년 10월 24-28일 교황청 과학원 총회에서 진화론과 빅뱅우주론은 창조론과 조금도 모순되지 않으며 오히려 창조주의 존재를 필요로 한다고 강조했다. "창세기를 읽으면서, 하나님을 마술 지팡이를 휘두르는 마법사로 상상할 위험이 있습니다. 그렇지 않습니다. 그분은 만물을 창조하셨고, 그들 각각에 부여한 내적 법칙에 따라 발전하도록 놓아두셨습니다. 그로 인해 만물은 발달하고 충만해질 수 있었습니다."[11]

오늘날 점점 더 많은 신학자들과 기독교인들이 성서에 대한 적절한 역사적 이해와 과학적 진화론 사이에 필연적인 모순이 없음을 인식하고 있다. 알빈 플란팅가(Alvin Plantinga)는 과학적 진화론 자체는 유신론적 종교와 양립 가능하다고 본다.[12] 그에 따르면, 전통적인 기독교 믿음과 진화론적 과정을 거쳐 살아 있는 세상이 시작되었다는 사고에는 어떠한 모순도 없다. 다시 말하자면 기독교 신앙과 진화를 이끄는 주된 과정인 자연선택 또는 임의적 유전자 돌연변이 사이에는 어떠한 충돌도 없다. 이것

---

11) http://www.pbc.co.kr/CMS/news/view_body.php?cid=587769&path=201508

12) Daniel Dennet and Alvin Plantinga, *Science and Religion: Are They Compatible?* (New York, Oxford: Oxford University Press, 2010). 이 책은 20세기 기독교 철학의 대부라고 알려진 Alvin Plantinga와, Richard Dawkins와 어깨를 나란히 하는 자연과학자 Daniel C. Dennet의 2009년도 논쟁을 다루고 있는 책이다.

은 하나님이 자신이 설정한 목적을 성취하기 위해 그 과정을 지시, 감독, 지휘했기 때문이다. 예를 들면, 하나님은 자연선택을 위해 원 물질을 형성한 유전변이(genetic mutations)를 일으켰음이 분명하다. 하나님은 적절한 때에 필요한 변이를 만들어내기 위해 하나님 자신이 창조한 피조물 종류들의 변이를 일으켰다.

그러나 플란팅가는 진화가 하나님 또는 다른 어떠한 것의 손에 의해 인도되지 않는다고 주장하는 자연주의적 진화론은 과학적 진화론의 일부가 아니라고 주장하면서 "자연주의에 대항하는 진화론"(Evolutionary Argument Against Naturalism)을 내세운다. 왜냐하면 그는 진화가 계획되지 않았다는 자연주의적 사고와 결합된 진화론은 유신론적 종교와 양립될 수 없다고 보기 때문이다. 그는 방법론적 자연주의를 하나님의 창조적 사역과 양립할 수 없는 "잠정적 무신론"으로 간주한다.[13]

그러나 플란팅가와 달리 많은 생물학자들은 진화의 과정이 단순히 외부의 힘에 의해 인도된 것이 아니라고 주장한다. 맥멀린(McMullin)은 방법론적 자연주의에 기초한 진화론은 창조론과 양립 가능하다고 본다. 그는 진화에 대한 증거의 범주들(화석 기록, 분자의 유사성, 그리고 변이의 정도)을 분석한 결과, 그 독립된 범주들의 증거의 일치(consilience)가 공동의 가계라는 명제(the thesis of common ancestry, TCA)를 입증한다는 결론을 내린다. "매우 이질적인 세 영역들에 나타나는 증거는 TCA의 기저를 이루는 분기(分岐, branching)와 멸종의 연속적 순서에 대한 단일한 일관적인 견해를 지지한다. 만일 TCA가 거짓이라면, 만일 상이한 종류의 유기체들이 하나의 공동의 가계를 공유하지 않는다면, 이 일치는 설명

13) Alvin Plantinga, "When Faith and Reason Clash: Evolution and the Bible," *Christian Scholars' Review* 21:8-32.

되지 않는다. 물론 '그러나 하나님도 그렇게 하실 수 있었을 것이다(일치를 가져올 수 있었을 것이다)'라고 말할 수 있다. 이러한 가설은 TCA에 의해 나타나는 일치를 우연의 일치로 취급한다. 이것은 일치를 설명하는 것은 아니다. 따라서 가능한 대안들 가운데 유신론적 대안을 선택하는 것이 플란팅가가 생각하는 것처럼 개연성의 균형을 급격하게 변화시키지는 않는다. 과거에 대한 모든 재구성이 그렇듯이 물론 TCA는 가설이다. 그러나 그것은 다른 사람들에게서와 마찬가지로 유신론자에게도 빠르게 증대하는 접근 가능한 증거들에 대한 최상의 응답이다.…우리는 더 이상 하나님이 식물은 여기에 동물은 저기에 추가했어야 한다고 가정할 필요가 없다.…"[14]

하나님은 우주적인 진화의 과정을 통해 일하신다. 하나님은 창조세계의 전체 진화 과정을 통해 마침내 자기의식을 지닌 자유롭고 자신의 창조자를 알 수 있는 존재를 창조하신다. 다윈의 진화론에 따르면, 인간은 진화의 산물이다. 영국의 지질학자 찰스 라이엘(Charles Lyell)은 『인간의 태고(太古)』[15]에서 원시적인 인간 전단계의 영장류가 존재했음을 보여주는 고고학적 증거를 받아들였으며, 따라서 인류가 점진적인 진화의 과정을 통해 출현했다고 결론을 내렸다. 그러나 그는 인류가 인간과 가장 가까운 동물 친척들과의 연속선상에서 발달하여 출현했다고는 보지 않았다. 그는 인간의 독특한 특징이 생명을 새롭고 더 높은 차원으로 이끈 급격한 유기체의 도약에 의해 창발되었다고 보았다.

인간의 기원은 창발적 진화 현상의 특수한 사례라고 할 수 있다.[16] 진

---

14) Ernan McMullin, "Evolution and Special Creation," *Zygon*, 1993, 28: 3219, 328.

15) Charles Lyell, *The Antiquity of Man* (London: John Murray, 1863).

16) Robert L. Herrmann, "Emergence of Humans and the Neurobiology of Consciousness," in *In Whom We Live and Move and Have Our Being*, Philip

화생물학자들은 인간의 창발적 진화가 5-7백만 년 전 유인원(hominid) 조상이 침팬지로부터 갈라져 나옴으로써 시작되었다고 말한다. 창발적 진화의 과정 속에서 180만 년 전에 아프리카에서 도구를 만들고 두 발로 걷는 호모 에렉투스(*Homo erectus*)가 처음 나타났으며, 자바, 중국, 중동, 유럽으로 퍼져나갔다. 프란시스코 아얄라(Francisco Ayala)에 따르면, 40만 년 전에는 호모 에렉투스로부터 고대의 호모 사피엔스(archaic *Homo sapiens*)로의 전이가 이루어졌다.[17] 현대의 호모 사피엔스(modern *Homo sapiens*)는 10만 년 전에 아프리카 또는 중동 지방에서 나타났다. 현대의 호모 사피엔스와 가까운 친척인 호모 네안데르탈인(*Homo neanderthalensis*)은 20만 년경에 나타나 3-4만 년 전까지 현대의 호모 사피엔스와 공존하다가 (아마도 호모 사피엔스에 의해) 멸종되었다. 네안데르탈인과 호모 사피엔스는 둘 다 아픈 자에 대한 공감, 죽은 자의 매장, 미래의 삶에 대한 준비, 의식(ritual) 및 상징 사용과 같은 정신적 특성을 보여준다. 도구를 만들고 사냥을 했던 호모 에렉투스로부터 공감적인 예술가와 신 숭배자인 호모 사피엔스로의 전이는 매우 특별한 창발이라고 할 수 있다.[18]

4만 5천 년 전에는 현대의 호모 사피엔스로부터 호모 사피엔스 사피엔스인 크로마뇽인이 나타나 1만 년 전까지 생존하였다. 크로마뇽인은 프랑스 아키텐 주(Aquitaine région) 도르도뉴(Dordogne)의 크로마뇽(Cro-

---

Clayton and Arthur Peacocke eds. (Grand Rapids: William B. Eerdmans, 2004), 122-124 참고.

17) Francisco Ayala, *Darwin's Gift: To Science and Religion* (Joseph Henry Press, 2007); *Am I a Monkey?: Six Big Questions about Evolution* (Johns Hopkins University Press, 2010).

18) 유인원에서 사이보그까지 인류의 기원과 진화 과정에 대해서는 Yuval Harari, 조현욱 역, 『사피엔스』(서울: 김영사, 2015)를 참고하라.

Magnon) 동굴에서 맨 처음 발견된 후기 구석기시대의 화석인류로, 현생 인류의 직접적 조상으로서, 중국 저우커우덴(周口店)에서 발견된 산딩둥인(山頂洞人), 일본 오키나와(沖縄)에서 발견된 미나토가와인(港川人) 등과 함께 호모 사피엔스의 아종(亞種)인 호모 사피엔스 사피엔스(*Homo sapiens sapiens*)로 분류되어 화석현세인류라고도 불린다. 이들은 동굴 벽화와 같은 예술적 표현력을 보여준다. 신경생물학의 관점에서 말하자면, 예술과 기술과 공감력을 지닌 호모 사피엔스의 출현은 더욱 커지고 복잡해진 뇌 덕분이다.[19] 복잡한 뇌의 네트워크가 정신과 의식이라고 하는 새롭고 독특한 속성을 출현시킨다. 의식 또는 정신을 가진 하나님의 형상으로서의 인간에 대한 하나님의 창조가 이처럼 오랜 세월에 걸친 다단계의 창발적 진화의 과정을 통해서 이루어졌다는 이해는 성서 저자가 고대의 신화론적 세계관 안에서 그 당시의 언어로 표현하고자 했던 창조 신앙과 결코 대립되거나 모순되지 않는다.

Ⅲ. 생물학

인간은 하나님의 형상으로 지음을 받은 영적 존재다. 그러나 이와 동시에 인간은 생물학적 유기체다. 이것은 인간 안에서 하나님의 형상과 생물학적 요소가 이원론적으로 분리된 구성 요소라는 것을 의미하지 않는다. 성서의 저자(그리고 전통적 교회)가 생물학적 언급 없이 인간이 하나님의 형상으로 지음을 받았다고 말할 수 있었다면, 오늘날 생물학자는 하나님을 언급함 없이 한 인간의 형성 과정을 유전학적·발생학적으로 기술할 수

19) 뇌의 측두엽은 종교적 느낌, 두정엽은 자기의식, 전두엽은 명상과 관계가 있다.

있다. 그렇다면 현대의 생물학적 관점에서 하나님의 형상은 어떻게 이해되어야 하는가? 인간은 어느 정도까지 유전자에 의해 결정되는 생물학적 존재인가? 인간에게 과연 영혼을 위한 자리가 있는가? 생물학(발생 생물학)에서는 인간의 출생을 어떻게 설명하는가?

인간의 다양한 변이는 유전된 것이거나 또는 다양한 환경 속에서 획득된 것일 수 있다. 그러나 환경적 변이도 근본적으로는 유전자적 반응 시스템, 즉 아버지와 어머니로부터 각각 23개씩 주어지는 46개의 염색체에 의존한다. 단백질과 DNA가 결합된 이 46개의 염색체가 인간의 궁극적인 생물학적 기초다. 그러나 46개의 염색체 안에 담긴 약 2만 개의 유전자들의 유전정보(genetic code)가 난자와 정자의 수정으로부터 형성된 인간을 완전하고 충분하게 설명하지는 못한다. 유전자 결정론은 잘못된 견해다. 비록 인간의 모든 특성들이 유전자의 영향을 받는 것으로 간주될 수 있지만, 그 특성들의 유전은 유전학적이라기보다는 후생 유전학적이다. 즉 유전은 유전자 자신의 최초의 행동을 뒤따르는 일련의 행동 과정들의 결과다.

최초의 유전자 산물(gene product)이 단순한 화학적 과정의 직접적 결과라는 사실은 1953년 왓슨과 크릭(James Watson, Francis Crick)이 DNA의 구조를 밝혀내면서 획기적으로 발전된 분자생물학에 의해 확인되었다. 이 차원에서 유전적 특성들은 개인이 지닌 유전자에 의해 결정된다고 할 수 있다. 그러나 일단 최초의 유전자 산물의 차원을 떠난 몸 안에서의 화학적 과정은 몸 안팎의 환경에 의해 다양한 영향을 받는다. 우리의 몸 안에서 유전자와 환경은 상호작용하며, 따라서 우리는 유전자와 아울러 환경에 의해 심대하게 영향을 받는다. 지브스와 베리에 의하면, "유전자에 의해 필연적으로 결정되는 행위적 특징은 거의 없다. 사실상 모든 인간의 행위(그리고 이와 관련된 지능과 같은 특성)가 환경에 의해 무의식적 또는 의식적으로 영향을 받을 수 있다."[20] 또한 수정된 난자가 모두 생명으로 출생되는 것은 아니다. 정상적인 체내 수정을 할 수 있는 100개의 난자들 가운데, (성교가 빈번할 경우) 85개가 수정 가능하며, 69개가 착상을 하고, 42개가 한 주일 후까지 살아남으며, 37개가 임신 6주까지, 31개가 출산까지 생존한다. 수정 이후 비정상적인 요소를 지니고 있는 태아는 자발적으로 유산된다. 단지 소수의 태아만이 출생한다. 유전자 조성이 비정상적인 태아들 가운데 많은 숫자는 출산에 이르지 못하고 제거(유산)된다.

유전자들의 상호작용, 유전자와 환경의 상호작용, 태아의 죽음 등을 함께 고려해 볼 때, 우리는 인간이 단지 유전자에 의해 지배받는 것이 아님을 알 수 있다. 인간들 간의 차이의 일부는 분명히 유전자적 차이의 결과다. 그러나 이러한 차이는 가족, 사회, 교육, 문화, 또는 다른 환경의 영향에 의해 증대되거나 감소될 수 있다. 따라서 우리가 개인의 DNA 정보 전체를 자세히 알 수 있다고 해도 인간을 유전자에 의해 적절히 기술할 수는 없다.

오늘날 분자생물학은 생물학적 과정에 대한 연구를 통해 인간의 생명의 신비를 밝혀내고 있다. 인간 안의 하나님의 형상이 생물학적 몸 자체에 있는 것은 아니지만, 생물학적 몸은 하나님의 형상의 구현을 위해 필수적인 조건이다. 인간 안에서 동물적 본성과 신적 본성은 이원론적인 관계에 있지 않다. 성서의 인간 창조 이야기(창 2:7)는 생물학적 몸과 하나님의 형상으로서의 영혼으로 구성되는 이원론적인 인간 이해와는 아무런 관계가 없다.[21] 성서가 말하는 하나님의 형상으로서의 인간은 과학이

---

20) Jeeves and Berry, *Science, Life and Christian Belief: A Survey of Contemporary Issues,* 161.

21) 성서에서 인간 안의 하나님의 형상은 몸이 아닌 영혼에 있는 것이 아니라 관계성, 무엇보다도 하나님과의 관계성에 있다. 타락(죄)과 죽음은 하나님과 다른 인간과 자연과의 관계

말하는 생물학적 인간과 다르지 않다. 인간 안의 하나님의 형상의 핵심은 하나님과 타자와의 인격적 관계를 맺는 능력에 있다. 인간은 생물학적 몸으로서, 인간의 정신(영)은 이 몸으로부터 창발되며 이 몸에 의존한다. 정신으로서의 인간됨은 자신의 생물학적 몸을 통해 하나님과 타자와의 관계 안에서 하나님의 형상을 구현하는 인간이 되는 데 있다.

기독교인들 가운데에는 생명이 수태(수정)와 더불어 시작된다고 생각하는 사람들이 적지 않다. 그러나 이것은 19세기 중반에 발표된 교황 비오 9세의 교서(*Apostolicae Sedis*, 1869)에 의해 공식화되기[22]까지는 일반적인 생각이 아니었다. 초기의 태아가 생물학적으로 살아 있다고 해도 그것이 과연 영적으로 살아 있는 존재인지는 확실치 않다.[23] 인간 안의 하나님의 형상의 본질은 유전자와 같은 물리적인 구성 요소에 있지 않고 하나님과 타자와의 관계 능력에 있다. 이 관계 능력이 인간의 영적 본성이다. 이것은 유전자처럼 물리적으로 유전되는 것이 아니다. 물리적 차원에서의 인간의 생명은 수태의 시점으로부터 시작된다고 할 수 있지만, 영적 차원에서의 인간의 생명이 시작되는 시점은 명확히 판단하기 어렵다. 그것은 태아 안에서의 어느 정도 복잡한 신경조직의 발달을 전제 조건으로 할지도 모른다.

인간의 타락은 유전자의 변형을 초래하는가? 만일 죄가 유전자의 비정상적 변이를 가져온다면 생화학과 유전공학으로 유전자를 치료함으로

성의 단절을 의미한다.

22) 왜냐하면 이것이 동정녀 마리아의 "무흠 잉태"(immaculate conception) 교리가 함축하는 바이기 때문이다.

23) 인간 생명의 시작으로 보는 태아의 시기(始期)에 관해서는 D. Gareth Jones, *Brave New People* (Leicester: IVP, 1984); *Manufacturing Humans* (Leicester: IVP, 1987), 그리고 Anthony Dyson, *The Ethics of In Vitro Fertilisation* (London: Mowbray, 1995)을 참고하라.

써 죄의 문제를 해결할 수 있다는 논리가 가능하다. 이 경우에 그리스도의 구속은 필요 없게 된다. 유전자는 하나님의 형상의 자리도 아니지만, 죄의 본성이 유전되는 자리라고도 할 수 없다.[24] 유전자는 도덕적으로 중립적이라고 보는 것이 타당해 보인다. 생식세포(난자 또는 정자) 기증을 통한 인공수정은 윤리적인 논란을 초래할 수 있다. 왜냐하면 여기서는 혼외 이성과 물리적 결합이 일어나기 때문이다. 그렇다면 이것은 간통과 같은 비도덕적인 행위로 간주되어야 하는가? 그러나 적어도 유전자가 도덕적으로 중립적인 것이라면, 생식세포 기증을 통한 출산 자체를 비도덕적인 행위로 간주할 필요는 없을 것이다.[25] 체외수정 또는 시험관 수정에 관한 윤리적 문제도 인공수정의 경우와 다를 바 없다. 정자가 남편으로부터 오고 난자가 아내로부터 온다면 그 절차는 남편에 의한 인공수정과 유전자적으로 동일하다. 체외수정은 몸 밖에서 태아에게 인위적이고 부정적인 영향을 줄 위험이 있다. 그럼에도 불구하고 하나님은 인간의 유익과 선을 위해 우리가 이용 가능한 모든 기술을 사용하는 것을 허용하실 뿐만 아니라 요구하신다.

지브스와 베리는 수태(수정)와 더불어 생명이 시작된다는 주장의 문제점들을 제시하는데, 이 가운데 세 가지는 숙고해볼 여지가 있다.[26] 첫째, 수태된 태아의 70-80%가 정상적으로 발달하고 생존하는 데 실패한다. 둘째, 수태 이후 10일 경까지의 시일 동안에 하나의 태아로부터 분리되어 형성되는 일란성 쌍둥이의 영적 위상이 문제가 된다. 셋째, 일반적으로

---

24) 물론 유전자가 죄의 실재에 의해 전혀 영향을 안 받는다고 단정할 수도 없을 것이다.

25) David Ison, *Artificial Insemination by Doner*, Grove Booklet on Ethics 52 (Bramcote: Grove Books Ltd, 1983)를 참고하라.

26) Jeeves and Berry, *Science, Life and Christian Belief: A Survey of Contemporary Issues,* 168.

사람들은 생명의 끝을 다른 생리학적 기능의 죽음이 아니라 뇌의 죽음으로 간주한다. 이와 마찬가지로 생명의 시작도 최소한의 뇌의 활동이 가능해지는 시점으로 볼 필요가 있다는 것이다.

성서는 인간의 생명이 하나님의 돌보심 안에 있다고 말씀한다. "모든 생물의 생명과 모든 사람의 육신의 목숨이 다 그의 손에 있느니라"(욥 12:10). 예수는 인간의 생명이 천하보다 귀하다고 말씀한다. "사람이 만일 온 천하를 얻고도 제 목숨을 잃으면 무엇이 유익하리요, 사람이 무엇을 주고 제 목숨과 바꾸겠느냐"(마 16:26). 인간의 존엄성은 인간이 하나님의 형상으로 지음 받았다는 사실에 있다. 그러나 성서의 저자들은 태아의 형성에서 출생에 이르는 발생학적(embryological) 과정에 대해 오늘날과 같은 생물학적 지식을 가지고 있지 않았다. 발생학적 과정에 대한 생물학적-신학적 관점에서 볼 때, 태아가 자궁에서 성장해감에 따라 인간 생명으로서의 존엄성이 더욱 증대된다고 보는 것은 잘못된 견해가 아니다. 왜냐하면 이 과정 속에서 인간 안의 하나님 형상, 즉 하나님과 타자와의 관계를 맺는 능력이 발달되어가기 때문이다.

인간의 유전자(게놈)는 하나님으로부터 부여받은 생물학적 생명이다. 그러나 그것이 곧 인간 안의 하나님 형상은 아니다. 인간이 다른 동물과 공유하는 생물학적 생명은 하나님의 형상으로서의 영적 생명이 구현되어야 하는 자리이지만, 초기의 태아에 있어서 영적 생명은 극히 미미하기 때문에 인간의 존엄성의 근거를 이 초기의 태아에서 발견하고자 하는 태도는 적절치 않을 수 있다. 물론 이 말은 초기 태아의 생물학적 생명이 소중하지 않다는 것을 의미하는 말은 결코 아니다. 그러나 하나님의 형상은 태어날 때부터 유전자 안에 이미 완성된 형태로 주어진 것이라기보다는 인간이 자신의 생애 동안 완성해가야 하는 운명으로 주어진 것이다. 다시 말하자면, 인간 안의 하나님 형상은 생물학적 유기체로서 인간이 가진 다른 생물과 구별되는 특수한 유전자적 본성이나 내적 구조 자체에 있는 것이 아니라 자신의 특수한 유전자적 본성과 내적 구조 안에서 하나님 및 타자와 상호 인격적 관계를 맺을 수 있도록 창조되었으며 그러한 관계를 삶에 구현함으로써 영적 생명을 완성해가도록 부르심을 받았다.

Ⅳ. 신경과학

20세기 후반에 진행된 신경과학의 발달은 인간 이해에 획기적인 발전을 가져왔다. 신경과학은 인간의 정신이 뇌의 작용에 의해 이루어진다는 사실을 밝혀내었다. 따라서 정신, 영혼, 의식과 같은 실재를 신경생물학적 관점에서 설명하는 것이 가능하게 되었다. 그렇다면 기독교 전통이 하나님의 형상의 자리로 간주해온 인간 고유의 영혼은 어디에 있는가? 그리고 이성애 또는 동성애를 추구하는 성적 성향은 단지 유전자에 의해 결정되는 것인가? 그렇다면 인간의 자유와 책임성의 자리는 어디에 있는가?

신경 손상을 당한 사람에 대한 연구 결과에 따르면 뇌가 언어, 지각, 운동 제어의 토대가 될 뿐만 아니라 뇌 안에 인격적·사회적 차원의 일상적 삶에 영향을 주는 시스템이 있다는 사실이 밝혀졌다. 즉 뇌 안에 있는 그 무엇은 "미래를 예상하고 복잡한 사회적 환경 안에서 그에 따른 계획을 세울 수 있는 능력, 자신과 다른 사람에 대한 책임감, 자신의 생존을 위한 계획을 신중하게 수립할 수 있는 능력 등과 같은 자유의지에 따른 인간의 독특한 특성"과 연관되어 있다는 사실이 밝혀졌다.[27] 다마시오

---

27) Antonio Damasio, *Descartes's Error' Emotion, Reason and the Human Brain* (New York: Grosset/Putnam, 1994), 10. 김린 역, 『데카르트의 오류』 (서울: 중앙문화사, 1999).

(Antonio Damasio)는 "뇌의 질병과 정신 질병의 구별, 신경학적 문제와 심리학적 또는 정신의학적 문제의 구별은 사회와 의학에 스며들어 있는 불행한 문화적 유산이다. 이것은 뇌와 정신의 관계에 대한 기본적인 무지를 반영한다"[28]고 주장한다. 그의 주장은 타성성이 있다. 뇌 안에서의 신경변성이 심리적 무질서와 그로 인한 정신적 고통을 초래한다. 65세 이상의 5%, 80세 이상의 30%가 뇌의 노화와 질병으로 인해 치매와 알츠하이머에 걸리는데 알츠하이머성 치매의 많은 증상이 뇌세포의 손상에 기인한다. 알츠하이머 환자에게서 인격의 변화가 일어나기도 한다. 예전에는 독실한 신자였던 사람이 하나님을 믿지 않는다고 말하기도 한다. 물리적 기층이 와해되면 정신적 과정도 혼란에 빠진다.

뇌와 정신이 매우 밀접하게 연관되어 있다는 사실이 더욱 분명해질수록 인간의 정신은 물리 화학적으로 형성되는 복잡한 과정에 불과하다는 물리주의적 또는 물질주의적 사고가 증대된다. 스키너(B. F. Skinner)는 물질주의적 관점에서 정신을 뇌와 동일시한다. 그에 따르면, 정신적 사건은 물리적 사건의 산물로서 자체의 인과적 효력(하향식 인과율)을 갖지 못한다.[29] 이처럼 물질이 존재론적 우선성을 가지며 정신은 물질에 부수적으로 나타나는 현상이라고 보는 견해를 부수현상설(epiphenomenalism)이라고 부른다. 그러나 인간의 모든 정신과 행동이 단지 물리학과 화학의 법칙의 연장일 뿐이라는 주장은 지나친 환원주의적 결정론이다. 다마시오에 따르면, "대부분의 고상한 인간의 행위 뒤에 생물학적 메커니즘이 있음을 깨닫는 것은 신경생물학으로의 단순한 환원을 함축하지 않는다."[30]

신경과학자는 뇌세포 안에서의 가장 기본적인 신경적 과정에 집중하

28) Ibid., 40.

29) Buruhus F. Skinner, *Science and Human Behaviour* (New York: Macmillan, 1953).

30) Antonio Damasio, *Descartes's Error' Emotion, Reason and the Human Brain*, 126.

는 반면, 심리학자는 인지적 차원에서의 정신적 과정을 연구한다. 전자가 "상향식"(bottom up) 접근이라면, 후자는 "하향식"(top down) 접근이다. 뇌과학자이자 심리학자인 로저 스페리(Roger Sperry)는 1970년대에 들어 정신과 뇌에 대한 과학의 이해가 결정론적·환원론적인 해석으로부터 좀 더 인간적인 해석으로 전환하였다고 본다. 그에 따르면, 정신 또는 의식은 "뇌의 활동의 역동적인 창발적 속성으로서 의식을 구성하는 신경 사건과 동일시되지도 않고 그것으로 환원되지도 않는다.…의식은 뇌의 작동의 상호작용에 잠재적인 인과적 효력을 발휘한다."[31]

생리학자인 존 에클스(John Eccles)는 하이젠베르크의 물리학 이론인 불확정성의 원리를 사용하여 정신과 뇌의 관계를 설명하고자 하였다. 그에 의하면 대뇌피질 안에서 일어나는 정신과 뇌의 연결이 물리적 법칙을 깨뜨리지 않고 신경활동에 영향을 준다. 이 영향이 물리적 법칙을 깨뜨리지 않는 이유는 이 영향 안에 포함된 에너지가 하이젠베르크의 불확정성 원리의 범위 안에 있기 때문이다.[32] 그러나 불확정성 현상은 전자(電子) 차원에서는 유의미하지만, 전자보다 몇 백만 배 더 큰 신경 차원에서는 무시될 수 있을 정도로 미미하다.

정신적 활동과 뇌의 활동은 동일한 복합적 사건의 내적·외적 측면으로서 함께 의식적인 인간의 주체성을 구성한다. 정신과 뇌는 실체적이 아닌 창발적 이원성의 관계에 있다. 정신은 뇌로부터 창발하지만 단지 뇌의 물리적 활동의 부수현상이 아니다. 뇌와 정신은 상향식 인과율과 하향식 인과율의 상호관계 안에 있다. 한편으로 정신적 활동과 행위는 뇌의 물리

---

31) Roger W. Sperry, "Psychology's Mentalist Paradigm and the Religion/Science Tension," *American Psychologist* 43(1988), 8: 312.

32) John C. Eccles, *Evolution of the Brain* (London: Routledge, 1989). 박찬웅 역, 『뇌의 진화』 (서울: 민음사, 1998).

화학적 체계에 의존한다. 뇌의 체계와 활동의 변화는 정신적 활동에 변화를 가져온다. 다른 한편으로 정신적 활동은 뇌의 체계와 활동의 변화를 가져온다. 즉 정신적 활동이 특정한 종류의 행동방식으로 나타날 때, 이것은 정신의 물리적 기층(基層)인 뇌의 물리 화학적 구성에 변화를 초래한다.

정신적 활동은 단지 뇌의 활동과 동일한 것이라기보다는 뇌의 활동 안에서 체화되는 것으로 간주될 수 있다. 영(J. Z. Young)에 따르면, "뇌는 프로그램들을 포함하고 있는데, 이 프로그램들은 인격(정신)이 가능한 사고와 행동의 레퍼토리들 가운데 하나를 선택할 때 작동한다."[33] 선택하는 것은 인격이지 뇌가 아니다. 매케이(MacKay)도 선택의 주체는 뇌가 아니라 인격이라고 강조한다. 뇌의 차원에서의 불확정성이 어떠하든지 상관없이 불확정성이 있는 곳은 우리의 의식적 경험의 차원이다.[34] 에클스처럼 뇌 안에서의 물리적인 불확정적 과정을 활용하여 우리의 정신적 자유를 확보하려는 시도는 잘못된 것이라고 할 수 있다.

존 폴킹혼(John Polkinghorne)에 따르면, 물리적 환원주의는 결국 자멸을 초래한다. "만일 우리의 정신적 삶이 굉장히 복잡하게 연결된 컴퓨터와 같은 뇌의 활동 외에 다른 것이 아니라면 복잡한 기계 안에서 운용되는 프로그램이 적절한지 그렇지 않은지를 누가 말할 수 있는가? (환원주의자의 주장이 사실이라면) 환원주의자 자신의 주장 자체가 자신의 뇌의 신경망 안에서의 깜박 신호에 불과하다."[35] 폴킹혼은 인간의 이성적 판단은 진리의 식별을 위해 자율적 타당성을 누려야 한다고 주장한다. 그는 가능성

---

33) John Z. Young, *Philosophy and the Brain* (Oxford: Oxford University Press, 1987), 19.

34) Donald M. MacKay, *Behind the Eye* (Oxford: Blackwell, 1991), 194-204.

35) John Polkinghorne, *One World* (London: SPCK, 1986), 93; *Science and Christian Belief* (London: SPCK, 1994), 12.

의 영역 안에 있는 미래의 여러 길들 가운데 자율적인 정신의 정보 입력에 의해 하나의 길이 선택된다고 주장한다. 그러나 정신의 하향식 인과율에 대한 그의 다소 지나친 강조는 그가 다시 이원론으로 되돌아간 것처럼 느끼게 한다. 정신은 몸과 상호적인 관계 안에서 체화된(embodied) 실재로서, 정신에 의한 정보 입력은 정신적 결단에 의해 선행되어야 하는데, 그 결단은 이미 물리적인 상관물을 전제한다. 따라서 정신의 정보 입력을 통한 하향식 인과율을 자유로운 선택의 유일한 근거로 삼는 것은 문제가 있다.

한편 데이비드 차머스(David Chalmers)는 의식을 두 부분으로 나눈다. 이 두 부분은 각기 두 가지 문제와 관계되는데, 하나는 신경생물학적으로 정의할 수 있는 쉬운 문제이며 다른 하나는 어떻게 뇌의 물리적 과정이 주체적 경험을 산출하는지에 관한 어려운 문제다.[36] 쉬운 문제는 인지적 체계의 객관적 메커니즘에 관한 문제다. 반면에 어려운 문제 즉 내적이고 주체적인 인식, 감정, 사고의 문제는 신경생물학적으로 설명되지 않는 수수께끼로 남아 있다.

차머스가 실존적 경험의 주체로서의 의식의 문제를 어려운 문제로 이해한 것은 충분히 공감이 간다. 왜냐하면 이 문제는 (적어도 오늘날의) 과학의 영역을 넘어서 있기 때문이다. 단, 우리가 확언할 수 있는 정신, 의식, 행동과 뇌, 신경, 유전자 등은 전통적인 기독교에서 주장해온 것처럼 이원론적인 관계에 있지도 않고 오늘날의 과학자들의 주장처럼 일원론적 또는 환원론적인 관계에 있지도 않다는 사실이다. 한편으로 정신은 뇌로 환원되지 않는다. 왜냐하면 뇌로부터 창발된 정신은 단지 뇌의 부수현상

---

36) David Chalmers, "The Puzzle of Conscious Experience," in *Science Times Book of the Brain*, ed. Nicholas Wade (New York: Lynn Press, 1999), 287-295.

이 아니라 자율적인 존재론적 위상을 지니고 뇌에 대하여 하향식 인과율을 발휘하기 때문이다. 유전자는 인간이 모종의 성격 또는 행위의 성향을 갖도록 만든다. 그러나 그것의 표현은 환경의 변화에 의해, 그리고 무엇보다 인격의 자유로운 의지에 의해 조절될 수 있다.[37]

그러나 다른 한편으로 정신은 뇌와 단지 이원론적인 대칭 관계에 있지 않다. 왜냐하면 정신은 뇌에 의존하며 뇌로부터 창발되고 뇌로부터 상향식 인과율의 영향을 받기 때문이다. 유전된 화학적 결함이 정신적 장애를 초래할 수 있다. 다운증후군은 대부분 과잉 염색체에 기인한다. 지난 수십 년 동안 과학자들은 종교성 또는 영적 체험과 신경적 기질(基質, substrate) 사이의 연관성을 밝혀보려는 연구를 계속해왔다. 하나님의 심판에 대한 두려움을 가진 신자들 중에는 강박증, 조울증, 공포증 등의 병적 상태에 있는 사람들이 많은 것으로 나타났다. 측두엽 간질이 종교성을 각성시키고 신비 체험의 상태를 초래할 수 있다는 사실도 밝혀졌다.[38] 인간은 정신-육체(psychosomatic) 통일체로서, 인간의 정신적·영적 삶은 인간을 구성하는 요소들에 의해 심대한 영향을 받는다. 우리의 영적 삶은

---

37) 쌍둥이에 대한 실험 결과, 일란성 쌍둥이(하나의 수정란이 둘로 분열되어 동일한 유전자를 공유한)가 이란성 쌍둥이(별개의 두 난자로부터 발달된)보다 서로 더 유사한 특성을 지닌 것으로 나타났다. 이것은 인격 형성에서의 유전자의 영향을 보여준다. 그러나 유전자적 영향은 인격의 특성의 차이들의 50% 정도를 해명하는 것으로 나타났다. 한 인간의 인격의 특성은 생물학적·신경학적·인격적·사회적·신학적 차원들의 총체적 관계에 의해 형성된다. Jeeves and Berry, *Science, Life and Christian Belief: A Survey of Contemporary Issues,* 190-191.

38) 바울의 회심이 신비 체험이라기보다 간질 발작의 결과라는 확인할 수 없는 주장도 있다. 그러나 Tucker, Novelli, Walker는 간질환자의 측두엽에서의 반복되는 발작성 방전과 흥분된 종교성(hyper-religiosity) 사이에는 직접적인 인과관계가 나타나지 않는다고 결론을 내렸다. A. N. Tucker, R. A. Novelli, P. J. Walker, "Hyper-Religiosity in Temporal Lobe Epilepsy: Redefining the Relationship," *Journal of Nervous and Mental Disease* 175: 181-184.

우울증에 의해 큰 영향을 받는다. 그리고 우리의 정신적 상태는 때때로 뇌나 내분비계의 생물학적 또는 생화학적 이상(異狀)과 같은 유전적 또는 구성적 요인의 문제로 인해 초래된다.

결론적으로, 인간의 영적 상태와 정신생물학적 과정은 한편으로 단순히 동일시되거나 어느 하나가 다른 하나로 환원될 수 없는, 그리고 다른 한편으로 상호배타적이거나 모순적이지 않은 상호 밀접한 관계에 있다. 정신 또는 영과 뇌는 분리된 실재들이 아니라 인간의 정체성의 서로 다른 측면들이다. 신학은 전자로부터 후자에 하향식으로 접근함에 있어서 신경과학의 도움이 필요하고, 신경과학은 후자로부터 전자에 상향식으로 접근함에 있어 신학의 도움을 필요로 한다.

V. 심리학

데이비드 마이어스(David Myers)의 정의에 따르면, 심리학은 "행위와 정신과정에 대한 학문"이다.[39] 넓은 의미에서의 심리학 안에는 분자심리학, 신경심리학, 생리학적 심리학, 유전자 심리학, 정신약리학, 임상심리학, 정신분석학, 심리치료, 사회심리학 등 다양한 세부 분야들이 있다. 심리학은 진화론 못지않게 종교와의 관계에서 다양한 견해들을 보여주는 대표적인 과학 분야 중 하나다. 심리학과 종교의 관계에 대한 대조적인 견해를 보여주는 대표적인 두 명의 심리학자가 프로이트와 융이다. 프로이트는 인간 정신의 주인이 합리적인 의식적 자아(에고)가 아니라 숨겨진 방식

39) David G. Myers, *Psychology* (New York: Worth, 1998), 4. 신현정, 김비아 공역, 『마이어스의 심리학』, 11판. (서울: 시그마프레스, 2015).

으로 인간을 움직이고 형성하는 비합리적인 무의식 또는 잠재의식이라고 보았다.[40] 또한 그는 종교를 심리학적(정신분석학)으로 치료되어야 할 강박 신경증으로 간주하였다. 프로이트와 달리 융은 종교를 인간의 본질적인 행위로 보았다. 융은 심리학적 장애의 주된 원인이 종교의 부재에 있다고 보면서, 심리학자의 과제는 종교적 상황에 인간의 본성이 어떻게 반응하는지를 이해하는 데 있다고 주장했다.[41]

한편에는 프로이트처럼 종교와 신앙을 심리학적으로 다 설명할 수 있다고 주장하는 환원주의자들이 있다. 스키너(Skinner)는 종교적 실천이 어떻게 심리학적으로 기능하는지를 보상과 형벌의 원리로 설명하고자 했다. 심리학에서의 "좋음"과 "나쁨"이 종교에서는 "경건함"과 "죄악 됨"이 된다. "좋은 것"은 신으로 인격화되어 그것을 강화하도록 만들며, "나쁜 것"은 지옥으로 표상되어 혐오감을 자극한다.[42] 이와 같이 그는 행동주의(behaviorism)의 관점에서 긍정적인 강화를 가져오는 심리학적 실재로 신을 환원시켰다. 프란시스 크릭(Francis Crick)은 신경과학에 의해 몸이 없는 영혼이란 개념 자체가 신빙성이 없음이 드러났으며, 따라서 종교적 믿음이 무의미하게 되었다고 주장했다.[43]

그러나 다른 한편에는 융처럼 종교와 신앙을 상호 보완적인 관계로 이해하는 학자들도 있다. 윌리엄 제임스(William James)는 심리학이 종교에 대한 인간의 이해를 심화시킬 수 있다고 긍정적으로 평가하였다. 로저 스페리(Roger Sperry)는 인간을 물리 화학적 기계로 환원하는 인간 이해

---

40) Sigmund Freud, *Introductory Lectures on Psychoanalysis* (1916; Reprinted in New York: Penguin, 1991), 284-285.

41) George Stephens Spinks, *Psychology and Religion* (London: Methuen, 1963).

42) Skinner, *Science and Human Behaviour* (New York: Macmillan, 1953), 116.

43) Francis Crick, *The Astonishing Hypothesis* (New York: Simon & Schuster, 1944). 과학세대 역, 『놀라운 가설』 (서울: 한뜻, 1996).

를 거부하고, 심리학과 종교가 상호보완적인 관계 안에서 공동의 과제를 함께 수행할 수 있다고 보았다.[44] 이들에 따르면 심리학은 신학의 좋은 대화 파트너가 될 수 있다.

신학자는 심리학자와 대화할 때 심리학 고유의 경험 과학적 영역들(예를 들면 감각과 지각이론, 정보처리이론, 운동발달이론 등)에 대해서는 자신의 신학적 관점을 심리학에 부여하려 하지 말고 심리학의 실험과 연구 결과를 존중해야 할 필요가 있다. 신학이 보다 상호적인 대화를 수행할 수 있는 심리학의 분야들은 임상심리학, 정신분석학, 심리치료 등과 연관된 인격이론의 영역이다. 인간 본성에 관한 기독교의 이해에 도전하고 때로는 그것과 충돌을 일으키는 주제들이 이와 같은 심리학의 영역에서 나타난다. 가장 중요한 주제는 인간의 본성과 동물의 본성의 관계에 관한 것이다. 다른 동물들과 같은 생물학적 기질(基質, substrate)을 지닌 인간은 과연 다른 동물들이 갖지 않은 인간만의 고유한 영혼 또는 영을 지니고 있는가?

심리학자들은 인간의 뇌가 어떻게 인식과 행위를 매개하는지 알아내기 위해 동물을 연구한다. 그러나 그들은 각기 다양한 개인적인 형이상학적 믿음, 신념, 사상을 가지고 있기 때문에 동일한 결과를 각각 달리 해석한다. 물리적 환원주의자는 인간이 예외적으로 복잡한 영장류 외에 다른 것이 아니라고 본다. 다른 사람들은 인간의 독특성이 다른 동물과 구별되는 독특한 인지적·행위적 측면에 있다고 본다. 대체로 기독교인들은 인간이 다른 영장류와 많은 면에서 유사하지만 인간만이 고유한 영 또는 영혼을 가지고 있다고 본다(물론 기독교 안에도 내부적으로 여러 견해들이 있다).

많은 과학자들이 인간과 다른 동물들의 결정적인 차이를 언어에서 발

---

44) Sperry, "Psychology's Mentalist Paradigm and the Religion/Science Tension," *American Psychologist* 43(1988). 8: 607-613.

견한다. 어떤 학자들은 자기 마음 안에 정보를 표상(represent)할 수 있는 것과 같은 언어 능력, 자신에게 언어를 표상할 수 있는 능력, 내부 체계를 조작할 수 있는 능력 등이 인간과 다른 영장류 사이의 결정적인 차이를 만들어낸다고 주장한다.[45] 실험 결과 침팬지는 서너 살의 어린이 수준의 비음성적(non-vocal) 언어 표현 능력을 가질 수 있는 것으로 나타났다. 인지적 차원에서 침팬지의 능력은 세 살 어린이 수준이 최대 한계다. 이것은 인간이 다른 영장류와 기본적인 능력을 공유하고 있으며 동시에 그것들과 결정적으로 구별되는 독특한 인지적 능력을 지니고 있음을 의미한다.

인간은 다른 동물과의 유사점과 지대한 차이점을 동시에 가지고 있다. 동물은 인간처럼 의식적 경험과 정신적 능력을 가지고 있다. 구약성서에서 인간 창조 이야기에 사용되는 "살아 있는 존재(또는 영혼)"를 의미하는 단어인 "네페쉬"(창 2:7)는 인간과 동물에게 공통적으로 사용된다(창 1:20, 21, 24, 30). 버지니아 모렐(Virginia Morell)이 쓴 『동물을 깨닫는다』[46]에는 실험과 관찰을 통해 드러난 많은 동물들의 인간과 유사한 모습들이 소개되어 있다. 예를 들면 선생 개미와 학생 개미가 수업을 하고, 코끼리가 가족의 죽음을 애도한다. 침팬지는 인간과 교감하고, 개는 인간에게 협력하고자 하는 강한 의지를 보이며 1,022개에 달하는 방대한 어휘를 사용한다. 이러한 사례들은 인간만이 아니라 다른 동물도 매우 초보적이고 단순한 수준이지만 마음과 생각을 지닌 심리학적 존재라는 사실을 보여준다.

그러나 특수한 방식으로 조직화된 인간의 뇌가 의식적인 정신적·영적 삶을 체현할 수 있다는 사실이 동물의 뇌 안에도 이와 유사한 정신

45) G. Ettlinger, "Humans, Apes and Monkeys: The Changing Neuropsychological Viewpoint," *Neuropsychologia*, 22(1984): 685-696.

46) Virginia Morell, 곽성혜 역, 『동물을 깨닫는다』 (서울: 추수밭, 2014).

적·영적 능력이 있음을 반드시 증명해 주지는 않는다.[47] 인간과 침팬지는 98%의 DNA를 공유하지만 그 둘의 표현형(phenotype, 유전자와 환경의 영향에 의해 형성된 생물의 형질)은 확연하게 다르다. 인간은 다른 동물들과 기본적으로 유사한 유전자와 뇌의 구조 및 신경적 기질(基質)을 지님에도 불구하고, 다른 동물에게서는 찾아볼 수 없는 탁월한 언어 능력 및 다른 동물들과 비교할 수 없는 탁월한 지적·기술적·문학적·예술적·도덕적·영적 차원의 능력을 지니고 있다. 그렇다면 매우 작은 차이로부터 어떻게 이처럼 커다란 차이가 생겨나는가 하는 것은 신경생물학적으로 설명하기 어려운 신비다.

최근에 새롭게 대두되는 사회심리학도 기독교의 인간 이해에 도움이 된다. 사회심리학은 사람이 다른 사람에 대해 어떻게 생각하고, 다른 사람에게 어떻게 영향을 주며, 다른 사람과 어떻게 관계를 맺는지를 연구한다. 데이비드 마이어스는 각기 상호적인 두 개념들로 이루어진 네 가지 사회심리학적 관념을 제시한다.[48] 이 네 가지는 합리성과 비합리성, 자기 고양적 편견(self-serving bias)과 자존감(self-esteem), 태도와 행위, 개인과 상황이다. 첫째, 인간은 놀라운 인지적 능력을 가지고 있다. 1.5kg에 불과한 우리 뇌는 지구상의 모든 전산망보다도 더 복잡한 전기회로를 가지고 모든 정보를 신속히 처리하고 판단한다. 그러나 우리의 판단은 편견으로 인해 오류가 일어날 수 있다. 둘째, 우리는 자기 고양적인 편견을 가지고 항상 자신이 다른 사람보다 도덕적·기술적으로 우월하다고 생각한다. 그러나 우리의 자존감은 자신을 비하하지 않고 우리 자신의 무한한 가치를 긍정하게 한다. 셋째, 우리의 태도는 우리의 행위에 영향을 준다. 그러나

47) MacKay, *The Open Mind and Other Essays* (Leicester: Inter-Varsity Press, 1988), 73.
48) Myers, *Exploring Social Psychology* (New York: McGraw Hill, 1994).

또한 우리의 행동도 우리의 태도에 영향을 준다. 넷째, 우리는 사회적 상황에 의해 영향을 받는다. 사회적 힘이 우리의 행위를 형성한다. 하지만 우리는 단지 사회적 힘에 의해 결정되는 것이 아니라 사회를 통제하고 사회적 세계를 창조한다.

이와 같은 네 가지 사회심리학적 관념들은 각기 매우 중요한 신학적인 함의를 갖는다. 즉 우리는 하나님의 형상으로 창조된 인간이다. 그러나 우리는 오류 가능한 유한한 피조물이다. 우리는 자기 의에 사로잡혀 있는 교만한 인간들이다. 하지만 우리는 하나님의 은혜에 의해 용납되고 긍정된다. 우리의 믿음은 우리의 행위의 원천이다. 그렇지만 또한 우리의 믿음은 우리의 행위의 결과이기도 하다. 우리는 악마적인 집단적 힘에 의해 유혹을 받는다. 그러나 또한 우리는 우리의 자유를 가지고 사회적 세계에 대하여 도덕적으로 책임 있는 행동을 해야 한다.[49]

심리학은 과학으로서 자신의 한계를 인정해야 한다. 심리학은 종교적 경험과 행동을 다 설명할 수 없다. 종교의 영역은 심리학의 영역으로 환원되지 않는다. 인간의 죄는 모두 정신병리학적 질병으로 환원될 수 없다. 그렇지만 종교의 영역은 심리학의 영역과 멀리 동떨어져 존재하지도 않는다. 우리는 정신병리학적 질병을 가지고 있는 인간을 그러한 문제에 대한 고려 없이 단지 정죄하기만 해서는 안 된다. 심리학과 신학은 실재에 대한 접근과 설명을 위한 상이한 두 모델로서 혼동될 수도 없지만, 분리될 수도 없다. 이 둘은 상호보완적인 관계 안에서 상호 비판적이고 건설적인 대화를 통해 서로를 풍요하게 할 수 있다.

---

49) Jeeves and Berry, *Science, Life and Christian Belief: A Survey of Contemporary Issues*, 213-217.

Ⅵ. 생태학

모든 창조세계는 하나님이 기뻐하시는 선한 세계다. "하나님이 지으신 그 모든 것을 보시니 보시기에 심히 좋았더라"(창 1:31). 창조세계는 인간 중심적인 세계가 아니라 하나님 중심적인 세계다. 즉 창조의 궁극적인 목적은 인간의 영광에 있지 않고 하나님의 영광에 있다. 창조세계는 단지 인간의 구원을 위한 무대가 아니라 스스로 하나님께 영광을 돌려드리기 위해 존재한다. "하늘이 하나님의 영광을 선포하고 궁창이 그의 손으로 하신 일을 나타내는도다"(시 19:1). 따라서 자연은 단지 인간을 위한 도구적인 가치가 아닌 자신의 본유적인 가치를 지닌다. 하나님은 인간과 계약을 맺으시기 이전에 노아의 홍수 이후 무지개를 통해 창조세계와 계약을 맺으셨다(창 9:8-17).

그러나 전통적인 서구 기독교의 인간 중심적인 세계관이 오늘날의 자연 파괴와 생태계 위기의 근원이라고 주장하는 사람들도 있다. 린 화이트(Lynn White)는 기독교가, 자연을 정복하고 지배하라는 성서의 구절(창 1:28)에 근거해서 자연은 인간을 섬기기 위한 목적 외에 다른 존재의 목적을 가지지 않는다고 가르쳐왔다고 비판한다. "우리의 현재의 과학과 기술은 자연을 향한 정통주의 기독교의 교만에 너무도 사로잡혀 있기 때문에 그것들만으로는 우리의 생태계 위기에 대한 해결을 기대할 수 없다."[50] 그러나 그는 기독교를 전적으로 거부하기보다는 아시시의 프란체스코가 가졌던 것과 같은 자연에 대한 대안적인 태도를 통해 기독교를 재구성해야 한다고 주장한다.

---

50) Lynn White, "The Historical Roots of our Ecological Crisis," *Science* (New York, 1967) 155: 1204-1207.

하지만 오늘날 많은 신학자들은 "땅을 정복하라, 바다의 물고기와 하늘의 새와 땅에 움직이는 모든 생물을 다스리라"(창 1:28)는 구절을 인간이 자연을 지배하고 착취하라는 명령이 아니라 자연을 잘 관리하고 돌보라는 명령으로 이해한다. 인간은 세계의 주인이나 소유자가 아니라 청지기 또는 관리자다(창 1:28; 눅 12:42-48; 20:9-18). 인간은 과학기술을 발전시켜 자연을 효율적으로 이용할 권리와 더불어 청지기로서 자연을 보호하고 보존해야 할 책임을 지니고 있다. 창조세계를 돌보는 것은 기독교인만의 과제가 아니라 다른 모든 사람들과 협력하여 함께 수행해야 할 범인류적 과제다.

오늘날에는 지구를 "자기조절기능을 갖춘 하나의 생명체"로 간주하는 가이아(그리스 신화에 나오는 대지의 여신) 이론이 환경 보호론자들과 생태학자들의 주목을 끌기도 한다. 제임스 러브록(James Lovelock)은 『가이아: 생명체로서의 지구』[51]에서 지구를 생물과 환경, 즉 생물과 무생물로 구성된 하나의 유기체로 설명하였다.[52] 지구의 서식권은 대기, 해양, 육지와 함께 생명을 생산하고 삶의 공간을 창조할 능력을 지니고 있는 복합적인 구조를 형성한다. 인간의 몸속에서 무수히 많은 무기물과 미생물이 각종 장기를 구성하고 나아가 총체적으로 내부의 모든 것이 유기적으로 조화를 이루며 하나의 인체를 형성하는 것처럼, 인류를 포함한 모든 생명체가 살아가고 있는 지구 또한 그 자체로서 하나의 생명체로 기능한다는 것이다. 러브록에 따르면, 지구는 생물, 대기권, 대양, 토양 등을 총체적으로 포함

---

51) James Lovelock, *Gaia: A New Look at Life on Earth* (Oxford: Oxford University Press, 1979); id. 『가이아: 생명체로서의 지구』, 홍욱희 역 (서울: 범양사, 1990).

52) 그의 주요 저서로는 *The Ages of Gaia: A Biography of Our Living Earth* (Oxford: Oxford University, 1988); *Gaia: The Practical Science of Planetary Medicine* (Gaia Books, 1991). 김기엽 역, 『가이아: 행성의학 입문』 (서울: 김영사, 1995) 등이 있다.

하는 초생명체적 실체로서 자기조절 기능을 가지고 있다. 이 가이아의 세계에서 인류는 지구의 주인도 관리인도 아니며 단지 하나의 종에 불과하다. 인간은 하나의 생명체인 지구를 구성하는 일부분에 불과하며, 심지어는 지상에 존재하는 유일한 오염원일 뿐이다.[53]

일반적으로 과학자들은 지구가 초생명체적 실체라는 강한 의미의 가이아 개념을 받아들이지 않는다. 그러나 그들은 지구 자체가 능동적으로 기후를 조절할 수는 없지만 기후 시스템에 참여하고 있으며 해양과 대기의 조성에 영향을 미친다는 약한 의미의 가이아 이론에 대해서는 어느 정도 동의하고 있다. 만일 우리가 생명을 생물학적인 협의의 의미에서 이해한다면 땅은 살아 있는 것이 아니다. 왜냐하면 땅은 자신을 재생산하지 못하기 때문이다. 그러나 땅은 생명을 생산하기 때문에 살아 있다는 것 이상이다. 땅은 생물학적 유기체와 같은 유기체는 아니다. 그러나 땅은 유기체를 생산하기 때문에 유기체 이상의 그 무엇이다.

린 화이트(Lynn White)의 말을 빌리지 않더라도, 우리가 자연을 대하는 방식은 인간과 자연의 관계에 대한 우리의 관념에 의존한다. 그로브 화이트(Grove-White)에 따르면, 자연에 대한 정통주의의 이해는 인간의 본성에 대해 심각하게 부적절한 관념을 드러낸다.[54] 정통주의 기독교에서 바라보는 인간과 자연의 관계는 영혼과 육체의 관계처럼 지배와 종속, 주

---

53) 그러나 이와 정반대로 자연이 조화롭게 균형 잡힌 유기체적 체계라는 사고를 거부하는 학자들도 있다. Charles Elton은 자연의 균형이란 존재하지 않으며 결코 존재한 적이 없다고 주장한다. 야생동물의 숫자는 때로는 크게 때로는 작게 지속적으로 변화한다. 그리고 그 변화는 시기에 따라 불규칙하며 또한 진폭에 있어서도 불규칙하다. 이러한 자연의 모습은 카오스 이론 같은 과학 이론으로도 설명되지 않는다. Charles Elton, *Animal Ecology and Evolution* (Oxford: Oxford University Press, 1930), 17.

54) R. Grove-White, "Human Identity and the Environmental Crisis," in *The Earth Beneath*, J. Ball, M. Goodall, C. Palmer, & J. Reader, eds. (London: SPCK, 1992), 24, 28.

체와 객체의 관계로 이해되었다. 창조신학은 구속신학에 의해 압도되고, 자연은 단지 인간의 구속사를 위한 무대나 배경으로 폄하되었다. 그러나 몰트만에 따르면, 인간이 땅을 돌보기 전에 땅이 먼저 우리를 돌보고 있다.[55] 지구가 우리에게 의존하고 있는 것이 아니라 우리가 지구에 의존한다. 창세기 1-2장의 창조 이야기에 대한 생태학적 읽기에 따르면, 인간은 마지막 피조물인 동시에 가장 의존적인 피조물이다. 인간은 자연, 식물, 동물에 의존한다. 다른 모든 피조물은 인간 없이 존재할 수 있지만 인간은 다른 피조물이 없이는 존재할 수 없다. 인간은 자연의 관리자이기 이전에 자연의 한 부분이다.

인간은 하나님의 숨결이 불어넣어지기 전에 "땅으로부터 취해진 흙"(창 2:7)이다. 인간은 땅을 "경작하고 보존하기" 전에 "흙으로부터 취해졌고 흙으로 다시 돌아갈 것"(3:19)이다. 인간은 땅에 대하여 주체가 아니라 그 일부분으로 서 있다. 인간은 피조 공동체의 일원으로서 다른 생물들과 함께 동료 피조물이다. 그러므로 우주적 공동체 의식과 전 지구적 차원의 생태계의 총체적인 상호의존성에 대한 의식이 요청된다. 자연은 단지 인간의 탐욕을 충족시키기 위한 죽은 물질이 아니라 자체의 생명력과 자기 조직(self-organization)의 능력을 지닌 경이로운 대상으로 존중되어야 한다. 자연에 대한 그리고 이 땅의 다른 생명들에 대한 우리의 의존성과 책임성을 인정할 때 우리는 비로소 인간다운 인간이 될 것이다.

오늘날 인류가 직면하고 있는 전 지구적인 환경오염과 생태계의 위기는 종교 또는 과학만으로 해결될 수 없다. 종교인과 비종교인, 과학자

---

55) Jürgen Moltmann, "Die Hoffnung Der Erde: Die ökologische Wende der Christlichen Theologie und der Christlichen Spiritualität"(땅의 희망: 기독교 신학과 기독교 영성의 생태학적 전환), 위르겐 몰트만 교수 초청 특별강연회, 장로회신학대학교, 2014. 5. 12.

와 비과학자의 구별 없이 모든 사람이 실천해야 하는 전 지구적인 생태학적 환경윤리가 수립되어야 하며, 개인적·사회적·국가적·범세계적으로 전 인류가 생태계 위기 극복, 오염된 자연 회복, 환경 보전을 위한 노력에 참여해야 한다. 서방 7개 선진국은 1989년 브뤼셀에서 환경윤리에 관한 회의를 열어 "현재와 미래를 위한, 지구의 생물과 무생물 체계의 지속가능성을 유지하기 위한, 그리고 관용과 공정함을 지닌 발전을 허용하는 관리(stewardship)"[56]를 요점으로 하는 환경 실천 강령을 채택하였다. 영국 정부는 1990년에 발행한 정부 백서인 「이 공동의 유산」(This Common Inheritance)에서 다음과 같은 우리 세대의 윤리적 책임을 천명하였다. "우리는 우리 지구를 잘 보전하여 좋은 상태로 미래 세대에 물려줘야할 도덕적 책임을 가지고 있다.…우리는 단기적 이익을 위해 미래의 복지를 희생시켜서도 안 되며 우리의 어린이들에게 짐을 지우게 될 환경의 빚을 쌓아놓아도 안 된다."[57] 1992년 브라질의 리우데자네이루에서 열린 국제연합환경개발회의에서는 "환경과 개발에 관한 리우 선언"을 채택하였다. 이 선언은 자연과 인간, 환경 보전과 개발의 양립을 목표로 채택된 선언으로서 지구 환경 보존을 위한 이념적 방향을 제시함과 아울러 선언의 원칙을 구체적으로 실천하기 위한 행동 지침인 「의제21」(Agenda21)을 채택하였다. 이 선언은 서문에서 다음과 같이 천명하였다. "…모든 국가, 주요 사회분야, 모든 사람들 사이에 새로운 차원의 협력 관계를 구축함으로써 새롭고도 공평한 범세계적 동반자 관계를 확립할 목적으로, 모두의 이익을 존중하고 지구 환경의 측면이나 지구 개발의 측면에서 완전무결한 체제를

---

56) Berry, "Environmental Concern," in *Environmental Dilemmas* R. J. Berry, ed. (London: Chapman & Hall, 1993), 253-262.

57) Jeeves and Berry, *Science, Life and Christian Belief: A Survey of Contemporary Issues,* 237.

보장하는 국제 협정을 체결하기 위해 노력하며, 지구는 우리의 삶의 터전으로서 없어서는 안 될 뿐만 아니라 서로 의존하는 성격을 지니고 있다는 점을 인식한다.…"[58]

바울이 탄식한 바와 같이 현재 이 세상의 모든 피조물이 인간의 죄로 인하여 탄식하고 고통당하며 종말론적인 구원과 영광의 날을 기다리고 있다. "피조물이 고대하는 바는 하나님의 아들들이 나타나는 것이니 피조물이 허무한 데 굴복하는 것은 자기 뜻이 아니요 오직 굴복하게 하시는 이로 말미암음이라. 그 바라는 것은 피조물도 썩어짐의 종노릇 한 데서 해방되어 하나님의 자녀들의 영광의 자유에 이르는 것이니라. 피조물이 다 이제까지 함께 탄식하며 함께 고통을 겪고 있는 것을 우리가 아느니라"(롬 8:19-22). 인간과 다른 모든 피조물로 하여금 죽음의 운명으로부터 구원받기를 간절히 고대하며 탄식하게 하는 분이 바로 하나님의 영이다. 하나님의 영, 즉 성령은 예수의 부활의 영이자 생명의 영이다. 성령은 인간과 모든 창조세계에 생명을 불어넣어 회복시키신다. 성령은 죽음을 정복하고 생명을 회복하는 새로운 창조 역사를 통해 종말론적인 하나님 나라를 완성하신다.

하나님의 영, 즉 성령 안에서 살아가는 기독교인은 인간의 역사뿐만 아니라 자연과 전 창조세계에 대한 특별한 책임을 지고 있다. 왜냐하면 우리는 온 세계가 하나님의 영광을 위해 창조되었으며 종말론적으로 하나님께서 영광 가운데 온 세계 안에 충만히 거하실 것을 믿기 때문이다. "만물을 그에게 복종하게 하실 때에는 아들 자신도 그 때에 만물을 자기에게 복종하게 하신 이에게 복종하게 되리니 이는 하나님이 만유의 주로

58) 이종훈 편역, "환경과 개발에 관한 리우 선언"(Rio Declaration On Environment And Development), 『세계를 바꾼 연설과 선언』 (파주: 서해문집, 2006).

서 만유 안에 계시려 하심이라"(고전 15:28). 우리 기독교인은 종말론적인 미래의 하나님 나라의 완성을 소망하면서 인간의 구원뿐만 아니라 자연의 한 특별한 부분으로서 자연과 창조세계 전체의 회복과 보전과 완성을 위해 부름을 받은 청지기로서의 사명을 다해야 한다.

Ⅶ. 결론

지금까지 우리는 진화론, 생물학, 신경과학, 심리학, 생태학과 같은 경험과학들과 신학의 대화를 수행했다. 신학과 과학의 대립, 상대방에 대한 무관심, 신학을 과학의 관점으로 환원시키고자 하는 신학의 과학화, 과학을 신학의 관점으로 환원시키고자 하는 과학의 신학화, 이러한 것들은 모두 잘못된 것이다. 특히 이른바 "창조과학"은 과학을 신학(성서)의 관점으로 환원시키고자 하는 잘못된 환원주의를 보여준다. 무시간적이고 문자적인 성서 해석에 기초하여 성서의 기술을 과학적 사실이나 법칙을 증명하는 과학적 본문으로 간주함으로써 맹목적인 신앙을 고취하고자 하는 창조과학의 성서적 환원주의는 그와 반대되는 과학적 환원주의 못지않게 위험하다. 더욱이 이들이 주장하는 과학 이론들은 오늘날 일반 과학계 안에서 전혀 인정을 받지 못하는 사이비 과학이다.

비트겐슈타인은 과학과 신학을 두 종류의 서로 다른 언어를 사용하는 두 개의 "언어게임"에 비유하였다.[59] 전자는 자료, 경험적 증거, 인과관계, 확률이론 등의 언어를 사용하는 반면, 후자는 상징, 표상, 시적 표현 등과

---

59) Ludwig Wittgenstein, *Philosophical Investigations* (New York: The Macmillan Company, 1965), 2, 7, 23.

같은 언어를 사용한다. 그에 따르면, 우리는 이 두 언어를 어느 한 언어로 환원하려고 하지 말고 각각의 독특성을 인정해야 한다. 이 두 언어는 전적으로 다르거나 서로 배타적인 것이 아니라 상호 보완적인 것이며 따라서 서로 다툴 필요가 없다. 우리는 성서를 자연과학을 설명하는 무오한 교과서라고 주장해서도 안 되며, 진화론으로부터 무신론적 결론을 도출하려고 해서도 안 된다.

이러한 비트겐슈타인의 입장은 기본적으로 정당하지만 신학과 과학 사이의 소통을 위한 대화의 필요성을 약화시킬 가능성이 있다. 따라서 더욱 진지한 학제 간 대화를 추구하는 상호비판적인 상관관계 모델이 요구된다. 이 모델은 다음과 같은 점들로 구성된다. 첫째, 신학과 과학은 상호보완적인 관계에서 서로의 독자적인 영역을 존중해야 한다. 둘째, 그 둘의 관계에 있어서 어떤 형태의 환원주의도 바람직하지 않다. 셋째, 그러나 신학과 과학은 서로 무관하거나 무관심할 수 없다. 특히 오늘날과 같은 과학 시대에 그 둘은 매우 밀접한 관계에 있다. 신학은 과학의 도전을 결코 외면하거나 무시할 수 없다. 아인슈타인이 말한 바와 같이, 종교가 없는 과학이 절름발이라면 과학이 없는 종교는 장님이다.[60] 넷째, 신학과 과학은 기본적으로 서로 다른 언어를 사용함에도 불구하고 반드시 서로 모순될 필요가 없다. 양자택일이 최선의 가능성은 아니다. 그 둘 사이의 조화 또는 공명의 가능성은 열려 있다. 다섯째, 따라서 진지한 상호 대화를 통한 공명의 가능성을 추구하는 상호비판적 상관관계 모델이 요구

---

60) 종교와 과학의 관계에 대한 Einstein의 견해에 대해서는 *New York Times Magazine* (November 9, 1930), 1-4. Reprinted in *Ideas and Opinions* (Crown Publishers, Inc. 1954), 36-40. 그리고 Albert Einstein, *The World as I See It* (New York: Philosophical Library, 1949), 24-28을 참고하라.

된다.[61]

우리가 취해야 할 올바른 태도는 신학과 과학의 고유한 독자적 영역을 인정하면서 동시에 그 둘을 분리시키거나 대립시키지 않고 또한 그 둘이 본질적으로 모순될 필요가 없다는 인식 아래, 그 둘 사이의 일치 또는 공명의 가능성을 조심스럽게 모색하고 연구하는 것이다. 과학과 신학은 서로 외면할 수도 없고, 서로 대립하여 싸울 필요도 없다. 그 둘은 대화를 통해 서로 영향을 주고받음으로써 서로를 풍성하게 해줄 수 있다. 신앙이 과학적 이해를 추구해야 한다면, 과학적 이해는 신앙을 추구해야 한다. 양자는 상호 비판적 상관관계 안에서 서로에 대한 존중과 개방성의 태도를 가지고 진지하게 대화해야 한다.[62]

61) 과학과 신학의 상호적인 대화를 통한 공명의 가능성에 대해서는, Ted Peters 엮음, 김흡영, 배국원, 윤원철, 윤철호, 신재식, 김윤성 역, 『과학과 종교: 새로운 공명』(서울: 동연, 2002)을 참고하라. 윤철호, 『기독교 신학 개론』(서울: 대한기독교서회, 2015), 170.

62) Arthur Peacocke은 기독교 신앙과 신학이 현대 생물학적 연구와 과학적 우주론으로부터 배워야 할 것을 다음 세 가지로 요약했다. 첫째, 하나님은 정적이고 닫혀 있는 우주가 아니라 역동적이고 열려진 우주를 창조했다. 둘째, 하나님은 동일한 물질로만 구성된 우주를 창조한 것이 아니라 다양한 요소로 구성된 우주를 창조했다. 셋째, 하나님은 지속성, 질서, 일관성뿐만 아니라 변화, 새로움, 불확정성이 있는 우주를 창조했다. Arthur Peacocke, *Creation and the World of Science: The Re-Shaping of Belief* (Oxford: Clarendon Press, 1979).

제9장

비환원론적 물리주의 인간 이해: 냇시 머피를 중심으로

Ⅰ. 서론

서구 기독교 전통과 근대에 등장한 데카르트의 인간론은 이원론적이다. 이에 따르면 인간은 두 가지 구별된 종류의 실체로 구성된다. 우리의 육체(뇌를 포함)는 물리적 입자로, 정신은 비물리적 실체로 구성된다. 그러나 근대 이래 생물학과 심리학 같은 경험과학의 발전과 더불어 물리주의가 등장하였다. 물리주의는 오직 한 종류의 실체, 즉 물리적 실재 또는 물질만이 존재하며 인간의 존재와 모든 속성은 이 물리적 실재의 작용에 의해 설명 가능하다고 주장한다. 그런데 최근에 이러한 두 가지 인간론에 대한 변증법적 대안으로 "비환원론적 물리주의"가 등장하였다. 비환원론적 물리주의 인간 이해를 보여주는 대표적인 신학자 중 한 사람이 낸시 머피다. 이 글에서는 낸시 머피의 인간 이해에 대하여 고찰하고자 한다.

머피는 스스로를 "복음적 물리주의자"라고 소개한다. 그는 전통적인 영혼 개념을 전제하는 이원론적 인간 이해를 거부한다. 그는 이원론의 문제를 세 가지로 요약한다. 첫째, 이원론은 정신과 몸의 상호작용을 설명할 수 없다. 둘째, 신경과학은 영혼(정신)이라는 가설이 필요 없음을 점차 분명하게 드러냈다. 셋째, 이원론은 성서적·신학적으로 불필요할 뿐 아니라 기독교의 우선순위를 왜곡하기 때문에 바람직하지 않다. 즉 이원론은 예수가 선포한 하나님 나라 대신 개인의 영혼의 최종적 운명에 관심을 기울이도록 만든다.[1] 머피에 따르면, 영혼이란 개념은 동물에게는 없는 합리성, 도덕성, 하나님과의 관계와 같은 인간의 고차원적 능력을 설명하기 위해서 사용된 것이다.

머피의 인간 이해는 과학의 발견에 기초하고 있다. 오늘날 물리학은 정신과 몸의 상호작용을 밝혀냄으로써 이원론적 관점에서는 설명할 수 없는 인간의 본성을 드러내 주었다. 진화론은 인간과 다른 동물의 연속성을 강조함으로써 어떻게 인간이 다른 동물들이 갖고 있지 않은 영혼을 소유할 수 있는가 하는 물음을 제기하였다. 이전에는 정신 또는 영혼에 의한 것으로 여겼던 모든 능력이 이제는 (대체로) 뇌의 기능에 의한 것이라는 사실을 인지과학이 밝혀내었다.[2] 과학적 자료가 몸에 부가된 비물질적 정신이나 영혼이 존재하지 않는다는 증거를 제시하는 것은 아니다. 그러나 머피는 서구의 영혼 개념이 히브리 성서가 아닌 생물학적 관점에서 설명할 수 없는 것처럼 보이는 능력을 설명하기 위해서 도입된 것이라면 과학적 목적을 위한 이 가설은 불필요한 것으로 드러났다고 주장한다.[3]

머피는 이원론이냐 물리주의냐 하는 문제는 철학적 주제가 아니라 과학적 연구 프로그램의 핵심으로 다루어져야 하며, 뇌의 기능의 차원에서 정신 능력을 연구하는 오늘날의 신경과학은 물리주의를 강력하게 지지한

---

1) Nancey Murphy, "Nonreductive Physicalism," *Personal Identity in Theological Perspective*, ed. Richard Lints, Michael Horton & Mark R. Talbot (Grand Rapids: Eerdmans, 2006), 97.

2) Murphy, *Bodies and Souls, or Spirited Bodies?* (Cambridge, New York: Cambridge University Press, 2006), 4-5.

3) Ibid., 69.

다고 주장한다.[4] 그는 전통적인 이원론이 아니라 오늘날의 인지과학적 이론이 우리의 인지능력, 감정 및 다른 정신적 기능들에 대하여 더욱 설득력 있는 설명을 제공한다고 주장한다. 인지, 감정, 행동에 대한 최근의 신경생물학과 인지과학의 발전은 대부분 인간의 본성에 대한 물리주의적 이해의 산물이다.[5] 그는 성서 연구와 신경과학은 함께 같은 방향, 즉 인간에 대한 물리주의적 이해를 지시한다고 주장한다. 인간은 물질과는 다른 무엇의 혼성체가 아니라 순수하게 물리적 유기체다.

그러나 머피는 환원론적 물리주의와 비환원론적 물리주의를 구별하며 자신은 비환원론적 물리주의자라고 주장한다. 비환원론적 물리주의 관점에서의 머피의 인간 이해를 고찰하기 전에, 먼저 성서의 인간 이해에 대한 그의 이해를 살펴볼 필요가 있다.

Ⅱ. 성서의 인간 이해에 대한 머피의 이해

머피는 기독교 안에 인간의 본성에 관해 다양한 견해들이 있는 까닭은 성서가 이에 대해 분명한 가르침을 주지 않기 때문이라고 생각한다. 각 시대의 기독교인들은 성서 안에서 다양한 견해들을 발견하며 또한 다양한 견해들을 통해 성서를 읽어낸다. 대체로 20세기 중반의 신학자들은 성서가 오늘날의 물리주의와 어느 정도 유사한 통전적 인간관을 보여주며, 이

---

4) Murphy에 의하면, 영혼이 있다고 믿는 이원론은 과학이 아니라 철학에 기초한다. 이원론적 언어의 원천의 하나는 현세에서 정당한 보상과 형벌이 이루어지지 않기 때문에 육체(의를 행한)와 분리된 다른 내세의 생이 있어야 한다는 가설이며, 다른 하나는 살아 있는 것과 그렇지 않은 것의 차이를 설명하기 위한 것이다. Murphy, "Nonreductive Physicalism," *Personal Identity in Theological Perspective*, 98.

5) Murphy, *Bodies and Souls, or Spirited Bodies?* 115-16.

원론은 후에 그리스-로마 철학의 영향으로 기독교 안으로 들어온 것이라고 본다. 따라서 적어도 초기의 히브리 성서는 몸-영혼 이원론을 알지 못했지만 성서가 무엇을 말하는지를 단정적으로 말하기는 매우 어렵다.

구약성서에는 몸-영혼 이원론을 나타내는 것처럼 보이는 구절들도 있고 이원론적 인간 이해와 맞지 않는 구절들도 있다.[6] 그러나 머피는 본래적인 히브리적 인간관은 몸-영혼 이원론보다 오늘날의 물리주의에 가깝다고 주장한다. 기독교인들이 이원론적 인간관을 갖게 된 것은 70인역(기원전 250년)에서 히브리어 "*nephesh*"가 인간을 구성하는 요소를 의미하는 그리스어 "*psyche*"(오늘날 영어로 "soul"로 번역됨)로 번역되었기 때문이다. 머피는 창세기의 본문 "여호와 하나님이 땅의 흙으로 사람을 지으시고 생기(breath of life)를 그 코에 불어넣으시니 사람이 생령(living soul)이 되니라"(창 2:7)를 주석한다.[7] 그에 따르면, 이 구절은 이원론적 관점에서 "하나님이 영혼(soul)을 그 코에 불어넣으시니 사람이 살아 있는 존재(living being)가 되니라"라고 해야 한다. 그리고 "soul"로 번역된 히브리어 "*nephesh*"는 몸과 영혼으로 구성되는 인격의 한 요소인 "영혼"을 의미하지 않고 살아 있는 전체 인격을 의미한다. 그렇다면 창세기 2:7의 "생령"(living soul, *nephesh*)은 "살아 있는 존재"(living being, person)로 번역되어야 한다.[8]

---

6) 전자의 예를 들면 몸은 무덤에서 썩지만 하나님은 영혼을 구원하신다(시 16:10; 25:20; 26:9; 49:14-15). 반면 후자의 예를 들면 시편 저자는 영혼을 칼과 구덩이로부터 구원해달라고 기도한다(시 7:1-2, 22:20, 35:7). 칼에 찔리고 구덩이에 던짐을 당하는 것은 영혼이 아니라 몸이기 때문에, 이 구절들은 몸-영혼의 이원론적 관점에서 이해되기 어렵다.

7) Ibid., 18.

8) Gundry는 구약성서에서 몸과 영혼은 대조되지 않으며, 인간은 성육신한 영혼(incarnated soul)이 아니라 생동화된 몸(animated body)으로 이해된다고 주장한다. Robert H. Gundry, *Sōma in Biblical Theology: With Emphasis on Pauline Anthropology* (Grand Rapids, MI: Zondervan Press, 1987), 119.

신약성서는 그리스어로 기록되었으며 그리스 철학의 관점에서 읽혀졌다. 신약성서에는 이원론적 인간론을 지지하는 것으로 여겨지는 본문들이 있다(마 10:28; 눅 16:19-31; 23:39-43; 고전 5:1-10). 존 쿠퍼는 성서가 이원론을 보여준다고 주장하면서 이에 대한 증거로서 구약성서의 스올(*Sheol*) 개념과 신약성서 나타나는 죽음 이후의 중간상태에 대한 본문들(눅 23:39-43)을 제시한다.[9] 그러나 조엘 그린은 누가복음 23:40-43의 "낙원"이 신구약 중간기인 제2성전기 유대교의 문헌들에서 중간상태를 의미했다는 쿠퍼의 주장이 그 당시의 다양한 관점들을 충분히 반영하지 못했다고 비판한다.[10] 머피는 성서의 가르침을 이해하기 위해 많은 비경전적 문헌들을 연구하는 것이 별 의미가 없으며, 신약성서 저자들은 인간의 형이상학적 구조에 대해 가르치고자 한 것이 아니라고 주장한다.[11]

머피는 제임스 던을 따라 인간 본성에 대한 "부분적"(partitive) 설명과 "관점적"(aspective) 설명을 구별한다. 그리스적 사고는 인간을 구별된 부분들로 구성된 것으로 즉 "부분적"으로 보는 경향이 있는 반면, 히브리적 사고는 인간을 다양한 차원들로 존재하는 전체적 인격으로 즉 "관점적"으로 본다.[12] 그리스 철학자들이 인간 존재를 구성하는 본질적 "부분들"이 무엇인가를 묻는다면, 성서 저자들은 그 "부분들"을 특정한 관점에서 파악된 전체 인격으로 이해한다. 예를 들면 "영"은 하나님과의 관계에서의

---

9) John W. Cooper, *Body, Soul, and Life Everlasting: Biblical Anthropology and the Monism-Dualism Dabate* (Grand Rapids: Eerdmans, 1989, 증보판 2000).

10) Joel B. Green, "Eschatology and the Nature of Humans: A Reconsideration of Pertinent Biblical Evidence," *Science and Christian Belief* 14, no. 1 (April 2002): 33-50.

11) Murphy, *Bodies and Souls, or Spirited Bodies?* 21.

12) 부분적 설명: 학교는 체육관(부분)을 가지고 있다. 관점적 설명: 나는 스캇(내 존재 전체의 한 측면)이다. James D. G. Dunn, *The Theology of the Apostle Paul* (Grand Rapids, MI: Eerdmans, 1998), 54. 박문재 역, 『바울신학』 (파주: 크리스천다이제스트, 2003).

전체 인격을 나타낸다. 영과 육에 대한 바울의 구별은 후대 사람들이 이해하는 영혼과 육체의 구별을 의미하는 것이 아니다. 그것은 두 가지 삶(존재)의 방식, 즉 하나님의 영에 따라 사는 삶과 그리스도 이전의 옛 시대에 따라 사는 삶을 의미한다.

머피는 성서의 인간관에 대하여 다음과 같은 결론을 내린다. "우리가 부분적 설명에 관심을 갖는 한, 인간 본성에 대한 성서적 견해란 존재하지 않는다. 성서의 저자들 특히 신약성서 저자들은 오늘날 우리 시대와 마찬가지로 폭넓은 다양한 관점들의 맥락에서 글을 썼다. 그러나 어느 한 이론을 분명하게 주장하지는 않았다. 신약성서 저자들이 증언하는 것은 첫째, 인간은 심신 통일적 존재라는 것이며, 둘째, 영생에 대한 기독교적 희망은 불멸적 영혼이 아니라 육체적 부활에 관한 것이라는 것, 셋째, 인간은 관계 즉 신자의 공동체 특히 하나님과의 관계의 관점에서 이해되어야 한다는 것이다."[13] 이것은 오늘날의 기독교인들이 여러 견해들 가운데 자유롭게 선택할 수 있다는 것을 의미한다. 그러나 머피는 몸을 무가치하거나 악한 것으로 간주하는 이원론(플라톤, 데카르트)뿐만 아니라, 하나님과 관계 맺을 수 있는 인간의 능력을 부인하는 환원론적 물리주의도 배격한다.

Ⅲ. 환원론적 물리주의와 비환원론적 물리주의

머피에 따르면, 기독교 역사에서 영혼-몸 이원론은 성서의 가르침이라기보다는 헬레니즘의 이원론적 문화를 수용한 것이다. 이원론적 관점에서 아우구스티누스는 기억을 물리적으로 설명하는 것이 불가능하다고 말했

13) Murphy, *Bodies and Souls, or Spirited Bodies?* 22.

다.[14] 데카르트 이래 근대철학에서는 정신-몸 이원론이 다시 득세했다. 그러나 1950년대 이후에는 점차 물리주의자의 숫자가 증가하고 있다. 오늘날 물리주의는 뇌의 정신적 과정에 대한 신경과학적 연구를 통해 더욱 힘을 얻고 있다. 머피는 환원론적 물리주의와 비환원론적 물리주의를 구별한다. 환원론적 물리주의는 근대의 물리학의 전제인 원자론적 형이상학에 기초한다. 즉 존재의 부분들이 전체 행위를 결정한다는 것이다. 이 견해에서는 거시적 차원의 존재들 간의 인과적 영향은 사실상 미시적 차원의 원자들 간의 인과적 영향에 의한 것이다. 모든 진정한 인과적 작용은 가장 낮은 차원에서 이루어진다. 여기서는 원자의 존재론적 위상이 우선적이며 상식적인 존재들의 존재론적 위상은 이차적이다.[15]

자연의 복잡한 계층 질서는 과학의 계층 질서에 반영된다. 즉 과학은 물리학, 화학, 생물학, 심리학, 사회과학의 순서로 복잡성이 점차 증대된다. 이 계층 질서에서 보다 위 차원(전체)의 부분은 보다 아래 차원의 존재들로 구성된다. 이와 같은 전제들이 결정론적 자연법칙과 결합할 때 환원론이 수립된다. 환원론에 따르면, 어떤 복잡한 존재의 행위는 그 부분들의 행위를 지배하는 법칙에 의해 그리고 궁극적으로 물리학의 법칙에 의해 결정된다. 머피는 환원론의 주요 내용을 다음과 같이 요약한다. ① 모든 존재는 원자의 배열로 이루어진다. ② 원자는 자신이 구성하는 존재보다 존재론적 우선성을 갖는다. ③ 자연법칙은 결정론적이다. ④ 복잡한

---

14) "그것(기억)은 분명히 가슴, 피, 뇌, 원자로부터 나오지 않는다. 나는 당신에게 묻는다. 당신은 기억과 같은 위대한 힘이 지구와 지구의 구름 낀 어두운 하늘로부터 응결되어 나타날 것이라고 여기는가?" Augustine, *Tusc.* 1:60-1; quoted and translated by Philip Carey, *Augustine's Invention of the Inner Self: The Legacy of a Christian Platonist* (Oxford: Oxford University Press, 2000), 134. Nancey Murphy, *Bodies and Souls, or Spirited Bodies?* 114-15에서 재인용.

15) Edward Pols, *Mind Regained* (Ithaca: Cornell University Press, 1998), 64.

존재의 행위는 부분들의 행위에 의해 결정된다. ⑤ 물리학의 법칙은 모든 복잡한 존재의 행위를 결정한다.[16]

머피에 의하면, 환원론은 영혼에게 돌려졌던 능력과 기능을 부인한다. 환원론적 물리주의에 따르면, 만일 영혼이 없다면 인간은 진정으로 이성적·도덕적·종교적일 수 없다. 여기서 이성, 도덕성, 하나님과의 관계는 뇌의 과정에 불과하다. 이와 달리 머피는 영혼이 없다면 인간의 높은 능력은 다른 방식으로 설명되어야 한다고 주장한다. 부분적으로 이 능력은 뇌의 기능으로 설명 가능하다. 그러나 완전한 설명은 인간의 사회적 관계, 문화적 요인들, 그리고 무엇보다도 하나님과의 관계에 주의를 기울일 것을 요구한다.[17] 비환원론은 그것들을 영혼에게 돌려졌던 능력들을 부인하지 않고 "그러한 모든 능력들이 어떻게 세계, 문화, 하나님과의 관계 안에 있는 몸에 의존하는지를 보여주고자 한다."[18]

머피는 환원론적 물리주의를 두 가지 관점에서 극복하고자 한다. 첫째, 그는 존재의 부분들의 행위가 전체의 행위를 결정한다는 인과적 환원론의 전제를 비판한다. 존재의 부분들은 복합체의 낮은 차원을 나타내기 때문에 이 인과율은 상향식 인과율이라고 불린다. 머피는 상향식 인과적 요소는 어떻게 사물이 작동하는지에 대한 단지 부분적인 설명만을 제공한다고 본다. 또한 우리는 존재 전체의 속성과 아울러 존재와 환경 사이의 상호작용도 고려해야 한다. 따라서 머피는 하향식 인과율을 주장한다. 하향식 인과율은 "복합체의 더 높은 차원의 요소들이 존재의 구성 요소들에 인과적 영향을 미친다는 명제"다.[19]

---

16) Murphy, *Bodies and Souls, or Spirited Bodies?* 74.

17) Ibid., 69-70.

18) Ibid., 72.

19) Ibid., 73.

둘째, 머피는 기계와 가장 단순한 유기체와의 차이, 그리고 가장 단순한 유기체와 인간의 차이를 단계적으로 고찰한다. 이 고찰은 복잡성의 계층 질서를 올라갈수록 자기 지시(self-direction)의 능력이 증대됨을 보여준다. 이를 통하여 머피는 "인간은 고도로 자기 지시적인 유기체로서, 이 유기체의 자기 지시적인 행위가 하향식 인과율에 의해 신경 체계를 통제한다"[20]고 결론을 내린다.

머피는 이와 같은 논증을 통해서 순수하게 물리적인 존재인 인간의 행위는 자연법칙에 의해 결정될 수밖에 없으며 따라서 인간은 자유롭거나 도덕적으로 책임적일 수 없다고 주장하는 신경생물학적 환원론에 대항하여 (그리고 전통적인 이원론과도 달리) 비환원론적 물리주의의 관점에서 인간의 독특성과 인격적 정체성을 설명하고 정신적 인과율, 자유의지, 도덕적 책임성을 위한 자리를 마련하고자 한다.

Ⅳ. 머피의 비환원론적 물리주의 인간 이해

1. 인간의 독특성

머피는 다른 동물과 구별되는 인간의 독특성이 "특별한 불멸적 부분에 있지 않고 우리의 더욱 복잡한 신경 체계, 언어, 문화에 의해 가능하게 되는 특별한 능력에 있다"고 주장한다.[21] 과학은 인간과 다른 동물의 차이가 대부분 어떤 특성이 완전히 있거나 없음의 문제라기보다 정도의 문제임을

20) Ibid.

21) Ibid., 116.

보여준다. 그러나 기본적인 능력들의 작은 차이들이 상호작용하여 최종적 결과에서는 큰 차이를 만들어낸다. 예를 들면 침팬지는 기초적인 형태의 언어 습득 능력과 자기의식을 소유하고 있지만 상징적인 자기개념은 갖고 있지 못하다. 다른 고등동물도 감정을 가지고 있지만 인간은 더 미세하게 감정을 조율할 수 있다. 동물은 화를 낼 수는 있지만 인간처럼 의롭게 분노할 수는 없다.

머피는 인간의 독특성에 대하여 두 가지를 말한다. 하나는 도덕적 능력이며, 다른 하나는 다른 사람들과 아울러 하나님과 관계를 맺을 수 있는 능력이다.[22] 즉 인간의 독특성은 도덕성과 종교적 경험에 있다. 사회생물학자들은 인간의 도덕성과 유사한 것이 동물의 세계 안에서도 발견된다고 보고한다. 동물도 집단의 선을 위해서 자신을 희생한다. 집단의 생존은 친족의 생존이며 친족의 생존은 자신의 유전자의 생존을 의미하기 때문이다. 진화는 자신의 유전자의 생존을 위해 좋은 것을 선호한다. 그러나 머피는 인간의 도덕성을 유전학의 관점에서 다 이해할 수 없다고 본다. 인간에게 도덕적 선은 단지 선한 행위뿐만 아니라 올바른 동기와 의무감, 그리고 자신의 동기, 욕구, 이성에 대한 평가능력을 요구한다. 신학적 관점에서는 하나님과의 관계로부터 도덕성이 생겨난다. 우리는 단지 유전자적으로 프로그램화 되었기 때문이 아니라, 인간을 위한 하나님의 목적에 대한 의무감 때문에 다른 사람을 위해 희생한다. 사회생물학자들이 말하는 희생은 유전자의 유사성(가족, 친족)을 전제하는 반면, 기독교의 도덕성은 오히려 반(反)가족적이며(마 10:35-36) 이방인과의 화해 및 원수에 대한 사랑을 요구한다. 따라서 기독교의 도덕성은 친족 유지적인 이타주의와 다르다.

---

22) Ibid., 118.

머피는 종교적 경험을 무엇보다 중요한 인간의 독특성으로 간주한다. 그런데 그는 하나님과 관계를 가질 수 있는 종교적 경험의 능력이 영혼에 있지 않고 일상적인 지적 능력에 있다고 주장한다. 어떤 경험이 종교적 경험이 되려면 그 경험은 하나님으로부터 기인하는 것이어야 한다. 종교적 경험은 우리 모두가 갖고 있는 "일상적인" 인지 능력과 신경 체계에 의존한다. 뇌 스캔은 종교적 경험을 위한 특수한 뇌의 부위가 있음을 보여주지는 않을 것이다. 우리의 종교적 경험의 독특성은 그것이 하나님께 돌려진다는 사실에 있다. 그러면 어떻게 우리의 일상적인 경험이 하나님으로부터 온 것임을 알 수 있는가? 그것은 그것이 발생한 상황, 결과, 공동체의 확증, 기독교 전통의 신앙의 규율 등을 통해서 알 수 있다.[23]

머피는 인간의 독특성이 인간이 가지고 있는, 다른 동물보다 더 향상된 기능들의 상호작용에 의해 생겨난다고 주장한다. 예를 들면, 우리의 분명한 자기의식과 미세하게 조율된 감정 및 공교한 언어 능력의 결합에 의해서 우리는 다른 동물과는 엄청나게 다른 상호 인격적 관계 능력을 갖게 된다. 그리고 이 상호 인격적 관계 능력은 하나님의 음성을 인식하고 그 음성에 순종하는 능력을 포함한다.[24] "그러므로 비환원론적 물리주의는 우리가 생물학적 유기체임을 인정한다. 그러나 그것은 우리의 신경학적 복잡성과 문화 발달의 역사가 함께 진정한 도덕적 추론 능력(이 능력은 창조자의 음성에 순종해야 하는 객관적 의무를 인식하는 능력을 포함한다)을 신장시켰다는 사실을 강조한다."[25]

---

23) Murphy, "Nonreductive Physicalism," *Personal Identity in Theological Perspective*, 102.

24) Murphy, *Bodies and Souls, or Spirited Bodies?* 123.

25) Murphy, "Nonreductive Physicalism," *Personal Identity in Theological Perspective*, 102-3.

2. 인격적 정체성(동일성)

과거와 현재와 미래의 인격의 동일성은 무엇에 의해 확보되는가? 죽음 이후에는 어떤 일이 일어나는가? 이원론자는 인격의 정체성이 영혼에 있다고 말하고, 환원론적 물리주의자는 몸에 있다고 말한다. 이원론자들은 몸이 죽은 후에도 영혼은 살아남아 보편적 부활 때에 변화된 몸을 입는다고 믿는다. 반면에 물리주의자들의 견해는 두 가지로 나뉜다. 하나는 죽음의 순간에 우리는 즉시 다른 장소나 차원에서 변화된다는 것이다. 다른 하나는 우리가 보편적 부활 때까지 죽어 있다가 부활 때에 하나님에 의해 새로운 불멸의 형태로 재창조된다는 것이다. 이에 반박하여 이원론자들은 물리주의자들의 견해대로 인간이 단지 몸뿐이라면 부활 후에 재창조된 인간은 죽음 이전의 인간과 같은 인간이 될 수 없으며, 따라서 죽음 이전과 부활 이후의 동일성이 설명될 수 없다고 주장한다.

머피는 인격적 정체성을 구성하는 것은 단지 몸이 아니라 "몸을 가능하게 만드는 더 높은 능력들, 즉 의식과 기억, 도덕적 성격, 상호 인격적 관계, 그리고 특별하게 하나님과의 관계"를 언급한다.[26] 그에 따르면, 인격 개념은 몸과 기억 둘 다를 포함하며, 기억의 연속성은 뇌 즉 육체의 연속성에 의존한다. 그러나 육체와 기억의 결합도 인격적 정체성을 기준으로 하면 협소하다. 우리의 의식은 기억의 다발 "이상의 그 무엇"이다. 여기서 "이상의 그 무엇"은 비물질적 자아를 의미하는 것이 아니라 다양한 기억과 인식에 대한 통합의 산물이다. 의식적 자아는 어린 시절의 어느 때엔가 출현한다. 의식적 자아에서 신경조직은 필수적인 전제 조건이며 뇌의

---

26) Murphy, *Bodies and Souls, or Spirited Bodies?* 132. 인격적 정체성의 문제에 대하여, Ibid., 132-41; Murphy, "Nonreductive Physicalism," *Personal Identity in Theological Perspective*, 105-8 참고.

손상은 자아의식과 자기 정체성의 혼란을 가져온다(예를 들면 정신분열증).

그러나 연합된 몸-기억-의식도 아직 충분한 인격적 정체성을 확보하지 못한다. 인격의 동일성을 위해서는 성격의 동일성이 요청된다. 내가 몸과 함께 온전하게 보존된 모든 기억을 가지고 있다고 하더라도 나의 덕(악), 감정, 도덕적 성격을 가지고 있지 않다면 그것은 내가 아니다. 인격적 정체성을 구성하는 또 다른 차원은 타자와의 관계성이다. 이 관계는 다른 사람들과의 사회적 관계와 더불어 하나님(또는 예수)과의 관계를 포함한다. 특히 하나님의 기억, 인지, 나와의 관계는 나의 부활 이후의 동일성에 있어서 본질적으로 중요하다. "하나님께서 나를 기억하시고, 알아보시고, 나와 관계를 맺으시는 것이 나의 부활 이후의 정체성에 있어서 본질적이다."[27] 그러나 머피는 인격적 정체성이 필요하지만 부활 이후의 하나님 나라에 참여하는 데 그것만으로 충분한 것은 아니라고 말한다. 즉 인격의 변화가 필요하다. 기억은 변화되어야 한다. 단순히 과거의 모든 경험을 생생하게 다시 체험하는 것은 지상에서의 삶의 모든 고통과 괴로움을 재창조할 뿐이다.

머피는 몸을 모든 인격적 속성들을 위한 토대로 간주한다. 기억, 의식, 도덕성 등의 인격적 속성이 시공간적 연속성을 가진 물질적 몸과 연결되어 있다는 것은 이 세상의 삶에서 경험적으로 체득한 사실이다. 그러나 머피는 시공간적 연속성을 지닌 몸을 인격 개념의 우연적인 부분으로 간주한다. 이생에서의 모든 인격적 속성들은 육체적 특성과 능력에 의해 지지되며, 이 몸은 우연히 시공간적 연속성을 지닌 물질적 대상에 속해 있다. 죽음 이전의 인격적 동일성의 기준은 동일한 물질이 동일한 몸과 결부되

27) Murphy, "Nonreductive Physicalism," *Personal Identity in Theological Perspective*, Ibid., 107.

어 있는지에 달려 있다. 그러나 부활 이후의 몸의 개념은 이와 다르다. 즉 이 모든 동일한 인격적 성격들을 위한 기본 물질을 제공하고 그것들을 현시하는 나의 몸이 바로 나다.[28] 관련되는 모든 측면들에서 유사한 몸은 동일한 인격적 속성들을 지지할 수 있다고 할 수 있으며 자신을 구성하는 물질의 변화에도 불구하고 시간 속에서 자신의 동일성을 유지할 수 있다. 따라서 지상에서 썩어지는 몸과 다른 "것들"(stuffs)로부터 재창조된 새로운 몸은 (그 두 몸이 공동으로 담지하는 인격적 속성들[기억, 의식, 도덕성, 관계성]로 인하여) "동일한 몸"이 될 수 있다.[29] 부활 이후 우리 존재는 몸을 가지며, 우리의 몸은 우리의 정신적 삶과 도덕성의 끝없는 발달을 위한 기본 물질이 될 것이다. 이 몸은 지금 우리가 알고 있는 몸과 같은 물질이 아닐 것이다. 그 외에 우리는 이 몸의 본성에 대해서 더 이상 알 수 없다.[30]

3. 정신적 인과율

머피는 정신적 인과율을 상향식과 하향식 두 가지 인과율의 관점에서 설

---

28) Ibid., 107-8.

29) Murphy, *Bodies and Souls, or Spirited Bodies?* 141-42.

30) Murphy는 그리스도가 하나님이 의도하셨던 충만한 인간의 삶을 완성하기 위해 자연법칙을 근본적으로 변화시킨다는 결론을 신약성서로부터 이끌어낼 수 있다고 주장한다. Ibid., 144. 신약성서에는 불완전한 현세의 자연법칙이 종말에 그리스도의 주권에 완전히 복속됨으로써 완전케 될 것이라고 이해될 수 있는 구절들이 있다(엡 1:19-22; 골 2:15). Walter Wink에 따르면 골 2:8의 권세(힘)을 나타내는 "*stoicheia*"("초등학문"[elemental spirits]으로 번역)는 철학자들이 추구하는 물리적 우주의 첫 번째 요소 또는 근본적 원리를 가리킨다. 오늘날의 용어로 말하자면 첫 번째 요소는 아원자 입자이며 근본적 원리는 자연법칙이라고 할 수 있다. Walter Wink, *Naming the Powers: The Language of Power in the New Testament* (Philadelphia: Fortress, 1984), 74. 우리의 영화롭게 된 몸은 지금의 몸처럼 우리의 고양된 정신적·사회적 능력을 지지할 것이다. 그러나 종말에 자연법칙은 우리가 지금 아는 것과 같지 않을 것이기 때문에 우리는 장차 우리가 어떠한 형태의 몸을 가지게 될 지 알지 못한다.

명한다. 한편으로 그는 정신적 인과율을 상향식, 즉 뇌에 대한 정신의 의존이라는 관점에서 설명한다.[31] 즉 정신적 사건은 뇌 사건에 수반되며(supervene) 뇌 사건에 의해 구성된다. 머피는 이성의 역할도 뇌 사건으로 설명 가능하다고 본다. 일상적 경험에 의한 신경생물학적 원인들이 신경구조를 재구성하고 이성적 관념의 연쇄를 산출한다. 경험의 정보는 뇌에 세포 집합체 또는 신경 도식의 형태로 저장된다. 이 신경 네트워크는 경험에 의해 함께 발화하도록 되어 있다. 이와 같은 일은 우리가 구름을 볼 때 일어난다. 그리고 후에 우리가 구름에 대하여 생각할 때 동일한 신경 네트워크가 작동한다. 우리가 비를 경험할 때에는 다른 세포 집합체가 작동한다. 구름과 비에 대한 과거의 경험은 함께 우리의 뇌를 훈련시켜 구름에 대한 지각이 비와 관계된 세포 집합체를 작동하도록 만든다. 두 집합체가 함께 작동하도록 만들어질 때 그 둘 사이의 연결이 강화됨으로써 하나의 작동이 다른 것의 작동을 야기하게 된다. 이것은 두 세포 집합체 안에 포함된 신경들을 연결하는 시냅스의 물리적 변화에 의해 발생한다. 말하자면 뇌의 배선이 변경되어 뇌의 인과적 경로가 추론을 실현 또는 예시하는 경우를 의미한다. 즉 만일 현재의 구름이 비를 경험했을 당시의 구름의 모양과 같게 보이는데 비가 온다면, 우리 안에 구름을 보고 비가 올 것 같다는 정신적 이미지가 생겨난다. 머피는 정신적 사건(이성적 추론)을 세포 집합체의 훈련의 관점에서 설명하는 뇌생리학이 보다 더 복잡한 이성의 작용까지도 설명해 낼 수 있을 것으로 기대한다.

다른 한편으로 머피는 정신적 인과율을 하향식 인과율의 관점에서 설명한다. 그에 따르면, 낮은 차원의 부분들에 의해 구성된 새로운 존재가

31) Murphy, "Nonreductive Physicalism," *Personal Identity in Theological Perspective*, 109-10.

견고한 상호연관성과 안정성, 그리고 새로운 인과적 능력을 갖는다면 그 새로운 존재는 "참으로 실재하는" 존재라고 할 수 있으며 따라서 가장 낮은 차원의 원자의 존재론적 우선성을 전제하는 환원론적 물리주의는 성립되지 않는다. 머피는 환원론적 물리주의의 오류와 비환원론적 물리주의의 정당성을 논증하기 위해 시계와 종이비행기의 예를 든다. 만일 인공위성으로부터 신호를 수신해서 스스로 시간을 맞추는 시계가 있다면 이 시계는 자신의 체계 외부의 인과적 요소에 의해 자신의 행위를 재조정하는 것이다. 또한 종이비행기의 움직임은 부분들의 움직임을 지배하는 법칙에 의해 결정되지 않고 전체적 속성인 형태와 환경적 요소(손으로 날림, 공기의 흐름 등)에 의해 지배된다.[32]

머피는 하향식 인과율을 말하기 위해서는 전체로서의 전체의 특성과 환경의 영향을 함께 고려해야 한다고 강조한다. 그는 인과적 관계의 세 가지 요인, 즉 법칙, 초기 또는 경계 조건으로서의 구조적 조건, 환경적 조건을 구별한다. 복잡성이 증대될수록 구조적 조건과 환경적 조건이 중요한 인과적 요인이 된다. 그는 이에 관한 여러 학자들의 이론을 소개한다. 예를 들어 퀴페르스에 따르면, 최근의 생물학은 살아 있는 유기체와 같이 복잡한 체계는 구조적·환경적 조건에 극도로 민감하며 따라서 그 유기체 안에서 일어나는 과정을 지배하는 법칙에 대한 탐구 못지않게 조건 자체

---

32) Murphy는 종이비행기의 경우 원자론적 환원론이 적용되지 않는 이유를 세 가지로 설명한다. 첫째, 비행기의 전체적 속성인 형태가 중요하다. 둘째, 비행기의 움직임은 어떤 환경에 의해 비행기의 전체적 속성이 비행기에 영향을 미치게 할 것인가에 달려 있다. 이것은 부분들에 의해서만은 이루어질 수 없는 일이다. 셋째, 비록 비행기의 비행이 공기 압력의 결과이지만, 더 높은 차원의 법칙(기체역학)이 작용하고 있다. 이 법칙은 비록 여전히 물리학의 한 부분이지만 날거나 미끄러지는 것들이 있기 전에는 우주에 그러한 규칙적 패턴이 없었다는 점에서, 그리고 또한 양자 물리학으로부터 나올 수 없다는 점에서 창발적이다. Murphy, *Bodies and Souls, or Spirited Bodies?* 77-78.

의 원인에 대한 설명이 중요하다는 사실을 강조한다. 따라서 하향식 인과율(조건)과 상향식 인과율(법칙)은 상호보완적인 관계에 있다. "구조적 조건의 하향식 결정은 일단 이 구조가 정착되면 보다 낮은 차원의 법칙의 작용과 완전히 양립 가능하다."[33]

하향식 인과율은 낮은 차원의 인과적 과정을 선택적으로 활성화시킨다. 선택에 의한 하향식 인과율은 환경의 영향에 의한 뇌의 발달에 잘 나타난다. 신경망 또는 세포 집합체는 신경세포의 수지상 조직(수상돌기)과 시냅스(신경 접합부)의 접합부가 성장하는 과정에서 유용한 접합부가 선택적으로 강화됨으로써 형성된다. 두 개의 신경 또는 신경 집단에 대한 동시적 자극은 각각의 신경들의 감각기를 동시적으로 활성화시켜 그 감각기들 간의 신경 접합부를 강화시킨다. 그리고 이것은 하나가 자극을 받을 때 세포들 또는 세포집단이 함께 발화하도록 만든다. 따라서 유용한 접합부는 강화되고, 사용하지 않는 접합부는 약화되거나 소멸한다. 이와 같은 방식으로 신경 접합부는 선택된다.[34]

4. 자유의지

머피는 자유의지를 도덕적으로 책임 있는 행동을 위한 전제 조건으로 이해한다. 자유의지를 이성의 문제로 이해한 칸트와 달리, 그는 실제로 우리의 결정 가운데 이성에 의해서만 이루어지는 것은 별로 없다고 본다.

---

33) Bernd-Olaf Küppers, "Understanding Complexity," in Robert J. Russell, Nancey Murphy, and Arthur R. Peacocke, eds., *Chaos and Complexity: Scientific Perspective on Divine Action* (Vatican City State and Berkeley, CA: Vatican Observatory and The Center for Theology and the Natural Sciences, 1995), 93-105.

34) Murphy, *Bodies and Souls, or Spirited Bodies?* 83-84.

신경과학 실험에 의하면, 매우 단순한 생명체인 초파리나 박테리아도 자발적인 자기 주도적 행위를 함으로써 생존을 위한 최적의 선택을 한다. 이러한 자발적인 자기 주도적 행위가 인간의 자유의지를 위한 적절한 모델은 아니지만, 그러한 행위 능력은 진정한 자유의지[35]의 진화를 위한 필수 전제 조건이다. 모든 생명체는 목적 지향적 체계를 가지고 자발적·임의적으로 행동하며 자연의 피드백을 받아들여 자신의 행위를 형성하고 자신이 추구하는 목표를 수정한다.

이와 같은 자발적이고 목표지향적인 행위가 자유의지의 차원에까지 이르려면 무엇이 더 필요한가? 머피는 네 가지 요인, 즉 상징적 언어, 자기의식과 자기 초월, 자신의 미래의 행동을 포함하는 행동 시나리오를 상상할 수 있는 능력, 그러한 행동의 결과를 예측할 수 있는 능력이 필요하다고 말한다.[36] 언어는 우리의 행위를 생물학적 충동으로부터 분리시킬 수 있는 능력을 증진시킨다.[37] 인간은 (침팬지와 달리) 자신의 인지적 과정을 스스로 인식하고 평가할 수 있는 "자기 초월"의 능력에 의해 생물학적 결정론을 극복할 수 있다. 언어와 자기 초월의 능력은 상상을 통해 자

---

35) Murphy에 따르면, 첫째, 자유의지는 자신이 선택한 대로 행동할 수 있는 능력, 즉 자신의 목적을 위해 행동하며 원하면 그 목적을 바꿀 수 있는 능력이다. 둘째, 자유의지는 자기 초월의 능력이다. 자기 초월은 나로 하여금 행동하도록 나를 움직이는 그것을 평가할 수 있는 능력을 전제한다. 신경과학에서 이 전제는 우리 자신의 인지적 과정을 인과적·정보처리적 관점에서 이해하고 그것을 이성적·도덕적 원리에 비추어 평가하고 변화시킬 수 있는 능력을 의미한다. 셋째, 자유의지는 자신이 실제로 선택한 것과 다르게 선택할 수 있는 가능성을 전제한다. 즉 나는 내가 실제로 선택한 것과 다르게 선택할 수도 있었어야 한다. Ibid., 104-5.

36) 이 능력들은 인간에게서만 발견된다. Murphy, "Nonreductive Physicalism," *Personal Identity in Theological Perspective*, 113-16.

37) Deacon의 침팬지 실험은 상징적 표상이 행동을 추동하는 자극의 힘을 감소시킴을 보여준다. 상징 창조 능력은 자극에 의해 추동되는 직접성으로부터 반응을 자유롭게 만든다. Terrence W. Deacon, *The Symbolic Species: The Co-Evolution of Language and the Brain* (New York: Norton, 1997), 413-15 참고.

신의 미래 행위에 관한 시나리오를 만들고 그 결과를 예측할 수 있는 능력을 가져온다. 이러한 능력은 인간의 행위를 환경의 피드백으로부터 자유롭게 해준다. 머피는 이와 같은 네 가지 요소들이 자발적이고 자유롭게 목적 지향적 행동 체계를 형성한다고 말한다. 이 체계에서 더 높은 차원의 추상적 목표는 더 낮은 차원의 목표를 질서화하는 기준이 된다. 행동이 이와 같은 계층 질서의 빛 안에서 결정될 때 그 인간은 "자유롭게 행동하고 있는 것"이다.[38]

이처럼 머피는 "인간 정신 안에 선택을 결정하는 독립된 주체가 있다는 가정 없이 자유로운" 행동의 차원에 이르기까지의 과정을 기술하고자 한다. 그는 우리의 신경조직이 환경 및 더 높은 차원의 평가 과정과 상호작용하기 때문에, 우리의 행위가 신경생물학적 결정론에 의해 지배되지 않는다고 주장한다. 우리의 자유로운 행위는 결정론적 결과와 임의적 선택, 선천적 기질과 도덕적 관념이 결합된 것이다. 머피는 자유의지와 결정론의 문제에서 양립주의와 비양립주의 사이의 양자택일적 선택을 거부한다.[39] 먼저 그는 두 가지 형태의 생물학적 결정론을 구별한다. 하나는 유전학적 결정론이고, 다른 하나는 신경생물학적 결정론이다. 머피는 유전학적 결정론을 두 가지 이유로 배제한다. 첫째는 인간의 행위가 유전자와 결코 완전히 상응하지 않기 때문이며(쌍둥이의 경우처럼), 둘째는 게놈 안에 담겨있는 정보의 양이 뇌 안의 시냅스 접합부를 결정하는 데 필요한 정보의 양보다 훨씬 적기 때문이다. 신경생물학적 결정론과 관련하여 머피는 신경생물학적 과정이 결정론적이라는 견해가 잘못된 것이라기보다 신경생물학적 환원론이 잘못된 견해라고 주장한다. 하향식 인과율이

---

38) Murphy, "Nonreductive Physicalism," *Personal Identity in Theological Perspective*, 115.

39) Murphy, *Bodies and Souls, or Spirited Bodies?* 106-9

존재하고 이 인과율이 신경 체계에 영향을 주기 때문에 신경생물학적 환원론은 성립하지 않는다. 선택에 의한 하향식 인과성이 작용한다면, 아래 차원의 법칙이 결정론적인지는 문제가 되지 않는다. 머피는 우주의 역사에서 새롭고 복잡한 존재들이 창발하며 이 가운데에는 새로운 인과적 능력을 지닌 존재들이 많다고 본다. 고차원적 존재(복잡한 유기체)들은 낮은 차원의 존재들로부터 창발하지만 낮은 차원의 법칙을 따라 결정론적으로 행동하지 않고 스스로 자신의 행위에 대한 주된 원인이 된다.

머피가 자유의지와 결정론 사이의 양자택일을 거부하는 까닭은 자유의지가 정도의 문제이기 때문이다. 우리의 행동의 인과관계는 생물학적 충동이나 사회적·환경적 영향으로부터 완전히 독립될 수 없다. 그러므로 "우리는 어느 정도까지 우리 자신의 행동에 책임을 져야 하는가" 하고 묻는 것이 적절하다. 어린아이의 행위는 거의 전적으로 생물학적으로 결정된다. 자기 평가와 자기 초월을 통해 자신의 생물학적 성향을 통제하고 자신의 성격을 재형성하는 것이 성숙의 길이다. 인간은 자신이 숙고하는 목적과 원리에 기초해서 행동할 때, 그는 자신의 행동의 주체가 되며 또한 자유롭게 행동하게 된다. 자유의지라는 이름으로 완전한 자율을 추구하는 것은 잘못이다. 생물학적 충동과 사회적 힘으로부터 완전히 독립된 완전한 자율이란 존재하지 않는다. "그러므로 나는 우리가 자유의지를 원한다고 할 때 우리가 진정으로 원하는 것은 생물학적 충동과 사회적 힘으로부터 '어느 정도' 자유로운 자율이다."[40] 어떤 행동으로 이끄는 이전의 원인적 사건들이 언제나 존재한다. "그 행동이 목적 지향적이고 자기 조절적인 체계로 여기는 인간 자신에 의해 (대체로) 결정된다고 말할 수 있

40) Ibid., 109.

는가 하는 것[41]이 중요한 물음이다."

5. 도덕적 책임성

머피는 자유의지를 도덕적 책임성의 전제 조건으로 보기 때문에 자유의지에 대한 그의 논증은 도덕적 책임성에 대한 논증과 다소 중첩된다. 박테리아 같은 단세포 유기체도 어느 정도 목적을 향한 자기 지시(self-direction) 능력을 보여준다. 목적을 향한 자기 지시에서 가장 중요한 요소는 체계의 활동을 변화시키기 위해 정보를 사용하는 능력이다. 곤충은 환경으로부터 피드백을 받아 통상적 행위를 교정할 수 있는 유연성을 갖지 못하고 이미 고정화된 행동 패턴을 보여주는 반면, 포유류는 환경에 대한 반응에 있어 훨씬 더 유연하다. 포유류는 보다 긴급한 목적을 위해 지금 추구하는 목적을 유보할 수 있다. 고등동물은 선천적인 목적뿐만 아니라 경험으로부터 배울 수 있는 능력을 갖는다.

자신의 행동을 평가할 수 있는 능력의 획기적인 진전은 상상 안에서 행위에 대한 시나리오를 만들 수 있는 능력을 통해 이루어진다. 이 능력은 행동의 결과를 미리 예측할 수 있게 해 준다. 침팬지도 어느 정도 이러한 능력을 보여준다. 침팬지는 시행착오를 줄여줄 문제의 해법을 상상할 수 있는 능력과 경험을 통해 이룰 수 없거나 노력할 가치가 없다고 판단

41) Murphy가 "대체로"라는 말을 삽입하는 까닭은 생물학적·사회적 영향으로부터 전적으로 독립된 인간의 행동이란 거의 불가능하기 때문이다. 그에 의하면, 환경과의 상호작용이 이성적 연관성을 예시(또는 실현)하는 인과적 신경 경로의 패턴을 만들어내고 인간의 전체 인지체계 안에 있는 높은 차원의 평가감독 체계(정신)의 영향 즉 하향식 인과율이 (신경 경로를 재형성함으로써) 인간의 목표와 전략을 재형성하기 때문에 신경생물학의 법칙이 인간의 사고와 행위를 완전히 결정하지 않는다. Murphy, "Nonreductive Physicalism," *Personal Identity in Theological Perspective*, 116.

되는 목적을 변경할 수 있는 능력을 가지고 있다. 또한 침팬지는 타자의 감정과 생각을 인식할 수 있는 능력도 보여준다. 어린아이는 이 능력을 세 살에서 아홉 살 사이에 갖게 된다. 그럼에도 불구하고 침팬지는 어린아이에게서 발견할 수 있는 사고의 유연성을 갖고 있지 못하다. 침팬지는 자신의 행위와 인지적 전략을 자신의 관심의 대상으로 만들지 못한다.[42] 다니엘 데네트에 의하면, 생물학적 결정론으로부터 벗어날 수 있었던 획기적인 진전은 환경의 패턴에 대한 인식뿐만 아니라 환경에 대한 자신의 반응의 패턴에 대한 인식을 갖기 시작했을 때 이루어졌다.[43]

머피는 도덕적 책임성을 위한 전제 조건을 다섯 가지로 요약한다.[44] 첫째는 자기의식 또는 자기 개념이다. 둘째는 행동의 시나리오를 만들고 그 결과를 예측할 수 있는 능력이다. 셋째는 자기 표상에 의해 자신의 인지적 과정과 행동을 평가할 수 있는 능력이다.[45] 자신의 인지적 과정과 행동을 자신에게 표상하고 평가할 수 있는 능력이 자기 초월의 능력이다. 넷째는 언어 능력이다. 언어 능력은 자신의 행동을 정신적 표상을 통해 목적에 비추어 평가할 수 있는 능력과 결과를 예측할 수 있는 능력을 증대시키고, 정의와 같은 추상적 목적을 자신에게 제시하며, 그것을 추구하게

---

42) Murphy, *Bodies and Souls, or Spirited Bodies?* 93.

43) Daniel C. Dennett, *Elbow Room: Varieties of Free Will Worth Wanting* (Cambridge, MA: MIT Press, 1984), 29.

44) Murphy, *Bodies and Souls, or Spirited Bodies?* 93-94, 97.

45) Churchland는 자기 개념을 뇌의 자기 표상 능력의 관점에서 설명한다. "(뇌의) 어떤 네트워크는 다른 표상들 위에서 작용하며, 메타 표상(meta-representation)을 만들어낸다. 메타 표상의 예로는 내가 피신해야 할 필요가 물을 마셔야 할 필요보다 더 긴급하다는 것을 아는 것, 존이 나를 좋아하지 않는다는 것을 아는 것 등이 있다. 이와 같은 메타 표상들을 통합하는 데 관여하는 신경 네트워크가 자기 표상의 문제에 가장 깊이 관련되어 있을 것이다.…" Patricia S. Churchland, "Self-Representation in Nervous Systems," *Science*, 296 (April 2002): 308-10.

함으로써 책임적 행동의 발전에 중요한 계기를 제공한다.[46] 다섯째는 추상적인 선의 개념에 비추어 자신의 행동을 평가할 수 있는 능력이다.[47] 인지적 과정에서 더 높은 차원은 더 낮은 차원에 영향을 준다. 따라서 우리 자신의 동기와 이유에 대한 높은 차원의 평가는 하향식 영향력을 통해 우리의 결정과 행동 그리고 이를 위한 신경적 기초를 변화시킨다.

머피에 따르면, 도덕적 발달은 나를 행동하도록 만드는 그것(본능 또는 행동 원리)을 의식하고 평가할 것(자기 초월)을 요구한다. 이 의식과 평가는 사회적 환경과 추상적인 선의 개념에 비추어 이루어진다. 사회는 보상과 형벌, 그리고 특히 정의와 친절 같은 추상적 개념을 통해 우리에게 영향을 준다. 또한 나는 다른 공동체 구성원의 행동에 비추어서 나의 행동을 평가하고 나의 도덕적 원리를 재수립할 수 있다.[48] 사회적으로 결정된 행동과 도덕적 개념을 넘어서기 위해서는 또 다른 자기 초월이 요구된다. 이 경우에는 자신의 공동체의 권위가 아니라 자율적 이성에 기초한 보다 높은 차원의 도덕적 평가 원리가 요구된다. 자신의 이전의 도덕적 개념을 넘어서는 자기 초월은 무한히 계속될 수 있으며, 궁극적으로 신학적 반성을 요구한다.

---

46) Nancey Murphy, *Bodies and Souls, or Spirited Bodies?* 95-96. MacIntyre는, 도덕적 책임성은 높은 차원의 언어 능력에 의존한다고 주장한다. 자신의 판단에 대한 판단 능력이 합리성과 자발성의 표지다. 이 메타 차원의 판단은 첫 번째 차원의 판단에 대한 표상을 포함하는 문장의 구성에 필요한 자원을 가진 언어를 요구한다. Alasdair MacIntyre, *Dependent Rational Animals: Why Human Beings Need the Virtues* (Chicago: Open Court, 1999), 53-4.

47) Murphy는 우리를 행동으로 이끄는 그 무엇이 선 개념의 빛에서 평가한 결과일 때, 우리의 행동은 도덕적인 책임을 다한 것이라는 MacIntyre의 정의를 받아들인다. MacIntyre에 의하면, 인간은 추상적인 선의 개념에 기초하여 행동할 때 독립적인 도덕적 이성을 갖게 된다. Ibid., 71-2, 84.

48) 사회적 환경과 추상적인 도덕적 개념은 개인의 행위에 하향식 인과율을 발휘한다. 그리고 행위의 변화는 신경 접합부를 재형성하며, 신경 접합부의 재형성에 의해 새로운 행위는 습관이 된다. 따라서 신경생물학과 환경은 역동적으로 상호작용한다. Murphy, *Bodies and Souls, or Spirited Bodies?* 100-1.

V. 머피의 비환원론적 물리주의에 대한 비판적 고찰

머피는 다른 물리적 창조세계와 우리의 친족 관계를 인식함으로써 얻는 것이 잃는 것보다 더 많다고 말한다. 그는 영혼이란 개념은 인간의 이성, 도덕성, 영성, 자유의지와 같은 탁월한 능력을 설명하기 위해 도입되었으며, 우리가 이 개념을 포기할 때 그것은 인간의 높은 능력을 포기하는 것이 아니라 땅의 먼지로 만들어진 피조물이 그처럼 높이 고양되었다는 사실에 놀라도록 우리를 개방하는 것이라고 주장한다. 그는 체현된(embodied) 피조물로서의 우리의 위치가 사회성, 높은 수준의 반성적 사고, 깊은 감정과 동기를 부여하며, 하나님과의 관계에 있어 결코 모순되거나 장애가 되지 않는다고 강조한다.[49]

그러나 머피는 환원론적 물리주의는 경계한다. 그는 순수하게 물리적인 존재인 인간의 행위는 자연법칙에 의해 결정될 수밖에 없으며 따라서 인간은 자유롭거나 도덕적으로 책임적일 수 없다고 주장하는 신경생물학적 환원론에 대항하여 자유의지와 도덕적 책임성을 위한 자리를 마련하고자 한다. 그는 우리 안에 형이상학적으로 구별되고 과학적 연구로부터 면제된 부분은 없지만, 과학은 인간의 생명을 완전하게 설명하지 못하며, 완전한 설명은 종교적 관점을 필요로 한다고 말한다. 그에 따르면, 환원론적 물리주의는 인간은 물리적 유기체이며 인간에 관한 모든 것을 자연주의적 관점에서 설명할 수 있다고 주장하는 반면, 비환원론적 물리주의는, 인간이 생물학적 유기체이지만, 인간의 신경생물학적 복잡성과 문화 발전의 역사가 진정한 도덕적 합리성의 능력을 가져왔다고 주장한다.[50]

49) Ibid., 146.
50) Ibid., 120-21.

하지만 머피는 자유의지와 도덕적 책임성에 대한 논증을 통해 자신의 물리주의의 비환원론성을 확증할 때에 여전히 자유의지 및 도덕적 책임성이 인지과학 및 신경과학의 연구와 배치되지 않는다고 주장한다. 그는 인지신경과학적 접근이 자유의지에 대한 이해에 빛을 비추어 주며, 자유의지가 신경의 활동에도 "불구하고" 가능한 것이 아니라 신경의 복잡성 "때문에" 가능한 것임을 강조한다. 그는 도덕적 책임성을 위한 인지적 능력이 사회적·자연적 환경과 상호작용하는 우리의 복잡한 신경 체계로부터 생겨난다고 주장한다.[51]

머피의 인간 이해가 타당한지는 무엇보다 비환원론적 물리주의라는 개념 자체의 타당성 여부에 달려 있다. 클레이턴은 비환원론적 물리주의를 모든 것은 궁극적으로 물리적이지만 물리적 관점에서 모든 설명이 가능하지 않다는 입장으로 정의하면서, 이 입장을 불안정한 것으로 간주한다. 여기서 모든 인과율이 물리적인 것인지 아닌지가 관건이다. 물리적이라고 할 때에는 환원론적 물리주의가 되며, 아닐 경우에는 물리주의가 아닌 것이 된다고 한다.[52] 머피의 비환원론적 물리주의는 물리적 관점에서 모든 (인과율적) 설명이 가능한 것은 아니라고 본다. 왜냐하면 그는 하향식 인과율을 인정하기 때문이다. 그러므로 클레이턴의 기준을 따른다면, 머피는 물리주의자가 아닌 것이 된다.

머피의 비환원론적 물리주의는 인격의 속성(정신)이 육체(뇌)에 의존(수반)하지만 육체(뇌)의 속성으로 환원되지는 않는다는 공리를 공유한다. 즉 수반은 상향식(물리적)으로 다 설명되지 않는 비환원론성을 포함한다. 그러나 머피는 클레이턴처럼 계층적 질서(물리학, 화학, 생물학, 신경과학 등)

51) Ibid., 91.

52) Philip Clayton, *Mind and Emergence: From Quantum to Consciousness* (Oxford/New York: Oxford University Press, 2004), 130.

를 구성하는 다양한 차원들에서 일어나는 다차원적인 창발적 현상에 대하여 말하지 않으며, 다차원적인 창발의 사다리의 맨 위에서 출현하는 정신의 창발(강한 창발)을 강조하지도 않는다. 그는 정신의 하향식 인과성을 인정하면서도 (클레이턴처럼) 단지 새로운 속성이 아닌 새로운 실재로서의 정신의 강한 창발을 분명히 언급하지 않는다. 그 대신 그는 물리, 화학, 생물, 사회, 자연 등에 하나님과의 상호적인 관계 안에서 총체적으로 작용함으로써 자기 초월적인 창발적 현상으로서의 인격적 속성이 생겨난다고 말한다.

머피의 비환원론적 물리주의에서 말하는 "비환원성"의 핵심은 그가 정신의 하향식 인과율 및 이에 기초한 인간 인격의 자유의지와 도덕적 책임성을 말한다는 사실에 있다. 즉 더 높은 차원(정신적 속성)은 더 낮은 차원(육체적 속성)에 의존(수반)함에도 불구하고 다시금 그 낮은 차원과 다른 존재에 인과적 영향력을 발휘할 수 있다. 여기서 상향식-물리적 인과율과 하향식-정신적 인과율, 신경생물학적 결정론과 자유의지 또는 도덕적 책임성은 양자가 어떻게 조화될 수 있는가? 머피는, 정신적 차원에 대한 기술은 신경 차원의 인과적 결정론과 양립 가능하며 자유의지는 "뇌 안에서 일어나는 다양한 정보처리 과정의 층들의 상호작용"[53]으로부터 생겨난다고 설명한다.

이와 같은 머피의 비환원론적 물리주의는 물리주의자와 이원론자 양쪽으로부터 공격을 받는다. 물리주의자와 이원론자는 공통적으로 결정론과 자유의지의 양립 가능성에 대한 머피의 설명을 비판한다. 즉 머피는 정신이 그 자신의 인과적 힘을 갖고 하향식 인과율을 발휘한다고 주장하

---

53) Murphy, "Nonreductive Physicalism: Philosophical Issues," in *Whatever Happened to the Soul?* ed. Brown, Murphy, and Malony (Minneapolis, MN: Fortress Press, 1998), 139.

지만 정신은 뇌의 작용에 수반되기 때문에 결국 하향식 인과율은 상향식 인과율에 종속된다는 것이다. 여기서 환원론적 물리주의자는 모든 인과율은 상향식 인과율에 근거한다는 자신의 견해가 옳다고 주장하며,[54] 반대로 이원론자는 진정한 하향식 인과율이 가능하기 위해서는 정신이라는 구별된 실체가 외부로부터 주어져야 한다고 주장한다.[55]

그러나 이와 같은 양자택일적 대안들만 가능한 것은 아니다. 왜냐하면 육체(뇌)에 의존하지만 상향식 영향으로 환원되지 않는 정신의 고유한 실재와 (다른 존재와 육체에 대한) 인과적 영향력이 바로 육체적 하부구조의 전체성으로부터 창발된다는 것이 창발론(특히 강한 창발론)의 핵심이기 때문이다. 클레이턴의 정의에 따르면, 창발론은 "우주적 진화가 반복적으로 예측 불가능하고 환원 불가능한 새로운 출현을 포함한다는 이론"이다. 창발적 속성은 "하위 체계로부터 생겨나지만 그 하위 체계로 환원되지 않는 속성"이다. 창발은 "그 이상(more)이지만 전적으로 다르지 않은" 것에 관한 것이다. 특히 클레이턴은 강한 창발 개념을 통해 정신의 고유한 실재와 인과적 힘을 강조한다. 그의 강한 창발론에 따르면, 더 높은 차원의 창발적 실재(전체)가 더 낮은 차원의 실재(부분들)에 대하여 갖는 하향식 인

---

54) 환원론적 물리주의의 입장에 대해서는 Jaegwon Kim, *Mind in a Physical World* (Cambridge, MA: MIT Press, 1998). 하종호 역, 『물리계 안에서의 마음』 (서울: 철학과 현실사, 1999); John Searle, *Minds, Brains, and Science* (Cambridge, MA: Harvard University Press, 1984) 참고.

55) 예를 들면, Stump는 머피가 정신적 차원과 육체(뇌)적 차원 사이의 연결을 (환원론적 물리주의자와 달리) 인정하지 않으면서도 이 두 차원을 손쉽게 왕복한다고 비판한다. 그는 정신적 자유의지와 인과적 결정론 사이의 양립 가능성에 대한 머피의 설명에 만족하지 않는다. 그는 우주 안에 있는 모든 것이 물리학에 의해 다 설명될 수 없으며, 자신은 비물질적이고 실체적인 인격적 실재를 믿는다고 고백한다. James B. Stump, "Non-Reductive Physicalism-A Dissenting Voice," in *Christian Scholar's Review*, Fall 2006; 36, 1; ProQuest Religion, 72-75.

과율에는 전체의 통제적 영향 이상의 그 무엇이 있다. 즉 자연 세계의 각 차원에는 뚜렷이 구별되는 그 차원 고유의 법칙들과 인과적 활동 유형이 있다.[56]

머피의 문제는 적어도 신경생물학적 차원에서 뇌와 정신의 관계에 대한 그의 설명의 모호성에 있다. 한편으로 그는 낮은 차원의 부분들에 의해 구성된 새로운 존재가 견고한 상호연관성과 안정성 그리고 새로운 인과적 능력을 가지고 있다면 그 새로운 존재는 "참으로 실재하는" 존재라고 할 수 있으며, 따라서 가장 낮은 차원의 원자의 존재론적 우선성을 전제하는 환원론적 물리주의는 성립되지 않는다고 주장한다. 그러나 다른 한편으로 그는 뇌와 구별되는 정신의 존재론적 창발 개념을 분명히 보여주지 않는다. 그는 단지 작고 미묘한 신경생물학적 차이점들이 연합하여 커다란 차이점, 즉 다른 생물이나 고등동물들과 구별되는 인간의 인격적 속성[57]을 만들어낸다고만 말한다. 그가 비환원론적 물리주의의 정당성을 논증하기 위해 예로 든 시계와 종이비행기는 "참으로 실재하는" 새로운 실재인 정신(영혼)을 설명하기에는 부적합하다. 왜냐하면 그것들은 부수현상이나 약한 창발의 사례는 될 수 있어도 자유의지와 도덕적 책임성 안에서 타자와 하나님과 인격적 관계를 맺는 인간 정신(영혼)으로서의 강한 창발의 사례는 될 수 없기 때문이다. 따라서 신경생물학적 차원에서의 뇌와 정신의 관계에 대해서만 말하자면, 머피의 견해는 창발적 구조와 그 속성이 물리적 세계에 하향적 영향을 미친다는 것을 인정하지만 창발된 전체를 인과적 활동을 일으키는 능동적인 주체가 아닌 통제적 요소로 간

---

56) Clayton, *Mind and Emergence*, 39. 57-58.

57) Murphy는 이원론적 함의를 피하기 위해 전통적인 "정신"이나 "영혼"과 같은 용어 대신 "의식"이나 "인격적 속성"이란 용어를 사용한다.

주하는 약한 창발론을 대변하는 것처럼 보인다.[58]

그러나 머피는 인간의 인격을 단지 신경생물학적 차원만이 아니라 사회적·자연적 차원 그리고 하나님과의 관계 안에서 이해한다. 그는 이러한 다차원적 관계 안에 있는 인간의 인격이 환원론적 물리주의를 넘어 자유의지를 가지고 자신의 육체와의 관계에서 하향식 영향력을 발휘하며 타자와의 관계에서 도덕적으로 책임 있는 행동을 할 수 있다고 주장한다. 이런 의미에서 자신이 주장하는 물리주의의 비환원론성에 대한 머피의 논증은 일면 정당성을 갖는 것처럼 보인다. 그러나 머피는 이러한 다차원적인 관계 안에 있는 인간의 인격이 다른 동물들과 구별되는 자유의지와 도덕적 책임성을 가지고 있다고 말하면서도 여전히 인간만이 하나님과의 인격적 관계를 위한 하나님의 형상으로서의 정신 또는 영혼을 가지고 있다고는 말하지 않는다.

---

58) Clayton에 따르면, 약한 창발론에 있어 부분들의 상호작용이 이루어지는 전체로서의 체계 안에서 창발현상이 일어나지만, 전체로서의 체계는 부분들의 상호작용과 분리된 인과적 영향력을 발휘하는 것은 아니다. 물리적 존재들이 체계를 구성하는 한, 체계는 물리적 존재들의 움직임을 특수한 방식으로 통제한다. 뇌 안에서 수많은 신경 회로들의 통합은 극도로 복잡한 전체를 구성하며, 이 전체는 자신을 구성하는 부분들과 하위체계들의 행위를 통제한다. 우리의 사고나 의도가 우리로 하여금 어떤 것을 하도록 만들 때, 그것은 어떤 새로운 인과적 존재에 의한 것이 아니고 우리의 복잡한 중앙신경체계가 우리 몸의 행위를 특정한 방식으로 통제하기 때문이다. 여기서 비물리적인 힘은 작용하지 않는다. Clayton은 이와 같은 "전체-부분 통제"(whole-part constraint)만을 인정하는 창발 개념을 약한 창발로 명명한다. Clayton, *Mind and Emergence*, 57.

Ⅵ. 결론

1. 하나님과의 인격적 관계를 위한 인격적 자아로서의 영혼(정신)

전통적으로 인간의 영혼은 하나님과 관계를 맺는 자리로 이해되어왔다. 그러나 머피에 따르면, 우리의 몸은 영혼에게 돌려졌던 모든 기능을 수행하며 따라서 하나님은 우리의 몸, 특히 우리의 신경 체계와 관계를 맺으신다.[59] 하나님은 우주를 넘어 계실 뿐 아니라 물리적 세계를 포함하는 세계의 만물 안에 내재하면서 만물의 존재를 유지시키고 그것들의 과정을 인도하신다. 하나님은 (의식을 출현시키는) 우리의 신경 체계와, 그리고 다른 육체적 과정 안에서 행동하신다.

물론 머피는 물리적 존재의 행동과 하나님의 행동이 본유적으로 다른 성격임을 인식한다. 따라서 그는 "하나님을 단순한 물리적 원인으로 환원하지 않고, 하나님의 의도적 행위가 자연적 과정과 원인에 의해 성취되는 것을 넘어서 사건을 초래할 수 있음을 인식할 수 있는 길"[60]을 찾고자 한다. 그는 이 길을 양자 차원에서 발견한다. 즉 만일 하나님이 모든 피조물 안에 내재하시고 그 안에서 행동하신다면 하나님은 양자 차원에서 행동하실 수밖에 없다.[61] 그는 오늘날의 물리학을 유신론적 관점에서 해석한다. "오늘날의 물리학은 자연 세계가 본유적으로 불완전하며 가장 근본

59) Murphy, *Bodies and Souls, or Spirited Bodies?* 124.

60) Ibid., 129.

61) 이것은 개입주의와 구별된다. 왜냐하면 양자역학의 법칙은 단지 확률적이며 따라서 양자 차원에서의 하나님의 행동은 양자역학의 법칙을 깨뜨리지 않기 때문이다. 만일 이 차원에서의 사건이 비결정적이라면, 하나님의 행동과 물리적 인과율 사이의 충돌은 일어나지 않는다.

적인 차원에 있어서 하나님의 행동에 열려 있다고 말한다."[62] 머피는 이와 같은 하나님의 행동에 대한 설명을 통해 하나님이 물리적 세계 안에서, 그리고 특히 (영혼 없는) 우리 자신의 삶과 몸 안에서 행동하실 수 있음을 확증하고자 한다.

그러나 만일 머피의 주장처럼 하나님의 행동을 양자 차원에만 국한시킨다면 하나님의 통제의 범주는 제한적이 될 것이다. 왜냐하면 양자 차원에서의 하나님의 행동은 거시적 차원에 매우 미미한 영향만을 미칠 것이기 때문이다.[63] 하나님의 행동에 대한 이와 같은 머피의 견해는 정신이 뇌의 물리학적 영역 안의 양자역학적 비결정성의 결과에 영향을 준다는 그의 생각의 연장선상에 있다.[64] 즉 머피는 인간(그리고 세계)에 대한 하나님의 하향식 인과율을 뇌(육체)에 대한 정신의 하향식 인과율과 유비적인 것으로 이해한다.

여기서 우리는 인간과의 관계에서 하나님의 행동이 정신을 정점으로 하는 전체적 인격 안에서 일어난다는 클레이턴의 견해를 참고할 필요가 있다. 클레이턴은 하나님에 관한 정보가 의식적 정신의 차원에서 전달되고 이해된다고 본다. 그에 따르면, 엄격한 법칙에 기초한 물리학적 인과율에서와 달리 인간의 사고와 행위에 대한 설명은 목적, 의도, 이유를 요

62) Ibid., 131.

63) 양자효과는 뇌의 기능에 있어 기본적인 신경화학적 과정의 차원에 도달하기 전에 소멸된다. 이것을 "decoherence"라고 한다. "decoherence"란 한 체계의 행위가 양자역학에 의해 설명될 수 있는 것으로부터 고전역학에 의해 설명될 수 있는 것으로 변화되는 과정을 지시한다. 그러나 Murphy는 이것은 자비로운 하나님이 왜 인간과 피조물의 고통을 더 자주 그리고 극적으로 치료하지 않으시는지에 대한 설명을 가능하게 하기 때문에 하나님의 행동의 결함이 아니라 오히려 자산이라고 주장한다. Ibid., 131-32.

64) Murphy, "Divine Action in the Natural Order: Buridan's Ass and Schrödinger's Cat," in Robert J. Russell, Nancey Murphy, and Arthur Peacocke (eds.), *Chaos and Complexity* (Vatican City: Vatican Observatory Publications, 1995).

구한다. 따라서 하나님의 사고 및 행위와 인간의 사고 및 행위 사이에는 "유형-유형" 상응이 가능하다.[65] 그는 하나님의 행동을 인간의 "인격 자체(또는 전체)의 창발적 차원"에서 생각한다. 그는 인격을 "자신의 몸, 환경, 다른 사람들, 그리고 사회, 문화, 역사, 종교적 상황에 대한 해석을 포함하는 정신적 상태 전체와 인격 사이에 수립되는 통합의 상태에서 창발하는 차원"으로 정의한다."[66] 인격은 정신적 인과율보다 한 차원 더 높고 광범위한 창발적 실재로서, 정신적 인과율이 특정한 뇌 상태와 밀접하게 관계된다면 인격 자체의 의도는 개별적-정신적 인과성에 의존하게 된다. 인격적 차원의 의도는 특수한 관념과 특수한 뇌 상태의 관계를 포함할 뿐만 아니라 많은 다른 관념들, 다른 사람들, 문화와 역사, 그리고 하나님과의 관계를 포함한다.

이 통합적인 인격적 자아의 구성에 있어서 이원론적으로 분리된 실체인 영혼을 상정하는 것은 불필요하다. 하나의 "물질"이 광범위하게 다양한 형태들을 취하고 창발적 속성을 나타내기 때문에, 인격은 어떤 특수한 정신적 "사물"로 여겨질 필요가 없는 자연 세계의 창발적 특성이다.[67] 클레이턴은 하나님의 행동을 위한 적절한 차원이 "통합된 자아" 또는 "공동체 안의 정신-물리적 행위 주체"로서의 인간 인격에 의해 제공되며, 이 차원에서 비로소 하나님의 하향식 인과율이 작동될 수 있다고 주장한다.[68] 이것은 (머피의 주장과 달리) 하나님의 행동이 물리적 소립자나 향정신성 신경전달물질에 대한 조작으로 환원되지 않음을 의미한다. 인격 차원

---

65) Clayton, *Mind and Emergence,* 191.

66) 인격은 단지 사고와 뇌 상태의 관계뿐만 아니라 광범위한 사회 문화적 상황을 포함하는 상태에서 창발하기 때문에, 인간의 통합된 인격을 설명하기 위해서는 신경생리학뿐만 아니라 심리학, 사회학, 인류학, 역사학, 예술, 윤리학 등의 인문과학이 요구된다. Ibid., 196.

67) Ibid., 197.

68) Ibid., 198.

에서의 신적 영향만이 다른 사람들과의 관계의식, 고차원의 정서적 상태, 윤리적 노력, 실존의 의미 추구와 같은 차원들(종교적으로 중요한)에 영향을 줄 수 있다.

우리는 신경 체계로부터 창발된 정신적 차원에 이르러 비로소 인간에 대한 하나님의 직접적이고 목적 지향적인 의사소통과 행동이 가능하다고 말할 수 있다. 물론 정신은 전체적 인격 안에(가장 높은 차원에) 있기 때문에 정신적 차원에서의 신적 의사소통과 행동은 몸을 포함하는 인격 전체에 영향을 준다. 그러나 이 정신적 차원이 전체적 인격에서 가장 중요한 까닭은 아래의 다른 차원들과 달리, 이 차원에서 하나님은 인격적인 관계 속에서 분명하게 의도적이고 목적론적인 방식으로 (자연법칙을 깨뜨리지 않고) 말씀하고 행동하실 수 있기 때문이다. 다차원적인 창발적 차원들(정신은 이 차원들의 정점에 존재한다)을 포함하는 전체적 인격은 인간의 통전적 영성을 의미한다. 물론 물리적 양자 차원에서의 하나님의 행동의 가능성을 부인할 필요는 없다. 그러나 하나님과의 인격적이고 목적 지향적인 관계가 정신을 정점으로 하는 전체적 인격 즉 통전적 영성 안에서 형성된다면, 육체에 수반하지만 육체로 환원되지 않는 강한 창발적 실재로서의 영혼 또는 정신 개념을 포기하고 비환원론적 물리주의를 주장하는 것보다 이 개념을 유지하는 것이 하나님의 형상으로서의 통전적인 인간 인격에 대한 이해에 더욱 바람직하지 않을까?

2. 죽음 이전과 부활 이후의 정신과 육체의 관계: 양면적 물리주의와 양면적 관념론

죽음 이전 및 부활 이후의 육체와 정신의 관계에 대한 머피의 설명은 흥미롭다. 그에 따르면, 죽음 이전의 이 세상의 삶에서 몸은 모든 인격적 속성들을 위한 토대다. 이 세상에서 기억, 의식, 도덕성 등의 인격적 속성들은 시공간적 연속성을 가진 물질적 몸과 연결되어 있다. 그러나 머피는 시공간적 연속성을 지닌 몸을 인격 개념에 우연적인 부분으로 간주한다. 이생에서의 모든 인격적 속성들은 육체적 특성과 능력에 의해 지지되며, 이 몸은 우연히 시공간적 연속성을 지닌 물질적 대상에 속해 있다. 죽음 이전에 인격적 동일성의 기준은 동일한 물질이 동일한 몸과 결부되어 있는가다. 그러나 부활 이후에는 하나님께서 나를 기억하시고 알아보시며 나와 맺으시는 관계가 정체성에 있어 본질적인 것이다. 부활 이후에 모든 동일한 인격적 성격을 위한 기본 물질을 제공하고 그것들을 현시하는 나의 몸이 바로 나다. 이것은 머피의 (비환원론적) 물리주의는 죽음 이전의 이 세상에서의 삶에만 유효하며, 부활 이후에는 유효하지 않다는 것을 의미한다. 왜냐하면 죽음 이전에는 몸이 우선적이지만 부활 이후에는 동일한 인격적 성격이 우선적이기 때문이다.

여기서 우리는 키스 워드(Keith Ward)의 견해를 참고할 필요가 있다.[69] 워드는 우리의 정신이 몸과 뇌에 의존하며 수백만 년에 걸친 물질적 진화의 결과임을 인정한다. 영혼은 영원 전부터 선재한 것이 아니다. 영혼은 물리적인 몸의 발생과 함께 존재하기 시작했다. 개별적인 영혼은 물질 없이 존재할 수 있는 분리된 실체가 아니다. 영혼은 지식과 행동의 영역, 경험을 받아들일 수 있고 타자들과 상호작용할 수 있는 물질적 세계를 필요로 한다. 인간의 정신이 물질적 뇌에 의존하지 그 반대는 아니다. 영혼은 뇌에 삽입되는 신적 부가물이 아니다. 창세기에 따르면, 인간은 흙으로 만들어졌으며 다른 동물들처럼 하나님의 숨결(네샤마)로 채워졌다(창 2:7;

69) Keith Ward, "Bishop Berkeley's Castle; John Polkinghorne on the Soul," *God and the Scientist: Exploring the Work of John Polkinghorne*, ed. by Fraser Watts and Christopher C. Knight (Burlington VT: Ashgate Publishing Company, 2012).

7:22). 인간 안의 하나님 형상(모양)은 비물질적인 영혼이 추가되었음을 의미하지 않는다. 부활 이후의 실재도 단지 비물질적인 영혼이 아닌 몸을 가진 영혼의 실재를 의미한다.

그러나 워드는 이러한 사실들이 반이원론적 결론을 정당화하는 것은 아니라고 주장한다. 그에 따르면, 부활의 몸은 지금의 물질적 몸과는 다르다(고전 15장). 이 둘 사이에 시공간적 연속성은 없다. 부활의 실존에서 중요한 것은 육체적 속성이 아니라 기억, 성격, 욕망, 느낌, 목적 등과 같은 정신적 속성이다. "현세에서 나의 많은 정신적 속성은 나의 물질적 뇌에 의존하는 반면, 부활의 생명에서 내가 가진 육체적 속성은 나의 정신적 속성에 의존하며 그것을 표현한다."[70] 나의 정신적 속성은 다른 형태로 체현(embodiment)되어 전이될 수 있다. 워드는 이러한 부활 이후의 실존이 이원론적 견해의 정당성을 보여준다고 주장한다. 부활 이후의 인격적 정체성에 있어 몸이 아니라 정신이 본질적으로 중요하다. 따라서 워드는 "양면적 관념론"(dual-aspect dualism)을 선호한다. 이 견해에 따르면, "정신은 뇌 없이 존재할 수 있으며 다른 형태로 체화(embodiment)되어 전이될 수 있다. 그리고 물질은 모종의 정신적 속성을 표현하기 위해 존재하기 때문에 결국 정신이 물질에 대하여 인과적·존재론적 우선성을 갖는다."[71]

물질은 정신을 창발(emerge)하고 그것을 존재하도록 하기 위해 창조되었다. 이것이 우주의 자연적 과정이다. 일단 창발된 정신은 그 자신의 본성을 형성하고 유의미한 도덕적 결정을 하며 다른 사람들과 책임적으로 관계할 수 있는 능력을 갖는다. 이 책임적인 결정과 자기 형성이 죽음 이후에 하나님에 의해 심판받을 것이며 각 인간의 미래의 운명을 결정할

70) Ibid., 130.
71) Ibid.

것이다. 이때부터 정신에 발생하는 것은 더 이상 물리적 원인에 의존하지 않는다. 그러므로 내세의 삶은 육체적 요소가 아닌 정신적 요소에 의해 결정될 것이다. 현세에서 인간의 정신은 인간의 뇌를 인과적으로 선행하지 않는다. 그러나 내세에서 인간의 정신은 체현의 형태로서 인과적으로 선행할 것이다. 워드는 우리는 현세에서 "미묘한 '양면적 물리주의자'(dual-aspect materialist)"일 수 있지만, 내세에서는 "분명한 '양면적 관념론자'(dual-aspect idealist)"가 될 것이라고 주장한다.[72]

워드에 따르면, 죽음 이후 하나님 앞에서 우리의 모든 지상의 경험에 대한 완전한 접근은 우리의 지상의 뇌를 복제하는 것으로 가능하지 않다. 왜냐하면 지상에서 우리(뇌)는 우리의 행동의 맥락과 결과에 대한 완전한 지식을 가져본 적이 없기 때문이다. 지상의 경험에 대한 완전한 접근은 특수한 물질이나 뇌 상태의 복제에 의존하지 않을 것이다. 그것은 지상에서 가졌던 물리적 기초로부터 독립하여 우리의 정신적 삶에 대한 직접적 접근의 형태가 될 것이다.[73] 또한 우리가 희망하는 내세의 삶은 우리 뇌의 물질적 발달의 어느 특정한 단계를 훨씬 초월하는 삶이다. 우리는 내세의 삶에서 하나님과 다른 피조물에 대한 지식과 사랑으로 우리와 창조세계를 향한 하나님의 목적을 이해하면서 성장하기를 희망한다. 이러한 가능성은 우리의 지상의 삶 속에서의 우리 뇌의 상태를 초월한다. 여기서 물리주의는 종식된다.

이 세계 안에서 정신은 물질적 환경 안에서 생겨나고 성장한다. 몸이

---

72) 현세에서도 인과적 영향은 단지 물리적 현상으로부터 정신적 현상으로 향하지만은 않는다. 종종 정신적 행위(의도)가 물리적인 뇌의 결과를 초래한다. 뇌에 대한 물리적 설명이 인격에 대한 완전한 설명이 될 수 없다. 왜냐하면 그것은 정신적 원인이나 효과(이것들은 물리적 상태에 의존하여 발생한다)에 대한 언급을 빠뜨리기 때문이다. Ibid., 131.

73) Ibid., 135.

없다면 정신도 없을 것이다. 그러나 물질은 영의 도구이며 성례전이다. 물질은 정신 없이 존재할 수 없다. 물질에 가치와 목적을 주는 것은 정신이다. 양면적 물리주의와 양면적 관념론은 현세와 내세에서의 인간 존재에 대한 통전적 이해를 위해 둘 다 필요하다. 이 둘은 모두 하나님의 창조적 섭리와 종말론적 완성 안에 포함된다.

제10장

창발론적 인간 이해: 필립 클레이턴을 중심으로

Ⅰ. 서론

이 글에서는 오늘날의 자연과학과의 대화를 통한 유신론적 창발론의 관점에서 인간의 인격 특히 정신 또는 영혼을 고찰하고자 한다. 창세기 1장에 기록된 세계 창조에 대한 제사장적 본문은 기원전 6세기의 자연과학, 즉 바빌로니아의 지혜를 사용하여 하나님을 세계의 창조자로 증언한 것이다. 이 본문은 오늘날 우리가 우리 시대의 자연과학을 사용하여 하나님을 우주의 창조자로 증언할 것을 요구한다. 하나님의 목적론적 행위를 전제하는 가설과 그 목적의 실행을 위한 자연적 원인들의 사용은 서로 모순될 필요가 없다. 하나님의 창조 활동은 이차적 원인의 사용을 배제하지 않는다. 하나님은 땅에게 모든 생물을 내라고 명하신다(창 1:11, 24). 그러나 이차적 원인을 과학적으로 설명하기 위한 진화 개념이 성서에 나오는 하나님의 지속적 창조(이사야 48:6)의 개념과 양립하기 위해서는 진화의 과정에서의 새로움과 우연성의 요소가 인정되어야 한다.

로이드 모건(Lloyd Morgan)은 1923년 "창발적" 또는 "유기적"(organic)

진화라는 개념을 제시했다. 창발이란 진화 과정의 각 단계에서 과거의 조건들에 의한 필연성으로부터 유래되지 않는 새로운 무언가가 존재하게 된다는 것을 의미한다. 진화 과정의 주된 단계들은 변이들이 누적되는 일련의 작은 단계들보다는 유기 조직의 새로운 설계를 위한 "고주파 요법"(fulgurations)을 필요로 한다. 판넨베르크에 따르면, 창발적 진화 개념은 다윈의 기계론적·환원주의적 설명방식을 극복하고 하나님이 진화 과정의 새로운 전환점들에서 활동하신다고 말할 수 있게 해준다. 즉 모든 단일한 사건에서 새로운 것이 발생한다는 후성적(後成的, epigenesis) 진화 개념은 하나님의 창조 개념과 양립 가능하다.[1] 이러한 의미에서 인간 정신 또는 영혼의 기원은 유신론적 창발의 관점에서 이해가 가능하다.

이 글에서는 필립 클레이턴의 『정신과 창발』[2]을 중심으로 그의 창발론적 인간 이해를 집중적으로 고찰하고자 한다. 이 책의 전반부(1-4장)에서 클레이턴은 (강한) 창발이 쿼크로부터 세포, 뇌, 사고에 이르는 진화적 과정에 대한 가장 정확한 기술이라고 변호한다. 그는 이원론과 환원론적 물리주의 모두에 반대하여, 다양한 차원들의 관계에 대한 창발론적 이해를 주장한다. 후반부(5장)에서 클레이턴은 초월적 정신에 대한 형이상학적 논증을 전개한다. 그는 인간의 정신적 속성과 인과성을 설명하는 강한 창발론이 "불가피하게" 행위 주체와 자유, 더 높은 차원의 정신, 초월적 또는 신적 정신 등과 같은 철학의 "커다란 질문들"[3]로 이끈다고 주장한다. 여기서 그

---

1) Ted Peters 엮음, 김흡영, 배국원, 윤원철, 윤철호, 신재식, 김윤성 역 『과학과 종교: 새로운 공명』 (서울: 동연, 2002), 247.

2) Philip Clayton, *Mind and Emergence: From Quantum to Consciousness* (Oxford/New York: Oxford University Press, 2004).

3) Clayton은 자연과학이 우주의 모든 차원들과 그와 관련한 모든 인과율을 해명해낼 수 있다고 생각하지는 않는다. 특히 인간의 내적 삶 및 그에 기초한 사회적 상호작용과 창조적 표현에 있어 법칙의 역할은 최소화되며 특이한 요소들이 지배적이 된다. 그는 자연 세계와

는 신적 정신, 즉 하나님이 어떻게 인간의 통합적 인격에 영향을 미칠 수 있는지를 설명하고자 한다. 이 글에서는 클레이턴의 창발론적 인간 이해에 대한 고찰을 통하여, 오늘의 자연과학의 발견을 최대한 존중하면서 동시에 유신론적 기독교 신앙에 충실한 인간 이해의 길을 모색하고자 한다.

Ⅱ. 창발의 정의, 하향식 인과율, 강한 창발

클레이턴의 인간 이해는 창발론에 기초한다. 그는 창발론을 "우주적 진화가 반복적으로 예측 불가능하고 환원 불가능한 새로운 출현을 포함한다는 이론"으로 정의한다. 창발적 속성은 "하위 체계로부터 생겨나지만 그 하위 체계로 환원되지 않는 속성"이다. 창발은 "그 이상이지만 전적으로 다른 것은 아닌" 것에 관한 것이다.[4] 창발론은 물리주의와 이원론 사이에 있다. 물리주의자는 모든 체계가 물리적 체계를 구성하는 부분들에 의해 설명되어야 한다고 주장한다. 여기서는 세계 안의 하향식 인과율의 존재가 부인되며 모든 인과율이 상향식이라고 주장한다. 즉 인과적 영향은 오직 구성 요소들로부터 전체로 나아간다. 인간의 정신이 자신의 몸에 미치는 인과적 영향은 실은 뇌 안에서 신경들 사이의 전기화학적 상호작용의 형태를 취하는 미시물리적 사건일 뿐이다.[5] 반면 이원론자는 물리적 인과

사회적 세계의 유의미성의 문제는 자연과학과 사회과학의 차원을 넘어서며, 인간의 정신이 지식의 범위를 확장시키고 이와 더불어 지식의 한계에 대한 지식이 확장되면서 "진정으로 커다란 질문들"에 대한 합리적 논쟁이 더욱 중요해진다고 주장한다. Ibid., 205-6

4) Ibid., 39.

5) Clayton은 진화 과정에서 비물리학적 용어로 명명할 수 있는 어떤 사태가 출현한다는 것을 인정하지만 "물리적 세계의 인과적 폐쇄성의 원리"에 따라 모든 실제적인 인과적 작용은 근본적인 물리적 힘과 분자의 차원에서 행해진다고 주장하는 이른바 "상투적(façon

율과 존재론적으로 질적으로 다른 종류의 존재나 힘이 인간의 몸과 그 외의 다른 물리적 체계에 하향식 영향력을 발휘한다고 주장한다. 예를 들면 하나님은 난자가 수정되는 순간에 그 안에 영혼을 불어넣으며, 그 후 이 영혼은 몸에 대하여 하향식 인과율을 발휘한다는 것이다. 이원론은 기본적인 물리적 속성으로부터 파생되지 않는 영혼과 같은 다른 본질의 실재가 인과적 힘을 갖는다는 입장이다.

창발론에 의하면 세포는 분자들에, 장기조직은 세포들에, 정신은 뇌의 신경 체계에 의존한다. 그러나 세계는 되풀이되는 새로움과 비환원성의 패턴을 보여준다.[6] 창발은 우주 안에서 일어나는 다양한 차원의 진화를 연결하는, 따라서 세계를 아는 다양한 과학적 방식들을 연결하는 반복적 패턴이다.[7] 클레이턴에 따르면, 정신만을 유일한 하향식 인과율의 예로

---

de parler) 창발론자"도 물리주의자로 분류한다. Ibid., 55. 예를 들면 Jaegwon Kim이 이에 속한다. Jaegwon Kim은 비환원론적 물리주의란 불가능하며, 오직 환원론적 물리주의만 가능하다고 주장한다. Jaegwon Kim, *Mind in a Physical World: An Essay on the Mind-Body Problem and Mental Causation* (Cambridge, Mass.: MIT Press, 1998).

6) Tim Crane은 창발의 특징을 '의존성'과 '독특성'으로 표현한다. "정신적 속성은 물리적 물체의 속성이다. 그러나 정신적 속성은 물리적 속성과 구별된다." Tim Crane, "The Significance of Emergence," in Carl Gillett and Barry Loewer eds., *Physicalism and its Discontents* (Cambridge: Cambridge University Press, 2001), 208.

7) Clayton은 우리가 자연 세계 전체의 반복적 창발 구조를 볼 때에만 우리는 어떻게 정신이 그것을 발생한 차원들과 연관되는지에 대한 믿을 만한 이론을 제시할 수 있다고 본다. 우리가 전체 영역의 유사성과 상이성을 보지 못한다면, 우리는 불가피하게 정신을 아래의 물리적 기본 물질로 환원하거나 또는 이원론자처럼 물리적 세계로부터 정신의 분리를 지나치게 강조하게 될 것이다. 따라서 단일한 과학 분야(예를 들면 미시물리학)로는 세계를 설명하는 데 한계가 있다. 물론 특수한 과학들 안에서 창발현상을 세부적으로 설명하는 것은 필요하다. 그러나 어느 특정한 차원에서의 창발에 대한 설명이 진화의 전체 영역을 가로질러 반복적으로 나타나는 새로운 창발들을 다 포괄할 수는 없다. "사실상 창발은 광범위한 영역의 과학(그리고 비과학) 분야들에서 거듭 발생하는 패턴이다. 전체적인 패턴을 보기 위해서 우리는 자연 세계 안의 수많은 창발들을 비교할 수 있을 만큼 충분히 뒤로 물러나야 한다. 그리고 이것은 특수한 분야들 안에서의 부분-전체 관계뿐만 아니라 그러한 사례들 전체를 관통하는 유비를 보는 것을 포함한다." Clayton, *Mind and Emergence*, 49.

간주하고 창발론을 오직 정신의 창발에 정초시키는 것은 창발론적이라기보다 이원론적이다. 그에게 창발론은 "일원론"의 한 형태다. 즉 하나의 "물질"(stuff)은 이전에 물질주의자들이 생각했던 것보다 훨씬 더 다양한 인과적 역할을 수행한다. 또한 이것은 "존재론적 다원주의"라고도 불릴 수 있다. 왜냐하면 다원적인 차원의 법칙들과 원인들을 강조하기 때문이다. 그러나 "일원론"이 차원들의 상호관계를 가능한 한 충분히 이해하고자 하는 과학의 헌신을 더 잘 표현한다. 자연 세계를 관통하는 다원적인 창발의 사례들이 "가족 유사성"에 의해 함께 묶여질 수 있다면, 일원론은 설득력을 얻게 된다.[8]

클레이턴은 창발의 성격을 규정하는 가장 중요한 특징을 하향식 인과율에서 발견한다. 하향식 인과율이란 "전체가 부분에 대하여 비첨가적이며(non-additive) 능동적인 인과적 영향력을 행사하는 과정"이다.[9] 모든 하향식 인과율의 경우들이 정신적 원인을 포함하는 것은 아니다. 만일 정신적 원인이 유일한 하향식 인과율의 사례라면 그것은 창발이 아니라 이원론을 지지하는 것이 된다. 왜냐하면 그것은 세계 안에 전적으로 다른 질서의 실재가 작용한다는 징표가 되기 때문이다.

클레이턴은 창발론 안에 두 가지 형태가 있다고 본다. 첫 번째는 약한 창발론이다. 이 입장은 창발적 구조와 그 속성이 물리적 세계에 영향을 미친다는 것을 인정하지만 창발된 전체를 인과적 활동을 일으키는 능동적인 주체(originator)로 보기보다 통제적 요소로 본다. 창발현상은 부분들의 상호작용이 일어나는 전체로서의 체계 안에서 일어난다. 그러나 전체로서의 체계는 부분들의 상호작용과 분리된 인과적 영향력을 발휘하

8) Ibid., 54.
9) Ibid., 49.

는 것은 아니다. 물리적 존재들이 체계를 구성하는 한, 체계는 물리적 존재들의 움직임을 특수한 방식으로 통제한다. 세포 또는 뇌와 같은 복잡한 조직들은 진화의 역사 안에서 창발된 전체들이다. 각 전체들은 자신의 부분들에 대하여 통제적 역할을 한다. 뇌 안에서 수많은 신경 회로들이 통합되어 극도로 복잡한 전체를 구성하며 이 전체는 자신을 구성하는 부분들과 하위체계들의 행위를 통제한다. 우리의 사고나 의도가 우리로 하여금 어떤 것을 하도록 만들 때, 그것은 어떤 새로운 인과적 존재에 의한 것이 아니고 우리의 복잡한 중앙신경체계가 우리 몸의 행위를 특정한 방식으로 통제하기 때문이다. 여기서 비물리적인 힘은 작용하지 않는다. 클레이턴은 이와 같은 "전체-부분 통제"(whole-part constraint)만을 인정하는 창발 개념을 "약한 창발"로 명명한다.[10]

두 번째는 클레이턴 자신이 지지하는 강한 창발론이다. 이 입장은 하향식 인과율에 전체의 통제적 영향 이상의 그 무엇이 있다고 본다. 여기서 자연 세계의 각 차원이 뚜렷이 구별된다. 즉 각 차원에는 뚜렷이 구별되는 그 차원 고유의 법칙들과 인과적 활동 유형이 있다.[11] 인간은 물리학

---

10) Ibid., 57. 여기에는 Carl Gillett의 입장도 포함된다. Gillett는 Jaegwon Kim의 "물리학의 인과적 폐쇄성의 원리"를 포기하고도 물리주의자로 남아 있을 수 있다고 주장한다. 즉 이것은 미시물리학에 존재론적 우선성을 부여함으로써 그리고 전적으로 구별되는 존재를 포함하거나 에너지의 전이와 힘의 매개를 포함하지 않는 그런 종류의 비인과적(non-causal) 결정을 구체적으로 명시함으로써 가능하다. Gillett는 이 입장을 "조각모음(patchwork) 물리주의"라고 부른다. 그는 근본적인 법칙들의 조각모음 즉 근본적으로 결정적이며 인과적으로 유효한 존재들의 모자이크가 있음을 인정한다. 이 조각모음 또는 모자이크는 창발적 속성과 관계되는 높은 법칙을 포함한다. Carl Gillett, "Non-Reductive Realization and Non-Reductive Identity: What Physicalism does Not Entail," in Sven Walter and Heinz-Deiter Heckmann eds., *Physicalism and Mental Causation* (Charlottesville, Va.: Imprint Academic, 2003), 42.

11) Donald Campbell은 하향식 인과율이 자연 세계의 다른 차원에 속하는 다른 법칙의 존재에 의존한다고 말한다. 상이한 분야는 상이한 법칙에 의해 정의된다. 어떤 분야에서 사용되는 법칙을 그보다 낮은 차원의 법칙으로 대체하는 것은 불가능하다. 물리학적 법칙

의 범주 안에서 정의될 수 없다. 강한 창발은 약한 창발의 모든 특징들을 포함하되 미시물리학의 특권은 거부한다. 양자 물리학이 진화에 있어서 첫 번째 통제적 조건을 제공하지만, 자연 세계 안의 다른 차원들 안에도 통제적이고 결정적인 요소들이 있다. 이 요소들은 서로 다른 차원들에 있는 다양한 법칙들과 인과적 네트워크에 의해 정의되기 때문에 물리적 해석이 특권적 위치를 차지하지 못한다. 이러한 이유로 클레이턴은 "물리주의"라는 용어보다 "일원론"이라는 용어를 선호한다.[12]

클레이턴은 창발의 특성을 다음 8가지로 요약한다.[13]

① 일원론: 물질(stuff)로 만들어진 하나의 자연 세계가 존재한다. 일원론은 물질주의처럼 정신과 물질을 대립시키지 않는다.

② 계층적 복잡성: 세계는 계층적으로 구조화되어 있다. 복잡한 단위는 더 단순한 부분들로부터 형성되며, 이 단위는 다시 더욱 복잡한 존재를 형성하는 부분이 된다.

③ 시간적 또는 창발적 일원론: 이 계층적 구조화의 과정은 시간을 통해 일어난다. 다윈적 진화는 단순성에서 복잡성으로 나아간다. 새로운 존재가 이 과정에서 창발하기 때문에 창발적 일원론이라고 할 수 있다.

④ 비일체식(no monolithic) 창발 법칙: 창발 과정의 세부내용은 다양하다. 즉 한 차원이 다른 차원으로부터 창발하는 방식, 창발 차원의 특성, 낮은 차원이 더 높은 차원을 제약하는 정도 등은 우리가 어떤 창발 사례

에 의해 인간의 행동을 설명하는 것은 불가능하다. 인간의 행동을 설명하기 위해서는 생물학적 구조와 법칙뿐만 아니라 사회과학 이론이 요구된다. Donald Campbell, "Levels of Organisation, Downward Causation, and the Selection-Theory Approach to Evolutionary Epistemology," in G. Greenberg and E. Tobach eds., *Theories of the Evolution of Knowing* (Hillsdale, NJ: Lawrence Erlbaum, 1990), 1-17, 4.

12) Clayton, *Mind and Emergence*, 58.

13) Ibid. 60-62.

를 숙고하느냐에 따라 매우 다르다. 따라서 창발은 가족 유사성의 관점에서 이해되어야 한다.

⑤ 창발의 차원들을 관통하는 패턴: 다양한 창발 사례들에는 공통적으로 다음과 같은 유사성이 나타난다(L1차원으로부터 L2차원이 창발한다). ㉠ 자연의 역사에서 L1이 먼저 있다. ㉡ L2는 L1에 의존한다. 만일 L1의 상태가 존재하지 않았다면 L2의 특성은 없었을 것이다. ㉢ L2는 L1 안의 복잡성이 충분한 정도에 이르렀을 때 나타난 결과다. ㉣ 우리는 때때로 우리가 L1에 대하여 알고 있는 것에 기초하여 어떤 새로운 또는 전혀 다른 특성의 창발을 예측할 수 있다. 그러나 L1만으로는 이 특성의 정확한 본성, 이 특성들의 상호작용을 지배하는 법칙, 이 특성들이 다시금 불러일으키는 창발적 차원의 종류 등을 예측할 수 없다. ㉤ L2는 L1으로 환원되지 않는다.

⑥ 하향식 인과율: L2의 현상은 L1의 인과적 역사로 환원되지 않는 인과적 영향을 L1에 미치게 한다. 이 비환원적 인과율은 단지 인식론적인 것이 아니라 존재론적인 것이다. 즉 자연 세계에서 자신의 창발적 속성은 상호 및 바로 아래 차원에 대하여 그 자신의 독특한 인과적 영향을 미치는 체계로 산출한다. 이러한 창발적 인과율은 그 자체의 속성과 행동의 중심을 지닌 창발적 실재가 있음을 지시한다. 세포와 유기체는 작은 입자들로 구성되지만 그것들 자체가 과학적 설명의 대상이 된다.

⑦ 창발론적 다원주의: 자연 세계 안에서 다양한(28가지) 차원들이 생겨나며, 이 다양한 차원들 안의 물체들은 존재론적으로 그 자신의 실재(그리고 인과율)를 갖는다. 이 창발론적 다원주의는 한편으로 모든 (창발적) 존재를 더 낮은 차원의 근본적인 입자들의 집합체로 간주하는 존재론적 원자주의와 구별되며, 다른 한편으로 다양한 창발적 차원들 가운데 정신의 차원에만 특권적 지위를 부여하는 이원론과도 구별된다.

⑧ 창발로서의 정신: 이 입장은 정신적 속성과 물리적 속성은 한 물질(stuff)의 서로 다른 두 측면이기 때문에 인과적으로 상호작용할 수 없다고 주장하는 "양면적 일원론"과 달리 상향식 인과율과 하향식 인과율이 모두 작용한다고 본다.

Ⅲ. 창발과 정신

1. 뇌와 정신(의식)

정신과 뇌의 관계에서 창발론을 생각할 때에는 반드시 진화의 역사에서 발생한 다른 창발적 구조들을 함께 살펴보아야 한다. 자연 세계 안에는 서로 다른 유형의 법칙과 인과성이 작용하는 다양한 창발적 차원이 있다. 정신과 뇌, 의식과 신경조직의 관계를 이해하기 위해서는 자연 세계의 다차원적인 구조들을 이해해야 한다. 어떤 생물학적 경우들은 약한 창발과 강한 창발의 경계를 보여주며 따라서 어느 쪽으로도 이해될 수 있다. 그러나 클레이턴은 정신적 창발의 경우에는 강한 창발의 관점이 아니면 정신적 인과성을 설명할 수가 없다고 주장한다.

클레이턴에 따르면, 자연 세계 안에 두 가지 창발 패턴이 두드러지게 나타난다.[14] 첫째는 생명의 창발이다. 생물과 무생물 사이의 경계는 매우 모호하며, 그 둘 사이를 가로지르는 움직임은 우리가 생각했던 것보다 훨씬 더 점진적으로 일어날 수 있다.[15] 그러나 생물과 무생물의 경계선이 분

---

14) Ibid., 108-10.

15) 생화학자 Bada에 의하면, 생명은 "자기복제적인 분자들의 경계선 없는 수프"로서 시작되었으며, 그 후에야 우연히 첫 번째 세포막이 출현했다. Joyce는 생명을 "다윈적 진화를 경

명치 않음에도 불구하고 살아 있는 유기체에 의해 공유되는 특징들이 생물권(生物圈)과 진화의 역사에서 발견된다. 즉 그러한 특징들은 성장과 발전, 항상성, 생식, 환경이 통제된 상태에서의 에너지 교환 등이다. 또한 시간 속에서 일어나는 변화가 진화적 적응 과정으로 인해 통제된다는 점도 주목할 만하다. 생명은 단일한 창발 순간의 관점에서가 아니라 개별적인 많은 창발적 단계들을 함께 묶는 가족 유사성으로 이해되는 것이 더 정확하다.

가족 유사성의 두 번째 영역은 자기 인식과 관계가 있다. 자기 인식은 외부의 환경뿐만 아니라 유기체 자신의 내적 상태를 주시할 수 있는 능력이다. 어떤 사람은 일반적 자기 인식과 반성적 자기 인식을 구별한다. 반성적 자기 인식은 자신의 자기주시를 주시한다. 자기 인식의 피드백 회로가 이차적 창발 현상이라면, 반성적 자기 인식은 세 번째 차원의 창발 현상라고 할 수 있다. 이 반성적 자기 인식 즉 의식은, 자신이 안다는 사실을 아는 힘을 요구한다. 클레이턴은 정신(의식)을 속성이 아닌 실재로 본다. 정신의 속성은 그것을 산출하는 뇌와 너무도 다르기 때문에, 속성과 실재를 개념적 또는 인과적으로 연결시키는 것은 거의 불가능하다. 중앙신경체계의 상태에 의식이 심대하게 의존함에도 불구하고 이 둘은 결코 동등한 것이 아니다. 내가 나의 뇌의 상태를 완전히 안다고 해도 그것이 나의 기쁨, 고통, 통찰을 아는 것이라고 할 수는 없다. 클레이턴은 과학적 관점에서 볼 때 의식은 거의 완전한 신비로 남아 있다고 강조한다. 아무도 어떻게 물질이 의식이 될 수 있는지 알지 못한다. 뇌에서 의식으로의 전이는 풀리지 않는 신비에 속한다.

물론 정신(의식)은 특정한 신경활동과 연관성을 갖는다. 뇌에서 발생

험할 수 있는 자기 유지적인 화학적 체계"로 정의한다. Ibid., 109.

하는 신경발화(neural firings)와 활동전위(活動電位, action potentials)는 우리의 일인칭적 세계 현상들의 출현에 인과적 역할을 한다. 새로운 뇌 스캔 기술은 인식에 대한 지식을 증대시키고 의식에 대한 경험과학적 연구를 촉진시킬 것이다. 오늘날 개개의 뉴런, 뉴런 집단, 뇌 안의 광범위한 통합 체계의 특수한 속성과 발화 패턴에 대한 많은 가설들이 있다.[16] 클레이턴은 로저 스페리(Roger Sperry)를 따라 정신을 뇌 전체의 창발적 속성으로 이해한다. 즉 뇌가 단일한 통합적 체계로 이해될 때에만 우리는 정신의 본성을 적절하게 설명할 수 있다고 주장한다.[17] 한 체계를 전일적인

---

16) Clayton은 소개하는 최근의 이론들 가운데 몇 가지만 소개하면 다음과 같다. Ibid., 113-17. Crick의 실험에 따르면, 얼굴들을 구별하지 못하는 병에 걸린 환자의 경우에도 뇌파탐지기를 부착해 실험해 보면, 환자가 인식을 못해도 그의 뇌가 얼굴들을 구별하고 있음을 알 수 있다. Crick에 따르면, 인식의 출현을 가져오는 신경활동은 대뇌피질의 하부 층에서 시작된다. 뇌의 다른 부위에서 발생하는 지각과 계산은 이 부위에서의 발화를 초래한다. 이 특수한 발화가 인식의 출현을 가져오는 신경활동이라는 것이다. 그는 어떤 특수한 형태의 신경들이 의식의 실제적인 담지자라고 주장한다. Francis Crick, *The Astonishing Hypothesis* (New York: Charles Scribner's Sons, 1994), 173. Koch는 의식이 생물학적으로 기능한다고 강조한다. 각각의 주요한 뇌의 기능(예를 들면 시각)은 전두엽 안으로 투사되는데 이곳에서 계획을 세우는 기능이 수행된다. Koch는 의식을 특정한 뉴런 집단과 연관시켰다(예를 들면 자기 할머니를 볼 때와 같이 특수한 자극이 주어질 때에만 발화하는 이른바 '할머니 신경'). Thomas Metzinger ed., *Neural Correlates of Consciousness: Empirical and Conceptual Questions* (Cambridge, Mass.: MIT Press, 2000). 최근까지 두 가지 견해 즉 의식이 뇌의 전일적(holistic) 기능이라고 주장하는 견해와 의식이 특수한 유형의 신경, 신경집단, 또는 뇌의 부위의 산물이라고 주장하는 견해가 제기되었다. 그러나 Crick과 Koch는 "무의식적 난쟁이" 이론을 통해 이 둘이 양자택일적인 것이 아님을 보여주었다. 뇌에는 감각체계, 감정체계, 운동체계, 뇌 하부의 난쟁이 체계 등과 같은 다양한 정보처리 체계가 있다. 난쟁이 체계는 단지 높은 차원뿐만 아니라 다양한 차원의 체계들과의 상호작용을 통하여 계획하고 통합하며 결정하는 기능을 수행한다. 그런데 Crick과 Koch는 이러한 난쟁이 체계의 기능들이 무의식적인 것이며 단지 부분적으로 의식 안에서 재현된다고 주장한다. 이들의 견해가 옳다면 우리의 주관적 경험은 상대적으로 적은 숫자의 신경들의 산물일 수 있다. Francis Crick and Christof Koch, "The Unconscious Homunculus," in Metzinger ed., *Neural Correlates of Consciousness*, 109.

17) Clayton, *Mind and Emergence*, 117-18.

것으로 보는 것은 개별적 부분들에 대한 연구를 무시하는 것이 아니라 부분들의 영향의 집합 이상의 것을 포함하는 체계의 영향에 주의를 돌리는 것이다. "역동적 체계 접근"은 관심을 신경 차원으로부터 정신 상태의 창발을 위한 생리학적 상관자로서 더 광범위한 뇌 체계로 전환시킨다. 광범위한 역동적 체계는 생물학 전반에 나타나는 창발적 체계들이 보여주는 전형적인 전일적 영향을 고려한다. 이 광범위한 역동적 체계에 대한 연구는 의식에 대한 신경적 상관자에 대한 더욱 통합적인 이해를 가져올 수 있다.[18] 창발은 체계의 복잡성의 정도에 달려 있다.

그러나 클레이턴은 정신(의식)에 대한 신경적 상관자에 관한 이러한 연구의 한계를 지적한다. 신경 체계들이 아무리 복잡하고 역동적이며 자기 촉매적이라고 하더라도, 그것들은 과학자가 3인칭적 관점에서 기술해야 하는 생리학적 구조로 남아 있다. 의식에 대한 신경적 상관자에 대한 연구는 기껏해야 주체에 의해 보고된 현상적 경험과 뇌 상태의 상관성을 수립할 수 있을 뿐이다. 이러한 상관성이 매우 중요한 실증적 의미를 갖게 되는 것이 사실이지만, 주관적인 "경험"의 문제는 여전히 미해결된 난제로 남아 있다. 클레이턴은 왜 경험이 난제인지를 두 가지로 설명한다.[19] 첫째, 경험은 기능과 구조의 관점에서 설명될 수 있는 것이 아니다. 왜냐하면 우리가 어떤 경험의 구조와 기능을 완전하게 안다고 해도 여전히 우리는 그 경험한다는 것이 어떤 것인지 알지 못하기 때문이다. 생물학과

18) Rosenfeld도 전체 포괄적인 접촉점을 제시한다. 뇌의 전체적 역동성은 사고의 역동성을 거의 가장 가깝게 반영하는 반면, 이 두 역동적 체계의 개별적 구성 요소들(사고에서의 개별적 기억과 뇌에서의 신경사건)은 비교할 수 없을 정도로 서로 다른 논리를 보여준다. 의식에 대한 신경적 상관자에 대한 연구가 역동적·통합적 체계의 방향으로 나아갈수록 창발의 예측에 더 가까워진다. Israel Rosenfeld, *The Strange, Familiar, and Forgotten: An Anatomy of Consciousness* (New York: Alfred A. Knopf, 1992), 6.

19) Ibid., 122-23.

신경과학은 세포, 기관, 뇌, 유기체의 구조와 기능 등을 이해할 수 있다. 이것이 의식에 대한 신경적 상관자에 관한 논의가 발견하는 것이다. 그러나 여전히 의식적 경험이 무엇인지는 답변되지 않은 채로 남아 있다.[20] 난제의 두 번째 부분은 의식의 행위와 영향에 관한 것이다. 정신적 상태의 존재를 인정함에도 불구하고 정신은 단순히 뇌의 생리적 현상에 부수된 것이라는 부수현상설(附隨現象說, epiphenomenalism)을 고수하는 철학자들이 많다. 클레이턴은 이러한 부수현상설을 잘못된 것으로 간주한다.

클레이턴은 정신적 속성을 설명하기 위해 "수반"(supervenience)개념을 사용한다. 그는 수반과 관련하여 세 가지를 말한다.[21] 첫째, 수반은 어떤 차원의 현상이나 속성(정신)이 다른 차원(생물학, 신경생리학)에 의존하지만 그것으로 환원되지 않는다는 것을 의미한다. 수반에는 최소주의적 입장인 약한 수반 이론과, 하위 차원에 의해 상위 차원의 현상이 결정된다고 주장하는 강한 수반 이론이 있다. 둘째, 수반이 "기호-기호"(token-token) 관계로 이해됨으로써 정신적 속성이 직접적으로 특수한 뇌 상태에 의존한다면, 정신적 인과성을 위한 진정한 자리는 없다. 왜냐하면 정신적 사건은 물리적 사건에 의해 완전히 결정되기 때문이다. 강한 수반 이론은 정신이 존재하지만 그 자체의 인과적 효력은 갖지 않는다는 부수현상설과 다름없다. 셋째, 클레이턴은 정신과 육체의 관계를 "기호-기호"가 아닌 "유형-유형"(type-type) 관계로 이해한다. 즉 정신과 육체는 서로 상응하

---

20) 따라서 학자들은 생물학적 구조와 기능의 관점을 넘어서는 다른 "추가적 요소들"을 도입하여 의식을 설명하고자 한다. 추가로 도입되는 요소들은 카오스와 비선형역학, 비알고리즘적 과정, 미래의 신경생리학의 발견, 양자 물리학 차원의 신비 등이다. David Chalmers, "Facing up to the Problem of Consciousness," repr. in Jonathan Shear ed., *Explaining Consciousness: The 'Hard Problem'* (Cambridge, Mass.: MIT Press, 1997), 17.

21) Clayton, *Mind and Emergence*, 124-28.

는 두 유형의 사건이다. 창발의 관점에서 정신적 사건은 한 유형의 속성을 나타내며 이것은 다른 유형의 속성, 즉 유기체의 신경생리학적 상태에 의존한다. 김재권은 정신의 "다수적 실현가능성"을 언급하면서 정신적 속성이 다수적으로 실현될 수 있다는 것은 많은 다양한 생물학적 체계들이 동일한 속성을 산출할 수 있음을 의미한다. 따라서 "다수적 실현가능성"은 정신적 속성이 육체적 속성과 동일한 유형이라는 주장을 약화시킨다.

정신은 진화론적 창발의 한 예로서 진화론적 자연의 역사에 통시적으로 의존한다. 클레이턴은 정신과 물질 사이의 "유형-유형" 의존 관계 안에서 정신의 비환원성을 변호하고 생물학적 체계의 역사에 대한 정신의 의존을 인정하는 자신의 비이원론적 견해를 "창발적 수반"이라는 개념으로 표현한다.[22]

2. 창발론적 일원론과 정신적 인과율

클레이턴은 의식을 자연의 역사 안에서 발견되는 창발의 속성들 중 하나로 간주하는 자신의 견해를 "창발론적 일원론"이라고 부른다.[23] 자연의 역사가 계층적인 질서 안에서 창발적 속성들을 지닌 존재들을 산출한다면, 창발론적 일원론은 지지를 얻게 된다. 창발론적 정신 이론의 과제는 신경과학적 설명과 충분히 조화되면서 또한 "정신적 상태의 인과적 영향의 독특성"을 적절히 다루는 이론을 수립하는 것이다. 정신은 뇌로부터 창발하는 속성의 유형으로서 뇌와 다름에도 불구하고 그 하부 기초인 뇌에 지속적으로 의존한다. 이런 맥락에서 클레이턴은 "창발적 수반"이란 개념을

22) Ibid., 127.

23) Ibid., 128.

사용한다. 정신적 사건은 진화의 역사의 산물임에도 불구하고 신경학적 체계로 환원되지 않는다. 이것은 정신적 사건이 자신이 의존하는 물리적 사건들의 총합 이상의 인과적 역할을 수행하기 때문이다.[24]

창발론적 정신 이론은 양쪽으로부터 공격당한다. 물리주의자들은 정신 현상의 1인칭적 경험을 정당하게 다루고자 하는 이 이론이 비물리주의적이라고 비판하며, 이원론자들은 정신을 자연의 진화 역사의 산물로 보는 이 이론이 의식을 물질로 환원시킨다고 비판한다. 창발론적 정신 이론은 이 두 비판에 응답해야 하는 과제를 갖는다. 클레이턴은 물리학의 관점에서 모든 것을 설명할 수 있다는 환원론적 물리주의와 구별된 두 종류의 실체가 있다는 실체론적 이원론을 거부하며, 오직 한 종류 또는 한 차원의 실재만 존재하며 그것이 관점에 따라 정신 또는 몸으로 이해된다고 주장하는 양면적 일원론, 모든 차원의 실재는 모종의 정신적 경험을 갖는다는 범심론(panpsychism), 모든 것은 궁극적으로 물리적이지만 모든 설명은 물리적 관점에서 주어지지 않는다고 주장하는 비환원론적 물리주의[25]도 거부한다. 또한 그는 "전체 부분 통제" 이론으로 대변되는 약한 창발론이 아니라 복잡한 체계의 전체적 특징(정신)이 부분적 요소들의 총합(뇌의 신경 체계)으로 환원되지 않고 그것에 하향식 인과율을 미친다는 강한 창발론을 지지한다.

그러면 강한 창발적 실재로서의 정신은 어떻게 뇌에 영향을 주는가? 낸시 머피와 토마스 트레이시는 정신이 뇌의 물리학적 영역 안의 양자역

---

24) Ibid., 128-29.

25) Clayton은 이 입장을 불안정한 것으로 간주한다. 여기서는 모든 인과율이 물리적인 것인지 아닌지가 아킬레스건이다. 그렇다고 할 때에는 환원론적 물리주의가 되며, 아니라고 할 때에는 물리주의가 아닌 것이 된다. 130.

학적 비결정성의 결과에 영향을 준다고 주장한다.[26] 그러나 클레이턴은 정신의 영향을 위한 자리 즉 접촉점을 단지 뇌의 하부 구성 요소들의 차원으로 만드는 설명은 타당치 않다고 본다. 양자의 비결정성은 정신적 인과율을 위한 이상적인 개방성을 제공하는 것처럼 보이지만, 양자 효과는 뇌의 기능이 기본적인 신경화학적 과정의 차원에 도달하기 전에 소멸된다.[27] 클레이턴은 고도로 통합된 복잡한 체계의 창발적 효과가 고립된 부분들이 아니라 체계 전체에 미치는 것으로 설명되어야 한다고 주장한다.[28]

클레이턴은 정신적 인과율에 대한 두 가지 가설을 제시한다.[29] 한편으로 정신적 영향은 과학과 조화되어야 한다. 그런데 사고가 직접적으로 신경접합부 안의 화학적 구성을 변화시킨다는 주장은 과학과 조화되지 않는다. 정신적 영향은 정신이 개별적 신경들에 개입(intervention)하는 것으로 이해될 수 없다. 다른 한편으로 우리는 신경과학의 결과와 조화되는 철학 이론들 중에서 정신적 인과율을 위한 자리를 유지할 수 있는 이론을 선택해야 한다. 따라서 정신적 인과율의 자리는 포기될 수 없으며 정신적 인과율에 대한 설명이 뇌에 대한 과학적 연구를 무효화할 수 없다. 데카르트적 이원론에서는 정신적 실체가 물리적 세계와 아무런 관계가 없으며 따라서 뇌 과학은 정신의 본성에 관해 아무것도 말해줄 수 없다. 이와 반대로 신경 발화의 확률적 규칙성에 의해서만 정신을 설명하고자 할 때

---

26) Nancey Murphy, "Divine Action in the Natural Order: Buridan's Ass and Schrödinger's Cat," and Thomas F. Tracy, "Particular Providence and the God of the Gaps," in Robert J. Russell, Nancey Murphy, and Arthur Peacocke eds., *Chaos and Complexity* (Vatican City: Vatican Observatory Publications, 1995).

27) 체계의 행위가 양자역학에 의해 설명되는 것으로부터 고전역학에 의해 설명되는 것으로 전환되는 과정을 'decoherence'라고 부른다.

28) Clayton, *Mind and Emergence,* 133-34.

29) Ibid., 139-40.

에는 사고가 뇌와 중앙신경체계와 운동에 인과적 효력을 발휘할 수 있는 여지가 없어진다.

3. 행위 주체 인과율과 행위 주체 인격

클레이턴은 존재론이 아닌 현상학적 접근을 통해 정신적 인과율을 분석한다.[30] 정신과 뇌의 상호작용에 대한 현상학적 분석은 중앙신경체계에 대한 자극으로부터 초래되는 정신적 경험에 대한 현상학적 기술과 동시에 어떤 특수한 정신 상태에 놓여 있는 사람의 뇌에 대한 실시간적 스캔을 함께 포함한다. 이와 같은 현상학적 방법의 존재론적 최소주의는 과학적 연구에 유용하다. 즉 경험된 의식의 상태는 최소의 선험적 해석과 함께 뇌 상태의 변화와 상호 관련된다. 클레이턴은 정신적 창발이 단지 부수적 현상으로 환원될 수 없는 인과적 영향력을 가지고 있으며 동시에 영혼과 같은 다른 종류의 실체에 근거할 필요가 없다는 가정 아래 수행되는 현상학적 연구를 통해 드러나는 인과율을 "행위 주체 인과율"(agent causation)이라고 명명한다. 다른 물리적 또는 생물학적 인과율의 형태들과 구별되는, 현상학적 차원의 경험된 인과율과 연관된 창발적 인과율이 "행위 주체 인과율"이다.[31] 이 개념은 모종의 본질적 속성을 가진 특수한 존재를 전제하기보다는 하부적인 신경생리학적 차원과의 인과적 상호작용을 포함하는 개별적인 정신적 속성에 초점을 맞춘다. 클레이턴은 행위 주체에 대한 형이상학적 최소주의만이 과학적 자료와 연구 양태와의 접촉점을 유지할 수 있다고 본다. "행동함 없이는 행위 주체가 없고, 변화함

30) Ibid., 141.
31) Ibid.

없이는 변화의 주체가 없으며, 통일함의 과정 없이는 통일성이 없다. 행위 주체, 주체, 통일성은 모두 선행하는 물리적 사건들의 역동적인 상호 관계로부터 창발하는 것으로 간주되어야 한다."[32]

창발적 행위 주체로서 인간은 정신-육체적 존재다. 인간은 상호 연결되어 있는 생물학적·정신적·인과적 특성을 함께 보여준다. 창발적 현상으로서 정신은 육체에 의존함과 동시에 육체적 차원의 속성과는 다른 종류의 인과적 영향력을 발휘한다. 창발론적 존재론은 다원적 차원들의 "실제로 존재하는 속성들"을 포함한다. 클레이턴은 "인격"을 몸, 뇌, 정신 등의 다차원적 행동 주체들을 포괄하는 행동 주체로 이해한다. 인격은 몸과 뇌의 상태를 전제한다. 그러나 인격은 "하드웨어" 차원(물리학, 생물학)과 구별되는 차원을 나타낸다. 몸과 뇌는 인격을 위한 필요조건이지만 충분조건은 아니다. "인격은 '낮은 차원'의 관점으로 완전히 번역되지 않는다. 인격은 독특하게 인격적인 인과적·현상학적 속성들(qualia)을 경험한다."[33]

클레이턴에 따르면, 인격적 행위 주체는 어떤 목적을 이루고자 의도하며 그의 행동은 목적을 위한 수단으로서의 이유를 갖는다. 따라서 인격적 행동은 의도적·목적론적이다. 그러나 인격적 행위 주체는 과학과 상충되는 형이상학적 개념(예를 들면 자유의지론자들이 말하는 자유의지)을 도입할 필요가 없다. 인격적 행위 주체에 기초한 설명은 적어도 원칙적으로 생물학적 인과율의 영향과 양립 가능하다. 행위 주체의 행위는 그것을 합리적인 것으로 만드는 이유에 의해 취해진다. 클레이턴이 말하고자 하는 바는, 인격에 대한 형이상학적 최소주의가 최종적 답변이라는 것이 아니라 그것이 인간에 대한 과학적 연구를 위해 충분하다는 것이다. 인간의 인격

32) Ibid., 142. Nancey Frankenberry, "The Emergent Paradigm and Divine Causation," *Process Studies*, 13 (1983), 201-17, 204-5.

33) Clayton, *Mind and Emergence,* 146.

에 대한 과학적 연구는 신경과학과 같은 자연과학뿐만 아니라 심리학, 사회학, 문화인류학, 종교학 등의 사회과학을 포함해야 한다.[34]

Ⅳ. 창발을 넘어

1. 자연주의를 넘어 형이상학으로

클레이턴은 자연 세계가 다양한 차원들 안의 다양한 속성들과 인과율을 보여준다는 것, 그리고 매우 복잡한 신경 체계인 인간의 뇌로부터 창발하는 정신적 속성은 이와 같은 다양한 차원의 속성들의 한 사례로서 자체의 인과율을 지닌 강한 창발의 대표적 사례라는 것을 자연과학과의 대화와 현상학적 접근을 통해 보여주고자 한다. 그러나 그는 자연주의적 현상학에 머물지 않고 초월적 형이상학으로 나아간다.

클레이턴은 정신의 창발에 대한 이해를 위한 네 가지 형이상학적 틀 가운데 유신론적 창발론을 지지한다.[35] 그는 정신의 창발에 대한 자연

---

34) 자연과학과 사회과학의 관계에 대해서는 대립되는 입장들 사이의 논쟁의 결과(예를 들면 Comte의 실증주의적 자연과학과 Dilthey의 역사주의적 정신과학의 대립), 개인적 또는 사회적 행동에 대한 "인격에 기초한" 설명은 자연적 인과율에 기초한 설명과 구별된다는 것이 분명해졌다. Anthony Giddens는 사회과학의 특징을 "이중적 해석학"으로 표현했다. 그것은 인간의 행위에 대한 설명은 자연과학에서처럼 연구자 쪽에서의 해석을 포함한다는 것이며, 실험적 상황에 대한 탐구자의 해석은 그가 연구 상황에 응답하는 방식에 불가피한 영향을 준다는 것이다. Anthony Giddens, *New Rules of Sociological Method: A Positive Critique of Interpretive Sociologies* (London: Hutchinson, 1976).

35) Arthur Peacocke에 의하면, 하나님은 악곡의 개요를 만드는 작곡자다. 그러나 하나님은 실제적인 음악을 만드는 것은 살아 있는 생명체들에게 맡기신다. Arthur Peacocke, *Theology for a Scientific Age* (Minneapolis: Fortress Press, 1993). Philip Hefner는 인간을 하나님과 동역하는 "창조된 공동 창조자"(created co-creators)로 묘사한다.

주의적 설명[36]이 과연 형이상학적으로 우월한 입장인지에 대해서 의문을 제기한다. 우리는 인과적 역학의 관점에서 현상을 설명하기 위한 최선의 노력을 해야 한다. 그러나 인과적 역학이 경험된 자료를 적절하게 설명하지 못할 때, 우리는 인과적 역학의 관점에서의 설명의 한계를 인정하고 그 한계에 대한 가장 합리적인 설명을 해야 한다. 여기서 과학과 종교의 문제가 출현한다. 클레이턴에 의하면, 창발은 우리가 과학적으로 아는 것과 알지 못하는 것 둘 다에 관한 명제다. 강한 창발론은 자연 세계 안에 있는 다원적인 차원의 패턴들과 인과성들이 있으며 그것들은 각기 그 차원에 적합한 과학적 탐구를 필요로 한다는 사실을 인식한다. 이것은 그 모든 차원들이 물리학의 차원으로 환원될 수 없다는 것을 함축한다. 물리학은 더 높은 차원의 과학들을 제약할 수는 있지만 대체할 수는 없다. 클레이턴은 자연 세계 안의 다원적인 비환원론적 차원들의 실재와 특히 정

Philip Hefner, *The Human Factor: Evolution, Culture, and Religion* (Minneapolis: Fortress Press, 1993). Whitehead와 과정신학자들은 "신적 유인"(divine lure) 개념과 더불어 하나님과 세계의 상호적 모델을 제시한다. A. N. Whitehead, *Precess and Reality* (New York: Free Press, 1975); Lewis Ford, *The Lure of God: A Biblical Background for Process Theism* (Philadelphia: Fortress Press, 1978).

36) 그가 소개하는 자연주의적 설명은 다음 세 가지다. ① 세계의 본성이 근본적으로 물리적이며 인간은 물리적인 과정의 산물이라고 보는 물리주의, ② 강한 창발로서의 정신적 인과율을 긍정하지만 이것을 하나님의 창조적 의도에 의한 것이 아니라 단지 진화의 우연적 과정에 의한 것으로 보는 우연적 창발론, ③ 우주의 법칙과 상수, 지구의 조건 등이 지성적 존재의 출현을 가져올 수밖에 없다고 주장하는 자연주의적인 필연적 창발론. 또한 그는 자연주의적 설명이 선호되는 이유를 세 가지로 소개한다. ① 과학이 가장 정당한 지식의 형태를 제공한다. ② 정신적 속성을 자연 세계의 특성으로 보는 것이 그것을 정신적 주체나 영혼의 실제적 존재의 표징으로 보는 것보다 손쉽다. 자연주의적 설명이 이원론적 설명보다 과학적 증거와 더 잘 부합한다. ③ 형이상학적 자연주의가 선호될 수도 있다. 형이상학적 자연주의란 자연 세계 자체 또는 그 안의 행동 주체들의 특성이 아닌 다른 사물, 특성, 원인은 없다는 견해다. 이 견해는 이원론처럼 자연적 대상과 다른 종류의 사물에 대한 지식을 요구하지 않기 때문에 인식론적으로 별 문제를 초래하지 않는다. Clayton, *Mind and Emergence*, 159-65.

신의 창발 현상에서 자연주의적 설명의 한계를[37] 인식하고, 정신 현상이 초월적 정신의 맥락 안에서 더 잘 설명될 수 있다고 주장한다.

자연주의의 한계를 극복하기 위한 클레이턴의 형이상학적 논증은 네 단계로 이루어진다.[38] 첫 번째 단계에서는 물리주의가 강한 창발현상과 조화되지 않음이 발견된다. 왜냐하면 물리주의는 물리적 법칙과 힘의 총합을 넘어서는 창발적 속성인 정신의 인과율을 인정하지 않기 때문이다. 물리주의는 자연주의와 과학적 연구의 영역에 머물러 있기 때문에 정신적 상태가 발휘하는 인과적 힘을 설명하기에 부적합하다.

두 번째 단계에서는 정신적 상태와 인과율이 정신적 행위 주체의 활동으로 이해된다. 이것은 비자연주의적인 논증이 아니다. 왜냐하면 정신적 행위 주체의 창발은 진화의 역사에 대한 자연주의적 연구의 핵심이기 때문이다. 그러나 과학적 자연주의는 정신적 행위 주체를 개념화하기에 부적합하다(이와 달리 사회과학 이론은 인격적 행위 주체의 관점에서 말한다).

세 번째 단계는 행위 주체가 가지는 믿음의 내용과 관계된다. 이성적 추론의 행위 주체로서 우리는 우리의 믿음과 (믿음의 대상인) 외부 세계가 서로 상응한다고 전제한다. 토마스 나겔은 우리가 이성적 추론자라면 우리의 인식적 성향과 우리의 외부 세계 사이에는 궁극적인 상응이 있음을

37) Clayton은 자연주의 설명이 미해결로 남겨놓은 것으로 네 가지를 소개한다. ① 존재의 이유에 관한 물음이다. 어떤 것이 존재하기 위해서는 왜 그것이 부재하지 않고 존재하는지에 대한 이유가 있어야 한다(Leibniz). ② 순수하게 자연주의적인 존재론에서 어떻게 윤리적 의무나 추구가 유의미할 수 있는가 하는 것이다. '있음'(is)으로부터 '당위성'(ought)을 이끌어내는 것은 유전학적 오류다. 의무감은 자연주의적 설명으로부터는 도출될 수 없다. ③ 초자연적 존재나 힘에 대한 종교적 경험이다. 종교 전통에 축적된 종교적 경험의 사례들은 자연주의의 한계에 도전한다. ④ 의미의 문제다. 인간은 의미의 물음, 불멸성에 대한 갈망, 하나님에 대한 물음에 사로잡혀 있다. 이 사실은 자연주의적 설명에 의해 해명될 수 없는 그 무엇이 우리의 본성에 있다는 것을 함축한다. Ibid., 172-74.

38) Ibid., 174-79.

전제해야 한다고 주장한다. 세계는 본성적으로 합리적이며 따라서 본성상 인간의 이성에 의해 알려질 수 있다는 가설은 "인간 행위 주체"의 차원을 넘어서는 것이다.[39] 그러나 나겔의 합리주의는 여기까지다. 그는 결국 불가지론적 합리주의자로 남는다. 왜냐하면 그는 "이성은 자연의 심층적 진리와 인간 정신의 심층 사이의 자연적 공감에 대하여 설명할 수 없다"고 생각하기 때문이다.[40]

그러나 클레이턴은 나겔이 말하는 "자연적 공감"의 이유가 설명되어야 한다고 주장한다. 세계가 합리적인 유일한 이유는 세계가 합리적이 되도록 만들어졌기 때문이다. "세계는 의도적 행위 주체에 의해 그러한 방식으로 디자인되었다."[41] 이 설명과 더불어 네 번째 단계의 논증이 전개된다. 클레이턴은 알빈 플란팅가의 견해를 소개한다. 플란팅가에 따르면, 진화가 하나님에 의해 인도되고 조정됨을 믿는 유신론자만이 그 자신의 믿음이 참된 이유를 설명할 수 있다. 왜냐하면 그만이 합리주의의 전제를 정당화할 수 있기 때문이다.[42] 클레이턴은 이와 같은 플란팅가의 유신론적 설명을 지지한다. 그러나 그는 유신론으로 나아가기 위해서는 대가를 치러야 한다고 강조한다. 유신론적 설명은 자연주의적인 인식론적 전제들을 무시해서는 안 된다. 유신론자의 이성적 추론은 자연 세계에 의해 제공되어 널리 알려진 제약들과 결정 기제들을 조심스럽게 넘어가야 한다.

---

39) Nagel은 진화적 자연주의의 불충분성을 강조한다. 세포, 눈, 뇌 등은 진화적 과정의 부산물로 적절히 설명될 수 있지만 이성은 이와 같은 식으로 설명될 수 없다. 이성은 "명제들 간의 논리적 관계들"로 이루어지는 객관적 질서가 있어야만 의미가 있다. 만일 단지 자연적 인과성만 있다면 그러한 질서는 존재하지 않는다. Thomas Nagel, *The Last Word* (New York: Oxford University Press, 1997), 129.

40) Ibid., 130.

41) Clayton, *Mind and Emergence,* 178-79.

42) Alvin Plantinga, *Warrant and Proper Function* (New York: Oxford University Press, 1993). 12장.

2. 창발을 넘어 유신론으로

이제 클레이턴은 초월적 정신, 즉 신적 주체성에 관심을 돌린다. 이에 대해서는 두 가지 견해가 있다 첫 번째는 신성이 자연의 역사 과정에서 창발했다는 창발론적 유신론이다. 창발론적 유신론에 있어서 신성은 우주의 또 하나의 창발적 속성으로서, 우주가 복잡성의 단계에 도달함에 따라 점진적으로 나타난다. 두 번째는 신성을 자연-초월적 근거로 이해한다. 여기서 신적 정신은 우주의 실존을 초월하거나 선행하기 때문에 창발의 틀은 깨진다.[43] 물론 클레이턴은 두 번째 견해를 취한다. 그는 인간 실존의 모든 물음을 과학적 설명으로 환원할 수 없으며, 과학적 권위에 종속되지 않는 다른 종류의 설명이 허용되어야 한다고 주장한다. 유신론은 우주를 선행하며 우주의 법칙과 초기 조건을 창조한 존재에 관해 설명한다. 이 설명은 경험론적으로 직접 평가될 수는 없지만 자의적이거나 비합리적이지 않은 다른 평가 모델을 필요로 한다. 생식(세포), 삶(유기체), 사고(정신)와의 유비에 기초해서 신성을 이해하는 형이상학적 자연주의는 최상의 설명이 아니다. 단지 경험론적 세계에 근거한 존재론은 극복되어야 한다. "우리는 초인격적 정신(영 또는 신성)을 단지 자연 세계의 창발적 속성이 아니라 또한 스스로 자신의 행위의 원천인 존재로 이해해야 한다."[44] 신적 실재는 우주를 자신 안에 포괄함에도 불구하고 우주를 초월한다. 이와 같은 클레이턴의 견해는 하나님의 초월성과 내재성을 함께 강조하는 만유재신론적 신관을 잘 보여준다.

---

43) 물론 과정신학처럼 신적 경험의 응답적 본성이 강조됨으로써 신의 창발적 속성이 긍정될 수도 있다. 그러나 정신의 어느 측면이 우주를 선행하거나 우주에 의존하지 않는다면 그것은 창발론적 정신 이론이라고 할 수 없다.

44) Clayton, *Mind and Emergence,* 182.

클레이턴은 신적 정신이 인간의 정신과는 근본적으로 다른 초경험적·초월적 행위 주체이지만 이 두 행위 주체 사이에는 "최소한의 유비"가 있다고 본다.[45] "비록 두 행위 주체의 유형이 매우 다름에도 불구하고, 행위 주체의 공유된 속성으로 인하여 둘 사이에는 모종의 유비가 있어야 한다. 그렇지 않으면 하나님을 행위 주체로 말하는 것은 완전히 모호성에 빠질 것이다."[46] 유신론자들은 전통적으로 "하나님의 형상"(*imago Dei*) 개념으로 신적 정신(영)으로서의 하나님과 인간 정신 사이의 유비를 말해왔다. 그러나 유신론의 관점에서 이원론적 요소는 불가피하다. 신적 정신은 자연 세계로부터 창발하지 않는다. 경험적 세계 안의 모든 정신적 현상은 생물학적 기본 물질에 의존하지만 신적 정신은 그렇지 않다. 유신론은 우주를 설명하기 위한 포괄적인 틀을 제공한다. 하나님은 우주의 근원과 궁극적 완성, 알파와 오메가, 우주의 기저를 이루며 지탱하는 힘과 현존으로서, 자연 질서와 본질적으로 구별된다. 따라서 신적 정신과 자연 세계의 관계는 인간 정신과 자연 세계의 관계와 근본적으로 다르다.

창발론은 빅뱅과 근본적인 물리적 법칙으로부터 생물학적 진화의 과정을 거쳐 정신과 문화의 창발까지 나아간다. 그리고 유신론적 창발론자는 인간의 사고와 행동이 자연법칙의 관점에서는 낯선 모종의 속성과 믿음으로 우리를 이끈다고 논증한다. 이 속성을 설명하고 믿음의 진리를 평가하는 것은 자연과학과 창발론의 범주를 넘어선다. 클레이턴의 유신론적 설명의 결론은 "진화적 과정을 선행하는 한 의식적인 의도적 존재 또는 힘과 그의 창조적 의도가 (간접적인 방식으로) 지성적 생명의 창발을 가

---

45) 정신이 물리학적·생물학적 법칙을 깨뜨릴 수 없지만 그 제약 안에서도 정신적 삶을 위한 충분한 여지가 존재하는 것처럼, 형이상학도 과학의 결과에 의해 제약을 받음에도 불구하고 이러한 한계 안에서 다수의 형이상학적 답변이 주어질 수 있다. Ibid., 180.

46) Ibid., 183.

져왔다"[47]는 것이다. 그러면 창발적 정신, 즉 인간 주체와 신적 주체의 관계는 어떻게 이해되어야 할까? 클레이턴은 인간의 정신 활동이 새로운 비물리적 에너지를 우주 안으로 도입하는 것으로 간주하며 인간 주체와 신적 주체의 유사성을 강조하는 이원론적 정신-몸 관계 모델을 거절하고, 정신적 에너지를 생화학적 에너지의 변환으로 간주하며 정신과 몸 그리고 다른 자연적 과정 사이의 연속성과 아울러 인간 주체와 신적 주체의 존재론적 거리를 강조하는 이원론적 유신론 모델을 채택한다.[48] 그는 이 모델이 인간의 정신을 신경과학적으로 이해할 수 있게 해줌과 동시에 물리적 세계의 실존에 의존하지 않는 하나님의 실존을 긍정할 수 있게 해준다고 본다.[49]

클레이턴은 이처럼 창발론과 결합된 이원론적 유신론의 관점에서 세계 안에서의 하나님의 행동을 설명한다. 과학과 충돌하는 물리적 기적은 오늘날 더 이상 가능해 보이지 않는다. 그러한 충돌을 일으키지 않는 하나님의 인과적 행동은 양자 차원(존재론적 비결정성)에서 가능하다. 이 차원에서 하나님은 전체적인 확률을 유지하면서도 특정한 파동함수(wave function)의 붕괴에 영향을 줄 수 있다. 여기서 아무런 법칙도 깨어지지 않는다. 그러나 클레이턴은 이 설명의 문제점을 세 가지로 지적한다.[50] 첫째, 우리는 하나님이 실제로 양자 차원에 개입해서 세계에 영향을 준다는 증거를 갖고 있지 않다. 둘째, 우리는 하나님이 어떻게 양자 차원의 개입들을 증폭시켜 거시적 현실의 변화를 가져올 수 있는지를 설명할 수 없

47) Ibid., 184.

48) Christian de Duve, *Life Evolving: Molecules, Mind, and Meaning* (Oxford: Oxford University Press, 2002), 223-24.

49) Clayton, *Mind and Emergence,* 187.

50) Ibid., 188.

다. 셋째, 만일 인간의 정신이 법칙의 지배를 받지 않는다면, 하나님은 (그러한 방식으로는) 우리의 사고에 어느 정도 영향을 줄 수는 있어도 그 결과를 결정할 수는 없다. 따라서 클레이턴은 하나님의 행동을 양자 차원에서다 설명하는 것은 불가능하다고 본다.

한편, 인간의 사고와 행동의 차원에서는 그 어떤 법칙도 결단의 과정을 거치지 않고는 결정할 수 없다. 물론 뇌의 구조, 삶의 역사, 특수한 환경 등이 결과에 영향을 미칠 수 있다. 그러나 우리가 예측되는 것과 다르게 행동할지라도 아무런 자연법칙도 파괴되지 않는다. 정신의 인과율은 뇌를 구성하는 신경과학적 체계의 창발적 속성으로서 중앙신경체계와 상관관계에 있지만 신경과학 법칙에 의해 결정되지는 않는다. 사고는 물리적 법칙에 의해 결정되지 않고 높은 차원의 인과율에 열려 있다. 신적 인과율은 이 높은 차원의 인과율의 하나로 설명될 수 있다. 인간의 행동이 이미 비예측적이기 때문에 신적 영향이 다른 결과를 초래하더라도 결정의 조건은 파괴되지 않는다. 그러나 하나님은 창발적 존재가 아니기 때문에 창발적 정신(인간)의 인과율에 기초해서 신적 인과율을 설명하는 것은 한계가 있다. 즉 신적 인과율은 자연 체계의 결과가 아니기 때문에, 신적 인과율의 에너지는 우주의 다른 곳에 있는 에너지들을 변경하거나 조정해서 만들어지는 것이 아니다.

클레이턴은 하나님이 세계와 인간의 정신에 어떻게 영향을 미치는지에 관해 세 가지를 말한다.[51] 첫째, 창발 과학은 자연이 하향식 영향에 열려 있음을 보여준다. 밑바닥의 비결정성은 전체-부분 통제와 하향식 인과율을 허용한다. 그러나 아래로부터 목적론적인 지향성이 작용한다는 증거는 없다. 둘째, 하나님에 관한 정보가 전달되고 이해되는 차원은 의

51) Ibid., 191.

식적 정신의 차원이다. 셋째, 낮은 차원에서의 신적 개입은 불가지성의 문제에 직면한다. 통계적으로 매우 비확률적인 결과가 관찰되지 않는다면 우리는 신적 영향이 작용했다고 믿을 수 있는 이유를 갖지 못한다. 클레이턴에 따르면, 엄격한 법칙에 기초한 물리학적 인과율에서와 달리 인간의 사고와 행위에 대한 설명은 목적, 의도, 이유를 요구한다. 따라서 하나님의 사고 및 행위와 인간의 사고 및 행위 사이에는 "유형-유형" 상응이 가능하다.

3. 하나님의 행동과 인간 인격

하나님은 인간과의 관계에서 어떻게 행동하시는가? 클레이턴은 하나님의 기적적인 개입 개념은 더 이상 세계 안에서 하나님의 행동에 대한 신뢰할 만한 상을 제공해주지 못한다고 본다. 반대로 그는 순수한 관념적 사고의 차원에서만 하나님의 인과적 행동이 가능하다는 탈육체적인 견해에도 동의하지 않는다. 또한 그는 사고와 뇌의 상태를 일대일로 연결시키는 것은 불가능하다고 본다. 인간 삶의 의미를 신경과학적으로 설명하거나 의미를 구성하는 다양한 요소들을 특정한 뇌의 상태로 설명하는 것은 불가능하다. 따라서 그는 하나님의 행동을 뇌의 상태를 조작함으로써 상향식으로 사고를 산출하는 것으로 보는 견해도 받아들이지 않는다.

클레이턴은 하나님의 행동의 자리가 통전적인 인간 실존 전체여야 한다고 주장한다. 하나님의 행동은 인간의 "인격 자체(또는 전체)의 창발적 차원"에서 생각되어야 한다. 인격은 단지 사고와 뇌 상태의 관계뿐만 아니라 광범위한 사회 문화적 상황을 포함하기 때문에, 인간의 통합된 인격을 설명하기 위해서는 신경생리학뿐만 아니라 심리학, 사회학, 인류학, 역사학, 예술, 윤리학 등의 인문과학이 요구된다. "우리는 그것(인격)을 자신의 몸, 환경, 다른 사람들, 그리고 사회, 문화, 역사, 종교적 상황에 대한 해석을 포함하는 정신적 상태 전체와 인격 사이에 수립되는 통합의 상태에서 창발하는 차원으로 정의할 수 있다."[52] 따라서 클레이턴에게 인격은 정신적 인과율보다 한 차원 더 높고 광범위한 창발적 실재를 가리킨다. 정신적 인과율이 특정한 뇌 상태와 밀접하게 관계된다면 인격 자체의 의도는 개별적인 정신적 인과성에 의존한다. 나아가 인격 차원의 의도는 특수한 관념과 특수한 뇌 상태의 관계를 포함할 뿐만 아니라 많은 다른 관념들, 다른 사람들, 문화와 역사, 하나님과의 관계 등을 포함한다.

클레이턴에 따르면, 통합적 인격은 고차원의 정서적 상태(조화, 행복, 불화 등의 감정)와 아울러 윤리적 차원을 포함한다. 이타주의적 행동과 같은 인간의 윤리적 행동은 진화심리학자들의 주장처럼 혈연선택이나 미래적 상호호혜에 대한 희망과 같은 생물학적 가치로 환원될 수 없다. 윤리적 욕구는 사회적 이익이나 도태 압력으로 설명될 수 없는 하나의 인과적 힘 또는 동기다. "통합적 자아 또는 인격"은 이 모든 요소들로 구성된다.[53] 클레이턴의 논증의 핵심은 "통합된 자아" 또는 "공동체 안의 정신-물리적 행위 주체"로서의 인간 인격에 의해 하나님의 행동을 위한 적절한 차원이 제공된다는 것이다.[54] 이 차원에서 비로소 하나님의 하향식 인과율이 작동될 수 있다. 이것은 하나님의 행동이 물리적 소립자나 향정신성 신경전

---

52) Ibid., 196.

53) 자아의 구성에 있어 이원론적으로 분리된 별개의 실체인 영혼을 상정하는 것은 불필요하다. 하나의 "물질"이 광범위하게 다양한 형태들을 취하고 창발적 속성을 나타내기 때문에(창발론적 일원론), 인격은 어떤 특수한 정신적 "사물"로 여겨질 필요가 없는 자연 세계의 창발적 특성이다. 모든 상태들이 특수한 물질의 직접적 현현이라고 결론을 내려서는 안 된다. Christian de Duve에 따르면, 물질(vital dust)의 창발적 역사는 다음과 같다. 중력 인력, 양자 얽힘, 생식, 자발적 행동, 의식적 인식, 도덕적 노력, 의미 추구. Ibid., 197. Duve, *Vital Dust: Life as a Cosmic Imperative* (New York: Basic Books, 1995).

54) Clayton, *Mind and Emergence,* 198.

달물질에 대한 조작으로 환원되지 않음을 의미한다. 인격 차원에서의 신적 영향만이 다른 사람들과의 관계의식, 고차원의 정서적 상태, 윤리적 노력, 실존의 의미 추구와 같은 (종교적으로 중요한) 차원들에 영향을 줄 수 있다.

그러나 클레이턴은 어떻게 하나님이 인격 자체에 영향을 주시는지 구체적으로 설명할 수 없음을 인정한다. 인간의 정신적 또는 정서적 상태에 대한 모든 자연적 영향은 모종의 물리적 입력에 의해 매개된다(적어도 이것은 과학의 핵심 전제다). 그러나 하나님의 영향은 이와 같은 방식으로 매개되지 않는다. 따라서 신적 영향은 다른 영향들과 유비적이지 않다. 그럼에도 그는 신적 영향이 정신과 창발에 관해 과학이 알려주는 모든 것을 거부하거나 무시하지 않으며, 통합된 인격의 차원에서 작용하는 신적 인과율이 인격을 통하여 구체적인 정신적·육체적·물리적 과정에 영향을 미친다고 주장한다.[55]

V. 결론

클레이턴은 이원론 특히 실체론적인 영혼 이해는 오늘날의 과학과 심각한 긴장 관계에 있으며 물리주의는 1인칭적 경험을 제대로 설명할 수 없다고 본다. 그는 전자에 반대하여 일원론을, 후자에 반대하여 창발론을 주장한다. 따라서 그의 입장은 "창발론적 일원론"이다. 하나의 "물질"(stuff)이 창발을 통해 물질주의자들이 생각했던 것보다 훨씬 더 다양한 인과적 역할을 수행한다. 클레이턴에게 창발은 단지 전체-부분 통제

55) Ibid., 199.

로서의 약한 창발이 아니라 하향식 인과율을 발휘하는 새로운 실재의 창발 즉 강한 창발로서 계층 질서의 각 차원에서 가족 유사성을 가지고 거듭 일어나기 때문에, 그의 창발론은 "다원론적 창발론" 또는 "창발론적 다원론"이라고 불릴 수 있다.

클레이턴의 창발론은 인간 정신 그리고 통합적 인격의 창발에서 정점에 이른다. 그러나 그는 이 정점에서 과학적 자연주의의 한계를 지적하며 창발론으로부터 형이상학적 유신론으로 나아간다. 그는 초월적인 신적 영향이 의미의 계층 질서에서 가장 높은 "궁극적 의미"의 물음을 위해 요구되며, 따라서 경험론적 언어나 과학적 이론에 종속되지 않는 초월의 언어와 형이상학적 이론이 요청된다고 주장한다. 그의 사상은 자연주의적 창발론과 형이상학적 유신론을 통합하고자 한다는 의미에서 "유신론적 창발론"이라고 명명될 수 있다. 그는 일종의 우주론적 논증을 통해 이원론적 유신론의 관점에서 초월적 정신 또는 행위 주체로서의 하나님을 상정하며, 통합적인 인간 인격과의 관계에서의 하나님의 행동에 대하여 설명한다. 그는 인간 정신보다 더 포괄적이며 창발적 차원인 "통합적 인격"이 바로 하나님의 인과적 영향력이 직접적으로 그러나 비개입주의적으로 주어지는 자리라고 주장한다.

클레이턴은 자신에게 제기될 수 있는 물음들에 답변한다. 첫 번째는 물리주의 과학자의 비판으로서 통합적 자아와 같은 무형의 것에 어떻게 인과적 역할을 부여할 수 있는가 하는 것이다. 이에 대하여 클레이턴은 이 자아는 고유한 존재론적 실체가 아니라, 특수한 자극에 응답함에 있어서 모종의 방식으로 행동하거나 특수하게 사고 또는 경험하는 "성향"(disposition)으로 이해되는 것이 좋다고 말한다.[56] 그에게 성향은 형이

56) Ibid., 199-200.

상학적 개념, 고차원의 정서, 윤리적 의무감, 인격적 통합의 요청, 의미의 추구 등을 포괄하는 종교적 경험을 표현하는 광범위한 개념이다. 클레이턴의 이 "성향"은 포괄적인 의미의 전인격적 "영성"과 동일한 개념이라고 할 수 있다. 즉 그가 말하는 통합적 인격은 영성과 등가적이다. 그러나 정신적 자아와 통합적 인격을 구별하기보다는 전자의 의미를 확장해서 후자와 동일한 의미로 사용하는 것이 더 좋을 것이다.

두 번째 질문은 이것이다. 만일 하나님이 정신적 인과율을 가진 복잡한 유기체가 나타나기 전에는 세계에 영향을 주지 않는다면 어떻게 하나님이 정신적 행위 주체의 창발에 대하여 인과적으로 책임이 있다고 이해될 수 있는가? 이에 대하여 클레이턴은 지능적 생명체의 출현이 높은 진화적 개연성을 갖는다면, 하나님은 이 지능적 생명체의 출현에 대한 의도를 가지고 자연의 과정을 시작하셨을 것이라고 대답한다. 그는 생물학적 진화의 과정에서 하나님의 인과적 영향이 자발성을 가진 포유류나 동물에게 가능했을 것으로 본다. 그러나 그는 하나님이 우주의 물리적 진화에 영향을 주거나 생화학적 차원에서 진화를 인도함으로써 인간을 출현케 하신다는 견해는 강한 물리적 기적 개념을 인정하는 것이기 때문에 수용하지 않는다.[57] 그에 따르면, "하나님이 빅뱅 이후 우주 안에서 어떤 일을 하고자 하신다면 과학의 책임 영역 안으로 침입(encroach)하셔야 할 것이다."[58]

이와 같은 클레이턴의 사고에는 비자발적인 무생물 및 하등생물에 대한 하나님의 행동과 자발적인 고등생물(영장류)에 대한 하나님의 행동 사이에 불연속성이 보인다. 왜냐하면 하나님의 직접적인 인과적 행동은 후자의 경우에만 가능하다고 주장되기 때문이다. 그의 하나님은 창조 이후

57) Ibid., 200.
58) Ibid., 185.

인격 차원 아래의 물리적 세계 안에서 행동하는 것이 불가능하기 때문에 세계 안에서 행동하시기 위해 영장류가 출현(창발)하기까지 수십 억 년을 기다려야 하셨다.[59] 그는 하나님이 양자의 비결정성의 영역 안에서 행동하신다는 견해도, 하나님이 인간의 정신 안에 직접적인 방식으로 생각을 전달하신다는 견해도 받아들이지 않는다.[60]

세 번째 비판은 클레이턴이 말하는 하나님의 행동이 신적 계시라고 할 수 있을 만큼 충분히 구체적인가 하는 것이다. 즉 아무런 내용을 전달하지 못하는 그러한 영향이 무슨 실제적인 도움이 될 것인가 하는 것이다. 이에 대하여 클레이턴은 하나님의 의사소통의 양태와 구체성에 대한 재평가가 필요하다고 말한다. 한편, 그는 직접적이고 구두적인 의사소통 방식을 받아들이지 않는다. 우리는 인간에 대한 하나님의 의사소통을 특수한 명제적 언명에 의한 것으로 이해해서는 안 된다. 클레이턴은 세 가지 이유를 든다.[61] 첫째, 그것은 음파를 직접 만들어 내거나 뇌 안에 있는 수십억 개의 신경접합부(시냅스)의 전기화학적 균형을 직접 변화시키는 것과 같은 물리적인 기적을 필요로 하기 때문이다. 둘째, 그것은 하나님이 명제적 발화(發話)를 통해 예고함으로써 사전에 방지할 수 있었는데도

59) 이러한 비판에 대해서는 *Scottish Journal of Theology* 62. 1 (Feb 2009), 123-27에 실린 William Hasker의 서평, 특히 126-27을 참고하라.

60) Clayton, *Mind and Emergence,* 198. Whitehead의 범심론(panpsychism)에서는 이러한 불연속성이 나타나지 않는다. 범경험주의 철학에서 신적 유인은 모든 차원(원자로부터 인간에 이르는)의 실재에 대하여 원초적 목적(initial aim)의 형태로 직접적으로 주어진다. 물론 신적 유인을 받아들이는 자발성의 정도는 각 차원마다 그리고 각 개체("사회")마다 매우 다양하다. 그리고 이 유인을 받아들이는 정도에 따라 물질성과 정신성이 결정된다. 이러한 사고를 따른다면 하나님이 태초부터 지금까지 인과적 영향을 통해 우주 전체의 진화 과정을 인도하여 인간의 출현을 가져왔으며 궁극적으로 우주를 종말론적인 완성으로 이끄실 것이라고 말하는 것은 이상한 것이 아니다.

61) Ibid., 201-2.

그렇게 하시지 않음으로써 발생하는 모든 고통과 악의 사건들에 대한 책임을 하나님께 돌아가게 만들기 때문이다. 셋째, 그것은 종교적 삶의 본유적 요소들인 정서적·윤리적·통전적 차원들을 무시하는 것이기 때문이다. 그러나 두 번째 비판의 경우에서 물리적 차원에서의 하나님의 행동이 인정된다면 이러한 클레이턴의 대답은 상당 부분 설득력을 잃게 된다. 즉 하나님은 보다 구체적인 방식으로 자신의 생각을 인간의 정신에 전달하실 수 있게 된다.[62]

클레이턴의 창발론적 인간 이해에 대한 논란의 근원은 약한 창발과 구별되는 그의 강한 창발 개념에 있다. 그에 따르면, 조직체의 높은 차원에서 창발된 새로운 속성이 낮은 차원에 인과적 영향력을 발휘하지 못하는 약한 창발(부수현상설)과 달리, 강한 창발에서는 창발된 새로운 속성이 낮은 차원에 하향식 인과율을 발휘한다. 그런데 그는 로저 스페리의 말을 인용하여 높은 차원의 하향식 인과율이 낮은 차원의 인과율에 "지장을 주거나 개입하지" 않는다고 말한다.[63] 만일 강한 창발에서 낮은 차원의 인과율이 그대로 유지된다면 하향식 인과율은 어떻게 가능한가? 그리고 강한 창발은 약한 창발과 어떻게 구별되는가? 낮은 차원의 법칙이 예외 없이 유지되는 한, 정신이 뇌의 신경 체계에 어떻게 하향식 인과율을 발휘할 수 있는지 이해하기 어렵다.[64]

클레이턴의 창발론적 인간 이해에 대한 보다 강한 비판은 물리주의로부터가 아니라 실체론적인 영혼의 창조설을 고수하는 전통적 신학으로부

---

62) 물론 Clayton은 모종의 의사소통이 실제로 이루어지려면 하나님의 입력이 전적으로 비명제적인 것이 되어서는 안 된다고 생각한다. 하나님은 인격 이상의 존재로서 명제적 발화 이상의 방식으로 의사소통하신다. 즉 하나님은 각 사람에게 고도로 차별화된 응답과 유인을 하실 수 있다. 이러한 그의 생각 특히 그의 "유인" 개념의 사용은 whitehead적이다.

63) Ibid., 139.

64) 아마도 이러한 이유로 Clayton은 과학의 한계를 강조하는지도 모른다. Ibid., 181.

터 제기될 수 있다.[65] 창조설에 따르면, 인간의 생식세포가 결합되는 순간 하나님이 영혼을 부모로부터 물려받은 육체적 물질 속으로 삽입한다. 그러나 이와 같은 창조설에서는 지성이나 정신적 경향의 특성들이 유전적으로 물려받은 것이라는 유전학적 발견이 무시된다. 따라서 창조설에 대한 대안으로 앤 M. 클리포드는 "발생설"(generationism)을 제안한다.[66] 발생설에 따르면, 호모 사피엔스 종의 구성원들은 자신들이 공유하고 있는 유전자적 유산을 물려준 공동의 부모로부터 나왔다. 정자와 난자의 결합에서 나온 것은 단순한 육체가 아니라 인간이다. 클리포드에 따르면 영혼이란 인간을 초월적 능력을 지닌 독특한 개인으로 만드는 요소들의 합성물에 대한 은유적 명칭이다. 영혼은 유전적 유산에 의해 영향을 받는 속성을 가리키지만 그것으로 환원되지는 않는다(서로 다른 개성을 가진 일란성 쌍둥이의 예). 영혼(아퀴나스의 "성찰적 지성")이란 개인의 창조성, 즉 상상력과 지성과 자유에 붙여진 이름이다. 그는 하나님의 형상이란 진화한 최초의 인간의 원시적 상태를 기술하는 것이 아니라 개인과 인간 공동체 전체가 향하도록 부름 받은 운명을 기술한다고 주장한다.[67] 클레이턴은 이원론적이고 실체론적인 영혼 개념을 거부하는 것이지, 클리포드가 말하는 의미의 영혼(성찰적 지성) 개념을 거부하는 것은 아닐 것이다. 클리포드가 말하는 영혼은 클레이턴이 말하는 창발적 정신과 다르지 않다.

---

65) 가톨릭교회의 교황 요한 바오로 2세는 1996년 10월의 칙서에서 생물학적 진화론을 과학적 사실로 인정함에도 불구하고, 인간은 다른 모든 생명체로부터 구별되는 존재론적 도약과 초월성을 지니며, 영혼은 하나님에 의해 직접 창조되었다는 창조설을 고수하였다. Ted Peters 엮음, 『과학과 종교: 새로운 공명』, 제9장 "진화와 살아계신 하나님"을 참고하라. 258-64.

66) Anne M. Clifford, C.S.J. "생물학적 진화와 인간의 영혼: 발생설을 위한 신학적 제안," Ted Peters 엮음, 『과학과 종교: 새로운 공명』, 290-95.

67) Ibid., 294.

그런데 강한 창발로서의 정신의 출현이 과연 일원론적인 존재론의 범주 안에서 다 설명될 수 있는지에 대해서는 의문이 제기될 수 있다. 만일 정신의 강한 창발에서의 비예측적 우연성이 충분히 크다면, 그것은 하나님의 비개입주의적인 그러나 직접적인 행동을 위한 여지가 그만큼 크다는 것을 의미한다. 정신의 창발을 위한 첨가적 요소가 있는가(이원론) 없는가(일원론) 하는 문제는 정신의 창발을 위한 하나님의 행동 자체의 여부에 비해 이차적인 문제이며, 경험과학적으로 입증도 반증도 할 수 없는 형이상학적 신념 또는 종교적 믿음의 문제로서 잘못 요구된 양자택일일 수 있다.

제11장

정신분석 이론과 종교 이해에 대한 신학적 고찰: 프로이트와 대상관계 이론을 중심으로

Ⅰ. 서론

신학과 다른 일반 학문들의 관계에서와 마찬가지로, 신학과 정신분석은 서로 혼동되거나 어느 하나가 다른 하나로 흡수 또는 환원되어서는 안 되며 적절한 구별이 이루어져야 한다. 이 두 분야는 각기 자신의 고유한 언어와 영역을 가지고 있다. 정신분석은 주로 경험론적 언어를 사용하는 반면, 신학은 궁극적으로 형이상학적 언어에 의존한다. 정신분석은 보이는 인간에 집중하는 반면, 신학의 핵심 주제는 보이지 않는 신적 존재다. 정신분석은 인간의 정신내면과 인간들 간의 상호인격적 관계를 다루는 반면, 신학은 하나님과의 관계 안에서 인간과 세계를 다루면서 동시에 인간과 세계와의 관계 안에서 하나님에 대하여 숙고한다.

그러나 이것은 정신분석과 신학이 이분법적으로 분리되어야 하는 것을 의미하지 않으며 그 둘이 상호배타적이거나 양립불가능하다는 것을 의미하는 것은 더욱 아니다. 이 두 분야는 상호보완적인 관계 안에서 서로 대화할 필요가 있으며 상호 대화를 통해 상이성 안의 유사성과 공명의 가능성을 추구할 수 있다. 이 글은 정신분석과 신학 사이의 상이성 안의 유사성과 공명의 가능성을 발견하기 위한 하나의 간학문적 대화다.

정신분석은 프로이트에 의해 창시된 정신의학으로서 오늘날에는 후기 프로이트 정신분석 이론인 대상관계 이론이 광범위한 지지와 영향력을 보여주고 있다.[1] 그러나 하나의 통일된 대상관계 이론이 확립되어 있는 것이 아니라 다양한 대상관계 이론들이 존재한다. 이 글에서는 프로이트와 몇몇 대표적인 대상관계 이론가들의 정신분석 이론과 종교 이해에 관해 비교·고찰하고자 한다.[2]

먼저 프로이트의 정신분석 이론과 대상관계 분석가들의 정신분석 이론을 차례로 고찰하고, 그 후에 이들의 종교 이해를 고찰할 것이다. 그리고 대상관계 이론과 임상 사례를 통해 치료적 전이와 종교적 역동, 정신분석 치료를 통한 자기의 변화와 하나님 이미지(관계)의 변화 사이의 유사성을 고찰할 것이다. 그리고 마지막으로 정신분석 이론과 임상 사례를 통해 나타난 주요 내용들, 즉 정신분석의 인간 이해, 전이 투사로서의 하나님 이해, 치료적 전이와 하나님 이미지 또는 하나님 관계 이해의 유사성, 공감적 이해를 통한 분석치료 등의 신학적 의미에 대하여 고찰할 것이다.

---

1) 대표적인 대상관계 이론가들로는 창시자인 Melanie Klein 외에, Margaret Mahler, W. Ronald D. Fairbairn, Donald W. Winnicott, Heinz Kohut, William Meissner, Hans Loewald 등이 있다.

2) 이 고찰을 위해서 James William Jones, *Contemporary Psychoanalysis and Religion* (New Haven: Yale University Press, 1991). 유영권 역, 『현대 정신분석학과 종교』 (서울: 한국심리치료연구소, 1999)가 주요 자료로 사용되었다.

Ⅱ. 프로이트의 정신분석 이론

프로이트의 정신분석 이론에서 가장 중요한 개념은 환자가 자신의 본능에 기초한 어린 시절의 소망, 두려움, 행위를 분석가에게 투사하는 "전이"(transference) 개념이라고 할 수 있다. 그는 "전이"를 이렇게 설명한다. "환자는 분석가에게서 자신의 유아기나 과거의 어떤 중요한 인물의 귀환(환생, reincarnation)을 본다. 그리고 이 모델에게 적용되었던 감정과 반응을 분석가에게 전이시킨다." 따라서 "환자가 거듭하여 새로운 실제적 삶으로 여기는 것은 실상 과거의 반영물(reflection)이다."[3]

프로이트의 전이 개념은 두 가지 요소로 구성된다. 첫째는 "반복" 현상이다. 우리의 가장 이른 시기의 (주로 부모와의) 관계가 이후의 모든 상호작용을 위한 주형(鑄型)을 형성한다. 현재는 과거를 반복한다. 우리는 부모의 주형에 맞는 사람들과 관계하려고 하거나, 우리가 관계하는 사람이 그 주형에 맞지 않을 때에는 그 사람을 억지로 그 주형에 맞추려고 한다. 분석가와의 관계에서 환자가 나타내는 전이(반복)에는 환자의 신경증적 감정, 소망, 욕망 등이 분명하게 드러난다. 현재 행위의 의미가 과거의 반복 또는 재생에 있으므로 전이에 대한 해석은 현재 분석가와의 관계 맺는 방식에 대한 과거 유아기의 뿌리를 밝혀내는 작업이다.

전이를 구성하는 두 번째 요소는 "본능의 수위성"(首位性, primacy)이다. 인간 행위의 기본 동기는 생물학적 충동이다. 정신병리는 본능과 본능에 의해 산출되는 환상(fantasy)과 소망을 억압하고 그것들을 무의식 안에 가두어두기 위한 방어기제[4]를 사용함으로써 초래된다. 신경증적 행위는 이러한

---

3) Sigmund Freud, *An Outline of Psychoanalysis* (New York: Norton, [1940] 1948), 68-69. 박성수, 한승완 공역, 『정신분석학 개요』 (파주: 열린책들, 2003).

4) 이러한 방어기제에는 감정의 부인 및 다른 사람에게의 투사, 감정의 지나친 통제 등이 있다.

방어적 행위와 억압된 본능의 에너지에 의해 생겨난다. 유기체의 생물학적 본성에 근거한 본능적 욕구는 끊임없이 충족과 방출을 추구한다. 전이가 과거를 반복하는 이유는 유아기가 원형적인 힘을 갖고 있기 때문이며, 또한 본능에 의해 추동(推動)되는 패턴들이 반복될 수밖에 없기 때문이다. 그러므로 프로이트의 전이 개념은 한 마디로 "본능적으로 추동되는 반복"이라고 할 수 있다. 프로이트는 억압이 아니라 이성적 자기 통제를 통해서 본능의 리비도적 에너지를 승화시켜야 한다고 주장했다. "이드(id)가 있는 곳에 자아(ego)도 있게 하라"는 그의 말은 이러한 맥락에서 나온 말이다.[5]

프로이트 학파의 분석가들은 프로이트를 따라 전이의 본능적 토대를 강조한다. 그린슨에 따르면, 전이에 표현되는 환상(fantasy), 소망, 충동은 "전이현상의 기본적인 동기인 본능의 좌절과 만족의 추구"에 뿌리를 두고 있다.[6] 전이는 유아기의 생각과 감정으로의 퇴행이자 현재에 과거를 주입시키는 부적절한 행위로서 정신분석의 핵심이다. 또한 이 분석가들은 전이를 조작하거나 환자를 만족시키려는 그 어떤 시도도 분석의 객관성과 치료에 대한 위협으로 간주하며 따라서 전이를 보호하기 위한 분석가의 철저한 중립성, 익명성, 분리를 강조한다. 왜냐하면 진정한 치료는 본능적 힘으로서 무의식 안에 억압되어 있는 환상과 소망이 중립적 환경 안에서 아무런 방해를 받지 않고 표현되고 의식화되는 전이 과정을 요구하기 때문이다.

프로이트의 정신병리학 이론은 정신내면적(intrapsychic)이다. 즉 그는 신경증이 본능의 본유적인 갈등으로부터 발생한다고 본다. 여기서 개인과 개인의 고통은 구체적인 상호인격적 맥락으로부터 분리되어 있다. 문

---

5) Freud, *The Future of an Illusion* (New York: Doubleday, Anchor, [1927] 1964).

6) Ralph R. Greenson, *The Technique and Practice of Psychoanalysis*, vol. 1 (New York: International Universities Press, 1967), 177. 이만홍 외 역, 『정통 정신분석의 기법과 실제』, 제1권 (서울: 하나의학사, 2001).

화는 초자아의 형태로 인격의 한 측면을 구성하지만 이성적 자아가 본능을 지배함에 따라 점차 약해질 수밖에 없다. 프로이트와 달리, 오늘날의 정신분석학자들은 자기 충족적인 본능 체계로서의 개인이 아니라 상호인격적 경험과 더불어 시작한다. 이들은 인격과 정신병리가 억압된 생물학적 또는 정신적 에너지로 인한 갈등으로부터 발생하기보다는 상호작용의 왜곡으로부터 발생한다고 본다. 따라서 이들은 정신분석의 초점을 고립된 개인이 아니라 인격 상호간의 작용에 맞춘다. 자기(self)는 내면화된 상호인격적 관계들의 패턴으로부터 형성되는 것으로 간주된다. 자기의 형성과 정신병리에서 상호인격적 차원의 중요성을 강조하는 정신분석 이론은 일반적으로 대상관계 이론이라고 불린다.

Ⅲ. 대상관계 분석가들의 정신분석 이론

페어베언(Fairbairn)은 충동의 만족이 아니라 대상과의 관계가 리비도적 투쟁의 궁극적인 목적이라고 주장했다. 프로이트에게 생물학적 추동(推動, drive)의 주된 동기는 단지 억압된 긴장의 방출인 반면, 페어베언에게 인간의 주된 동기는 바로 대상과 관계 맺음이다. 우리의 주된 동기는 대상관계를 수립하는 것이며, 우리의 인격은 이 관계의 내면화를 통하여 구성된다. 인격을 이해한다는 것은 외적 대상관계가 내적 인격구조가 되는 과정을 이해하는 것이다. 한 개인을 이해한다는 것은 그의 내적 대상관계의 세계를 이해하는 것이다.

페어베언에 의하면, 관계의 내면화를 통한 인격의 형성 과정은 본래 방어적인 것이다. 우리의 경험의 대상들이 고통스럽기 때문에 우리는 "그것들을 통제하기 위한 노력으로 그것들을 내면화하게 된다." 그러나 이 방어는 트로이의 목마가 된다. 즉 우리 안에 받아들여진 나쁜 대상들은 우리 안에서 불안, 죄책, 저주의 목소리를 발하는 "내부적인 파괴자"가 된다.[7] 정신병리학은 자아와 내면화된(그리고 억압된) 나쁜 대상들의 관계를 연구하는 것이다. "억압되는 것은 견딜 수 없는 죄책감을 가져오는 충동도, 견딜 수 없이 불쾌한 기억도 아니고, 견딜 수 없이 나쁜 내면화된 대상들이다."[8] 페어베언의 이론에 있어 내면화되는 것은 엄밀히 말해서 대상이라기보다 대상관계다. 자녀와의 관계에서 부모의 잘못된 행위는 내면화와 억압 과정의 뿌리다. 여기서 내면화되는 것은 정적인 사물이나 대상으로서의 부모가 아니라 부모와 아이의 유대에서 나타나는 정서적 관계나 감정적 상태다.

내면화된 나쁜 대상들은 억압에 의해 제거되지 않으며, "투사적 동일시"(projective identification)에 의해 다시 외부 세계로 투사된다. 따라서 내면화되고 억압된 내적 세계가 무의식 속에 다시금 외적인 세계에 펼쳐진다. 이와 동일한 투사가 분석가와의 전이적 관계에서 일어난다. 즉 전이에서 나쁜 대상들이 분석가에게 투사된다. 여기서 목적은 단지 리비도와 공격성의 방출이 아니라 대상관계의 재창조에 있다. 전이에서 신경증이 전개되고 분석가가 나쁜 대상들로 투사된다는 점에서 전이가 문제되지만, 그렇게 함으로써 전이의 과정이 의식화되고 해석될 수 있게 된다는 점에서 전이는 해결점이기도 하다.

페어베언에게 전이에 대한 해석의 초점은 (프로이트에게서처럼) 억압된 본능에 있지 않고 나쁜 대상관계의 반복에 있다. 죄책감과 불안은 용납할 수 없는 본능적 충동 때문이 아니라 죄책감과 불안을 불러일으키는 대상을 내면화했기 때문에 생겨난다. 페어베언은 프로이트처럼 잘못된 상

7) W. Ronald D. Fairbairn, "The Repression and the Return of Bad Objects," *An Object Relations Theory of Personality* (New York: Basic Books, [1943] 1952), 67.

8) Ibid., 62.

호인격적 관계가 억압의 결과로 나타난다고 보지 않고, 반대로 억압이 나쁜 대상관계로 말미암는 고통에 의해 초래된다고 본다. 페어베언의 생각이 옳다면, 문제는 단지 억압에 있지 않고 나쁘게 형성된 관계에 있다. 치료를 위해서는 나쁘게 형성된 관계가 보다 좋은 관계로 대체되어야 한다. 즉 전이는 단지 보조적 치료수단이 아니라 그 자체가 핵심적 치료 수단이 되어야 한다.

한편 코헛(Kohut)은 자기(self)가 오직 "자기대상"(selfobject)의 모태로부터만 존재할 수 있다고 주장한다. "자기대상"이란 "자기의 응집성, 생동력, 힘, 조화를 유지할 수 있도록" 해주는 관계를 의미한다.[9] 어린아이는 자기대상의 감정 상태를 마치 자신의 것처럼 경험하기 때문에 자기대상 관계의 정서적 상태가 무엇보다 가장 중요하다. 코헛에 따르면, 내면화되는 것은 관계의 패턴들로서 이것들은 단순히 그대로가 아니라 변형되어 정신구조 안으로 받아들여짐으로써 우리 자신, 즉 우리의 목표, 야망, 가치 등을 돌보고 헌신하는 능력을 형성한다.[10]

코헛은 정상적인 정신적 삶의 발달이 페어베언의 생각처럼 공생적(symbiotic) 의존성으로부터 자율적 독립성으로 나아가는 것이 아니라, 자기와 자기대상 사이의 관계의 성격이 변화하는 것이라고 주장한다. 이와 같은 관계의 중요성에 대한 강조는 전이의 중요성을 부각시킨다. 프로이트는 전이를 가리켜 벗어나야 하는 것이라고 말하지만, 코헛은 우리는 결코 전이로부터 벗어날 수 없다고 말한다. 단지 어린아이 형태의 전이로부

9) Heinz Kohut, *How Does Analysis Cure?* (Chicago: University of Chicago Press, 1984), 197. 이재훈 역, 『정신분석은 어떻게 치료하는가』 (서울: 한국심리치료연구소, 2007).

10) Kohut, *The Analysis of the Self* (New York: International Universities Press, 1971), 49. 이재훈 역, 『자기의 분석』 (서울: 한국심리치료연구소, 2013).

터 성인 형태의 전이로 전환될 뿐이다. 전이는 방출과 해소를 추구하는 생물학적 본능 충동의 결과가 아니라 인간의 본유적 조건인 관계와 공감적 공명을 추구하는 욕구의 결과다. 자기대상 관계는 자기됨의 핵심을 형성하는 유일한 길이다. 코헛에 의하면, "정신분석 치료의 본질은 환자가 자신을 인정해주고 이상화할 수 있는 적절한 자기대상들을 추구하고 그 대상들에 의해 스스로를 유지할 수 있는 새로운 능력을 갖도록 하는 데 있다."[11]

프로이트는 어린아이에게 아버지를 죽이고 어머니를 차지하고자 하는 용납될 수 없는 본능이 있으며 이러한 본능적 욕구는 통제되고 포기되어야 한다고 보았다. 반면 코헛에 의하면, 어린아이의 본능적 욕구는 자기애적인(narcissistic) 것이며 이 욕구는 거울 전이, 이상화 전이, 쌍둥이 전이[12]와 같은 관계적인 것이다. 그는 이 욕구들은 우선 충족되어야 하며 점차 적절한 좌절을 경험해야 한다고 본다. 그는 인간의 근본적 본성을 관계성 안에서 파악한다. 그는 개체성과 자율성을 손상하지 않으면서 공동체성을 재발견하고자 한다. 즉 자기대상의 모태에 속해 있는 것이 개체성의 전제 조건인 응집력 있는 자기감에 필수적이다. 공감적 자기대상 모태 안에 개체성과 자율성과 아울러 귀속성과 연관성이 있다.

코헛은 이와 같은 인간 이해에 기초하여 정신병리와 치료 이론을 전개한다. 프로이트에게 정신병리는 전적으로 정신내부적인 요소로부터, 즉 기본적인 본능적 충동과 자아(ego)와 초자아(superego) 사이의 정신내

---

11) Kohut, *How Does Analysis Cure?* 77.

12) Kohut에 따르면, 확고한 자기감을 발달시키기 위해 요구되는 (그가 자기대상 전이라고 부르는) 세 가지 근본적 관계의 욕구가 있다. 첫째는 더 크고 이상적인 실재와 연관되고자 하는 욕구 즉 이상화(idealizing) 전이이며, 둘째는 인정과 수용에 대한 욕구 즉 거울(mirroring) 전이이며, 셋째는 다른 사람들이 우리와 같다는 것을 경험하고자 하는 욕구 즉 쌍둥이(twinship) 전이이다.

부적 갈등으로부터 생겨난다.[13] 그러나 코헛에게 정신병리의 뿌리는 정신 내부의 갈등 구조가 아니라 고통스러운 상호인격적 관계에 있다. 정신병리가 고통스러운 상호작용이 정신 안으로 받아들여져 파괴적인 작용으로 인해 초래된다고 주장하는 페어베언과는 달리, 코헛은 그 상호작용이 너무 고통스럽기 때문에 이 대상관계는 내면화될 수 없으며 따라서 개인은 강하고 응집력있는 자기감을 발달시키지 못한다고 주장한다. 정신병리는 어린 시기의 공감 실패(empathic failure)로 인해 자기됨의 발달이 저해됨으로써 초래된다. 그러나 후에 공감 경험의 기회가 제공되면 자기발달 과정이 재개될 수 있다. 이것은 정신치료의 핵심이 대상관계 또는 전이에 있음을 의미한다. 코헛은 치료의 목적이 공감적 자기대상관계를 통해 자기감을 발달시킴으로써 영구적인 자기 구조를 형성하는 것이라고 주장한다.[14] 따라서 분석가는 공감적 이해를 통해 새로운 정신적 구조를 성장시키는 데 필요한 자기대상 경험을 환자에게 제공함으로써 환자를 치료해야 한다.

스톨로로프(Stolorow)와 라흐만(Lachmann)은 "경험을 조직하고 의미를 구성하려는 보편적인 심리학적 노력"의 사례로 전이를 새롭게 이해한다. "전이는 환자의 어린 시절의 구성적(formative) 경험들로부터 형성된 조직화 원리와 이미지의 지속적인 영향의 표현이다."[15] 따라서 전이는 형성된 어린 시절에 환자의 주관적 세계를 지배하는 조직화된 주제들에 대한 통찰을 치료자에게 가져다준다. 전이는 본능적 충동에 대한 환자의 방

---

13) Freud에 따르면, 자아와 초자아는 사회적·도덕적 현실의 요구를 정신에 내재화한 것이다.

14) Kohut, *How Does Analysis Cure?* 153.

15) Robert D. Stolorow and Frank M. Lachmann, "Transference: The Future of an Illusion," *The Annual of Psychoanalysis*, vols. 12-13 (New York: International Universities Press, 1985), 26-27.

어도 아니고 현재 관계의 패턴도 아니다. 전이는 환자가 자신의 경험을 조직하고 주관적 세계를 구성하는 방식이다. 전이는 "퇴행, 전치, 투사, 왜곡을 지시하는 것이 아니라 경험을 조직하고 의미를 창조하려는 보편적인 심리적 추구의 표현이다."[16]

오늘날의 대상관계 이론가들은 치료자와 환자 사이의 엄격한 분리와 치료자의 중립성을 전제하는 프로이트의 전이 모델이 근대의 뉴턴적인 과학적 세계관을 반영하는 것이라고 본다. 그들은 그러한 분리가 가능하지 않다고 본다. 따라서 대상관계 정신분석에서는 생물학적·본능적 충동의 반복과 투사로서의 프로이트의 전이 모델이 상호작용으로서의 전이 모델로 대치된다. 내면화되는 것이 관계인 것처럼, 전이에서 재연되는 것도 관계다. 우리는 중요한 관계와 역할을 재연하고 다시 경험하기 위해서 이 관계의 패턴을 반복한다. 인간은 서로 고립된 개별자가 아니라 관계의 그물망 안에서 타자 및 환경과 상호작용하는 존재다. 어린아이는 단지 분리된 대상으로서의 부모의 형상을 내면화하는 것이 아니라 부모와의 패턴화된 상호작용을 내면화한다. 정신병리는 파괴적인 관계의 패턴이 내면화될 때, 즉 파괴적인 가족관계가 환자의 자아 안으로 침투하여 내면화될 때 발생한다. 전이는 단지 어린 시절 부모의 형상을 분석가나 다른 사람에게 무의식적으로 환치하거나 투사하는 것이 아니다. 환치나 투사는 자기와 대상표상을 포함하는 내면화된 관계의 패턴들에 기초하지만, 전이는 억압된 충동을 투사하거나 재경험하는 것이 아니라 내면화된 관계의 패턴들을 실제로 재창조하는 것이다.

이것은 환자와 분석가 사이에서의 전이를 통한 상호작용을 전제한다. 분석가는 더 이상 백지(*tabula rasa*)와 같은 절대 중립적인 존재가 아니다.

---

16) Ibid., 35.

롤란드(Roland)에 따르면, 환자에 의해 분석가에게 정서적 반응과 태도가 유발된다. 즉 자신 안에 내면화된 부모의 이미지대로 분석가를 현실화시키거나 재창조하려는 환자의 무의식적 욕구에 의해 또는 환자의 자기표상(self-representation)에 의해 분석가의 정서적 반응과 태도가 유발된다.[17] 유발된 반응은 치료자가 환자의 다양한 대상관계의 역할을 수행함으로써 과거로부터 형성된 환자의 관계 패턴을 재창조한다. 이 재창조는 깊이 내면화된 부모와 아이의 상호작용에 대한 재구성 및 (환자의) 무의식 속의 부모의 태도와 정서적 상태 그리고 (환자를 향한) 그것들의 영향에 대한 재구성을 포함한다.[18]

이런 맥락에서 길(Gill)은 전이가 언제나 상호작용이라고 주장한다. 분석가는 중립적으로 환자의 정신내부적인 힘들의 상호작용을 관찰하기보다 환자와 더불어 전이라고 불리는 하나의 상호적 체계의 부분이 된다. 분석가의 행위가 환자의 반응에 아무런 영향을 끼치지 않는 것은 불가능하다. 그러므로 전이 해석은 빈 화면에 유전적인 요소가 투사되는 것에 초점을 맞추지 말고 환자와 치료자의 상호작용에 주된 초점을 맞추어야 한다. 분석은 지금 여기서 환자와 분석가 사이의 상호작용의 실제 유형을 조사하는 것이 되어야 한다. 특히 상호인격적 영역에서는 우리와의 관계로부터 동떨어진 현실이란 존재하지 않으며, 이 관계는 우리가 관찰하는 현실에 영향을 준다. 객관적 실재의 신화가 거부됨에 따라 전이에 대한 분석은 실재의 발견으로부터 실재의 해석으로 전환된다. 즉 정신분석은 해석학이 된다. 분석가의 전이 해석은 전이에 영향을 주기 때문에 전이는 지속적인 환경 적응 과정(cybernetic process)이 된다. 길에 의하면, 분석은

17) Alan Roland, "Induced Emotional Reactions and Attitudes in the Psychoanalyst as Transference in Actuality," *Psychoanalytic Review*, 1981, 68:48-50.

18) Ibid., 68:58

"분석가와 환자가 실재에 관한 공감에 도달하고자하는 마음으로 대화에 참여하는"[19] 공동의 노력이다. 여기서 분석은 과거로부터 반복되는 환자의 본능적 패턴이 아니라 현재의 신호에 대한 환자의 반응에 초점을 맞춘다. 분석가와 환자의 대화의 목적은 "환자의 내적 패턴, 즉 개인의 세계의 다양한 부분들을 통합하여 전체를 구성하는 독특한 의미체계를 조명하는 데 있다."[20]

그러므로 오늘날의 정신분석에서는 환자의 투사를 위한 백지상태나 중립성이 아니라 상호주관적 작용과 공감이 강조된다. 전이 분석을 통한 치료에서 가장 중요한 기술은 공감(empathy)이다. 공감은 다른 사람의 주관적 인격의 세계를 "안에서부터" 이해하는 과정이다. 공감적 관계의 창조가 공감적 공명의 결핍으로 초래된 정신병리를 치료한다. 정신분석적 이해는 그 자체가 치료를 가져온다. 그 까닭은 이해가 단지 환자에게 자신의 억압된 충동에 대한 지적인 통찰을 주기 때문이 아니라 본유적으로 관계적이기 때문이다. 정신분석적 이해는 "자기대상으로서의 분석자와의 원형적 유대감"[21]을 포함한다. 공감적 이해가 이 유대감의 본질이다. 환자의 주관적 세계에 대한 공감적 이해는 가장 강력한 치료 수단으로서 좌절되었던 환자의 발달 과정을 다시 진행시킨다.

그러면 정신분석 치료가 지향하는 인격의 발달은 어떤 것인가? 매스터슨(Masterson)은 심한 정신적 장애가 있는 인격에도 상대적으로 건강한 인격의 중심인 "참 자기"(real self)가 있다고 주장한다. 그는 발달이론으로

---

19) Merton M. Gill, "The Analysis of the Transference," *Journal of the American Psychoanalytic Association*, 1979, 274.

20) Robert D. Stolorow and George E. Atwood, "Psychoanalytic Phenomenology: Toward a Science of Human Experience," *Psychoanalytic Inquiry*, 1984, 4:91.

21) Stolorow and Lachmann, *Psychoanalysis of Development Arrests* (New York: International Universities Press, 1980), 104.

분리-개별화 모델을 지지한다. 즉 자기와 대상관계의 성장과 참 자기의 발달 과정은 단계적으로 전개되는 분리-개별화 과정이라는 것이다.[22] 자기감의 핵심은 어린이의 정서적 경험과 내적 느낌에 의해 형성된다. 어린이의 독특성을 인정하고 격려하는 부모의 능력이 참 자기의 성장을 위해 매우 중요하다. 그러나 부모로부터 공감적 반영(empathic mirroring)을 경험하지 못하면 어린이는 "유기 우울증"(abandonment depression)에 빠지게 되고 그 고통으로부터 자신을 방어하기 위해서 "방어적 자기"를 형성한다. 방어적 자기는 두 가지 형태를 취한다. 하나는 자신을 다른 사람의 요구에 순응하고 보답을 받는 무력한 자기로 보는 것이며, 다른 하나는 자기를 자신이 받는 학대에 책임이 있는 나쁜 자기로 보는 것이다.[23]

매스터슨에 따르면, 치료는 환자가 자신의 방어적 자기를 정면으로 대면하는 것에서 시작된다. 방어적 자기를 대면하는 과정에서 유기 우울증과 참 자기의 기능장애가 치료의 중심문제로 부각된다. 치료는 유기 우울증과 결합되어 있는 강렬한 감정을 환자가 경험하고 애도할 수 있는 안전한 장소를 제공해야 한다. 이 애도 후에 방어적 자기 아래 잠재되어 있던 참 자기가 드러난다. 매스터슨은 치료자가 전통적이며 중립적인 분석의 자세를 넘어서 참 자기가 드러나는 것을 지원해 주어야 한다고 주장한다. 그에게 발달의 목표는 분리-개별화 과정을 통한 자율에 있다. 그는 주로 어머니의 침해에 의한 위협으로부터 자유와 독립을 위한 투쟁을 통해 개별적 자기의 획득에 초점을 맞춘다. 그는 타자와의 친밀한 관계 안에서 자기를 내어주는 참 자기의 형성보다 자율과 개별성의 획득을 치료의 주된 목표로 삼는다.

---

22) James Masterson, *The Real Self* (New York: Brunner Mazel, 1985), 17. 임혜련 역, 『참 자기』 (서울: 한국심리치료연구소, 2000).

23) Ibid., 32.

그러나 코헛은 의존(공생, symbiosis)으로부터 독립(자율)으로의 변화는 불가능하다고 본다. 오직 자아와 자기대상과 맺는 관계의 성격이 변할 뿐이다.[24] 치료는 환자를 다른 사람에게 덜 의존하게 만드는 것이 아니라 보다 건강한 의존을 가능하게 해준다. 즉 옛 자기대상에 고착된 미성숙한 의존이 치료를 통해 자유와 자율성을 길러주는 성숙한 의존으로 변화된다. 치료는 공감적이고 적절한 자기대상 유대를 (적절한 좌절감과 함께) 제공함으로써 지체된 발달 과정을 다시 활성화시키고 새로운 정신구조를 창조하는 것이다. 보다 응집된 자기는 자율적이고 독립적이 되기보다는 더 성숙한 자기대상 관계를 형성할 수 있게 된다. 즉 자기는 "점차 성숙한 자기대상의 공감적 반향을 불러일으키고 그것에 의해 유지될 수 있는 능력을 갖게 된다."[25] 치료는 자기와 자기대상 사이에 공감적 조율(empathic in-tuneness)을 함으로써 자기 구조화 과정이 다시 시작될 수 있는 환경을 제공하는 것이다. 자기를 보다 초기 형태의 자기대상 관계에 묶이도록 만드는 (충족되지 못한) 자기대상 욕구가 치료자와의 자기대상 전이를 통해 충족될 때, 자기는 자기파괴적이고 예속적인 형태의 상호작용으로부터 자유롭게 된다.

Ⅳ. 프로이트와 대상관계 정신 분석가들의 종교 이해

프로이트는 『환상의 미래』에서 종교의 기원에 대한 개인적 차원에서의 심리학적·생물학적 설명을 제시한다. 종교란 외부 자연 세계의 위험에

24) Kohut, *How Does Analysis Cure?,* 52.
25) Ibid., 66.

대처할 수 없었던 절망감에 그 탄생 기원을 둔다. 즉 인간은 자신이 통제할 수 없는 위험스럽고 불가지한 힘과 마주치게 되면 유아시절의 경험을 기억하고 그것으로 퇴행하여 환상을 만들어낸다. 유아시절의 경험은 아버지에 의해 보호받았던 경험으로서, 이 보호는 아버지의 명령에 복종하고 그가 금하는 것을 어기지 않음으로써 얻어지는 것이다. 하나님은 어린 시절의 마음속에 그려진 가장 힘있고 친절하며 지혜로운 존재로서의 아버지의 모습이 고양된 것이다.[26] 따라서 종교란 유아시절의 경험을 반복하는 일종의 집단신경증이다. 즉 종교란 인간의 유아기적 소망에 근거한 하나의 환상이다.

또한 프로이트는 『토템과 터부』[27]에서 종교의 역사적 기원에 대한 인류 고고학적 설명을 제시한다. 인류의 어린 시절에도 오이디푸스 드라마가 일어났다. 첫 원시 종족의 족장인 아버지가 씨족의 여인들과의 성적인 관계를 금지시키자 아들들은 오이디푸스적 투쟁으로 인해 결국 아버지를 살해했다. 악한 행위는 억압되지만 죄책감으로 다시 나타난다. 죄책감으로 인해 그들은 죽은 아버지를 우상화하고 자신들의 신으로 모셨다. 살해된 족장과의 화해를 통해 죄책감을 극복하려는 욕구가 처음에는 토템동물에게 투사되며 나중에는 하늘의 아버지에게 투사된다. 그들은 신격화된 족장의 아버지에 대한 제의와 화해를 강박적으로 반복함으로써 오이디푸스적 욕망으로 인한 죄책감을 완화하고자 하였다. 따라서 프로이트는 종교를 아버지에 대한 무의식적인 살인 욕망으로 인한 죄책감을 전

---

26) Freud, "Some Reflections on Schoolboy Psychology," *The Standard Edition of the Complete Psychological Works of Sigmund Freud*, vol. 13. ed. & trans. James Strachey (London: Hogarth Press, 1914), 243.

27) Freud, *Totem and Taboo* (New York: Norton, [1913] 1952). 강영계 역, 『토템과 터부』 (서울: 지식을만드는지식, 2013).

이 반복에 의해 벗어나고자 하는 "강박 신경증"으로 규정하였다. 그는 종교를 정신분석 치료에서 작용하는 투사의 방어기제와 동일하게 작용하는 전이의 한 형태로 보았다. 정신분석 치료와 신앙적 실천 모두에서 환자와 신자는 어린 시절의 갈등을 빈 화면에 투사한다. 종교는 화해의 환상을 제공한다. 우리 안의 어린아이는 행복한 상태를 추억한다. 프로이트는 종교적 환상이 이성, 고통의 경감, 도덕성이라는 가치들에 위협이 된다고 보았다.[28] 아버지-하나님이라는 환상과 유아기적 고착으로부터 자유로운 인간만이 현실을 있는 그대로 마주 대할 수 있으며 이성의 힘을 사용하여 자신 안에 내재한 능력을 발달시킬 수 있다는 것이다.

프로이트 이후의 대상관계 정신분석가들은 프로이트와 다른 방식의 종교 이해를 보여준다. 위니컷(Winnicott)은 종교를 주관성과 객관성의 이분법을 넘어서는 경험의 영역, 즉 "중간적 현상"(transitional phenomena)으로 설명한다. 이 중간 영역은 객관적 환경과 개인의 내면이 상호작용하는 제3의 영역으로서[29] 어머니와 아이의 상호작용의 공간 안에서 형성되기 시작한다. 위니컷은 아기란 것은 없으며 오직 부모와 아이 사이의 양자관계만이 있을 뿐이라고 말한다. 이 말은 그의 상호인격적 인격 모델을 잘 보여준다. 중간 영역은 먼저 어머니와의 관계에서 그리고 나중에는 문화 전체 영역과의 상호적 관계에서 경험되는 잠재적 공간이다. 어린아이는 객관적 세계로 나아감에 있어서 심리학적 공간에 존재하는 "중간적 대상"을 사용한다. 어린아이가 갖는 중간적 대상과의 경험은 주관적이지도 객

28) 이에 대해서는 Erich Fromm, *Psychoanalysis and Religion* (New Haven: Yale University Press, [1950] 1952), 10-13 참고. 이재기 역, 『종교와 정신분석』 (서울: 두영, 1993).

29) Donald Woods Winnicott, *Playing and Reality* (New York: Routledge, 1971), 2. 이재훈 역, 『놀이와 현실』 (서울: 한국심리치료연구소, 1997).

관적이지도 않고 상호적이다. 이 중간적 대상은 어린아이가 어머니와 가졌던 최초의 상호인격적 경험의 안정성을 유지시켜준다.[30]

중간적 과정은 내부 세계로부터 일어나는 투사를 돕기 위해 외부의 대상을 사용하며 내부와 외부 세계 사이에 있는 상호인격적인 심리학적 공간을 창조한다. 위니컷의 이론은 단지 어떤 대상(곰 인형과 담요와 같은)에 대한 것이 아니라 상호인격적 경험에 관한 것이다. 중간적 대상은 상호인격적 실재를 담지하며 인격 발달 기능을 수행한다. 중간적 대상을 통한 중간적 현상은 단지 어린아이의 놀이에 그치지 않고 예술과 과학의 창조와 같은 문화적 경험으로 확장된다. 즉 부모와 어린아이의 상호인격적 모태로부터 시작되어 중간적 대상을 사용하는 놀이로 이어지는 중간적 현상에 대한 논의는 예술과 과학 같은 창조적인 문화적 삶의 경험, 그리고 종교에 대한 정신분석 이론으로 발전된다.

위니컷은 종교를 인간의 정신 건강을 위해 사용되는 곰 인형과 같은 차원으로 환원시킨다는 비판을 받는다. 또한 중간적 현상을 표현하기 위해 사용되는 환상(illusion)이란 단어도 종교적 경험과 실재를 표현하기에는 부적절하다. 그러나 그의 중간적 현상 개념은 프로이트와 실증과학을 지배하는 감각적 경험주의를 넘어서 종교를 위한 제3의 경험과 실재의 영역에 대한 전망을 열어준다.

종교는 단지 유아기적 소망의 신경증적 투사이며, 신으로부터 주어지는 도덕성은 가혹하고 비현실적인 요구를 하는 초자아(superego)로 기능한다고 본 프로이트와 달리, 마이스너(Meissner)는 종교가 보다 긍정적이고 적응적인 자아(ego)로 기능할 수 있다고 본다. 그에 따르면, 자아의 통합성과 생명력에 대한 도전에 자아가 적응하려는 노력의 일환으로

30) Ibid., 4.

인간의 종교적 과업이 발달한다. "종교적 관심은 인간 개인의 자기정의와 자기실현의 시도를 도와주는 핵심적인 심리학적 힘으로 기여할 수 있다."[31] 마이스너는 위니컷의 "중간적 현상" 개념을 종교에 적용한다. 즉 주관적 요소와 객관적 요소가 상호작용하는 중간적 현상처럼, 종교의 세계는 시공간 안의 완전히 객관적인 물리적 대상의 세계도 아니고 환각(hallucination)이나 꿈과 같은 순수한 주관적 세계도 아니다.

리주토(Rizzuto)는 개인의 내면화 또는 대상 표상으로서의 부모 표상으로부터 그의 하나님 표상이 형성된다고 말한다. 하나님은 "(어린 시절의) 초기 대상 표상에 근원을 두고 있는 표상 요소들로부터 만들어진다."[32] 하나님 표상은 대상 표상들을 통합하여 일관된 내부 대상 세계를 구성하는 과정의 절정이다. 리주토는 어머니에 대한 경험으로부터 만들어지는 하나님 표상을 설명하기 위해서 코헛의 "거울 전이"와 "자기대상 유대" 개념을 사용한다.[33] 우리의 최초의 자기감은 어머니의 반응에서 반사(mirror)되는 자기를 봄으로써 형성된다. 만일 이 거울이 깨어지거나 흐려지면 우리의 자기감은 왜곡된다. 응집된 자기감의 기초를 이루는 이 어린 시절의 반사 경험이 우리의 하나님 표상의 핵심에 놓여 있다. 어린아이의 응집된 자기감(cohesive sense of self)은 자기의 통합 과정을 반사하고 그것의 초점을 맞추기 위하여 하나님 표상을 사용함으로써 성장할 수 있다. 자기감은 하나님 표상과 변증법적인 상호작용 안에 있다.[34]

리주토도 위니컷처럼 하나님의 실재를 환각과 물리적 실재 사이의

---

31) William W. Meissner, *Psychoanalysis and Religious Experience* (New Haven: Yale University Press, 1984), 133.

32) Ana-Maria Rizzuto, *The Birth of the Living God* (Chicago: University of Chicago Press, 1979), 178. 이재훈 역, 『살아 있는 신의 탄생』 (서울: 한국심리치료연구소, 2000).

33) Ibid., 185-88.

34) Ibid., 5.

"중간적 공간"에 위치시킨다. 이 영역에서 어린아이는 곰 인형, 상상 속의 친구, 안전 담요, 개인적인 게임, 마술적 믿음 등과 같은 사적이지만 실제적인 중간적 대상의 세계를 창조한다. 프로이트와 달리 리주토는 환상과 상상이 정신 건강에 매우 중요하다는 사실을 강조한다. 하나님은 상상력의 창조물이다. 그러나 상상력의 창조물이라는 바로 그 사실이 하나님의 힘과 실재의 원천이다. "종교는 인간됨의 본질적 부분이다. 다시 말하면, 종교는 비가시적이지만 유의미한 실재를 창조해내는 능력을 지닌 진정한 인간의 본질적 부분이다."[35] 하나님은 비경험적 대상이며 하나님 표상은 무한한 유연성을 갖고 있기 때문에, 곰 인형이나 안전 담요와 달리 사람들은 삶 전체를 통해 자신의 필요에 따라 하나님을 창조해낼 수 있다.[36] 리주토는 중간적 표상으로서 하나님이 지속되는 믿음에 적절성을 갖기 위해서는 각각의 발달상의 위기에서 재창조되어야 한다는 점을 강조한다. 한 개인이 끊임없이 발달하는 자신의 자기감 안으로 통합시켜야 하는 새로운 경험을 하게 될 때 하나님 관념은 (포기되지 않고) 지속적으로 재형성될 수 있다.

프로이트에게 인격의 성숙은 과거의 어린아이의 상태로부터 벗어나서 성인이 되는 것을 의미한다. 그러나 실제로 인간은 과거의 굴레로부터 벗어나지 못한다. 이드(id)는 맹목적이고 자기중심적이며 혼돈스러운 본능으로서 퇴행과 신경증의 지속적인 잠재요인이다. 최선의 길은 이성적인 자아(ego)가 비이성적인 본능을 통제하는 것이다. 이런 의미에서 프로이트는 "이드가 있는 곳에 자아도 있게 하라"고 말했다. 프로이트와 달리, 뢰발트(Loewald)는 발달을 단순히 과거로부터 벗어나 앞으로 나아가는

35) Ibid., 47.

36) Ibid., 179.

직선적인 운동이 아니라, 앞으로의 운동과 뒤로의 운동을 변증법적으로 통합하는 나선형 운동으로 이해한다. 그에게 이드는 단순히 통제되어야 할 본능이 아니라 순화되고 변화되어야할 에너지다. 본능은 결코 변화될 수 없으며 오직 통제되어야 한다는 프로이트와 달리, 뢰발트는 본능의 진정한 변화가 가능하다고 믿는다. 승화(sublimation)란 본능적 근원과의 연결을 유지하면서 새로운 정신 활동의 영역을 창조하는 과정이다. 이드로부터 자아로 가는 일방통행로는 없다. 승화는 본능으로부터 벗어나고 다시 본능으로 돌아가는 순환적 운동을 필요로 한다. "그러한 변화 가운에 있는 우리의 충동과 기본적 욕구는 포기되지 않으며, 어린 시절의 상처와 왜곡의 경험들은 개탄되고 폐기되기 위해 의식화되지는 않는다. 그것들은 우리의 삶을 구성하는 요소들이다."[37]

프로이트에게 과거(이드)는 전 삶을 통해 변하지 않고 남아 있으면서 새로운 모습으로 끊임없이 재현되며 따라서 현재는 과거의 사슬에 묶여 있다. 그러나 뢰발트는 과거(이드)에 대한 진정한 변화와 재구성이 가능하며 따라서 진정한 앞으로의 전진이 가능하다고 믿는다. 전이란 "어린 시절의 관계들이 똑같이, 자동적으로, 그리고 충동적으로 재연되어 반복해서 나타나는 것일 뿐 아니라 어린 시절의 생명을 주는 사랑의 경험들을 상상력에 의해 재조직하고 정교화하는 것"을 나타낸다.[38] 성인이 된다는 것은 우리 안의 어린아이를 뒤에 버려두는 것을 의미하지 않는다. 우리는 우리의 초기 정신 상태로 종종 다시 되돌아가야 한다. 이 되돌아감이 창조성과 재충전의 원천이다. 건강한 정신은 일차적(primary) 과정을 포기하지 않고 그것에 삼키어짐 없이 그것에 열려 있는 것이다.

---

37) Hans Loewald, *Psychoanalysis and the History of the Individual* (New Haven: Yale University Press, 1978), 22.

38) Ibid., 48.

뢰발트는 종교가 자체의 통일적이고 초시간적인 감수성에 의해 일차적 과정에 근거한 인식과 존재방식으로 되돌아갈 수 있게 해준다고 주장한다. 종교에서 "일차적 과정과의 일치의 경험이 상징적 연결의 형태로 회복되거나 최소한 유발된다."[39] 상징 체계로서의 종교는 우리를 일차적 과정과의 연결을 경험(무시간성과 통일성의 경험)할 수 있는 정신적 영역으로 이끈다. 그러나 여기서 이차적 과정을 위한 우리의 능력은 상실되지 않는다.[40] 프로이트와 반대로, 뢰발트는 일차적 과정을 보다 긍정적인 관점에서 이해하며 일차적 과정으로의 되돌아감을(이차적 과정을 상실함 없이) 가능하게 해주는 종교의 상징 체계가 진정한 앎을 향한 인격의 발달과 성숙을 위하여 매우 중요한 기능을 한다고 주장한다.

V. 치료적 전이와 종교적 역동의 유사성

오늘날의 새로운 전이 모델은 병리적인 개인보다 신경증적인 상호관계성에 대하여 말한다. 코헛은 우리의 자기감이란 상호관계의 한 축일 뿐이라고 말한다. 즉 응집력 있고 활기찬 자기는 반사해주고 긍정해주는 양자관계의 한 축이며, 굴욕감과 죄책감을 느끼는 신경증적인 자기는 비판적이고 심판적인 자기대상관계의 한 축이다. 확신과 자신에 찬 자기는 (자기를) 인정해주는 타인들을 반영하는 반면, 스스로 왜소하고 나약하게 느끼는 자기는 동떨어져 있고 비참여적인 자기대상을 가리킨다.

이와 같은 전이 모델은 종교에 대한 정신분석적 이해에도 영향을 준

39) Loewald, *Sublimation* (New Haven: Yale University Press, 1988), 45.

40) Ibid., 4.

다. 제임스 존스(James Jones)는 종교를 본능에 대한 방어나 내면화된 대상들의 현현으로서가 아니라 현상적 시공의 세계 너머의 어떤 실재(하나님)와의 관계로 정의한다.[41] 이 실재와의 관계는 우리 자신 안의 내면화된 관계의 심층적 구조를 반영한다. 따라서 종교의 기원은 억압된 것의 복귀를 막아야 하는 필요성이나 내적인 대상의 표상을 통합하는 과정에 있지 않고, 응집력 있고 활기찬 모든 자기가 관계의 모태 안에 존재해야 한다는 필요성에 있다. 종교는 상호인격적인 의미에서 전이의 한 형태라고 할 수 있다. 전이에서 표출되는 것은 본능적 갈등이 아니라 우리 자신에 대한 핵심적 자기감이다. 이 자기감은 우리가 우리 자신의 경험과 상호작용의 근본적인 패턴을 이해하는 방식과 밀접하게 연관되어 있다. 하나님은 우리 자신에 대한 자기감의 근거로서 요구된다. 안전감을 느끼는 어린이는 그 안전감을 돌보시는 하나님에 근거하며, 죄책감과 공포를 느끼는 어린이는 그 자기감을 진노하시는 하나님에 근거하여 그러한 감정을 느낀다. 소외감을 느끼는 어린이는 멀리 떨어져있는 신적 존재를 상상하거나 반대로 보상적이고 따뜻하고 부드러운 자기대상인 하나님에 대한 꿈을 꾼다.

존스는 인간이 신적 존재로 이해하는 것과 그 자신의 관계가 자기의 "전이적 근거"(transferential ground)로 기능하는 방식을 탐구한다. 그에게 전이는 (프로이트의 주장처럼) 고립된 존재가 사적이고 주관적인 그 무엇을 분리된 대상에 투사하는 것이 아니다. 또한 자아는 (코헛의 견해처럼) 결코 자기대상 환경의 바깥에 존재하지 않는다. 전이적 근거는 개인이 신적 존재와 갖는 정서적 유대감(affective bond)을 의미한다. 관계론적 인격 모델에 기초하여 존스는 과거의 상호인격적 패턴과 그 정서적 상태의 메아리를 하나님과의 관계를 포함하는 현재의 관계에서 듣고자 한다. 따라서 그

---

41) Jones, *Contemporary Psychoanalysis and Religion*, 63.

는 종교에서 단지 오이디푸스 콤플렉스나 나쁜 대상과 같은 개념을 발견해내지 않고 현재의 종교 경험에 반영되는 내면화된 상호인격적 주제들을 발견함으로써 개인의 정신 역동을 이해하고자 한다.[42] 종교는 상호인격적인 의미에서 전이의 한 형태이기 때문에, 개인의 삶 특히 치료과정에서 발생하는 전이의 패턴 그리고 개인이 하나님과 갖는 정서적 유대 사이에는 유사성이 있다. 존스는 치료적 전이를 통한 환자의 자기 변화와 환자의 종교적 역동 사이의 유사성을 몇 가지 임상 사례들을 통해 제시한다.[43]

먼저 치료를 통한 해롤드의 변화는 그의 하나님 이해에 반영되었다. 언제나 그를 비판하고 책망하는 초자아(어머니)로 인하여 그는 수동적·순응적이 되었고 위험을 무릅쓰는 것을 두려워했다. 그의 하나님은 그의 정신 내면에서 초자아, 즉 그의 어머니와 같은 역할을 했다. 따라서 그와 하나님 사이의 관계는 두려움, 불안, 분노로 점철되었으며, 그는 죄책감을 가지고 하나님에게 수동적이며 순응적으로 반응하였다. 치료에서의 전이과정은 그의 하나님 이미지와 종교적 삶의 변화에 반영되었다. 하나님은 더 이상 수동적인 순종만을 요구하시는 분이 아니다. 그는 하나님이 위탁

---

42) Jones의 정신분석적 종교 이해는 세 가지 질문으로 이루어진다. 첫째 질문은 하나님 관계가 자기를 구성하는 내면화된 관계로부터 어떻게 형성되는가 하는 것이다. 하나님과의 관계가 어떻게 자기감을 구성하는 내면화된 관계들을 반영하는가? 하나님 관계는 한 개인의 삶 전체에 나타나는 전이의 패턴들을 어떻게 재연하는가? 인간과 하나님 사이의 관계에는 투사적 동일시(projective identification)가 작용한다. 하나님은 내면화된 비판적인 부모의 이미지로서 두려움과 심판의 관계를 재창조하는가, 아니면 완전하게 반사하는 자기대상으로서 자기 응집을 유지하는 기능을 하는가? 둘째, 전이는 한 개인의 가장 근본적인 상호작용과 의미창조의 패턴이기 때문에 하나님과의 관계에서 이 전이의 패턴들이 가장 분명히 나타난다. 그렇다면 하나님 관계가 우리의 삶에서의 중요한 전이의 패턴들을 어떻게 드러내는가? 하나님에 대한 개인의 비전과 하나님과의 결속의 정서적 상태로부터 그 개인의 자기감이 추론될 수 있다. 세 번째 물음은 새로운 자기감의 형성과 새로운 하나님 이미지의 발전 사이의 연관성에 대한 것이다. 한 개인의 자기감과 전이의 패턴의 변화가 어떻게 그와 하나님의 관계를 반영하고 또 그 관계 안에 반영되는가? Ibid., 65-67.

43) Ibid., 69-76.

하신 것에 대하여 책임을 지고 실천하는 존재가 되었다.

존스에 따르면, 해롤드는 매스터슨이 말한 방어적 자기의 두 가지 형태, 즉 전적으로 순응적인 어린이와 악한 사람을 보여준다. 하나님 이미지는 그가 자신을 방어적 인격과 동일시하도록 만드는 전이적 근거로 기능했다. 우주적 기록자로서의 하나님은 그 자신의 순응적인 방어적 자기와 공명한다. 그는 자기 주장을 내세우는 이기적인 태도는 하나님의 진노를 초래한다고 배웠다. 그러나 치료를 통해 순응적이고 의존적인 방어적 자기가 자율적이고 독립적인 참 자기로 변화되었다. 이 변화는 하나님과의 관계에서도 나타났다. 방어적 자기를 버리는 것은 끊임없이 요구하기만 하는 하나님이 더 이상 불필요하게 됨을 의미했다. "새롭게 출현한 하나님은 해롤드의 새롭게 해방된 참 자기와 훨씬 더 조화를 이루는 하나님이었다.…해롤드의 새로운 하나님은 그가 수동적이고 순응적인 태도로 자신의 재능을 묻어버리기보다는 그것을 극대화시키는 것을 기뻐했다."[44] 복종이 아닌 책임성을 요구하는 해롤드의 새로운 하나님은 그의 자신에 대한 인식의 변화, 즉 방어적 자기로부터 참 자기로부터의 심리학적 변화를 반영한다. 그의 참 자기의 현실화와 더불어 하나님은 그의 도덕적 자율성의 근거가 되었다.

실비아의 사례에서는, 이해되고 받아들여진 경험은 자기감에 변화를 가져왔으며 이것은 다시 그녀의 하나님 이해에 변화를 초래했다. 하나님은 더 이상 심판자가 아니다. 하나님은 용서하시는 분이다. 냉담하고 인내심 없는 (그녀의 가족을 반영하는) 하나님은 그녀가 공감적이고 수용적이 되었을 때 그녀 자신의 경험에 더 이상 의미를 줄 수 없었다. 그녀가 (치료자의) 인내와 수용을 경험하고 또 자신에 대한 스스로의 인내의 능력을 새

44) Ibid., 102.

롭게 발견한 후에, 그녀는 하나님을 인내와 수용의 하나님으로 보게 되었다. 그녀가 자신의 상처를 받아들일 수 있게 되었을 때, 그녀는 하나님을 자신의 상처를 받아들이시는 분으로 경험하게 되었다.

바바라의 경우도 치료가 그녀의 하나님 이해에 영향을 주었음을 보여준다. 스스로 무가치함과 죄책감을 느끼던 어린 시절에 그녀는 그러한 감정을 강화시키고 비판하며 진노하고 심판하시는 하나님 이미지를 가졌었으나, 치료 후에 그녀는 성장과 생명의 하나님, 그리고 "그분 안에서 우리가 살고 움직이고 존재하는"(행 17:28) 친밀한 하나님 이미지를 갖게 되었다. 이 새로운 하나님 이미지는 새롭게 발견된 그녀의 도전과 변화 및 성장의 의지를 표현하고 지탱할 수 있게 해주었다. 전이를 통한 변화와 자기감의 변화는 그녀가 가지고 있던 하나님의 이미지를 변화시켰다.

실비아와 바바라는 코헛이 말한 자기대상 관계의 장애를 보여준다. 자기대상 관계에서 상처를 입은 어린이는 필요한 내적 구조를 얻지 못하며, 결여된 정신 구조의 부분들을 대신할 수 있는 대체물을 얻기 위해 더욱 만족되지 못한 옛 자기대상에 고착되며 의존한다. 종종 신적 존재와의 관계는 이와 같은 의존성을 대신하기 위해 사용된다. 피학대의 경험은 기본적인 자기대상 욕구의 충족과 자기응집력의 발달을 저해하며, 자기는 우울증과 분열의 감정에 빠지기 쉽다. 실비아와 바바라가 청년기에 경험했던 진노의 하나님은 그들이 매우 잘못되었다는 느낌을 강화하였다. 진노하고 저주하는 하나님과의 관계에서 신자는 정죄당하고 심판받는 경험을 재연한다.[45]

---

45) Fairbairn에 따르면, 어린아이는 나쁜 대상을 소유하기보다는 자신이 나쁜 사람이 되는 편을 택한다. 그래서 어린아이는 대상 안에 있는 나쁜 것들을 스스로 짊어짐으로써 자신이 나쁜 사람이 되고 세상의 다른 존재들을 선한 것으로 만든다. "악마가 다스리는 세상에 사는 것보다 하나님이 다스리는 세상에서 죄인이 되는 것이 더 낫다." Fairbairn,

가족에게 거부당하고 하나님께 저주받고 불안과 우울증에 빠진 실비아에게는 공감적이고 반영적인(mirroring) 자기대상으로서의 하나님이 필요했다. 그러나 그녀에게는 자애롭고 반영적인 자기대상과의 관계에 필요한 자기 구조가 결여되어 있었다. 그녀에게 계속 요구만 하는 비정한 하나님은 그녀가 원초적 욕구를 극복하고 강하고 통합된 자기를 발달시키는 데 필요한 자기대상 자원의 결핍을 드러낸다. 코헛에 의하면 치료는 치료자와의 공감적 경험의 내면화를 통해 새로운 자기 구조를 생성하게 된다. 그리고 치료의 목표는 관계를 더 유지하고 강화하는 것이다. 변화는 자애로운 상호인격적 경험이 새로운 심리 구조로 내면화됨으로써 일어난다. 이러한 변화는 하나님과의 관계에 반향을 불러일으킨다. 통합된 자기의 발달을 위해서는 공감적이고 양육적인 자기대상 유대가 필요하다. 따라서 실비아는 자신을 가혹하게 다루는 하나님을 떠나 자신의 강한 자기감에 적절한 공감적이고 양육적인 하나님의 표상을 갖게 되었다.

이 임상 사례들은 공통적으로 성공적인 치료와 전이에서 환자의 하나님 이미지가 심판자로부터 사랑과 용서의 하나님으로 변화된 것을 보여준다. 즉 자신의 무가치함, 죄책감, 자책의 경험은 심판의 하나님 이미지로 전이 투사되며, 공감적 이해와 수용의 경험은 사랑과 용서의 하나님 이미지로 전이 투사된다. 학대받은 자기가 치료를 통해서 두려움과 죄책감을 극복하고 성장할 수 있게 되었을 때, 이 자기의 변화는 불가피하게 하나님과의 관계에 변화를 가져온다. "부서지고 위축된 자기감으로부터 보다 자율적이고 응집된 자기로의 이행은 복수의 신으로부터 양육적인 신으로의 변화에 반영된다."[46]

"The Repression and the Return of Bad Objects," *An Object Relations Theory of Personality,* 66.

46) Jones, *Contemporary Psychoanalysis and Religion*, 83.

Ⅵ. 결론

1. 프로이트와 대상관계 이론가들은 매우 대조적인 인간 이해를 보여준다. 프로이트가 유아적 본능의 충동과 정신내적 갈등을 극복하지 못하고 끊임없이 과거를 반복하는 다소 비관적인 인간 이해를 보여준다면, 대상관계 이론가들은 방어적 자기를 극복하고 참 자기를 회복하거나(매스터슨), 또는 통합적인 정신내적 구조를 가진 응집된 자기감을 형성하거나(코헛), 본능의 변화 가능성을 전제하고 본능적인 일차적 과정과 이성적인 이차적 과정을 변증법적으로 통합함으로써(뢰발트) 진정한 인격의 발달과 성숙을 이룰 수 있다고 믿는 다소 낙관적인 인간 이해를 보여준다. 전자가 인간의 악한 본성과 죄성을 강조하는 기독교 인간론의 부정적 측면과 공명한다면[47], 후자는 하나님의 형상으로서의 인간의 회복과 완성의 가능성을 추구하는 기독교 인간론의 긍정적 측면과 공명한다고 할 수 있다.

프로이트가 중세적인 공생관계(symbiosis) 이후 개체성과 자율성을 추구하는 근대적 인간관 즉 뉴턴의 물리학과 다윈의 자연주의의 영향 안에서 형성된 자율적·독립적 인간 이해를 대변한다면, 대상관계 이론가들은 인간을 서로 고립된 개별자가 아니라 관계의 그물망 안에서 타자 및 환경과 상호작용하는 존재로 이해하는 탈근대적 인간 이해를 대변한다. 페어베언에 따르면, 나쁘게 형성된 관계를 좋은 관계로 대체하는 것이 치료의 핵심이다. 따라서 전이는 단지 보조적 치료 수단이 아니라 그 자체가

---

47) Freud에 따르면, 오이디푸스 상황은 모든 시대를 통해 반복된다. 즉 아들이 아버지가 되고 세대가 흐름에 따라 반란, 죄책감, 새로운 억압은 순환된다. Freud는 진보에 대한 19세의 부르주아적 신념을 거부했다. 그는 악을 산출하는 죄의 관념을 포기하지 않았으며, 악, 공격성, 파괴 및 무자비와 같은 인간의 본유적 성향을 집요하게 기술하였다. Jürgen Moltmann, *The Crucified God* (New York: Harper & Row, Publishers, 1974), 305. 김균진 역, 『십자가에 달리신 하나님』 (서울: 한국신학연구소, 1979).

핵심적 치료 수단이 된다. 코헛은 인간의 관계적 본성을 강조한 대표적인 대상관계 이론가로서 자기가 오직 "자기대상"과의 관계 안에서만 존재할 수 있다고 말했다. 그는 개체성과 자율성을 손상하지 않으면서 연관성과 공동체성을 재발견하고자 하는 탈근대적 인간 이해를 잘 보여준다. 인간의 본성이 "분리-개별화"를 향한 직선적 운동을 하는 자율적인 개별성에 있다고 보는 매스터슨과 달리, 코헛은 인간의 본성이 지속적으로 상호관계를 갖는 자기에 있다고 본다. 의존(공생)으로부터 독립(자율)으로의 변화는 불가능하며 옛 자기대상에 고착된 미성숙한 의존으로부터 자유와 자율성을 수반하는 성숙한 의존으로의 변화만이 가능하다.

그러나 이 두 사람의 인간 이해가 전적으로 대립되는 것은 아니다. 존스가 지적한 바와 같이 공생이라고 하는 전적인 융합으로부터 전적인 분리-개별화라는 자율성으로의 발달은 불가능하지만, 어린아이가 상대적인 의존성으로부터 상대적인 자율성으로 발달하는 것은 사실이다. 상대적 의존성으로부터 상대적 자율성으로의 변화는 상호인격적 상황에서 계속된다. 그리고 이 상대적 자율성으로의 변화는 상호인격적 유대감과 모순되지 않는다. 오히려 강력한 자기대상 관계가 상대적 자율성이 가장 높은 단계까지 발달하기 위한 필수조건이다. 자율성은 관계적 개념이다. 인간은 상대적으로 자율적이면서 동시에 상호인격적 관계 안에 존재하기 때문에 모든 의존적 관계는 불가피하다. 단, 자기를 분열시키는 신경증적 의존성과 자기발달 및 상대적인 자율성을 가능케 하는 건강한 의존성은 구별되어야 한다. 이와 같은 관계적 존재로서의 정신분석적 인간 이해는 궁극적 자기대상으로서의 하나님과 (그리고 다른 피조물들과) 의존적이며 동시에 자율적인 상호적 관계에 있는 신학적 인간 이해와 상이성 안의 유사성 또는 공명을 보여준다고 할 수 있다.

그러나 정신분석과 신학 사이의 상이성 또한 분명하다. 종교를 인간 정신내면의 역학으로 환원시킨 프로이트와 달리, 오늘날의 대상관계 이론가들은 인간과 인간의 경험 대상으로서의 하나님 사이의 상호작용으로부터 출발하는 종교의 길을 제시한다. 리주토는 자기감과 하나님 이미지의 상응을 "자신의 품에 있는 애완의 하나님을 가져가지 않고 하나님의 집에 들어오는 어린이는 없다"[48]라는 말로 표현하였다. 프로이트와 달리, 리주토는 환상과 상상이 정신 건강에 매우 중요하다고 말한다. 하나님은 상상력의 창조물이다. 그러나 그녀는 상상력의 창조물이라는 바로 그 사실이 하나님의 힘과 실재의 원천이라고 주장한다. 물론 기독교 신학은 하나님을 결코 상상력의 창조물이라고 생각하지 않는다. 이 점에서 둘의 상이성은 분명하다. 그러나 신자들 가운데 아무도 자신의 품에 있는 하나님을 갖고 하나님의 집에 가는 사람이 없다고 확언할 수 있을까? 아니, 자신의 품에 있는 하나님을 전혀 가져가지 않고 하나님의 집에 가는 신자가 과연 있는 것일까? 우리는 실제로 계시된 하나님과 전이 투사로서의 하나님을 어떻게 구별할 수 있을까? 현실적으로 이 둘은 실제로 분리될 수 없을 정도로 혼합되어 있는 것이 사실이며 그렇기 때문에 우리의 하나님 이미지(관계)는 불가피하게 신뢰의 해석학과 더불어 의혹의 해석학을 필요로 하는 것이 아닌가?

2. 치료적 전이에서는 관계를 맺고 경험을 이해하는 환자의 기본적인 패턴들이 실행되고 환자의 삶이 변화된다. 치료적 전이와 마찬가지로 하나님과의 유대도 한 개인의 내면화된 정서적 관계를 표현한다. 따라서 치료적 전이에서의 변화는 하나님 이미지의 변화를 수반한다. 존스의 임상 사례들은 치료적 전이의 변화와 하나님 이미지의 변화 사이의 유사성을

48) Rizzuto, *The Birth of the Living God,* 8.

보여준다. 이것은 내적 세계의 변화가 하나님에 대한 경험 또는 하나님과의 유대감의 변화에 반영됨을 의미한다. 다시 말하면, 한 개인의 하나님과의 유대감은 그 자신의 내적 대상세계의 반영 즉 내면화된 정서적 관계의 패턴의 반향이라는 것이 종교에 대한 정신분석적 연구의 결론이다.

치료적 관계에서의 변화와 유사한 하나님(또는 궁극적 실재) 이미지의 변화가 임상 사례에서 확인되었다는 사실은 두 가지 중요한 신학적 의미를 함축한다. 첫째는 이와 같은 정신분석적 종교 이해 안에 내재한 부정적/긍정적 의미다. 한편으로 "내가 나 자신을 받아들인 후에야 나는 하나님과 다른 사람들의 돌봄을 받아들일 수 있었다"[49]는 실비아의 심리학적 고백은 결코 신학적으로 일반화될 수 없다. 하나님이 우리를 용납하심을 경험함으로써 우리도 우리 자신과 다른 사람을 용납할 수 있게 된다는 것이 신학의 근본 명제다. 하나님 자신에 의한 하나님과 우리의 관계의 변화가 우리 자신의 진정한 변화를 가능케 한다. 그러나 다른 한편으로 치료자나 다른 어떤 사람의 용납을 경험함으로써 우리가 변화된 하나님의 이미지를 받아들이고 또한 다른 사람들을 용납하게 되는 것은 결코 이상한 일이 아니다. 왜냐하면 사람에 의한 용납됨의 경험 자체가 하나님의 은혜의 섭리 안에서 일어나는 것이기 때문이며 그러한 용납됨의 경험을 제공함으로써 정신병리적 장애를 겪고 있는 사람들을 치유하는 것이 하나님에 의해 용납과 치유를 받은 그리스도인의 사명이기 때문이다.

정신분석적 종교 이해가 함축하는 두 번째 중요한 신학적 의미는 정신분석이 종교의 역기능에 대한 의혹의 해석학을 제공한다는 사실에 있다. 하나님 이미지(또는 관계)는 사람들의 근본적인 자기감을 지지하고 정당화시키며 그들의 기본적인 세계관을 뒷받침해준다. 이것은 하나님이

---

49) Jones, *Contemporary Psychoanalysis and Religion*, 73.

냉혹하고 무심한 경우에도 그러하다. 정신분석은 종교가 신자를 무력하고 의존적인 어린이로 만들거나 하나님의 형벌의 위협 아래 있는 악한 피조물로 만듦으로써 신경증적인 방어적 자기를 강화시킬 수 있다는 사실을 드러낸다. 내적 자기 구조가 형성되지 못하며 끊임없이 외적 자기대상에 의존함으로써 자기를 유지하려는 병리적 의존성을 대신하기 위해 환자들은 얼마나 종종 신적 존재와 유대하는가? 존스의 임상 사례들은 공통적으로 심판자 하나님 이미지의 역기능을 드러낸다.[50] 물론 형벌을 가하는 심판자 하나님의 모습이 버림받음의 경험에 근거한 어린아이의 정신 역동으로 일반화되거나 환원될 수는 없을 것이다. 그럼에도 불구하고 그러한 실제 사례들이 임상을 통해 확인되었다는 사실로 인해 신앙 현상 자체에 대한 더 비판적인 의혹과 검증의 필요성이 제기된다. 어떤 경우들에는 심판자 하나님의 정당성이 성서에 기초한 합리적인 논증에 의해 주장될 수 있을지라도, 종종 이러한 논증조차도 개인적·집단적 무의식 차원에 뿌리 깊게 남아 있는 부정적 관계와 경험의 상처(죄책감)로부터 완전

50) 어린 시절의 심판자로서 하나님 이미지의 형성 과정에 대해서는 여러 가지 정신분석적 설명이 있다. Freud는 어린 시절에 본능을 통제하고 아버지와 사회에 관한 금기 사항을 내면화해야 하는 정신의 내적 필요성 때문에 이 시기에 초자아가 발달한다고 말한다. 하나님은 이 통제적 초자아의 투사다. 초자아는 본능적 힘을 통제해야 하기 때문에 엄격하며, "그래"(yes)라고 말하기보다는 "아니"(no)라고 말하는 경향이 있다. Kohlberg에 따르면, 초기의 인지적인 도덕 발달 단계는 처벌과 순종의 단계로서 제재와 규칙에 초점이 맞추어져 있다. 심판과 징벌의 하나님의 이미지는 인간의 상호작용에 도덕적 의미를 부여하는 초기의 방식에 근거한다. 한편 임상적 연구 결과에 의하면, 유아나 어린아이가 심각한 정신적 또는 육체적 고통을 경험할 때 아무에게도 도움을 받지 못하고 내버려둠을 당한다면, 그 아이는 외부의 환경에 전적으로 의존되어 있기 때문에 환경을 비난함으로써 환경으로부터 버림을 당하기보다는 자신이 잘못되었다고 비난한다. 어린 시절의 공포를 극복하지 못하고 불안과 죄책감 속에 성장한 어린아이는 자연스럽게 심판자 하나님의 이미지를 갖게 된다. 이와 반대로 인정하고 위로해주는 가족 환경에서 자란 어린아이는 공포의 순간들을 극복하고 기본적 신뢰를 형성할 수 있다. 이 신뢰는 자기를 보호하시고 돌보시는 하나님의 품에 자신이 안겨 있다는 의식에 반영된다. Ibid. 80-83.

히 자유롭지 못한 것일 수 있다.

3. 인간을 고립된 개별자가 아니라 관계의 그물망 안에서 타자 및 환경과 상호작용하는 존재로 이해하는 대상관계 분석가들(특히 코헛)은 상호주관적 작용과 공감의 중요성을 강조한다. 이들의 정신분석 치료에서 가장 중요한 것은 공감적 이해다. 공감적 이해는 공감적 공명의 결핍으로 초래된 정신병리를 치료하며 좌절되었던 인격의 발달을 회복시키는 가장 강력한 치료 수단이다. 존스는 자신의 임상 사례를 통해 이를 확증한다. 해롤드의 치료는 치료자가 자신을 향한 그의 분노를 받아주고 이해해줌으로써 가능했다.[51] 실비아는 치료에서 가장 도움이 되었던 것이 누군가 자기와 함께 있었다는 경험, 자기와 함께 있어줄 정도로 자기를 돌보아주었다는 경험이라고 말한다. 이 경험은 그 자신이 왜 힘들었는지 스스로 이해할 수 있도록 해주었다. "당신이 나에게 일어났던 일을 이해하고 받아들여주었기 때문에 나는 나에게 일어났던 일들을 이해하고 받아들일 수 있었다."[52] 바바라도 말한다. "당신이 나를 받아준 것 때문에 내가 변화되었다. 심지어 내가 당신을 멀리 하려고 당신과 싸울 때조차도 당신이 나와 함께 있다는 것을 나는 깨달았다. 이것이 나에게는 커다란 위로가 되었다." 지속적인 위안과 지지를 받은 이 경험은 언제나 함께 계시고 변함없는 생명의 에너지가 되시며 우주적이지만 또한 친밀하신 인격적인 하나님의 이미지에 반영되었다.[53]

하나님과의 관계는 단지 우리의 자기감을 반영하는 전이적 투사의 산물이 아니라 오히려 우리의 자기감의 궁극적인 근거와 원천이다. 우리의

---

51) Ibid., 70.

52) Ibid., 72.

53) Ibid., 75-76.

안전감은 우리를 돌보시는 하나님 안에서의 안전감에 근거하며, 우리의 죄책감은 진노하는 하나님과의 관계에서 비롯된 자기감에 근거한다. 하나님은 우리의 자기감을 위한 궁극적인 근거다. 새로운 하나님 관계의 경험이 새로운 자기감의 원천이다. 그러므로 올바른 하나님의 이미지를 제시하고 그 하나님과의 관계를 경험할 수 있도록 해주는 것이 무엇보다 중요한 신학의 기능이다. 물론 이것은 심판하시는 하나님 개념이 단지 방어적 자기의 투사에 불과하다는 것을 의미하지는 않는다. 인간의 죄와 하나님의 정의 및 심판의 관념은 쉽사리 간과될 수 없는 영속적인 신학적 주제다. 그러나 우리가 살펴본 정신분석 이론과 임상 사례는 기독교의 전통적 신(神) 개념과 구속교리(특히 형벌만족설과 형벌대속 교리를 강조하는) 대한 의혹의 해석학으로 작동하며, 성서적이며 바람직한 신 개념과 구속교리에 대한 이해를 새롭게 환기시켜주는 기능을 한다.

치료자의 공감적 이해와 용납이 정신병리 환자의 치료를 가능케 한다는 것은 매우 중요한 구원론적 의미가 있다. 왜냐하면 공감적 이해와 용납을 통한 치료와 구원이 바로 예수 그리스도 안에서의 하나님의 구속 사역에서 나타났기 때문이다. 기독교 신학의 구원론에서 치료적 전이는 아래로는 인간관계에서 경험되고 위로는 하나님과의 관계에서 반영되는 것이 아니라, 반대로 우리에 대한 하나님의 공감적 이해와 용납의 경험이 우리 자신에 대한 공감적 이해와 용납(그리고 다른 사람들에 대한 공감적 이해와 용납)을 가능케 하는 것이다. 인간이 지니는 죄책감으로부터의 해방은 하나님의 공의를 만족시키기 위한 제의의 전이적 반복에 의해서가 아니라, 인간의 죄와 고통을 대신 걸머지고 죽음당하는 하나님의 "함께 고난당하는 공감적 사랑"(compassionate-empathic love)에 의해 주어진다. 다시 말하면, 인간을 구원하고 회복시키는 하나님의 치료는 속죄를 위한 대리적 희생제물을 바침으로써 하나님의 진노를 유화시킴에 의해서가 아니라 예수 그리스도의 역사적 삶과 십자가에 나타난 하나님의 자기희생적인 사랑과 용서에 의해서 주어진다. 이 점을 누구보다도 강조한 신학자가 몰트만이다. 그는 충동과 환상에 사로잡히고 무감정적(apathetic)이 된 인간이 십자가에 달리신 하나님 안에서 자유케 되고 그의 인간성을 발달시킬 수 있게 된다는 사실을 강조한다. "공감적 인간(*homo sympatheticus*)은 하나님의 파토스(pathos)와 그리스도의 고난의 역장(力場)—하나님의 파토스와 그리스도의 고난은 바로 강박적 자기애가 인간에게 무감정적인 삶을 선고하는 곳에서 발생한다—안으로 이끌려져야 한다."[54] 슬픔, 불안, 죄책감은 "공감적 사랑, 받아들일 수 없는 것을 받아들이는 용납, 고통당하는 능력, 감수성을 통해서만"[55] 제거될 수 있다.

하나님의 파토스 그리고 그리스도의 고난의 역사적 상징인 십자가에서 "즐거운 교환"(fröhliche Wechsel)이 일어난다. 즉 "즐거운 교환"은 십자가에서 우리의 죄, 불안, 죽임이 하나님께 전이되고 하나님의 의, 평안, 생명이 우리에게 전이되는 것이다. 예수 그리스도의 십자가에 나타난 하나님의 "함께 고통당하는 공감적 사랑" 안에서의 이 "즐거운 교환"에 인간의 궁극적인 치료적 전이와 구원의 길이 있다.

---

54) Moltmann, *The Crucified God,* 298.

55) Ibid., 303.

제12장

인간 안의 하나님의 형상, 공감적 사랑: 정신분석 이론과의 대화를 중심으로

Ⅰ. 서론

데카르트의 사유 주체(*cogito*)로 대표되는 서구 근대의 자아 개념은 자기충족적·자기집중적·개인주의적 인간 이해를 반영한다. 그러나 오늘날의 탈근대적 시기에 이와 같은 자아와 인간 이해는 더 이상 설 자리를 잃어 가고 있다. 탈근대적 자아 개념을 잘 보여주는 미셸 푸코(Michel Foucault)에 의하면, 자아란 사람들의 생각과 생활과 말을 지배하는 다수의 사회적 요소들에 대한 무의식적 내면화의 산물[1]이다. 탈근대적 자아는 자신의 경험을 조직하는 "플롯"(plot)이 사회집단(또는 준거 공동체(community of reference)으로부터 생겨나는 이야기적 자아(narrative self)다. 탈근대적 사상가들은 이와 같이 사회적으로 구성된 자아를 광범위한 그물망 안의 한 위치, 교차로의 한 지점, 대화의 그물망 안의 교차로 등으로 표현한다. 따

1) David Couzens Hoy, "Foucault: Modern or Postmodern?" *After Foucault: Humanist Knowledge, Postmodern Challenges,* ed. Jonathan Arac (New Brunswick, N. J.: Rutgers University Press, 1988), 27.

라서 탈근대적 자아는 관계성 안에서 정체성을 찾는 관계적 자아다.[2]

기독교 신학은 인간이 "하나님의 형상"으로 지음을 받았다는 성서의 말씀에 기초해서 신학적 인간학을 수립하고자 한다. 서구 기독교 전통은 "하나님의 형상"을 개별적 자아 구성의 관점에서 이해하고자 하였다. 특히 아우구스티누스가 인간에 대한 탐구를 개인 내면의 심리적 자아에 집중시킨 이래, 서방 교회는 인간 안의 하나님의 형상을 인간 본성의 내적 구조 또는 하나님 앞에서의 개별자의 관점에서 이해하여왔다. 그러나 근대적 자아가 죽음을 당하거나 해체된 오늘날의 탈근대적 시기에 기독교 신학은 더 이상 "하나님의 형상"을 서방 교회의 전통적인 방식으로 이해할 수 없게 되었다. 오늘날 인간 이해는 데카르트적인 "고독한 정신"으로부터 공동체적인 인격 개념으로 전환하였으며, 자아는 본질적 속성들에 의해 구성되는 고정된 실체라기보다 관계에 의해 구성되는 역동적 과정으로 간주된다.

여기서 필자는 관계적·사회적 삼위일체론의 빛 안에서 "하나님의 형상"으로서의 인간의 본성을 실체적·개인적 관점이 아닌 관계적·사회적 관점에서 새롭게 조명하고자 한다. 그리고 그리스도론적 십자가 신학의 관점에서 인간 안의 하나님 형상이 특히 "공감적 사랑"(empathic love)에 있음을 강조하고자 한다. 필자는 이와 같은 주장을 확증하기 위해 학제간 대화를 시도한다. 즉 정신분석 이론가를 비롯한 여러 과학자들과의 대화를 통해 인간의 본성이 공감적 관계성에 근거하고 있음을 논증하고자 한다. 오늘날 정신분석가들은 인간의 본유적이고 핵심적인 능력은 서로

---

2) 예를 들면, George Herbert Mead, *Mind, Self and Society*, ed. Charles W. Morris (Chicago: University of Chicago Press, 1934, 1974), 138-158 참고. 나은영 역, 『정신 자아 사회』 (파주: 한길사, 2010).

에 대한 "공감"[3]에 있다고 본다. 인간의 본성은 외딴 섬과 같은 자율을 추구하는 것이 아니라 동료애, 애정, 친밀성 등을 추구한다. 자아의식의 발달을 자율의 확립과 동일시하던 20세기 초까지의 근대적 통념은 오늘날 무너졌다. 아동발달 심리학자들은 자기감과 자아의식이 타자와의 관계에 깊이 의존한다고 본다. 여기서 공감은 우애적 유대감을 형성하는 길이다. 리프킨은 공감을 이렇게 정의한다. "공감은 우리가 다른 사람들의 삶의 일부가 되어 유의미한 경험을 공유할 수 있게 해주는 심리적 방편이다. 초월이란 개념은 바로 자기를 넘어서 더 큰 공동체에 참여하고 속하며, 더 복잡한 의미의 그물망 안으로 들어가는 것이다."[4]

이 글에서는 먼저 프로이트와 그 이후의 정신분석 이론가들의 인간 이해를 비교·소개함으로써 공감적 유대감이 인간의 온전한 인격 형성에 얼마나 중요한지를 확인하고자 한다(II, III). 그리고 성서에 기초한 인간 안의 하나님의 형상에 대한 기본적인 이해들을 소개한 다음(IV), 관계론적 삼위일체 모델에 근거하여 인간 안의 하나님의 형상이 관계성에 있음을 밝히고(V), 특히 예수 그리스도 안에 나타난 하나님의 형상이 공감적 사랑에 있음을 새롭게 드러내고자 한다(VI). 그리고 결론적으로 하나님의 형상으로서 인간은 공감적 사랑의 관계성 안에 있는 "호모 엠파티쿠스"(*Homo Empathicus*)이며 예수 그리스도 안에서 하나님의 형상을 회복

---

3) 영어에서 "공감"을 의미하는 "empathy"는 감정이입을 의미하는 독일어 "Einfühlung"을 미국의 심리학자 E. B. Titchener가 1909년에 영어로 번역한 것이다. 본래 "Einfühlung"은 1872년에 Robert Vischer가 미학에 사용한 용어로서 예술 작품을 감상하는 사람이 작품을 감상하기 위해 작품에 자신의 감수성(sensibility)을 투사하는 방식과 연관되어 있다. "empathy"의 "pathy"는 다른 사람의 고통의 정서적 상태 안으로 들어가 그의 고통을 내 자신의 것처럼 느끼는 것을 뜻한다. Jeremy Rifkin, *The Empathic Civilization: The Race to Global Consciousness in a World in Crisis* (New York: Jeremy P. Tarcher/Penguin, 2009), 12. 이경남 역, 『공감의 시대』 (서울: 민음사, 2010).

4) Ibid., 20.

하고 이 세상에서 공감적 사랑을 실천하는 것이 우리의 사명임을 다시 한 번 상기시키고자 한다(VII).

Ⅱ. 프로이트의 인간 이해

프로이트는 타락하고 부패한 인간 본성을 강조하는 기독교의 인간 이해를 세속화하여 18세기 계몽주의의 물질주의와 결합시켰다. 그의 인간 이해는 매우 암울하고 비관적이다. 그는 인간 본성을 에로티시즘의 관점에서 파악하였다. 그는 인간이 추구하는 바가 부정적으로는 고통과 불쾌감으로부터 벗어나는 것이고, 긍정적으로는 강한 쾌감을 경험하는 것이라고 보았다. 그는 인간의 모든 활동의 원동력이 유용성과 쾌락에 있다고 주장했다.[5] 그에 따르면, 성관계가 인간에게 가장 강한 만족의 경험과 모든 행복의 원형을 제공해주며 따라서 인간은 생식기적 에로티시즘을 자신의 삶의 중심으로 삼고자 한다. 인간은 리비도에 의해 움직여지며 채울 수 없는 성적 욕구를 만족시키고자 한다. 성적 만족의 충동이 너무 강하기 때문에 모든 외적 현실은 단지 성적 해소를 위한 도구일 뿐이다. 이와 같이 인간은 공격적이며 야수적이다. "인간은 강력한 공격성을 본능적으로 타고난 동물이다. 결과적으로 그에게 이웃은 잠재적인 도우미나 성적 대상일 뿐 아니라, 그 자신의 공격성을 충족시키고, 보상 없이 노동력을 착취하고 동의 없이 성적으로 이용하며, 가진 것을 빼앗고 모욕하며, 고통을 주고 고문하며, 죽일 수 있는 대상이다. 인간은 모든 인간에 대해 늑

---

5) Sigmund Freud, *Civilization and Its Discontents*, trans. James Strachey (New York: W.W. Norton, 1961), 23, 41. 김석희 역, 『문명 속의 불만』 (파주: 열린책들, 2003).

대다(*Homo homini lupus*)."[6]

프로이트는 이타적 사랑이란 개념은 인간의 본성과 양립될 수 없다고 생각했다. 그는 이웃을 네 자신의 몸처럼 사랑하라는 계명보다 본래적 인간의 본성과 대립되는 것은 없다고 주장했다.[7] 그에게 사회는 리비도적 인간 본성을 억제하는 초자아의 기능을 한다. 사회는 인간의 공격적인 성적 충동이 만인에 대한 만인의 투쟁과 상호 파괴를 초래하지 않도록, 그리고 그 충동을 억제하기 위해 마련된 심리적·문화적 감옥과 다름이 없다. 사회 속에서 인간은 자신의 얼마간의 행복의 가능성을 얼마간의 안전성과 교환하는 타협을 마지못해 받아들인다.[8]

프로이트는 『쾌락 원리를 넘어서』(1929)에서 "죽음 본능"이란 개념을 제시한다. 죽음 본능이란 살아 있는 실체를 보존하고 더 큰 단위들에 참여하려는 본능과, 그 본능과 반대되는 또 하나의 본능, 즉 그 단위들을 해체하고 그것들을 원래의 무기물 상태로 되돌리려는 본능이다. 에로스와 더불어 죽음 본능도 있다. 프로이트는 생명 현상을 이 두 본능의 동시발생적인 또는 상호 대립적인 행동으로 이해한다.[9] 그는 모든 생명은 결국 죽음 본능을 위해 봉사한다고 보았다.

이와 같이 프로이트의 인간 이해는 매우 부정적이고 비관적이다. 그에게 모든 인간의 감정은 성적 충동과 죽음 본능에 대한 억압의 잔여일 뿐이다. 사랑이나 다정함도 에로틱한 충동이 억압되거나 약화됨으로써 나타나는 감정으로 간주된다. 프로이트의 분석에는 아기를 양육하는 엄마의 사랑에 대한 이해가 결여되어 있다. 아기는 (훗날의 성인처럼) 처음부

6) Ibid., 58.
7) Ibid., 59.
8) ibid., 62.
9) Ibid., 65-66.

터 리비도에 사로잡혀 있다. 엄마는 사랑과 애정의 대상이 아니라 성적·물질적 효용의 대상이다. 엄마의 유일한 목적은 성적 만족과 쾌감을 향한 아기의 내적 충동을 충족시키는 것이다. 프로이트는 이렇게 주장한다. "유아가 엄마를 찾는 것은 오직 엄마가 지체 없이 자신의 모든 요구를 만족시켜줄 것을 경험을 통해 알기 때문이다."[10] 이러한 주장은 인간에게 본래적으로 신체적 욕구의 만족과 별도로 유대감에 대한 갈망이 있을 수 있다는 가능성을 부인하는 것이다.

프로이트는 종교의 원천을 아이가 경험한 엄마의 양육 즉 사랑의 돌봄에서 찾기보다는 아이의 무력감과 아버지를 되살려내려는 갈망에서 찾는다. "어린 시절에는 아버지의 보호를 받고자 하는 욕구만큼 강한 욕구가 없다. 따라서 끝없는 나르시시즘을 복위시키려는 '바다 같은' 느낌은 첫 번째 자리를 차지할 수 없다. 종교적 태도의 기원은 아이의 무력감에까지 명확하게 거슬러 올라갈 수 있다."[11] 프로이트에게 종교적 충동은 철저히 실리적인 것이며 안정감을 보장해 줄 수 있는 아버지를 향한 것이다. 엄마의 사랑과 돌봄 그리고 상호적인 애정과 유대감은 더 깊은 나르시스적인 충동을 은폐하는 상상적 허구다. 이와 같은 그의 정신분석은 전형적인 가부장적 특징을 보여준다. 그는 엄마와 아이 사이의 진정한 사랑의 관계에 대한 경험적 이해를 갖지 못했다. 그는 여성의 역할이 아기를 낳고 젖을 먹여 키우는 것 이상의 의미를 갖고 있다고 생각하지 못했다. 그는 여성의 정신과 감정은 남성의 그림자일 뿐이며, 여성의 행위는 궁극적으로 "남근 선망"(penis envy)을 반영한다고 주장했다.

---

10) Ian D. Suttie, *The Origins of Love and Hate* (New York: Julian Press, 1952), 236에서 재인용.

11) Freud, *Civilization and Its Discontents*, 19.

Ⅲ. 프로이트 이후의 정신분석 이론가들의 인간 이해

프로이트 이후에 프로이트의 이론에 도전했던 첫 번째 대표적인 인물은 여성 심리학자인 멜라니 클라인(Melanie Klein)이었다. 클라인은 대상관계 이론을 수립한 영국학파의 선구자로 알려져 있다. 그는 프로이트처럼 리비도와 공격성을 원초적 충동으로 보았지만 전자보다 후자를 더 강조하였다. 그런데 그 공격성은 아버지가 아니라 어머니, 특히 어머니의 젖가슴을 향한다. 유아는 원초적 대상인 젖가슴을 자신의 리비도적 충동을 만족시키는 좋은 가슴과 자기를 좌절시키고 학대하는 나쁜 가슴으로 구분한다. 이와 같이 유아는 최초의 대상인 엄마에 대하여 양면적인 느낌을 갖는다. 그러나 아이가 점차 엄마를 젖가슴 이상의 존재, 즉 자신을 돌보아주는 존재로 인식하게 됨에 따라 양면 감정은 자신의 공격성이 좋은 대상에게 해를 입히지 않을까 하는 두려움으로 바뀐다. 그리하여 아이는 가책과 죄의식, 그리고 보상 욕구를 느끼기 시작한다.

프로이트와 달리, 클라인은 태어날 때부터 원시적인 형태의 자아(ego)가 활동하며 이를 통하여 유아는 내면화된 대상관계를 형성할 수 있는 능력을 갖게 된다고 주장한다. 그녀에 따르면, 이른 유아시기부터 모종의 의식이 존재하며 유아가 처음으로 내면화하는 대상은 아버지가 아니라 어머니다. 클라인은 프로이트처럼 유아의 원초적 충동이 리비도적이고 공격적이라고 생각했지만, 프로이트와 달리 인간관계가 사회성에 의해 조절될 수 있다는 가능성을 인식했다. 그럼에도 불구하고 그는 사회성이 단지 보상적 충동이 아닌 원초적 충동이라고 주장하지는 못했다.[12]

---

12) Peter Buckley, "Instincts versus Relationships: The Emergence of Two Opposing Theories," Peter Buckley, ed. *Essential Papers on Object Relations* (New York: New York University Press, 1986), 2.

클라인과는 달리 윌리암 페어베언, 하인즈 코헛, 도널드 위니캇, 이안 수티 등의 대상관계 정신분석가들은, 사회성은 원초적 충동이며 리비도, 공격성, 파괴성에 사로잡히는 것은 가장 기본적인 인간의 욕구가 좌절됨에 대한 보상적 반응이라고 주장했다. 페어베언(William Fairbairn)은 프로이트와 클라인과 정반대되는 관점에서 대상관계 이론의 틀을 수립한다. 즉 "리비도적 태도가 대상관계를 결정하는 것이 아니라, 대상관계가 리비도적 태도를 결정한다."[13] 페어베언에 의하면, 한 인격으로서 사랑을 받고 또 자신의 사랑이 받아들여지기를 바라는 욕구가 좌절되는 것이 아이가 경험할 수 있는 가장 큰 상처다. 이 상처가 유아적 성 고착을 초래한다. 이러한 성 고착은 외적 대상과의 정서적 관계의 실패를 대체 만족으로 보상받으려는 시도의 결과다. 다시 말하면 아이가 한 인격으로서 자신이 사랑을 받지 못한다고 느끼거나 자신의 사랑이 거절된다고 느낄 때, 아이는 비정상적 관계를 발전시키고 공격성, 강박, 편집증, 히스테리, 공포 등의 병리적 증상들을 나타낸다. 이 모든 것은 고립과 버림받음의 느낌으로부터 말미암는다.[14]

페어베언은 리비도적 목표가 대상관계보다 이차적이며, 충동의 만족이 아니라 대상과의 관계가 리비도적 추구의 궁극적 목표라고 주장함으로써[15] 프로이트의 인간 이해를 전도시켰다. 프로이트에게 리비도는 가

13) William R. D. Fairbairn, *Psychoanalytic Studies of the Personality* (Hove, UK: Brunner Routledge, 2003[1952]), 34. 이재훈 역, 『성격에 관한 정신분석학적 연구』 (서울: 한국심리치료연구소, 2003). 예를 들면 아기가 엄지손가락을 빠는 것은 Freud의 주장처럼 입이 성감대이고 빠는 것이 에로틱한 쾌감을 주기 때문이 아니라, 빨 젖가슴이 없기 때문이다. 즉 엄지손가락을 빠는 행위는 "불만족스러운 대상관계를 처리하는 기술"을 의미한다. 아기가 원하는 엄마 젖가슴, 엄마 자체와의 관계를 거절당했기 때문에 자신을 만족시키기 위해 대체 대상관계를 제공하는 것이다. 33.

14) Ibid., 39-40.

15) Ibid., 60.

장 원초적인 힘이다. 유아는 태생적으로 끝없이 성적 쾌락을 추구한다. 이것이 "쾌락원리"다. 자아(ego)가 있기 전에 리비도적 만족을 추구하는 원초적인 힘인 이드(id)가 있다. 그러나 프로이트에 의하면 질서 있는 사회적 교제를 위해서 "쾌락원리"는 "현실원리"에 의해 억제되어야 한다. 현실원리는 부모의 통제를 통해 부과된다. 아기가 생후 18개월에서 2년 정도 되면, 부모는 배변 훈련과 규칙적인 식사와 같은 훈련을 통해서 아기에게 현실원리를 주입시켜 주어야 한다. 아기는 본능적 충동을 억누르고 사회적 규범을 따르는 법을 배워야 한다. 프로이트에게 사회화는 자기파괴적이고 반사회적인 원초적 충동을 억누르는 것을 의미하며, 자아란 리비도적 충동을 억누르고 이드를 통제하는 사회화 과정을 통해 형성되는 기제다.

클라인처럼 페어베언은 자아 구조가 태어날 때부터 발달되기 시작한다고 보았다. 프로이트와 반대로, 그는 아기가 자아 구조와 더불어 현실원리를 지니고 태어나며 이 현실원리는 애정, 친밀감, 소속감을 추구하는 것이라고 주장했다. 인간의 근본적인 본성은 타자와의 애정, 친밀감, 소속감의 관계를 추구하는 데 있으며, 충동은 이와 같은 관계를 추구하는 자아 구조의 삶을 구성한다. 끊임없이 타자와 애정의 관계를 맺고자 하는 것, 이것이 유아의 원초적인 현실원리이며 또한 인간의 근본적 본성이다. 쾌락원리는 주된 행동원리가 아니라 "대상관계의 빈곤화를 수반하는, 그리고 현실원리가 작동하지 않음에 비례하여 작동하는 보조적 행동원리"[16]다.

하인즈 코헛(Heinz Kohut)은 파괴적 충동이 인간 본성에 본유적인 것이 아니라 신뢰의 관계형성의 실패에 수반되는 것이라는 페어베언의 견

---

16) Ibid., 89.

해에 동의하였다. 그러나 그는 자아가 공생적 의존성으로부터 자율적 독립성으로 나아가야 한다고 주장했던 페어베언과는 달리, 성숙한 자아의 형성을 위한 공감적 유대성의 중요성을 강조하였다. 공감이 결여되면 자아 형성은 심각한 장애를 경험한다. "인간의 파괴성은 본래적으로 자기대상 환경이 아이가 필요로 하는 적절한(최대가 아닌) 공감적 응답을 충족시켜주지 못한 결과로 생겨난다."[17] 코헛은 원초적 충동을 공격성, 분노, 파괴성과 구별하였다. 충동은 자아 형성과 성숙한 자아 발달의 도구가 될 수 있다. 반면 공격성, 분노, 파괴성은 부모의 공감 결여로 인한 자기대상 관계의 실패를 나타낸다. 부모의 공감적 반응이 약하거나 없으면 아이의 자아 발달은 저지된다. 코헛은 임상 사례를 통해서 아이의 자아 형성에 핵심적인 요소는 적절한 공감이지, 양육자가 엄마냐 다른 사람이냐 하는 것이 아니라는 사실을 입증했다.[18]

소아과 의사였던 도널드 위니컷(Donald Winnicott)은 유아가 자기 몰두적인 개인적 존재라는 이해를 거부했다. 아기는 단독으로 존재하지 않는다. 아기는 일관된 자기감도 가지고 있지 않다. 이 최초의 단계에서는 아직 개인적 자아가 존재하지 않는다.[19] 위니컷은 관계가 개인을 선행한다고 주장한다. 아기는 엄마의 자궁에서 만들어지지만, 한 개인은 관계 속에서 형성된다. 개인이 사회를 만드는 것이 아니라, 사회가 개인을 만든다. 이러한 인간 이해는 자족적이고 자율적인 개인이라는 근대의 인간 이해에 대한 정면 도전을 의미한다. 위니컷은 아기가 엄마의 젖꼭지로 인

---

17) Heinz Kohut, *The Restoration of the Self* (New York: International University Press, 1977), 116. 이재훈 역, 『자기의 회복』 (서울: 한국심리치료연구소, 2006).

18) Kohut, *Self Psychology and the Humanities: Reflections on a New Psychoanalytical Approach*, ed. Charles B. Strozier (New York: W. W. Norton, 1985), 167.

19) Donald W. Winnicott, *Human Nature* (Philadelphia: Brunner/Mazel, 1988), 131.

도되는 방식이 장차 아이가 개인적 존재로서 발달해 나아갈 방향을 지시한다고 본다. 엄마의 젖꼭지를 찾는 최초의 행위가 타자와의 관계로 처음 들어가는 행위이기 때문에, 이 관계로 들어가는 방식이 아이가 다른 사람에 대하여 발전시킬 기대의 종류를 결정한다. 엄마는 아기가 스스로 젖꼭지를 찾도록 기다려줄 필요가 있다. 엄마는 아기가 관계에 기여할 수 있게 기다리지 않으면, 관계는 저해되고 자기감의 발달은 저지된다. 엄마는 아기와 최초로 관계를 맺는 방식을 통해 아기가 한 개인적 존재가 되는 것을 돕는다. 처음부터 관계가 개인을 만든다. 엄마의 젖꼭지를 찾는 행위를 통해서 아기는 타자와의 관계로 들어가는 방식을 배우고 또한 이를 통해서 "나"와 "너"의 관계 안에서 자기감을 발전시킨다.[20]

이안 수티(Ian Suttie)는 프로이트의 인간 이해와 가장 분명하게 대조되는 대안적 인간 이해를 제시하였다. 수티는 리비도적 성적 충동이 태어날 때부터 그리고 전 생애 동안 인간의 본성과 관계를 지배한다는 프로이트의 주장은 근거가 없다고 보았다. 그는 "타고난 유대감에 대한 요구"가 유아가 자기 보존을 확인하는 주된 방편이며, 그것이 인간 본성의 핵심이라고 주장했다.[21] 그는 아이가 후에 갖는 모든 관심들, 곧 우리가 놀이하고 협력하며 경쟁하고 문화적·정치적 관심을 추구하는 방식은 최초의 관계 즉 유아와 엄마의 유대를 대체하는 것이라고 보았다. "이런 대체물에 의해, 우리는 엄마에 의해 점유되었던 자리에 사회 환경 전반을 놓는다."[22]

수티는 놀이가 가장 중요한 사회적 활동이라고 주장한다. 왜냐하면 놀이는 유대감과 신뢰를 쌓고 상상력과 창조성을 발휘하는 곳이기 때문이

---

20) Ibid., 106-108.

21) Suttie, *The Origins of Love and Hate*, 6.

22) Ibid., 16.

다. 놀이는 우리의 실존적 외로움을 극복하고 최초의 놀이 친구인 엄마와 함께 처음 발견했던 유대감을 되찾는 곳이다.[23] 다정함(tenderness)을 성적 각성이 미약하게 승화된 것이라고 보았던 프로이트와 달리, 수티는 다정함을 태어날 때부터 나타나는 원초적 힘으로 보았다.[24] 수티는 유아기부터 모든 인간관계가 서로에게 힘을 행사하려는 욕구에 의해 추동된다는 생각을 거부한다. 유아가 어린이로 성장해가는 과정에 그런 행동이 더러 나타나기도 하지만, 그것은 엄마와의 최초의 사회적 관계에서 다정한 상호성이 결여됨으로써 나타나는 이차적 충동이다. 불안, 미움, 공격성, 힘의 추구가 나타나기 시작하는 것은 엄마가 아기에게 자신을 내어주지 않으려 하거나 아기의 애정 어린 몸짓이나 선물을 거부할 때뿐이다.[25] 수티에 따르면, 비록 초보적이지만 유아는 선물을 주고받으려는 본능적인 욕구를 가지고 삶을 시작한다. 이것이 모든 애정의 기초다. 상호성은 사회성의 핵심이며 관계성의 기반이다. 상호성이 차단될 때, 자아와 사회성의 발달이 저해되고 정신병리적 증세가 생겨난다.[26]

"애착이론"(attachment theory)으로 잘 알려진 영국의 정신과 의사 존 보울비(John Bowlby)는 엄마와 갖는 아기의 최초의 관계가 그의 전(全) 생애의 정서적·정신적 삶을 형성한다고 주장했다. 페어베언처럼 그는 아이의 원초적 충동이 타자와의 관계를 추구하는 것이라고 보았다. 보울비는 대상관계 이론을 위한 진화생물학적 토대를 마련함으로써 프로이트 이론의 오류를 입증하기 위한 과학적 근거를 제시하였다. 그는 동물행동

23) Ibid., 18.

24) 그가 말하는 "다정함"은 Kohut이 사회적 관계의 형성에서 중요하다고 본 "공감적 유대감"(empathic bond)과 유사하다.

25) Suttie, *The Origins of Love and Hate,* 50.

26) Ibid., 53.

학자인 콘라트 로렌츠(Konrad Lorenz)의 실험에서 자신의 이론을 위한 동물생물학적 근거를 발견하였다. 로렌츠는 자신의 실험을 통해 오리나 거위 같은 조류의 새끼들은 처음 접하는 대상과 신속하게 유대감을 형성한다는 사실을 밝혀냈다. 새끼들은 그 대상을 자신의 어미로 알고 따른다. 보울비는 아이와 엄마의 유대감의 발달에 대한 실증적 자료가 동물행동학의 관점에서 더 잘 이해될 수 있다고 주장하면서 자신의 애착이론을 수립하였다.[27] 애착행동은 거의 모든 포유류에게서 발견된다. 미숙한 동물은 일반적으로 보호받기 위해 성숙한 어른(대개 엄마)에게 애착한다. 이러한 행동은 먹이를 찾는 행동이나 성적 행동과는 다른 것이다.[28]

또한 보울비는 애착행동과 더불어 이와 대비되는 탐구적 행동도 있다고 말한다. 이 둘은 변증법적 관계에 있다. 좋은 부모는 아이에게 안전한 기초를 제공해 줌과 동시에 그 기초 위에서 세상을 탐구하도록 격려한다.[29] 부모가 아기에게 안전한 보호감, 돌봄, 애정을 제공해주지 않으면, 아기는 세상을 향해 나아가 독립적인 존재가 될 수 없을 것이다. 이와 동시에 부모는 주변의 세계를 탐구하고자 하는 아기의 내적 욕구를 격려해 주어야 한다. 이 변증법적 과정이 잘 이루어지느냐의 여부가 아이의 훗날의 정서적 삶과 사회성을 결정한다. 부모가 안정된 애착을 유지하고 독립적 탐구를 격려하는 일을 균형 있게 조화시키면, 아이는 건강한 자기감을 형성하고 적절한 정서적 성숙을 이루어 타자와 유의미한 관계를 발전시킬 수 있게 된다. 이 모든 부모의 역할에 있어서 가장 중요한 것은 공감이다. 보울비의 연구는 공감적인 부모일수록 정서적·인지적으로 아이의 요

---

27) John Bowlby, *The Making and Breaking of Affectional Bonds* (London: Tavistock Publications, 1979), 128-129.

28) Ibid., 131.

29) Ibid., 136.

구를 더 잘 파악한다는 사실을 보여준다. 공감적 감성이 미숙하거나 부적절하거나 결여된 부모는 정신적으로 안정되고 신뢰를 주며 남을 배려할 줄 아는 아이 또는 안전성과 독립성을 함께 느끼며 다른 사람과 유의미한 관계를 가질 수 있는 아이를 길러낼 수 없다.

정신과 임상교수인 스탠리 그린스펀(Stanley Greenspan)은 이미 형성된 개인에 의해 관계가 시작되는 것이 아니라 개인이 타자와의 관계로부터 형성된다는 대상관계 이론가들의 관찰을 재확인해준다. 그는 자의식을 가진 정체성의 발달이 전적으로 부모와 아이 사이의 공감적 관계에 의존한다고 강조한다.[30] 부모가 일관되고 지속적으로 아이의 정서 상태를 정확하게 읽고 효과적으로 반응할 때에만 아이도 그와 같은 방식으로 반응하게 된다. 엄마와의 공감적 유대를 통해 아이는 주변 세상을 향해 마음을 열며, 따뜻한 마음과 애정을 가지며, 자신이 상호적 관계 안에서 다른 사람에게 행동하고 긍정적으로 응답받을 수 있다는 확신을 갖는다. 그린스펀에 의하면, "발달된 의식"이란 성숙한 공감적 감수성 외에 다른 것이 아니다. 대상관계 이론가들처럼 그는 "배려와 동정으로 다른 사람의 감정을 고려할 줄 아는 능력은 스스로 사랑과 보살핌을 받을 줄 아는 아이의 감성에서 비롯된다"고 말한다.[31] 그는 정신 건강이 인간성으로 연결되어 있다는 느낌과 "잘 발달된 공감적 감수성"이 필요함을 거듭 강조한다.[32]

---

30) Stanley I. Greenspan & Beryl Lieff Benderly, *The Growth of the Mind: And the Endangered Origins of Intelligence* (Cambridge, Massachusetts: Perseus Books, 1997), 88.

31) Ibid., 120.

32) Ibid., 193.

Ⅳ. 인간 안의 하나님의 형상

기독교 인간 이해를 위한 전거를 제공해주는 주된 성서 본문들 가운데 대표적인 본문은 하나님이 인간을 자신의 형상으로 창조하셨다고 기록되어 있는 창세기 1:26-27[33]과 인간(아담)과 여자(하와)를 만드는 구체적인 방식과 과정이 기록되어 있는 창세기 2:7, 18-25이다. 이 본문들에 나타나는 인간의 특징은 세 가지다. 첫째, 이 본문들은 (시 8:5-8처럼) 인간이 지상에서의 하나님의 대리자 또는 대표자라는 사실을 보여준다. 즉 인간은 하나님의 대리자로서 이 땅의 모든 것을 다스리도록 위임받았다(창 1:26, 28). 둘째, 이 본문들은 처음 만들어진 인간에게 아담(*adam*)이라는 공통 용어를 사용함으로써 첫 번째 인간이 개별적 개인이 아닌 인류 전체를 대표하는 인간을 보여준다. 셋째, 이 본문은 하나님의 형상과 남자와 여자의 창조를 연결시킴으로써(창 1:27) 하나님의 형상이 남자와 여자의 성적 분화와 관계있음을 보여준다.

이와 같은 성서 본문들과 이 외의 다른 본문들에 의거하여 교회는 하나님의 형상을 여러 가지 방식으로 해석해 왔다. 밀리오리는 이 여러 가지 해석들을 다섯 가지로 요약한다.[34] ① 직립 보행하는 인간은 하나님과 신체적으로 닮았다. ② 하나님의 형상은 인간의 이성적 본성 안에 존재한다. ③ 하나님의 형상은 인간이 땅에 대한 지배권을 부여받았다는 사실에 있다. ④ 하나님의 형상은 인간의 자유에 있다. ⑤ 하나님의 형상은 하나

---

33) 창 1:26-27에서 인간은 하나님의 "형상"(첼렘, *tselem*, *eikona*, *imaginem*)과 "모양"(데무트, *demuth*, *homoioosin*, *similitudinem*)으로 창조되었다고 기록되어 있는데, Calvin은 "모양"은 "형상"이란 말을 더 밝히기 위해 사용된 것으로 본다. John Calvin, 원광연 역, 『기독교 강요』 상 제1권 15.3 (고양: 크리스챤다이제스트, 2003), 225-228.

34) Daniel L. Migliore, 신옥수, 백충현 역, 『기독교 조직신학 개론: 이해를 추구하는 신앙』 (서울: 새물결플러스, 2012), 전면개정판(제2판), 243-247.

님 및 다른 피조물과 관계를 맺고 있는 인간의 삶에서 드러난다. 이 다섯 가지 해석들은 각기 나름대로 일면적인 진리를 포함한다. 그러나 밀리오리는 자신이 다섯 번째 해석에 동의한다고 밝힌다. 그에 의하면, 인간이 된다는 것은 상호 존중과 사랑의 관계 속에 사는 것을 의미한다. "관계 속에 있는 인간의 존재는—인간관계의 전형적인 형태는 남자와 여자의 공존이다—고독이 아니라 교제 속에서 영원히 사시는 하나님의 삶을 반영한다."[35]

고대 이래 서구교회는 전통적으로 하나님의 형상을 영혼, 정신, 이성과 같이 인간 인격의 내면을 구성하는 존재론적 요소로 이해해왔다.[36] 그러나 오늘날 대부분의 신학자들은 하나님의 형상으로서의 인간의 독특성이 인간의 내적인 인격 구조에 있기보다는 근본적으로 관계성, 특히 하나님과의 관계성에 있다고 이해한다. 인간은 다른 피조물과 비교될 수 없이 탁월하게 관계적인 존재이며, 무엇보다 모든 피조물들 가운데 인간만이 유일하게 하나님과 "나와 너"(I-Thou)의 인격적 관계를 가질 수 있다. 인간만이 상호적인 인격적 관계 안에서 하나님과 대화하고 소통할 수 있는 존재다. 인간에게 다른 피조물과 공유하고 있는 육체적 실존과 구별되는 영적 실존이 있다면, 그것은 인간이 육체와 구별되는 영이라는 이원론적 실체를 가지고 있다는 의미에서가 아니라, 오직 인간에게만 하나님과 상호적인 인격적 관계를 맺을 수 있는 가능성이 주어져 있다는 의미에서다.[37]

---

35) Ibid., 245.

36) Calvin은 인간의 탁월한 존재 전체가 하나님의 영광을 드러낸다고 말한다. 그는 하나님의 형상의 중심 자리가 인간의 정신, 마음, 영혼과 그 기능들에 있지만 몸을 포함한 인간의 존재 전체가 하나님의 형상을 반영한다고 말한다. Calvin, 『기독교 강요』 제1권 15.3. 227.

37) 예를 들면 선악과를 먹은 죄에 대한 책임을 묻는 과정에서 하나님은 아담과 하와에게는 그 이유를 묻지만 뱀에게는 묻지 않고 곧바로 저주한다(창 3:9-14). 뱀은 하나님과 대화의 상대가 아니다.

클라우스 베스터만(Claus Westermann)은 창세기 2:18-25을 주석하면서 이 본문의 중심 주제가 단지 여자의 창조에 있지 않고 인간(인류, humankind)의 창조에 있다고 지적한다. 여자의 창조는 인간의 창조를 완성한다. 왜냐하면 하나님의 피조물로서의 인간은 오직 공동체 안에서만 인간이기 때문이다.[38] 이 본문에서 성(性)은 단지 육체를 지닌 성적 피조물로서의 인간의 불완전성과 연관될 뿐만 아니라 타자와의 관계성 안에 있는 통전적 인간을 위한 잠재성과 연관된다. 성은 유대감을 형성하고자 하는 인간의 충동의 근거가 되는 역동성이다. 유대감을 향한 충동은 혼인에서 발견되며 혼인을 통하여 폭넓은 인간 공동체가 수립된다. 스탠리 그렌츠(Stanley Grenz)에 의하면 "성의 궁극적 목적, 따라서 유대감의 궁극적 목적은 충만한 공동체에 참여하는 것, 즉 새로운 인간으로서 하나님과 모든 창조세계와의 관계 안에서 함께 사는 것이다."[39] 성적 자아는 관계적 자아다. 이 자아는 공동체적 유대감 안에 있는 인격이다.

그러면 이러한 공동체적 유대감 안에 있는 인간 자아 또는 인격이 어떻게 하나님의 형상이 될 수 있는가? 기독교 성서 해석학의 관점에서 창세기 1:26에 나오는 신적 복수형의 구절인 "우리의 형상을 따라 우리의 모양대로 우리가 사람을 만들고"(창 1:26)에 대한 삼위일체적 해석이 가능하다면, 이 구절은 남자와 여자로서의 인간의 성적 분화가 신적 관계성을 반영하는 것으로 이해될 수 있다. 하나님의 형상은 관계적 유비의 관점에서 이해되어야 하며, 관계적 유비의 관점에서 볼 때 인간 안에 있는 하나

38) Claus Westermann, *Genesis 1-11: A Commentary*, trans. John J. Scullion (London: SPCK, 1984), 192.

39) Stanley J. Grenz, "The Social God and the Relational Self: Toward a Theology of the Imago Dei in the Postmodern Context," *Personal Identity in Theological Perspective*, ed. Richard Lints, Michael S. Horton, & Markk R. Talbot (Grand Rapids: William B. Eerdmans Publishing Company, 2006), 87.

님의 형상은 남자와 여자로서의 인간의 관계성을 의미한다고 처음 주장한 사람은 본회퍼였다.[40]

V. 관계론적 삼위일체 모델에 나타난 하나님의 형상

바르트는 이러한 관계론적 인간 이해를 삼위일체론적으로 발전시켰다. 그에 의하면, 하나님은 한 분이지만 홀로 계시지 않는다. 하나님은 세 위격이 서로 사랑의 교제 가운데 계신 삼위일체 하나님이다. "그분은 영원히 사랑하시는 분이고, 영원히 사랑받는 분이며, 영원한 사랑이다. 이 삼위일체 안에서 그분은 모든 나와 너의 관계의 기원 및 원천이다."[41] 바르트는 이와 같은 관계론적인 하나님의 형상이 남자와 여자의 창조에 반영되었다고 본다. 그는 "하나님이 자기 형상 곧 하나님의 형상대로 사람을 창조하시되 남자와 여자를 창조하시고"(창 1:27)라는 본문을 주석하면서 여기서 하나님의 형상은 나와 너의 관계를 의미한다고 본다. 이 본문에서 여자의 창조는 매우 중요하다. 왜냐하면 그것은 영원한 삼위일체를 성격 짓는 나와 너의 관계와 같은 종류의 관계를 창조세계 안에서 가능케 하기 때문이다. 따라서 바르트는 인간 안의 하나님의 형상이 하나님과 인간의 관계, 인간과 인간의 관계, 남자와 여자의 관계에 있다고 주장한다.[42]

---

40) Phyllis A. Bird, "'Male and Female He Created Them': Genesis 1:27b in the Context of the Priestly Account of Creation," *Harvard Theological Review* 74 (1981): 132 n. 8.

41) Karl Barth, *Church Dogmatics*, III. 2 (Edinburgh: T.&T. Clark, 1960), 218. 황정욱 역, 『교회 교의학』, 3-2. (서울: 대한기독교서회, 2005).

42) Barth, *Church Dogmatics*, III. 1 (Edinburgh: T.&T. Clark, 1958), 185-196. 신준호 역, 『교회 교의학』, 3-1. (서울: 대한기독교서회, 2015).

하나님의 형상은 개별적 자아가 아니라 공동체 안에서의 인격의 관계성 안에 있다. 하나님은 관계적 존재론의 원형이며, 인간은 그에 상응하는 모형(模型)이다. 다마스커스의 요한 이래, 초기 교회 특히 동방 교회의 교부들은 삼위일체 위격들 간의 관계를 표현하기 위해서 페리코레시스(*perichoresis*)라는 단어를 사용했다.[43] 페리코레시스는 세 위격의 상호의존, 상호침투, 상호순환, 상호내재를 의미한다. 페리코레시스에 대한 라쿠냐의 설명을 빌리면, 세 위격은 "서로 안에 상호적으로 내주하고, 서로로부터 삶을 이끌어내며, 서로의 관계에 의해 자신의 자신됨에 있다.[44] 따라서 세 위격은 관계적으로 결정된다. 각 위격은 다른 두 위격과의 관계 속에 있는 위격이다. 페리코레시스 개념은 하나님을 셋으로 나누지 않으면서 동시에 하나님 안에서의 위격적 구별을 유지함으로써 한 하나님의 통일성과 삼위일체 위격들의 개별성 둘 다를 보존한다.

지지울라스에 따르면, 삼위일체 하나님의 존재는 한 본질 또는 본성이 아니라 개별적 실재인 세 위격의 "친교적 연합"(communion)에 의해 구성된다. 즉 아버지, 아들, 성령 세 위격이 영원한 친교적 연합 안에서의 관계적 일치를 통해 한 하나님의 존재를 구성한다.[45] 지지울라스의 인격 존재론에서 인격은 탈자아적(ecstatic) 개방성과 개별적인 위격적(hypostatic) 실재의 양면성으로 구성된다. 탈자아적 개방성은 자아의 경계를 넘어 친교적 연합을 향해 나아가는 자유의 운동을 의미하며, 이 친교적 연합 안

---

43) 본래 이 용어는 그리스도 안에서의 신성과 인성의 상호의존 및 교류를 의미하는 용어였다.

44) Catherine Mowry LaCugna, *God for Us: The Trinity and Christian Life* (San Francisco: HarperSanFrancisco, 1992), 270-271.

45) John D. Zizioulas, *Being as Communion: Studies in Personhood and the Church* (New York: St. Vladimir's Seminary Press, 1993), 16-17. 이세형, 정애성 공역, 『친교로서의 존재』 (서울: 삼원서원, 2012).

에서 개별적 위격의 정체성이 확증된다.[46] 친교적 연합을 향한 개방성은 하나님이 실체적 본질이 아니라 관계적 본질인 사랑임을 나타낸다. 사랑은 관계성으로서, 자유롭게 자신으로부터 나오는 것이다. 즉 존재론적으로 자유는 사랑이다. "하나님은 사랑이시다"라는 것은 하나님이 실체가 아닌 인격으로서 친교적 연합의 일치를 이루는 사랑의 관계성 안에 존재한다는 것을 의미한다.[47]

이와 같은 삼위일체 하나님의 관계적 존재론은 창조질서에 반영되며, 특히 하나님의 형상으로 지음을 받은 인간에게 가장 분명히 반영된다. 인간의 인격은 모종의 성격이나 기능을 지닌 개인으로서 파생적으로 다른 개인들과 관계를 갖는 것이 아니라 "관계성 안의 존재"다. 인격의 관계성은 인격이 관계를 떠나서는 인격이 아니라는 것을 의미한다. 인격은 관계의 그물 안에 있음으로써 구성된다. 위니컷이 말한 바와 같이 개인이 관계를 선행하는 것이 아니라 관계가 개인을 선행한다. 개인이 사회를 만들기 이전에 사회가 개인을 만든다. 인간의 자아는 모종의 속성에 의해 존재론적 지도 위에 정확하게 자리매김 될 수 있는 일종의 "사물"이 아니라, 타자 즉 이웃, 사회, 창조세계, 그리고 궁극적으로 하나님과의 관계 속에 존재하는 인간의 실존 방식을 가리킨다.

하나님의 형상으로서 다른 피조물과 구별되는 인간만이 갖는 독특하고 고유한 관계는 하나님과의 인격적 관계다. 모든 피조물 가운데 오직 인간만이 하나님과 상호적인 인격적 관계를 가질 수 있다. 삼위일체 하나님과의 관계는 인간의 정체성만이 아니라 인간의 인격 자체를 구성한다. 하나님의 형상으로서 인간은 삼위일체 하나님의 인격적 실존에 참여하도록

---

46) Zizioulas, "Human Capacity and Human Incapacity: A Theological Exploration of Personhood," *Scottish Journal of Theology* 28 (Oct. 1975), 407-408.

47) 윤철호, 『삼위일체 하나님과 세계』 (서울: 장로회신학대학교, 2012), 110.

부름을 받는다. 영원하신 하나님의 인격적 실존에 참여하는 것이 인간의 구원이다. 완전한 인격이 되는 것은 고립된 개별자의 경계선을 넘어서 탈자아적으로 다른 인격과의 친교적 연합 안으로 들어가는 것이다. 이와 같은 완전한 인격의 실현은 궁극적으로 삼위일체 하나님의 친교적 연합 안에 참여함으로써 이루어진다. 이것이 신화(deification)로서의 구원이다.[48]

"페리코레시스"는 "공감적(empathic/sympathetic) 사랑"으로 재정의될 수 있다. 세 위격의 상호의존, 상호침투, 상호순환, 상호내재는 단지 공간적 움직임이나 상태가 아니라 상호적인 공감적 사랑 안에서의 인격적 연합을 의미한다. 세 신적 위격의 친교적 연합은 세 위격의 공감적 사랑 안에서 일어난다. 삼위일체 하나님의 통일성은 페리코레시스, 즉 공감적 사랑 안에서 친교적 연합을 이루는 세 위격의 일치다. 역사 속에서 삼위일체 하나님의 공감적 사랑은 완전한 하나님의 형상인 예수 그리스도 안에 나타났다. 우리는 성령을 통하여 예수 그리스도 안에 있는 완전한 하나님의 형상에 참여하며, 예수 그리스도를 통하여 영원한 페리코레시스를 통한 친교적 연합 안에 있는 삼위일체 하나님의 인격적 실존에 참여한다.

VI. 예수 그리스도 안에 나타난 하나님의 형상: 공감적 사랑

신약성서는 하나님의 형상이 궁극적으로 그리스도이며, 또 그리스도와의 연합을 통해 하나님과 그리스도의 관계에 참여하는 새로운 인간이라고 선언한다. 그리스도는 하나님의 형상(고후 4:4, 골 1:15)이요, 하나님의

48) Zizioulas, *Being as Communion,* 49-50.

영광의 광채(고후 4:6, 히 1:3)요, 그 본체의 형상(히 1:3)이다. 그리스도는 하나님의 형상이며 또한 새로운 인간의 머리다. 하나님의 뜻은 우리가 하나님의 맏아들인 그리스도 안에서 하나님의 형상에 참여하는 것이다. "하나님이 미리 아신 자들을 또한 그 아들의 형상을 본받게 하기 위하여 미리 정하셨으니 이는 그로 많은 형제 중에서 맏아들이 되게 하려 하심이니라"(롬 8:29). 하나님의 형상(*imago dei*)으로 창조된 인간은 다름 아니라 그리스도의 형상(*imago Christi*)에 참여하고 그 형상을 본받는 새로운 인간이다.

인간을 구속하고 구원하기 위한 예수 그리스도의 삶과 죽음 안에 나타난 하나님의 형상은 무엇인가? 그것은 바로 "공감적 사랑"이다. 위에서 살펴본 바와 같이 오늘날의 정신분석가들, 특별히 대상관계 이론가들은 아기를 양육하는 부모 특히 엄마에게 그리고 정신병리 환자를 치료하는 치료자에게 공감적 이해가 매우 중요하다는 사실을 공히 강조한다. 이와 유사하게 기독교의 신학적 인간학은 예수 그리스도 안에 나타난 하나님의 공감적 사랑이 인간을 용납하고 구원한다고 선언한다. 인간을 구원하는 하나님의 공감적 사랑이 예수 그리스도 안에서 이 세상의 역사 속에 나타났다. 삼위일체 하나님의 내재적 차원의 영원한 친교적 삶 안에서의 공감적 사랑에 대한 인식은 경세적 차원에 나타난 예수 그리스도의 공감적 사랑의 삶에 근거한다.

예수는 "자기 비움"(*kenosis*)의 성육신적 삶을 통하여 탈자아적 개방성을 보여주었다. 탈자아적 개방성 안에서의 예수의 구속 사역의 핵심은 다른 모든 인간의 연약함에 대한 동정, 즉 공감적 사랑에 있다. "우리에게 있는 대제사장은 우리의 연약함을 동정하지 못하실 이가 아니요, 모든 일에 우리와 똑같이 시험을 받으신 이로되 죄는 없으시니라"(히 4:15). 이 동정 또는 공감은 한 마디로 다른 사람을 불쌍히 여기는 마음이다. 예수는 다른 모든 인간을 불쌍히 여겼다. 예수는 목자 없는 양같이 고생하는 무리를 불쌍히 여겼고(마 9:36; 14:14; 막 6:34), 과부를 불쌍히 여겼으며(눅 7:13), 병든 자를 불쌍히 여겨 고쳐주었고(마 20:34; 막 1:41), 굶주린 자를 불쌍히 여겨 먹여주었으며(마 15:32; 막 8:2), 심지어 죽은 자를 불쌍히 여겨 살려주었다(요 11:33). 다른 사람을 불쌍히 여기는 공감적 사랑은 바로 하나님의 긍휼이다. "너희는 가서 내가 긍휼을 원하고 제사를 원하지 아니하노라 하신 뜻이 무엇인지 배우라. 나는 의인을 부르러 온 것이 아니요 죄인을 부르러 왔노라 하시니라"(마 9:13, 호 6:6). "긍휼이 풍성하신 하나님이 우리를 사랑하신 그 큰 사랑을 인하여 허물로 죽은 우리를 그리스도와 함께 살리셨고"(엡 2:4-5).

인간을 구원하는 하나님의 공감적 사랑은 다른 사람의 죄와 고통을 대신하여 희생하신 예수 그리스도의 십자가에서 가장 극명하게 나타났다. 예수는 심지어 자신을 십자가에 못 박는 자들에게까지도 공감적 사랑을 보여주었다. "아버지, 저들의 죄를 사하여 주옵소서. 자기들이 하는 것을 알지 못함이니이다"(눅 23:34). 예수 그리스도의 십자가에 나타난 하나님의 공감적 사랑은 "함께 고통당하는"(compassionate) 사랑이다. 죄와 고통과 죽음의 운명에 사로잡혀있는 인간을 불쌍히 여겨 그 모든 인간의 죄와 고통을 대신 걸머지고 죽음당하는 하나님의 공감적 사랑이 하나님과 인간 사이의 화해를 가져오고, 인간을 죄와 죽음의 세력으로부터 해방시키며, 모든 과거의 상처를 치유함으로써 온전한 하나님의 형상을 회복시켜준다. 이것이 기독교의 복음의 핵심이다. 예수 그리스도의 십자가에 나타난 하나님의 "함께 고통당하는 공감적 사랑"(compassionate-empathic love)이 인간을 구원하시는 하나님의 전능하신 능력이다. "십자가의 도가 멸망하는 자들에게는 미련한 것이요, 구원을 받는 우리에게는 하나님의 능력이라"(고전 1:18).

예수 그리스도 안에서 하나님의 형상을 회복한 새로운 존재는 이 세상에서 살아갈 때 타자와의 관계 속에서 공감적 사랑을 통한 친교적 연합을 추구하는 삶을 추구하면서 그 형상을 완성하도록 부름을 받는다. "마지막으로 말하노니 '너희가 다 마음을 같이하여 동정하며 형제를 사랑하며 불쌍히 여기며…'"(벧전 3:8). 삼위일체 하나님의 페리코레시스적인 친교적 연합이 공감적 사랑 안에서 이루어지는 것처럼, 성령을 통한 예수 그리스도 안에서 삼위일체 하나님의 영원한 인격적 실존으로의 참여는 우리가 공동체 안의 관계적 존재로서 이 세상에서 공감적 사랑의 삶을 살 수 있는 힘의 원천이다. 하나님의 형상을 회복한 그리스도인은 탈자아적 개방성을 통해 타자와의 친교적 연합을 추구하도록, 그리고 타자의 곤경을 나의 곤경처럼 느끼는 "함께 고통당하는 공감적 사랑" 안에서 자기를 내어주는 희생적인 섬김의 삶을 실천하도록 부름을 받는다. 우리 안의 하나님의 형상은 현재 완성된 현실태가 아니라 미래에 완성되어야 할 가능태로 주어졌다. 즉 그것은 이미 주어졌지만 아직 완성되지는 않았다. 그것은 "이미"와 "아직 아니"의 변증법적 긴장 관계 안에서 종말론적인 미래의 완성을 목표로 한다. 이 둘 사이의 시간 속에서 인간의 정체성은 고정적 실체가 아닌 역동적이고 미래 개방적인 역사 이야기로서 타자와 세상이 궁극적으로 하나님과의 관계 속에서 끊임없이 새롭게 만들어지고 완성되어가야 한다.

인간 안의 하나님의 형상은 성령의 도우심 안에서 종말론적으로 완성될 것이다. 성령이 우리로 하여금 하나님의 공감적 사랑의 능력 안에서 공감적 사랑의 삶을 살 수 있는 힘을 주신다. 하나님의 형상의 궁극적인 목적은 하나님과의 공감적 사랑의 관계 속에서 삼위일체 하나님 안의 친교적 연합에 참여하는 것이며, 하나님께 영광을 돌림으로써 우리 자신도 그 영광에 참여하는 것이다.

Ⅶ. 결론

대상관계 정신분석 이론가들은 프로이트와 대조되는 인간 이해를 보여준다. 그들은 자족적 개별성이 아닌 타자와의 관계성이 근본적인 인간의 본성임을 보여주었으며, 자아의 발달에 있어서 리비도적 충동보다 사회적 관계(특히 엄마와의 관계), 유대감, 공감, 애정, 애착, 다정함, 상호성이 더 핵심적인 요소임을 입증하였다. 대상관계 이론가들의 연구를 통해 인간은 본성적으로 정이 많은 사회적 동물이고 고립을 싫어하며 타자와 공감적 유대감을 형성하려는 성향을 가진 존재임이 분명히 드러났다. 이들의 연구에 의하면, 인간이 성 고착에 빠지거나 리비도, 공격성, 분노, 파괴성에 사로잡히는 것은 유아시기에 대상관계로부터의 좌절을 경험했기 때문이고(페어베언), 부모와의 공감적 유대의 결여로 인해 성숙한 자아가 형성되지 못했기 때문이며(코헛), 엄마와의 최초의 사회적 관계에서 다정함을 경험하지 못했기 때문이다(수티).

이와 같은 대상관계 이론가들의 인간 이해는 인간이 선천적으로 리비도적 충동과 공격성을 가지고 태어나고 성적 리비도와 파괴적 공격성이 인간의 전 생애를 지배한다는 프로이트의 부정적인 인간 이해와 대조적이며, 또한 인간이 유전적 원죄를 가지고 태어나기 때문에 날 때부터 죄인이라는 전통적인 기독교의 인간 이해와도 긴장 관계에 있다. 인간의 자아는 생물학적·심리학적·사회적(그리고 신학적) 요소들에 의해 형성된다. 이와 같은 다차원적 요소들은 분리되어 있지 않고 서로 영향을 주고받는다. 따라서 선천적 본성이냐, 후천적 양육이냐 하는 이분법은 잘못된 것이다. 진화생물학은 생물학적 유전자가 사회적·자연적 환경에 의해 영향을 받는다는 사실을 잘 보여준다. 양육에서의 공감적 유대의 결여에 의해 초래된 자아의 미성숙과 왜곡은 오랜 기간에 걸쳐 생물학적인 유전적 특성으로 고착될 수 있다. 그렇다면 인간의 본성이 프로이트나 전통적인 기독교의 인간 이해처럼 전적으로 악하지는 않다고 할지라도, 인간에게 나타나는 성적 고착과 파괴적 공격성(죄의 경향성)은 단지 대상관계 이론가들의 주장처럼 부모와의 대상관계 또는 사회적 관계의 실패로 인해 생겨나는 후천적이고 이차적인 결함들이 아닌 선천적이고 일차적인(생물학적인) 결함에 의한 것일 수도 있다. 그러므로 인간은 원죄로 말미암아 선천적으로 죄의 경향성을 가지고 태어난다는 기독교 전통과 프로이트의 부정적인 인간 이해는 비록 지나치게 일방적이기는 하지만 전적으로 진화생물학적 근거가 없는 것은 아니다. 그것들은 틸리히의 표현을 빌리면, 인간의 보편적이고 비극적인 운명으로서의 소외된 인간 실존(틸리히에게 있어서는 실존 자체가 소외다)을 잘 표상한다.

어쨌든 대상관계 이론가들이 한결같이 강조하는 바, 최초의 관계 대상이자 사회적 환경인 부모의 양육이 유아의 자아 형성에 절대적으로 중요한 것은 분명하다. 생물학자와 인지과학자들에 따르면, 영장류 특히 인간은 발달된 신피질(neocortex)로 인해 공감의 능력을 갖는다고 한다. 그러나 성숙한 공감의 표현은 잘 발달된 자아 개념을 전제한다. 아동발달 연구자들은 자신과 타자에 대한 의식이 형성되는 생후 18개월에서 2년 반 정도가 된 아이에게 진정한 "공감적 확장"이 나타난다고 말한다.[49] 즉 이 시기에 아이는 다른 아이의 일을 자신의 일처럼 경험할 수 있으며 또한 그에 적절한 공감의 행동을 할 수 있다.

아이의 공감 능력은 어떻게 배양되는가? 심리학자 해리 할로(Harry Harlow)는 이렇게 말한다. "애정의 변수로서 양육의 우선적 기능은 아이

49) Jerome Kagan, *Introduction to the Emergence of Morality in Young Children*, eds. Jerome Kagan and Sharon Lamb (Chicago: University of Chicago Press, 1990).

와 엄마가 친밀한 신체적 접촉을 자주 하도록 하는 것이다. 분명히 사람은 젖만으로는 살 수 없다."[50] 앨런 스루피(L. Alan Sroufe)에 의하면, "공감은 가르치거나 훈계해서 되는 것이 아니라 아이에게 공감해 줌으로써 가능해지는 것이다. 아이가 관계를 어떻게 이해하는가 하는 문제는 아이가 어떤 관계를 경험하는가에 따라 결정된다."[51] 즉 공감적 의식의 형성에는 어린 시절 부모의 애정과 공감적 유대가 매우 중요한 역할을 한다. 아기는 부모로부터 공감적 사랑을 받음으로써만 공감적 사랑을 할 수 있는 인간으로 성장할 수 있다. 이것은 매우 중요한 신학적 함의를 갖는다. 왜냐하면 기독교의 복음은 예수 그리스도 안에 나타난 하나님의 공감적 사랑이 인간을 죄와 죽음으로부터 구원하고 모든 상처를 치유하며 하나님의 형상을 회복한 새로운 인간으로 만든다는 것이기 때문이다.

오늘날 우리 인간의 공감 의식은 전 지구적 차원으로 확장되었다. 우리는 내 가족, 자녀, 친척, 동료, 가까운 이웃의 정황에 공감할 뿐만 아니라 지구 반대편에서 고난 받는 이웃들의 정황에 대해서도 공감적 유대감을 갖는다. 우리는 북한에서 억압과 굶주림으로 고통당하는 주민들로 인하여 가슴 아파하고, 아프리카에서 가난과 질병으로 죽어가는 어린이들

---

50) Harry F. Harlow, "The Nature of Love," *American Psychologist*, Vol. 13. No. 12, 1958, 677.

51) L. Alan Sroufe, Talk at City University of New York, Graduate Center, February 10, 1989. Robert Karen, *Becoming Attached: First Relationship and How They Shape Our Capacity to Love* (New York: Oxford University Press, 1998), 195에서 인용. 임상심리학자 Robert Karen에 의하면, 아기의 두뇌는 태어날 때 채 형성되지 않은 상태이며 출생 후 몇 달 동안에 구조화된다. 아기의 두뇌 회로는 아기의 최초의 환경세계인 엄마와의 상호작용의 결과로 형성된다. 자신을 조절할 수 있는 아기의 능력은(특히 감정과 관계된 부분에서) 부모와의 마음의 소통과 공감에 의존한다. 만일 엄마가 아기와 정서적으로 마음을 소통하는 데 실패한다면, 아기의 두뇌는 영속적인 생리학적 결함을 나타낼 수 있다는 것이다. Karen, *Becoming Attached*, 312,

에 대한 깊은 동정심을 느끼며, 시리아에서 정부군에 의해 학살당하는 사람들의 슬픔과 고통에 공감한다. 오늘날 우리의 공감의 범위는 지구상의 모든 가난한 자, 고난 받는 자, 억눌리는 자, 여성, 장애자, 다른 인종, 소수민족 등에게까지 확대되고 있다. 나아가 우리의 공감의 범위는 단지 인간에게만 국한되지 않고 동식물과 자연에까지 확대되고 있다. 전 세계를 한 가족 공동체 의식으로 연결시키는 글로벌 네트워크의 문명 속에서, 우리의 공감 의식은 전 생물권과 모든 피조물에까지 확장되고 있다.

그러나 역설적으로 이러한 공감 의식의 확장은 타자와의 경쟁에서 살아남기 위한 비정한 생존경쟁이 더욱 치열해지고 있는 무한경쟁의 사회 속에서, 그리고 우리를 연결시키는 동일한 경제 구조가 고도로 복잡하고 상호의존적인 도시 문명을 유지하기 위해 지구의 자원들을 고갈시키고 생물권을 파괴시키는 역사의 시점에서 이루어지고 있다. 우리는 가난한 자들이 당하고 있는 곤경에 공감한다. 우리 사회에서 가난한 자와 부자의 양극화 현상은 갈수록 심화되고 있다. 극지방에서는 북극곰과 펭귄의 터전인 빙하가 인간에 의해 초래된 지구 온난화로 인해 녹아내리고 있고, 탐욕스런 인간의 경제활동에 의해 초래된 기후변화는 금세기 말까지 지구 온도를 6도 상승시킬 것이며 문명의 종말을 가져올 것이라는 경고가 나오고 있다.[52] 전 지구적 차원의 공감 의식에 이르게 된 오늘날, 역설적으로 우리는 인간 자신의 종말이 가까웠음을 발견하게 된다.

인간의 보편적인 공감 능력의 증대가 경쟁적 사회구조의 심화 및 파

---

52) 과학자들은 2030년이 되면 여름에 북극해에서 더 이상 빙하를 볼 수 없을 것이라고 말한다. "North Pole May Have No Ice This Summer," *Cosmos: The Science of Everything*, June 30, 2008. 그리고 James Hansen, Makiko Sato, Pushker Kharecha, David Beerling, Robert Berner, Valerie Masson-Delmotte, Mark Pagani, Maureen Raymo, Dana L. Royer, and James Zachos, "Target Atmospheric CO_2: Where Should Humanity Aim?" *The Open Atmospheric Science Journal*, Vol. 2, 2008, 217.

괴적 엔트로피의 증가에 비례한다는 점은 비극적 역설이다. 갈수록 빈익빈 부익부의 양극화가 심화되고 있으며, 더욱 많은 에너지를 소비하는 우리의 전 지구적 문명은 인류를 멸종의 문턱으로 몰아가고 있다. 과학자들의 예견이 옳다면, 우리는 한 세기 안으로 종말을 맞게 될지 모른다. 그러나 리프킨은 말한다. "만일 인간의 본성이 본래 철저히 물질적·자기보전적·실리적·쾌락추구적이라면 이 공감/엔트로피의 역설을 해결할 수 있는 희망이 없을 것이다. 그러나 만일 인간의 본성이 근본적으로 애정, 우애, 사교성, 공감적 확장의 성향을 갖는다면, 우리는 적어도 공감/엔트로피의 딜레마를 벗어나 생물권과의 지속가능한 균형을 회복할 수 있는 길을 발견할 수 있을 것이다."[53] 나는 말한다. 이와 같은 위기의 극복을 위한 희망은 오직 그리스도 안에서 하나님의 형상을 회복한 호모 엠파티쿠스(*Homo Empathicus*)에게 달려 있다. 공감적 사랑만이 오늘날 개인과 사회와 인류가 직면하고 있는 위기를 극복할 수 있는 길이다. 우리 그리스도인은 공감 의식을 더욱 심화시키고 확장시켜서 우리의 사회와 지구를 무한경쟁을 통한 적자생존의 논리나 소비된 에너지로 인해 증대된 엔트로피가 아니라 하나님의 공감적 사랑으로 채워가야 한다. 따라서 그리스도 안에서 하나님의 형상을 회복하고 공감적 사랑을 실천하는 관계적 존재인 호모 엠파티쿠스만이 개인과 사회와 인류와 모든 창조세계의 미래를 위한 희망이다.

---

53) Rifkin, *The Empathic Civilization,* 42.

제13장

불교의 인간론: 남방 상좌부 불교를 중심으로

Ⅰ. 서론

기독교의 진리가 신학 즉 하나님에 관한 교리(theos-logia)라고 한다면, 불교의 가르침은 인간론이라고 할 수 있다. 불교는 한 마디로 인간학이다. 불교에서는 모든 관심이 인간 이해에, 그리고 인간 해방의 길에 집중되어 있다. 인류의 사상사 속에서 불교는 자아 또는 영혼의 존재를 부인한다는 점에서 매우 독특한 인간 이해를 보여준다. 말하자면, 인간은 자아 없는 인격체다. 불교의 가르침에 따르면, 세계 안의 모든 인간의 고통과 악은 이 진리를 보지 못하는 데서 유래한다. 참된 해방, 곧 열반(涅槃, Nirvana)은 있는 그대로의 실재 즉 무아(無我)를 깨달음으로써 실현된다. 이러한 사상은 석가의 가르침의 핵심을 이루는 "네 가지 성스러운 진리" 즉 사성제(四聖諦)에 잘 나타나 있다. 이 사성제는 다음 네 가지 언명(言明)으로 되어 있다. ① 인생의 현실은 괴로움으로 충만해 있다(苦聖諦, Dukkha), ② 괴로움의 원인은 갈애(渴愛, 集) 때문이다(集聖諦, Samudaya), ③ 번뇌를 없애면 괴로움이 없는 열반의 세계에 이르게 된다(滅聖諦, Nirodha), ④ 괴로움을 끝내고 열

반에 이르기 위해서는 팔정도(八正道)를 실천해야 된다(道聖諦, Magga).[1]

우리는 이 네 단계를 중심으로 불교의 인간론을 고찰하고자 한다. 특별히 불교의 여러 분파들 가운데 이른바 소승 불교라고 불리는 남방 상좌부(上座部) 불교에 나타나는 인간 이해를 살펴볼 것이다. 왜냐하면 이 남방 불교가 석가의 가르침을 비교적 충실한 형태로 보존하고 있는 원시 불교이기 때문이다. 이 고찰 후에 결론부에서 우리는 불교의 인간 이해와 기독교의 인간 이해를 개괄적으로 비교해 보고자 한다.

Ⅱ. 두카로서의 인간 실존

1. 두카

인간 실존에 대한 불교의 이해는 비관적이지도 낙관적이지도 않다. 불교의 인간론은 세계를 객관적으로 보고자 한다는 의미에서 현실주의적(realistic)이라고 할 수 있다.[2] 불교의 현실주의적 인간관은 "첫 번째 성스러운 진리"인 "두카"에 잘 나타난다. 일반적으로 두카는 고통을 의미하는 것으로 이해된다. 그러나 이 개념은 또한 불완전성, 비영속성, 비실체성과 같은 깊은 의미들을 포함한다. 두카는 세 가지 관점에서 설명될 수 있다. 이 세 가지는 일반적 고통으로서의 두카, 변화에 의해 생겨나는 것으로서의 두카, 조건부적 상태로서의 두카다.[3]

첫째, 일반적 고통으로서의 두카 안에는 탄생, 늙음, 병듦, 죽음, 그리

---

1) 『네이버 지식백과』 "사성제"(四聖諦) (『교육학용어사전』, 하우동설, 1995.6.29.).

2) Walpola Rahula, *What the Buddha Taught* (New York: Grove Press, INC. 1962), 18.

3) Ibid., 19.

고 인간에게 괴로움을 가져다주는 모든 형태의 물리적·정신적 고통이 포함된다. 둘째, 그러나 석가는 인간의 삶이 괴로운 것이라고 말하면서도 삶 속에 행복이 있다는 것을 부인하지는 않았다. 오히려 그는 물리적 또는 정신적인 다양한 형태의 행복이 있음을 인정하였다. 그러나 이 모든 것들이 다 두카 안에 포함된다. 가장 높은 정신적 상태도 두카 안에 포함된다. 왜냐하면 그것은 비영속적이며 변화에 종속되기 때문이다. 두카는 인간의 삶에 일상적인 의미에서의 고통이 있기 때문이 아니라 그것이 비영속적이기 때문에 두카다.[4] 행복감, 행복한 삶의 조건은 영속적이지 않다. 그것은 조만간 변한다. 그것이 변할 때 그것은 고통과 불행을 만들어낸다. 따라서 변화가 만들어내는 고통으로서 두카는 모든 인간의 변화무쌍한 삶 속에서 경험된다.[5]

세 번째 형태의 두카는 조건부적 상태로서 인간 실존을 표현하는 "첫 번째 성스러운 진리" 가운데 가장 중요하다. 이 세 번째 형태의 두카는 우리가 존재, 개인, 또는 "나"라고 부르는 것이 끊임없이 변화하는 물리적·정신적 힘 또는 에너지의 군집(群集, aggregates)에 불과한 것이라는 사실을 가리킨다. 인간 인격은 다섯 가지 군집, 즉 오온(伍蘊)으로 구성된다. 이 다섯 가지 군집이 바로 두카다. 석가는 말한다. "무엇이 두카인가? 그것은 오온(伍蘊)이다."[6] 인간 존재는 바로 이 다섯 가지 군집으로서의 두카다.

스티븐 콜린스에 따르면, 두카는 윤회(輪廻, *samsara*) 안에 있는 삶에 대한 진단이자 동종요법(同種療法)적인[7] 치료 방식이다.[8] 두카가 좌절 또

---

4) Ibid., 18.
5) Ibid., 20.
6) Ibid.
7) 질병과 비슷한 증상을 일으키는 물질을 극소량만 사용하여 병을 치료하는 방법.
8) Steven Collins, *Selfless Persons* (Cambridge, New York: Cambridge University Press, 1982), 191.

는 불만족을 의미할 때, 두카는 삶에 대한 기술로서가 아니라 구원론적으로 정향된 전제로부터 도출된 반성적 결론으로서 내려진 판단이다. 고통, 불만족으로서의 두카는 순수하게 개인적인 개념이 아니라 열반(涅槃, Nirvana) 상태와의 대조를 통해 윤회적 삶 전체를 판단하는 개념으로서 모든 존재의 경험을 포함한다. 다시 말하면, 불교 사상에서 두카는 인과적인 조건 안에 있는 것과 그러한 조건 안에 있지 않은 열반 사이의 괴리 및 이 괴리에 수반되는 가치 판단 체계에 의존한다. 따라서 두카는 삶을 부정하는 비관주의를 나타내는 것이 아니라 열반을 향해 정향된 특수한 구원론적 기획의 일부를 나타낸다.

2. 다섯 가지 군집 즉 오온(伍蘊)으로서의 인간 인격

그러면 다섯 가지 군집은 각기 어떤 것들인가? 첫 번째 군집은 내적인 여섯 가지 기능들 또는 기관들(눈, 귀, 코, 혀, 몸, 마음[생각, 意])과 그것들에 상응하는 외적 세계의 대상들로 이루어지는 물질적 영역 전체다. 이 군집은 색온(色蘊)이라고 불린다. 첫 번째 군집이 물질적 영역이라면 다른 네 가지 군집은 이에 기초한 정신적 영역이라고 할 수 있다.

두 번째 군집은 물리적·정신적 기관이 외적 세계와 접촉함으로써 경험되는 감각(sensation, 느낌)이다. 여기서 마음(생각)은 물질과 대립되는 영으로 이해되지 않는다는 점이 중요하다. 눈이나 귀와 같이, 마음(생각)은 관념과 사상을 사유하는 기관 또는 기능일 뿐이다. 이 군집은 수온(受蘊)이라고 불린다.

세 번째 군집은 여섯 가지 기능들과 외적 세계의 접촉을 통해 대상을 인식하는 지각(perception)이다. 이 군집은 상온(想蘊)이라고 불린다.

네 번째 군집은 일반적으로 카르마(karma) 즉 업(業)으로 알려진 모든 의지적 활동들을 포함하는 마음이다. 의지는 마음의 구성이며 활동이다. 의지의 기능은 마음을 지시하는 것이다. 업보(業報, karmic effects)를 만들어내는 것은 의지적(의도, 집중, 욕망, 무지, 자만, 자기관념 등) 행동이다. 이 군집은 행온(行蘊)이라고 불린다.

다섯 번째 군집은 인과적 조건에 의해 생겨나는 의식(意識)이다. 의식은 여섯 가지 기능들의 하나와 이에 상응하는 여섯 가지 외적 현상들의 하나에 기초하여 생겨난다. 불교에서 의식은 불변하는 경험과 행동의 주체가 아니라 변화하는 조건적 현상이다. 의식은 대상을 인식하지 않는다. 의식은 단지 일종의 대상의 현존에 대한 인식이다. 의식은 어떤 조건에 의해 생겨나며, 의식의 출현을 가져오는 조건이 어떤 것인가에 따라 시각적 의식, 청각적 의식 등 각기 다르게 이름이 붙여진다. 의식은 물질, 감각, 지각, 마음 등에 의존하며 이것들로부터 독립하여 존재할 수 없다. 불교 철학에서는 물질과 대립되고 자아 또는 영혼으로 간주되는 영속적이고 불변하는 영이란 실재가 없다. 따라서 의식은 물질과 대립되는 영으로 생각되어서는 안 된다.[9] 이 다섯 번째 군집은 식온(識蘊)이라고 불린다.

인간 존재(또는 두카)를 구성하는 비인격적이고 조건적인 요소들의 목록에 아무것도 위로부터 추가되어서는 안 된다. 왜냐하면 불교 사상에서 특수한 육체적 또는 정신적 현상의 발생 너머에 자아가 있다는 생각은 변함없이 지속되는 영속적인 자아가 있다는 생각과 동일한 것이기 때문이다. 불교에서, 우리가 존재, 개인, 또는 "나"라고 부르는 것은 이 다섯 가지 군집의 조합에 주어진 편의적 이름일 뿐이다. 이 다섯 가지 군집은 비영속적이며 모두 끊임없이 변화한다. 그것들은 한 순간에서 다음 순간으로

9) Rahula, *What the Buddha Taught*, 23.

의 이행 과정 속에서 동일한 것으로 지속되지 않는다. 그것들은 순간적인 발생과 사멸의 끊임없는 유동 속에 있다. 각기 독립적인 이 다섯 가지 물질적·정신적 군집들이 연합하여 육체-심리적 체계로서 함께 작용할 때, 우리는 "나"라는 관념을 갖게 된다. 그러나 이 "나"라는 관념은 마음에 의해 형성된 거짓된 관념일 뿐이다.

그렇다면 이 군집 즉 두카의 기원은 무엇인가? 이 질문은 "두 번째 성스러운 진리"에서 답변된다.

Ⅲ. 두카의 발생

1. 갈애

"두 번째 성스러운 진리"는 두카의 발생 또는 기원에 관한 것이다. 두카의 발생 원인은 무엇인가? 석가에 따르면 모든 형태의 고통을 일으키고 존재의 지속을 가능케 하는 제1원인(first cause)이란 존재하지 않는다. 모든 원인은 상대적이고 상호 의존적이다(이 "조건부 발생 이론"은 뒤에서 다루어질 것이다). 그럼에도 불구하고 모든 인간들의 마음 안에 만연해 있는 갈애(渴愛, 또는 목마름, *tanha*) 또는 목마름이 가장 뚜렷하고 직접적인 원인이라고 할 수 있다. 갈애의 중심에는 무지로부터 생겨나는 거짓된 자아 관념이 있다. 무지에 의한 거짓된 자아관념에 기초한 이기적 욕망이 세상의 모든 곤경과 투쟁과 악을 초래한다. 갈애는 세 가지 형태 안에서 "다시 존재가 됨"(re-existence)과 "다시 생성됨"(re-becoming)을 가져온다. 첫째는 감각적 쾌락을 향한 갈애이고, 둘째는 존재와 생성에 대한 갈애며, 셋째는 비존재 또는 자기 절멸을 향한 갈애다.

그러면 이 갈애 또는 목마름이 어떻게 "다시 존재가 됨"과 "다시 생성됨"을 가져오는가?

2. 카르마적 원인 그리고 윤회 안에서 다시 태어남

존재의 생성과 지속을 가져오는 원인으로서 요구되는 네 가지 조건들 가운데[10] 마음의 의지가 가장 중요한 요소다. 이 마음의 의지는 살고자 하고, 존재하고자 하며, 다시 존재하고자 하고, 지속하고자 하며, 더욱더 생성하고자 하는 의지다. 이것이 실존과 지속성의 뿌리를 만들어내는 카르마(업)이다. 위에서 언급된 세 가지 형태의 갈애는 마음의 의지를 위한 자양분이다. 따라서 갈애, 의지, 마음의 의지, 카르마는 모두 동일한 것을 가리킨다. 그것들은 존재하고자 하고, 다시 존재하고자 하며, 더욱더 생성하고자 하고, 더욱더 성장하고자 하며, 더욱더 축적하고자 하는 의지와 욕망을 지시한다. 이것이 두카의 발생 기원이다. 그리고 이것은 존재를 구성하는 다섯 가지 군집 가운데 하나인 마음의 구성(의지, 行蘊) 안에서 발견된다.[11] 여기서 우리는 가장 중요한 불교의 가르침 하나를 발견한다. 그것은 두카의 생성 원인이 두카의 밖이 아니라 그 자신 안에 있다는 것이다. 마찬가지로 두카의 종식 원인 역시 두카의 밖이 아니라 그 자신 안에 있다.

여기서 우리는 불교의 카르마(업) 교리에 주의를 기울일 필요가 있다. 카르마는 의지적 행동을 의미한다. 지속성의 원(圓)인 윤회 안에서 갈애, 의지, 카르마는 상대적으로 선이 될 수도 악이 될 수도 있다. 그리고 선이

---

10) Ibid., 30.

11) Ibid., 31.

든지 악이든지 카르마는 윤회의 원을 지속시키는 힘이 된다. 그러나 아라한(阿羅漢)[12]은 행동함에도 불구하고 카르마를 쌓지 않는다. 왜냐하면 그는 거짓된 자아 관념으로부터, 지속과 생성을 향한 욕망으로부터, 그리고 모든 다른 오염과 불결함으로부터 자유롭기 때문이다. 그에게는 다시 태어남이 없다.[13]

카르마 교리는 도덕적 정의나 보상과 형벌의 이론이 아니라 원인과 효력(결과)의 이론이다. 카르마는 그 자체의 질서를 따라 작용하는 자연법이다. 의지적 행동의 효력은 죽음 이후의 삶에서까지도 지속된다. 불교에서 한 존재는 육체적이고 정신적인 힘 또는 에너지의 결합 외에 다른 것이 아니다. 죽음이란 육체적 몸의 전체적 기능 정지를 의미한다. 그러나 모든 힘과 에너지는 몸의 기능의 중단과 함께 중단되지 않는다. 존재하고자 하고 지속하고자 하며 더욱더 생성하고자 하는 의지, 욕망, 갈애는 죽음과 함께 멈추어 서지 않다. 그것들은 세상에서 가장 큰 힘과 에너지로서 다른 형태로 계속 그 자신을 현시한다. 그리하여 다시 태어남에 의해 새로운 실존이 출현한다. 존재 그리고 생성하고자 하는 욕망이 있는 한, 지속성 즉 윤회의 원은 계속된다.[14] 이 원은 오직 이 추동적 힘, 즉 욕망이 실재, 진리, 열반을 보는 지혜를 통해 끊겨질 때에만 중단될

---

12) 아라한(阿羅漢, 산스크리트어: arhat, 팔리어: arahant, 영어: perfected one [who has attained nirvana], enlightened, worthy, venerable, saintly one)은 줄여서 나한(羅漢)이라고 하는데, 산스크리트어 아르하트(*arhat*)의 음역어로 다음의 분류, 그룹 또는 체계의 한 요소다. ① 초기 불교 이래의 여래10호(如來十號) 또는 불10호(佛十號) 가운데 하나다. ② 부파불교의 성문4과(聲聞四果) 가운데 최고의 계위인 아라한과를 말한다. 또는 아라한과의 성자를 말한다. ③ 부파불교의 성문4과(聲聞四果)의 세분된 형태인 4향4과(四向四果) 가운데 최고의 계위인 아라한향과 아라한과를 통칭한다. 또는 아라한향이나 아라한과의 성자를 말한다.『위키백과』

13) Rahula, *What the Buddha Taught*, 32.

14) Ibid., 33.

수 있다.

Ⅳ. 두카의 중단

"세 번째 성스러운 진리"는 고통과 두카의 지속으로부터의 해방에 관한 것이다. 이 두카의 중단이 바로 열반이다. 두카를 완전히 제거하기 위해서는 두카의 중심적 뿌리인 갈애를 제거해야 한다. 열반은 "갈애의 소멸"이다. "이 다섯 가지 군집을 향한 욕망과 갈애의 포기와 파괴, 이것이 두카의 중단이다."[15]

열반은 결코 자아의 절멸이 아니다. 왜냐하면 절멸시켜야 할 자아가 없기 때문이다. 열반은 거짓된 자아 관념과 환각의 절멸이라고 말할 수는 있다. 만일 어떤 사람의 거짓된 자아 관념과 환각이 절멸되었다면, 그는 절대적 지혜를 얻게 된다. 왜냐하면 모든 두카의 소멸에 대한 지식은 절대적으로 성스러운 지혜이기 때문이다. 세상에 절대적인 진리는 없으며, 모든 것이 상대적이고 조건적이며 비영속적이라는 것이다. 자아, 영혼, 또는 아트만(*Atman*) 같은 불변하고 영속적이며 절대적인 실체는 존재하지 않는다. 이 진리에 대한 깨달음, 즉 환각이나 무지 없이 사물을 있는 그대로 보는 것은 곧 갈애의 소멸과 두카의 중단을 의미한다. 이것이 열반이다.[16] 이 진리를 깨달을 때, 환각 속에서 윤회가 지속되도록 만드는 모든 힘들이 잠잠해지고 더 이상 카르마를 형성할 수 없게 된다. 왜냐하면 이때에는 더 이상 환각이 없으며 또 더 이상 지속을 향한 갈애가 없기 때문

15) Ibid., 37.
16) Ibid., 40.

이다.

만일 자아가 없다면, 누가 열반을 실현하는가? 생각하는 주체가 사고이며 사고 배후에 사고자가 존재하지 않는 것과 마찬가지로, 깨닫는 주체는 깨달음 또는 지혜다. 깨달음 배후에는 또 다른 자아가 존재하지 않는다. 우리가 위에서 본 바와 같이, 두카는 그 자신(다섯 가지의 군집) 안에 자신의 생성과 중단을 위한 본성과 기원을 갖고 있다. 두카는 갈애로 인해 생성되고 지혜로 인해 중단된다. 그리고 갈애와 지혜는 모두 다섯 가지의 군집, 더 정확하게 말하자면 마음 안에 있다.

석가의 가르침에 따르면, 열반은 바로 우리의 삶 속에서 실현될 수 있다. 열반에 이르기 위해 우리가 죽을 때까지 기다릴 필요가 없다. 만일 우리가 인내심을 가지고 성실하게 중도(中道)를 따라간다면, 그리하여 진정으로 우리 자신을 훈련시키고 정화시킴으로써 필요한 영적인 진보를 성취한다면, 우리는 어느 날 우리 자신 안에서 열반을 실현할 수 있게 될 것이다. 열반을 실현한 석가 또는 아라한이 죽을 때, 그는 어디로 "들어가는 것"이 아니라 "완전히 소멸되는 것"이다. 왜냐하면 석가나 아라한은 죽음 이후에 다시 태어나지 않기 때문이다. 우리에게는 아라한이 죽음 이후에 어떻게 되는지를 표현할 수 있는 말이 없다.

V. 팔정도와 정견

두카의 중단으로 인도하는 길은 "중도"(中道)라고 불리는데, 그 이유는 이 길이 두 극단을 지양(止揚)하기 때문이다. 한 극단은 감각의 즐거움을 통해 행복을 추구하는 길이며, 다른 극단은 금욕주의적인 고행을 통해 행복을 추구하는 길이다. 깨달음 또는 열반으로 인도하는 불교의 중도는 일반적으로 팔정도(八正道)라고 불린다. 이 여덟 가지 바른 길은 정견(正見), 정사유(正思惟), 정어(正語), 정업(正業), 정명(正命), 정념(正念), 정정진(正精進), 정정(正定)이다.[17] 이 여덟 가지 길들은 불교의 "세 가지 본질적인 실천수행" 즉 "삼학"(三學)을 촉진하고 완성하는 것을 목표로 한다. 이 세 가지 본질적인 실천수행은 윤리적 행위(戒學), 마음의 수행(定學), 지혜(慧學)다. 윤리적 행위는 불교의 수도적(修道的) 삶의 기초다. 윤리적 행위는 모든 살아 있는 존재들에 대한 보편적 사랑과 자비를 전제한다. 팔정도 가운데 정어, 정업, 정명은 윤리적 행위와 관련되고, 정념과 정정은 마음의 수행과 관계되며, 정견과 정사유는 지혜와 관련되고, 정정진은 삼학 전체와 관계된다.

팔정도 가운데 무엇보다 가장 중요한 것은 정견이다. 콜린스에 따르면, 정견은 세 단계를 취한다.[18] 첫 번째 그리고 가장 단순한 의미의 정견은 카르마와 윤회로 구성되는 신앙 체계의 빛 안에서 자신의 사회 종교적 책임에 대한 올바른 태도를 갖는 것이다. 이 첫 번째 의미의 정견은 카르마와 윤회 관념에 대한 긍정적인 태도를 갖는 것이며, 또한 이 관념과 연관된 종교 수행자들의 봉사에 대한 긍정적인 태도를 갖는 것이다.

두 번째 의미의 정견은 특수한 불교적인 개념으로서 이상적인 불교적 삶을 요약하고 상징하는 팔정도의 한 요소다. 여기서 정견은 "네 가지 성

---

17) ① 정견(正見)은 바른 견해이며, 불교의 바른 세계관과 인생관으로서의 인연과 사성제에 관한 지혜다. ② 정사유(正思惟)는 몸과 말에 의한 행위를 하기 전의 바른 의사 또는 결의를 가리킨다. ③ 정어(正語)는 정사유 뒤에 생기는 바른 언어적 행위다. ④ 정업(正業)은 정사유 뒤에 생기는 바른 신체적 행위다. ⑤ 정명(正命)은 바른 생활이다. ⑥ 정정진(正精進)은 용기를 가지고 바르게 노력하는 것이다. ⑦ 정념(正念)은 바른 의식을 가지고 이상과 목적을 언제나 잊지 않는 일이다. ⑧ 정정(正定)은 정신통일을 말하며 선정(禪定)을 가리킨다. 『네이버 지식백과』 "팔정도"(八正道) (『한국민족문화대백과』, 한국학중앙연구원)

18) Collins, *Selfless Persons,* 88-92.

스러운 진리" 즉 사성제(四聖諦)와 연기(緣起)에 대한 바른 이해를 의미한다. 이 의미의 정견은 "불교 교리와의 만남"으로 의역될 수 있는 것으로서 불교의 가르침에 대한 기초적인 단순한 지식을 포함한다. 따라서 이 두 번째 의미에서 정견은 팔정도의 출발점에 놓인다.

세 번째, 정견은 기본적인 교리에 대한 단순한 지식과 그것을 자신에게 적용하고자 하는 동기로서 팔정도의 출발점으로 자리매김 될 뿐만 아니라, 불교 교리의 현상학적 진리에 대한 해방적 통찰과 이해 즉 지혜로서 팔정도의 마지막 단계에 다시 나타난다. 여기서 지혜로서의 정견은 "해방적 통찰"을 의미한다. 이 지혜 또는 해방적 통찰에 의해 해탈(解脫)이 성취된다.[19] 불교의 사상과 실천에 대한 단순한 수용으로부터 해방적 통찰에 이르는 정견의 점진적 진보에 의해서 우리는 마침내 두카의 종식과 아라한의 자리에 도달한다. 이 최종적 의미의 정견, 즉 "실재를 있는 그대로 봄"을 통해서 무아(無我)가 실현된다.

그러나 이 마지막 단계에서 아라한이 자아가 욕망과 집착에 의한 환각인 것을 깨달은 것처럼, 정견은 그 자체가 집착의 대상이 되어서는 안 된다. 교리로서의 정견은 오직 심리적 변화를 위한 수단으로서 도구적 위상을 갖는다. 즉 정견의 가치는 그 자체에 있는 것이 아니라 수도자가 열반에 도달하도록 돕는 데 있다.[20] 석가는 모든 "견"(見)에 대한 집착을 버림으로써 그것을 넘어선다.

---

19) Ibid., 90.

20) Ibid., 123.

Ⅵ. 무아로서의 인간

1. 무아로서의 인격

일반적으로 영혼, 자아, 또는 아트만 등의 개념에 의해 제시되는 것은 변하는 현상적 세계의 배후에 변하지 않는 실체로서 영속적이고 절대적인 실체가 인간 안에 있다는 것이다. 인간 안에 있는 이 영혼 또는 자아는 사고하는 주체, 감각을 느끼는 주체, 자신의 선과 악의 행동에 대하여 보상과 형벌을 받는 주체로 인식된다. 이미 언급한 바와 같이, 석가는 이와 같은 영혼, 자아, 아트만의 존재를 인정하지 않는다. 석가에 따르면, 자아 관념은 그에 상응하는 실재를 갖지 못하는 가상적이고 거짓된 신념으로서, "나"와 "내 것"이라는 해로운 생각, 이기적 욕망, 갈애, 집착, 자만심, 교만, 이기심, 그밖에 여러 오염되고 불순한 문제들을 산출한다. 자아 관념은 개인 간의 갈등으로부터 국가 간의 전쟁에 이르는 세상의 모든 문제들의 궁극적인 원천이다. 다시 말하면, 이 거짓된 자아 관념이 세상의 모든 악의 원인이다.[21] 콜린스는 자아 또는 영혼 개념을 거부하는 불교의 논증을 네 가지로 제시한다.

첫째, 인격을 구성하는 다섯 가지 군집(伍蘊)을 통제하는 별개의 실재가 존재하지 않는다. 현상적 인격을 구성하는 다섯 가지 구성 요소들은 자아가 아니다. 왜냐하면 그것들은 아무런 지도자, 안내자, 내적 통제자를 갖고 있지 않기 때문이다.[22]

둘째, 비영속적이고 불만족스러우며 변화에 종속되는 것은 자아로 간

21) Rahula, *What the Buddha Taught*, 51.
22) Collins, *Selfless Persons,* 97.

주되기에 적합하지 않다. 인격 안에 있는 것이든지 외적 세계에 있는 것이든지 모든 현상은 비영속적이다. 비영속적인 것은 불만족스러운 것이며, 불만족스러운 것은 자아가 아니다.

셋째, 경험과 동떨어져 있는 자아를 말하는 것은 무의미하다. 석가는 자아를 먼저 말하고 그다음에 이 자아가 자신의 느낌과 갖는 관계를 말하는 것을 거부한다. 그는 묻는다. "느낌이 없는데 자아가 있을 수 있는가?" 개인적 인격으로서의 자아 개념은 세속적인 인간들의 갈애와 무지의 산물이다. 석가는 경험의 과정과 지속을 지속적인 자아를 가정하지 않고 설명한다. 즉 그는 경험의 지속성을 설명하기 위한 자아 개념을 인과적 연쇄 개념으로 대체한다.[23] 인과적 연쇄란 "의존적 발생"(dependent origination) 또는 "조건부 발생"(conditioned genesis), 다시 말하면 연기(緣起)를 의미한다.

넷째, 따라서 경험의 지속성은 "의존적 발생"(조건부 발생) 즉 연기에 의해 설명된다. 무아 또는 "영혼 없음"의 교리는 "다섯 가지 군집"에 대한 분석과 의존적 또는 조건부 발생의 자연스러운 귀결이다. "다섯 가지 군집" 교리는 이 군집 배후에 나, 자아, 또는 불변하는 지속적 실체로 여겨질 수 있는 그 어떤 것도 없다는 것을 지지하기 위한 분석적 이론인 반면, 조건부 발생 교리는 세상에는 절대적인 것은 아무것도 없다는 것을 보여주기 위한 종합적 이론이다. 모든 것은 조건적이고 상대적이며 상호 의존적이다. 이것이 불교의 상대성 이론이다.[24]

---

23) 인과적 연쇄는 연기(緣起)를 의미한다. 연기는 여러 가지 원인에 의하여 생기는 상관관계의 원리다. 연기란 인연의 이치를 말하며 현상의 상호 의존관계를 가리킨다. 현상은 무상하며 언제나 생멸(生滅), 변화하는 것이지만, 그 변화는 무궤도적(無軌道的)인 것이 아니라 일정한 조건하에서는 일정한 움직임을 가지는 것이며, 그 움직임의 법칙을 연기라 한다. 『네이버 지식백과』 "연기"(緣起) (『한국민족문화대백과』, 한국학중앙연구원)

24) Rahula, *What the Buddha Taught*, 53.

석가에 따르면, 인간에 대한 두 종류의 잘못된 견해가 있다. 하나는 영원주의(eternalism)이고 다른 하나는 절멸주의(annihilationism)이다. 영원주의는 말하고 느끼며 자신의 행위(선 또는 악)의 결과를 다른 시간에 경험하는 나의 자아가 영속적이고 안정적이며 영원하고 변함이 없다는 견해다. 이와 대조적으로 절멸주의는 자아가 한동안 존재하다가 몸이 죽을 때 파괴되어 완전히 없어진다는 견해다. 이 절멸주의에서는 카르마가 부인된다. 영원주의에서는 행동하는 인간과 그 결과를 경험하는 인간이 동일한 인간이다. 절멸주의에서는 한 인간이 행동하고 다른 인간이 그 결과를 경험한다. 팔정도가 감각적 쾌락과 금욕적 고행이란 두 극단 사이의 중도인 것과 마찬가지로, 의존적 발생의 교리는 영원주의와 절멸주의란 두 극단 사이의 중도를 추구한다.[25] 석가는 자신이 참으로 실존하는 존재에 대한 파괴, 절멸, 또는 중단을 가르친다는 주장을 단호하게 거부한다. 그러한 존재가 실존하지 않기 때문에, 절멸과 같은 것이 결코 발생할 수 없다. 석가는 오직 탐욕, 미움, 환각을 버리라고 가르친다는 의미에서 절멸주의자라고 할 수 있다.

조건부 발생 교리 또는 연기론의 원리는 다음과 같은 간단한 도식들로 표현된다. A가 있을 때, B가 있다. A가 발생하면, B가 발생한다. A가 없으면, B가 없다. A가 중단되면, B가 중단된다. 인간은 열두 가지 조건, 즉 인연에 의해 태어나고 죽는다. 이 열두 가지는 다음과 같다. ① 무지, ② 마음 구성 또는 의지의 행동, ③ 의식, ④ 정신적·물리적 현상(또는 이름과 형식), ⑤ 여섯 감각, ⑥ 감각 접촉, ⑦ 감각, 느낌, ⑧ 갈애, ⑨ 집착, ⑩ 생성, ⑪ 탄생, ⑫ 부패(노화) 죽음, 고통 등. 이것은 어떻게 생명(또는 두카)이 생성되고 존재하며 지속되는지를 보여준다. 이 각각의 요소들은 다른

25) Collins, *Selfless Persons,* 104-105.

요소들에 영향을 받고, 동시에 그 다른 요소들은 이 각각의 요소들에 영향을 끼친다. 따라서 그것들은 모두 상대적이고, 상호 의존적이며, 상호연관되어 있다. 절대적이고 독립적인 것은 없다. 이미 언급한 바와 같이, 불교에서는 제1원인이 받아들여지지 않는다. 조건부 발생은 순환적 원을 형성한다. 그러나 갈애와 무지가 두카의 생성을 위한 가장 뚜렷하고 직접적인 원인으로 간주될 수 있다. 그리고 갈애와 무지, 또한 두카의 중단을 가져오는 지혜를 포함하는 마음 구성이 열두 가지 요소들 가운데 가장 중요하다고 할 수 있다.

결론적으로 이상의 네 가지 논증은 무아(無我, anatta)를 지지한다. 여기서 경험과 행동 배후에 있는 영속적인 주체에 대한 관념은 비인격적인 조건적 요소들의 군집에 대한 관념으로 대체된다. 인간의 생명과 경험과 지속은 의존적 발생의 과정 속에 있는 이 특수한 요소들의 결합에 의해 설명된다. 조건부 발생 교리에서 가장 근본적인 개념인 "조건성"(conditionality) 즉 인연은 열두 가지 요소들의 상호관계에 의해 예증된다. 또한 윤회의 원 안에서 이루어지는 사건과 삶의 연속성도 (환생하는 개인을 전제함 없이) 이 열두 가지 요소들의 상호관계에 의해 구체화된다. 이제부터 이 문제를 다루고자 한다.

2. 인격의 연속성: 동일하지도 않고 다르지도 않음

석가는 두 종류의 가르침을 구별해서 사용한다. 하나는 관습적인 가르침이고, 다른 하나는 궁극적인 가르침이다. "인격"은 "다섯 가지 군집"(오온)의 실존에 의지하는 관습적 용례다. 깨달음에 도달하지 못한 사람들의 사고와 말에 나타나는 "인격"과 "나"는 단지 관습적으로 참된 반면, 실존의 비인격적 요소들은 궁극적인 진리의 내용이다. "인격"은 관습적인 사실인 반면, 57개의 실존의 요소들[26]은 궁극적인 사실이다. 만일 "인격" 또는 "자아"가 존재한다면, 자아와 오온의 관계는 다음 네 가지 가능한 관계들 중 하나가 되어야 한다. 즉 ① 그 둘은 동일하거나, ② 자아가 오온을 가지거나 ③ 자아가 오온 안에 있거나 ④ 오온이 자아 안에 있다. 이 네 가지 가능성들은 모두 거부된다. 왜냐하면 그것들은 모두 경험과 동떨어진 자아를 말하기 때문이다.[27]

인격의 연속성에 관한 논의의 초점은 다시 태어나는 인격이 동일한 인격인가, 다른 인격인가 하는 것이다. 인격이 윤회한다고 주장하는 것은 불가능하다. 왜냐하면 과정 안에 포함된 "인격"은 동일하게 남아 있다고 할 수도 없으며, 다른 것이 된다고 할 수도 없고, 동일하며 동시에 다르다고 할 수도 없으며, 동일하지도 않고 다르지도 않다고 할 수도 없기 때문이다. 따라서 네 가지 대안적 가능성이 모두 부정된다. 특히 여기서 "동일하지도 않고 다르지도 않다"는 네 번째 대안적 가능성이 궁극적인 의미에서 부정된다는 사실은 특히 주목할 만하다. 그 까닭은 이 대안적 가능성에서는 궁극적인 진리의 영역에서 비인격적 요소 이론이 그와 대립되는 자아 이론에 대한 부정으로서 범주적으로 확언되기 때문이다.[28]

그러나 도덕적 주체성 및 연속성과 관련된 관습적인 문제와 대면할 때, 행동하는 인격과 그 행동의 결과를 경험하기 위해 다시 태어나는 인격 사이의 관계를 나타내기 위해서 우리는 네 번째 대안을 채택하게 된다. 영속적이고 불변적인 실체가 없기 때문에, 한 순간에서 다음 순간으로 연장되는 것은 아무것도 없다. 따라서 하나의 생으로부터 다음의 생으

---

26) 이것들은 5개의 군집, 12개의 감각 기초들, 18개의 요소들, 22개의 통제적 힘 또는 기능들이다.

27) Collins, *Selfless Persons,* 99-100, 180-181.

28) Ibid., 180.

로 윤회할 수 있는 영속적이고 불변적인 인격은 존재하지 않는다. 중단되지 않고 지속되는 것은 연쇄 또는 인연이다. 그러나 이 연쇄와 인연은 매 순간 변한다. 어린아이는 성장해서 60세의 어른이 된다. 이 60세의 어른은 60년 전의 어린아이와 같은 사람이 아니지만 다른 사람도 아니다. 마찬가지로, 여기서 죽고 다른 곳에서 다시 태어나는 사람은 같은 사람이 아니지만 다른 사람도 아니다. 그 둘 사이의 연속성은 동일한 (실체가 아닌) 연쇄의 연속성이다.[29]

그렇다면 누가 다시 태어나는가? 불교의 가르침에 따르면, 다른 "이름과 형태"가 태어난다. 이 말은 인간이 변하지 않고 다시 태어난다는 의미가 아니라, 한 "이름과 형태"를 가지고 선 또는 악을 행하고, 이 행위의 결과로 인해 다른 "이름과 형태"로 다시 태어난다는 의미다.[30] 각각의 생애는 비인격적 요소들의 총합으로, "이름과 형태"로 요약된다. 이 총합으로부터 "나"라는 생각(환각)과 더불어 현상적 의미의 인격적 주체가 생겨난다. 그러나 인격이나 자아로서 윤회하지 않는 것이 어떻게 다시 태어나는가? 이 물음에 대한 답변은 한 램프로부터 다른 램프로 불이 붙여지는 이미지로 제시된다.

> 한 램프의 불은 한 심지로부터 다른 심지로 이동하지 않지만, 그럼에도 불구하고 그 불은 다른 램프에 붙여진다. 이와 마찬가지로 아무것도 과거의 생으로부터 현재의 생으로 이동하지 않지만, 그럼에도 불구하고 군집과 기본적인 요소들은 여기에 생겨난다.[31]

29) Rahula, *What the Buddha Taught*, 34.
30) Collins, *Selfless Persons,* 185.
31) Ibid., 187.

이러한 불이 전달되는 이미지는 절대적 정체성을 전제하지 않는 연속성 개념을 표현한다.

3. 자아와 타자

만일 다음의 생에 다시 태어나는 인간 인격이 현재의 생에서 죽은 인간의 인격과 동일한 것도 아니고 다른 것도 아니라면, 현재의 기억하는 자아(오온)와 기억되는 과거의 생의 자아(오온) 사이의 관계는 어떤 것인가? 물론 그 둘 사이에는 카르마의 비인격적인 연결을 통해 유지되는 모종의 동일성이 있다. 즉 과거의 삶 속에서의 비인격적인 요소들의 군집이 현재의 삶 속에서의 비인격적인 요소들의 군집과 (시간적 연장 안에서) 연결될 수 있다. 그러나 주관적인 "나"의 차원에 있어서, 현재의 인격은 자아인 것만큼이나 타자다. 불교 경전에 따르면, (자기 자신의) 과거의 생에 대한 기억은 언제나 윤회 안의 다른 존재들의 죽음과 새로운 탄생을 보는 "신적 눈"으로 파악된 것에 의해 동반된다. 이 둘은 인지적으로 구별됨에도 불구하고, 정서적으로 이전의 생에 대한 기억 안에서 보이는 과거의 "자아"와 신적 눈에 의해 보이는 "타자들"은 현재의 "나"로부터 같은 거리에 있다.[32] 불교에서 자아와 타자는 동일하게 인식론적이면서 구원론적 위상을 갖는다. 명상을 수행하는 목적은 자아와 타자(이 타자가 가까운 친구든지, 중립적인 인간이든지, 또는 적이든지) 사이의 벽을 허무는 것이다. 수도자는 모든 존재의 동등성을 보아야 한다. 이 말은 진정한 자아들 사이의 동등성을 보아야 한다는 말이 아니라, "이것은 다른 존재다"라는 구별을 하지 말아야 한다는 의미다. 이러한 수행의 결과는 만물의 동등성을 보는 평정심에 이

---

32) Ibid., 190.

르는 것이다.[33]

불교의 윤회의 세계는 4차원적인 개인들의 군집을 나타낸다. 이들 가운데 일부는 일직선의 시간적 연속성 안에서 지금의 "나"와 연결되며 따라서 과거와 미래의 "나"를 나타낸다. 그러나 나머지는 이와 같이 연결되지 못하며 따라서 타자로 남는다. 만일 우리가 보편적인 두카로서의 "자아"와 (자아와) 동등한 의미의 개인으로서의 "타자" 사이의 밀접한 연관성을 인식한다면, 그리고 새로운 탄생이 서로 같지도 않고 다르지도 않은 인격을 포함한다는 것을 인식한다면, 우리는 다음과 같은 말을 이해할 수 있을 것이다. "불자가 열반으로 인도하는 수행에 정진하는 것은 고통당하는 생명들의 숫자를 하나라도 더 줄이기 위함이다."[34]

이와 같은 불교의 가르침에 따르는 행동은 단순한 자기이해를 추구하는 행동도 아니며 이와 반대로 단지 자기를 부인하는 이타주의적인 행동도 아니다. 모든 개인들—과거와 미래의 자아 또는 동시대의 타자들—을 향한 태도는 자애심, 동정심, 공감적 기쁨, 평정심이다.[35] 이와 같은 방식으로, 불교는 인간과 사물의 "자아 없음"에 대한 통찰을 고통당하는 존재들을 위한 보편적 자비와 연결시키며, "자아와 타자의 동등성"을 인간의 윤리적 행동을 위한 존재론적 근거로 채택한다.

---

33) Ibid., 191.

34) Ibid., 193. 대승불교의 근본이 되는 원인 사홍서원(四弘誓願)의 첫 번째가 "중생무변서원도"(衆生無邊誓願度)인데, 그 의미는 중생의 수가 한없이 많지만 모두를 교화하여 생사해탈의 열반(涅槃)에 이르게 하겠다는 것이다. 『네이버 지식백과』 "사홍서원"(四弘誓願) (『한국민족문화대백과』, 한국학중앙연구원)

35) Collins, *Selfless Persons,* Ibid., 193.

Ⅶ. 결론: 기독교와 불교의 대화

앞에서 살펴본 불교의 인간론의 특징을 요약하면 다음과 같다.

불교는 인간을 다섯 가지 군집, 즉 색온, 수온, 상온, 행온, 식온으로 구성되는 오온(伍蘊)으로 설명한다. 여기서 색온(지, 수, 화, 풍)은 인간의 육체적 측면을 나타내며 다른 네 가지 온은 이에 기초한 정신적 측면을 나타낸다.

불교의 인간론의 핵심 개념은 의존적 발생 또는 조건적 발생으로 표현되는 연기론(緣起論)이다. 인간은 조건(인연)에 의해 태어나고 조건이 없어지면 죽는다(12인연설).

불교는 존재하는 현상 세계를 두카, 즉 고(苦)의 세계로 이해한다. 고의 원인은 무지와 갈애에 있다. 갈애가 카르마(업)이 되어 윤회를 초래한다. 따라서 불교가 지향하는 구원은 갈애를 끊어버림으로써 윤회의 순환구조로부터 벗어나는 것이다.

불교에서 구원은 해탈을 통해 이루어진다. 해탈은 실재를 있는 그대로 보는 것, 즉 모든 존재가 실체가 없음을 깨닫는 것이다(諸法無我). 무아가 실현되는 곳이 열반이다.

어제와 내일의 나와 오늘의 나는 오늘의 나와 타자와 등거리에 있다. 이와 같은 자아와 타자의 동등성의 관계가 자비의 실천 근거다.

불교의 근본교리를 이루는 진리를 세 가지로 요약한 것이 삼법인(三法

印)이다. 삼법인은 제행무상(諸行無常), 제법무아(諸法無我), 열반적정(涅槃寂靜)이며, 이 세 가지에 일체개고(一切皆苦)를 더하면 사법인이 된다. ① 제행무상: 제행이란 생멸변화하는 일체의 형상법을 가리킨다. 모든 현상은 잠시도 정지하지 않고 생멸변화하므로 제행무상이라 한다. ② 제법무아: 제법의 법은 무아성(無我性)의 것을 뜻한다. 아(我)란 생멸변화를 벗어난 영원불멸의 존재인 실체 또는 본체를 뜻한다. 무아는 "아가 없다" 또는 "아가 아니다"는 뜻이다. ③ 열반적정: 열반은 "불어 끄는 것" 또는 "불어서 꺼져 있는 상태"라는 뜻으로, 번뇌의 불을 불어서 끄는 것이다. 열반적정은 불교의 이상(理想)으로서 종교적 안심(安心)의 세계다.[36]

불교 철학과 기독교 신학은 모두 인간의 현재 상태를 고통스러운 상황으로 본다. 인간 실존은 비극적 운명 안에서 고통당하고 있다. 이 고통의 원인은 무엇인가? 불교에 따르면, 무지와 욕망은 모든 존재가 윤회의 굴레 안에서 경험하는 고통과 악의 원인이다. 즉 윤회의 굴레 안에 있는 인간의 비극적 운명은 욕망의 카르마(업)에 의해 초래된다. 기독교 신학은 인간의 고통이 근본적으로 하나님에 대항하는 죄(교만, 불신앙, 불순종, 정욕)로 말미암는다고 본다. 죄의 본질은 하나님 중심으로부터 자기중심으로 돌아서는 것이다. 기독교에서 인간의 비극적 운명은 아담의 타락 이야기로 표상되는 원죄 개념에 의해 표현된다. 타락과 원죄는 거기로부터 모든 실제적 죄의 행위가 나타나는 인간의 보편적인 비극적 운명을 상징한다.

불교는 욕망을 인간의 모든 고통의 근원으로 보기 때문에 모든 욕망과 집착을 버릴 것을 요구한다. 심지어는 고통으로부터의 자유를 향한 욕망과 지혜(정견)를 위한 집착까지도 버려야 한다. 열반은 열반을 향한 욕

---

36) 『네이버 지식백과』 "삼법인"(三法印) (『한국민족문화대백과』, 한국학중앙연구원)

망을 가지고 있는 한 성취되지 않는다. 열반이 성취되는 것은 모든 욕망이 포기될 때다. 무아, 즉 열반은 욕망의 소멸에 의해 실현된다. 이와 달리, 기독교는 세속적인 욕망을 버리고 하나님께 영광을 돌려드리고 이웃을 섬기기 위한 고상한 욕망을 가질 것을 요구한다. 다시 말하면, 하늘의 영원한 지복을 위하여 이 땅의 일시적인 즐거움을 포기할 것을 요구한다. 기독교에서는 이기적인 욕망을 버리고 이타적인 욕망, 곧 하나님 나라를 향한 욕망을 가질 것이 요구된다. "너희는 먼저 그의 나라와 그의 의를 구하라. 그리하면 이 모든 것을 너희에게 더하시리라"(마 6:33).

반면에 불교에서는 더 높은 욕망을 위해 더 낮은 욕망을 버리는 것이 아니라 욕망 자체를 버릴 것이 요구된다. 석가조차도 욕망의 대상이 되어서는 안 된다. 이런 의미에서, 길에서 석가를 만나거든 그를 죽이라는 유명한 말도 있다.[37] 모든 욕망과 집착이 포기될 때 자아가 사라진다. 왜냐하면 자아란 욕망에 의해 만들어진 환각이기 때문이다. 욕망에 의한 자아라는 환각이 깨어지고 무아가 실현될 때, 열반이 성취된다. 이러한 불교의 가르침은 인간의 무한한 가능성과 잠재성을 전제한다. 고통의 발생 원인이 인간 안에 있는 것과 마찬가지로, 고통의 중단도 인간 자신의 실천적 수행을 통해 가능하다. 인간은 팔정도의 수행을 통해 모든 욕망을 포기하고 지혜에 이르러 완전성을 성취할 수 있으며 따라서 석가가 될 수 있다. 다시 말하면, 모든 인간은 여래가 될 수 있는 잠재적 가능성을 가지고 있다. 이것이 불교의 여래장(如來藏) 사상이다.

모든 중생의 마음속에 불성(佛性), 즉 여래가 될 가능성(如來藏)있으며, 따라서 스스로 해탈과 열반에 이를 수 있다고 가르치는 불교와 달리, 기독교에서는 인간의 마음은 심히 부패했으며(렘 17:9) 의인은 없다고 가르

37) John B. Cobb Jr., *Beyond Dialogue* (Philadelphia: Fortress Press, 1982), 80.

친다. “기록된 바 ‘의인은 없나니 하나도 없으며 깨닫는 자도 없고 하나님을 찾는 자도 없고 다 치우쳐 함께 무익하게 되고 선을 행하는 자는 없나니 하나도 없도다’”(롬 3:10-12). 따라서 기독교에서 인간의 구원은 오직 하나님으로부터만 온다. 즉 구원은 인간의 노력이나 공로로 획득되는 것이 아니라 오직 하나님의 은혜에 의해 선물로 주어진다. 인간은 소외되고 왜곡된 실존으로서의 비극적 운명을 결코 자신의 힘으로 극복할 수 없다. 심지어 하나님의 은혜에 의해 구원을 받은 이후에도 인간은 여전히 “의인이면서 동시에 죄인”으로 남아 있다(*simul justus et peccator*). 따라서 기독교 복음의 중심 메시지는 인간의 “완전성”에 있다기보다는 하나님의 “용서하시는 칭의”에 있다.

불교에서는 자아의 존재가 부정된다. 즉 석가는 영속적이고 변하지 않는 실체적 자아란 단지 무지와 욕망에 의한 환각에 불과하다고 본다. 이와 같은 불교의 사상을 의역하자면, 대상을 떠난 주관은 없고, 주관을 떠난 대상은 없다는 것을 의미한다고 할 수 있다. 주관은 대상과 융합된 것으로서, 그리고 대상은 주관과 융합된 것으로서만 존재한다.[38] 세계와 대립되어 그 자체로 존재하는 자아를 위한 자리는 없다. 이와 같은 불교의 상대적·관계적 세계관은 오늘날의 양자 물리학의 실재 이해와 매우 유사하다.

이와 달리 전통적으로 기독교는 자아의 중요성을 강조한다. 기독교에서 자아는 우리의 행동에 대해 책임을 지는 고유한 주체성의 자리다. 인간은 자유로운 인격적 자아로서 자신의 행동에 대하여 책임을 져야 한다. 기독교의 자아는 불교의 무아와 직접적으로 동일시되기 어려우며 심지어 서로 대립되는 것처럼 보이기도 한다. 기독교의 자아는 하나님 나라를

---

38) Ibid., 140.

위한 보다 적극적인 책임과 사명을 부여받는다. 그러나 또한 동서양을 막론하고 모든 인간의 죄의 심층에는 이기적인 자아가 도사리고 있는 것이 사실이다. 그리고 자신의 자아에 대한 집착이 다른 자아들과 대립된 개인을 구성해 왔다. 기독교 공동체 안에서조차도 개인들 간의 상호적 외재성(externality)이 강하게 경험되어 왔다.

서구 기독교의 역사 속에서, 상호적인 외재성과 소외, 그리고 자아와의 관계와 이웃과의 관계의 근본적인 상이성은 실체론적 자아 개념에 의해 강화되어 왔다. 만일 각 개인이 서로 분리되어 있는 실체라면, 자아와의 관계는 전적으로 내적인 반면, 타자와의 관계는 전적으로 외적이 된다. 이와 같은 현상은 자신을 사랑하는 것처럼 이웃을 사랑하라는 예수의 명령과 심각한 긴장 관계를 형성한다. 그렇다면 우리는 어떻게 기독교적으로 책임적이고 인격적인 자아로 남아 있으면서 동시에 예수의(그리고 석가의) 사랑의 명령을 준행할 수 있는가?

이 물음에 대한 답변의 한 방식은 실체론적 실재관의 오류를 인식하는 것이다. 각 개인의 자아는 순간순간 자신의 인격적 과거와 아울러 타자들과의 관계를 포함하는 요소들의 합체로서 형성된다. 위에서 본 바와 같이 불교에 따르면, 한 의존적 발생의 계기가 자신의 개인적 과거의 계기들과 갖는 관계의 양태는 그것이 현재 다른 곳에 있는 다른 계기들과 갖는 관계의 양태와 질적으로 다르지 않다. 즉 자신의 개인적 과거의 계기들과 현재 다른 곳에 있는 계기들이 지금의 "나"와 같은 거리에 있다는 석가의 가르침은 기독교적 인간론에 유의미한 도전이 된다.

기독교적 자아의 책임성을 중요시하면서도 불교적인 무아 사상의 실존적 의미를 전유할 수 있는 길은 전통적인 실체론적 자아 개념으로부터 벗어나는 것이다. 이미 근대 이후 데카르트적인 절대적·초월적 자아 개념은 붕괴되었다. "세계-내-존재"(In-der-Welt-Sein)로서의 역사적 자아만이 존재할 뿐이다. 오늘날의 신학자들은 인간의 자아가 영속적이며 변하지 않는 실체적 자아라기보다는 타자와의 관계성 안에서 변화를 수용하며 미래를 향해 열려 있는 관계적인 자아임을 강조한다.[39] 자아는 근본적으로 타자와 세계와 미래(그리고 하나님)를 향한 개방성을 본질적인 구조로 갖는다.

이와 같은 자아 이해는 인격의 구조를 해체하는 것이 아니라 그것의 초월을 지향한다. 불교의 개인적 자아의 절멸 사상은 기독교적 관점에서 개인의 과거로부터 오는 강력한 자기중심적인 성향(이것이 원죄의 본래적 의미일 것이다)을 깨뜨리는 것으로 재해석되고 전유될 수 있다. 이와 동시에 불교의 무아의 가르침 못지않게 개인적 실존을 초월하는 방향으로 기독교의 경험을 새롭게 재해석하는 것이 가능하다. 우리는 하나님의 영광을 위하여 우리 자신을 드려야 한다. "너희 몸을 하나님이 기뻐하시는 거룩한 산 제물로 드리라"(롬 12:1).

우리의 자아는 타자와의 관계성 안에서 완성된다. 자아는 타자와의 사랑의 관계성 안에서 자기 초월을 실현함으로써 단지 자신을 잃어버리는 것이 아니라 자신을 완성해간다. 이와 같은 방식으로 기독교는 기독교의 인격적 정체성을 상실함 없이, 인격적 자아의 해체를 가르치는 불교 사상의 실존적 의미를 전유할 수 있다. 예수는 우리가 자기 자신을 부인하지 않고는 예수를 따라올 수 없다고 분명히 말씀하였다. "누구든지 나를 따라오려거든 자기를 부인하고 자기 십자가를 지고 나를 따를 것이니라. 누구든지 제 목숨을 구원하고자 하면 잃을 것이요, 누구든지 나를 위하

---

39) 특히 Whitehead의 과정사상에서의 자아 개념은 시간성(temporality)의 요소만 제외하면 불교의 무아 개념과 매우 유사하다. 왜냐하면 여기서는 인간 자아가 철저하게 과정적·관계적·순간적인 현실적 존재(actual entity)로 이루어진 사회적 패턴(연쇄)의 지속을 의미하기 때문이다.

여 제 목숨을 잃으면 찾으리라"(마 16:24-25). 오늘날 이 세상뿐만 아니라 교회 안의 모든 문제들도 결국은 자기를 부인하는 참된 자기부정의 영성이 상실되고 이기적인 자아가 살아서 준동하고 있기 때문이 아닌가? 따라서 불교 못지않게 기독교에서도 자기부인의 중요성은 아무리 강조해도 지나침이 없다. 우리가 진정으로 자기를 부인하고 자기 십자가를 지고 예수 그리스도를 따를 때, 우리는 그와 더불어 (단지 "불어서 꺼져 있는 상태"인 열반적정이 아닌) 부활의 생명력이 넘치는 하나님의 영원한 삶에 참여하게 될 것이다.

An Interdisciplinary Dialogical Study
on Human Nature and Destiny

제4부

오늘날의 기독교 인간론의 초점들

제4부에서는 오늘날 기독교 인간론에서 가장 핵심적인 세 가지 주제들에 대하여 고찰한다. 제14장에서는 하나님의 형상으로서의 인간을 관계론적 삼위일체론과 기독론 그리고 대상관계 이론을 통한 페리코레시스적·공감적 사랑과 이해에 대한 관계성의 관점에서 조명한다. 제15장에서는 생태학적 기독교 인간론에 대한 조직신학적 고찰을 비이원론적·만유재신론적 세계관의 관점에서 수행한다. 제16장에서는 인간 사회의 차별과 배제의 현실 속에서 만인평등적인 보편적 인간성을 구현하기 위한 길을 포용, 회개, 용서, 화해 등의 개념을 중심으로 고찰한다. 제17장에서는 과학기술에 의해 도래할 포스트휴먼 시대의 인간 이해를 포스트휴머니즘과 기독교 신앙의 대화를 통해 논구한다. 그리고 마지막으로 에필로그에서는 공감적 사랑 안에서의 평화의 길을 제시한다.

제14장
페리코레시스적 관계성 안에 있는 하나님의 형상으로서의 인간

I. 서론

오늘날 우리는 인간성 상실 또는 인간성 위기의 시대를 살고 있다. 우리 사회에서는 수많은 범죄, 폭력, 살인, 자살, 성폭력과 같은 비인간적인 사건들이 매일 끊이지 않고 일어난다. 304명의 무고한 희생자를 낸 진도 앞바다 세월호 침몰(2014. 4. 16) 사건은 인간의 생명을 경시하는 이 사회에 만연된 총체적 죄악이 빚어낸 참사다. 세계적으로 테러, 전쟁, 종족학살과 같은 반인륜적인 사건들이 그칠 날이 없다. 근래에는 이슬람 수니파 무장단체 이슬람국가(IS)가 기독교 세계를 대상으로 무차별적인 민간인 테러를 자행하고 있다.[1] 세계에서 가장 인권을 내세우는 미국에서는 미국 루

---

1) 2015. 11. 13에는 프랑스 파리에서 이들에 의해 자행된 자살 폭탄 테러 및 대량 총격 사건으로 130명 이상이 사망하고 300명 이상이 부상당하였으며, 2016. 7. 14에는 프랑스 대혁명 축제를 즐기던 프랑스 휴양지 니스에서 자생적 IS로 밝혀진 튀니지계 1세 프랑스인이 대형 트럭을 몰고 수천 명이 집결한 곳으로 돌진해 84명이 사망하고 100여명이 부상당하는 테러가 발생했다. 범인은 죽기 직전 "알라는 위대하다"고 외쳤다고 한다.

이지애나의 한 흑인 청년이 경찰의 총격으로 사망한 것(2016. 7. 5)을 계기로 인종 갈등이 확산되고 있다. 지구촌에서 이 모든 비극들이 발생한 이유는 인간이 하나님께서 주신 자신의 본래적인 인간성을 상실했기 때문이다.

성서는 인간이 하나님의 형상으로 창조되었다고 말씀한다. 성서는 인간이 이 세상의 그 무엇보다도 고귀한 존재라고 가르친다. 시편 저자는 인간의 존귀함을 이렇게 노래했다. "사람이 무엇이기에 주께서 그를 생각하시며 인자가 무엇이기에 주께서 그를 돌보시나이까, 그를 하나님보다 조금 못하게 하시고 영화와 존귀로 관을 씌우셨나이다"(시 8:4-5). 예수 그리스도는 "사람이 만일 온 천하를 얻고도 자기 목숨을 잃으면 무엇이 유익하리요"(막 8:36)라고 하시면서 인간의 생명이 천하보다 귀하다고 말씀했다. 기독교 인간학은 인간의 존귀함이 그가 하나님의 형상으로 지음 받았다는 사실에 있다고 본다. 오늘날 인간은 이 하나님의 형상을 다시 회복하고 완성해가야 한다.

이 글에서는 성서에 나타난 인간의 본래적인 모습과 기독교 역사 속에 나타난 신학자들의 인간 이해를 살펴봄으로써 인간이 하나님의 형상으로 창조되었다는 것이 무슨 의미인지 이해하고, 하나님의 형상으로 창조된 우리가 인간성이 상실되어가는 시대에서 어떻게 살아야 할지를 고찰하고자 한다. 필자는 이 연구를 통해서 인간 안의 하나님 형상이 인간이 하나님과의 관계성 안에서 이웃과 관계를 맺고 살아가도록 부름 받았다는 사실에 있으며, 이 관계성의 본질이 페리코레시스적인 공감적 사랑과 이해에 있음을 논증할 것이다.

Ⅱ. 성서의 인간

하나님께서 인간을 어떻게 창조하셨는지 보여주는 가장 중요한 구약성서의 두 구절은 창세기 1:26-27과 2:7이다. 창 1:26-27에서는 인간이 다른 피조물과 달리 하나님의 형상(image)과 모양(likeness)으로 창조되었다고 말씀한다. "하나님이 이르시되 '우리의 형상을 따라 우리의 모양대로 우리가 사람을 만들고 그들로 바다의 물고기와 하늘의 새와 가축과 온 땅에 기는 모든 것을 다스리게 하자' 하시고 하나님이 자기 형상 곧 하나님의 형상대로 사람을 창조하시되 남자와 여자를 창조하시고"(창 1:26-27).

창 2:7에는 하나님이 인간을 창조하신 방법이 묘사되어 있다. "여호와 하나님이 땅의 흙으로 사람을 지으시고 생기(네샤마, 니쉬마트 하임, the breath of life)를 그 코에 불어넣으시니 사람이 생령(네페쉬 하야, living soul[또는 being])이 되니라"(창 2:7). 여기서 하나님은 생명의 영을 인간의 몸(코)에 불어넣음으로써 인간의 영혼(존재)을 창조한 것처럼 나타난다.

구약성서에서 "생령" 즉 "살아 있는 영혼(존재)"인 "네페쉬 하야"는 몸과 분리될 수 없는 몸의 생명 원리다. "네페쉬"는 통상 "영혼"(soul)이라고 번역되는데 구약성서에서 이 단어는 여러 가지 의미로 사용되며 해부학적으로는 "목구멍", "목", "위장"을 가리킨다. 이 단어는 종종 활력 또는 생명력을 의미하며 사람뿐만 아니라 동물에게 사용되기도 한다. 이 단어는 인격 안의 비물질적 부분을 나타내기보다는 전체 인격을 나타낸다. 따라서 이 단어는 비물질적 실체로서의 "영혼"으로 번역되는 것보다는 "인격", "자아", "나", "나 자신" 등으로 번역되는 것이 더욱 적합하다.[2]

---

2) "내 영혼(네페쉬)이 주를 찬양하리라"는 것은 "내가 주를 찬양하리라"는 것이다. Hans Walter Wolff, *Anthropology of the Old Testament*, trans. Margaret Kohl (Philadelphia: Fortress, 1974), Ch. II.

영혼(네페쉬)은 하나님의 영을 필요로 한다. 히브리인들은 하나님의 영을 은유적으로 숨(생기, 네샤마) 또는 바람(루아흐)[3]으로 표현했다. 숨(생기) 또는 바람으로 표현되는 하나님의 영은 몸으로부터 영혼(네페쉬)을 생동케(animate)하며 이를 통해 몸이 살아 있는 인격 또는 자아가 되게 한다. 따라서 생명의 기원은 인간의 영혼이 아니라 신적 영에 있다. "생령" 즉 "살아 있는 영혼(존재)"이 되는 것은 오직 영을 통해서다. 그러나 "생기"가 주어짐으로써 "살아 있는 영혼"이 되는 것은 인간만이 아니다. 다른 동물들도 네페쉬를 지니고 있다(창 1:20, 24, 30; 9:12, 15, 16). 따라서 인간이 다른 동물과 다른 점은 단지 "살아 있는 영혼"을 가지고 있다는 점이 아니다. 인간의 독특성은 인간이 하나님과의 특별한 관계 안에 존재하면서 다른 피조물에 대하여 하나님을 나타내도록, 즉 하나님의 형상으로 지음 받았다는 사실에 있다.

신약성서에서 하나님의 형상은 바로 그리스도를 의미한다. 그리스도는 하나님의 형상(고후 4:4; 골 1:15)이요, 하나님의 영광의 광채(고후 4:6; 히 1:3)요, 그 본체의 형상(히 1:3)이다. 또한 그리스도는 하나님의 형상으로서 새로운 인간의 머리다. 인간은 그리스도와의 연합을 통해 하나님과 그리스도의 관계에 참여함으로써 죄로 인해 상실되었던 하나님의 형상을 회복할 수 있다. 하나님의 형상(*imago Dei*)으로 창조된 인간은 다름 아니라 그리스도의 형상(*imago Christi*)에 참여하고 그 형상을 본받는 새로운 인간이다. "하나님이 미리 아신 자들을 또한 그 아들의 형상을 본받게 하기

---

3) "루아흐"는 바람, 움직이는 공기를 가리키며 따라서 "네페쉬"처럼 종종 숨(호흡)과 연관된다. 이 단어는 보통 "영"으로 번역되는데, 인간의 영보다는 하나님의 영을 가리키는데 더 많이 사용된다. "루아흐"가 피조물의 숨(호흡)을 가리키는 경우, 이 단어는 "네샤마" 즉 "생기"(the breath of life, 창 2:7)와 동의어다. 따라서 "루아흐"는 비물질적 실체적 영혼이 아니라 살아 있는 피조물을 생동화시키는(animate) 생명력 또는 에너지를 가리킨다. Ibid., Ch. IV.

위하여 미리 정하셨으니 이는 그로 많은 형제 중에서 맏아들이 되게 하려 하심이니라"(롬 8:29).

Ⅲ. 교회 전통에서의 하나님의 형상 이해

초기 교회의 교부들은 인간을 주로 "하나님의 형상" 개념을 중심으로 이해했다. 교부들은 인간이 하나님의 형상 또는 모양으로 창조되었다는 사실이 인간을 다른 모든 피조물들로부터 구별한다고 믿었다. 그러면 "하나님의 형상"이 의미하는 바는 무엇인가? 교부들은 대체로 인간 안의 하나님의 형상을 여섯 가지 관점에서 이해했다.[4] 첫 번째는 인간 안의 하나님의 형상이 인간이 하나님을 알고 하나님과 관계를 맺을 수 있는 정신적·영적 존재라는 사실에 있다. 인간은 자연 세계의 일부임에도 불구하고 다른 모든 피조물과 구별되는 특별한 존재다. 인간의 독특성은 인간이 정신(mind) 또는 영혼(spirit 또는 soul)을 지닌 존재라는 사실에 있다. 인간은 물질적 차원으로 환원될 수 없다. 인간은 물질의 세계를 초월하여 정신적·영적 세계에 참여한다. 인간의 정신 또는 영혼의 고유한 특성은 무엇보다도 하나님을 알고 하나님과 관계를 맺을 수 있는 능력에 있다. 인간을 인간답게 만드는 것은 하나님을 알고 사랑할 수 있는 정신 또는 영혼의 활동에 있다. 다시 말하면, 인간이 하나님의 형상을 지녔다는 것은 인간이 하나님을 알고 하나님과 관계를 맺을 수 있는 정신적·영적 존재라는 것을 의미한다. 아우구스티누스에 따르면, 몸이 아닌 영혼만이 하나님

4) 이에 대해서는 Robert Louis Wilken, "Biblical Humanism: The Patristic Convictions," *Personal Identity in Theological Perspective*, Richard Lints, Michael S. Horton, & Mark R. Talbot, eds., (Grand Rapids: William B. Eerdmans, 2006), 17-28 참고.

의 형상이다. 인간의 영혼 또는 정신은 세상 및 자기 자신과 관계를 가질 뿐만 아니라 하나님과 관계를 갖는다.

인간 안의 하나님의 형상에 대한 두 번째 이해는 인간이 하나님을 유비적으로 반영한다는 것이다. 인간의 정신이 하나님을 알고 하나님과 관계를 맺을 수 있는 것은 인간의 정신 안에 하나님을 반영하는 존재론적 유비가 있기 때문이다. 아우구스티누스는 삼위일체에 대한 유비를 인간의 정신 안에서 발견하였다. 즉 인간은 정신에 의해 하나님을 알 수 있을 뿐만 아니라 정신 안에서 하나님의 형상을 반영한다. "비록 인간의 정신이 하나님과 동일한 본성은 아니지만 그 본성의 형상이 우리의 정신에서 발견된다." 아우구스티누스는 삼위일체의 유비를 인간의 기억, 이해, 사랑(의지)의 세 가지 정신 활동에서 발견한다. 모든 교부들이 하나님의 본성을 반영하는 하나님의 형상이 인간의 정신에만 있다고 본 것은 아니지만 그럼에도 불구하고 대체로 인간의 몸은 하나님의 형상으로 간주되지 않았다.

하나님의 형상에 대한 교부들의 세 번째 이해는 인간의 자유에서 찾을 수 있다. 특히 니사의 그레고리오스는 인간의 본성에 각인된 신적 본성이 자유에 있다고 보았다. "자유와 자유의지의 선물"이 인간의 독특성을 결정한다. "우리 안에는 모든 탁월함, 모든 덕과 지혜, 우리가 생각할 수 있는 모든 더 높은 것의 원리가 있다. 그러나 모든 것들 가운데 가장 중요한 것은 우리가 필연성으로부터 자유롭고 그 어떤 자연적 힘에 속박되지 않으며 우리가 원하는 대로 우리 자신의 힘을 사용하기로 결정할 수 있다는 사실이다. 왜냐하면 덕은 자발적인 것이며 그 어떤 지배에도 종속되지 않는 것이기 때문이다.…" 그런데 그레고리오스는 인간의 자유의 본질이 우리가 되어야할 바가 되는 데 있다고 보았다. 자유는 의지에 의해 행사되는데, 의지는 인간의 삶을 목적의 관점에서 질서화하며 자유가 탁월함(즉 덕)과 인간의 번영을 지향하도록 한다. 우리의 덕이 성장함에 따라 우리는 하나님의 선을 즐거워하게 된다. 그러므로 자유는 그 자체로서가 아니라 하나님과의 관계에서 이해되어야 한다. 인간은 하나님의 형상으로 지음을 받았기 때문에, 우리의 얼굴이 하나님을 향하고 우리의 행동이 하나님의 사랑에 의해 이루어질 때에만 우리는 온전한 인간이 될 수 있다.

하나님의 형상에 대한 교부들의 네 번째 이해는 죄와의 관계 안에서 발견된다. 인간 안의 하나님의 형상은 죄로 인해 흐려지고 망가졌다. 인간에 관한 창세기의 진술과 인간의 현실 사이에는 큰 괴리가 있다. 인간의 본성은 죄로 인해 변질되고 흉하게 되었다. 그러나 죄가 최종적 운명은 아니다. 죄는 하나님의 형상 안에서의 인간의 창조와 하나님과 함께 사는 인간의 최종적 운명 사이에 놓여 있다. 교부들의 사고에 있어 죄의 실재는 하나님의 형상을 근본적으로 근절하지 못한다. 따라서 교부들은 죄가 하나님의 형상을 훼손하거나 손상시키는 것을 은유적으로 표현하였다. 즉 동전에 새겨진 것을 긁어낸다든가, 형상의 아름다움을 흉하게 만든다든가, 형상을 무효화시킨다든가, 질병에 걸린다든가 하는 등의 은유가 사용되었다. 타락 이후에도 하나님의 형상의 어떤 측면은 남아 있다. 예를 들면, 죄에 의해 어둡게 되었음에도 불구하고 여전히 이성이 남아 있으며, 욕정에 사로잡혀있음에도 불구하고 여전히 인간의 자유가 남아 있다. 아우구스티누스에 따르면, 하나님의 형상은 "닳아서 거의 다 없어졌음에도 불구하고 언제나 거기에 남아 있다."

다섯 번째로 하나님의 형상은 하나님의 완전한 형상인 그리스도를 떠나서는 이해될 수 없다. 그레고리오스는 창세기에 기록된 최초의 인간의 본성도 그리스도 안에서 이해하였다. "첫 번째 창조에 나타난 인간과 완성의 때에 나타날 인간은 동일하다. 왜냐하면 그 둘은 똑같이 하나님의 형상을 지니고 있기 때문이다." 우리는 그리스도 안에서의 변화와 무관하게 인간의 본성을 말할 수 없다. 그리스도 안에서 본래적이고 진정한 인간 본성이 나타났다. 교부들은 "형상"과 "모양"을 구별하여, 형상은 창조 때의 인간을 가리키는 것으로, 모양은 그리스도 안에서 새롭게 창조되고 회복되서 다시 하나님과 "같이"(like) 된 인간을 가리키는 것으로 이해하였다.

교부들은 인간이 하나님과 "같이"(like) 되는 것을 "신화"(*theōsis*, divinization 또는 deification)라는 개념으로 표현하였다. 다음과 같은 아타나시우스의 유명한 경구는 이 신화 사상을 표현한다. "우리가 신적 존재가 되도록 하기 위하여 하나님의 말씀이 인간이 되었다." 만일 인간이 하나님의 형상으로 만들어졌다면, 인간의 삶의 목적은 하나님과의 교제, 신적 삶의 공유에 있다. 이것은 우리가 하나님과 "같이" 된다는 것을 의미한다. 그리고 이것은 그리스도 안에서의 구속과 성령의 선물을 통해서만 가능하게 된다. 이러한 신화 사상은 아우구스티누스의 다음과 같은 글에도 잘 나타난다. "하나님이었던 그가 인간이 된 것은 인간이었던 자들을 하나님(gods)으로 만들기 위해서다."[5]

여섯 번째로 교부들은 대체로 하나님의 형상을 인간의 육체와 연결시키지 않았음에도 불구하고 인간의 육체성을 무시하지는 않았다. 그레고리오스는 영혼이 육체 안에서 생명을 갖기 이전에 자신의 생명을 가진다는 생각을 거부하였다. 영혼과 육체는 함께 만들어지며 하나님의 뜻 안에서 "동일한 시작"을 갖는다. 막시무스는 영혼과 육체가 전인적 인간을 위한 불가분리적인 부분들임을 강조하였다. 육체의 중요성은 특히 육체적 부활에 대한 신앙고백(니케아-콘스탄티노플 신조)에 의해서 더욱 강조되었

---

5) Augustine, *Sermon* 192.1.1.

다. 몸이 없는 영혼은 한 인격이 될 수 없다. 아우구스티누스에 따르면, 몸은 외부로부터 맞추어진 장식품이 아니라 인간의 본성 자체에 속한다. 죽은 자의 몸을 돌보는 것은 부활에 대한 우리의 믿음을 확증한다. 몸과 연합하지 못하는 동안 영혼은 충분히 그 자신이 되지 못한다. 따라서 영혼은 자신의 몸과 재연합되기를 갈망한다. 초기 교회에서 형성된 이와 같은 교부들의 부활신학은 정신-육체 통일체로서의 기독교 인간론의 수립을 위한 토대가 되었다.

그럼에도 대체로 서구 기독교 전통은 이원론적 인간론을 보여준다. 초기 교회 교부들은 하나님의 형상을 플라톤적 개념인 "이성적 영혼"(rational soul)과 동일시하였다. 그들은 영혼은 불사 및 불멸하는 실재로서 몸과 분리된 독립적 지위를 가지고 있다고 보았다. 한편 중세의 아퀴나스는 플라톤적인 인간 개념을 고수했던 고대의 교부들과 달리, 아리스토텔레스의 질료-형상론을 따라 영혼을 질료인 육체에 형상을 부여함으로써 전인적 인간을 만드는 생명의 원리로 이해했다. 그는 인간을 "정신-육체의 통일체"(psycho-somatic unity)로 이해했다. 그러나 그 역시도 영혼은 스스로 존재하며, 육체는 죽어도 영혼은 불멸한다고 보았다.[6]

16세기의 종교개혁자 칼뱅은 아우구스티누스의 플라톤적인 이원론적 인간론을 계승하였다. 그는 플라톤이 영혼의 불멸적 실체를 올바로 인식했다고 보았다. 영혼은 형체가 없는 실체로서 몸 안에 거하면서 인간의 삶을 지배한다. 영혼과 몸은 형이상학적으로 구별되며 영혼은 피조물이지만 불멸한다.[7] 죽음 후에 신자의 영혼은 즉시 안식과 그리스도와의 교

---

6) Thomas Aquinas, *Summa Theologiae*, I-II, 76.

7) Calvin에게 영혼(soul)과 영(spirit)은 같은 개념이다. John Calvin, *Institutes of the Christian Religion,* ed. John T. McNeill, trans. Ford Lewis Battles (Philadelphia: Westminster, 1960), 1.15.2.

제를 누리며 그리스도의 재림과 부활을 기다린다. 칼뱅은 죽음과 부활 사이의 중간상태가 단지 영혼이 잠들어 있는 상태가 아니라 의식을 가지고 그리스도와 친교를 누리는 상태라고 강조한다.

칼뱅은 하나님의 형상으로 창조된 본래적 인간의 온전성을 강조한다. 그는 인간의 본성 안에 어떤 약점이나 결함이 있어서 애초부터 타락과 또한 그에 따른 구속이 필연적인 것이었다는 생각을 거부한다. 인간의 부패와 악의 그리고 죄는 "본성"으로부터 생겨나는 것이 아니라 "본성의 부패"로부터 생겨나는 것이다. 만일 본성 안에 본래적으로 어떤 결함이 있다면 하나님에 대한 비난이 초래된다. 하나님은 인간을 자신의 창조물들 가운데 가장 탁월한 작품으로 만드셨다.

그러면 인간 안의 하나님 형상이란 무엇인가? 칼뱅은 하나님 형상의 가장 적절한 자리가 영혼이라고 본다. 그러나 그는 하나님의 형상을 영혼에 제한하지는 않고 전체 인격에 귀속시킨다. "인간 안에, 심지어 몸 자체 안에, 불꽃이 빛나지 않는 부분이 없었다."[8] 그러나 인간 안의 하나님 형상은 죄로 인하여 파괴되었다. 그는 "하나님의 형상이 완전히 말살되고 파괴되지는 않았다고 우리가 인정한다고 해도, 이 형상은 너무도 부패했기 때문에 남아 있는 것은 끔찍한 기형이다"[9]라고 말한다. 인간 안의 기형화된 하나님 형상의 회복은 둘째 아담인 예수 그리스도를 통하여 일어난다. "이제 우리는 그리스도가 가장 완전한 하나님의 형상임을 본다. 우리가 그리스도를 따라 그와 같이 되면 우리의 참된 경건과 의와 순수함과 지성이 회복되어 하나님의 형상을 지니게 된다."[10]

---

8) Ibid., 1.15.3.
9) Ibid., 1.15.4.
10) Ibid., 1.15.4.

Ⅳ. 인간 안의 하나님의 형상: 하나님과 타자와의 관계성

하나님이 인간을 자신의 형상으로 창조하셨다고 기록되어 있는 창세기 1:26-27과 인간(아담)과 여자(하와)를 만드는 구체적인 과정이 기록되어 있는 창세기 2:7, 18-25에 나타나는 인간의 특징은 세 가지다. 첫째, 이 본문들은 인간이 지상에서의 하나님의 대리자 또는 대표자라는 사실을 보여준다. 즉 인간은 하나님의 대리자로서 이 땅의 모든 것을 다스리도록 위임받았다(창 1:26, 28). 둘째, 이 본문들은 처음 만들어진 인간에게 아담(*adam*)이라는 공통 용어를 사용함으로써 첫 번째 인간이 개별적 개인이 아닌 인류 전체를 대표하는 인간을 보여준다. 셋째, 이 본문은 하나님의 형상을 남자와 여자의 창조와 연결시킴으로써(창 1:27) 하나님의 형상이 남자와 여자의 성적 분화와 관계있음을 보여준다.

클라우스 베스터만(Claus Westermann)은 창세기 2:18-25에 대한 주석에서 이 본문의 중심 주제가 단지 여자의 창조에 있지 않고 인간(인류, humankind)의 창조에 있다고 지적한다. 여자의 창조는 인간의 창조를 완성한다. 왜냐하면 하나님의 피조물로서의 인간은 오직 공동체 안에서만 인간이기 때문이다.[11] 이 본문에서 성(性)은 육체를 지닌 성적 피조물로서의 인간의 불완전성과 연관될 뿐만 아니라 타자와의 관계성 안에 있는 통전적 인간을 위한 잠재성과 연관된다. 성은 유대감을 형성하고자 하는 인간의 충동의 근거가 되는 역동성이다. 유대감을 향한 충동은 혼인에서 발견되며, 혼인을 통하여 폭넓은 인간 공동체가 수립된다. 스탠리 그렌츠(Stanley Grenz)에 의하면, "성의 궁극적 목적, 따라서 유대감의 궁극적 목

---

11) Claus Westermann, *Genesis 1-11: A Commentary*, trans. John J. Scullion (London: SPCK, 1984), 192.

적은 충만한 공동체에 참여하는 것, 즉 새로운 인간으로서 하나님과 모든 창조세계와의 관계 안에서 함께 사는 것이다."[12] 성적 자아는 관계적 자아다. 이 자아는 공동체적 유대감 안에 있는 인격이다.

창조 이야기에서 하나님은 복수로 나타난다. "우리의 형상을 따라 우리의 모양대로 우리가 사람을 만들자"(창 1:26). 신학자들은 이 본문에서 인간을 남자와 여자로 창조하는 삼위일체 하나님을 발견한다. 바르트는 "하나님이 자기 형상 곧 하나님의 형상대로 사람을 창조하시되 남자와 여자를 창조하시고"(창 1:27)라는 구절이 "나와 너"의 관계성으로서의 하나님의 형상을 보여준다고 주장한다. 이 본문에서 여자의 창조는 매우 중요하다. 왜냐하면 그것은 영원한 삼위일체를 성격 짓는 "나와 너"의 관계와 같은 종류의 관계를 창조세계 안에서 가능케 하기 때문이다. 바르트에 따르면, 하나님은 한 분이지만 홀로 계신 분이 아니라 세 위격이 서로 사랑의 교제 가운데 계신 삼위일체 하나님이다. "그분은 영원히 사랑하시는 분이고, 영원히 사랑받는 분이며, 영원한 사랑이다. 이 삼위일체 안에서 하나님은 모든 '나와 너'의 관계의 기원과 원천이다."[13] 바르트는 이와 같은 삼위일체 하나님의 관계성을 반영하는 인간의 관계성을 "관계유비"(*analogia relationis*)라고 불렀다.

서구 기독교 전통은 "하나님의 형상"을 개별적 자아의 구성의 관점에서 이해하고자 하였다. 특히 아우구스티누스가 인간에 대한 탐구를 개인 내면의 심리적 자아에 집중시킨 이래, 서방 교회는 인간 안의 하나님

---

12) Stanley J. Grenz, "The Social God and the Relational Self: Toward a Theology of the Imago Dei in the Postmodern Context," *Personal Identity in Theological Perspective,* ed. Richard Lints, Michael S. Horton, & Mark R. Talbot (Grand Rapids: William B. Eerdmans Publishing Company, 2006), 87.

13) Karl Barth, *Church Dogmatics*, III. 2 (Edinburgh: T.&T. Clark, 1960), 218.

의 형상을 인간 본성의 내적 구조 또는 하나님 앞에서의 개별자의 관점에서 이해하여 왔다. 데카르트의 사유 주체(*cogito*)로 대표되는 근대 서구의 자아 개념은 자기 충족적·자기집중적·개인주의적 인간 이해를 반영한다. 그러나 오늘날 탈근대적 시기에 이와 같은 자아와 인간 이해는 더 이상 설 자리를 잃어가고 있다. 근대적 자아가 죽음을 당하거나 해체된 오늘날 탈근대적 시기에 기독교 신학은 더 이상 "하나님의 형상"을 전통적인 방식으로 이해할 수 없게 되었다. 오늘날 인간 이해는 데카르트적인 "고독한 정신"으로부터 공동체적인 인격 개념으로 전환하였으며, 자아는 본질적 속성들에 의해 구성되는 고정된 실체라기보다 관계에 의해 구성되는 역동적 과정으로 간주된다. 탈근대적 자아 개념을 잘 보여주는 미셸 푸코에 의하면, 자아란 사람들의 생각과 생활과 말을 지배하는 다수의 사회적 요소들에 대한 무의식적 내면화의 산물[14]이다. 탈근대적 자아는 자신의 경험을 조직하는 "플롯"(plot)이 사회집단(또는 준거 공동체[community of reference])으로부터 생겨나는 이야기적 자아(narrative self)다. 탈근대적 사상가들은 이와 같이 사회적으로 구성된 자아를 광범위한 그물망 안의 한 위치, 교차로의 한 지점, 대화의 그물망 안의 교차로 등으로 표현한다. 따라서 탈근대적 자아는 관계성 안에서 정체성을 찾는 관계적 자아다.[15]

인간은 다른 피조물과 비교될 수 없이 탁월하게 관계적인 존재이며, 무엇보다 모든 피조물들 가운데 인간만이 유일하게 하나님과 "나와 너"의 인격적 관계를 가질 수 있다. 인간만이 상호적인 인격적 관계 안에서 하

---

14) David Couzens Hoy, "Foucault: Modern or Postmodern?" *After Foucault: Humanist Knowledge, Postmodern Challenges,* ed. Jonathan Arac (New Brunswick, N. J.: Rutgers University Press, 1988), 27.

15) 예를 들면 George Herbert Mead, *Mind, Self and Society*, ed. Charles W. Morris (Chicago: University of Chicago Press, 1934, 1974), 138-158 참고.

나님과 대화하고 소통할 수 있는 존재다. 인간에게 다른 피조물과 공유하고 있는 육체적 실존과 구별되는 영적 실존이 있다면 그것은 인간이 육체와 구별되는 영이라는 이원론적 실체를 가지고 있다는 의미에서가 아니라 오직 인간에게만 하나님과 상호 인격적인 관계를 맺을 수 있는 가능성이 주어져 있다는 의미에서다.[16]

이와 같은 맥락에서, 오늘날 신학자들은 하나님의 형상으로서의 인간의 독특성이 영혼(정신, 이성)과 같은 인간의 내적인 인격 구조에 있기보다는 근본적으로 관계성 특히 하나님과의 관계성에 있다고 이해한다. 바르트는 삼위일체론적·기독론적 관점에서 관계론적 인간론을 전개한다. 그에 따르면 삼위일체 하나님의 내적 관계성이 인간의 관계성 안에 유비적으로 반영된다. 그리고 현실적 인간(real man)의 계시로서의 예수의 인성은 다른 인간을 위한 인간됨을 의미한다. 그러므로 "인간됨"은 동료 인간들을 위하고 그들과 함께하는 존재가 되는 것이다. "나의 존재의 근저에서 그리고 시초부터 나는 당신의 존재(Thou)와 대면한다." 그리고 이것은 필연적으로 나를 동료 인간에게로 인도한다. 따라서 "우리는 동료 인간을 배제한 인간성에 반대해야 한다."[17] 오늘날 신학자들 가운데 관계론적 존재론에 기초한 인간론을 보여주는 대표적인 신학자가 동방정교회의 존 지지울라스다. 지지울라스에 따르면, 삼위일체 하나님에게는 존재하는 것(being)이 친교적 연합(communion) 가운데 있는 것이다.[18] 삼위일체 하나님은 사랑과 자유의 관계 안에 존재하시며, 따라서 하나님의 형상으

---

16) 선악과를 먹은 죄에 대한 책임을 묻는 과정에서 하나님은 아담과 하와에게는 그 이유를 묻지만 뱀에게는 묻지 않고 곧바로 저주한다(창 3:9-14). 뱀은 하나님의 대화 상대가 아니다.

17) Karl Barth, *Church Dogmatics*, III. 2, 208, 247.

18) John D. Zizioulas, *Being as Communion: Studies in Personhood and the Church, Contemporary Greek Theologians* 4 (Crestwood, NY: St. Vladimir's Seminary Press, 1985).

로 창조된 인간은 친교적 연합으로서의 하나님의 관계론적 존재를 반영한다.

판넨베르크는 하나님의 형상이 인간의 이성 또는 영혼에 있는 것으로 보는 고전적 인간론이 성서적이지 않다고 생각한다. 창세기 1:26 이하에서 하나님의 형상은 전체 인격을 가리킨다. 여기서는 영혼과 몸을 구별하지도 않고 형상을 영혼에 귀속시키지도 않는다. 이 창세기 본문은 창조세계에 대한 인간의 지배를 인간이 하나님의 형상으로 지음 받은 사실로부터 이끌어낸다. 인간은 하나님의 대리자로서 다른 피조물을 지배하도록 위임받았다. 그러나 판넨베르크에 있어 지배는 하나님의 형상으로 지음 받은 인간의 기능이지 형상 자체는 아니라고 본다. 또한 그는 하나님의 형상이 남녀의 관계로 대표되는 인간의 관계성에 있다는 바르트의 견해에도 동의하지 않는다. 인간이 남녀의 복수(複數)로 만들어졌다는 사실은 인간이 하나님의 형상으로 만들어졌다는 진술에 단지 첨가된 것뿐이다.[19]

판넨베르크는 하나님의 형상을 하나님과의 교제 또는 하나님과의 교제로의 운명으로 정의한다. 인간의 운명으로서 하나님의 형상은 인간의 이성(영혼)이나 지배력에 있지 않고 영원하신 하나님의 영광과 불멸성에 참여하는 데 있다. "(하나님의 형상은) 하나님의 지혜와 의에 참여하는 것을 의미하며, 이것은 또한 불멸의 존재인 하나님과의 교제를 의미한다."[20] 인간의 운명은 인간이 하나님의 형상으로 창조됨과 함께 설정되었다. 즉 인간은 하나님의 피조물로서 처음부터 하나님과의 교제하도록 운명되었다.

19) Pannenberg에 따르면, "만일 우리가 남녀의 성적 관계가 아버지와 아들의 삼위일체적 관계에 상응한다는 바르트의 견해에 동의하고자 한다면, 바르트가 아들을 아버지에게 종속시키는 것처럼 우리는 여자를 남자에게 종속시켜야 한다." 그러나 이것은 성적 동등성과 배치되는 것이다. Pannenberg, *Systematic Theology*, 2: 206.

20) Ibid., 219.

인간의 운명으로서 하나님과의 교제, 즉 하나님의 형상은 예수 그리스도 안에 나타났다(고후 4:4). 성령의 능력으로 말미암아 신자들은 예수 그리스도 안에 나타난 하나님의 형상, 즉 하나님과의 교제로서의 종말론적 운명에 참여한다. 우리는 그리스도의 형상을 입을 것이며(고전 15:49), 그의 형상을 따라 새롭게 될 것이며(골 3:10), 그의 부활에 참여할 것이다.

V. 운명으로서의 하나님의 형상과 역사로서의 인간

1. 운명으로서의 하나님의 형상

아우구스티누스는 하나님의 형상이 최초의 인간(아담)에게 주어졌으며, 인간의 구원은 죄로 인해 상실된 하나님의 형상을 회복하는 것이라고 이해한 반면, 이레나이우스는 하나님의 형상을 성숙의 과정을 통해 미래에 완성되어야 할 종말론적 가능성과 운명으로 이해했다. 판넨베르크는 이레나이우스의 미래지향적 인간론을 더욱 강화한다. 판넨베르크에 따르면, 오직 종말론적 미래가 세계와 인간의 운명을 결정한다. 모든 것의 본질은 미래의 완성으로부터 말미암는다. 마찬가지로 인간 안의 하나님 형상은 시초가 아니라 미래에 완성되어야할 운명으로 주어진다. 운명(Bestimmung, destiny)은 "하나님이 의도하시는 인간 됨"[21]을 표현한다. 즉 하나님의 인간 창조의 목표가 바로 운명으로서, 이 운명은 역사적 과정을 통해 종말에 성취되어야 한다. 따라서 하나님의 형상은 창조뿐만 아니라

---

21) Pannenberg, *What is Man? Contemporary Anthropology in Theological Perspective*, trans. Duane A. Priebe (Philadelphia: Fortress Press, 1970), vii.

구속과 종말과 관계된다.

판넨베르크는 인간의 본래적인 완전성과 최초의 죄로 인한 타락 교리를 받아들이지 않는다. 타락을 통한 하나님의 형상의 상실은 없다.[22] 타락하기 전 인간의 완전한 삶, 즉 원의(原義)의 상태가 있었다는 견해는 성서적 근거를 갖지 못한다. 그러한 상태는 존재한 적이 없다. 인간 안의 하나님의 형상은 처음부터 완전하게 주어진 것이 아니다. "죄와 타락으로 인해 상실된 본래적인 하나님과 인간의 연합이 있었다는 생각은 인류의 역사적 시작에 관한 오늘날의 과학적 지식과 조화되지 않는다."[23]

하나님 형상에 관한 구약성서의 글은 바울의 말씀의 빛 안에서 이해되어야 한다. 바울은 예수 그리스도를 하나님의 형상이라고 부르고(고후 4:4; 골 1:15; 히 1:3), 신자가 이 형상으로 변해가야 한다고 말씀한다(롬 8:29; 고전 15:49; 고후 3:18). 우리가 성령에 의해 하나님의 형상인 그리스도처럼 변해가야 한다는 바울의 말씀(고후 3:18; 4:4)은 단지 창조 시의 하나님의 형상의 회복이 아니라 그것을 넘어 하나님과 더욱 가까워져야 한다는 것을 의미한다. 구약성서에서 인간은 하나님의 형상으로 창조되었다. 그러나 신약성서에 따르면, 오직 예수만이 하나님의 형상이다. 전자는 하나님의 형상이 본래적인 선물임을, 후자는 그 형상이 최종적 운명임을 의미한다. 하나님의 형상은 처음부터 완전히 실현된 것이 아니라 실현 과정 가

---

22) 창 5:1 이하에 나오는 아담으로부터 노아에 이르는 세대의 목록은 창 1:26을 반복하며 따라서 아담의 후손들이 아직 하나님의 형상을 지니고 있음을 함축한다. 창 9:6에서는 각 개인이 하나님의 형상을 지니고 있기 때문에 살인해서는 안 된다고 기록되어 있다. 바울도 자신의 시대 사람들이 하나님의 형상을 가지고 있는 것을 당연하게 여기는 것으로 보인다(고전 11:7). Pannenberg, *Systematic Theology*, 3 vols, trans. Geoffrey W. Bromiley (Edinburgh: T & T Clark, 1991-98), 2:214.

23) Pannenberg, *Anthropology in Theological Perspective*, trans. Matthew J. O'Connell (Philadelphia: Westminster Press, 1985), 57.

운데 있다. 하나님의 형상은 오직 예수 그리스도 안에서만 완전하게 실현되었다.

판넨베르크에 따르면, 인간이 하나님의 형상으로 창조되었다는 것은 인간이 본래적으로 하나님을 찾고 하나님을 영화롭게 하려는 성향(disposition)을 가지고 있다는 것을 의미한다.[24] 하나님의 창조적 의도에 근거한 하나님의 형상으로서 우리의 운명은 우리의 피조물성에 외부적인 것이 아니다. 하나님의 형상을 향한 성향은 최초 인간의 자연적 상태 안에 존재한다. 이러한 의미에서 피조물 인간은 본질적으로 종교성을 갖는다. 물론 운명을 향한 성향을 갖는 것과 그 운명을 실현하는 것은 별개의 문제다. 성향의 상태로부터 하나님의 형상의 실현으로 나아가는 것은 우리 자신의 힘에 의한 과제 수행 이상의 것이다. 오직 하나님만이 우리 안에서 자신의 형상으로 인한 빛을 발하게 하실 수 있다. 이렇듯 하나님의 형상을 향한 성향과 운명의 실현은 인간 자신의 힘이 아닌 하나님의 은혜에 의존하지만, 하나님의 형상은 인간의 자연적 실존 너머의 영역에 존재하는 것이 아니며 또한 역사 속에서의 인간 행동의 중요성도 약화시키지 않는다.

2. 종말론적 완성을 향해 개방된 역사로서의 인간

판넨베르크에게 하나님의 형상은 처음부터 완성된 형태로 주어지지 않고 역사적 과정을 거쳐 종말론적 미래에 완성되어야 하기 때문에, 인간은 열려진 미래로서의 자신의 운명의 성취를 향한 과정 속에 있는 역사적 존재다. 즉 인간의 본성은 자연적 기원 안에 있는 인간의 요소나 조건이 아니

---

24) Pannenberg, *Systematic Theology*, 2:227, 292.

라 역사성에 있다. 역사적 과정으로서의 인간 개념이 불변적인 인간 본성 개념을 대체한다. "인간의 본성은 인간 운명의 실현의 역사 자체다."[25] 인간은 현실적 자아로부터 운명으로서의 가능적 자아를 향한 역사적 과정 가운데 있다. 피조물로서 인간 안에는 본래적으로 창조의 목적인 하나님의 형상, 즉 미래의 운명을 향한 개방성이 있다.[26]

하나님의 형상의 완성을 향한 인간의 역사적 과정은 인간의 죄로 인해 왜곡되었다. 죄란 우리의 운명인 미래로 가는 역사적 과정에서 우리를 이탈시키는 것이다. 우리의 운명은 하나님과의 교제이기 때문에, 운명으로부터의 분리 즉 죄는 바로 하나님으로부터의 분리를 의미한다. 인간의 죄는 예수 그리스도의 구속 안에서 치유되었다. 예수 그리스도의 역사 안에서 세계의 종말론적 미래가 구원으로 도래하였으며, 하나님의 형상의 종말론적 완성을 향한 인간의 본래적인 역사적 과정이 회복되었다. 역사의 종말이 이미 예수의 부활에서 발생했으며 따라서 궁극적인 것이 이미 그 안에 현존한다. 다시 말하면, 인간의 종말론적 운명으로서 하나님의 형상이 예수그리스도에 의해 완성되었으며 그 안에 선취적으로 현존한다.

---

25) Pannenberg, *Human Nature, Election, and History* (Philadelphia: Westminster Press, 1977), 24.

26) Pannenberg는 인간의 세계 개방성에 대하여 말하는데, 그에게 세계 개방성이란 단지 이 세계를 향한 개방성이 아니라 이 세계 너머를 향한 개방성, 즉 하나님을 향한 개방성을 의미한다.

Ⅵ. 관계론적 삼위일체론과 페리코레시스 그리고 예수 그리스도 안에 나타난 공감적 사랑

인간 안의 하나님의 형상은 인격을 구성하는 탁월한 구성요소(예를 들면 영혼)에 있는 것이 아니라 인간의 관계성, 즉 인간이 하나님과 다른 피조물과 인격적 관계를 맺을 수 있는 능력을 가지고 있다는 사실에 있다. 인간은 관계성 안의 존재로서 인간의 인격은 관계성 안에서 형성된다. 한 개인의 정체성은 부모, 이웃, 사회, 자연환경 등과의 관계 안에서 형성된다. 무엇보다 하나님의 형상으로서 인간만이 지닌 가장 독특한 관계 능력은 하나님과의 인격적 관계 능력이다. 인간만이 하나님의 부름에 인격적으로 응답할 수 있다. "여호와께서 그가 보려고 돌이켜 오는 것을 보신지라. 하나님이 떨기나무 가운데서 그를 불러 이르시되 '모세야, 모세야,' 하시매 그가 이르되 '내가 여기 있나이다'"(출 3:4). "내가 또 주의 목소리를 들으니 주께서 이르시되 '내가 누구를 보내며 누가 우리를 위하여 갈꼬' 하시니 그때에 내가 이르되 '내가 여기 있나이다, 나를 보내소서' 하였더니"(사 6:8).

관계성 또는 관계 능력으로서의 인간 안의 하나님의 형상은 세 위격의 친교적 연합(communion) 안에서 하나 됨을 이루는 삼위일체 하나님의 관계론적 존재방식을 반영한다. 삼위일체 하나님 안에서 각 위격은 다른 두 위격과의 관계 안에서 자신의 정체성을 구성한다. 아버지는 아들과의 관계 안에서 아버지가 되고, 아들은 아버지와의 관계 안에서 아들이 되며, 성령은 아버지와 아들과의 관계 안에서 성령이 된다. 삼위일체 하나님의 관계론적 존재방식은 페리코레시스(*perichoresis*) 즉 상호침투 또는 상호내재 안에서의 친교적 연합에 있다. 즉 삼위일체 하나님의 세 위격은 서로 탈자아적(ecstatic) 개방성 안에서 자신을 넘어 타자를 향해 나아가며, 타자를 위해 자신을 내어주며, 타자 안에 내주한다. 페리코레시스를 통한 친교적 연합 안에서 하나 됨을 이루는 하나님의 본질은 바로 사랑이다(요일 4:8).

우리는 페리코레시스를 공감적 사랑(empathic/sympathetic love)으로 재정의할 수 있다. 세 위격의 상호침투와 상호내재는 단지 물리적·공간적인 움직임이나 상태가 아니라 상호적인 공감적 사랑 안에서의 친교적 연합을 의미한다. 즉 관계의 본질로서의 하나님의 사랑은 세 신적 위격 사이의 공감적 사랑 안에서의 친교적 연합 안에서 현실화된다. 페리코레시스 즉 공감적 사랑 안에서 친교적 연합을 이루는 삼위일체 하나님의 관계성은 단지 내재적 차원 안에 닫혀있지 않고 세상을 향한 경세적 차원에 열려 있다.

세상을 향한 삼위일체 하나님의 공감적 사랑은 예수 그리스도의 삶과 죽음 안에서 결정적으로 계시되었다. 인간의 죄를 대신 짊어지고 죽음을 당한 예수 그리스도 안에서 나타난 하나님의 자기희생적인 공감적 사랑이 인간을 구원한다. 기독교의 복음은 예수 그리스도의 십자가에서 나타난 하나님의 함께 고통당하는 공감적 사랑(compassionate empathic love)이 인간을 구원하고 인간 안의 하나님의 형상을 회복시킨다는 것이다. 성령에 의해 그리스도 안에서 하나님의 형상을 회복한 인간은 또한 성령에 의해 하나님의 페리코레시스적인 삶에 참여한다.

그렌츠에 따르면, 아버지는 성령에 의해 "그리스도 안"에서 새로운 공동체에 참여하는 자들에게 자신이 아들에게 아낌없이 영원히 주는 것을 준다. 또한 성령에 의해 "그리스도 안"에 있다는 것은 그리스도 안에서 그들이 아버지에 대한 아들의 영원한 응답에 참여한다는 것을 의미한다. 이와 같은 방식으로, 성령에 의해 아들 안에 있는 자들은 하나님의 영원한 페리코레시스적 삶의 역동성에 참여한다. 이 참여는 "그리스도 안"에 있

는 모든 인간의 공동체적·관계적 자아를 구성한다.[27]

하나님의 형상으로서 인간의 완전한 인격은 고립된 개별자의 경계선을 넘어서 탈자아적으로 다른 인격과의 친교적 연합 안으로 들어감으로써 실현된다. 이와 같은 완전한 인격의 실현은 궁극적으로 삼위일체 하나님의 인격적 실존, 즉 페리코레시스를 통한 친교적 연합 안에 인격적으로 참여함으로써 가능해진다. 우리가 성령에 의해 그리스도 안에서 하나님의 형상을 회복하고 삼위일체 하나님의 삶의 충만한 관계성에 참여할 때, 우리는 세상에서 이웃과의 인격적 관계 속에서 공감적 사랑을 실천하도록 부름 받는다. 다시 말하면, 우리 그리스도인은 탈자아적 개방성 안에서 이기적 자아의 벽을 허물고 타자를 향해 나아가며 타자와 함께 고통당하는 공감적 사랑 안에서 자기를 내어주는 희생적인 섬김의 삶으로 부름 받는다.

인간 안의 하나님의 형상은 이미 완성된 현실이 아니라 미래에 도달해야 할 운명으로 주어졌다. 그것은 "이미"와 "아직 아니"의 변증법적 긴장 관계 안에서 종말론적 미래의 완성을 향해 나아간다. 하나님의 형상의 궁극적인 목표는 삼위일체 하나님의 페리코레시스 안에서의 친교적 연합에 참여하는 것이다. 동방 교회의 신화(deification) 교리는 페리코레시스 안에서 친교적 연합을 이루시는 삼위일체 하나님의 내적 실존에 참여하는 인간에 내재한 하나님 형상의 종말론적 완성을 표현한다. 우리에게 탈자아적 개방성 안에서의 공감적 사랑의 능력을 주시는 성령이 이 종말론적 완성의 보증자가 되신다.

27) Grenz, "The Social God and the Relational Self: Toward a Theology of the Imago Dei in the Postmodern Context," *Personal Identity in Theological Perspective*, 92.

Ⅶ. 대상관계 이론에서의 관계적 인간: 공감적 이해

오늘날 정신분석 이론인 대상관계 이론은 인간의 관계적 본성과 인격형성에 있어서 공감적 이해의 중요성을 잘 보여준다. 대상관계 정신분석가들은 프로이트와 달리 자족적 개별성이 아닌 타자와의 관계성이 근본적인 인간의 본성임을 보여주며, 자아의 발달에 있어 리비도적 충동보다 사회적 관계(특히 엄마와의 관계), 유대감, 공감, 애정, 애착, 다정함, 상호성이 더 핵심적인 요소임을 입증한다. 또한 치료과정에서 치료자가 객관적 중립성을 지키면서 환자의 자기이해에 도움을 주어야 한다고 주장하는 프로이트와 달리, 이들은 (특히 심각한 오이디푸스 이전기[pre-oedipal] 환자의 경우) 치료자가 환자에 대한 공감적 이해와 유대를 통해 환자를 치료해야 한다고 주장한다.

대상관계 이론가들의 연구를 통해 인간은 본성적으로 정이 많은 사회적 동물이고 고립을 싫어하며 타자와 공감적 유대감을 형성하려는 성향을 가진 존재임이 분명히 드러났다. 대상관계 이론가들은 아기를 양육하는 부모 특히 엄마에게 그리고 정신병리 환자를 치료하는 치료자에게 공감적 이해가 매우 중요하다는 사실을 공히 강조한다. 이들의 연구에 의하면, 인간이 성 고착에 빠지거나 리비도, 공격성, 분노, 파괴성에 사로잡히는 것은 유아시기에 대상관계의 좌절을 경험했기 때문이고(Fairbairn), 부모와의 공감적 유대의 결여로 인해 성숙한 자아가 형성되지 못했기 때문이며(Kohut), 엄마와의 최초의 사회적 관계에서 다정함을 경험하지 못했기 때문이다(Suttie).

오늘날 정신분석가들은 인간의 본유적이고 핵심적인 능력은 서로에 대한 "공감"에 있다고 본다. 인간의 본성은 외딴 섬과 같은 자율을 추구하는 것이 아니라 동료애, 애정, 친밀성을 추구하는 것이다. 자아의식의 발달을 자율의 확립과 동일시하던 20세기 초까지의 근대적 통념은 오늘날 무너졌다. 아동발달 심리학자들은 자기감과 자아의식이 타자와의 관계의 깊이에 의존한다고 본다. 여기서 공감은 우애적 유대감을 형성하는 길이다. 리프킨은 공감을 이렇게 정의한다. "공감은 우리가 다른 사람들의 삶의 일부가 되어 유의미한 경험을 공유할 수 있게 해주는 심리적 방편이다. 초월이란 개념은 바로 자기를 넘어서 보다 더 큰 공동체에 참여하고 속하며, 보다 더 복잡한 의미의 그물망 안으로 들어가는 것이다."[28]

생물학자와 인지과학자들에 따르면 영장류 특히 인간은 발달된 신피질(neocortex)로 인해 공감의 능력을 갖는다고 한다. 그러나 성숙한 공감의 표현은 잘 발달된 자아 개념을 전제한다. 아동발달 연구자들은 자신과 타자에 대한 의식이 형성되는 생후 18개월에서 2년 반 가량 된 아이에게 진정한 "공감적 확장"이 나타난다고 말한다.[29] 즉 이 시기에 아이는 다른 아이의 일을 자신의 일처럼 경험할 수 있으며 또한 그에 적절한 공감의 행동을 할 수 있다.

아이의 공감 능력은 어떻게 배양되는가? 임상심리학자 로버트 카렌(Robert Karen)에 의하면, 아기의 두뇌는 태어날 때 채 형성되지 않은 상태이며 출생 후 몇 달 동안에 구조화된다. 아기의 두뇌 회로는 아기의 최초의 환경세계인 엄마와의 상호작용의 결과로 형성된다. 자신을 조절할 수 있는 아기의 능력은 (특히 감정과 관계된 부분에서) 부모와의 마음의 소통과 공감에 의존한다. 만일 엄마가 아기와 정서적으로 마음을 소통하는 데

---

28) Jeremy Rifkin, *The Empathic Civilization: The Race to Global Consciousness in a World in Crisis* (New York: Jeremy P. Tarcher/Penguin, 2009), 20.

29) Jerome Kagan, *Introduction to the Emergence of Morality in Young Children*, Jerome Kagan and Sharon Lamb, eds. (Chicago: University of Chicago Press, 1990).

실패한다면, 아기의 두뇌는 영속적인 생리학적 결함을 나타낼 수 있다는 것이다.[30] 심리학자 해리 할로(Harry Harlow)는 이렇게 말한다. "애정의 변수로서 양육의 우선적 기능은 아이와 엄마가 친밀한 신체적 접촉을 자주 하도록 하는 것이다. 분명 사람은 젖만으로는 살 수 없다."[31] 즉 공감적 의식의 형성에는 어린 시절 부모의 애정과 공감적 유대가 매우 중요한 역할을 한다. 아기는 부모로부터 공감적 사랑을 받음으로써만 공감적 사랑을 할 수 있는 인간으로 성장할 수 있다. 인간은 공감적 사랑의 능력이 성장하는 만큼 성숙하고 온전한 인간이 된다. 이것은 매우 중요한 신학적 함의를 갖는다. 왜냐하면 기독교의 복음은 예수 그리스도 안에서 나타난 하나님의 공감적 사랑이 인간을 죄로부터 구원하고, 모든 상처를 치유하며, 인간 안의 하나님의 형상을 회복하고 완성한다고 선언하기 때문이다.

Ⅷ. 결론

위에서 우리는 삼위일체론, 기독론, 대상관계 이론 등에 대한 고찰을 통해 인간의 본질적 특성, 즉 하나님의 형상이 관계성에 있음을 확인하였다. 그리고 이 관계성의 본질이 페리코레시스, 공감적 사랑, 공감적 이해에 있음을 아울러 확인하였다. 인간의 종말론적 운명의 역사적 선취이자 약속과 보증으로서의 예수 그리스도 안에 나타난 하나님의 공감적 사랑 안에서 인간은 이미 완성된 상태가 아니라 역사적 삶의 과정을 통해 하나

30) Robert Karen, *Becoming Attached: First Relationship and How They Shape Our Capacity to Love* (New York: Oxford University Press, 1998), 312.

31) Harry F. Harlow, "The Nature of Love," *American Psychologist*, Vol. 13. No. 12, 1958, 677.

님의 형상을 완성해가야 할 운명을 부여받았다.

오늘날 우리 인간의 공감 의식은 전 지구적 차원으로 확장되었다. 우리는 내 가족, 자녀, 친척, 동료, 가까운 이웃의 정황에 공감할 뿐만 아니라 지구 반대편에서 고난 받는 이웃들의 정황에 대해서도 공감적 유대감을 갖는다. 우리는 불의의 사고로 죽어간 이웃들을 깊이 애도하고, 북한에서 억압과 굶주림으로 고통당하는 주민들의 현실에 가슴 아파하며, 아프리카에서 가난과 질병으로 죽어가는 어린이들에 대한 깊은 동정심을 느끼며, 시리아에서 정부군에 의해 학살당하는 사람들의 슬픔과 고통에 공감한다. 오늘날 우리의 공감의 범위는 지구상의 모든 가난한 자, 고난 받는 자, 억눌리는 자, 여성, 장애자, 다른 인종, 소수민족 등에게까지 확대되고 있다. 나아가 우리의 공감의 범위는 단지 인간에게만 국한되지 않고 동식물과 자연에까지 확대되고 있다. 전 세계를 한 가족이라는 공동체 의식으로 연결시키는 글로벌 네트워크의 문명 속에서 우리의 공감 의식은 전체 생물권과 모든 피조물까지 확장되고 있다.

오늘날 인류가 직면하는 모든 위기를 극복할 수 있는 유일한 희망은 무엇보다도 예수 그리스도 안에서 하나님의 형상을 회복한 그리스도인의 공감적 사랑의 실천에 있다. 우리 그리스도인은 이 세상의 비정한 무한경쟁과 적자생존의 법칙을 탈자아적 개방성과 공감적 사랑의 법칙으로 대체해 나가야 한다. 탈자아적 개방성과 공감적 사랑의 법칙이 구현되는 곳에 하나님 나라가 확장되어나갈 것이다. 우리는 2014년에 세월호 참사를 겪으면서 그 참사를 초래한 사람들의 비인간성에 분노를 금할 수 없었지만, 다른 한편으로 그 가운데서도 참다운 인간성에 대한 희망도 보았다. 제자들에게 자신의 구명조끼를 주어 탈출시키고 막상 자신은 빠져나오지 못한 선생님들이 있었다. 그 비극의 현장에 동참하기 위해서 자기 생업을 제쳐두고 사고 현장에 달려가 헌신적으로 구조 활동과 구호 활동을 벌인 많은 자원봉사자들이 있었다. SNS에서는 수많은 네티즌들이 노란 리본으로 슬픔에 동참했고 전국 각지에서 수백만 명의 사람들이 분향소를 찾아 눈물을 흘리며 조문했다. 이것은 우리 사회가 마냥 비인간화된 사회만은 아니고 우리 사회에는 공감적 사랑의 가슴을 가진 사람들이 여전히 많이 있다는 증거이며 따라서 아직 우리 사회에 희망이 있다는 증거다. "호모 엠파티쿠스"(*Homo Empathicus*)로서 하나님의 형상을 회복하고 탈자아적 개방성 안에서 공감적 사랑을 실천하는 그리스도인만이 인류와 세계의 희망이다. 우리에게는 공감의 기도, 공감의 영성, 공감적 사랑의 실천이 필요하다. 예수 그리스도 안에서 하나님의 형상을 회복한 그리스도인들은 공감적 사랑을 실천함으로써 이 땅에 평화를 심는 평화의 사도들이 되어야 한다.

제15장

생태학적 기독교 인간론에 대한 조직신학적 고찰

Ⅰ. 서론

오늘날 인구가 급속히 증가하고 문명이 빠른 속도로 발전하면서 자연환경의 파괴와 생태계의 혼란이 가속화되고 있다. 무분별한 개발로 인해 자연이 파괴되고 과다한 소비문화로 인해 수많은 오염 물질과 쓰레기가 배출됨에 따라 생태계가 위기에 직면하고 있다. 엄청난 에너지를 소비하는 우리의 전 지구적 문명은 인류를 멸종의 문턱으로 몰아가고 있다. 현재 자연 생태계에 대한 가장 큰 위협은 지구온난화다. 온난화로 인한 1도의 차이가 자연 생태계에 아주 엄청난 변화와 재난을 초래할 수 있다. 과학자들은 2030년이 되면 여름에 북극해에서 더 이상 빙하를 볼 수 없을 것이라고 말한다. 제임스 핸슨(James Hansen) 등은 탐욕스런 지구촌 경제에 의해 초래된 기후변화는 금세기 말까지 지구 온도를 6도 상승시키고, 그 직후에 문명의 종말을 가져올 것이라고 경고한다.[1] 오늘날 인간이 자연에

1) James Hansen, Makiko Sato, Pushker Kharecha, David Beerling, Robert Berner,

초래한 생태학적 위기는 단지 환경의 문제가 아니라 인간을 포함한 전체 생명 체계의 문제다. 곧 인간이 자연에 초래한 생태학적 위기는 바로 인류 전체의 생존의 위기를 의미한다. 오늘날 우리는 묵시적 종말론을 생태학적 관점에서 다시 써야할지도 모른다.

기독교 조직신학의 관점에서 볼 때, 전 지구적인 생태학적 위기를 초래한 원인의 심층에는 하나님과 인간과 자연의 관계에 대한 왜곡된 이해가 가로놓여 있다. 하나님과 인간과 자연에 대한 이해는 서로 맞물려 있다. 이에 대한 잘못된 이해로 인해 우리는 인간과 자연 모두의 파멸을 경고하는 오늘날 생태계의 위기에 직면하게 되었다. 따라서 오늘날 생태학적 위기의 극복을 위해서는 단지 기술적인 전략과 처방이 아니라 하나님과 자연과의 관계에서의 인간의 본성과 운명에 대한 근본적으로 새로운 이해의 수립이 요청된다. 우리는 이 새로운 이해를 "생태학적 기독교 인간론"이라고 명명할 수 있다.

이 글에서는 생태학적 기독교 인간론에 대한 조직신학적 고찰을 통해 오늘날 생태학적 위기의 근본적인 원인이 실재에 대한 이원론적 세계관에 있음을 지적하고, 생태학적 위기에 대한 신학적·인간학적·생태학적 차원에서의 응답으로서 인간 안의 하나님 형상에 대한 올바른 이해, 영혼(정신)과 몸(자연)의 통일체로서의 인간 인격과 생명에 대한 이해, 죄로 인해 소외된 인간 실존 안에 나타나는 전통적인 이원론적 세계관, 실재에 대한 이원론적 세계관의 극복으로서의 관계의 회복과 화해 개념에 관해 차례로 고찰하고, 하나의 대안적인 생태학적 인간론의 모델로서 맥페이그의 "체현 인간론"(embodiment anthropology)을 소개한 후에, 결론적으

Valerie Masson-Delmotte, Mark Pagani, Maureen Raymo, Dana L. Royer, and James Zachos, "Target Atmospheric CO_2: Where Should Humanity Aim?" *The Open Atmospheric Science Journal*, Vol. 2, 2008, 217.

로 하나님에 의해 새롭게 창조되는 비이원론적 세계인 종말론적 하나님 나라에 대한 만유재신론적 비전을 제시하고자 한다.

Ⅱ. 인간 안의 하나님 형상

기독교의 신학적 인간론은 인간의 본성을 하나님과의 관계에서 이해한다. 즉 인간은 하나님의 형상으로 지음을 받았다. 인간은 하나님과 인격적인 관계를 가질 수 있는 유일한 피조물이다. 인간은 모든 피조물을 대표하여 하나님과의 인격적인 관계 안에서 하나님과 교제하며 하나님께 영광을 돌려드림과 동시에 하나님을 대신하여 다른 모든 피조물을 다스리고 보전하고 번성케 해야 할 사명을 부여받는다.

하나님의 형상이란 무엇인가? 전통적으로 하나님은 무로부터 세계를 창조한 창조자로서, 물질적이고 가시적인 세계를 무한히 초월하는 비물질적이고 비가시적인 영적 존재로 이해되어왔다. 영으로서의 하나님과 물질로서의 세계 사이에는 무한한 질적 차이가 존재한다. 하나님은 세계를 무한히 초월하는 절대군주적 통치자로서 일방적인 방식으로 세계를 지배한다. 즉 하나님은 세계에서 일어나는 일로 인해 영향을 받지 않고 일방적으로 세계에 영향을 주며 인간의 운명을 영원 전에 결정한다. 서구의 기독교 전통에서 수립된 이러한 하나님 개념에는 영(정신)과 물질을 이원론적 관점에서 이해하는 고대의 헬레니즘적 세계관과 고대와 중세의 가부장적이고 절대군주적인 정치사회 질서가 반영되어 있다.

이와 같은 초월적인 영으로서의 하나님 이미지에 상응하여, 인간 안의 하나님의 형상은 자연과 다른 모든 피조물들과 구별되고 그것들을 초월하는 인간의 고유한 영적 또는 정신적 특성에 있는 것으로 이해되었다.

즉 인간 안의 하나님 형상은 물질적인 자연과는 질적으로 구별되는 영혼, 이성, 또는 정신과 같은 특성에 있는 것으로 이해되었다. 이와 같은 영적 특성들로 인해 인간은 영이신 하나님과 관계를 맺고 하나님의 영원한 영적 실재에 참여한다. 헬레니즘의 영혼 불멸 사상의 영향으로, 초기 교회 이래 기독교인들은 일시적으로 존재하다가 사멸하는 다른 존재들과 달리 인간의 영혼은 육체가 죽을 때 죽지 않고 영원히 사는 것으로 이해하였다.

전통적으로 인간 안의 하나님 형상은 이성적 영혼에 있는 것으로 여겨졌으며, 인간의 영적·정신적 특성으로 인해 인간과 다른 피조물 사이에는 근본적인 존재론적 차이가 있는 것으로 간주되었다. 초월적인 하나님과 창조세계의 분리가 영과 자연의 분리를 상징하는 것과 마찬가지로, 하늘과 땅, 영혼과 몸, 문화와 자연의 이분법적 구도 안에서 인간은 다른 모든 피조물과 구별되는 존재로 여겨졌다. 영적 존재로서 인간은 세계의 중심이고 지배자다. 세계는 인간을 위해 창조되었으며 인간의 필요와 목적을 위해 존재한다. 자연은 그 자체로는 아무런 의미나 역사를 갖지 못하는 맹목적인 물질적 실재로서 단지 인간의 구원과 완성을 위한 구속사의 드라마가 전개되는 배경과 무대로 간주되었다. 인간과 자연 사이의 이러한 이원론적 구별의 결과, 인간으로부터 자연의 소외(그리고 자연으로부터 인간의 소외)와 인간에 의한 자연의 지배와 착취가 초래되었다. 이것이 오늘날의 자연 파괴와 생태계 위기의 근본적인 원인이다. 또한 자연의 파괴와 생태계 위기는 근대의 산업혁명 이후 자연을 단지 죽어있는 물질적 대상으로 간주하고 도구적 관점에서 접근하는 기술과학과 인간의 과소비를 부추기는 자본주의적 물질문명의 발전에 의해 급속하게 가속화되었다.

이와 같은 오늘날의 상황 가운데 세계와의 관계에서 하나님의 형상에 대한 올바른 이해와 그에 기초한 인간 안의 하나님 형상에 대한 새로운 이해가 요청된다. 생태학적 관점에서 하나님은 단지 무한한 질적 차이에 의해 세계와 분리되어 있는 초월적인 존재가 아니라 세계와 상호 관계를 맺으며 세계 안에 현존하는 내재적인 존재로 이해된다. 여기서 하나님의 초월성은 단지 세계의 부정이나 세계와의 대립을 의미하는 것이 아니라 오히려 존재의 모태이자 동시에 새로운 존재의 생성을 위한 가능성의 근거로 이해된다. 생태학적 창조론의 주된 관심은 더 이상 하나님과 세계의 분리에 있지 않다. 몰트만에 따르면, 생태학적 창조론의 중심은 세계 안의 하나님의 현존과 하나님 안의 세계의 현존에 대한 인식에 있다.[2]

하나님과 세계의 관계에서 절대적 의미에서의 이원론적 분리는 불가능하다. 왜냐하면 무한자는 단지 유한자와 대립관계에 있는 것이 아니라 유한자를 자체 안에 포함하기 때문이다. 무한자 하나님에게는 절대적인 의미에서 "밖" 또는 "외부"가 없다. 만일 무한자에게 "밖" 또는 "외부"가 있다면 그것은 더 이상 무한자가 아닐 것이다. 물론 창조자 하나님은 피조물인 세계와 존재론적으로 동일시될 수 없다. 따라서 일원론적 범신론은 거부된다. 그러나 존재론적으로 하나님은 존재의 모태이며 새로운 존재의 가능성의 근거다. 하나님은 세계의 창조자로서 높은 천상의 세계에 계실 뿐만 아니라 또한 유비적으로 하나님의 몸 또는 집으로 불릴 수 있는 세계 안에 현존하며 자연의 창조적 진화의 과정을 통해 세계를 종말론적 완성을 향해 인도하는 섭리자다.

우리가 인간 안의 하나님의 형상의 의미를 이와 같이 재정의된 하나님의 모습에 따라 이해할 때, 우리는 생태학적 기독교 인간론의 수립을 위해 "인간과 다른 피조물은 어떤 점에서 구별되는가?"라는 물음이 아니라 "인간은 다른 피조물과 어떻게 연결되는가?"라는 물음으로부터 출발

---

2) Jürgen Moltmann, *God in Creation* (New York: Harper & Row Publishers, 1985), 13.

해야 한다.[3] 인간이 다른 피조물과 공유하는 것이 무엇인지 우리가 인식할 때에만, 그리고 그 후에 다른 피조물과 다른 점이 무엇인지 알게 될 때에만, 우리는 인간이 하나님의 형상으로 지음을 받았다는 것이 무엇을 의미하는지를 이해할 수 있다.[4] 인간 안의 하나님 형상은 인간과 다른 모든 피조물 사이에 존재론적인 본성적 차이가 있다는 것을 의미하지 않는다. 존재론적으로(인간 존재를 구성하는 유전자와 같은 생물학적 구성 요소에 있어서), 인간과 다른 피조물 사이에 질적인 차이는 거의 없다.

하나님의 형상으로서 인간은 하나님의 창조의 절정이다. 그러나 인간은 여전히 피조물에 속한다. 인간은 땅으로부터 취함을 받았다(창 2:7). 지상의 인간 피조물인 아담은 흙(*adama*)으로부터 형성되었다. 인간에게 땅은 어머니의 자궁과 같다. 땅으로부터 지음을 받은 피조물로서 인간은 땅으로부터 나오는 영양분을 섭취하며 살다가 죽으면 다시 땅으로 돌아간다. 인간이 "살아 있는 영혼"이라는 것은 인간이 육체를 취한 영혼이라는 의미가 아니라 생동화된(animated) 몸이라는 것을 의미한다. 생동화된 몸으로서의 인간은 다른 동물들과 근본적인 동질성을 갖는다. 왜냐하면 다른 동물들도 역시 "살아 있는 영혼"(창 1:30)이기 때문이다.[5]

서구의 역사 속에서 인간과 자연의 소외 현상은 근대시기 이래 가속화되었다. 이러한 소외는 인간과 육체 또는 자연을 "사유하는 정신"(*res cogitans*)과 "연장된 물체"(*res extensa*)로 나누는 데카르트적인 주체 형이상학의 이원론적 세계관과 관계가 있다. 근대과학은 이와 같은 세계관 아래에서 발전되었다. 근대적인 주체 형이상학에서 인간은 살아 있는 정신적 주체로, 자연은 죽어 있는 물질적 대상으로 각각 인식되었다. 그러나

---

3) Ibid., 185.
4) Ibid., 188.
5) Ibid., 187.

인간만이 아니라 자연도 인간 주체에 의해 객관화될 수 없는 그 자신의 주체성을 소유하고 있다.

인간만이 아니라 모든 실재가 주체적 경험을 가지고 있다고 하는 새로운 주체성의 형이상학을 수립한 대표적인 탈근대적 철학자가 화이트헤드다. 화이트헤드에 따르면, 인간만이 아니라 미시적 차원을 포함하는 모든 차원의 현실적 존재가 경험의 주체다. 그의 "존재론적 원리"에 따르면 모든 현실적 존재는 자기 외에는 다른 근거를 가지고 있지 않다.[6] 그의 유기체 철학에 있어서는 경험이 의식을 전제하지 않고 의식이 경험을 전제한다. 여기서 경험 또는 의식은 인식론적인 개념이 아니라 관계론적-존재론적 개념이다. 즉 모든 현실적 존재는 타자와의 관계성 안에서 주체적 경험(인식)을 통해 자신의 존재를 형성한다. 현실적 존재는 선험적으로 존재하고 지속되는 실체적 실재가 아니라 관계성 안에서 형성되는 관계적 존재다. 그리고 온전한 주체성은 경험의 시초가 아니라 경험의 끝에 완성되며, 완성됨과 동시에 소멸한다.[7]

기독교에서 말하는 인간 안의 하나님의 형상은(그것이 무엇이든지간에) 자연과의 하나 됨 안에 있는 인간의 "땅의 형상"(*imago mundi*)으로부터 분리된 것이 아니다. 물론 인간 안의 하나님의 형상은 인간을 다른 피조물로부터 구별한다. 그러나 이것은 인간이 다른 피조물들이 갖고 있지 않는 특별한 존재론적 구성 요소(이성적 영혼과 같은)를 가지고 있다는 것을 의미하지 않는다. 이런 의미에서 토마스 베리는 "인간은 지구 또는 우주

---

6) "No actual entity, then no reason." Alfred North Whitehead, *Process and Reality* (New York: The Free Press, 1978), 19. 오영환 역, 『과정과 실재』 (서울: 민음사, 2003).

7) 또한 동양의 고전적 세계관을 대표하는 불교철학은 실재의 궁극적인 차원에서 인간 주체와 자연 대상 사이에 어떠한 이원론적 구별도 존재하지 않는다고 본다. 나(주체)와 너(객체)의 구별 자체가 불각(不覺)에 의한 망상에서 비롯된다. 삼라만상의 모든 존재는 관계성(연기, 緣起)의 그물망 안에서 서로 불가분리적으로 연관되어 있다.

안에 있는 한 존재라기보다는 지구와 우주 자체의 한 차원이다"[8]라고 말했다.

인간 안의 하나님 형상의 본질은 관계성, 즉 인간에 대한 하나님의 관계와 하나님에 대한 인간의 관계에 있다. 하나님의 형상은 인간에 대한 하나님의 관계 안에서 하나님이 인간을 하나님에 대한 특별한 관계 안에 놓았으며, 따라서 인간은 하나님과의 인격적 관계를 맺을 수 있는 가능성과 능력을 부여받았다. 인간 안의 하나님 형상은 하나님의 주도적 은혜와 사랑으로부터 말미암는 하나님과 인간의 계약적 관계에 의해 역사 속에서 구체화된다. 따라서 다른 피조물과 구별되는 하나님의 형상으로서 인간의 독특한 본성은 인간을 다른 피조물로부터 분리시키는 그 어떤 존재론적 구성 요소가 아니라 바로 이러한 하나님과의 독특한 관계성에 의해 결정된다.[9]

인간 안의 하나님 형상은 인간이 하나님과의 계약의 상대방으로서 하나님과 특별한 관계 안으로 부름을 받았다는 사실에 있다. 다시 말하면, 인간 안의 하나님 형상은 인간이 계약의 상대방으로서 하나님과의 인격적 관계 안으로 부름을 받았으며 궁극적으로 하나님과 사랑의 친교를 누리며 영원한 하나님의 생명에 참여하는 운명을 부여받았다는 데 있다. 그런데 하나님이 인간과 맺은 계약은 단지 인간만을 위한 것이 아니다. 인간은 하나님과의 관계에서 다른 모든 피조물을 대표하며 또한 다른 모든 피조물과의 관계에서 하나님을 대신한다. 따라서 하나님과 인간의 계약은 전체 피조세계와 생태계의 복지와 온전성을 위한 것이다. 인간은 피조세계와 생태계의 복지와 온전성을 위한 하나님과의 계약의 상대방으로서

---

8) Thomas Berry, *The Dream of the Earth* (San Francisco: Sierra Club Books, 1988), 195. 맹영선 역, 『지구의 꿈』 (서울: 대화문화아카데미, 2013).

9) Moltmann, *God in Creation*, 220.

부름을 받는다. 모든 피조물과 자연을 포함하는 하나님의 창조적-구속적 계약은 종말론적 미래의 하나님 나라에서 온전히 성취될 것이다.

Ⅲ. 영혼과 몸의 통일체인 인간 인격과 생명

인간과 자연과의 관계의 단절은 무엇보다 먼저 인간 자신 안에서 영혼과 몸 사이의 관계가 단절되는 형태로 나타난다. 즉 인간은 자신의 정신적 자아를 몸의 육체성으로부터 독립된 실재로 인식한다. 고전적인 기독교의 인간론은 서구의 이원론적 세계관 안에서 형성된 영혼과 몸, 정신과 물질의 이원론에 의해 영향을 받았다. 고전적 기독교 신학의 패러다임을 수립한 초기 교회 이래 영혼은 몸을 다스리는 지배자로 그리고 몸으로부터 분리되어 홀로 영원히 존재할 수 있는 초월적이고 불멸적인 실재로 간주되었다. 반면 몸은 영혼의 지배를 받고 영혼에 복종해야 하는, 영혼을 위한 도구적 존재로 간주되었다.[10]

이미 언급한 바와 같이 근대에 들어 데카르트는 실재를 서로 분리된 정신과 물질의 두 영역으로 나누었으며, 이러한 이원론적 형이상학에 기초하여 과학자들은 인간의 정신적 자아를 죽어있는 물질과 완전히 분리된 실재로, 그리고 물질적 세계를 다양한 물체들이 조합되어 형성한 거대한 기계로 간주하였다.[11] 뉴턴의 물리학도 이와 같은 물질주의적 세계관을 전제한다. 여기서 실재는 서로 분리된 사물들 즉 "물질들"이 운동

10) Ibid., 244.

11) Elizabeth Dodson Gray, *Green Paradise Lost* (Wellesley, Massachusetts: Roundtable Press, 1981), 61.

하는 빈 공간으로 구성되어 있는 것으로 전제된다.[12] 전통적인 기독교의 인간론은 영화(靈化, spiritualization)된 인간 주체(영혼, 정신)와 물화(物化, materialization)된 몸과 자연 사이의 분리를 전제하는 이원론적 세계관의 영향 아래 형성되었다.

오늘날의 전 지구적인 생태학적 위기는 몸과 자연에 대한 인간의 이원론적 태도와 가치관에 근거한 삶의 방식에서 비롯된 불가피한 결과다. 자신의 육체적 실존으로부터 인간의 소외는 산업화된 현대 사회가 초래하는 생태학적 위기의 내적 측면이다. 인간 외부의 자연처럼 인간 내부의 육체적 실존도 객관화되고 정복되어야 하는 것으로 간주되어왔다. 인간(특히 남성)은 자신을 통제하고 자신의 육체적 감정과 욕구를 억제하는 법을 배워야 했다. 그 결과, 인간은 자연 생태계의 리듬과 순환 주기로부터 소외된 것처럼 자신의 몸의 리듬과 순환 주기로부터 소외되었다.

오늘날 생태학적 위기는 인간 인격과 생명에 대한 통전적인 비전의 수립을 요청한다. 생명에 대한 통전적인 비전은 이원론적이거나 계층 질서적인 것과 대립된다. 왜냐하면 이 땅에서의 생명의 질서는 전체적이고 순환적이며 상호연관적인 체계이기 때문이다. 영혼과 몸 전체로서의 인간 인격의 정신-육체적(psychosomatic) 통일성에 대한 새로운 인식, 그리고 인간 자아의 육체적 실존과 경험에 대한 새로운 긍정은 인간과 육체적 자연의 소외와 생태학적 위기를 극복하기 위한 선행적인 필수조건이다.

인간을 정신-육체적 통일체로 인식하는 것은 성서(특히 구약성서)에 나타나는 히브리적 인간관의 특징이다. 본래 히브리인들은 육체 없는 영혼이나 영혼 없는 육체에 대해 아는 바가 없었다. 그들에게 영혼과 육체는 함께 한 인격의 전체성을 구성한다. 이미 언급된 바와 같이 영혼(정신)은

12) Ibid.

이원론적 실체라기보다는 생동화된 몸으로서의 전인격이다. 구약성서에서 인간의 "내면적 부분들"(*gereb*)은 내적 기관들에 의해 표상되었다.[13] 신약성서의 저자들과 고대의 기독교인들은 헬레니즘의 영향에도 불구하고 영혼 불멸 대신에 육체의 부활을 통한 전인적 부활을 믿었다. 만일 인간 사회가 자연 환경 안에서 고향을 발견하고자 한다면, 먼저 인간의 영혼은 자신의 육체적 실존 안에서 고향을 발견해야 한다. 인간 자신의 육체적 본성이 정신적 주체에 대한 일방적인 종속으로부터 해방되지 못하는 한, "정신 외부적"(environ-mental) 대상이라는 의미에서의 자연은 인간에 대한 종속과 인간에 의한 착취에 의해 초래된 소외로부터 해방되지 못할 것이다.[14]

인간 안의 하나님 형상은 단지 영혼에만 있는 것이 아니라 육체적 실존을 포함한 전인격에 있다. 왜냐하면 인간은 전인격으로서 하나님과 인격적인 관계를 맺기 때문이다. 물론 이 인격적 관계에서 정신 또는 영혼이 중심적인 역할을 하는 것은 사실이다. 그러나 정신 또는 영혼은 처음부터 몸과 다른 기원을 갖는 이원론적 실재가 아니라 몸으로부터 창발된 비이원론적 실재로서 몸과 불가분리적인 상호적 관계를 갖는다. 만일 몸이 하나님의 형상에 속하지 않는다면 어떻게 "성령의 전"(고전 3:19)이 될 수 있겠는가? 따라서 인간의 몸은 하나님의 형상을 위한 필수적인 조건이다.

더욱이 오늘날 불확정성의 원리와 장이론과 같은 양자 물리학의 이론들로 인하여 다른 존재와 분리된 독립적 실체로서의 실재 개념이 붕괴되었다. 미시적인 양자역학의 세계에서 실재는 자기 충족적으로 존재하는

13) Moltmann, *God in Creation,* 257.
14) 49.

독립된 실체가 아니라 근본적으로 다른 존재들과의 관계성 안에 있는 역동적 과정으로 이해된다. 이와 같은 역동적이고 관계적이며 통전적인 실재에 대한 비전은 바람직한 생태학적 기독교 인간론의 수립을 위한 정당한 존재론적 토대를 제공해준다.[15]

Ⅳ. 소외된 인간 실존과 이원론적 세계관

기독교 신학에서 죄의 본성은 자기중심성, 교만, 불신앙, 불순종, 정욕 등으로 이해되어 왔다. 이것들은 인간을 하나님으로부터 소외시키고 따라서 자기 자신과, 동료 인간들과, 다른 피조물들과, 자연으로부터의 소외를 초래한다. 이와 같은 소외된 인간 실존의 주된 특징 하나는 이원론적 세계관에 있다. 즉 실재를 주체와 객체, 초월과 내재의 이원론적 범주 안에서 인식하는 것은 하나님, 자신, 이웃, 자연으로부터 소외된 인간 실존의 불가피한 운명이다.

첫째, 죄의 본성은 인간학적 또는 윤리적 차원에 앞서 근본적으로 신학적 차원에서 이해되어야 한다. 즉 인간 안의 하나님 형상이 하나님과의 관계성 안에서 이해되어야 하는 것과 마찬가지로, 죄는 하나님과의 관계성의 왜곡 또는 단절로 이해되어야 한다. 하나님으로부터의 소외로서의 죄의 본성은 관계론적인 것이다. 하나님과의 관계성의 왜곡이 인간 존

15) 동양의 인간관을 잘 보여주는 불교철학에서도 육체적 실존으로부터 분리되어 독립적으로 존재하거나 육체적 실존에 대한 지배자로서의 초월적 자아 또는 영혼과 같은 개념은 발견되지 않는다. 여기서 영혼 또는 의식은 인간의 인격 전체를 구성하는 여섯 가지 구성 요소들(눈, 귀, 코, 혀, 몸, 의식) 가운데 하나로 간주된다. 이러한 인간관에서 정신적 주체와 육체적 대상 사이의 이원론적 구별은 불가능하다.

재의 부패를 초래한다. 인간의 존재 자체가 관계적으로 구성되기 때문에, 하나님과의 관계의 왜곡이 바로 인간의 존재론적 타락과 소외된 실존을 가져오며, 바로 이 하나님과의 관계의 왜곡이 인간 자신 및 이웃과 자연으로부터의 소외를 초래한다.

전통적인 서구 기독교의 이원론적 세계관은 하나님과 인간의 관계의 왜곡에 의해 초래된 하나님으로부터 소외된 인간에 관한 인식론적 표징이다. 하나님으로부터의 소외는 의식의 왜곡을 초래한다. 소외된 인간 실존의 관점에서 세계로부터 분리된 하나님은 세계 너머에 존재하는 전적 타자로서의 절대군주와 같은 초월적 주체로 투사된다. 죌레(Dorothee Sölle)는 하나님의 절대적 초월성에 대한 신학적 전제로 인해 땅에 대한 인간관계의 왜곡이라는 부정적인 결과가 초래되었다고 지적한다. 하나님과 세상이 두 분리된 실재로 이해되면서 자연은 모든 종교적 요소를 잃었다. 땅은 거룩성을 상실한 세속적인 것으로 단지 객체가 된다. 하나님이 전적 타자라면 세상은 무신적인 장소가 되고, 거룩한 것과 신적 현실은 이 세상에 존재하지 않게 된다. 그 결과 인간은 세상을, 하나님이 존재 안에 있는 것으로 볼 수 있는 내면적인 눈을 잃게 된다.[16] 몰트만도 하나님을 절대적 주체로, 세계를 수동적 객체로 분리하는 신학 전통이 인간을 하나님과 같은 절대적 주체로 이해하게 만듦으로써 인간과 자연의 주객 대립 구도를 초래했다고 주장한다.[17]

둘째, 죄는 다양한 차원 또는 범주에서 인간학적 개념이다. 우선, 죄는 개인의 인격의 내적 차원에서의 왜곡된 관계성, 즉 몸으로부터 영혼 또는 영혼으로부터 몸의 소외로 나타난다. 여기서 영혼은 영화(靈化)되고 몸

---

16) Dorothee Sölle, 박재순 역, 『사랑과 노동』 (서울: 한국신학연구소, 1987), 37-38.

17) Moltmann, *Gerechtigkeit Schafft Zukunft*, 안명옥 역, 『정의가 미래를 창조한다』 (서울: 분도, 1990), 91-94.

은 물화(物化)된다. 무엇보다 서구의 전통에서 영혼 또는 이성으로 표상되는 지배적인 주체적 자아에 의한 몸의 객체화와 종속화가 정신-육체적(psychosomatic) 차원에서 이원론적 환상으로서의 인간 죄의 본성을 드러낸다. 정신은 인식 주체(*res cogitans*)로, 몸은 연장된 실재(*res extensa*)로 간주된다. 여기서 몸은 주체에 의해 일방적으로 다스려져야 하는 객체로서, 주체인 인간에 의해 일방적으로 지배되어야 하는 것으로 여겨지는 외부 대상세계인 자연과 연속선상에 있다.

인격 내적인 영혼(정신)과 육체의 이원론은 남녀관계에서의 가부장적 성차별의 근원이 된다. 즉 전통적인 가부장적 사회와 기독교 전통 속에서, 인격 내적 차원에서 영혼(정신)과 몸의 이원론은 남성과 여성의 이원론적 우열의 관계로 확장되었다. 남성은 영혼(정신), 여성은 몸으로(아리스토텔레스와 아퀴나스에 따르면 각각 형상과 질료로) 각각 동일시되었으며, 따라서 남성과 여성의 관계는 지배와 종속의 관계로 이해되었다.[18] 여성만이 이러한 이원주의로 고통을 받는 유일한 존재는 아니다. 류터는 현실에 대한 정신-몸, 주체-객체의 이원적인 도식은 여성을 비인간화, 종속화시키는 데 그치지 않고 사회적 약자로 투사하여, 더 열등한 사람들의 비인간화와 더 열세에 놓인 집단의 무력화를 조성하면서 그들에 대한 사회적 억압을 창출해 왔다고 지적한다.[19]

---

18) 이에 대해서는 Rosemary Ruether, *Sexism and God-Talk: Toward a Feminist Theology* (Boston: The Beacon Press, 1983)을 참고하라.

19) Ruether는 성적 억압의 모델이 모든 형태의 사회적 억압 현상들의 근거가 되며 이 억압 심리를 문화적으로 적응할 수 있도록 해 준 기초라고 주장한다. 즉 남성-여성, 정신-육체의 이원론은 사회 내의 지배 계층과 종속 계층에 각각 투사되어 사회 구성원들의 관계를 주체-객체의 주종 관계로 만들어버리고 말았다는 것이다. 그 대표적인 예가 백인과 흑인의 관계인데, 서구의 기독교 사회 내에서 흑인은 노예로서 정의되면서 사고팔고 사용하며 학대할 수 있는 사물로 간주되었다. Rosemary Ruether, *Liberation Theology: Human Hope Confronts Christian History and American Power* (New York: The Paulist

따라서 셋째, 죄로 인해 소외된 인간 실존은 또한 다른 사람들과의 왜곡된 관계성을 드러낸다. 타자와의 관계에서의 소외, 즉 관계성의 왜곡 또는 단절에 관한 죄는 참된 상호 간의 인격적 관계 즉 주체와 주체로서의 "나와 너"(I-Thou)의 관계를 주체와 객체로서의 "나와 그것"(I-It)의 관계로 변형시킨다. "나와 그것"의 관계에서 타자는 대상화되고 물화된다. 즉 타자는 주체(나)에 의해 정복되고 소유되어야 하는 대상으로서 나의 필요와 목적을 위한 도구적 가치의 관점에서 평가된다. 개인들의 관계를 넘어 공동체적·정치사회적 차원에서의 관계성의 왜곡에 관한 죄와 그로 인해 소외된 인간 실존의 모습은 왜곡된 관계성을 더욱 심각하게 증폭시킨다. 즉 여기서 왜곡된 관계성과 소외된 인간 실존은 더욱 극단화된 집단적·계층적 대립의 양태로 나타난다. 그것은 부자와 빈자, 힘 있는 자와 힘없는 자의 갈등, 성차별주의, 기독교의 반(反)셈족주의, 인종주의, 식민주의와 제국주의 등의 각종 사회적 억압과 소외 및 갈등과 대립으로 나타난다. 인간 공동체의 사회적 정의와 자연 세계의 생태학적 정의는 서로 밀접하게 연관되어 있다.

넷째, 왜곡된 관계성으로 인한 죄와 그에 따른 소외 현상은 인간 실존의 차원을 넘어서 생태-우주론적 차원으로 확장된다. 위에서 언급된 모든 신학적·인간학적 차원의 죄는 오늘날 인류가 생태-우주론적 차원에서 직면하고 있는 위기의 원인이 된다. 하나님과의 관계, 자기 자신의 몸과의 관계, 그리고 개인적·공동체적 차원에서의 다른 인간들과의 관계에서의 주체-객체의 이원론적인 환상을 투사하는 것은 하나님과 인간으로부터 다른 피조물들 및 자연이 겪게 되는 소외를 초래한다. 따라서 자연은 초월적 하나님으로부터 분리된 비신성한 영역으로(전통적인 신학의 "은

Press, 1972), 19.

혜와 자연"의 이분법을 생각해보라), 영혼과 분리된 육체적 실존의 연장으로, 그리고 주체로서의 인간에 의해 정복되고 착취되어야 할 죽어있는 대상으로 간주된다. 이것이 오늘날의 생태학적 위기의 근본적인 원인이다.

죌레는 무엇보다 하나님의 전적 타자성에 대한 신학적 개념은 땅으로부터 인간을 소외되게 만들었다고 주장한다. 인간은 다른 생물들과 똑같이 공기, 물, 빛, 먹이 등에 의존하며, 다른 생물들과 마찬가지로 상처를 받기도 하고 죽기도 한다. 그러나 자연에 대한 인간의 제국주의적인 태도는 이러한 공통 운명을 망각하고 외면하게 하였다.[20] 린 화이트는 육체보다 상위에 있는 영, 여성보다 상위에 있는 남성, 자연 세계보다 상위에 있는 인간으로 대표되는 기독교의 계층적 이원론을 땅에 대한 서구의 실용주의적이고 제국주의적인 태도 안에 있는 한 요소로 간주한다.[21] 한편 류터는 이에 덧붙여 잘못된 이원적 정신성이 낳은 궁극적인 산물로서 "죽음을 가져오는 기술"(technology of death)을 든다. 그녀는 이 기술이 지구와 자연을 정신적 존재인 인간 주체가 정복하고 사용해야 하는 죽은 물질적 객체로 봄으로써 오늘날 생태학적인 전멸의 위기를 초래하였다고 비판한다.[22]

샐리 맥페이그는 생태학적 관점에서 죄란 인간이 다른 인간들과 다른 종들 및 지구 생태계와의 관계 내의 주체와 객체의 이원론적 구도 안에서 타자를 대상화시키고 자신이 중심적인 주체인 것처럼 행세하는 것이라고 주장한다. 그녀에 따르면, 생태학적 인간론의 관점에서 죄란 인간이 전 지구적이고 우주적인 생태 공동체 안에서의 자신의 자리를 거부하는 것이

20) Dorothee Sölle, 『사랑과 노동』, 42.

21) Lynn White "The Historical Roots of Our Ecological Crisis," in *Ecology and Life: Accepting Our Environmental Responsibility*, ed. Wesley Granberg-Michaelson (Waco, Tex.: Word, 1988).

22) Rosemary Ruether, *Liberation Theology*, 20-22.

다.[23] 즉 죄란 인간이 자신이 다른 모든 존재들과 상호연관적이고 상호 의존적인 관계에 있다는 사실을 부인하고 그 관계를 이원론적인 지배와 종속의 관계로 왜곡시키는 것이다. 생태학적 죄란 인간이 자신의 고유한 공간과 자리에 머물기를 거부하고 다른 인간, 종, 자연의 공간과 자리를 침해하는 것이다. 다른 인간들과의 관계에서 죄란 가진 자가 갖지 못한 자와 공간과 땅을 나누어 갖기를 거부하는 것이다. 다른 종들과의 관계에서 죄란 한편으로 다른 동물들이 우리처럼 공간과 자리를 필요로 함을 인정하지 않는 것이며, 다른 한편으로 우리가 다른 동물들을 돌보아야 할 책임이 있는 특별한 존재라는 사실을 부인하는 것이다. 자연과의 관계에서 죄는 자연을 객관화시키고 인간을 본질적으로 자연으로부터 구별한다.

자연에 대한 인간의 대상화와 지배는 결과적으로 자연으로부터 인간의 소외를 초래한다. 리처드 루브(Richard Louv)는 인간과 자연의 유대가 끊어짐으로써 인간에게 나타나는 정신적·육체적 질병을 "자연결핍장애"(nature deficit disorder)라는 의학적 용어로 표현하였다.[24] 오늘날 전 세계적으로 현대인의 우울증, 주의력 결핍, 비만 등이 자연으로부터 인간의 소외, 즉 자연결핍과 연관이 있다는 연구 논문들이 다수 발표되고 있다. 이상을 요약하면, 죄로 인해 소외된 인간 실존은 하나님과 자기 자신과 다른 인간들과 다른 피조물들과 자연과의 관계성의 왜곡, 즉 이원론적인 초월-내재, 주체-객체 세계관 안에 잘 나타난다.

---

23) Sallie McFague, "Human beings, Embodiment, and Our Home the Earth," in *Reconstructing Christian Theology*, Rebecca S. Chopp and Mark Lewis Taylor, eds. (Minneapolis: Fortress Press, 1994), 152-167.

24) Richard Louv, 김주희 역, 『자연에서 멀어진 아이들』(*Last Child in the Woods*), (서울: 즐거운 상상, 2007).

V. 이원론적 세계관의 극복: 관계의 회복과 화해와 재연합

성서의 증언에 따르면, 예수 그리스도는 참된 하나님의 형상이다(골 1:15; 히 1:3). 예수 그리스도가 참된 하나님의 형상이기 때문에, 인간 안의 하나님의 형상의 회복과 새 창조는 성령 안에서의 믿음을 통한 그리스도와의 연합과 "그리스도를 본받는"(*imitatio Christi*) 제자도의 실천을 통해서 하나님과 예수 그리스도의 관계, 즉 삼위일체적인 아버지와 아들의 관계에 영적으로 참여함으로써 이루어진다. 새 존재로서의 예수 그리스도는 자기희생적인 대속적 사랑의 삶과 죽음과 부활을 통해, 왜곡되고 단절된 하나님과 인간의 관계를 회복하고 화해를 위한 길을 열며 그리스도와 연합한 인간 안에 하나님의 형상을 새롭게 창조한다. 또한 예수 그리스도는 이를 통해 우리와 하나님의 관계뿐만 아니라 우리 자신의 몸과 다른 개인들과 다른 공동체와 다른 종(種) 및 자연과의 관계를 회복시키고 재연합하며 새롭게 창조한다. 이와 같은 총체적 차원에서의 관계의 회복과 재연합이 예수 그리스도의 화해 사역이다. "이제는 전에 멀리 있던 너희가 그리스도 예수 안에서 그리스도의 피로 가까워졌느니라. 그는 우리의 화평이신지라. 둘로 하나를 만드사 원수 된 것 곧 중간에 막힌 담을 자기 육체로 허시고 법조문으로 된 계명의 율법을 폐하셨으니 이는 이 둘로 자기 안에서 한 새 사람을 지어 화평하게 하시고 또 십자가로 이 둘을 한 몸으로 하나님과 화목하게 하려 하심이라"(엡 2:13-16). "하늘에 있는 것이나 땅에 있는 것이 다 그리스도 안에서 통일되게 하려 하심이라"(엡 1:10).

믿음과 제자도의 실천을 통한 그리스도와의 연합 안에서 하나님, 자신, 이웃, 자연과의 화해를 누리는 그리스도인에게 실재에 대한 이원론적인 주체-객체 인식은 더 이상 불가능하다. 즉 그리스도인들에게 하나님은 단지 초월적인 천상의 존재로서가 아니라 개인의 인격 안에 현존하고

전 창조세계 안에 내재하는 분으로 경험된다. 이런 의미에서 류터는 세상으로부터의 초월성과 무한한 존재론적인 질적 차이를 강조하는 이원론적인 세계관 안에서의 초월적이며 가부장적인 아버지로서의 하나님에 대한 성적 언어 유비 대신에, 존재의 근거, 존재 자체의 근원, 또는 모든 존재의 모태(matrix)로서의 어머니에 대한 성적 언어 유비를 강조한다.[25] 그녀에게 하나님의 내재성은 존재의 모태로서의 창조자를 의미하며, 하나님의 초월성은 존재론적인 무한한 질적 차이를 의미하는 것이 아니라 미래를 향한 새로움으로의 창조적인 가능성의 힘을 의미한다. 하나님은 모든 존재와 질서의 내재적 힘과 원리이며 동시에 미래를 향한 창조적 가능성의 초월적 힘과 원리다. 다시 말하면, 하나님은 실현된 가능성으로서의 창조와 존재의 근원이며 동시에 실현될 가능성으로서의 창조성과 새 존재의 근원이다.

또한 성령 안에서의 그리스도와의 연합을 통해 하나님과 자신과 이웃과 자연과 화해된 그리스도인들은 자신의 인격 안에서 정신-육체적 통일성을 경험한다. 그리고 타자와의 왜곡된 "나와 그것"의 관계는 진정한 인격적인 "나와 너"의 관계로 변화되며 따라서 인간들 간에 참된 사랑의 교제가 창조된다. 나아가 그리스도인들에게 인간과 다른 피조물 및 자연의 소외는 자연의 본유적 가치에 대한 존중 그리고 자연에 대한 신실한 청지기적 돌봄에 의해 극복된다. 인간과 자연의 관계의 회복과 화해를 위해서는 하나님과 자연의 관계에 대한 올바른 이해를 위한 새로운 자연신학(theology of nature)의 정립이 요구된다. 물론 자연 안에서의 하나님 인식 자체가 하나님에게 이르는 길은 아니다. 그러나 오늘날 생태계 위기의 상

---

25) Ruether, *Sexism and God-Talk*, 69-72; 윤철호, 『현대신학과 현대개혁신학』 (서울: 장로회신학대학교 출판부, 2003), 166.

황 속에서 자연신학의 중요성은 새롭게 평가되어야 한다. 몰트만에 따르면, 자연신학은 하나님 나라의 유비인 자연 안에서 들리는 하나님의 언어를 주목하고 자연의 언어를 배우며 그 목소리를 경청함으로써 자연과 지혜롭게 교제하며 사는 길을 열어준다.[26]

인간이 자연과의 관계에서 소외와 착취의 관계를 변혁시켜 조화와 공생의 관계를 회복하는 것은 악을 정복하고 하나님의 의를 실현함으로써 이 땅에 하나님 나라를 구현하는, 하나님의 구원과 화해의 역사를 위한 본질적 요소다. 따라서 특별히 오늘날 생태학적 위기의 상황에서 그리스도인은 사회 정의와 아울러 생태 정의의 실현을 위해 하나님으로부터 부름을 받는다. 즉 우리는 자연과 함께 인간을 창조하시고 자연을 통해 말씀하시며 새 창조의 세계를 열어주시는 창조자 하나님을 믿는 신앙 안에서 인간과 자연 세계의 모든 다른 존재를 동료 피조물로 이해하는 창조 공동체를 형성하는 삶을 실천해야 한다.[27]

Ⅵ. 맥페이그의 생태학적 인간론: "체현 인간론"

여성 생태신학자 맥페이그는 하나의 대안적인 생태학적 인간론의 모델을 우리에게 제공해 준다. 맥페이그는 기독교 안에도 창조세계의 복지를 지지하는 전통들이 있는 것이 사실이며, 기독교 홀로 땅의 파괴에 대한 모든 책임을 져야 하는 것은 아니라는 사실을 인정한다. 그러나 그녀는 "기독교가 체현(體現, embodiment)의 복음을 선포하지도, 땅의(earthly) 인간

---

26) Moltmann, 『정의가 미래를 창조한다』, 120-130.

27) Moltmann, *Ethik der Hoffnung*, 곽혜원 역, 『희망의 윤리』 (서울: 대한기독교서회, 2012), 259.

론을 제안하지도 않았으며, 지구를 우리의 집으로 생각하도록 가르치지도 않았다"고 지적한다.[28] 즉 그녀는 자신의 글 "인간, 체현, 그리고 우리의 집 지구"에서 기독교의 성육신주의(incarnationalism)를 더욱 공고화하여 "체현 신학"과 "체현 인간론"을 제안한다. 그녀는 세계를 하나님의 몸으로 보는 모델을 채택하며 하나님의 몸인 세계, 즉 땅에 관심을 집중한다. 모든 몸들은 하나님의 몸 안에서 "살며 기동하며 존재한다"(행 17:28). 그녀는 몸들과 몸들의 기본적인 필요(음식, 물, 주거지, 우정)의 본유적인 중요성을 강조한다.

맥페이그의 "체현의 신학"은 공간과 장소의 신학이다.[29] 이 신학은 가장 기본적이고 일차적인 공간 개념인 몸과 더불어 시작한다. 공간은 지상의 물리적 범주다. 모든 생명 형태는 몸으로서 공간을 점유하고 필요로 한다. 그녀의 "체현 인간론"은 수십 억 년에 걸쳐 진화한 지상의 물리적 피조물로서의 인간과 더불어 시작한다.[30] 우리는 땅에 속해 있다. 땅은 우리의 공간과 장소와 집이다. 진화론은 인간을 탈중심화시켰다. 그러나 이제 인간은 창조세계의 성장과 번영을 위한 하나님의 동역자로서 재중심화된다.

맥페이그는 탈근대적 과학에 의해 밝혀지는 "공동의 창조 이야기"(common creation story)를 통해 지구상의 피조물로서의 인간의 모습을 보여주고자 한다.[31] 과학이 밝혀주는 공동의 창조 이야기는 다음과 같다. 우주는 150억 년 전에 빅뱅과 더불어 시작되었다. 이것은 만물이 동일한 근원으로부터 시작되었으며 따라서 애초부터 서로 긴밀하게 연결되어있

28) McFague, "Human beings, Embodiment, and Our Home the Earth," 142.
29) 이에 대하여 Ibid., 144-147 참고.
30) Ibid., 147.
31) Ibid., 148-152.

음을 보여준다. 우주의 역사를 하루로 볼 때 인간은 자정이 되기 불과 몇 초 전에 출현했다. 우주는 변화하고 진화하며 미래 개방적이다. 하나님의 창조는 계속되며, 인간은 계속되는 창조의 동역자로 부름을 받는다. 창조 이야기는 상호연관적이고 상호 의존적이다. 그것은 하나의 공동의 이야기다. "이 이야기의 공동의 성격은 자연적·물리적 세계로부터 분리된 인간 실존 또는…다른 인간들, 다른 종들, 그리고 생태계와의 근본적인 상호 의존성과 상호연관성으로부터 동떨어져 있는 인간 개인이라는 개념을 거부한다."[32]

모든 존재들은 근본적으로 상호연관적이고 상호 의존적이다. 인간은 광대한 생태 공동체 안에서 서로 연결되어 있는 개체들 가운데 하나로서 존재한다. 따라서 인간과 인간, 인간과 다른 피조물, 인간과 자연의 이원론적 분리는 근본적으로 불가능하다. 맥페이그는 수잔 그리핀의 말을 인용한다. 그리핀에 따르면, 인간은 자연이다. 인간은 자연을 보는 자연, 자연에 대한 개념을 지닌 자연, 우는 자연, 자연에게 자연에 관해 말하는 자연이다.[33] 생명이란 이원론적 실재라기보다는 조직체의 한 유형이기 때문에, 생물(복잡한 조직체)과 무생물(단순한 조직체) 사이의 절대적인 구별은 불가능하다. 높은 차원의 복잡한 조직체는 낮은 차원의 단순한 조직체에 의존한다. "더 높고 복잡한 차원일수록 더 취약하며 자신을 지지해주는 차원들에 더 의존한다."[34] 다시 말하면, 자연과 다른 생물이 인간에 의존하는 것이 아니라 인간이 자연과 다른 생물에 의존한다. 인간은 근본적으

---

32) Ibid., 150.

33) Susan Griffen, *Made from This Earth: An Anthropology of Writings* (New York: Harper & Row, 1982), 343. Sallie McFague, "Human beings, Embodiment, and Our Home the Earth," 165.

34) McFague, "Human beings, Embodiment, and Our Home the Earth," 151.

로 지구상의 다른 모든 존재들과 연관되어 있는 존재로서 그것들에 의존한다. 따라서 인간이 자연 위에 군림하는 인간 중심적이고 이원론적인 계층 질서는 근본적으로 불가능하다.

Ⅶ. 결론: 종말론적 하나님 나라에 대한 만유재신론적 비전

성서에 따르면, 궁극적으로 만유의 화해는 종말론적 하나님 나라의 완성에 의해 성취된다. 인간만이 아니라 모든 피조물이 탄식하며 새 하늘과 새 땅의 도래를 고대한다(롬 8:9-12, 22; 고후 5:2). 마지막 날에 우리는 썩지 않는 신령한 몸으로 변화되어 부활할 것이다. "우리가 다 잠 잘 것이 아니요 마지막 나팔에 순식간에 홀연히 다 변화되리니 나팔 소리가 나매 죽은 자들이 썩지 아니할 것으로 다시 살아나고 우리도 변화되리라. 이 썩을 것이 반드시 썩지 아니할 것을 입겠고 이 죽을 것이 죽지 아니함을 입으리로다"(고전 15:51-53). 새 하늘과 새 땅은 우주의 폐기나 대치를 의미하지 않고 그것의 갱신과 변혁을 의미한다.[35] 영광스런 하나님 나라 안에서 하나님의 궁극적인 목적은 전 창조세계를 영원한 망각 속으로 던져버리는 것을 의미하지 않는다. 반대로 그것은 이 창조세계가 변화되어 만유가 하나님과 통일되며 만유 안에 전 우주적인 평화가 영원히 구현되는 것을 의미한다. 하나님의 영광이 전 창조세계와 만유 안에 충만하게 임하게 될 때, 하나님과의 친교적 연합 안에서 만유의 영원한 화해와 통일과 평화가 실현될 것이다.

하나님과 자신과 타자와 자연과의 관계에서 왜곡된 이원론적 환상은

35) H. Paul Santmire, *The Travail of Nature* (Philadelphia: Fortress Press, 1985), 201.

종말론적 하나님 나라에 대한 만유재신론의 비전 안에서 최종적·궁극적으로 극복된다. 물론 이것은 창조주 하나님과 피조물 세계(인간)의 동일성을 의미하지는 않는다. 만유재신론은 헬레니즘적 이원론에 기초한 전통적 기독교의 이원론적 세계관을 거부하고 하나님의 내재성을 강조함과 동시에 하나님을 세계와 동일시하지 않고 하나님의 초월성을 유지함으로써 하나님의 초월성과 내재성을 조화시키고자 한다. 따라서 만유재신론은 전통적인 이원론적인 초월적 유신론과 일원론적인 범신론 양자를 비판적으로 극복하고자 한다.[36]

장차 도래할 종말론적 하나님 나라에서는 만물이 하나님 안으로 받아들여지고, 하나님이 만물 안에 임재하신다. "만물을 그에게 복종하게 하실 때에는 아들 자신도 그때에 만물을 자기에게 복종하게 하신 이에게 복종하게 되리니 이는 하나님이 만유의 주로서 만유 안에 계시려 하심이라"(고전 15:28). 종말론적 만유재신론의 비전은 몰트만의 신학에 잘 나타난다. 몰트만에 따르면, 고린도전서 15:28은 하나님의 우주적 쉐히나로 영광스럽게 변화된 새로운 피조물이 삼위일체 하나님께서 내주하시는 환경이 됨을 표현한다.[37] 몰트만은 하나님과 세계의 상호 내재 또는 상호 침투, 즉 페리코레시스를 말한다. 삼위일체적 친교는 세계를 자체 안에 포함하기 위하여 세계를 향해 열려 있다. "하나님과 유사한 모든 관계들은 삼위일체적 페리코레시스의 원초적인 상호내주와 상호침투를 반영한다. 즉 하나님이 세계 안에 있고 세계가 하나님 안에 있다."[38] 몰트만은 삼

36) 만유재신론에 대한 자세한 이해를 위해서는 윤철호, 『삼위일체 하나님과 세계』 (서울: 장로회신학대학교출판부, 2011) 제3부를 참고하라.

37) Moltmann, *Sein Name ist Gerechtigkeit*, 곽혜원 역, 『하나님의 이름은 정의이다』 (서울: 21세기교회와 신학포럼, 2011), 232.

38) Moltmann, *God in Creation,* 17.

위일체 하나님의 내적인 페리코레시스, 즉 아버지, 아들, 성령의 페리코레시스를 하나님과 세계의 모든 존재들 사이의 페리코레시스와 세계의 모든 존재들 간의 페리코레시스로 확장시킨다. 삼위일체의 형상으로 창조된 인간의 영혼과 육체의 관계 및 모든 인간 공동체 안의 관계는 성령 안에서 페리코레시스를 반영해야 한다. 페리코레시스는 모든 참된 실재의 구조적 역동성이다. 존재한다는 것은 페리코레시스적으로 참여하는 것을 의미한다. 페리코레시스 안에서 전통적인 서구신학의 주체-객체의 이원론은 종국적으로 극복된다.

몰트만은 하나님이 만유의 만유로서 페리코레시스적으로 세계에 충만하게 내주하는 하나님 나라를 하나님의 안식으로 표현한다.[39] 하나님은 세계 안에 내주하며 세계 안에서 안식하신다. 역사와 창조가 완성되는 마지막 날에 하나님이 창조세계 안에 내주하는 영광스런 하나님 나라가 실현될 것이다. "하나님의 목적은 자신의 창조세계 안에 내주하며 그 안에서 '만유의 만유'가 되는 것이다."[40] 세계는 하나님의 현존에 의해 침투되고 하나님의 한없는 삶의 충만함에 참여한다.[41] 하나님과 세계의 상호 내주로 인하여 신적 속성과 우주의 속성 사이에 우주적 페리코레시스가 일어난다. 삼위일체 하나님의 사귐 속에 거하는 모든 피조물은 하나님의 원형(Urbild)을 따라 무아적인 사랑 가운데 서로 자신의 정체성을 발견하며, 하나님의 페리코레시스라는 공간에 함께 거하는 운명 공동체로서 살아간다.[42] 새 하늘과 새 땅의 창조와 우주적 페리코레시스가 실현되는 이와 같

39) Ibid., 279.

40) Moltmann, *The Coming of God: Christian Eschatology*, trans. Margaret Kohl (Minneapolis: Fortress, 1996), 294.

41) Ibid. 295.

42) Moltmann, 『하나님의 이름은 정의이다』, 230; 『희망의 윤리』, 248-254.

은 종말론적 만유재신론의 비전 안에서, 인간과 세계가 영원한 하나님의 존재에 온전히 참여하는 종말론적 하나님 나라가 최종적으로 완성된다.

제16장
차별과 평등

I. 서론

이 글의 주제는 제목 그대로 차별과 평등이다. 사전적 정의에 따르면, "차별"은 "기본적으로 평등한 지위의 집단을 자의적(恣意的)인 기준에 의해 불평등하게 대우함으로써 특정집단을 사회적으로 격리시키는 통제 형태"[1]를 의미한다. 차별은 일반적으로 차별 받는 사람들의 실제 행동과는 거의 무관하거나 전혀 관계없는 생각에 근거하여 열등성을 부여하는 제도화된 관행을 통하여 이루어진다. 사회적 차별은 평등의 기본원리를 표방하는 사회에도 명백히 존재한다.

"구별"(distinction) 또는 "차이"(difference)와 "차별"(discrimination)은 다르다. 사람은 서로 다른 신체적 특징, 성격, 재능, 종교, 문화, 정치적 의견 등의 차이에 의해 구별된다. 사회는 서로 다른 다양한 사람들로 이루어진

---

1) 『네이버 지식백과』(두산백과, http://terms.naver.com/entry.nhn?docId=1145366&cid=40942&categoryId=31614)

다. 차이는 존중되어야 한다. 너와 나의 차이는 우리 모두를 풍요롭게 할 수 있다. 반면에 차별이란 합당한 이유 없이 차이를 근거로 부당하게 불이익을 주는 것을 말한다. 차별은 차별하는 자와 차별받는 자 모두를 비인간적으로 만든다. 차별에는 성차별, 장애인 차별, 계층차별, 외국인 차별, 인종차별 등이 있다.

반면, "평등"은 "인간의 존엄, 권리, 인격, 가치, 행복의 추구 등에 있어 차별이 없이 같은 상태"를 말한다.[2] 인간은 모두 선천적으로 평등하다는 천부인권사상은 민주주의의 가장 핵심적인 이념이고 사회정의를 결정짓는 본질적 요소이며 인권을 가늠하는 척도다. 무엇보다 평등은 기독교 신앙의 가장 근본적인 이념적 가치 가운데 하나다. 하나님의 형상으로 지음을 받은 모든 인간은 하나님 앞에서 평등하다. 그럼에도 동서고금을 막론하고 인간 사회의 역사 속에 그리고 심지어 교회의 역사 속에 항상 차별의 현실이 존재해 왔다. 한국 사회와 한국교회도 예외가 아니다.

이 글에서는 인간 사회와 교회의 역사 및 한국 사회 속에서의 차별의 현실을 살펴보고, 배제와 포용에 대한 볼프의 사상을 고찰한 후에, 만인평등적인 보편적 인간성으로서 하나님의 형상을 새롭게 조명하고, 차별로부터 평등으로의 길과 아울러 한국교회와 기독교인의 실천적 과제를 제시하고자 한다.

Ⅱ. 차별의 현실: 인종차별, 백인우월주의, 계층차별

인간 사회에 나타나는 가장 대표적인 차별은 인종차별이다. 인종차별 또

---

2) 『위키백과』 https://ko.wikipedia.org/wiki/%ED%8F%89%EB%93%B1

는 인종차별주의는 "인종"을 근거로 다른 이들을 차별하고 특정 인종에 대한 적대감을 드러내는 배타주의를 의미한다. 오드리 로드의 정의에 따르면, "인종차별주의는 한 인종이 모든 다른 인종들보다 본유적으로 우월하며 따라서 지배권을 갖는다는 믿음이다."[3] 오늘날 세계적으로 정부나 사회적 제도에 의해 가시적인 제도적 차별은 많이 감소되었지만, 다른 인종에 대한 거부감과 다른 인종의 문화에 대한 혐오감과 같은 심리적·문화적 차별은 여전히 많이 남아 있다. 미국의 경우, 흑인을 노예로 부리던 백인 중심의 나라에서 흑인 대통령이 탄생했다는 사실 자체가 놀라운 변화가 아닐 수 없다. 흑인에 대한 불평등한 인종분리정책은 1954년 "브라운 대 토페카 교육위원회" 판결[4]에서 대법원에 의해 위헌으로 판결되었으며, 마틴 루터 킹 2세가 주도한 인권 운동의 영향으로 1964년 흑인의 시민권법과 투표권법이 인정되었다. 따라서 적어도 제도적으로 인종차별은 철폐되었다. 그럼에도 세계에서 가장 인권 제도와 의식이 발전된 국가이자 다원적 인종과 문화로 이루어진 미국에서조차 여전히 흑인뿐만 아니라 미국원주민, 아시아인, 히스패닉, 아랍인, 유대인 등에 대한 다양한 형태의 심리적·문화적 차별이 편만하다.[5]

---

3) Audre Lorde, *Sister Outsider* (New York: Crossing Press, 1984), 115.

4) *Brown v. Board of Education of Topeka*, 347 U.S. 483 (1954).

5) 2007년 「ABC 뉴스」의 보도에 의하면, 미국인들 중 34%가 인종차별적 감정을 갖고 있다고 밝혔다. 6%가 유대인에 대해, 27%가 무슬림에 대해, 25%가 아랍인에 대해, 10%가 히스패닉에 대해 편견을 갖고 있는 것으로 나타났다. 최근에 미국에서 일어난 대표적인 인종차별 사건 두 가지는 다음과 같다. 하나는 2014년 8월 9일 미주리 주의 퍼거슨시에 거주하는 흑인 대학생 Michael Brown(18세)이 미국 이 경찰과의 실랑이 중에 총격을 당해 사망한 사건이다. Brown은 비무장 상태에서 두 발을 들고 얌전히 검문에 응하는 상태에서 흑인에 대한 인종차별적 편견에 따른 해당 경찰관의 과잉 반응에 의해 총에 맞아 죽었다. 그리고 이 사건의 재판을 담당한 백인들로 구성된 배심원들은 백인 경관에게 불기소처분을 내렸다. 다른 하나는 2015년 6월 17일 사우스캐롤라이나 주 찰스턴에 있는 흑인교회인 임마누엘교회 안에서 백인 Dylann Roof(21세)가 총기를 난사해 주 상원의원이자 담임목사

한편, 일본에서는 한국인에 대한 뿌리 깊은 차별이 여전하다. 극우단체들의 혐한(嫌韓) 시위가 수년째 이어지고 있다. 미국 국무부는 2014년 3월 1일 발표된 국가별 인권보고서에서 일본의 극우단체들이 한국인을 상대로 자행하는 혐한 시위를 강하게 비판했다.[6] 이 보고서는 한인 밀집지역에서 시위를 벌인 극우단체들이 인종적으로 모욕적인 표현을 사용하고 증오에 가득 찬 연설을 했다고 기술하면서, 일본에 거주해온 재일교포들이 시민의 권리와 정치적 권리를 제대로 행사하지 못한다는 점을 비판했다. 또한 한국인을 포함하여 귀화하지 않은 외국인들이 다양한 차별을 받고 있으며 심지어 일부 호텔이나 식당에는 "일본인만 출입하라"는 간판이 붙어 있다고 지적했다.

인간의 역사 속에서 무엇보다 가장 지배적으로 나타나고 있는 인종차별주의는 백인우월주의이다. 조지 프레드릭슨에 따르면, 백인 우월주의는 "인종 또는 피부색을 시민 공동체의 멤버십을 위한 조건으로 만들려는 조직적이고 자기 의식적인 노력을 가리킨다."[7] 백인우월주의는 "유색인들이 아무리 숫자가 많고 또 문화적으로 동화된다고 하더라도 영원한 이방인 또는 외부인으로 취급되는 일종의 '지배민족'(Herrenvolk, 나치에 의한 독일 민족의 자칭) 사회를 창조한다."[8] 조엘 코블에 따르면, "인종차별주의(백인우월주의)의 관점에서 백인 자아는 지배적(dominative) 인종차별주의처럼 과장되거나 혐오적(aversive) 인종차별주의처럼 순수한 것으로 간주되는 반

였던 Clementa C. Pinckney를 포함하여 총 9명이 사망한 사건이다. Roof는 극단적 백인 우월주의자로서 "인종전쟁을 시작하고 싶었다"고 진술했다. 「조선일보」 2015년 6월 19, 20일.

6) http://news.ichannela.com/3/02/20140301/61291810/1

7) George M. Fredeerickson, *White Supremacy: A Comparative Study in American and South African History* (New York: Oxford Univ. Press, 1981), xi.

8) Ibid., xi-xii.

면, 흑인은 인격 이하 또는 자아 이하의 존재로 간주된다."[9] 백인우월주의에 사로잡힌 백인들은 흑인을 "진화가 덜된 이상한 인간들"로 간주하고, 미개하고 야만적인 존재로 평가한다. 또한 이들의 눈에는 동양인들도 크게 다르지 않다. 이른바 "오리엔탈리즘"[10]이 이를 잘 뒷받침해준다.

인종차별과 더불어 인간 차별의 현실을 보여주는 또 다른 유형의 차별이 계층차별이다. 계층차별 또는 계층차별주의(classism)는 어느 개인 또는 집단의 사회 경제적 위치나 삶의 방식 때문에 그들을 차별하는 태도를 일컫는다. 다시 말하면, 계층차별주의는 어느 개인과 집단의 "낮은" 사회 경제적 계층 때문에 그들에 대한 부정적인 편견을 갖고 그들을 경멸하거나 차별하는 태도와 행동을 가리킨다. 계층차별주의는 노예제도, 카스트제도, 성직자 계층주의 등에서 잘 드러난다. 이와 같은 계층차별은 사회정치적 또는 종교적 체제 안에 불평등한 관계를 제도화시킴으로써 사회적 계층화와 불평등, 차별과 억압을 심화시킨다.

---

9) Joel Kovel, *White Racism: A Psychohistory* (New York: Pantheon, 1970), 215.

10) "오리엔탈리즘"(orientalism)은 원래 유럽의 문화와 예술에서 나타난 동방취미(東方趣味)의 경향을 나타냈던 말이다. 하지만 오늘날에는 동양과 서양을 이분법적으로 구분하여 동양에 대한 서양의 우월성이나 동양에 대한 서양의 지배를 정당화하는, 서양의 동양에 대한 고정되고 왜곡된 인식과 태도 등을 총체적으로 나타내는 말로 쓰인다. 오리엔탈리즘이라는 개념이 "서양의 동양에 대한 인식"이라는 폭넓은 의미로 쓰이게 된 것은 1978년 Edward Wadie Said(1935-2003)가 발간한 『오리엔탈리즘』이라는 책이 계기가 되었다. 이 책에서 Said는 서구 국가들이 비(非)서구 사회를 지배하고 식민화하는 과정에서 동양에 대한 왜곡된 인식과 태도가 어떻게 만들어져 확산되었는지를 분석했다. Said는 오리엔탈리즘을 "동양과 서양이라는 인식론적인 구별에 근거한 사고방식"이자, "동양을 지배하고 재구성하며 억압하기 위한 서양의 제도 및 스타일"로 정의한다. 서구 국가들은 동양은 비합리적이고 열등하며 도덕적으로 타락되었고 이상(異常)하지만, 서양은 합리적이고 도덕적이며 성숙하고 정상(正常)이라는 식의 인식을 만들어오면서 동양에 대한 지배를 정당화해왔다. 오리엔탈리즘은 서구 제국주의의 식민지 지배를 합리화시키는 수단일 뿐 아니라 그에 앞서 식민지 지배를 낳고 정당화하는 근원적인 힘이다. 『네이버 지식백과』 (두산백과).

Ⅲ. 교회의 역사 속에서의 차별과 평등

예수의 하나님 나라 비전을 공유했던 초기 교회의 그리스도인들이 꿈꾸었던 세상은 모든 차별적 현실이 극복되는 만인 평등의 사회였다. 그러나 2세기 이후 교회가 제도화되고 권력화된 이래, 기독교는 인간에 대한 차별을 고취 또는 지지하는 많은 역사적 과오를 되풀이하였다. 인류의 역사 속에서 가장 비극적인 인종차별 사건인 20세기 독일 나치정권에 의한 유대인 대학살의 근원은 기독교 세계의 오랜 반셈족주의(anti-Semitism) 또는 반유대주의(anti-Judaism) 전통에 그 뿌리를 두고 있다. 로즈마리 류터는 반유대주의가 교부신학의 핵심에 놓여 있다고 주장한다.[11] 테르툴리아누스는 예수와 유대인의 대립은 곧 하나님과 유대인의 대립을 의미한다고 주장했다. 그리고 이레나이우스에 따르면, 예수는, 아들을 받아들이지 않고도 아버지를 알 수 있다는 유대인들의 주장을 비판했다.[12] 전통적으로 기독교인들은 교회가 이스라엘을 대체하여 계약의 상속자가 되었으며 유대인들이 오직 기독교로 개종해야만 계속적으로 계약 전통에 참여할 수 있다고 믿어왔다.

또한 초기 교회에서는 감독 제도 아래 계층차별적인 위계 질서가 수립되었다. 그리고 "사도적 계승"(apostolic succession)에 의해 남성이 교회의 감독직을 독점하고 여성은 교회의 직제로부터 배제되었다. 중세에 들어 교회 안의 계층 질서와 성차별은 절정에 이르렀다. 중세 가톨릭교회는 이 땅에 존재하는 하나님의 도성으로 동일시되고 신성화되었음에도 불구

---

11) Rosemary Ruether, *Faith and Fratricide: The Theological Roots of Anti-Semitism* (New York: Seabury, 1974). 장춘식 역, 『신앙과 형제 살인: 반유대주의의 신학적 뿌리』 (서울: 대한기독교서회, 2001).

12) David Efroymson, "The Patristic Connection," in *Anti-Semitism and the Foundations of Christianity*, ed. Alan T. Davies (New York: Paulist, 1979), 103-4.

하고 교황을 정점으로 하는 교회의 조직은 지극히 계층차별적이었다. 11세기 말에 중세 가톨릭교회는 인간을 기독교인과 이교도인으로 구별하고 이교도를 죽이는 것은 죄가 되지 않는다고 주장하면서 성전(聖戰)을 명목으로 무모한 십자군 전쟁을 일으켰다. 16-17세기에 남성 성직자들이 지배하는 교회는 여성을 성녀와 마녀로 양분하고 50만 명에 이르는 여성을 마녀로 낙인찍어 불에 태워 죽였다. 18-19세기 동안에 미국의 식민지 개척에 필요한 노동력 확보를 위해 아프리카 원주민을 사로잡아 노예로 팔아넘긴 유럽인들은 대부분 기독교인들이었다. 그들은 흑인이 함의 저주를 받은 인종으로서 노예가 되는 것이 당연하다고 생각했다. 미국의 남북전쟁 당시(1861-65) 남침례교단은 농장주였던 신자들의 편에서 성서가 노예제도를 지지한다고 주장했다.

그러나 인간에 대한 차별의 문제에서 기독교의 역사는 양면성을 보여준다. 다른 한편, 교회는 인간에 대한 모든 종류의 차별을 극복하고 평등을 구현하기 위해 투쟁하였다. 미국의 역사에서 인종차별에 대한 가장 강력한 저항은 교회로부터 나왔다. 19세기 찰스 피니의 부흥운동은 노예제 폐지에 큰 기여를 했으며, 20세기에 침례교 목사인 마틴 루터 킹 2세의 인권운동은 흑인들의 인권신장에 결정적인 영향을 미쳤다. 20세기 중반 이후에 여성신학자, 흑인신학자, 유럽의 정치신학자들, 남미의 해방신학자들은 인간의 평등성에 대한 신학적 확신에 기초하여 가난하고 차별받고 억눌리고 소외된 자들의 편에서 불공평한 사회 경제 정치구조에 저항하였다. 제임스 콘은, 근본적인 신학적 문제는 "유럽의 계몽주의에 의해 만들어진 불신자(unbeliever)"가 아니라 "유럽의 식민지화와 제3세계의 착취에 의해 만들어진 비인간(nonperson)"이라고 주장했다.[13]

---

13) James Cone, *For My People: Black Theology and the Black Church* (Maryknoll, N.Y.:

Ⅳ. 한국 사회의 차별의 현실

일반적으로 우리나라에는 인종차별과 같은 차별이 존재하지 않는다고 생각하기 쉽다. 그러나 실제로 한국 사회에는 다양한 계층과 부류의 사람들에 대한 다양한 형태의 차별의 현실이 존재한다. 오늘날 세계화 시대에 우리나라도 더 이상 순수한 혈통을 지닌 단일민족 국가임을 자랑할 수 없게 되었다. 단일민족 신화는 더 이상 지속 불가능하다. 한국 사회는 이제 다양한 인종과 민족과 국적의 사람들이 함께 사는 다원적 사회로 진입하고 있다. 2014년 10월 현재 다문화 가정, 화교, 외국인 근로자, 탈북자 등 한국 사회 안에서 다른 문화를 형성하는 인구는 약 200만 명 정도로 추산된다. 그리고 2015년 1월 현재 90일 이상 장기 체류 중인 외국인, 귀화자, 결혼 이민자, 그 자녀 등을 포괄하는 외국인 주민은 174만 1919명으로, 인구 1000명당 34명꼴이다.[14] 국제결혼을 통해 생겨난 다문화 가정 수는 22만 명으로서 이들은 주로 농촌 지역과 어촌 지역을 중심으로 살고 있다. 각 대학들에는 외국에서 온 유학생의 숫자가 증대하고 있다. 최근에는 외국인들 출연자들끼리 한국어로 다양한 주제에 관해 이야기하는 TV 프로그램까지 생겨났다.

그러나 아직도 한국인은 백인들에 대해서는 관대한 반면, 아시아나 아프리카에서 온 유색 인종에 대한 차별 의식이 강하다. 국제 결혼을 한 이민자 출신의 국회의원을 향해 "너희 나라로 가라"는 배타적 망언을 하는 것을 서슴지 않는 사람들도 있다. 특히 아시아계 외국인 근로자들에 대한 심각한 차별과 인권 유린이 행해지고 있다. 외국인 근로자의 수는 공식적

Orbis, 1984), 70.

14) 「국민일보」 2015. 8. 5., 2면.

으로는 37만 명이지만 비공식적으로는 약 100만 명으로 추산된다. 주로 3D업종에서 일하는 이들의 상당수는 불법취업자들로서 임금 차별을 받고 노동력을 착취당하며 심지어 반인륜적인 학대와 폭력을 당하기도 한다. 차별은 외국인 근로자에게만 국한되는 이야기가 아니다. 최근에 우리나라에서는 이른바 갑과 을로 대변되는 고용자와 피고용자, 정규직과 비정규직 간의 차별적 사회 구조가 심화되고 있다. 이에 따라 비정규직의 저임금, 근로조건의 불평등, 고용불안 문제가 심각한 사회적 이슈가 되고 있다.

아울러 오늘날 탈북자에 대한 차별도 심각한 사회문제로 대두되고 있다. 2014년 말 통계에 의하면 탈북자 수는 2만 7500명으로 "3만 탈북자 시대"를 눈앞에 두고 있다. 의사, 교사 등 전문 경력을 가진 탈북자는 533명인데, 이 중 관련 분야에 취업한 사람은 10%에 불과하다. 나머지는 막노동이나 식당일 등을 하고 있는 것으로 조사됐다.[15] 자유를 찾아 목숨을 걸고 남한에 왔지만 생존경쟁이 치열한 남한 사회에 적응하지 못하고 중국이나 북한으로 돌아가는 탈북자들도 증가하고 있다. 탈북민들이 집중적으로 모여 사는 서울 양천구와 인천 남동구 등의 일부 임대 아파트 단지가 탈북자에 대한 편견과 지역 주민의 기피로 우리 사회의 "소외된 섬"처럼 되어가고 있다. 탈북자 상당수는 차별과 편견의 벽에 부딪혀 좌절을 경험하고 있다. 식당에서 조선족은 써도 탈북자는 안 쓴다고 한다.[16]

---

15) 「조선일보」, 2015. 3. 9., 1면, 3면.

16) 서울대 통일평화연구소의 2014년 조사에 따르면, 탈북자에 대한 일반 국민 의식은, 매우 친근하게 느낀다 2.5%, 다소 친근하게 느낀다 40.7%, 별로 친근하게 느끼지 않는다 50.7%, 전혀 친근하게 느끼지 않는다 5.9%로 나타났다. 탈북자와 결혼은, 전혀 꺼리지 않는다 5.9%, 별로 꺼리지 않는다 13.1%, 그저 그렇다 33.6%, 다소 꺼려진다 30.9%, 매우 꺼려진다 16.3%로 나타났다. 「조선일보」, 2015년 3월 10일 1면, 5면.

한편, 우리나라는 국민소득이 3만 달러 시대를 바라보고 있지만 장애인에 대한 차별은 여전히 매우 심각한 수준에 머물러 있다. 2005년 현재 우리나라에는 전국적으로 214만 9천 명의 장애인이 있는 것으로 파악된다. 이 가운데 재가 장애인이 210만 1천 명이고 시설 장애인이 4만 8천 명이다. 장애인 가구는 여덟 가구당 한 가구의 분포를 보인다. 대다수 장애인들이 활동의 제약으로 인해 집을 중심으로 생활하기 때문에 사회적 공간에서 좀처럼 그들의 존재가 드러나지 않는다. 따라서 장애인이 당하는 고통에 대한 일반인의 인식은 매우 미약하다. 장애인들은 정신적·육체적으로 장애를 가지고 있다는 이유만으로 사회적·인격적으로 차별을 받고 심지어 기피와 혐오의 대상이 되는 것이 다반사다.

기독교 전통에서 창조론은 "본래적으로 완전하고 정상적인" 세계의 창조를 말하는 것으로 이해되었으며, 따라서 종종 모든 장애와 질병이 죄로 인한 악으로 간주되곤 했다. 이 본래적으로 "정상적인" 것의 기준에 따르면, 장애인은 불완전하고 비정상적인 인간이다. 그러나 과연 장애가 죄에 따른 형벌로서 악으로 정의될 수 있는지는 심히 의문스럽다. 설사 장애가 인간에게 고통을 준다는 의미에서 악이라고 정의될 수 있다고 하더라도, 악과 죄의 연관성은 개별적이고 개인적인 차원이 아니라 오직 구조적인 차원에서 인식되어야 한다. 예수는 선천적으로 맹인 된 사람이 맹인으로 난 것이 "이 사람이나 그 부모의 죄로 인한 것이 아니라 그에게서 하나님이 하시는 일을 나타내고자 하심이라"(요 9:3)고 말씀하였다. 우리는 무엇이 "정상적인" 것인지를 과거의 창조로부터가 아니라 하나님의 창조적 사역이 완성되는 미래의 관점에서 판단해야 할 것이다. 1975년에 나이로비에서 열린 세계교회협의회 제5차 총회에서는 "교회가 장애인들이 겪는 사회적 소외를 묵인하고 사회적 삶에 대한 그들의 온전한 참여를 계속 부정한다면…그리스도 안에 계시된 온전한 인간성을 예증할 수 없다"고

천명했다.[17]

한국 사회의 여성의 현실은 어떠한가? 오늘날 한국 사회는 각 분야에서 여성의 약진이 괄목할 만하다. 먼저, 여러 종류의 국가 시험에서 여성이 약진하고 있다. 행정고시의 여성 합격률은 2000년도에 여성이 25.1%였는데, 2005년도에는 배로 늘어난 51.2%였다. 외무고시 합격률은 2000년에는 불과 20%였는데 2005년도에는 3배가 넘는 65.7%였다. 현재 여성 판사는 전체의 26%이지만(2007) 머지않아 남성 판사의 숫자를 능가할 가능성이 있다. 전체 공무원 중 여성 비율은 42%(2010)로 꾸준히 증가하고 있다. 여성의 사회적 진출로 인해 여성의 경제력은 점점 향상되고 있다. 2008년도에 여의사 비율이 20.6%였고, 종합소득세 신고자의 40.3%가 여성이었다. 2010년에는 여자의 대학진학률(83.6%)이 남자의 대학진학률(79.6%)을 앞질렀다. 톰 피터스(Tom Peters)는 지금은 우머노믹스(womenomics) 시대이며 미래는 여성의 것이라고 단언했다. 그는 수많은 기사와 통계를 인용하며, 여성은 가족을 위한 구매 책임자로서 막강한 역할과 함께 경제 활동에서도 두각을 나타내고 있기 때문에, 기업은 마케팅부터 제품 개발과 유통, 브랜딩, 전략에 이르기까지 모든 과정에서 오늘날 여성시대가 도래했음을 잊지 말아야 한다고 강조한다.[18] 한국에서도 여성은 이미 모든 소비 분야에서 주도권을 장악한 것으로 보인다.[19]

---

17) Geiko Müller-Fahrenholz, ed., *Partners in Life: The Handicapped and the Church*, Faith and Order Paper No. 89 (Geneva: World Council of Churches, 1979), 177.

18) Tom Peters, 『미래를 경영하라』(*Re-imagine*), 정성묵 역. 21세기북스, 2005; 『리틀 빅 씽』(*The Little Big Thing*), 최은수, 황미리 역, 더난출판사, 2010.

19) 가정 내에서 재테크를 담당하는 사람은 남편(16%)이 아니라 아내(57%)이며, 자신과 가족을 위한 생활용품과 살림살이는 물론 자동차, 부동산에 이르기까지 모든 구매 결정권은 이미 여성의 손 안에 있는 것으로 조사되었다. 구본형 변화 경영 연구소, 구본형 칼럼, "여성, 나, 그리고 일."

그러나 이와 같은 한국 여성의 사회적 약진과 한국 사회의 현실 사이에는 괴리가 있다.[20] 2014년 영국 경제 전문지 「이코노미스트」(The Economist)가 만든 "유리천장 지수"(Glass Ceiling Index)에 따르면, 한국은 26위다. 한국 여성은 문화 소비와 트렌드를 주도하고 있지만, 정작 생산에서는 소외되고 있다. 생산에 참여하더라도 최종 결정권과 생산 권력의 정점은 여전히 남성들의 몫이다.[21] 뿐만 아니라 성별에 따른 임금격차도 줄어들지 않는 것으로 조사되었다.[22]

V. 배제와 포용

볼프는 오늘날 문화의 특징을 사회적 배제(exclusion)로 파악한다. 그는 사회적 배제를 더 넓은 사회 전체 안에 있는 모종의 사회집단들에 대한 거부로 정의한다.[23] 그가 말하는 배제는 배타적 차별을 의미하는 것으로 이해해도 별 문제가 없을 것이다. 사회적 배제는 자신(개인과 집단)의 안전을 공고히 하기 위해 타자를 제거하는 행위다. 그것은 자신의 고유한 공

---

20) 한국 여성의 경제활동 참가율은 25-29세가 71.4%인데, 30대 여성은 55.5%로 뚝 떨어진다. 결혼과 출산, 육아와 일을 병행할 수 없게 하는 사회 현실을 반영한다. 여성 경제활동 참가율이 OECD 평균은 약 60%인데, 한국은 49.7%(2011)이다.

21) 여성 임금비율은 기획재정부의 「2011년 국가경쟁력보고서」에 의하면 57.2%(2007년 기준)로 OECD 19개국 중 19위이다. 「2013 한국의 성 인지 통계」에 따르면 성 격차 지수(Gender Gap Index)의 경우 한국은 2013년에 135개국 중 111위에 머물렀다. 한국여성정책연구원, 『2013 한국의 성 인지 통계』, 2014; 한겨레, "남녀간 임금격차 13년째 OECD 1위," 2014년 8월 4일.

22) 남성 대비 여성의 임금 비율은 2005년 63.9%에서 2012년 66.7%로 좀처럼 줄어들고 있지 않다. 이는 OECD 회원국 가운데 성별 임금격차가 가장 심한 것이다.

23) Miroslav Volf, "Exclusion and Embrace: Theological Reflections in the Wake of 'Ethnic Cleansing,'" *Communio Viatorum* 35, no. 3 (1993): 263-66.

간으로부터 타자를 축출하는 행위다. 배타적인 사회일수록 공간의 경계는 더욱 경직화되고 투과성이 결여된다. 예를 들면, 유럽의 엘리트 문화는 문명이란 미명 하에 다른 인종집단들의 문화를 강제로 지배적 문화에 동질화, 동화, 예속시키거나 제거하였다. 이것은 백인들의 문화우월주의를 반영한다.

볼프는 오늘날 일어나고 있는 서로 다른 사회집단 사이의 충돌을 이념의 차이에 의한 것이라기보다 문화적 정체성의 갈등에 의한 것으로 본다.[24] 사람들이 서로를 배제하는 까닭은 자신들의 정체성을 위협하는 대상을 물리치기 위함이다. 즉 자신들의 세계 안의 질서의식을 회복하기 위해 타자를 제거하는 것이 필요하다고 생각하기 때문에 타자를 배제하고자 한다.[25] 배타적 문화는 순수성을 고수하고자 하는 의지로 말미암아 제거, 동화, 지배, 포기 등을 통해 타자의 실존을 희생시킨다.[26]

그러면 기독교인은 문화와의 관계에서 어떤 태도를 취해야 할까? 볼프는 기독교인이 기본적으로 문화와의 관계에서 "거리와 귀속"(distance and belonging)의 변증법이 필요하다고 주장한다.[27] 모든 나라와 문화의 사람들이 함께 모이는 미래의 하나님 나라에 대한 충성으로 인하여, 기독교인은 자신의 문화로부터 거리를 유지해야 한다. 그러나 이것은 기독교인이 문화 밖으로 나가는 것을 의미하지 않는다. 비록 기독교인이 자신의 문화로부터 스스로 거리를 둠에도 불구하고 그리스도의 몸은 모든 문화

---

24) Miroslav Volf, "A Vision of Embrace: Theological Perspective on Cultural Identity and Conflict," *Ecumenical Review* 47, no. 2 (Apr 1995): 196.

25) Miroslav Volf, *Exclusion and Embrace: A Theological Exploration of Identity, Otherness, and Reconciliation* (Nashville: Abingdon Press, 1996), 78. 박세혁 역, 『배제와 포용』 (서울: IVP, 2012).

26) Ibid., 67.

27) Volf, "A Vision of Embrace," 197-200.

를 포괄하기 때문에 기독교인은 여전히 문화에 속해있다. 기독교인의 문화적 정체성은 문화와의 거리와 귀속의 변증법적 관계 안에서 형성된다.

볼프는 기독교인이 문화와 거리 및 귀속의 변증법적 관계를 유지하면서 배제의 문화를 포용의 문화로 변화시켜야 한다고 주장한다. 포용은 "타자를 위한 공간을 창조하는 것"으로서 적대적 상황 안에 있는 개인과 공동체의 정체성을 재이미지화(re-imagining)하는 길이다.[28] 볼프는 기독교인이 사회적 배제에 대항하여 포용적 문화를 수립하기 위해서는 "보편적 인격"을 함양해야 한다고 주장한다. 보편적 인격이란 자기 폐쇄적인 배타적 세계로부터 벗어나 타자를 수용하는 포용적 인격이다. 볼프는 인간의 보편적 인격이 삼위일체 하나님의 보편성에 근거한다고 주장한다. 즉 볼프는 포용의 신학적 근거를 삼위일체 안에서 세 위격 사이의 신적 포용에서 발견한다. 신적 위격들의 상호적인 자기 내어줌이 페리코레시스의 기초를 형성한다.[29] 페리코레시스 안에서 한 인격은 자신의 정체성을 파괴하지 않고 다른 위격을 포용하며 자신의 공간을 다른 위격에게 개방한다.[30] 이러한 신적 포용은 인간 공동체를 위한 사회적 비전을 제공한다. 정체성은 자족적인(self-contained) 것이 아니라 타자를 위한 공간을 만들고 내어줌으로써 형성된다. 신적인 포용과 자기 내어줌에 근거하여 볼프는 인간의 정체성이 타자를 위한 공간을 개방함으로써 형성되며, 이것이 사회적 배제에 대항함에 있어서 매우 중요하다는 점을 강조한다.[31]

그리고 볼프는 삼위일체의 포용을 십자가의 고난과 연결한다. 즉 세계

---

28) Volf, *Exclusion and Embrace*, 140.

29) Miroslav Volf, "The Trinity is Our Social Program: The Doctrine of the Trinity and the Shape of Social Engagement," *Modern Theology* 14, no. 3 (Jul 1998): 412.

30) Ibid., 406.

31) Ibid., 412

와의 관계에서 소외된 인류 전체를 포용하기 위한 삼위일체 위격들의 신적 포용의 순환적 자기 내어줌이 십자가의 그리스도의 고난을 통해 흘러나온다. 그리스도의 고난은 희생자들과 유대하고 죄인을 대신(대리)하는 하나님의 포용이다.[32] 따라서 십자가의 고난은 모든 인류를 향한 하나님의 가장 완전하고 전적인 공간의 개방을 현시한다. 그리스도의 고난에 대한 기억은 우리 기독교인에게 자기를 내어주는 포용의 삶을 살도록 요구한다.

나아가 볼프는 그리스도의 고난에 대한 기억을 성만찬과 연관시킨다. 성만찬은 이 기억을 재현하는 성례전이다. 십자가에서 일어난 것이 성만찬에서 일어난다. 즉 성만찬에서 그리스도의 희생을 통한 삼위일체 하나님의 페리코레시스적 사랑의 부으심으로서의 자기 내어줌과 포용이 재현된다. 성만찬에서의 그리스도의 고난에 대한 기억의 재현은 배제의 문화 가운데서 타자를 포용하는 사회적 주체의 정체성을 형성한다. 성만찬은 하나님의 포용의 성례전이다.[33] 볼프는 사회적 배제의 문화에 대항하기 위한 "보편적 인격"이 그리스도의 고난을 기억하는 성만찬을 통해 형성될 수 있다고 주장한다.[34] 성만찬은 십자가에 나타난 하나님의 포용을 고난에 대한 기억 안에서 재현함으로써 보편적 인격을 형성한다. 그리고 성만찬은 십자가에서의 하나님의 행동에 대한 이야기를 따라가는 그리스도인의 삶의 길을 지시한다.[35] 따라서 기독교인은 성만찬을 통해 형성된 보편

---

32) Miroslav Volf, "Memory, Eschatology, Eucharist," *Liturgy* 22, no. 1 (2007): 31

33) Volf, *Exclusion and Embrace*, 129.

34) Ibid., 21-22.

35) Volf, "Forgiveness, Reconciliation, and Justice: A Theological Contribution to a More Peaceful Social Environment," *Journal of International Studies* 29, no. 3 (2000), 876.

적 인격으로서 사회적 배제에 대항하는 포용의 삶을 살아가야 한다.[36]

볼프의 성만찬적 포용 사상은 세 가지로 요약될 수 있다. 첫째, 무조건적인 은혜는 악인에게도 주어진다. 기독교인은 그리스도를 본받아 악인까지도 포용해야 한다. 악인 역시 하나님에 의해 기억되고 용서받는다.[37] 둘째, 그리스도는 죄인을 대신하여 죽음을 당했다. 그러나 또한 그리스도는 희생자들의 정체성을 보호하고 그들이 악인에 의해 파괴되지 않도록 하신다. 희생자들은 악인을 포용하고 불의와 투쟁함으로써 하나님을 닮아가도록 성령에 의해 힘을 얻는다.[38] 셋째, 그리스도의 고난의 기억은 더 이상 배제가 없는 대포용(Grand embrace) 안에서 가해자와 희생자가 함께 만나는 종말론적인 화해의 공동체를 예기한다.[39] 그리스도의 고난에 대한 기억은 하나님 나라에서 성취될 가해자와 희생자, 배제하는 자와 배제당한 자의 상호 포용과 최종적 화해에 대한 예기를 가능하게 한다.[40]

여기서 제기되는 질문은 "그러면 정의는 어떻게 되는가?" 하는 것이다. 정의 없는 용서와 포용이 가능한가? 그리고 한 사람도 배제됨이 없이 모든 악인이 다 포용될 수 있는가? 이에 대한 답변으로 볼프는 악행에 대한 기억을 그리스도의 고난에 대한 기억의 틀 안에서 재구성할 것을 제안한다.[41] 그리스도의 고난에 대한 기억은 최후의 심판과 화해를 예기한다. 악행에 대한 기억은 단순히 지워지는 것이 아니라 그리스도의 고난의

36) Volf, "Memory, Eschatology, Eucharist," 32, 34.

37) Ibid., 31.

38) Ibid., 31.

39) Volf, *The End of Memory: Remembering Rightly in a Violent World* (Grand Rapids: William B. Eerdmans Publishing Company, 2006), 119. 홍종락 역, 『기억의 종말: 잊히지 않는 상처와 포옹하다』 (서울: IVP, 2016).

40) Ibid.

41) Ibid., 124-25.

렌즈를 통해서 하나님의 최후의 화해와 변호에 대한 희망 안에서 재구성된다. 다시 말하면, 배제당하고 악행을 당한 희생자는 그리스도의 고난에 대한 기억으로부터 최후의 심판과 화해에 대한 기대 안에서 살 수 있는 자원을 이끌어낸다.[42]

> 그리스도가 구원 사역을 완성하고 종말론적인 전환이 일어난 후에, 행악자와 악행을 당한 자가 이 세계에 들어온 후에—최후의 심판 후에, 저질러진 악행이 하나님의 은혜의 심판 안에서 공공연하게 드러난 후에, 행악자가 고발당하고 희생자가 변호된 후에, 그들이 서로를 포용하고 서로 동일한 완전한 사랑의 공동체에 속해 있는 것으로 인식한 후에—고통스런 악행에 대한 기억은 해방될 것이다.[43]

그러나 여전히 물음은 남는다. 종말론적 완성은 과연 모든 행악자를 한 사람도 배제하지 않고 다 포용하는 보편적 구원과 화해를 의미하는 것인가? 그것은 가능한 일이며 또한 바람직한 일인가? 종말 이전의 역사적 현실 속에서 가해자의 악행으로 인해 차별받고 배제된 희생자가 여전히 회개함 없이 계속 악을 행하고 있는 악인을 과연 포용할 수 있는가? 어떻게 그것이 가능한가? 그리고 차별과 배제의 현실에 대한 극복이 차별과 배제의 힘을 제거하기 위한 비판적·변혁적 실천과 투쟁 없이 단지 포용만으로 성취될 수 있는가?

---

42) Volf, "God's Forgiveness and Ours: Memory of Interrogations, Interrogation of Memory," *Anglican Theological Review* 89, no. 2 (Spr 2007): 220.

43) Volf, *The End of Memory*, 182-83.

Ⅵ. 만인평등적인 보편적 인간성으로서 하나님의 형상

성서에 따르면 인간은 하나님의 형상으로 창조되었다(창 1:26). 하나님의 형상은 모든 인간이 함께 공유하는 만인평등적인 보편적 인간성이다. 즉 하나님의 형상으로 창조된 인간은 귀천이나 우열이나 차별 없이 모두 평등하고 고귀하며 동등하다. 인간 안의 하나님의 형상은 선물이자 목표다. 초기 교회의 교부들은 형상은 선물로, 모양은 목표로 이해했다. 목표로서의 하나님의 형상은 하나님의 성품에 참여하는 것이다(벧후 1:4). 하나님의 성품을 닮아 하나님처럼 되어가는 것, 즉 신화(神化, *theōsis*)가 하나님의 형상의 궁극적인 목표다. 볼프가 말하는 "보편적 인격"이란 이 신화를 지향하는 만인평등적인 보편적 인간성으로서의 하나님의 형상을 의미한다고 할 수 있다. 보편적 인격으로서 하나님의 형상의 궁극적 완성은 단지 개인적 차원이 아니라 평등 공동체로서의 사회적 차원, 즉 하나님 나라에서 완성된다.

예수 그리스도가 말씀과 행동을 통해 선포하고 실천한 하나님 나라는 새로운 인간 공동체, 즉 만인평등적인 사랑의 공동체였다. 예수가 우선적으로 환대한 사람들은 세리, 과부, 창기, 사마리아인, 문둥병자 등과 같이 그 당시에 "죄인"으로 낙인찍히거나 멸시당하고 소외당한 사람들이었다. 당시의 유대 종교지도자들은 율법의 이름으로 이들을 정죄함으로써 죄인과 의인의 이분법적 구도를 만들었다. 당시의 유대교는 사회적 배제와 억압을 재가하고 정당화함으로써 계층적 사회질서를 유지하고 강화하는 지배 이데올로기적인 기능을 하였다.

예수는 차별적 사회질서를 재가하는 종교적 이데올로기, 즉 선과 악, 죄와 의의 이분법적 고정관념에 도전하였다. "내가 너희에게 이르노니 이에 저 바리새인이 아니고 이 사람(세리)이 의롭다 하심을 받고 그의 집으로 내려갔느니라"(눅 18:14). 예수가 선포하고 실천했던 하나님 나라는 당시의 계층적 사회질서의 근본적인 변혁과 전도를 의미했다. "이방인의 집권자들이 그들을 임의로 주관하고 그 고관들이 그들에게 권세를 부리는 줄을 너희가 알거니와 너희 중에는 그렇지 않아야 하나니, 너희 중에 누구든지 크고자 하는 자는 너희를 섬기는 자가 되고 너희 중에 누구든지 으뜸이 되고자 하는 자는 너희의 종이 되어야 하리라"(마 20:25-27). 하나님 나라는 세상의 계층적 지배질서와 이에 기초한 차별, 배제, 억압에 대한 근본적인 변혁을 요구한다.

예수는 가난한 자, 세리, 과부, 창기와 같이 사회에서 배제되고 차별받고 소외된 사람들을 우선적으로 자신의 식탁에 초대하였다. 예수의 식탁에서 사회적 경계선은 무너지고, 계층적 사회질서는 전도되었으며, 배타적·배제적·불평등적 문화는 포괄적·포용적·만인평등적 문화로 변혁되었다. 예수의 십자가 고난의 구원론적 의미는 이와 같은 맥락에서 이해되어야 한다. 예수는 십자가에서 자신을 못 박는 자들까지도 용서하고 포용하며 구원한다. "아버지, 저들을 사하여 주옵소서. 자기들이 하는 것을 알지 못함이니이다"(눅 23:34). 모든 사람을 구원하는 십자가의 구속적 능력은 원수까지도 용서하고 포용하는 하나님의 자기희생적인 사랑으로부터 시작된다.

바울은 예수 그리스도의 십자가 안에 나타난 만인평등적인 공동체로서의 하나님 나라에 대한 비전을 다음과 같이 표명하였다.

> 그러므로 생각하라. 너희는 그 때에 육체로는 이방인이요 손으로 육체에 행한 할례를 받은 무리라 칭하는 자들로부터 할례를 받지 않은 무리라 칭함을 받는 자들이라. 그때에 너희는 그리스도 밖에 있었고 이스라엘 나라 밖의 사람이라. 약속의 언약들에 대하여는 외인이요 세상에서 소망이 없고 하나님

도 없는 자이더니 이제는 전에 멀리 있던 너희가 그리스도 예수 안에서 그리스도의 피로 가까워졌느니라. 그는 우리의 화평이신지라. 둘로 하나를 만드사 원수 된 것 곧 중간에 막힌 담을 자기 육체로 허시고 법조문으로 된 계명의 율법을 폐하셨으니 이는 이 둘로 자기 안에서 한 새 사람을 지어 화평하게 하시고 또 십자가로 이 둘을 한 몸으로 하나님과 화목하게 하려 하심이라. 원수 된 것을 십자가로 소멸하시고 또 오셔서 먼 데 있는 너희에게 평안을 전하시고 가까운 데 있는 자들에게 평안을 전하셨으니 이는 그로 말미암아 우리 둘이 한 성령 안에서 아버지께 나아감을 얻게 하려 하심이라. 그러므로 이제부터 너희는 외인도 아니요 나그네도 아니요 오직 성도들과 동일한 시민이요 하나님의 권속이라(엡 2:11-19).

바울에 따르면, 그리스도 안에서 모든 사람(유대인과 이방인)이 하나가 되었다. 그리스도의 십자가에 의해 모든 사람이 하나님과 화해되었으며 중간에 막힌 모든 담이 허물어지고 모든 적대적인 관계가 청산되었다. 그러므로 그리스도 안에서 이제 더 이상 그 어떤 차별도 존재하지 않으며 모든 사람은 동일한 하나님 나라의 시민과 하나님의 가족으로서 평등하다.

하나님의 형상으로서의 만인평등적인 보편적 인간성은 결코 획일적인 동일성을 의미하지 않는다. 오히려 보편적 인간성은 다양한 특수성을 지닌 개별적 인간들 안에서 구체화된다. 인종차별, 성차별, 계층차별 등 모든 차별은 인간의 다양성이 본질적으로 선한 것임을 부인하고 편향된 기준에 따라 사람들을 범주화함으로써 비롯된다. 보편적 인간성으로서의 하나님의 형상은 인종적·민족적 순수성 또는 계층적·성적 정체성과 아무런 관계가 없다. 특정한 혈통이나 계층의 순수성을 지키기 위해 혼종성(hybridity)을 배척하는 것은 보편적 인간성의 형성과 정면으로 배치된다. 이스라엘의 조상인 아브라함은 본래 갈대아 우르(지금의 이라크 지역)

사람이었다. 예수 자신도 순수한 유대인 혈통이 아니다. 왜냐하면 예수의 족보는 라합, 다말, 룻과 같은 이방인 여성들을 포함하기 때문이다. 바울은 그리스도 안에서 하나님의 형상을 회복한 그리스도인에게 인종적 또는 민족적 차별, 사회 계급적 차별, 남녀의 성적 차별이 있을 수 없음을 강조하였다. 다민족, 다종교, 다문화적 공동체를 위한 성서적 토대는 바울의 글에 잘 나타난다. "너희는 유대인이나 헬라인이나 종이나 자유인이나 남자나 여자나 다 그리스도 예수 안에서 하나이니라"(갈 3:28). 볼프에 따르면, 이 본문은 혈통적 육체성으로부터 믿음의 영성으로, 민족의 특수성으로부터 다문화적 보편성으로, 땅의 지역성으로부터 세계의 전 지구성으로의 전환을 보여준다.[44]

성만찬의 본래적 의미는 모든 사람들 특히 사회에서 소외되고 배제되고 차별받는 사람들을 우선적으로 자신의 식탁에 초대한 예수의 하나님 나라 운동의 연속선상에서 이해되어야 한다. 초기 교회에서 성만찬은 로마 제국의 문화 안에서 소수였던 기독교인들이 로마 제국의 계층적·배제적인 문화 관습을 거부하고 자신들의 정체성과 삶의 방식을 형성하는 사회적 실천이었다.[45] 예수의 식탁과 십자가의 고난을 기억하고 기념하는 성만찬은 사회적 배제에 대항하여 하나님의 포용을 재현하는 예전으로서 하나님 나라에서의 궁극적인 보편적 화해와 포용을 예기한다. 그러므로 유대교처럼 민족적 혈통에 의한 하나님의 계약백성으로서의 배타적인 선민사상을 갖는 것, 이슬람교의 종교 문화적 전통에서처럼 여성을 억압

---

44) Volf, *Exclusion and Embrace*, 43.

45) 당시 사회적으로 소외된 집단이었던 기독교인들은 함께 모여 자유로운 시민들만의 특권적 관습이었던 "옆으로 기댄 자세"로 식사하였다. Dennis E. Smith and Hal E. Taussig, *Many Tables: The Eucharist in the New Testament and Liturgy Today* (London: SCM Press, 1990), 33-34.

하고 남성 중심적인 가부장적 질서를 고수하는 것, 인도의 카스트제도처럼 다른(이른바 "낮은") 사회 계층을 차별·억압하고 계층 질서적인 계급적 순수성을 고수하는 것은 보편적 인간성으로서의 기독교의 하나님 형상과 정면으로 대립된다. 폐쇄적·자족적인 순수한 정체성을 추구하는 것은 근본적으로 잘못된 것이다. 왜냐하면 개인 또는 공동체의 정체성이란 본질적으로 자신과 다른 타자와의 관계성 안에서 형성되는 것이며, 다름의 폭이 크고 다양한 관계의 전체성 안에서만 보편적인 개인적·공동체적 정체성의 형성이 가능하기 때문이다.

Ⅶ. 평등의 관계 회복을 위한 길: 회개, 용서, 화해

차별과 평등, 배제와 포용은 양립할 수 없다. 차별과 배제를 극복해야 평등과 포용을 실현할 수 있다. 차별로부터 평등으로, 배제로부터 포용으로 가는 길은 무엇인가? 차별로부터 평등으로, 배제로부터 포용으로 가기 위한 전제는 가해자의 회개 및 피해자의 용서와 상호적인 화해다. 즉 가해자의 진정한 회개 및 피해자의 너그러운 용서와 상호간의 화해를 통해서만 차별로부터 평등으로, 배제로부터 포용으로 갈 수 있다.

독일과 일본은 똑같은 제2차 세계대전 전범 국가지만 전후 상반된 길을 걸어왔다. 독일 정치 지도자들은 좌 · 우파를 가리지 않고 나치 독일이 저질렀던 범죄에 대해 사죄를 거듭해 왔다. 앙겔라 메르켈(Angela Dorothea Merkel) 독일 총리는 2015년 1월 26일 아우슈비츠 해방 70주년 기념식에서 "나치의 만행을 되새겨 기억하는 것은 독일인의 항구적 책임"이라고 말했다. 그러나 일본은 사과와 번복을 거듭하는 행태를 보여왔다. 1995년 8월 15일 일본의 무라야마 도미이치 총리는 전후 50주년 종전기

념일을 맞아 행한 담화에서 "식민지 지배와 침략으로 아시아 제국의 여러분에게 많은 손해와 고통을 줬다. 의심할 여지없는 역사적 사실을 겸허하게 받아들여 통절한 반성의 뜻을 표하며 진심으로 사죄한다"고 발표했다.[46] 이 담화는 지금까지도 식민 지배에 대한 가장 적극적인 사죄라는 평을 받는다. 그러나 2012년 말 집권한 아베 총리 내각은 이전 내각의 사죄를 부정하였다. 아베 신조는 무라야마 담화를 검토하겠다고 하면서 이 담화에 담긴 "침략"이라는 표현을 거부하려는 움직임을 보이고 있으며, 위안부 동원의 강제성을 인정한 고노 담화를 훼손함으로써 일본의 과거 역사를 왜곡하고 있다. 총리와 내각 각료들은 A급 전범이 합사된 야스쿠니 신사 참배를 강행함으로써 다시금 일본을 군국주의적인 강대국으로 만들고자 하는 야심을 드러내고 있다.

메르켈 독일 총리는 2015년 3월 9일 일본 도쿄에서 열린 강연에서 "(제2차 세계대전 후) 유럽에서 화해가 진전될 수 있었던 것은 독일이 과거와 똑바로 마주했기 때문"이라고 말했다. 그는 "홀로코스트(유대인 대학살)에도 불구하고 독일이 다시 국제 사회에 받아들여진 것은 행운이었다"며 "(침략을 당한) 프랑스의 관용과 (침략한) 독일의 진정한 반성이 있었기에 가능했다"고 했다. 그는 정상회담 후 공동회견에서도 "과거를 정리하는 것이 화해를 위한 전제"라고 강조했다.[47] 메르켈 총리의 발언은 과거사를 속죄하고 도덕성을 확보한 독일의 지도자가 공개적으로 일본의 자성을 촉구한 발언이라는 점에서 의미가 있다. 프랑스가 독일에게 베푼 것과 같은 일본에 대한 한국의 관용적 용서와 포용은 독일이 보여준 것과 같은 일본의 올바른 역사 인식과 진정한 반성을 전제로 한다.

---

46) 『네이버 지식백과』(시사상식사전, http://terms.naver.com/entry.nhn?docId=928773&cid=43667&categoryId=43667)

47) 「조선일보」, 2015. 3. 16., A1-2, 31면 기사.

차별과 배제를 저지른 행위자의 진정성 있는 반성과 회개가 없다면 진정한 화해를 통한 평등 공동체의 건설은 불가능할 것이다. 여기서 회개란 단지 가해자가 피해자에게 용서를 구하는 사죄 행위를 의미하지 않는다. 회개란 무엇보다 자신의 과거의 역사를 직시하는 것을 의미한다. 자신의 과거에 대한 올바른 역사 인식을 가진 개인이나 집단에게만 진정한 새로운 미래가 있으며, 그러한 개인이나 집단만이 다른 개인이나 집단과 새로운 미래지향적인 관계를 맺을 수 있다. 회개란 자신의 잘못된 과거의 역사를 반성하고 돌이키는 것, 즉 방향을 전환하는 것(turn around)이다. 이와 같은 회개가 선행되어야 진정한 화해와 평등 공동체로의 길이 열린다.

가해자의 회개가 선행(先行)되지 않는 상태에서 피해자의 용서는 가능한가? 이것은 매우 대답하기 어려운 질문이며 실천하기는 더욱 어려운 문제다. 그러나 분명한 사실은 회개가 선행하지 않을 때조차도 여전히 용서는 가장 위대한 사랑의 행위라는 것이다. 그리스도인은 하나님으로부터 예수 그리스도를 통해 이러한 사랑의 용서를 받은 사람들이다. "우리가 아직 죄인 되었을 때에 그리스도께서 우리를 위하여 죽으심으로 하나님께서 우리에 대한 자기의 사랑을 확증하셨다"(롬 5:8). 우리는 모두 우리가 아직 죄인이었을 때 하나님의 사랑의 용서에 의해 값없이 의롭다 하심을 받고 하나님의 자녀가 되었다. 이것이 하나님의 은혜다. 기독교의 구속교리 즉 화해론은 바로 자신을 십자가에 못 박는 대적자들을 용서하는 예수의 기도에 근거한다. "아버지, 저들을 사하여 주옵소서. 자기들이 하는 것을 알지 못함이니이다"(눅 23:34). 성령의 감동 감화를 통해 우리의 마음이 하나님의 사랑으로 채워질 수 있다면, 우리는 예수 그리스도처럼 가해자의 회개를 선행하여 그를 용서할 수 있을 것이다. 물론 용서는 모든 덕목들 가운데 가장 실천하기 어려운 덕목이며, 회개하지 않는 가해자를 용서한다는 것은 더욱 어려운 일이다. 더욱이 개인과 개인의 관계가 아닌 집단과 집단, 국가와 국가의 관계에서는 더욱더 그러하다. 그렇기 때문에 라인홀드 니버는 집단과 집단, 국가와 국가의 관계에서는 궁극적 가치인 사랑만으로는 악의 세력에 대처할 수 없기 때문에 현실주의적 선택으로서 차궁극적(penultimate) 가치인 정의(justice)를 수립하는 것이 필수적 조건임을 강조하였다. 그럼에도 불구하고, 또한 그렇기 때문에 용서는 더욱 위대하다.

영화 "쉰들러 리스트"의 주인공 쉰들러는 "진정한 힘은 사람을 죽일 수 있는 힘이 아니라 용서하고 살릴 수 있는 힘이다"라는 감명 깊은 대사를 남겼다. 볼프는 그리스도를 따르는 사람은 잘못한 사람의 회개가 없어도 용서를 할 수 있어야 한다고 다음과 같이 주장한다. "우리는 용서라는 선물을 회개에 대한 보상으로 주는 것이 아니라 그 선물이 가해자가 회개하고 그 선물을 받는 것을 도울 것이라는 바람을 가지고 주는 것이다.… 용서의 목적은 단지 용서하는 사람의 심리적 부담을 덜거나 단지 갈등을 해소하는 것이 아니라, 가해자를 선에로 돌려놓는 것이며, 궁극적으로 가해자와 피해자의 친교(communion)를 회복하는 것이다."[48] 그리고 오직 용서만이 인간의 악한 마음의 변화를 가져오고 회개를 가능하게 만들며 진정한 화해의 미래로 나아가는 문을 연다.

9명의 흑인이 희생된 찰스턴 임마누엘교회 총격사건의 범인인 딜런 로프에 대한 재판에서 유가족들은 로프에게 다음과 같은 용서의 말들을 전했다. "당신을 용서할게요. 당신은 내게서 정말 소중한 걸 앗아갔어요. 다시는 그녀에게 말을 걸 수도 없고 그녀를 안아줄 수도 없을 거예요. 하지만 당신의 영혼을 위해 기도할게요." "당신을 용서하라고 하나님께 기

48) Miroslav Volf, *A Public Faith* (Grand Rapids: Brazos Press, 2011), 115. 김명윤 역, 『광장에 선 기독교: 공적 신앙이란 무엇인가』 (서울: IVP, 2014).

도할게요. 엄마를 다신 안을 수 없고 이야기 할 수도 없고 많은 사람들이 고통 받겠지만 하나님은 당신을 용서할 것이고 나도 당신을 용서할게요." "할아버지와 다른 피해자들이 당신의 증오에 의해 죽음에 이르렀지만 다른 사람들은 당신의 영혼을 위해 기도할거에요."[49] 추모 예배에서 노벨 고프 목사는 "폭력과 악의 세력은 우리를 흑인과 백인과 황인으로 갈라놓고 싸우기를 원하지만, 우리가 경험한 삶과 죽음은 결코 그런 폭력에 굴복하지 않을 것"이라고 말했다.[50] 용서는 모든 차별과 폭력과 악의 세력에 대한 가장 강력한 투쟁의 방식이며 화해를 통한 평등의 관계를 회복하기 위한 길(the way)이다.

Ⅷ. 결론

한국교회는 먼 외국으로 나아가는 이른바 열방 선교에는 열정적인 관심을 가지고 많은 인력과 재정을 쏟지만 정작 우리 사회 안에서 행해지고 있는 갖가지 억압적인 차별들(탈북자 차별, 비정규직 차별, 외국인 노동자 차별, 성차별, 장애인 차별 등)에 대해서는 별 관심을 기울이지 않는 경향이 있다. 뿐만 아니라 오히려 교회가 사회보다 뒤떨어져 있는 경우도 없지 않다. 예를 들면, 교회 안에서의 성차별은 교회 밖에서보다 더욱 심하다. 사회에서는 여성 대통령, 여성 장관, 여성 장성이 나오는데 아직도 여성 목사와 장로를 허용하지 않는 시대착오적인 교회와 교단들도 있다. 가정에서 전통적인 어머니와 아내의 역할을 하고 있는 전업주부들이 교회 여전도

49) http://blog.naver.com/khn9322?Redirect=Log&logNo=220396438341
50) http://news.khan.co.kr/kh_news/khan_art_view.html?artid=201506221657051&code=970201

회의 핵심 주체로 활동하고 있으며, 그러한 역할을 하지 않는 직업 여성들 특히 전문직 여성들은 교회의 외곽지대에 머물러 있거나 교회를 떠나고 있다.[51]

한국교회의 문제는 우리 사회에서 소외되고 차별받는 계층들을 단지 전도의 대상으로 간주한다는 것이다. 한국교회는 이들을 "대상"으로 하는 일과성(一過性)의 집단적인 행사를 정기적으로 여는 것으로써 이들에 대한 책임을 다했다고 생각하는 경향이 있다. 그러나 정말로 필요한 것은 이들을 대상으로 간주하고 그들을 위한 행사 위주의 프로그램을 기획하고 전도하는 것이 아니라, 이들을 한 공동체의 일원으로 그리고 한 식구로 받아들이며 함께 삶을 나누는 것이다. 자기의 옆 자리에 다른 피부색을 가진 다문화 가정의 사람이 함께 앉아서 예배를 보고 교제하는 것을 부담스러워 하는 태도가 변하지 않는 한, 그들과 진정으로 한 공동체, 한 가족, 한 그리스도의 지체를 이룰 수 없다. 그러므로 집단적인 행사보다 실제 삶 속에서 개개인의 기독교인들의 의식의 전환이 요청된다.

우리 인간은 집단적·개인적인 차원에서 한편으로는 다른 사람과 집단으로부터 차별받는 피해자이면서, 다른 한편으로는 다른 사람과 집단을 차별하는 가해자일 수 있다. 우리는 피해자이면서 동시에 가해자다. 우리는 다른 사람들로부터 차별과 배제를 당하면서 동시에 또 다른 사람을 의식적 또는 무의식적으로 차별하고 배제한다. 우리는 우리보다 강한 자로부터 차별을 받을 때 그 차별의 부당함에 대하여 항의하지만, 우리가 강할 때 우리보다 약한 자를 차별하며 그 차별의 부당함에 대하여 눈을

51) 침체에 빠진 한국교회가 새로운 활력을 되찾기 위해서는 리더십의 변화가 필요하다. 가부장적이고 권위주의적인 리더십은 대화적이고 민주적인 리더십으로 대체되어야 한다. 보다 대화적이고 민주적인 여성 리더십의 증대는 침체에 빠진 한국교회에 새로운 생명력을 불어넣을 수 있을 것이다.

감는 이중적인 존재다. 그러므로 모든 종류의 차별을 극복하기 위한 첫 걸음은 언제나 우리 자신(개인 또는 집단)을 살펴보고 반성하는 것으로부터 시작되어야 한다. 특히 교회와 기독교인은 차별적인 역사적 과오를 되풀이하지 않기 위해 자신을 철저히 반성해야 한다.

개혁교회는 언제나 "개혁하는 개혁교회"가 되어야 한다(The Reformed Church is the reforming Reformed Church). 교회는 먼저 자기를 개혁함으로써만 세상을 변혁시킬 수 있다. 교회가 먼저 자기를 개혁하지 못할 때, 우리가 종종 경험하고 있는 것처럼 교회는 수치스럽게도 세상에 의해 개혁의 대상으로 전락한다. 예수 그리스도가 선포하고 실천한 하나님 나라는 기독교인과 교회(그리고 세상)에 대한 영속적인 자기비판과 변혁의 원리다. 진정한 우리 자신과 교회의 개혁은 오직 예수 그리스도의 하나님 나라 복음 앞에서 끊임없는 자기비판을 통해서만 가능하다. 교회는 끊임없이 자기를 비판하고 개혁하는 교회가 될 때에만 세상을 변혁시키고 세상 속에서 하나님 나라를 구현할 수 있다. 그러므로 교회에서부터 모든 종류의 차별과 배제가 극복되고 진정한 평등과 포용의 공동체, 즉 하나님 나라가 실현되어야 한다. 그럴 때에만 우리 기독교인과 교회는 하나님 나라의 역사적 선취로서 이 땅에 하나님 나라를 확장시키는 일에 쓰임을 받을 수 있다.

인간의 평등에 대한 계몽주의적인 철학적 인간학과 하나님의 형상으로 지음을 받은 모든 인간이 평등하다는 신학적 인간학의 수립은 매우 중요하다. 그러나 우리에게는 이러한 것들 이상의 그 무엇이 필요하다. 왜냐하면 이와 같은 인간학이 있음에도 불구하고 갖가지 인간 차별의 현실이 감소하거나 근절되지 않고 있기 때문이다. 우리에게 개념적 이해나 이론적 깨달음보다 더욱 필요한 것은 공감적 사랑, 포용적 영성, 변혁적인 삶의 방식, 지속적인 투쟁의 용기, 그리고 변혁적 실천에 뒤따르는 보상을 받지 못하는 희생과 고통을 끝까지 견디는 인내다. 우리가 모든 인간의 근본적인 평등성에 대한 신학적 확신과 도덕적 명령을 차별과 배제의 현실 속에서 실천하고자 할 때, 개인적 차원에서의 희생과 사회적 차원에서의 갈등은 불가피하다. 그러나 희생과 갈등 없이 평등을 실현하는 것은 불가능하다.

우리가 하나님께 드리는 예배는 이 땅의 모든 차별을 타파하고 평등을 실현함으로써 이 땅에 하나님의 통치를 실현하기 위해 우리 자신을 드릴 수 있는 힘과 용기를 공급받는 예배가 될 때에 진정한 영적 예배가 될 것이다(롬 12:1). 하나님 나라, 즉 만인평등적인 사랑의 공동체를 건설하는 일에 참여한다는 것은 무엇보다 우리가 다른 사람의 고통을 함께 분담한다는 것을 의미한다. 배제되고 차별받는 이웃을 향한 공감적 사랑이 포용적이어야 평등한 사회의 구현을 위한 가장 근본적인 전제 조건이 된다. 예수는 "내 이웃이 누구니이까"(눅 10:29)라는 율법 교사의 질문을 받고 선한 사마리아인의 이야기를 들려준 후에 그에게 다음과 같이 반문했다. "네 생각에는 이 세 사람 중에 누가 강도 만난 자의 이웃이 되겠느냐?"(눅 10:36) 율법 교사가 "자비를 베푼 자니이다"라고 대답하자 예수는 이렇게 말씀했다. "가서 너도 이와 같이 하라"(눅 10:37). 사람들은 "내 이웃이 누구인가"라고 묻지만 예수는 "누가 강도 만난 자의 이웃이 되겠느냐?"라고 묻는다. 우리는 이 예수의 질문에 자비를 베푼 사마리아인처럼 강도 만난 자를 향한 공감적 사랑의 실천으로 응답해야 한다. 그리할 때에 우리는 만인평등적인 사랑의 공동체로서 하나님 나라의 종말론적 완성을 믿음 가운데 소망할 수 있을 것이다(계 7:9).

제17장
포스트휴머니즘과 기독교 신앙

I. 서론

이 글은 인간의 미래에 관한 기독교와 과학의 대화다. 급속하게 발전하는 과학기술 시대에 기독교인은 기독교 세계관과 과학기술 세계관을 어떻게 연관시켜야 하는가? 무엇보다 과학의 혁명적 발전이 가져올 인간의 새로운 미래를 기독교 신앙의 관점에서 어떻게 이해하고 대응해야 하는가? 여기서는 이 문제를 "포스트휴머니즘과 기독교 신앙"이란 제목 아래 다루고자 한다.

기독교의 인간 이해는 성서의 증언에 기초한다. 성서에 따르면, 인간은 하나님이 땅의 흙으로 빚고 생기를 그 코에 불어넣으심으로써 생령이 된 존재다(창 2:7). 하나님은 인간을 "하나님의 형상대로"(창 1:27) 창조하셨으며 인간에게 지구 위의 모든 생물을 다스리라고 명하셨다(창 1:28). 그러나 최초의 인간인 아담과 하와는 하나님이 먹지 말라는 선악과를, 그것을 먹으면 하나님과 같이 될 것이라는(창 3:5)는 뱀의 유혹에 넘어가 따먹었으며 그로 인하여 에덴동산으로부터 추방되었다. 신약성서의 바울은 모든 인간은 죄인으로서 자기의 의로는 구원에 이를 수 없으며(롬 3:9-18) 오직 예수 그리스도 안에서 나타난 하나님의 은혜에 의해 믿음으로 말미암아(엡 2:8) 구원에 이를 수 있다고 선언한다. 종교개혁자들은 이러한 바울의 선언을 따라 "오직 은혜", "오직 믿음"(그리고 "오직 성서")이라는 표어를 내걸고 종교개혁을 일으켰다. 개신교회는 이 표어를 고유한 신앙 전통으로 계승한다.

그러나 오늘날 기독교 신앙은 과학적 세계관 그리고 과학혁명이 초래할 인간의 미래에 대한 전망에 의해 도전을 받고 있다. 고고학자들에 따르면, 현생인류의 조상인 호모 사피엔스(*Homo Sapiens*)는 약 20만 년 전부터 동아프리카에 살았으며, 약 5만 년 전에 유라시아 대륙으로 진출한 후에 다른 고대인들과의 생존경쟁에서 살아남아 오늘날까지 지구를 지배하고 있다. 유발 하라리(Yuval Noah Harari)에 따르면, 약 7만 년 전에 인간에게 인지혁명이 일어났다. 유전자 돌연변이에 의한 인지혁명으로 인해 인간은 언어를 사용하여 의사소통을 하고 다른 동물과는 구별되는 사회와 역사를 형성하게 되었다.[1] 하라리에 의하면, 과학혁명이 시작된 것은 불과 5백 년 전이다. 과학혁명은 자본주의와 제국주의의 성장, 글로벌화, 에너지 생산과 소비의 확대 및 환경 파괴를 가져왔다. 250년 전에는 산업혁명이 일어났고, 50년 전에는 정보 혁명이 일어났다. 정보 혁명이 초래한 생명공학 혁명은 아직도 진행 중이다. 호모 사피엔스는 자연선택의 법칙을 깨고 그것을 자신의 지적 설계의 법칙으로 대체하고 있다. 과학혁명은 역사의 종말을 초래하거나 완전히 다른 새로운 시작을 가져올지도 모른다. 미래학자들은 지금과 같은 속도로 기술이 발달할 경우, 호모 사피엔스가 다른 존재로 대체되는 시대가 곧 올 것으로 전망한다. 인간은 기

---

1) Yuval Harari, 조현욱 역, 『사피엔스』 (서울: 김영사, 2015), 19, 42-44, 65.

하급수적으로 증가하는 과학기술의 힘으로 자신의 한계를 초월하여 포스트휴먼을 향해 스스로 진화하고 있는 중이다.

이 글에서는 과학의 혁명적 발전으로 인해 멀지 않은 미래에 포스트휴먼 시대가 도래할 것이라는 포스트휴머니스트들의 미래 전망에 관해 살펴보고, 유토피아적 꿈과 묵시적 재앙의 두려움을 동시에 불러일으키는 포스트휴머니즘에 대하여 기독교 신앙이 어떻게 응답해야할 것인가를 고찰하고자 한다.

Ⅱ. 포스트휴먼, 포스트휴머니즘

"포스트휴먼"(posthuman)이란 무엇인가? 포스트휴먼이란 현생인류인 호모 사피엔스가 더 이상 인간 종을 대변할 수 없을 정도로 철저히 변화되어 인간 이후(post)의 상태가 된 존재를 가리키며, 이러한 포스트휴먼을 긍정하고 지향하는 사조 또는 운동이 곧 포스트휴머니즘이다. 오늘날 과학기술은 인간의 외부 세계만이 아니라 인간 자신을 변화시킬 수 있을 만큼 발전되었다. 브렌트 워터스(Brent Waters)는 포스트휴머니즘을 모더니즘과 포스트모더니즘의 차이의 관점에서 이해한다. 그에 따르면, 자연에 대한 근대의 정복은 자연을 변혁시키기 위한 것이라기보다 개선하기 위한 것인 반면, 포스트모더니즘은 자연과 인간 본성을 인간의 목표와 욕망에 따라 변혁시키고자 한다. "그들(포스트모던 인간)은 인간 이외의 다른 그 무엇, 즉 포스트휴먼이 되고자 하는 욕망에 의해 추동된다."[2] 이 자기변혁

2) Brent Waters, *From Human to Posthuman: Christian Theology and Technology in a Postmodern World* (Hampshire/Burlington: Ashgate, 2006), 49.

을 성취하기 위한 주된 도구가 과학기술이다. 포스트휴머니즘은 과학기술의 발전을 통해 인간의 본유적 능력을 급격하게 향상시킴으로써 인간을 자연과 인간 본성의 한계로부터 해방시키고자 한다.

포스트휴머니즘이 지향하는 포스트휴먼의 모습은 세계트랜스휴머니스트협회 홈페이지에 공표된 선언[3]에 잘 나타나 있다. 이 선언에 따르면, 트랜스휴머니즘[4]은 과학과 기술에 의해 노화의 불가피성, 지적 능력의 제약, 원하지 않는 고통 등에 처한 인간 상태를 재설계하고, 인간의 정신과 육체의 능력을 증대시켜 삶에 대한 지배력을 키우며, 현재의 생물학적 제약을 넘어 인간의 성장을 추구한다. 포스트휴먼은 자연적으로 주어진 자아라는 개념을 거부한다. 포스트휴먼에게 자아는 오직 만들어질 수 있을 뿐이고, 선천적으로 주어진 자율적 자아란 존재하지 않는다. 캐더린 헤일즈(N. Katherine Hayles)에 따르면, "포스트휴먼 주체는 경계선이 지속적으로 새롭게 그려지는 혼합물, 이질적 구성 요소들의 종합, 물질-정보의 실재다."[5]

오늘날 인간이 시도하고 있는 자발적인 진화 과정은 세 가지 공학기술에 의존한다. 이 세 가지 공학 기술은 생명공학, 사이보그 공학(유기물과 무기물의 결합), 비유기물 공학이다.[6] 이 세 가지 공학과 관련하여 우리는 미래에 출현하게 될 포스트휴먼의 유형을 다음 세 가지 범주에서 이해할 수 있다. 첫 번째 유형은 생명공학에 의해 출현하게 될 복제 인간이다. 생

---

3) www.uktranshumanistassociation.org/declaration.shtml

4) "트랜스휴머니즘"과 "포스트휴머니즘"을 구별하는 사람들도 있다(예를 들면 Nick Bostrom). 더 구체적인 의미에서 이 두 개념이 구별될 수도 있겠지만 이 글에서는 이 둘을 동일한 의미로 간주한다.

5) N. Katherine Hayles, *How We Became Posthuman: Virtual Bodies in Cybernetics, Literature, and Informatics* (Chicago: The University of Chicago, 1999), 3.

6) 이에 대해서는 Harari, 『사피엔스』, 565-78을 참고하라.

명공학은 생물학 차원에서 유전자 이식이나 조작 등의 방법으로 불치병을 정복하고 수명을 연장하며 인간의 능력을 향상시킬 뿐만 아니라 인간을 복제함으로써 포스트휴먼의 막을 열 수 있다. 유전적으로 더 나은 인간을 배아 상태에서 선별해 출생시키거나 염색체의 구성을 바꿈으로써 원하는 우등한 형질을 만들어내는 생명공학기술이 포스트휴먼의 출현을 가능케 한다. 에릭 드렉슬러(K. Eric Drexler)는 미래에 발전된 나노기술이 원자나 분자 수준에서 물질을 변형시키거나 복제할 수 있을 것이라고 예언한다.[7] 복제인간은 생물학적으로 여전히 인간과 같은 존재이지만 인간에 의해 의도적으로 창조되었다는 점에서 포스트휴먼의 범주에 포함될 수 있다.

두 번째 유형의 포스트휴먼은 사이보그 공학에 의해 출현하게 될 기계화된 인간이다. 사이보그 공학은 생체의 일부가 기계로 개조되거나 기계와 결합된 사이보그(cyborg) 즉 인조인간을 만들어낼 것이다. 손상된 뇌에 인공적 기계장치를 이식해 전기 자극을 통해 기억을 복원하는 신경보철술 또는 마비된 팔다리에 인공적 보철장치를 장착해서 운동성을 복원하는 신체보철술이 사이보그를 만들어낼 수 있다. 사이보그 공학은 인간의 뇌와 컴퓨터를 직접 연결해서 뇌의 전기신호를 컴퓨터가 읽어내어 뇌가 읽을 수 있는 신호를 보내는 것을 최종적인 목표로 한다. 헤일즈에 의하면, 컴퓨터의 세계에서 지능을 가진 기계와 인간 모두의 본질적 기능은 정보처리 능력이다.[8] 인간이 자신이 창조한 인공물인 지능을 가진 기계로 대체되지 않기 위한 길은 자신을 이 인공적 생명의 형태와 결합시킴으로써 새로운 포스트휴먼 종을 창조하는 것이다. 사이보그로서의 포스

7) Eric Drexler, 조현욱 역, 『창조의 엔진: 나노기술의 미래』 (서울: 김영사, 2011), 46-58.

8) Hayles, *How We Became Posthuman*, 239.

트휴먼의 구성은 인간과 보철 네트워크 사이의 정교한 정보 연결을 요구한다. 따라서 포스트휴먼의 차원에서 "육체적 실존과 컴퓨터 시뮬레이션, 인공두뇌 기계와 생물학적 유기체, 로봇의 목적과 인간의 목표"를 분리시키는 절대적인 경계는 존재하지 않는다.[9] 케빈 워윅(Kevin Warwick)은 2050년이 되면 인간은 중앙 컴퓨터 네트워크에 연결되어 서로 간에 네트워크화된 사이보그가 될 것이라고 예언했다.[10]

세 번째 유형의 포스트휴먼은 비유기물 공학에 의해 출현할 인간화된 기계다. 기계의 인간화에 의한 포스트휴먼의 예로는 인간에 의해 만들어졌지만 인지, 사고, 행위능력을 갖추고 인간을 능가할 수 있는 자율적 존재가 될 가능성이 있는 인공지능 컴퓨터나 로봇을 들 수 있다. 비유기물 공학의 목표는 무생물적 존재를 제작하는 것이다. 즉 비유기물 공학은 프로그래머로부터 독립된 상태로 학습, 진화할 능력을 갖춘 컴퓨터 프로그램을 창조하고자 한다. 포스트휴머니스트들은 더 이상 생물학적 신체를 갖지 않고 컴퓨터에 저장된 정보로서만 존재하는 가상현실에서의 포스트휴먼이 출현할 것이라고 예언한다. 즉 인간 뇌의 의식, 기억, 인성 등의 정신 내용이 스캔, 복사되어 컴퓨터에 업로드 되면 인간은 네트워크상의 프로그램으로 존재하게 된다는 것이다. 2005년 시작된 "블루브레인 프로젝트"(Blue Brain Project)는 컴퓨터 내의 전자회로가 뇌의 신경회로를 모방하여 인간의 뇌 전부를 컴퓨터 안에서 재창조하는 것을 목표로 한다.[11] 레이 커즈와일(Ray Kurzweil)과 한스 모라벡(Hans Moravec)은 미래에 인간의 정신을 구성하는 데이터가 컴퓨터에 스캔, 복사, 업로드되고 정신을 구성하는 정보가 다양한 로봇 또는 가상의 기층(virtual substrata)에 다운

---

9) Ibid., 2-3.

10) Kevin Warwick, 정은영 역, 『나는 왜 사이보그가 되었는가』 (서울: 김영사, 2004).

11) Harari, 『사피엔스』, 578.

로드될 수 있을 것으로 전망했다.[12]

포스트휴먼시대의 도래를 예언하는 대표적인 미래학자들 가운데 한 사람인 커즈와일이 전망하는 인간의 미래에 대하여 좀 더 자세히 살펴보자.

Ⅲ. 레이 커즈와일이 전망하는 포스트휴먼 시대

커즈와일은 특이점이 임박했다고 주장한다. 특이점은 기술이 인간을 초월하는 시점, 즉 "미래의 기술 변화의 속도가 매우 빨라지고 그 영향이 매우 깊어서 인간의 생활이 되돌릴 수 없도록 변화되는 시기"를 가리킨다.[13] 인간이 창조한 기술의 변화속도가 가속되고 기술의 힘이 기하급수적으로 증대되고 있다. 커즈와일은 특이점을 통해 인간은 생물학적 몸과 뇌의 한계를 극복할 수 있을 것이라고 주장한다. 커즈와일이 특이점의 원리로 제시하는 것들의 일부를 소개하면 다음과 같다.[14] ① 패러다임 전환(기술혁신)의 속도는 가속된다. 현재는 10년마다 두 배씩 증가한다. ② 정보기술의 힘이 기하급수적으로 빠르게 증가하고 있다. 현재는 약 1년에 두 배씩 증가한다. ③ 인간 뇌 스캔은 기하급수적으로 발전되고 있는 기술들 중 하나다. 20년 안에 우리는 인간 뇌의 모든 영역이 작동하는 방법을 상세히 이해할 수 있게 될 것이다. ④ 2020년대 말에는 인간 지능을 완벽히 모

---

12) Ray Kurzweil, *The Age of Spiritual Machines: When computers exceed human intelligence* (New York/London: Penguin Books, 2000), 101-31. Hans Moravec, *Mind Children: The future of robot and human intelligence* (Cambridge: MA/London: Harvard University Press, 1988), 100-24.

13) Ray Kurzweil, 김명남, 장시형 역, 『특이점이 온다』 (서울: 김영사, 2007), 23.

14) Ibid., 46-52.

방하는 컴퓨터가 만들어지고 더 이상 컴퓨터 지능과 생물학적 인간의 지능을 구별할 수 없게 될 것이다. ⑤ 기계 지능은 스스로 피드백하며 능력을 향상시켜갈 것이며 자신의 설계를 개선하는 주기가 점점 빨라질 것이다. ⑥ 나노기술이 발전하여 분자 수준의 물리적 실체를 만들어낼 수 있을 것이다. ⑦ 나노기술을 이용해 분자 크기로 설계된 나노봇을 만들어낼 것이다. ⑧ 뇌의 모세혈관에 이식된 수십억 개의 나노봇이 인간의 지능을 크게 확장시킬 것이다. ⑨ 일단 비생물학적 지능이 뇌에 기반을 구축하기 시작하면 뇌 속의 기계 지능은 매년 두 배 이상 강력해지며 기하급수적으로 성장할 것이다. ⑩ 궁극적으로 온 우주가 우리의 지능으로 포화될 것이다.

커즈와일은 21세기에 유전학(Genetics), 나노기술(Nanotechnology), 로봇공학(Robotics), 이 세 분야에서 단계적으로 혁명이 발생할 것으로 예측한다.[15] 현재는 유전학 혁명의 초기 단계다. 우리는 생명이 간직한 정보 처리 과정을 이해함으로써 인체 생물학을 재편하고, 질병을 근절하며 인간의 잠재력을 확장하고, 수명을 연장하는 법을 배우고 있다. 생명공학은 유전자를 바꿀 수도 있다. 인간의 수명을 좌우하는 텔로미어[16]를 연장하고 DNA도 적절히 수정된 세포들로 새 조직을 기르는 치료용 복제를 통해 사람의 기존 조직이나 장기와 교체할 수 있다면 수명을 연장할 수 있을 것이다. 커즈와일은 복제된 사람은 원래 사람과는 전혀 다른 존재이기 때문에, 유전자 복제는 (기술이 완벽해지면) 아무런 철학적 정체성 문제나

15) Ibid., 277-78.

16) 인간의 수명은 모든 염색체의 끝부분에 존재하는 텔로미어(telomere)라는 DNA 염기 서열과 연관이 있다. 텔로미어 사슬은 세포가 한번 복제할 때마다 끝이 조금씩 떨어져 나간다. 더 이상 떨어져 나갈 텔로미어가 없을 때까지 복제가 되풀이되면 세포는 더 분열하지 못하고 사멸한다. 최근 텔로메라제라는 효소만 있으면 텔로미어의 손실을 막을 수 있음이 밝혀졌다.

윤리적 문제를 일으키지 않을 것이라고 주장한다.[17]

나노기술 혁명은 생물학의 한계를 넘어선다. 커즈와일은 2020년경에는 전자기술 대부분, 기계기술 대다수가 나노기술의 영역에 들어설 것으로 예상한다. 나노기술은 우리 몸과 뇌, 우리의 세상을 분자 수준으로 정교하게 재설계하고 재조립할 수 있게 해줄 것이다. 나노기술 혁명은 로봇공학 혁명으로 이어질 것이다. 적혈구 크기만 하거나 그보다 작은 나노봇은 혈류를 쉽게 항해할 수 있을 것이다. 2020년대가 되면 스캔 및 영상기능을 갖춘 나노봇이 뇌혈관을 안쪽에서 조사하게 될 것이다. 또한 생물학적 유전 정보를 지닌 세포핵을 나노봇이 대체함으로써 질병이나 노화를 방지할 수 있을 것이다.

커즈와일은 나노기술의 발달로 출현하게 될, 인간의 지능을 뛰어넘는 인공지능이 인류의 역사에 신기원적인 특이점을 형성하고 본격적인 포스트휴먼 시대를 열 것으로 전망한다. 인간은 뇌의 역분석을 통해 인간 지능의 작동 원리를 알아낼 것이며, 2020년대가 되면 뇌의 용량에 맞먹는 연산 플랫폼에 그 원리를 입력함으로써 인간 지능을 뛰어넘는 강력한 인공지능을 만들어낼 것이다.[18] 하나의 강력한 인공지능은 곧 수많은 강력한 인공지능들을 낳고, 그들은 스스로의 설계를 터득하고 개량함으로써 자신보다 지능이 뛰어난 인공지능으로 빠르게 진화할 것이다. 따라서 일단 강력한 인공지능이 등장하면 단시일 내에 초지능이 하늘을 찌를 듯 발전하게 될 것이다. 2030년대가 되면 인간의 몸은 생물학적 부분보다 비생물학적 부분이 많게 될 것이며, 2030년대 말이 되면 뇌를 완전히 스캔하고 생물학적 뇌보다 훨씬 강력한 연산 기판(플랫폼)에 옮기는 일이 가능

---

17) Ibid., 306.
18) Ibid., 402.

해질 것이다. 인체도 분자나노기술의 조립으로 원하는 형태를 취할 수 있게 될 것이다. 2040년대가 되면 문명의 축적된 지식을 생물학적 인간 지능보다 수십억 배 유능한 연산 플랫폼에 모두 옮길 수 있을 것이며, 2045년까지 인간의 수명을 무한히 연장시킬 수 있게 되고 인간과 같은 지능을 가진 인공지능이 등장하게 될 것이다.[19]

커즈와일의 미래 전망에 나타난 포스트휴먼의 가장 중요한 특징은 "비생물학적 경험과 의식 주체로서의 불멸성"이라고 할 수 있다. 생명공학의 발전은 게놈연구, 유전자 치료, 치료용 복제 등을 통해 세포, 조직, 장기를 회춘시키고 텔로미어를 연장함으로써 인간의 수명을 연장할 것이다. 여기에 나노기술 혁명이 일어나면 사실상 모든 의학적 사망 원인을 극복할 수 있을 것이다.[20] 커즈와일은 말한다. "우리는 운명을 지배할 수 있는 힘을 얻게 될 것이다. 죽음도 제어할 수 있게 될 것이다. 원하는 만큼 살 수 있을 것이다."[21] 포스트휴먼의 불멸성은 인간이 생물학적 차원과 비생물학적 차원이 융합된 존재가 됨으로써, 그리고 나노봇으로 대표되는 로봇공학의 발전에 의해 점차 비생물학적 존재가 되어감으로써 가능해진다. 인간이란 소프트웨어는 인체라는 생물학적 하드웨어를 넘어 확장될 것이다. 즉 마음 파일을 잘 관리하고 자주 백업하며 최신 하드웨어로 옮겨준다면 일종의 불멸을 성취할 수 있다. 인간은 소프트웨어의 패턴으로서 영원히 살아남으며 서서히 변화하고 발전해가는 불멸의 존재가 된다.[22]

여기서 제기되는 물음은 과연 컴퓨터와 같은 비생물학적 개체가 의식

---

19) Ibid., 406, 425.

20) Ibid., 442-46.

21) Ibid., 26.

22) Ibid., 446-49, 448.

을 가질 수 있는가 하는 것이다. 커즈와일은 이것이 가능할 것이라고 주장한다. 그에 따르면, 인간의 뇌는 일련의 특정한 신경생물학적 과정에 의해 의식을 창발시킨다. 인간의 뇌가 의미를 알고 이해할 수 있는 것은 복잡한 활동 패턴의 창발적 속성 덕분이다. 뇌 속에 있는 뉴런 연결들은 의식이 없다. 그러나 그것들로 이루어진 시스템 전체는 의식 있는 존재다. 인간의 의식은 뇌 속의 100조 개의 신경세포가 다면적으로 상호작용하는 패턴의 결과로 창발된다. 컴퓨터와 같은 비생물학적 개체도 사람의 뇌처럼 창발적일 수 있다. 커즈와일은 사람에 맞먹는 복잡성, 깊이, 미묘함, 능력을 갖춘 미래의 컴퓨터에 대해서는 의식이 있을 가능성을 배제할 수 없다고 주장한다.[23] 그는 미래의 비생물학적 개체들이 뇌의 실제 패턴들만큼 복잡해진다면 인간 수준의 지능은 물론 인간처럼 풍부한 감정적 반응도 드러내게 될 것이며 따라서 비생물학적이지만 매우 인간적인 개체들의 의식을 인정하게 될 것이라고 주장한다.[24]

그러나 커즈와일 역시도 희망과 함께 위험을 본다. 유전학 혁명은 질병과 가난과 노화 같은 문제들을 해결해 주겠지만 생물학 바이러스 무기라는 새로운 위협을 초래할 것이다. 이러한 위협은 나노기술 혁명이 일어나면 나노봇을 동원하여 효과적인 바이러스 방지책을 펼 수 있을 것이다. 그러나 나노기술 혁명은 생물학적 개체들보다 수천 배 강하고 빠르며 지적인 나노봇의 자기 복제를 통제하지 못함으로 인해 위험을 겪을 것이다. 이러한 위험은 로봇공학 혁명의 강력한 인공지능을 통해 다스릴 수 있을 것이다. 그러나 인간의 수준을 뛰어넘는 인공지능이 바람직하지 못한 방

---

23) Ibid., 653.

24) Ibid., 663. 그는 이와 같은 자신의 유물론적 입장을 생물학적 뉴런과 그들 사이의 연결이 물질과 에너지의 지속적 패턴으로부터 만들어진다는 의미에서 "역량 유물론" 또는 "역량 패턴주의"라고 명명한다. 661.

향으로 발전할 경우 훨씬 더 심각한 존재론적 위험이 초래될 것이다.[25] 커즈와일은 로봇공학 분야에서 취할 수 있는 최고의 전략은 미래의 비생물학적 지능이 자유, 관용, 지식과 다양성에 대한 존중 등 인간적 가치를 최대한 따르게 하는 것이며, 그것을 이루는 최고의 방법은 현재와 미래의 우리의 사회에서 그 가치들을 극대화하도록 노력하는 것이라고 주장한다. 우리 손에서 탄생하는 비생물학적 지능은 우리의 가치를 반영할 것이기 때문이다.[26] 기술은 영원히 양날의 칼로 남을 것이다. 커즈와일은 급변하는 기술을 인류의 소중한 가치들을 진작시키는 데 사용하면서 다른 한편으로는 방어 능력을 키워가는 수밖에 없다고 주장한다.

Ⅳ. 인공지능

포스트휴머니즘에 관한 담론에서 가장 핵심적인 주제는 인공지능(artificial intelligence)에 관한 것이다. 인간의 뇌의 능력을 능가하는 지적 능력을 지닌 인공지능의 등장으로 인해 사이보그나 로봇 같은 포스트휴먼의 출현이 가능케 된다. 오늘날 인공지능 기술을 활용하는 다양한 제품 및 서비스가 이미 삶의 필수 요소가 되어가고 있다. 구글이 개발한 알파고는 인공지능이 단지 수리·연산 능력이 아닌 추론 및 전략적 사고의 능력에서 이미 인간의 지능을 넘어섰음을 입증한다. 많은 학자들이 21세기 중반에 이르면, 인공지능은 인간 정신이 향유하는 경험 영역을 능가하여 경험 영역을 향유하게 될 것이라고 전망한다.

---

25) Ibid., 278, 562.

26) Ibid., 591.

미래의 인공지능의 발전에 대하여 학자들은 낙관적 시각과 비관적 시각 사이에서 다양한 스펙트럼을 보여준다. 모라벡은 상상할 수 없을 정도로 넓고 풍부한 영역의 경험을 가능케 하는 초지능이 출현할 것으로 확신하면서, 포스트휴먼의 탄생을 위한 인간의 죽음은 슬퍼할 일이 아니라 축하할 일이라고 주장했다. 그는 인공지능(생명)이 우주를 정신의 사이버공간으로 변화시키면서 순수 사고로 진화할 것이라고 전망했다.[27] 닉 보스트롬(Nick Bostrom)도 멀지 않아 인간의 정보처리 속도와 기억 용량을 획기적으로 증가시켜 인간의 지능을 완전히 능가하는 초지능의 존재가 생겨날 것으로 예견하면서, 인공지능이 인간의 지능을 능가하는 순간 로봇은 인간의 통제를 벗어나 자신의 계획에 따라 미래를 만들어갈 것이라고 보았다.[28] 자크 엘륄(Jacques Ellul)은 자율적이 된 기술은 인간의 필요와 의도보다 기술 자체의 관성과 욕망에 따라 진전한다고 말했다.[29] 막스 모어(Max More)는 고삐 풀린 인공지능 시나리오를 말한다. 이 시나리오는 처음에는 인간의 이익을 위해 길들여졌던 초지능 기계들이 곧 인간을 넘어서는 것을 표현한다.[30] 일론 머스크(Elon Musk)는 인공지능 연구는 악마를 불러오는 것과 같다고 주장했다.[31] 제임스 바랏(James Barat)도 매우 비관적인 입장에서 인공지능은 인간이 만들어낸 최후의 도구가 될 것이라고 주장했다.[32]

---

27) Hans Moravec, *Robot: Mere machines to transcendent mind* (Oxford/New York: Oxford University Press, 1999), 163-89.

28) Nick Bostrom, *Superintelligence* (Oxford: Oxford University Press, 2014).

29) 손화철, 『토플러 & 엘륄: 현대 기술의 빛과 그림자』 (서울: 김영사, 2006).

30) Max More, "Embrace, Don't Relinquish, the Future," http://www.KurzweilAI.net/articles/art0106.html?printable=1. 커즈와일, 『특이점이 온다』, 769 미주 160에서 재인용.

31) Ashlee Vance, 안기순 역, 『일론 머스크, 미래의 설계자』 (서울: 김영사, 2015).

32) James Barat, *Our Final Invention: Artificial Intelligence and the End of the Human Era* (New York: Thomas Dunne Books, 2013).

인공지능은 딥 러닝(deep learning)을 통해 인간의 학습과 마찬가지로, 입력된 정보를 넘어서 예상할 수 없는 판단과 결정을 산출한다. 이것은 엘륄이 예언한 기술의 자율성[33]을 넘어서는 것이다. 인공지능의 작동 구조와 데이터 처리방식 즉 알고리즘은 사용자는 물론 제작자도 알 수 없을 만큼 자율적 인식과 판단력을 지니고 있다. 따라서 인공지능은 더 이상 단지 대상적 기술 도구가 아니라 비인격적 행위 주체로 간주될 수 있다. 2017년 1월 13일 EU 의회는 인공지능으로 작동하는 로봇에 "전자 인간"의 지위를 부여하는 로봇 규제 결의안을 통과시켰다. 여기서 제기되는 물음은 "과연 지능을 가진 비인격적 존재인 인공지능에게 그 자신의 자율적 판단과 결정에 대한 책임을 물을 수 있는가?" 하는 것이다.

일반인들이 가지는 보다 현실적인 관심은 인공지능의 발달이 경제와 산업 전반에 미칠 영향에 관한 것이다. 2016년 다보스 세계경제포럼은 "제4차 산업혁명"이 시작되었다고 선언했다. "제4차 산업혁명"이란 인공지능, 로봇 기술, 생명과학이 주도하는 차세대 산업혁명을 의미한다.[34] 미리 입력된 프로그램에 따라 생산 시설들이 수동적으로 움직이는 3차 산업혁명과는 달리 4차 산업혁명 시대에는 인공지능을 가진 생산 설비가 제품과 상황에 따라 능동적으로 작업 방식을 결정한다. 인공지능에 의한 자동화로 인해 인간이 하던 많은 일들이 로봇에 의해 대체됨으로써 많은 직업들이 멀지 않은 장래에 사라질 것으로 예상된다. 과거의 기술이 육체

---

33) Jacques Ellul, trans. J. Wilkinson, *The Technological Society* (New York: Vintage, 1964), 133-46. Ellul의 이 개념은 기술사회에서 효율성을 추구하는 기술적 판단이 다른 모든 판단을 앞서는 절대적 기준이 된 상황을 표현하기 위한 것이다. 그러나 여기서 기술적 판단의 주체는 여전히 사람이다.

34) 1차 산업혁명은 1784년 영국에서 시작된 증기기관과 기계화, 2차 산업혁명은 1870년 시작된 전기를 이용한 대량생산, 3차 산업혁명은 1969년의 인터넷 탄생과 컴퓨터 정보화 및 자동화 생산시스템을 의미한다.

노동과 상대적으로 단순한 노동의 영역에서 인간을 대신했다면, 인공지능은 고도의 사고력과 판단을 필요로 하는 변호사, 의사, 약사, 펀드매니저, 회계사 같은 전문 직종의 일을 대체할 수 있다는 점에서 엄청난 사회적 파장이 예상된다. 세계경제포럼의 「미래고용보고서」는 인공지능 기술의 영향으로 향후 5년간 주요국에서 200만 개의 일자리가 창출되고 710만 개의 일자리가 사라질 것으로 전망했다.[35]

V. 비판적 포스트휴머니즘: 브라이도티를 중심으로

커즈와일 같은 포스트휴머니스트와 달리, 근대 휴머니즘의 문제를 극복하기 위한 대안으로 탈근대적인 비판적 포스트휴머니즘을 추구하는 학자들도 있다. 이들은 근대 휴머니즘의 이원론적·인간중심적·남성 중심적 보편주의를 비판하고 비이원론적·지역주체적 보편주의를 추구한다. 대표적인 비판적 포스트휴머니스트 중 한 사람이 로지 브라이도티(Rosi Braidotti)이다.[36] 브라이도티에 따르면, 인간 이성의 힘에 대한 믿음에 기초한 서구의 고전적 휴머니즘이 역사적으로 문명화 모델로 발전하면서, 자기 성찰적인 이성의 보편화시키는 힘과 유럽을 일치시키는 개념이 형성되었다. 고전적 휴머니즘 전통을 이어받아 스스로 보편적임을 표방하는 유럽 중심적 휴머니즘은 자아와 타자의 변증법, 동일성과 타자성의 이

---

35) 세계경제포럼이 제시한 10대 유망기술은 다음과 같다. ① 나노 센서와 나노 사물인터넷, ② 차세대 배터리, ③ 블록체인, ④ 2D 소재, ⑤ 자율주행 자동차, ⑥ 인체 장기 칩(Organs-on-chips), ⑦ 페로브스카이트 태양전지(Perovskite Solar Cells), ⑧ 개방형 인공지능(AI) 생태계, ⑨ 광유전학(Optogenetics), ⑩ 시스템 대사 공학.

36) 비판적 포스트휴머니스트로서 Rosi Braidotti 외에 Katherine N. Hayles 같은 학자들이 있다.

분법적 논리를 전제한다.[37]

이러한 제국주의적인 휴머니즘에 대한 반동으로 20세기 중반에는 급진적인 반휴머니즘이 등장했다. 반휴머니즘은 인간에게 부여했던 보편주의적 이상을 해체하고 인간이 우발적인 가치와 지역성을 지닌 역사적 구성물임을 드러냈다. 페미니스트들은 고전적 인간성을 상징하는 "인간"에 대한 추상적 이상이 상당 부분 "백인이고 유럽인이며 잘생기고 능력 있는 몸"을 가진 남성이라고 주장한다. 포스트식민주의 사상가들은 유럽이 식민의 역사와 다른 문화들에 대한 폭력적 지배를 통해 휴머니즘의 이상을 오용했다고 비판한다. 포스트구조주의 철학자들도 유럽인은 자신을 세상의 도덕적 보호자요 인간 진화의 동력으로 간주하는 유럽의 과대망상에 대한 비판을 발전시켜야 한다고 주장한다.[38]

브라이도티는 이와 같은 반휴머니즘을 포스트휴먼 사상의 원천으로 간주한다. 그녀는 "단일하게 통일된 휴머니즘의 주체에 반대하고, 그것의 체현과 섹슈얼리티, 정서 및 감정이입과 욕망을 핵심적 특질로 하는 더 복잡하고 관계적인 주체로 대체한다."[39] 반휴머니즘은 성차화된 타자(여성), 인종화된 타자(토착인), 자연화된 타자(동물, 환경)를 구별하는 변증법적인 타자성의 도식을 거부한다. 그러나 휴머니즘의 유산은 전적으로 부정될 수는 없다. 해방과 진보의 정치, 개인주의, 자율성, 책임감, 자기결정권, 연대, 공동체, 사회 정의와 평등의 원칙, 과학과 문화의 존중 등은 휴머니즘의 긍정적 요소들이다. 하지만 이 긍정적 요소들은 동시에 부정적 요소들을 함축하고 있다. 개인주의는 이기주의와 자기중심성을 낳고, 자기결정

37) Rosi Braidotti, *The Posthuman* (Cambridge: Polity Press, 2013), 13-15.

38) Ibid., 24-25.

39) Ibid., 26.

성은 오만과 지배로 변할 수 있으며, 과학은 도그마적 경향을 갖는다.[40]

이와 같은 휴머니즘과 반휴머니즘의 대립적 상황에 대한 대안으로서 포스트휴머니즘이 제시된다. 브라이도티에 따르면, 포스트휴머니즘은 근대 휴머니즘적 주체에 의해 소외되었던 타자들이 목소리를 되찾는 포스트모더니티와 더불어 시작된다. 페미니즘, 반인종주의, 탈식민화 운동, 반핵, 친환경 운동 등은 이러한 타자들이 내는 목소리다. 과학과 기술 연구에서의 분석적 포스트휴먼 이론가들(프랭클린, 루리, 스테이시)은 기술에 의해 매개되는 오늘날의 세계를 "범인류"(panhumanity)라고 부른다. 이 개념은 인간들 간의 상호연관성뿐만 아니라 인간과 인간 아닌 환경 사이의 복잡한 상호 의존 관계망을 창조하는 상호연관성을 가리킨다.[41]

브라이도티는 과학과 기술의 분석적 포스트휴머니즘이 휴머니즘적 가치들을 선택적으로 도입하면서 그에 따르는 모순들(예를 들면 선진 기술이 발생시키는 사회적·도덕적 불평등)을 언급하지 않는다고 비판한다. 또한 그녀는 과학과 기술 연구들이 새로운 주체성의 문제를 간과한다고 비판한다.[42] 즉 오늘날 로봇은 자율성의 상태에 도달했다. 자율적 기계의 의사결정에 책임성을 부여하기 위해서는 단지 윤리적·법적 문제만 남아 있을 뿐, 인지 역량은 이미 준비되어 있다. 그러나 더 스마트해진 기계들의 고도의 자율성이 과연 도덕적 결정으로 이어질 것인지는 아직 미해결의 문제다. 따라서 기계 윤리가 요청된다. 이러한 상황에서 포스트휴머니즘은 인간의 개인화된 자아를 주요 주제를 결정하는 요인으로 가정하지 않고, 인간 행위자와 인간 아닌 행위자들 사이의 횡단적 상호 연계성 또는 집합체를 상상한다. 브라이도티는 지금이 새로운 주체성의 형식을 미래지향

---

40) Ibid., 30.
41) Ibid., 40.
42) Ibid., 42-45.

적으로 실험할 때라고 주장한다.[43]

그녀는 자신이 추구하는 포스트휴머니즘을 비판적 포스트휴머니즘으로 명명한다. 그녀의 비판적 포스트휴머니즘은 특히 생태학과 환경 운동으로부터 영감을 받는다. 이것들은 자아 중심적 개인주의를 거부하고 인간 아닌(또는 "대지"의) 타자들을 포함한 타자들과 자아 사이의 상호연관성에 대한 확장된 인식에 의존한다. 생태학적 포스트휴머니스트들은 모든 사물의 척도인 인간에 대한 휴머니즘적 강조와 자연의 지배 및 착취 사이에 연관성이 있다고 보고, 인간과 인간 아닌 모든 형태들의 다양성을 존중하는 새로운 전체론적 접근을 제안한다.[44]

브라이도티는 비판적 포스트휴먼 주체를 "다수성(multiplicity)에 의해 구성된 관계적 주체, 즉 차이들을 가로질러 작업하고 또 내적으로 구별되지만 여전히 현실에 근거를 둔 책임적 주체"로 정의한다.[45] 포스트휴먼 주체성은 어딘가에 견고하게 자리를 잡고 체화되어 있으면서, 동시에 집단성, 관계성, 공동체 건설을 추구한다. 비판적 포스트휴머니즘은 고전적 휴머니즘의 표준적 노선을 따라 정의된 개인 주체의 이해관계와는 전적으로 다른 윤리적 유대를 추구한다. 비단일적 주체를 위한 포스트휴먼 윤리학은 자아 중심적 개인주의를 거부하고, 자아와 타자들(인간 아닌 "대지"의 타자를 포함하는) 사이의 상호연관성에 대한 확장된 의식을 제안한다. 브라이도티는 "다수의 타자들과의 관계의 흐름 안에 주체를 위치시키는 긍정의 유대(affirmative bond)"를 제안하면서,[46] 비판적 포스트휴먼 이론의 주된 과제는 모든 인간을 아우르는 세계시민적 유대를 포스트휴먼적으로

43) Ibid., 45.
44) Ibid., 48.
45) Ibid., 49.
46) Ibid., 50, 53.

재구성하기 위한 발판으로 서로 다른 주체의 자리들을 위한 정확하고 자세한 지도를 그리는 것이라고 주장한다.

Ⅵ. 포스트휴머니즘에 대한 비판

오늘날 재생의학(유전학, 세포생물학, 보철학)은 단지 환자를 치료할 뿐 아니라 환자의 인간적 조건 자체를 변화시키고자 한다. 하버마스는 우생학에서와 같은 유전적 개입에 의한 출생이 후대의 자율성을 훼손하는 도덕적 문제점을 지니고 있다고 지적한다.[47] 조지 그랜트(George Grant)는 포스트휴머니즘의 근본적인 문제가 인간이 자연과 인간의 본성을 마스터함에 따라 그것들을 자신의 의지에 따라 마음대로 변화시킬 수 있는 천연 재료로 간주한다는 사실에 있다고 지적한다.[48] 다윈의 진화론 이래 인간의 존엄성이 동물과의 유사성에 의해 위협을 받아왔다면, 포스트휴먼 시대에는 인간의 존엄성이 인공지능을 지닌 컴퓨터와 로봇에 의해 위협을 받게 될 것이다.

테리 그로스먼(Terry Grossman)은 현재의 지식, 생명공학, 나노기술을 통해 인간의 수명을 극단적으로 연장할 수 있다고 주장하면서 다음과 같이 말한다. "나는 질병과 죽음은 어느 나이에 겪더라도 참극이라고 생각한다. 극복해야 할 문제에 불과하다고 본다."[49] 그러나 인간이 죽지 않는

---

47) Jürgen Habermas, *The Future of Human Nature* (Cambridge, UK: Polity Press, 2003), 60-66.

48) George Grant, *Technology and Justice* (Notre Dame, IN: University of Note Dame Press, 1986), 30-31.

49) Raymond Kurzweil and Terry Grossman, M.D., *Fantastic Voyage: Live Long Enough to Live Forever* (New York: Rodale, 2004).

(죽을 수 없는) 존재가 된다면 그것이야말로 가장 큰 참극이 될 것이다. 보다 효과적인 치료와 예방 기술을 발전시킴으로써 의학의 힘으로 인간이 건강하게 오래 살도록 돕는 것은 좋은 일이다. 그러나 인간의 수명을 무한정 늘리거나 가상의 불멸성을 추구한다면 그것은 하나님이 세우신 창조질서인 피조물의 유한성을 거부하는 것이다. 영원한 생명은 과학기술의 힘으로 인간의 수명을 무한정 늘림으로써 쟁취되는 것이 결코 아니다.

포스트휴머니즘의 가장 심각한 문제는 이원론적-환원론적 인간 이해에 있다. 포스트휴머니스트들은 형식주의적(formalist) 인간 이해에 기초하여 컴퓨터의 인간화 또는 인간의 컴퓨터화를 정당화한다. 이들은 인간의 뇌와 컴퓨터를 동일한 정보처리 능력을 지닌 지적 장치로 이해한다. 정신과 뇌와의 관계는 소프트웨어 프로그램과 컴퓨터 하드웨어의 관계와 동일시된다. 이들은 컴퓨터가 인간이 행하는 지적 정보처리 행위와 같은 수준의 행위를 할 수 있다면 인간과 같은 지적인 존재로 간주될 수 있다고 생각한다.[50] 이러한 사고는 정신을 육체로부터 독립된 별개의 실체로 간주하는 플라톤적인 이원론적 이해에 기초한다. 이들은 (컴퓨터 프로그램이 물질적인 하드웨어를 필요로 하는 것은 사실이지만) 프로그램 자체가 플라톤의 형상(form)처럼 물리적 체계로부터 독립된 추상적인 논리적 관계로 표현하며, 이와 마찬가지로 인간의 정신 활동도 몸과 물리적 세계로부터 독립된 형식적·합리적 관계로 구성된다고 생각한다. 그러므로 포스트휴먼적 사고에서 인간이 생물학적 몸으로 인해 제한을 받는다는 사실은 존중되어야 할 운명이 아니라 극복되어야 할 불행이다. 인간 인격이 순수한 정보로 구성되기 때문에 포스트휴먼이 되기 위해 필요한 것은 인격을 구

50) 이에 대해서는 Alan Newell, "Intellectual Issues in the History of Artificial Intelligence," in *The Study of Information: Interdisciplinary Messages*, ed. F. Machlup and U. Mansfield (New York: Wiley, 1983)를 참고하라.

성하는 정보를 몸으로부터 분리해내어 우월한 기층(substratum)에 저장할 수 있는 능력이다. 유기체의 형상이 그것을 구성하는 물질로부터 분리될 수 있다는 이러한 사고는 이원론적이면서 또한 환원론적이다. 왜냐하면 이러한 사고는 복잡한 물질적 몸을 단지 2진 코드로 구성되는 정보로 환원시키고자 하기 때문이다.

커즈와일이나 모라벡과 같은 포스트휴머니스트들이 예상하는 미래의 포스트휴먼 시대는 현실적인 전망이라기보다는 비현실적인 환상에 가깝다. 이들이 예상하는 과학기술의 상당 부분은 실현 불가능한 것으로 드러날 것이다. 최근의 신경학 연구는 인간의 정신이 뇌 또는 생물학적 몸으로부터 분리될 수 없음을 보여준다.[51] 물질적 기층으로부터 창발된 정신을 그 기층으로부터 분리, 추출해내는 것은 가능하지 않다. 수억 년의 진화 과정을 거쳐 형성된 인간의 체현된(embodied) 본성을 단시일 내에 인위적으로 변화시키거나 몸으로부터 정신을 분리·추출하려는 시도는 매우 위험할 뿐만 아니라 실현 불가능하다. 인간은 체현된 인격으로서 심신일체적(psychosomatic) 존재다. 인간의 정신활동은 육체와 물리적 환경, 그리고 다른 사람들과의 상호작용을 떠나서는 불가능하다. 과학기술이 발달하면 뇌 스캔을 통해 (포스트휴머니스트들이 정보의 패턴으로 간주하는) 인간 자아의 정신 전체를 육체로부터 분리하여 추출할 수 있을 것이라는 생각은 비현실적인 공상에 불과하다.[52]

인간은 고립적으로 존재하는 자기 완결적 실재가 아니라 하나님과 이

---

51) Malcolm Jeeves, ed., *From Cells to Souls-and Beyond: Changing portraits of human nature* (Grand Rapids/Cambridge, UK: Eerdmans, 2004).

52) Freud와 Jüng과 같은 정신분석가들은 인간 자아가 단지 의식의 차원으로 환원될 수 없으며, 무의식의 차원에 의해 심대한 영향을 받음을 밝혀냈다. 종종 꿈 작업을 통해 표출되는 무의식의 차원도 복제 또는 스캔이 가능한가? 인공지능이 무의식 세계로부터 표출되는 꿈을 꿀 수 있는가?

웃과 세상과의 관계성 안에서 끊임없이 새롭게 구성되는 과정적 실재로서, 인간 안의 하나님 형상의 본질은 하나님과 타자와의 인격적 관계 능력에 있다. 인간의 인격적 관계 능력은 타자의 고통에 공감적 사랑으로 참여할 수 있는 능력을 포함한다. 또한 인간은 생물학적·문화적 조건에 의해 제약을 받음에도 불구하고 자유롭게 선택하고 행동할 수 있으며 또한 반성적(reflexive) 자의식 안에서 자신의 선택과 행동을 돌아보고 돌이킬 수 있다. 인간이 입력한 정보에 근거한 알고리즘에 의해 과제를 수행하는 컴퓨터에게 타자(특히 하나님)와의 인격적인 관계 능력, 그리고 무엇보다 타자의 고통에 대한 공감적 사랑의 능력이 있을 수 있을까? 컴퓨터가 인간이 입력한 데이터의 한계를 벗어나 과연 얼마나 자유로운 선택과 행동을 할 수 있을까? 또한 과연 컴퓨터가 반성적 자의식을 가지고 자신과 자신의 선택과 행동을 돌아보고 돌이킬 수 있을까?

만일 인간이 만든 인공지능 컴퓨터가 그러한 관계 능력(특히 하나님과의 관계 능력)을 가질 수 있다면, 그리고 입력된 정보의 조건적 한계를 초월하는 자유로운 선택과 행동을 하고 반성적 자의식 안에서 자신의 선택과 행동을 돌아보고 돌이킬 수 있다면, 그것은 인간의 형상으로 지음을 받은 컴퓨터가 하나님의 형상으로 지음을 받은 인간과 거의 동등한 능력을 소유함을 의미할 것이다. 만일 인간이 하나님의 형상으로 지음을 받은 자신과 동등한 또는 그것을 능가하는 포스트휴먼을 자신의 형상을 따라 만들고자 한다면, 그것은 하나님처럼 되어보고자 했던 아담과 하와의 죄를 재현하는 것이며 하나님처럼 되기 위해 바벨탑을 쌓았던 인간의 어리석음을 되풀이하는 일이 될 것이다. 그리고 그 결과는 의심할 바 없이 인간 자신의 재앙과 파멸이 될 것이다.

Ⅶ. 포스트휴먼 시대에 대한 대책

1. 과거에 대한 반성

올바른 미래를 만들기 위해서는 먼저 과거를 올바로 알아야 한다. 과거의 역사로부터 교훈을 얻어야 미래에 희망이 있다. 기술과학이 가져올 인류의 미래를 전망하고 대책을 수립하기 위해서는 먼저 과학혁명 이후의 지난 5백 년의 역사를 되돌아볼 필요가 있다. 지난 5백 년 동안 경제는 기하급수적으로 성장했으며, 그 덕택에 오늘날 인류는 엄청난 부를 누리고 있다. 과학기술의 가속적 발전은 인류에게 전대미문의 편리함과 안락함을 가져다주었다. 지난 2세기 동안 발전한 현대 의학 덕분에 유아 사망률은 33퍼센트에서 5퍼센트 이하로 떨어졌으며 전염병도 줄어들었다. 이것은 현대 의학이 인간 행복의 증대에 큰 기여를 했음을 보여준다. 지난 몇 십년간 과학기술의 눈부신 발전 덕분에 인간의 조건은 실질적인 진보를 이루었다. 가난보다는 부유함이, 불편보다는 편리함과 안락함이, 아픈 것보다는 건강함이, 일찍 죽는 것보다는 오래 사는 것이 인간의 행복에 더욱 크게 도움이 되는 것은 분명하다. 그리고 과학기술이 이에 기여한다면 그것은 매우 바람직한 일이다.

그러나 인간 조건의 진보로 인간이 얼마나 더 행복해졌는지는 분명치 않다. 과학기술의 발달로 인한 각종 풍요로운 혜택을 누리고 사는 현대인들이 선조들보다 더 큰 행복을 누리며 살고 있는가? 과연 인간이 경험하는 고통의 총량은 줄었는가? 오늘날 과학기술의 진보는 오히려 정신적·영적 빈곤을 초래하고 있다. 현대인은 풍요 가운데서도 소외와 무의미성 및 공허감으로 인해 고통당하고 있다. 우울증 환자는 소득의 증가에 비례하여 증가하고 있으며 자살률도 갈수록 높아지고 있다. 과학기술의 진보는 결코 그에 상응하는 도덕적·사회적·정치적 진보를 동반하지 않는다. 지난 세기에는 인류 역사의 어느 시기보다도 더 참혹한 인종살인, 전쟁, 테러, 차별 등이 일어났다. 사회의 빈부격차는 갈수록 심화되어 대부분의 부와 권력이 소수에 의해 독점되고 다수가 빈곤과 소외로 고통 받고 있다. 또한 산업화에 의해 자연 생태계가 심각하게 오염되거나 파괴되고 있으며 수많은 종의 동물과 식물들이 멸종되고 있다. 하라리는 호모 사피엔스가 산업혁명 훨씬 이전부터 수많은 동식물을 멸종으로 몰아넣었다고 지적한다. "우리는 생물학의 연대기에서 단연코 가장 치명적인 종이라는 불명예를 안고 있다."[53]

과거의 불명예스런 역사에 대한 철저한 반성이 없다면 우리의 미래에는 아무런 희망이 없다. 과거에 대한 반성은 단지 잘못된 사회정치적 제도의 개혁만을 요구하지 않는다. 그것은 죄성에 물든 인간 본성 자체의 근본적인 변화를 요구한다. 인간 본성 자체의 변화와 거듭남이 없다면 지수적으로 발전하는 과학기술은 인류의 미래에 더욱 큰 재앙을 가져오고 종국적으로 인간 종 자체의 절멸을 초래할 수도 있다. 니체가 인간의 초인간화를 통한 구원을 꿈꾸고, 마르크스가 프롤레타리아 혁명을 통한 유토피아를 꿈꾸었다면, 포스트휴머니스트들은 과학기술 혁명을 통한 유토피아를 꿈꾸고 있다. 포스트휴머니스트들의 꿈이 다른 꿈들보다 더 위험한 것은 그들의 꿈이 인류 전체의 파멸을 초래할 가능성이 있기 때문이다.

53) Harari, 『사피엔스』, 117.

2. 미래를 위한 제안

앞을 향해 가속도가 붙어 달려가는 과학기술 열차를 멈춰 세우는 것은 현실적으로 가능해 보이지 않는다. 찬성하든 반대하든 과학기술은 계속 가속해서 발전해갈 것이다. 따라서 현실적인 과제는 어떻게 하면 인간을 파멸로 이끄는 방향이 아니라 인간의 행복을 증진시키는 방향으로 나아가도록 과학기술을 책임적으로 통제, 유도할 것인가 하는 것이다. 헤일즈는 유한성을 인간의 조건으로 향유하는 포스트휴먼 육체를 창조함으로써 포스트휴먼의 곤경을 극복해 나아갈 것을 제안한다. 그녀는 유한성의 조건이 인간의 지속적인 생존을 위해 필요하다고 주장한다.[54] 즉 우리는 인간을 몸이 없는 정보의 패턴으로서가 아니라 몸이 있는 인격으로 생각해야 하며, 인간에게 유한한 육체성은 축하할 조건이지 거부할 조건이 아니라는 것이다. 인간이 체현된 인격이라는 사실을 강조하는 것은 매우 정당하다. 그러나 포스트휴머니즘이 자연과 인간의 본성을 인간의 의지에 따라 변화시킬 자료로 간주하기 때문에, 문제의 핵심은 유한한 육체성의 향유를 위해 인간 본성의 변화를 어느 정도까지 허용할 수 있는가 하는 것이다.

후쿠야마는 포스트휴머니즘을 비판하지만 포스트휴먼적인 미래의 긍정적 가능성도 인정한다. 그는 생명공학이 한편으로 인간에게 위협이 될 수도 있지만 다른 한편으로 유익한 치료방법을 발전시킬 수도 있다고 본다. 따라서 전면적인 금지보다는 적절한 규제가 필요하다. 후쿠야마는 불가피하게 유익과 유해가 함께 있는 "악마의 거래"[55]를 선택할 때 매우 조

54) Hayles, *How We Became Posthuman,* 5.

55) Francis Fukuyama, *Our Posthuman Future: Consequences of the biotechnology revolution* (New York: Farrar, Straus and Giroux, 2002), 8.

심스럽게 악마의 계책을 경계해야 한다고 주장한다. 그는 과학기술의 유해를 방지하고 유익을 증진시키기 위해서는 인간의 존엄성의 기준을 따르는 국가의 규제가 필요하다고 주장한다.[56] 그는 과학기술의 혜택을 누릴 수 있는 선진국 및 부자와 그렇지 못한 후진국 및 빈자 사이의 격차가 더욱 커짐으로써 사회적 불평등이 심화될 것을 우려한다.[57] 인공지능의 개발은 엄청난 기술력과 막대한 자본력을 가진 기업이나 국가만이 가능하며, 인공지능의 일차적 수혜자도 기술력과 자본력이 없는 다수의 대중이나 국가가 아니라 소수의 기업과 국가가 될 가능성이 높다. 이러한 불평등의 심화를 방지하기 위해서는 "가난한 자를 위한 선호적 선택"의 원리가 수립되어야 한다. 즉 과학기술의 혜택은 그 혜택을 가장 절실하게 필요로 하면서 동시에 그 혜택을 가장 받기 힘든 사람과 집단에게 우선적으로 주어지도록 해야 한다.

문제는 변화 자체라기보다는 변화가 허용되는 한도다. 워터스는 이 한도를 규정하는, 인간의 출생 및 죽음과 관련한 확고한 규범이 있어야 한다고 주장한다. 그런데 인간의 삶의 목적과 규범적 구조에 관한 확신이 없다면 변화의 경로에 관한 기준을 수립하는 것이 불가능하다. 워터스는 인간의 존엄성이 인간이 자신의 유한한 한계를 품위 있게 동의하는 데 있으며, 이 동의는 그 자체가 "필연성 앞에서 인간의 존엄성을 유지시켜주는 영원한 선에 대한 종교적 신앙 또는 확신의 행동"[58]이라고 주장한다. 포스트휴머니즘이 인간의 유한한 한계를 부정하고 스스로의 힘으로 불멸

56) 그는 인간의 존엄성이 인간 자신이 발전시키는 자유민주주의 사회로부터 부여된다고 본다. Ibid., 10, 173.

57) Francis Fukuyama, 송정화 역, 『부자의 유전자 가난한 자의 유전자』 (서울: 한국경제신문, 2003).

58) Waters, *From Human to Posthuman*, 77.

과 영원을 획득하고자 한다면 그것은 유사종교적 욕망을 반영하는 것이다. 이에 대한 궁극적 대안은 과학이나 정치의 영역이 아니라 종교의 영역 안에서만 발견될 수 있다.

Ⅷ. 결론: 포스트휴먼 시대의 기독교 신앙

오늘날 과학기술 시대에 포스트휴머니즘에 올바로 대응하기 위해서 우리는 "하나님의 창조질서와 섭리", "하나님의 형상으로서의 인간의 존엄성", "유한성과 은혜의 원리"를 중심으로 기독교 신앙을 새롭게 재정립할 필요가 있다.

1. 하나님의 창조질서와 섭리

과학기술의 발달은 하나님의 창조질서를 벗어나지 않는 한 선한 것이다. 왜냐하면 하나님의 창조질서는 자연과 인간의 선을 위한 것이기 때문이다. 과학기술에 의한 유토피아를 꿈꾸는 포스트휴머니즘에는 하나님의 창조질서에 대한 이해가 결여되어 있다. 물론 과학기술의 발전과 관련하여 하나님의 창조질서를 따르는 것과 위반하는 것 사이의 세부적인 경계를 위한 규칙을 만드는 것은 가능한 일이 아니다. 그러나 자연과 인간의 역사가 근본적으로 하나님의 창조질서 안에 있다는 분명한 인식이 모든 과학철학과 기술 윤리의 전제가 되어야 한다.

성서는 인간의 존재와 삶의 과정이 하나님의 창조질서와 섭리 안에 있다고 증언한다. 우리는 자연과 인간의 역사가 방향과 목표를 가지고 있으며 하나님의 섭리 안에서 미래에 종국적으로 완성될 것을 믿는다. 그러나 창조세계의 역사 속에서는 끊임없이 새로움의 요소가 발생한다. 하나님의 창조질서는 수십 억 년에 걸친 자연의 진화 과정을 포함한다. 피조물의 자기 조직의 원리는 하나님의 창조질서의 본유적 특성이다. 이것은 하나님의 창조질서가 자기완결적인 폐쇄성이 아닌 미래 개방적인 역동성을 내포함을 의미한다. 자연과 인간의 역사는 우연적·개방적인 동시에 목적론적이다. 하나님의 섭리는 결코 엄격한 결정론(예정론)을 의미하지 않고, 자기 조직적 진화 과정의 우연성과 개방성을 포괄한다. 진화 과정은 전적으로 우연적인 것도, 전적으로 결정론적인 것도 아니다. 역사의 우연성은 바로 하나님이 엮어 가시는 섭리라는 직물의 씨줄과 날줄이다.[59] 하나님은 진화 과정의 창발적 우연성 안에서 행동하시고 인도하심으로써 창조세계를 종말론적 미래의 완성으로 이끄신다. 하나님의 섭리는 진화 과정을 펼쳐내고(unfold, develop) 감싸 안으며(enfold, envelop), 창발시키고(emergent) 수렴시킨다(convergent).

하나님의 창조질서와 섭리 안에서 인간은 진정한 자유를 가지고 있지만 동시에 법칙에 의해 제한된다. 인간의 행동은 우연성과 법칙 사이에서 이루어진다. 하나님이 만드신 자연법칙 자체가 우연성의 영역을 포함하고 있으며, 하나님은 이 우연성의 영역에서 스스로 세우신 자연법칙을 임의적으로 위반하심 없이 일하시기 때문에, 하나님의 창조질서와 섭리 안에서 우연성과 법칙은 서로 대립되지 않는다. 하나님은 무한한 지혜 안에서 우연성과 법칙을 조화시키시며 세계와 인간의 역사를 종말론적 미래의 완성을 향해 이끌어 가신다(롬 11:33).

---

59) William G. Pollard, *Chance and Providence: God's action in a world governed by scientific law* (London: Faber and Faber, 1958), 71.

2. 인간의 존엄성: 하나님의 형상

인간이 하나님의 형상으로 창조되었다(창 1:27)는 성서의 증언은 인간의 존엄성을 위한 신학적 근거다. 인간이 하나님의 형상으로 창조되었다는 것은 인간만이 하나님(그리고 이웃)과 인격적인 관계를 맺을 수 있는 존재로 창조되었음을 의미한다. 다른 피조물과 비교할 수 없는 인간의 존엄성은 인간만이 하나님과 인격적으로 교제하고 하나님의 말씀에 책임적으로 응답할 수 있다는 사실에 있다. 인간이 하나님의 형상으로 창조되었다는 성서의 증언과 호모 사피엔스가 진화의 과정 속에 선행하는 종으로부터 창발되었다는 과학적 이론은 서로 모순될 필요가 없다. 왜냐하면 하나님은 진화 과정의 우연성 속에서 창조적으로 일하시기 때문이다. 인간을 포함한 모든 생명은 하나님에 의해 창조된 것이며 그 생명의 과정은 하나님의 목적론적 섭리의 틀과 지향성 안에 있다. 인간의 존엄성은 자신을 자기 생명의 주인인 것처럼 생각하고 생물학적 한계를 넘어서는 데 있는 것이 아니라, 하나님으로부터 부여받은 하나님의 형상을 회복하고 완성하는 데 있다. 하나님과 타자와 인격적 관계를 맺을 수 있는 능력으로서의 하나님의 형상의 핵심은 공감적 사랑이다. 예수 그리스도의 십자가는 인간을 향한 하나님의 자기희생적인 공감적 사랑의 역사적 현현이다. 이 자기희생적인 공감적 사랑의 능력이 예수 그리스도 안에서 하나님의 형상을 회복한 인간의 참된 존엄성의 원천이다.

과학기술의 무한한 발전을 신봉하는 낙관주의적 포스트휴머니즘 배후에는 유물론적 무신론이 있다. 유물론자인 커즈와일은 물질 외적 실재(즉 하나님)는 존재하지 않으며 모든 종교적 영성은 물질적 내용으로 환원될 수 있다고 주장한다.[60] 그러나 피조물인 인간은 자신이 개발한 과학기술의 한계를 알아야 한다. 미래에 과학기술은 여러 측면에서 상당한 정도 인간의 한계를 극복할 수 있을 것이다. 생명공학은 인간의 수명을 연장시킬 수 있을 것이며, 나노기술은 인간의 지능을 뛰어넘는 인공지능 컴퓨터와 로봇을 만들어낼 수 있을 것이다. 그러나 피조물인 인간의 과학기술은 결코 창조자 하나님이 창조하신 인간 존재와 유사하거나 더 뛰어난 존재를 만들어낼 수 없다. 인공지능은 결코 인격적 관계, 공감적 사랑, 영성에 이를 수 없을 것이다. 인공지능의 알고리즘은 결코 하나님과 타자와의 인격적 관계와 공감적 사랑의 능력을 복제해낼 수 없을 것이다. 인공지능은 결코 예수 그리스도의 십자가에 나타난 하나님의 공감적 사랑을 공감적으로 이해할 수도 실천할 수도 없을 것이다.

3. 유한성과 은혜의 원리

피조물로서 인간의 생명은 유한성에 의해 규정된다. 이 유한성은 악이 아니라 선이다. 왜냐하면 그것은 선하신 하나님에 의해 창조된 것이기 때문이다. 인간의 유한성은 극복되어야 할 장애나 곤경이 아니다. 판넨베르크가 말한 바와 같이 만일 유한성이 악이라면 인간은 창조자 하나님의 열등한 작품일 것이다.[61] 악은 유한성으로부터가 아니라 유한성에 대한 반항으로부터 기원한다. 인간은 유한성이란 악 때문에 고통당하는 것이 아니라 유한성에 저항하는 자신의 반항적 행위로 인한 악 때문에 고통을 당한다. 인간은 오직 자신의 유한한 한계를 받아들일 때에만 영원한 하나님을 만나고 그분과 교제할 수 있다. 인간은 자신의 존재가 전적으로 하나님의 창조적 은총에 의존되어 있음을 알아야 한다. 하나님께서 흙으로 사람

60) Kurzweil, 『특이점이 온다』, 667-68.

61) Wolfhart Pannenberg, *Systematic Theology,* Vol. 2, trans. Geoffrey W. Bromiley (Grand Rapids: Eerdmans; Edinburgh: T & T Clark, 1994), 161-74.

을 빚어 생기를 불어넣음으로써 생령, 즉 살아 있는 존재인 인간을 만드셨다는 성서의 증언은 어느 순간에라도 하나님께서 생기를 거두어가시면 인간의 존재는 더 이상 존속 불가능하다는 것을 의미한다. 인간은 존재의 시초에서뿐만 아니라 지속 과정에서도 전적으로 하나님의 은총에 의존한다(행 17:28). 인간은 하나님께로부터 나와 하나님의 은총 가운데 살다가 하나님께로 돌아간다(롬 11:36).

하나님의 창조질서의 틀 안에서 유전학이나 나노기술과 같은 과학기술이 인간의 삶의 질을 향상시키는 목적을 위해 사용되는 것은 좋은 일이다. 그러나 그것들이 인간의 자의(恣意)에 따라 인간 본성을 변화시켜 포스트휴먼을 만들어내기 위해 사용된다면 문제가 될 수 있다. 왜냐하면 그것은 인간이 자신의 피조물적 유한성과 한계를 거부하고 스스로 초인이나 신적 존재가 되고자 하는 시도일 수 있기 때문이다. 인간의 수명을 무한정 늘리고자 하는 시도 이면에는 자신의 삶의 향유를 극단적으로 연장하고자 하는 이기적 욕망이 있다. 인간 수명의 무분별한 연장은 행복이 아니라 오히려 끔찍한 재앙이 될 것이다. 인간의 진정한 행복은 자신의 삶을 무한정 늘이는 데 있는 것이 아니라 유한한 인생의 참된 의미를 발견하고 그 의미를 살아내는 데 있다. 인생의 참된 의미는 과학기술에 의해 변화된 외적 조건으로부터 오는 것도 아니며, 단지 인간이 자신의 삶에 주관적으로 투사하는 것도 아니다. 인생의 참된 의미는 하나님으로부터 부여한 존재 목적을 성취하는 데 있다.

종교개혁자들이 은혜와 믿음을 강조한 것은 유한한 인간의 삶의 근본원리로서 영속적으로 유효하다. "오직 은혜"는 인간의 구원이 인간 자신의 행위와 공로에 의해 요구 또는 쟁취되는 것이 아니라 전적으로 하나님이 값없이 주시는 은혜의 선물이라는 진리를 표현한다. "오직 믿음"은 구원을 하나님의 은혜의 선물로 받는 인간은 자신의 행위와 공로에 의지하지 말고 오직 믿음으로 하나님께 나아와야 한다는 진리를 표현한다. 여기서 믿음은 예수 그리스도 안에 나타난 하나님의 대속적 구원의 은총을 받아들이는 것을 의미한다. 인간은 오직 하나님의 "은혜에 의하여 믿음으로 말미암아" 구원을 얻는다(엡 2:8). 은혜의 원리는 단지 그리스도인뿐만 아니라 모든 인간의 삶의 원리다. 인간의 전 존재 자체, 즉 존재의 시작, 지속, 종말론적 완성이 전적으로 하나님의 은혜의 선물이다. 인간의 피조물적 유한성은 종말론적으로 하나님의 은혜로 극복될 수 있다. 유한한 피조물인 인간은 자연적 본성이나 이 자연적 본성을 자신이 인위적으로 변화시켜 포스트휴먼이 됨으로써가 아니라, 하나님의 은혜로써만 무한한 하나님의 영원성에 참여할 수 있다. 그러나 이것은 인간이 신이 된다는 것을 의미하지는 않는다. 인간은 자신의 피조물적 유한성과 시간성의 한계를 겸손히 인정할 때, 종말론적 미래의 하나님의 영원성에 참여할 수 있다. 이 영원성이 예수 그리스도의 부활에서 선취된 종말론적 운명에 근거하여 우리가 소망하는 인간의 궁극적 운명이다.

> 그가 찔림은 우리의 허물 때문이요, 그가 상함은 우리의 죄악 때문이라. 그가 징계를 받으므로 우리는 평화를 누리고 그가 채찍에 맞으므로 우리는 나음을 받았도다(사 53:5).

인간은 모두 평화를 원한다. 분쟁이나 다툼을 원하는 사람은 없다. 그러나 이 세상에는 분쟁과 다툼이 그칠 날이 없다. 인류의 역사 속에 종족분쟁, 영토분쟁, 이념전쟁, 종교전쟁 등이 없었던 시대를 거의 찾아보기 힘들다. 신구약성서에 일관되게 나타나는 핵심 주제 가운데 하나는 "평화"다. 이스라엘 민족의 염원은 이 땅에 하나님께서 통치하시는 평화의 나라가 건설되는 것이었다. 이스라엘 사람들이 만나고 헤어질 때 하는 히브리어 인사인 "샬롬"은 평화를 의미한다. 마치 우리가 만나고 헤어질 때마다 "안녕하세요?", "안녕히 계세요"라고 인사하는 것과 비슷하다. 이스라엘 사람들이 우리처럼 평화를 기원하는 인사를 하는 것은 그들이 우리처럼 끊임없이 외세의 침입을 받고 지배를 당하는 고난의 역사를 살았다는 사실을 반증한다.

참된 평화의 길은 무엇인가? 참된 평화의 길을 알려면 먼저 거짓된 평화의 약속에 속지 말아야 한다. 역사 속에서 거짓된 평화의 약속은 종종 부패한 종교에 의해 주어졌다. 예레미야가 활동했던 당시 이스라엘은 주변 강대국들의 침입으로 심히 위태로운 상황 속에 있었다. 이러한 상황 속에서 부패한 종교지도자들은 백성들에게 거짓된 평화를 약속했다. 그들은 예루살렘 성전에 하나님께서 임재해 계시기 때문에 절대로 예루살렘이 공격을 받지 않고 이스라엘이 망하지 않을 것이라고 예언했다.

그러나 예레미아는 거짓 예언자들의 거짓된 평화의 약속을 비판하면서 이스라엘이 불의를 회개하고 하나님께 돌아오지 않으면 멸망을 당할 것이라고 경고했다. 예레미아는 이렇게 말씀한다. "너희는 이것이 여호와의 성전이라, 여호와의 성전이라, 여호와의 성전이라 하는 거짓말을 믿지 말라. 너희가 만일 길과 행위를 참으로 바르게 하여 이웃들 사이에 정의를 행하며 이방인과 고아와 과부를 압제하지 아니하며 무죄한 자의 피를 이곳에서 흘리지 아니하며 다른 신들 뒤를 따라 화를 자초하지 아니하면 내가 너희를 이곳에 살게 하리니 곧 너희 조상에게 영원무궁토록 준 땅에니라"(렘 7:4-7). 예레미아는 참 평화의 길이 성전에서 많은 제물을 바치는 데 있는 것이 아니라 정의를 행하고, 이방인과 고아와 과부를 압제하지 않으며, 무고한 자의 피를 흘리지 않고, 우상을 숭배하지 않는 것이라고 말씀한다. 정의가 없는 평화는 거짓된 것이다. 약자를 억압하는 평화는 거짓된 것이다. 무고한 생명을 희생시키는 평화는 거짓된 것이다. 돈과 권력과 명예와 같은 세상의 헛된 우상들을 숭배하는 평화는 거짓된 것이다.

예수 그리스도는 이 땅에 평화의 왕으로 오셨다. 예수 그리스도가 선포한 하나님 나라의 복음은 평화의 복음이었다. 하나님 나라는 하나님의 통치가 이루어지는 나라다. 하나님의 통치가 이루어지는 나라는 바로 평화(샬롬)의 나라다. 예수 그리스도가 가르쳐준 주기도문에서 가장 중요한 구절은 "뜻이 하늘에서 이루어진 것같이 땅에서도 이루어지이다"하는 구절이다. 왜냐하면 하나님의 뜻이 이 땅에서 이루어지도록 하는 일, 즉 이 땅에 하나님의 평화를 구현하는 것이 예수 그리스도의 메시아 사역의 목표였기 때문이다. 예수 그리스도는 우리를 단지 이 세상으로부터 구원하여 저 하늘나라로 데려가기 위해 온 것이 아니다. 예수 그리스도는 십자가에 죽음을 당하기 전에 예루살렘을 보시며 우시면서 다음과 같이 탄식하셨다. "너도 오늘 평화에 관한 일을 알았더라면 좋을 뻔하였거니와 지금 네 눈에 숨겨졌도다"(눅 19:42).

예수 그리스도의 시대처럼 오늘날도 이 세상은 평화에 대하여 알지 못하고 있다. 오늘날 우리 인간은 여전히 평화를 갈구한다. 세계 도처에서 전쟁과 테러와 학살과 고문과 압제가 끊임없이 일어나고 있다. 누군가 이렇게 말했다. "평화를 향하여 가는 길은 없다. 평화가 길이다." 폭력적 힘은 평화를 실현할 수 없다. 간디의 비폭력 저항운동과 마틴 루터 킹 2세의 비폭력 운동은 참된 평화의 길을 잘 보여준다. 평화는 목적이자 동시에 평화를 위한 유일한 길이다.

우리 그리스도인은 이 세상에 평화를 심는 자들로 부름을 받았다. 예수 그리스도는 "화평하게 하는 자는 복이 있나니 그들이 하나님의 아들이라 일컬음을 받을 것임이요"(마 5:9)라고 말씀하셨다. 우리는 어떻게 이 세상에 평화를 심는 평화의 사도가 될 수 있는가? 나는 평화의 길이 공감적 사랑의 실천에 있다고 믿는다. 공감이란 자기를 넘어서 다른 사람의 자리에서 그의 기쁨과 고통에 참여하여 그것을 바로 자기 자신의 기쁨과 고통으로 경험하는 것을 말한다. 공감은 영어로 "empathy", "sympathy", "compassion" 등으로 표현되며, 함께 느끼고 함께 고통당함을 의미한다.

무엇보다 공감적 사랑은 불쌍히 여기는 긍휼의 마음이다. 예수 그리스도는 모든 사람들을 불쌍히 여기셨다. 예수 그리스도는 목자 없는 양같이 고생하는 무리를 불쌍히 여기셨고(마 9:36; 14:14; 막 6:34) 과부를 불쌍히 여기셨으며(눅 7:13) 병든 자를 불쌍히 여겨 고쳐주셨고(마 20:34; 막 1:41) 굶주린 자를 불쌍히 여겨 먹여주셨으며(마 15:32; 막 8:2) 죽은 나사로를 불쌍히 여겨 살려주셨다(요 11:33). "불쌍히 여긴다"는 것은 "함께 공감하고 긍휼을 베푼다"는 의미다. 심지어 예수 그리스도는 십자가에서 자신을 십자가에 못 박는 자들까지도 불쌍히 여기고 그들에게 긍휼을 베풀어주셨다. "아버지, 저들의 죄를 사하여 주옵소서. 자기들이 하는 것을 알지 못함이니이다"(눅 23:34). 다른 사람을 불쌍히 여기는 긍휼과 공감적 사랑이 예수 그리스도의 메시아 사역의 본질적 특징이다.

이사야는 하나님께서 장차 보내주실 메시아가 어떻게 인간을 구원하고 이 세상에 평화를 구현할 것인지 다음과 같이 예언했다. "그가 찔림은 우리의 허물 때문이요, 그가 상함은 우리의 죄악 때문이라. 그가 징계를 받으므로 우리는 평화를 누리고 그가 채찍에 맞으므로 우리는 나음을 받았도다"(사 53:5). 우리의 허물을 대신하여 찔림을 당하고 우리의 죄악을 대신하여 상하며 우리의 평화를 위해 징계를 받고 우리의 치유를 위해 채찍에 맞는 것, 이것이 바로 공감적 사랑의 체현을 의미한다. 우리를 대신하여 고난당하는 이 공감적 사랑이 우리를 구원하고 세상에 평화를 가져오는 예수 그리스도의 메시아 사역의 핵심이다. 그리고 이 사랑이 바로 인간을 구원하고 세상에 평화를 가져오는 하나님의 능력이다.

함께 느끼고 고통당하는 공감적 사랑은 삼위일체 하나님의 가장 깊은 본성이다. 이 사랑이 예수 그리스도 안에서, 예수 그리스도의 십자가에서 나타났다. 예수 그리스도의 십자가는 "다른 사람을 위하여 대신 고통을 당하는 하나님의 공감적 사랑"의 역사적 현현이다. 죄와 고통으로 신음하는 인간을 불쌍히 여겨 그 모든 죄와 고통을 대신 걸머지고 죽음당하는 하나님의 공감적 사랑만이 인간을 구원하고 이 땅에 진정한 평화를 가져올 수 있다.

성경은 인간이 하나님의 형상으로 지음을 받았다고 말씀한다(창 1:26-27). 인간 안에 있는 하나님의 형상이란 어떤 인격 내적 구조나 속성에 있는 것이 아니라 인격적인 관계 능력에 있다. 이 관계 능력의 핵심이 공감적 사랑의 능력이다. 하나님께서는 인간의 마음 깊은 곳에 공감적 본성을 심어놓으셨다. 오늘날의 아동심리학자들과 대상관계 정신분석가들은 부모 특히 엄마의 공감적 사랑과 엄마와 아기 사이의 공감적 유대감이 유아의 자아 형성에 얼마나 중요한지를 이구동성으로 강조한다. 대상관계 이론가인 윌리엄 페어베언은 아기는 태어나면서부터 애정, 친밀감, 소속감을 추구한다고 말한다. 그에 따르면, "리비도의 태도가 대상관계를 결정하는 것이 아니라, 대상관계가 리비도의 태도를 결정한다."[1] 즉 인간의 근본적인 본성은 타자와의 애정, 친밀감, 소속감의 관계를 추구하는 데 있다.[2] 다시 말하면, 끊임없이 다른 사람과 애정을 주고받으며 유대 관계를 맺고자 하는 것이 인간의 근본적 본성이다.

스탠리 그린스펀은 이미 형성된 개인에 의해 관계가 시작되는 것이 아니라 개인이 타자와의 관계로부터 형성된다고 말한다. 그는 자의식을 가진 정체성의 발달이 전적으로 부모와 아이 사이의 공감적 관계에 의존한다고 강조한다.[3] 엄마와의 공감적 유대를 통해 아이는 주변 세상을 향해 마음을 열고, 따뜻한 마음과 애정을 가지며, 자신이 상호적 관계 안에서 다른 사람에게 행동하고 긍정적으로 응답받을 수 있다는 확신을 갖는다는 것이다. 공감 능력은 어떻게 배양될 수 있는가? 앨런 스루피는 공감은 가르치거나 훈계해서 되는 것이 아니라 아이에게 공감해 줌으로써 가능해진다고 말한다.[4] 한 마디로 아기는 엄마의 공감적 사랑을 받으며 성

---

1) William R. D. Fairbairn, *Psychoanalytic Studies of the Personality* (Hove, UK: Brunner Routledge, 2003 [1952]), 34.

2) Ibid., 88.

3) Stanley Greenspan, *The Growth of the Mind: And the Endangered Origins of the Intelligence* (Reading, MA: Addison Wesley, 1997), 88.

4) Alan L. Sroufe, Talk at City University of New York, Graduate Center (February 10,

숙한 인간, 즉 공감적 인간으로 성장한다는 것이다. 인간의 인격은 공감의 능력이 성장하는 만큼 성숙한다. 목회자에게 가장 필요한 품성과 자질은 교인들의 사정과 형편을 이해하고 공감하는 능력에 있다. 함께 기뻐하고 슬퍼할 수 있는 공감의 능력이 목회자에게 필요한 제1의 덕목이다. 이 공감적 사랑이 없는 설교는 울리는 꽹과리처럼 공허한 것이다.

기독교의 복음은 예수 그리스도 안에 나타난 하나님의 공감적 사랑이 인간 안의 하나님 형상, 즉 공감적 사랑의 능력을 회복시킨다는 것이다. 하나님의 형상을 회복한 새로운 존재로서 우리는 이웃과 세상과의 관계 속에서 공감적 유대감을 가지고 사랑을 실천하도록 부름을 받는다. 오늘날의 세계화 시대에 우리 인간의 공감 의식은 전 지구적 차원으로 확장되고 있다. 오늘날 우리는 내 가족, 자녀, 친척, 동료, 가까운 이웃의 정황에 공감할 뿐만 아니라 지구 반대편에서 고난 받는 사람들의 정황에 대해서도 공감적 유대감을 갖는다. 우리는 북한에서 억압과 굶주림으로 고통당하는 주민들로 인하여 가슴 아파하고, 아프리카에서 가난과 질병으로 죽어가는 어린이들에 대한 깊은 동정심을 느끼며, 시리아, 이라크, 아프가니스탄에서 학살당하는 사람들의 슬픔과 고통에 공감한다. 오늘날 우리의 공감의 범위는 지구상의 모든 가난한 사람들, 억압과 차별로 고통당하는 모든 사람들, 특히 억압받는 여성, 장애자, 다른 인종, 소수민족에까지 확대되고 있다. 뿐만 아니라 우리의 공감의 범위는 인간이 아닌 동식물과 자연에까지 확대되고 있다. 전세계를 연결하는 글로벌 네트워크의 문명 속에서 우리의 공감 의식은 전 생물권과 모든 피조물에까지 확장되고 있다.

그러나 다른 한편, 우리 시대는 다른 사람과의 경쟁에서 살아남기 위한 생존경쟁이 더욱 치열해지고 있는 시대, 분쟁과 테러와 폭력과 억압

1989), Jeremy Rifkin, 『공감의 시대』, 이경남 역 (서울: 민음사, 2010), 97에서 재인용.

이 난무하고 있는 시대, 고도로 복잡한 도시 문명을 유지하기 위해 지구의 자원들을 고갈시키고 자연을 파괴하고 있는 시대다. 갈수록 경제적 양극화가 심화되고 있으며 민족적·종교적 갈등(특히 이슬람 국가들과 기독교 국가들의 갈등)은 증폭되고 있다. 엄청난 에너지를 소비하는 우리의 전 지구적 문명은 인류 자신을 멸종의 문턱으로 몰아가고 있다. 제임스 핸슨(James Hansen)은 지구촌 경제에 의해 초래된 기후변화는 금세기 말까지 지구 온도를 6도 상승시키고, 그 직후에 문명의 종말을 가져올 것이라고 경고한다.

전 지구적 차원의 공감 의식이 발전된 오늘날, 역설적으로 우리는 인류의 종말이 가까웠음을 발견하게 된다. 과학자들의 예견이 옳다면, 우리는 한 세기 안으로 이 지구에서 종말을 맞게 될지 모른다. 이와 같은 묵시적 위기의 극복을 위한 희망은 어디에 있는가? 나는 여전히, 그리고 더욱더 동료 인간 및 전 생태계를 향한 공감적 사랑과 유대감만이 오늘날 개인과 사회와 인류가 직면하고 있는 위기를 극복하고 이 땅에 진정한 평화를 가져올 수 있다고 믿는다. 우리 그리스도인은 우리 사회와 지구를 무한경쟁을 통한 적자생존의 논리 또는 폭력적인 이념적 투쟁이나 에너지 과소비로 인해 증대된 엔트로피가 아니라 공감적 사랑으로 채워가야 한다. 다른 사람들과 모든 피조물을 향한 공감적 사랑을 실천하는 그리스도인이 이 세상의 진정한 희망이다.

알렉스 김이 지은 『아이처럼 행복하라』는 책이 몇 년 전에 출판되었다. 이 책은 저자가 티베트, 네팔, 캄보디아, 태국, 라오스, 파키스탄 등 아시아 국가들을 여행하면서 찍은 사진들을 매우 감수성 넘치는 글들과 함께 실은 책이다. 그는 주로 오지로 다니면서 특히 맑고 순수한 눈을 가진 어린아이들과 가난하지만 순박하게 살아가는 사람들의 모습을 영상에 담았다. 그의 글 가운데 "기도하는 손끝"이라는 제목의 글이 있다.

티베트 사람들은 여유롭습니다. 늘 기도하며 살아서 그런 모양입니다. 나이가 많아도 몸을 이끌고 나와 기도하는 사람을 어느 거리에서나 만날 수 있습니다. 사람들은 문명과 떨어져 단조롭게 사는 이들의 기도가 아주 단순할 것이라고 생각합니다. 그에게 무엇을 위해 기도하느냐고 물었습니다. 그러자 미소 지으며 세상에 존재하는 모든 것을 위해 기도한다고 했습니다. 간절히 기도하는 두 손의 끝이 자신이 아니라 우주 만물을 향하고 있다니. 이기적이지 않은 기도가 삶을 여유롭게 만들었나 봅니다.[5]

예수를 믿는 우리가 지금 드리고 있는 기도는 어떤 기도인가? 혹 우리의 기도는 이기적인 기도는 아닌가? 우리는 과연 티베트 사람처럼 세상에 존재하는 모든 것을 위한 공감의 기도를 드리고 있는가? 우리의 기도하는 두 손끝은 우주 만물을 향하고 있는가? 오늘 우리에게는 모든 사람과 만물을 가슴에 품는 공감의 기도와 공감의 영성이 필요하다. 특히 소외되고 고통당하는 모든 사람과 피조물을 위한 공감적 사랑의 실천이 필요하다. 공감적 사랑만이 평화의 길이다.

제러미 리프킨이 쓴 『공감의 시대』 서두에 다음과 같은 이야기가 소개되고 있다.

1914년 12월 24일 저녁, 프랑스 플랑드르 지방. 1차 세계대전은 다섯 달째로 접어들고 있었다. 양측 군인들이 30미터에서 50미터도 채 떨어지지 않는 참호에서 대치하는 곳이 부지기수였다. 상황은 참혹했다. 살을 에는 추위는 뼛속까지 파고들었다. 병사들의 숙소에는 쥐와 해충이 우글거렸고 마땅한 화장실이 부족한 탓에 곳곳에서는 변냄새가 진동했다. 임시로 만든 시설의 오물

---

5) 알렉스 김, 『아이처럼 행복하라』 (서울: 공감의 기쁨, 2012), 258.

과 진창을 피해 병사들은 선 채로 잠을 잤다. 죽은 병사는 양 진영 사이에 있는 무인지대에 버려졌고, 시체는 매장할 수 없어 아직 살아 있는 동료들이 지켜보는 가운데 썩어갔다.

전장에 땅거미가 깔릴 무렵, 희한한 일이 벌어졌다. 독일군 병사들이 크리스마스트리 수천 개에 촛불을 붙이기 시작한 것이다. 위문용으로 보내진 자그마한 트리였다. 트리를 밝힌 병사들은 캐럴을 부르기 시작했다. "고요한 밤"을 시작으로 여러 곡이 이어졌다. 영국군들은 넋을 잃고 바라보았다. 한 병사가 길게 이어지는 참호의 불빛을 보며 중얼거렸다. "꼭 무슨 극장의 스포트라이트 같군." 영국 병사 몇몇이 머뭇거리며 박수를 쳤다. 조금 뒤엔 환호성까지 질렀다. 영국 병사들도 캐럴을 부르며 적에게 화답했고 그들에게 똑같이 열렬한 박수를 받았다.

양쪽에서 몇몇 병사들이 참호 밖으로 기어 나와 무인지대를 가로질러 서로를 향해 걷기 시작했다. 그러자 수백 명이 뒤를 따랐고 곧이어 수천 명의 병사가 참호 밖으로 쏟아져 나왔다. 그들은 악수를 나누고 담배와 비스킷을 건네고 가족사진을 꺼내 보여주었다. 서로 고향 이야기를 하며 지나간 크리스마스 추억을 나누었고 이 터무니없는 전쟁을 키득거리며 비웃었다.

다음 날 아침, 크리스마스의 태양이 솟아올랐을 때에도 수천 명의 병사들은 여전히 조용히 이야기를 나누고 있었다. 어림잡아 10만 명이 넘는 숫자였을 것이다. 불과 24시간 전만 해도 적이었던 그들은 서로 도와 가며 죽은 동료들을 묻었다. 축구 시합을 벌였다는 보도도 있었다. 그러나 꿈같았던 "크리스마스 휴전"은 시작만큼이나 갑자기 끝나버렸다. 전쟁은 다시 계속되어 결국 1918년 11월에 850만 명의 병사의 죽음을 뒤로하고 역사상 가장 큰 인명 피해를 내며 끝났다.

겨우 하루, 몇 시간이라는 짧은 순간이지만 수만 명의 인간들은 장교, 사병 할 것 없이, 계급을 가리지 않고 상부와 국가에 대한 충성심도 접어둔 채 오직 보편적인 인간성만 보여주었다. 전장에 버려진 채 죽고 부상당하는 상황에서도, 그들은 용기 있게 제도적 의무에서 벗어나 서로를 불쌍히 여기고 서로 살아 있음을 축하했다.…개인적인 나약함에 대한 말로 표현할 수 없는 깊은 느낌과 아무런 보상도 바라지 않고 오로지 동료 인간과의 유대감에 대한 갈망에서 서로를 위로할 수 있는 힘이 흘러나왔다."[6]

플랑드르의 병사들이 보여준 것은 인간의 깊은 곳에 있는 보편적 감정, 즉 서로에 대한 공감적 유대감이었다. 공감적 유대감만이 유일한 평화의 길이다. 우리에게는 공감의 기도와, 공감의 영성과, 공감적 사랑의 실천이 필요하다. 예수 그리스도 안에서 하나님의 형상을 회복한 그리스도인들은 예수 그리스도가 보여준 공감적 사랑을 실천함으로써 이 세상의 평화를 위한 희망의 빛을 밝혀야 한다.

---

6) Jeremy Rifkin, 『공감의 시대』, 11-13.

참고 문헌

Aquinas, Thomas. *Catechism of the Catholic Church*. Mahwah, NJ: Paulist Press, 1994. par. 366.

Athanasius. *Against the Heathen*, Ch. 34, *Nicene and Post-Nicene Fathers of the Christian Church*, vol. IV.

________. *On the Incarnation* 54. 염창선, 원성현, 임승안 공역, "말씀의 성육신에 대하여", 『기독교고전총서3 후기 교부들의 기독론』. 서울: 두란노아카데미, 2011.

Augustine. *Literal Commentary on Genesis* 12.35.68.

________. *The Happy Life* 2.11, *Fathers of the Church*. ed. Ludwig Schopp. New York: CIMA, 1948.

________. *The Trinity* 1.1-13; 14.8.11. 성염 역, 『삼위일체론』. 왜관: 분도출판사, 2015.

Ayala, Francisco. *Am I a Monkey?: Six Big Questions about Evolution*. Johns Hopkins University Press, 2010.

________. *Darwin's Gift: To Science and Religion*. Joseph Henry Press, 2007.

Barat, James. *Our Final Invention: Artificial Intelligence and the End of the Human Era*. New York: Thomas Dunne Books, 2013.

Barth, Karl. *Christ and Adam: Man and Humanity in Romans 5*. New York: Harper and Brothers, 1957. 전경연 역, 『그리스도와 아담』. 서울: 대한기독교서회, 1976.

_______ . *Church Dogmatics* vols. I, II, III, eds. G.W. Bromiley and T.F. Torrance. Edinburgh T. & T. Clark, 1936-1969. 박순경 외 역, 『교회 교의학』, 총8권. 서울: 대한기독교서회, 2003-2015.

Berkhof, Louis. *Systematic Theology*. Grand Rapids: Eerdmans, 1941, 1976. 권수경 역, 『벌코프 조직신학』. 파주: 크리스천다이제스트, 2005.

_______ . *The History of Christian Doctrine*. Grand Rapids: Eerdmans, 1937. 박문재 역, 『기독교교리사』. 파주: 크리스천다이제스트, 2008.

Berkouwer, G. C. *Man: The Image of God*. Grand Rapids: Eerdmans, 1962.

Berry, R. J. "Environmental Concern." in *Environmental Dilemmas*. R. J. Berry, ed. London: Chapman & Hall, 1993.

Berry, Thomas. *The Dream of the Earth*. San Francisco: Sierra Club Books, 1988. 맹영선 역, 『지구의 꿈』. 서울: 대화문화아카데미, 2013.

Bird, Phyllis A. "'Male and Female He Created Them': Genesis 1:27b in the Context of the Priestly Account of Creation," *Harvard Theological Review* 74, 1981.

Bostrom, Nick. *Superintelligence*. Oxford: Oxford University Press, 2014.

Bowlby, John. *The Making and Breaking of Affectional Bonds*. London: Tavistock Publications, 1979.

Braidotti, Rosi. *The Posthuman*. Cambridge: Polity Press, 2013.

Brown, Robert McAfee. *The Essential Reinhold Niebuhr*. New Haven and London: Yale University Press, 1986.

Bruce, F. F. *Paul: Apostle of the Heart Set Free*. Grand Rapids: Eerdmans, 1977.

Buckley, Peter. "Instincts versus Relationships: The Emergence of Two Opposing Theories." Ed. Buckley, Peter. *Essential Papers on Object Relations*. New York: New York University Press, 1986.

Bultmann, Rudolf. *Theology of the New Testament*, vol. 1. New York: Scribner,

1951. 허혁 역, 『신약성서신학』. 서울: 성광문화사, 2004.

Calvin, John. *Institutes of the Christian Religion*, ed. John T. McNeill, trans. Ford Lewis Battles. Philadelphia: Westminster, 1960. 원광연 역, 『기독교 강요』 (상), (중), (하). 파주: 크리스천다이제스트, 2003.

Campbell, Donald. "Levels of Organisation, Downward Causation, and the Selection-Theory Approach to Evolutionary Epistemology." G. Greenberg and E. Tobach Eds. *Theories of the Evolution of Knowing*. Hillsdale, NJ: Lawrence Erlbaum, 1990.

Carey, Philip. *Augustine's Invention of the Inner Self: The Legacy of a Christian Platonist*. Oxford: Oxford University Press, 2000.

Chalmers, David. "The Puzzle of Conscious Experience." in *Science Times Book of the Brain*. ed. Nicholas Wade. New York: Lynn Press, 1999.

________ . "Facing up to the Problem of Consciousness." repr. Jonathan Shear ed. *Explaining Consciousness: The 'Hard Problem'*. Cambridge, Mass.: MIT Press, 1997.

Churchland, Patricia S. "Self-Representation in Nervous Systems." *Science*, 296. April 2002.

Clayton, Philip. *Mind and Emergence: From Quantum to Consciousness*. Oxford/New York: Oxford University Press, 2004.

Cobb, John B., Jr. *A Christian Natural Theology: Based on the Thought of Alfred North Whitehead*. Philadelphia: Westminster, 1965. 이경호 역, 『화이트헤드 철학과 기독교 자연신학』. 서울: 동과서, 2015.

________ . *Beyond Dialogue*. Philadelphia: Fortress Press, 1982.

Collins, Steven. *Selfless Persons*. Cambridge, New York: Cambridge University Press, 1982.

Cone, James. *For My People: Black Theology and the Black Church*. Maryknoll,

N.Y.: Orbis, 1984.

Cooper, John W. *Body, Soul, and Life Everlasting: Biblical Anthropology and the Monism-Dualism Dabate*. Grand Rapids: Eerdmans, 1989, 증보판 2000.

Crane, Tim. "The Significance of Emergence." Carl Gillett and Barry Loewer Eds. *Physicalism and its Discontents*. Cambridge: Cambridge University Press, 2001.

Crick, Francis. *The Astonishing Hypothesis*. New York: Charles Scribner's Sons, 1994. 과학세대 역, 『놀라운 가설』. 서울: 한뜻, 1996.

Cullmann, Oscar. *Immortality of the Soul or Resurrection of the Body?: The Witness of the New Testament*. Eugene, Oregon: Wipf & Stock, 1964, 2010.

_______ . *Immortality of the Soul or Resurrection of the Dead?*. New York: Macmillan, 1958.

Dahl, M. E. *The Resurrection of the Body*. London: SCM, 1962.

Damasio, Antonio. *Descartes's Error' Emotion, Reason and the Human Brain*. New York: Grosset/Putnam, 1994. 김린 역, 『데카르트의 오류』. 서울: 중앙문화사, 1999.

De Duve, *Christian. Life Evolving: Molecules, Mind, and Meaning*. Oxford: Oxford University Press, 2002.

_______. *Vital Dust: Life as a Cosmic Imperative*. New York: Basic Books, 1995.

Deacon, Terrence W. *The Symbolic Species: The Co-Evolution of Language and the Brain*. New York: Norton, 1997.

Dennet, Daniel and Alvin Plantinga. *Science and Religion: Are They Compatible?*. New York, Oxford: Oxford University Press, 2010.

Dennett, Daniel C. *Elbow Room: Varieties of Free Will Worth Wanting*. Cambridge, MA: MIT Press, 1984.

Didymus the Blind, *Didyme l'Aveugle. Sur La Genèse*, ed. Pierre Nautin and

Louis Doutreleau, Sources Chrétiennes, no. 233 (Paris, 1976), 1:146-50.

Dreyfus, Hubert and Dreyfus, Stuart. *Mind Over Machine: The Power of Human Intuition and Expertise in the Era of the Computer*. New York: Free Press, 1989.

Dunn, James D. G. *The Theology of the Apostle Paul*. Grand Rapids, MI: Eerdmans, 1998. 박문재 역, 『바울신학』. 파주: 크리스천다이제스트, 2003.

Dyson, Anthony. *The Ethics of In Vitro Fertilisation*. London: Mowbray, 1995.

Eccles, John C. *Evolution of the Brain*. London: Routledge, 1989. 박찬웅 역. 『뇌의 진화』. 서울: 민음사, 1998.

Efroymson, David. "The Patristic Connection." in *Anti-Semitism and the Foundations of Christianity*. ed. Alan T. Davies. New York: Paulist, 1979.

Eichrodt, Walther. *Theology of the Old Testament*. Philadelphia: Westminster, 1967. 박문재 역, 『구약성서신학』 제1권, 제2권. 파주: 크리스천다이제스트, 1994.

Einstein, Albert. *The World as I See It*. New York: Philosophical Library, 1949.

Ellul, Jacques. Trans. J. Wilkinson. *The Technological Society*. New York: Vintage, 1964.

Elton, Charles. *Animal Ecology and Evolution*. Oxford: Oxford University Press, 1930.

Ettlinger, G. "Humans, Apes and Monkeys: The Changing Neuropsychological Viewpoint." *Neuropsychologia*, 22(1984).

Fairbairn, W. Ronald D. "The Repression and the Return of Bad Objects." *An Object Relations Theory of Personality*. New York: Basic Books, [1943] 1952.

_______ . *Psychoanalytic Studies of the Personality*. Hove, UK: Brunner Routledge, 2003 [1952]. 이재훈 역, 『성격에 관한 정신분석학적 연구』. 서울: 한국심리치료연구소, 2003.

Ford, Lewis. *The Lure of God: A Biblical Background for Process Theism*. Philadelphia: Pa: Fortress Press, 1978.

Foucault, Michel. *The Order of Things: An Archaeology of the Human Sciences*. New York: Random House, 1970. 이규현 역, 『말과 사물』. 서울: 민음사, 2012.

Frankenberry, Nancey. "The Emergent Paradigm and Divine Causation." *Process Studies*, 13 1983.

Fredeerickson, George M. *White Supremacy: A Comparative Study in American and South African History*. New York: Oxford Univ. Press, 1981.

Freud, Sigmund. "Some Reflections on Schoolboy Psychology." *The Standard Edition of the Complete Psychological Works of Sigmund Freud*, vol. 13. ed. & trans. James Strachey. London: Hogarth Press, 1914.

_______ . *An Outline of Psychoanalysis*. New York: Norton, [1940] 1948. 박성수, 한승완 공역, 『정신분석학 개요』. 파주: 열린책들, 2003.

_______ . *Civilization and Its Discontents*. Trans. James Strachey. New York: W.W. Norton, 1961, 1986. 김석희 역, 『문명 속의 불만』. 파주: 열린책들, 2003.

_______ . *The Future of an Illusion*. New York: Doubleday, Anchor, [1927] 1964.

_______ . Totem and Taboo. New York: Norton, [1913] 1952. 강영계 역, 『토템과 터부』. 서울: 지식을만드는지식, 2013.

Fromm, Erich. *Psychoanalysis and Religion*. New Haven: Yale University Press, [1950] 1952. 이재기 역, 『종교와 정신분석』. 서울: 두영, 1993.

Frykberg, Elizabeth. *Karl Barth's Theological Anthropology: An Analogical Critique Regarding Gender Relations*. Princeton: Princeton Theological Seminary, 1993.

Fukuyama, Francis. *Our Posthuman Future: Consequences of the biotechnology revolution*. New York: Farrar, Straus and Giroux, 2002.

Giddens, Anthony. *New Rules of Sociological Method: A Positive Critique of Interpretive Sociologies*. London: Hutchinson, 1976.

Gill, Merton M. "The Analysis of the Transference." *Journal of the American Psychoanalytic Association*, 1979.

Gillett, Carl. "Non-Reductive Realization and Non-Reductive Identity: What Physicalism does Not Entail." Sven Walter and Heinz-Deiter Heckmann Eds. *Physicalism and Mental Causation*. Charlottesville, Va.: Imprint Academic, 2003.

Goetz, Stewart. "Substance Dualism," Green, Joel B. Ed. *In Search of the Soul*. Second Edition. Eugene, OR: Wipf and Stock Publishers, 2005. 윤석인 역. 『몸과 마음 어떤 관계인가』. 서울: 부흥과개혁사, 2011.

Grant, George. *Technology and Justice*. Notre Dame, IN: University of Note Dame Press, 1986.

Gray, Elizabeth Dodson. *Green Paradise Lost*. Wellesley, Massachusetts: Roundtable Press, 1981.

Green, Joel B. "Eschatology and the Nature of Humans: A Reconsideration of Pertinent Biblical Evidence." *Science and Christian Belief* 14, no. 1. April 2002.

Greenson, Ralph R. *The Technique and Practice of Psychoanalysis*, vol. 1. New York: International Universities Press, 1967. 이만홍 외 역, 『정통 정신분석의 기법과 실제』, 제1권. 서울: 하나의학사, 2001.

Greenspan, Stanley I. & Benderly Beryl Lieff. *The Growth of the Mind: And the Endangered Origins of Intelligence*. Cambridge, Massachusetts: Perseus Books, 1997.

Gregory of Nyssa. *Making of Man* 16.11 (NPNF, second series, 5:405).

_______. *Psalm Inscriptions* 1.3 (GNO 5:32, 18-19), and *The Beatitudes* 6(GNO

7, 2:143).

Grenz, Stanley. "The Social God and the Relational Self: Toward a Theology of the Imago Dei in the Postmodern Context." *Personal Identity in Theological Perspective.*

_______ . "The Social God and the Relational Self: Toward a Theology of the Imago Dei in the Postmodern Context." *Personal Identity in Theological Perspective.* ed. Richard Lints, Michael S. Horton, & Mark R. Talbot. Grand Rapids: William B. Eerdmans Publishing Company, 2006.

_______ . *Reason for Hope: The Systematic Theology of Wolfhart Pannenberg.* New York: Oxford University Press, 1990.

Griffen, Susan. *Made from This Earth: An Anthropology of Writings.* New York: Harper & Row, 1982.

Grove-White, R. "Human Identity and the Environmental Crisis." in *The Earth Beneath.* J. Ball, M. Goodall, C. Palmer, & J. Reader, eds. London: SPCK, 1992.

Gundry, Robert H. *Sōma in Biblical Theology: With Emphasis on Pauline Anthropology.* Grand Rapids, MI: Zondervan Press, 1987.

Hansen, James. et al. "Target Atmospheric CO_2: Where Should Humanity Aim?" *The Open Atmospheric Science Journal*, Vol. 2. 2008.

Harlow, Harry F. "The Nature of Love." *American Psychologist.* Vol. 13. No. 12, 1958,

Harnack, Adolf von. *What is Christianity*? New York: Harper, 1900, 1957.

Harris, Murray. *Raised Immortal.* Grand Rapids: Eerdmans, 1985.

Hasker, William. "Concerning the Unity of Consciousness." *Faith and Philosophy* 12/4 October 1995.

Hayles, N. Katherine. *How We Became Posthuman: Virtual Bodies in*

Cybernetics, Literature, and Informatics. Chicago: The University of Chicago, 1999.

Herrmann, Robert L. Philip Clayton and Arthur Peacocke eds. "Emergence of Humans and the Neurobiology of Consciousness." in *In Whom We Live and Move and Have Our Being*. Grand Rapids: William B. Eerdmans, 2004.

Hick, John. *Death and Eternal Life*. New York: Harper & Row, 1976.

Hofmann, Hans. *The Theology of Reinhold Niebuhr*. Translated by Louise Pettibone Smith. New York: Charles Scribner's Sons, 1956.

Horton, Michael S. "Image and Office: Human Personhood and the Covenant," in *Personal Identity in Theological Perspective*.

_______ . "Post-Reformation Reformed Anthropology." *Personal Identity in Theological Perspective*, Richard Lints, Michael Horton & Mark R. Talbot, eds. Grand Rapids: Eerdmans, 2006.

Hoy, David Couzens. "Foucault: Modern or Postmodern?" *After Foucault: Humanist Knowledge, Postmodern Challenges*. ed. Jonathan Arac. New Brunswick, N. J.: Rutgers University Press, 1988.

Ison, David. *Artificial Insemination by Doner*, Grove Booklet on Ethics 52. Bramcote: Grove Books Ltd, 1983.

Jeeves, Malcolm A. and R. J. Berry. *Science, Life and Christian Belief: A Survey of Contemporary Issues*. Grand Rapids: Baker Books, 1998.

Jeeves, Malcolm Ed. *From Cells to Souls-and Beyond: Changing portraits of human nature*. Grand Rapids/Cambridge, UK: Edrdmans, 2004.

Jones, D. Gareth. *Brave New People*. Leicester: IVP, 1984.

_______. *Manufacturing Humans*. Leicester: IVP, 1987.

Jones, James William. *Contemporary Psychoanalysis and Religion*. New Haven:

Yale University Press, 1991. 유영권 역, 『현대 정신분석학과 종교』. 서울: 한국심리치료연구소, 1999.

Kagan, Jerome. *Introduction to the Emergence of Morality in Young Children*. Jerome Kagan and Sharon Lamb, eds. Chicago: University of Chicago Press, 1990.

Kagan, Shelly. 박세연 역. 『죽음이란 무엇인가』. 서울: 엘도라도, 2012.

Kaiser, Otto. *Death and Life*. Nashville: Abingdon, 1981.

Karen, Robert. Becoming Attached: First Relationship and How They *Shape Our Capacity to Love*. New York: Oxford University Press, 1998.

Kegley, C. W., and Bretall, R. W., eds. *Reinhold Niebuhr*. Vol. II. of *The Library of Living Theology*. New York: Macmillan, 1956.

Kegley, C. W., ed. *Reinhold Niebuhr*. New York: The Pilgrim Press, 1984.

Kim, Jaegwon. *Mind in a Physical World: An Essay on the Mind-Body Problem and Mental Causation*. Cambridge, Mass.: MIT Press, 1998. 하종호 역, 『물리계 안에서의 마음』. 서울: 철학과현실사, 1999.

Kohut, Heinz. *How Does Analysis Cure?*. Chicago: University of Chicago Press, 1984. 이재훈 역, 『정신분석은 어떻게 치료하는가』. 서울: 한국심리치료연구소, 2007.

_______ . *Self Psychology and the Humanities: Reflections on a New Psychoanalytical Approach*. Ed. Charles B. Strozier. New York: W. W. Norton, 1985.

_______ . *The Analysis of the Self*. New York: International Universities Press, 1971. 이재훈 역, 『자기의 분석』. 서울: 한국심리치료연구소, 2013.

_______ . *The Restoration of the Self*. New York: International University Press, 1977.

Kovel, Joel. *White Racism: A Psychohistory*. New York: Pantheon, 1970.

Kroner, Richard. "The Historical Roots of Niebuhr's Thought." ed. Charles W. Kegley, *Reinhold Niebuhr*. New York: The Pilgrim Press, 1984.

Kurzweil, Ray. *The Age of Spiritual Machines: When computers exceed human intelligence*. New York/London: Penguin Books, 2000.

Kurzweil, Raymond and Grossman, Terry M.D. *Fantastic Voyage: Live Long Enough to Live Forever*. New York: Rodale, 2004.

LaCugna, Catherine Mowry. *God for Us: The Trinity and Christian Life*. San Francisco: HarperSanFrancisco, 1992. 이세형 역, 『우리를 위한 하나님: 삼위일체와 그리스도인의 삶』. 서울: 대한기독교서회, 2008.

Ladd, George E. *A Theology of the New Testament*. Grand Rapids: Eerdmans, 1974. 신성종 외 역, 『신약신학』, 개정증보판. 서울: 대한기독교서회, 2001.

Lamarck, Jean-Baptiste. *Zoological Philosophy: An Exposition With Regard to the Natural History of Animals*. Forgotten Books, 2012.

Lints, Richard., Michael S. Horton & Mark R. Talbot. Eds. *Personal Identity in Theological Perspective*. Grand Rapids: William B. Eerdmans Publishing Company, 2006.

Loewald, Hans. *Psychoanalysis and the History of the Individual*. New Haven: Yale University Press, 1978.

________. *Sublimation*. New Haven: Yale University Press, 1988.

Lorde, Audre. *Sister Outsider*. New York: Crossing Press, 1984.

Louv, Richard. *Last Child in the Woods*. 김주희 역. 『자연에서 멀어진 아이들』. 서울: 즐거운 상상, 2007.

Lovelock, James. *Gaia: A New Look at Life on Earth*. 홍욱희 역. 『가이아: 생명체로서의 지구』. 서울: 범양사, 1990.

________. *Gaia: The Practical Science of Planetary Medicine*. 김기엽 역. 『가이아: 행성의학 입문』. 서울: 김영사, 1995.

_______ . *The Ages of Gaia: A Biography of Our Living Earth*. Oxford: Oxford University, 1988.

Luther, Martin. *Luther's Works*. Philadelphia: Muhlenberg; Saint Louis: Concordia, 1960.

Lyell, Charles. *The Antiquity of Man*. London: John Murray, 1863.

MacIntyre, Alasdair. *Dependent Rational Animals: Why Human Beings Need the Virtues*. Chicago: Open Court, 1999.

MacKay, D. M. *Behind the Eye*. Oxford: Blackwell, 1991.

_______ . *The Open Mind and Other Essays*. Leicester: Inter-Varsity Press, 1988.

Martyr, Justin. "Extant Fragments of the Lost Work on the Resurrection," Ch 8, *The Ante-Nicene Fathers*, vol. I.

Masterson, James. *The Real Self*. New York: Brunner Mazel, 1985. 임혜련 역, 『참자기』. 서울: 한국심리치료연구소, 2000.

McFague, Sallie. "Human beings, Embodiment, and Our Home the Earth." in *Reconstructing Christian Theology*. Rebecca S. Chopp and Mark Lewis Taylor, eds. Minneapolis: Fortress Press, 1994.

McMullin, Ernan. "Evolution and Special Creation." *Zygon*, 1993.

Mead, George Herbert. *Mind, Self and Society*. ed. Charles W. Morris. Chicago: University of Chicago Press, 1934, 1974. 나은영 역, 『정신 자아 사회』. 파주: 한길사, 2010.

Meissner, William W. *Psychoanalysis and Religious Experience*. New Haven: Yale University Press, 1984.

Metzinger, Thomas Ed. *Neural Correlates of Consciousness: Empirical and Conceptual Questions*. Cambridge, Mass.: MIT Press, 2000.

Migliore Daniel L. 신옥수, 백충현 역. 『기독교조직신학개론: 이해를 추구하는 신앙』. 전면개정판(제2판). 서울: 새물결플러스, 2012.

Moltmann, Jürgen. *Ethik der Hoffnung*. 곽혜원 역. 『희망의 윤리』. 서울: 대한기독교서회, 2012.

_______. *Gerechtigkeit Schafft Zukunft*. 안명옥 역. 『정의가 미래를 창조한다』. 왜관: 분도, 1990.

_______. *God in Creation*. New York: Harper & Row, 1985.

_______. *Man: Christian Anthropology in the Conflicts of the Present*, trans. John Sturdy. Philadelphia: Fortress, 1974.

_______. *Sein Name ist Gerechtigkeit*. 곽혜원 역. 『하나님의 이름은 정의이다』. 서울: 21세기교회와 신학포럼, 2011

_______. *The Coming of God: Christian Eschatology*, trans. Margaret Kohl. Minneapolis: Fortress, 1996. 김균진 역, 『오시는 하나님 (기독교적 종말론)』. 서울: 대한기독교서회, 2004.

_______. *The Crucified God*. New York: Harper & Row Publishers, 1974. 김균진 역, 『십자가에 달리신 하나님』. 서울: 한국신학연구소, 1979.

Moravec, Hans. *Mind Children: The future of robot and human intelligence*. Cambridge: MA/London: Harvard University Press, 1988.

_______. *Robot: Mere machines to transcendent mind*. Oxford/New York: Oxford University Press, 1999.

Morell, Virginia. 곽성혜 역. 『동물을 깨닫는다』. 서울: 추수밭, 2014.

Morgan, C. Lloyd. *Emergent Evolution*. London: Williams and Norgate, 1927.

Müller-Fahrenholz, Geiko. ed. *Partners in Life: The Handicapped and the Church*. Faith and Order Paper No. 89. Geneva: World Council of Churches, 1979.

Murphy, Nancey. "Divine Action in the Natural Order: Buridan's Ass and Schrödinger's Cat." in Robert J. Russell, Nancey Murphy, and Arthur Peacocke Eds. *Chaos and Complexity*. Vatican City: Vatican Observatory

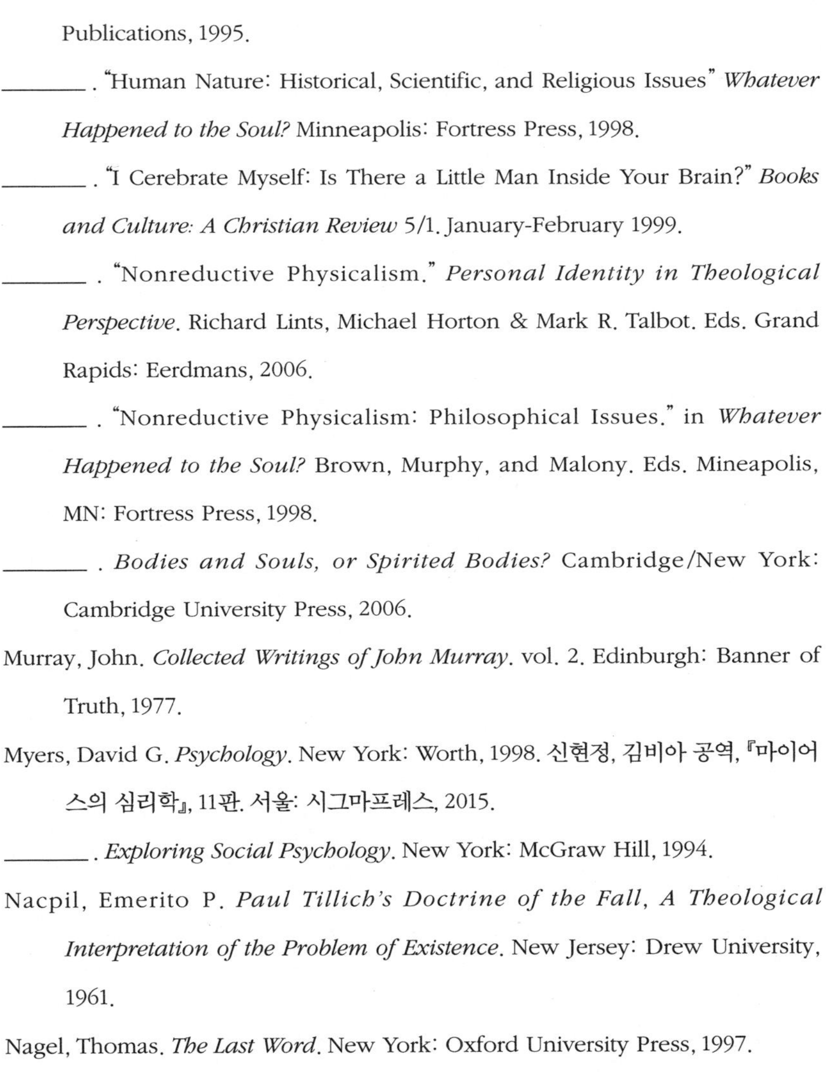
Publications, 1995.

_______ . "Human Nature: Historical, Scientific, and Religious Issues" *Whatever Happened to the Soul?* Minneapolis: Fortress Press, 1998.

_______ . "I Cerebrate Myself: Is There a Little Man Inside Your Brain?" *Books and Culture: A Christian Review* 5/1. January-February 1999.

_______ . "Nonreductive Physicalism." *Personal Identity in Theological Perspective*. Richard Lints, Michael Horton & Mark R. Talbot. Eds. Grand Rapids: Eerdmans, 2006.

_______ . "Nonreductive Physicalism: Philosophical Issues." in *Whatever Happened to the Soul?* Brown, Murphy, and Malony. Eds. Mineapolis, MN: Fortress Press, 1998.

_______ . *Bodies and Souls, or Spirited Bodies?* Cambridge/New York: Cambridge University Press, 2006.

Murray, John. *Collected Writings of John Murray*. vol. 2. Edinburgh: Banner of Truth, 1977.

Myers, David G. *Psychology*. New York: Worth, 1998. 신현정, 김비아 공역, 『마이어스의 심리학』, 11판. 서울: 시그마프레스, 2015.

_______ . *Exploring Social Psychology*. New York: McGraw Hill, 1994.

Nacpil, Emerito P. *Paul Tillich's Doctrine of the Fall, A Theological Interpretation of the Problem of Existence*. New Jersey: Drew University, 1961.

Nagel, Thomas. *The Last Word*. New York: Oxford University Press, 1997.

Nelson, James B. and Sandra P. Longfellow, "Introduction," in *Sexuality and the acred: Sources for Theological Reflection*, ed. James B. Nelson and Sandra P. Longfellow. Louisville: Westminster John Knox, 1993.

Newell, Alan. "Intellectual Issues in the History of Artificial Intelligence." in *The*

Study of Information: Interdisciplinary Messages, Ed. F. Machlup and U. Mansfield. New York: Wiley, 1983.

Niebuhr, Reinhold. *The Nature and Destiny of Man*, Vols 1, 2. New York: Charles Scribner's Sons, 1964. 오희천 역, 『인간의 본성과 운명』, 제1,2권. 서울: 종문화사, 2013-2015.

O'Donovan, Oliver. *Resurrection and Moral Order: An Outline of Evangelical Ethics*. Grand Rapids; Edrdmans.

Ofmann, Hans. *The Theology of Reinhold Niebuhr*, trans. Louise Pettibone Smith. New York: Charles Scribner's Sons, 1956.

Pannenberg, Wolfhart. "A Response to My American Friends," in Braaten and Clayton (eds), *The Theology of Wolfhart Pannenberg: Twelve American Critiques, with an Autobiographical Essay and Response*. Minneapolis: Augsburg, 1988.

_______. "Christologie und Theologie." in *Kerygma und Dogma*, 21, 1975.

_______. "Constructive and Critical Functions of Christian Eschatology." *Harvard Theological Review*, 77. 1984.

_______. "Die Aufgabe christlicher Eschatologie." *Beiträge zur Systematischen Theologie*, 3 vols. Göttingen: Vandenhoeck & Ruprecht, 1999-2000.

_______. "Discussion of the Progress and Completion of History, Life after Death, and the Resurrection of Human Persons in Christianity and Islam," in Peter Koslowski Ed. *Progress, Apocalypse, and Completion of History and Life after Death of the Human Person in the World Religions*. Dordrecht: Kluwer, 2002.

_______. "Man-the Image of God?" in *Faith and Reality*. Trans. John Maxwell. Philadelphia: Westminster Press, 1977.

_______. "On the Theology of Law." in *Ethics*. Trans. Keith Crim. Philadelphia:

Westminster Press, 1981.

_______ . "The Progress and End of History, Life after Death, and the Resurrection of the Human Person in Christianity." in Peter Koslowski Ed. *Progress, Apocalypse, and Completion of History and Life after Death of the Human Person in the World Religions*. Dordrecht: Kluwer, 2002.

_______ . *Anthropology in Theological Perspective*, trans. Matthew J. O'Connell. Philadelphia: Westminster Press, 1985.

_______ . *Basic Questions in Theology*, 3 vols. Trans. George H. Kehn and R.A. Wilson. Philadelphia: Fortress Press, 1970-73.

_______ . *Grundlagen der Ethik: Philosophisch-Theologische Perspectiven*. Göttingen: Vandenhoeck & Rurpecht, 1996. 오성현 역, 『기독교 윤리의 기초』. 서울: 한들출판사, 2008.

_______ . *Human Nature, Election, and History.* Philadelphia: Westminster Press, 1977.

_______ . Rolf Rendtorff, Trutz Rendtorff, and Ulrich Wilkens. *Revelation as History*. Trans. David Granskou and Edward Quinn. London/Sydney: Sheed & Ward, 1969. 전경연 역, 『역사로서 나타난 계시』. 서울: 대한기독교서회, 1979.

_______ . *Systematic Theology*, 3 vols. trans. Geoffrey W. Bromiley. Edinburgh: T & T Clark, 1991-98.

_______ . *The Apostles' Creed in the Light of Today's Questions*. Trans. Margaret Kohl. London: SCM Press, 1972.

_______ . *Theology and the Kingdom of God*. Philadelphia: Westminster Press, 1969. 이병섭 역, 『신학과 하나님 나라』. 서울: 대한기독교서회, 1977.

_______ . *What is Man? Contemporary Anthropology in Theological Perspective*. trans. Duane A. Priebe. Philadelphia: Fortress Press, 1970. 유진열 역, 『인간

이란 무엇인가, 신학적 시각으로 본 현대 인류학』. 서울: 쿰란출판사, 2010.

Peacocke, Arthur. *Creation and the World of Science: The Re-Shaping of Belief*. Oxford: Clarendon Press, 1979.

_______. *Theology for a Scientific Age*. Minneapolis: Fortress Press, 1993.

Peters, Ted. Ed. *Science and Theology: The New Consonance*. 김흡영, 배국원, 윤원철, 윤철호, 신재식, 김윤성 역. 『과학과 종교: 새로운 공명』. 서울: 동연, 2002.

Peters, Thomas, J. *Re-imagine*. 정성묵 역. 『미래를 경영하라』. 서울: 21세기 북스, 2005.

_______. *The Little Big Thing*. 최은수, 황미리 역. 『리틀 빅 씽』. 서울: 더난 출판사, 2010.

Plantinga, Alvin. "When Faith and Reason Clash: Evolution and the Bible." *Christian Scholars' Review* 21:8-32.

_______. *Warrant and Proper Function*. New York: Oxford University Press, 1993.

Polkinghorne, John. *One World*. London: SPCK, 1986.

_______. *Science and Christian Belief*. London: SPCK, 1994..

Pols, Edward. *Mind Regained*. Ithaca: Cornell University Press, 1998.

R. J., Crawford Berry. & G. M. Hewitt ed. *Genes in Ecology*. Oxford: Blackwell Scientific, 1992.

Rahula, Walpola. *What the Buddha Taught*. New York: Grove Press, INC. 1962.

Reichenbach, Bruce. *Is Man the Phoenix? A Study of Immortality*. Grand Rapids: Eerdmans, 1983.

Ricoeur, Paul. *Figuring the Sacred*, trans. David Pellauer, ed. Mark Wallace. Minneapolis: Fortress, 1995.

_______. *Oneself as Another*, trans. Kathleen Blamey. Chicago: University of Chicago Press, 1992. 김웅권 역, 『타자로서 자기 자신』. 서울: 동문선, 2006.

Ridderbos, Herman. "Death Before the Parousia: The Intermediate State," *Paul*. Grand Rapids: Eerdmans, 1975.

Rider, Jacques Le. *Modernity and the Crisis of Identity: Culture and Society in Fin-de-Siecle Vienna*, trans. Rosemary Morris. New York: Continuum, 1993.

Rifkin, Jeremy. *The Empathic Civilization: The Race to Global Consciousness in a World in Crisis*. New York: Jeremy P. Tarcher/Penguin, 2009. 이경남 역, 『공감의 시대』. 서울: 민음사, 2010.

Rizzuto, Ana-Maria. *The Birth of the Living God*. Chicago: University of Chicago Press, 1979. 이재훈 역, 『살아 있는 신의 탄생』. 서울: 한국심리치료연구소, 2000.

Robinson, H. Wheeler. *The Christian Doctrine of Man*. Edinburgh: T.&T. Clark, 1911.

Roland, Alan. "Induced Emotional Reactions and Attitudes in the Psychoanalyst as Transference in Actuality." *Psychoanalytic Review*, 1981.

Rosenfeld, Israel. *The Strange, Familiar, and Forgotten: An Anatomy of Consciousness*. New York: Alfred A. Knopf, 1992.

Ruether, Rosemary. *Faith and Fratricide: The Theological Roots of Anti-Semitism*. New York: Seabury, 1974. 장춘식 역, 『신앙과 형제 살인: 반유대주의의 신학적 뿌리』. 서울: 대한기독교서회, 2001.

_______. *Liberation Theology: Human Hope Confronts Christian History and American Power*. New York: The Paulist Press, 1972..

_______. *Sexism and God-Talk: Toward a Feminist Theology*. Boston: The Beacon Press, 1983.

Russell, D. S. *The Message and Method of Jewish Apocalyptic*. Philadelphia: Westminster, 1964.

Russell, Robert J., Murphy, Nancey and Peacocke, Arthur R. Eds. *Chaos and*

Complexity: Scientific Perspective on Divine Action. Vatican City State and Berkeley, CA: Vatican Observatory and The Center for Theology and the Natural Sciences, 1995.

Said, Edward W. "Michel Foucault, 1926-1984." reprinted in *After Foucault: Humanist Knowledge, Postmodern Challenge*, ed. Jonathan Arac. New Brunswick, N. J.: Rutgers University Press, 1988.

Santmire, H. Paul. *The Travail of Nature*. Philadelphia: Fortress Press, 1985.

Schrag, Calvin O. *The Self after Postmodernity*. New Haven: Yale University Press, 1997.

Searle, John. *Minds, Brains, and Science*. Cambridge, MA: Harvard University Press, 1984.

Shires, H. M. *The Eschatology of Paul in the Light of Modern Scholarship*. Philadelphia: Westminster, 1966.

Skelton, P. ed., *Evolution*. Wokingham: Addison-Wesley, 1993.

Skinner, B.F. *Science and Human Behaviour*. New York: Macmillan, 1953.

Smith Dennis E. and Hal E. Taussig. *Many Tables: The Eucharist in the New Testament and Liturgy Today*. London: SCM Press, 1990.

Sölle, Dorothee. 박재순 역. 『사랑과 노동』. 서울: 한국신학연구소, 1987.

Sperry, Roger W. "Psychology's Mentalist Paradigm and the Religion/Science Tension." *American Psychologist* 43(1988).

Spinks, George Stephens. *Psychology and Religion*. London: Methuen, 1963.

Stolorow, Robert D. and Frank M. Lachmann. "Transference: The Future of an Illusion." *The Annual of Psychoanalysis*, vols. 12-13. New York: International Universities Press, 1985.

________. *Psychoanalysis of Development Arrests*. New York: International Universities Press, 1980.

Stolorow, Robert D. and George E. Atwood. "Psychoanalytic Phenomenology: Toward a Science of Human Experienc." *Psychoanalytic Inquiry*, 1984.

Stone, Ronald H. *Reinhold Niebuhr, Prophet to Politicians*. New York: Abingdon Press, 1972.

Stump, James B. "Non-Reductive Physicalism-A Dissenting Voice." in *Christian Scholar's Review*, Fall 2006; 36, 1; ProQuest Religion.

Suttie, Ian D. *The Origins of Love and Hate*. New York: Julian Press, 1952.

Taylor, Charles. *Sources of the Self: The Making of the Modern Identity*. Cambridge, Mass.: Harvard University Press, 1989. 권기돈, 하주영 공역, 『자아의 원천들: 현대적 정체성의 형성』. 서울: 새물결, 2015.

Thelen, Mary Frances. *Man as Sinner*. New York: King's Crown Press, 1946.

Thiselton, Anthony. *Interpreting God and the Postmodern Self: On Meaning, Manipulation and Promise*. Edinburgh: T&T Clark, 1995.

Tillich, Paul, Bennett, John C., and Morgenthau, Hans J. *Reinhold Niebuhr: A Prophetic Voice in Our Time*. Edited by Harold R. Landon. Greenwich, Connecticut: The Seabury Press, 1962.

Tillich, Paul. *Systematic Theology*, vol. I, II. Chicago: The University of Chicago Press, 1973. 유장환 역, 『조직신학』, 제1-3권. 서울: 한들출판사, 2001-2005.

Torrance, T. F. *Calvin's Doctrine of Man*. Westport, Conn: Greenwood, 1957, 1977.

Tracy, Thomas F. "Particular Providence and the God of the Gaps." Robert J. Russell, Nancey Murphy, and Arthur Peacocke Eds. *Chaos and Complexity*. Vatican City: Vatican Observatory Publications, 1995.

Ursinus, Zacharias. *Commentary on the Heidelberg Catechism*. trans. G. W. Williard. Phillipsburg, N. J.: P & R Publishing, 1852. 원광연 역, 『하이델베르크 요리문답해설』. 파주: 크리스천다이제스트, 2006.

Ussher, James. *Annals of the Ancient and New Testaments*. London: 1650.

Vance, Ashlee. 안기순 역. 『일론 머스크, 미래의 설계자』. 서울: 김영사, 2015.

Volf, Miroslav. "A Vision of Embrace: Theological Perspective on Cultural Identity and Conflict." *Ecumenical Review* 47, no. 2. Apr 1995.

_______ . "Exclusion and Embrace: Theological Reflections in the Wake of 'Ethnic Cleansing.'" *Communio Viatorum* 35. no. 3. 1993. 박세혁 역, 『배제와 포용』. 서울: IVP, 2012.

_______ . "Forgiveness, Reconciliation, and Justice: A Theological Contribution to a More Peaceful Social Environment." *Journal of International Studies* 29, no.3. 2000.

_______ . "God's Forgiveness and Ours: Memory of Interrogations, Interrogation of Memory." *Anglican Theological Review* 89, no. 2. Spr 2007.

_______ . "Memory, Eschatology, Eucharist." *Liturgy* 22, no. 1. 2007.

_______ . "The Trinity is Our Social Program: The Doctrine of the Trinity and the Shape of Social Engagement." *Modern Theology* 14, no. 3. Jul 1998.

_______ . *A Public Faith*. Grand Rapids: Brazos Press, 2011. 김명윤 역, 『광장에 선 기독교: 공적 신앙이란 무엇인가』. 서울: IVP, 2014.

_______ . *Exclusion and Embrace: A Theological Exploration of Identity, Otherness, and Reconciliation*. Nashville: Abingdon Press, 1996.

_______ . *The End of Memory: Remembering Rightly in a Violent World*. Grand Rapids: William B. Eerdmans Publishing Company, 2006. 홍종락 역, 『기억의 종말: 잊히지 않는 상처와 포옹하다』. 서울: IVP, 2016.

Von Rad, Gerhard. *Genesis*. London: SCM, 1961. 『국제성서주석 1: 창세기』. 서울: 한국신학연구소, 1981.

Vos, Geerhardus. *The Eschatology of the Old Testament*, ed. James T. Dennison Jr. Phillipsburg, N. J.: P&R Publishing, 2001. 박규태 역, 『구약의 종말론』. 서

울: 좋은씨앗, 2016.

Ward, Keith. "Bishop Berkeley's Castle; John Polkinghorne on the Soul." *God and the Scientist: Exploring the Work of John Polkinghorne*, Fraser Watts and Christopher C. Knight Eds. Burlington VT: Ashgate Publishing Company, 2012.

Waters, Brent. *From Human to Posthuman: Christian Theology and Technology in a Postmodern World*. Hampshire/Burlington: Ashgate, 2006.

Weinrich, William C. "Homo theologicus: Aspects of a Lutheran Doctrine of Man." *Personal Identity in Theological Perspective*, Richard Lints, Michael Horton & Mark R. Talbot, eds. Grand Rapids: Eerdmans, 2006.

Westermann, Claus. *Genesis 1-11: A Commentary*, trans. John J. Scullion. London: SPCK, 1984. 강성열 역, 『창세기주석』. 서울: 한국신약학회, 1998.

White, Andrew Dickson. *A History of the Warfare of Science with Theology in Christendom*, vol. 1. New York: D. Appleton and Co., 1896.

White, Lynn. "The Historical Roots of Our Ecological Crisis." in *Ecology and Life: Accepting Our Environmental Responsibility*. ed. Wesley Granberg-Michaelson Waco. Tex.: Word, 1988.

Whitehead, A. North. *Process and Reality*. New York: Free Press, 1975. 오영환 역, 『과정과 실재』. 서울: 민음사, 2003.

_______ . "No actual entity, then no reason." *Process and Reality*. New York: The Free Press, 1978.

Wilken, Robert Louis. "Biblical Humanism: The Patristic Convictions." *Personal Identity in Theological Perspective*, Richard Lints, Michael S. Horton, & Mark R. Talbot, eds., Grand Rapids: William B. Eerdmans, 2006.

Williams, J. Rodman. *The Doctrine of The Imago Dei in Contemporary Theology*. New York: Columbia University Press, 1954.

Wink, Walter. *Naming the Powers: The Language of Power in the New Testament*. Philadelphia: Fortress, 1984.

Winnicott, Donald W. *Human Nature*. Philadelphia: Brunner/Mazel, 1988.

_______. Playing and Reality. New York: Routledge, 1971. 이재훈 역, 『놀이와 현실』. 서울: 한국심리치료연구소, 1997.

Wittgenstein, Ludwig. *Philosophical Investigations*. New York: The Macmillan Company, 1965.

Wolf, William John. *Reinhold Niebuhr's Doctrine of Man*, ed. Charles W. Kegley, Reinhold Niebuhr. New York: The Pilgrim Press, 1984.

Wolff, Hans Walter. *Anthropology of the Old Testament*. trans. Margaret Kohl. Philadelphia: Fortress, 1974.

Worthing, Mark William. *Foundations and Functions of Theology as Universal Science: Theological Method and Apologetic Praxis in Wolfhart Pannenberg and Karl Rahner*. Frankfurt am Main: Peter Lang, 1996.

Young, J. Z. *Philosophy and the Brain*. Oxford: Oxford University Press, 1987.

Zizioulas, John D. "Human Capacity and Human Incapacity: A Theological Exploration of Personhood." *Scottish Journal of Theology* 28. Oct. 1975.

_______. *Being as Communion: Studies in Personhood and the Church*. New York: St. Vladimir's Seminary Press, 1993. 이세형, 정애성 공역, 『친교로서의 존재』. 서울: 삼원서원, 2012.

김, 알렉스. 『아이처럼 행복하라』. 서울: 공감의 기쁨, 2012.

드렉슬러, 에릭. 조현욱 역. 『창조의 엔진: 나노기술의 미래』. 서울: 김영사, 2011.

손화철. 『토플러 & 엘륄: 현대 기술의 빛과 그림자』. 서울: 김영사, 2006.

워윅, 케빈. 정은영 역. 『나는 왜 사이보그가 되었는가』. 서울: 김영사, 2004.

윤철호. "구속교리에 대한 해석학적 고찰: '승리자 그리스도' 모델을 중심으로." 『장신논단』 Vol. 44, No. 1. 서울: 장로회신학대학교 출판부. 2012.

______. "통전적 구속교리: 형벌 대속이론을 중심으로." 『한국조직신학논총』 제32집. 한국조직신학회 편. 서울: 한들출판사, 2012.

______. 『기독교 신학 개론』. 서울: 대한기독교서회, 2015.

______. 『세계와의 관계성 안에 계신 하나님』. 서울: 한국장로교출판사, 2012.

______. 『삼위일체 하나님과 세계』. 서울: 장로회신학대학교출판부, 2011.

______. 『현대신학과 현대개혁신학』. 서울: 장로회신학대학교출판부, 2003.

커즈와일, 레이. 『특이점이 온다』. 김명남, 장시형 역. 서울: 김영사, 2007.

하라리, 유발. 조현욱 역, 『사피엔스』. 서울: 김영사, 2015.

하버마스, 위르겐. 장은주 역. 『인간이라는 자연의 미래』. 서울: 나남출판, 2003.

후쿠야마, 프랜시스. 송정화 역. 『부자의 유전자 가난한 자의 유전자』. 서울: 한국경제신문, 2003.

New York Times Magazine (November 9, 1930), 1-4. Reprinted in Ideas and Opinions (Crown Publishers, Inc. 1954), 36-40.

주제 색인

인명 색인

ㅁ

ㅂ

ㅅ

ㅋ

ㅌ

ㅍ

ㅎ

인간

인간의 본성과 운명에 관한 학제간 대화

1쇄발행_ 2017년 8월 22일

지은이_ 윤철호
펴낸이_ 김요한
펴낸곳_ 새물결플러스
편　집_ 왕희광·정인철·최율리·박규준·노재현·한바울·신준호·정혜인·김태윤
디자인_ 송미현·이지훈·이재희·김민영
마케팅_ 임성배·박성민
총　무_ 김명화·이성순
영　상_ 최정호·조용석·곽상원

아카데미_ 유영성·최경환·이윤범

홈페이지 www.hwpbooks.com
이메일 hwpbooks@hwpbooks.com
출판등록 2008년 8월 21일 제2008-24호
주소 (우) 07214 서울특별시 영등포구 양평로11, 4층(당산동5가)
전화 02) 2652-3161
팩스 02) 2652-3191

ISBN 979-11-6129-027-0 03230

책값은 뒤표지에 있습니다.

이 도서의 국립중앙도서관 출판예정도서목록(CIP)은 서지정보유통지원시스템 홈페이지
(http://seoji.nl.go.kr)와 국가자료공동목록시스템(http://www.nl.go.kr/kolisnet)에서
이용하실 수 있습니다(CIP제어번호: CIP2017019697).